DICTIONNAIRE FRANÇAIS-CORÉEN POUR DÉBUTANTS

프랑스어 입문사전

도서출판
문예림

편저자

이승환, 장유경
한국외국어대학교 통번역대학원 출신으로 불어권 아동도서 번역 및 불어교재 편찬 집단, 아떼(ATEE)를 만들어 공동작업을 하고 있으며 개인적으로는 통번역사로 활동하고 있다. <프랑스어-한국어 소사전>을 공동 편찬했고 <베네치아에서 건진 희망>, <톰 소여의 모험>, <브르타뉴로 떠난 과거 여행>, <몽골의 카우보이>를 우리말로 옮겼다.

머리말

<프랑스어 입문사전>은 불어를 처음 배우는 분들도 편리하게 사용하실 수 있도록 편찬하였다. 이 책의 장점은 다음과 같다.

첫째, 꼭 필요한 단어와 의미만 수록하였다. 그렇다고 해서 실제로 초급 수준의 단어만 수록한 것은 아니며 'nétiquette'과 같은 최신 용어도 실었다. 또한 실제로 자주 사용되는 의미 및 예문 중심으로 설명함으로써 단어를 보다 쉽게 활용할 수 있게 하였다.

둘째, 발음을 한글로 표기하였다. 사실 불어 발음을 한글로 표기한다는 것이 쉽지는 않았다. 따라서 원어에 가깝게 하려고 했지만 한글 발음과는 차이가 나는 경우가 있다. 그 예가 'r'('ㅎ'으로 표시)와 'eu'(외)이다. 이 부분은 불어 발음을 연습하면 충분히 익숙해질 것이며 원어민이 하는 말을 계속 들으면 도움이 될 것이다.

셋째, 시각적 효과를 높였다. 페이지가 꽉 찬 기존의 어학 사전과는 달리 페이지 왼쪽에는 불어만, 오른쪽에는 한국어만 오도록 하여 보기 편하도록 하였다. 또한 시원시원한 글씨 크기로 단어가 한눈에 들어오도록 하였다.

이 사전이 불어를 공부하는 학생 및 직장인 그리고 불어권 국가 유학을 준비하는 분들께 조금이나마 도움이 되었으면 한다. 끝으로 이 사전이 나오기까지 많은 도움을 주신 문예림의 서덕일 사장님과 서여진 대리님께 감사의 뜻을 전한다.

2011년 6월

이승환, 장유경

참고문헌

1. Concise Oxford Hachette French Dictionary, Jean-Benoit Ormal-Grenon 외, Oxford University Press, New York 2004

2. Larousse de poche : dictionnaire noms communs, noms propres précis de grammaire, Paris 2003

3. 동아 프라임 불한사전 개정신판, 정지영 외, 두산동아, 서울 2003

4. 신불한소사전, 이휘영, 민중서림, 파주 1999

프랑스어 알파벳 및 발음

A	아	N	엔
B	베	O	오
C	세	P	뻬
D	데	Q	뀌
E	으	R	에흐
F	에프	S	에스
G	제	T	떼
H	아슈	U	위
I	이	V	베
J	지	W	두블르베
K	까	X	익스
L	엘	Y	이그헤끄
M	엠	Z	제드

A - a

A, a
아
[남] 불어 자모의 첫 글자

à
아
à [전] ① (방향, 목적, 도착점을 가리킴) ...에, ... 으로, ...에게로, ...까지 aller ~ l'école 학교에 가다 ② (장소를가리킴) ...에, …에서, ...의 지 점에 ~ deux kilomètres de la gare 역으로부 터 2 킬로미터 떨어진 곳에 ③ (시간을 가리킴... 에 ,...때에 ~ cinq heures 다섯 시에

abaissable
아베사블
[형] 낮출 수 있는

abaissant(e)
아베성(성뜨)
[형] 낮추는, 내리는; 인품을 떨어뜨리는

abaisse
아베스
[여] 방망이로 얄따랗게 민 밀가루반죽

abaissement
아베스멍
[남] ① 낮게 함, 낮아짐 ~ du store 블라인드를 내리기 ~ de la voix 목소리 를 낮추기 ② (가치 따위가) 낮아짐, 줄어듦 ~ de la température 온도의 강하 ~ de la valeur d'une monnaie 화폐 가치의 하락

abaisser
아베세
[타] ① 낮추다, 내리다 ~ une vitre 자동차 창문을 내리다 ② (수량을) 줄이다, 내리다, 낮추다

~ le prix du pain 빵 값을 내리다

abajoue 아바주 [여] (원숭이 따위의) 볼주머니; 늘어진 볼

abalourdir 아발루흐디흐 [타] 우둔하게 만들다

abalourdissement 아발루흐디스멍 [남] 우둔하게 만들기, 우둔함

abandon 아벙동 [남] ① 버리기; 사용하지 않기 ~ des matériaux sur la route 도로 위에 자재를 버리기 ② 포기, 단념 ~ d'un droit 권리의 포기 ③ 유기, 돌보지 않음 ~ d'un enfant 어린아이의 유기

abandonnable 아벙도나블 [형] 포기할 수 있는

abandonnataire 아벙도나떼흐 [명] [법] 피유기자; 양수인

abandonnateur(trice) 아벙도나뙤흐(트히스) [명] [법] 양도인; 유기자

abandonné(e) 아벙도네 [형] 버려진, 버림받은 barque ~e 버려진 배 enfants ~s 버림받은 아이들; 포기된 projets ~s 포기된 계획; 빈, 사람이 살지 않는 maison ~e 버려진 집 village ~ 폐촌

abandonnement 아벙돈멍 [남] = abandon

abandonner 아벙도네 [타] 포기하다 ~ un droit 권리를 포기하다 ~ l'idée de poursuivre les études universitaires et s'envoler à une école à l'étranger 대학진학을 포기하고 외국유학 을 선택하다 ~ un droit 권리를 포기하다 ~ ses biens 재산을

포기하다 ~ le pouvoir 권좌에서 물러나다 ~ un vo-yage 여행을 포기하다; 버리다, 유기하다 Cet homme *a abandonné* sa femme et ses enfants. 그는 아내와 자식들을 버렸다

abaque
아바끄
[남] 관판수판

abasourdir
아바수흐디흐
[타] 어리둥절하게 만들다, 얼떨떨하게 하다, 아연하게 하다, 질겁하게 하다

abasourdissant(e)
아바수흐디성(성뜨)
[형] 어리둥절[얼떨떨]하게 만드는

abasourdissement
아바수흐디스멍
[남] 어리둥절[얼떨떨]하게 함; 아연실색, 망연자실

abat
아바
[남] 소나기

abatage
아바따즈
[남] = abattage

abâtardir
아바따흐디흐
[타] 퇴화[타락]시키다; 품격을 떨어뜨리다

abâtardissement
아바따흐디쓰멍
[남] 퇴화; 쇠미, 쇠퇴; 타락

abat-faim
아바펭
[남] (불변) 회식자의 시장기를 덜기 위하여 식사 처음에 내는 요리

abat-jour
아바주흐
[남] (불변) (램프의); 천창; 해가리개

abat-son(s)
아바송
[남] [불변] 반향판

abattable
아바따블
[형] 넘어뜨릴 수 있는; 도살할 수 있는; 꺾을 수 있는

abattage
아바따즈
[남] ① 베어 쓰러뜨리기 ~ d'un sapin à la scie 톱으로 전나무를

베어 넘기기 ② [광업] 채굴 chantiers d'~ de la mine 광산의 채굴 작업장 ③ 도살 ~ d'un boeuf 소의 도살 ④ [수의학] ~ d'un cheval (치료하기 위해) 말을 눕힘

abattant 아바떵
[남] (책상 따위의) 뚜껑처럼 여닫게 된 것[장치]

abattement 아바뜨멍
[남] 쇠약, 낙담

abatteur 아바뙤흐
[남] 벌채자; 도살자; 채굴자

abattis 아바띠
[남] (나무의) 벌채; 도살

abattoir 아바뚜아흐
[남] 도살장

abattre 아바트흐
[타] 쓰러뜨리다; 무너뜨리다; 베어버리다 내리다; 가라앉히다 ~ des quilles (볼링에서) 핀을 쓰러뜨리다 ~ un adversaire [운동] 상대방을 때려눕히다 ~ la cheminée 굴뚝을 무너뜨리다 ~ le chêne à la scie mécanique 기계톱으로 떡갈나무를 잘라버리다; 죽이다, 제거하다 ~ un brigand 강도를 죽이다 homme à ~ 제거해야 할 사람; (동물을) 도살하다, 잡다 ~ un boeuf 소를 도살하다

abattu(e) 아바뛰
[형] 넘어진; 무너진; 낙담한; 쇠약한

abat-vent 아바벙
[남] 차양; 바람막이

abat-voix
[남][불변] 향판 (음향을 명료하

아바부아 — 게 전하기 위해서 연단 위에 놓은 것)

abbatial(e, aux) 아바시알(오) — [형] 승원의; 승원장의

abbaye 아베이 — [여] 대수도원

abbé(esse) 아베(베스) — [명] 수도원장

abc 아베세 — [남][불변] 자모; ABC 독본; 초보, 입문

abcéder 압세데 — [자] 농창을 형성하다; 화농하다

abcès 압세 — [남] 종기

abdicable 압디까블 — [형] 버릴 수 있는, 포기할 수 있는

abdicataire 압디까떼흐 — [형] 권리를 버린

abdication 압디꺄시옹 — [여] 퇴위

abdiquer 압디께 — [타] (왕위, 권력을) 양위하다; (고위직을) 사임하다 ~ la couronne 왕위를 물려주다 ~ le consulat 영사직을 사임하다 / (보어 없이) ~ en faveur de son fils 아들을 위해 양위하다 La reine fut obligée d'~. 여왕은 양위하지 않을 수 없었다; (문어) 포기하다, 단념하다 Il *a abdiqué* sa dignité d'homme. 그는 인간의 존엄성을 포기했다 / (보어없이) C'est un homme fini, il *a* complètement *abdiqué*. 그는 끝난 사람이야, 완전히 포기했어

abdomen [남] 복부
압도멘

abdominal(e, aux) [형] 복부의
압도미날(노)

abducteur [형] [생물] 외전하는 [남] [생물] 외전근
압뒥뙤흐

abécédaire [남] 입문서
아베세데흐

abecquer [타] (새를) 포육하다
아베께

abée [여] (물방아의) 방수구
아베

abeille [여] 꿀벌
아베유

aberrant(e) [형] 양식[논리]에서 벗어난 (=absurde, insensé); 비상식적인 conduite ~e 엉뚱한 행동 / (비인칭) Il est ~ de sa part de faire une chose pareille. 그가 이런 짓을 한 것은 비상식적이다; [수학] 평균치를 벗어 난; [언어] (격변화 따위가) 불규칙적인 forme ~e 이상한 형태; [생물] (체변화, 돌연변이에 의 한) 비정상적인 larve ~ 비정 상적인 유충
아베헝(뜨)

aberration [여] 탈선
아베하시옹

aberrer [자] 잘못을 저지르다, 과오를 범하다; 탈선하다
아베헤

abêtir [타] 어리석게 만들다
아베띠흐

abêtissement [남] 어리석게 만듦[됨]; 우둔, 어리석음
아베띠쓰멍

abhorrer [타] 몹시 싫어하다
아보헤

Abîme [남] 깊은 구렁, 심연 (= gouffre) ~ marin 심해 Un alpiniste a roulé dans l'~. 한 등반인이 깊은 구렁으로 굴러 떨어졌다 ~s de l'enfer [종교] 지옥의 심연; (비유) 큰 차이[간격] (= fossé) Il y a un ~ entre les deux idéologies. 두 이데올로기 사이에는 큰 차이가 있다; (문어) 무한, 극치 se perdre dans un ~ des temps 무한한 시간 속으로 사라지다 Il est tombé dans un ~ de désespoir. 그는 헤어나기 힘든 절망 속에 빠져들었다; 파멸[파산] (= perte, ruine) Elle est maintenant au bord de l'~. 그녀는 지금 파탄 지경에 처해 있다
아빔

abîmer [타] (옛) 구렁에 빠뜨리다; (비유) (좋지 않은 상태에) 빠뜨리다 [~ qn dans qc] ~ qn dans le malheur ...을 불행에 빠뜨리다; (옛) 파멸[파산]시키다 (=ruiner) [~ qn/qch] Le jeu l'*a abîmé*. 그는 도박으로 파산했다; 상하게 하다, 망가뜨리다 (=endommager, casser) [~qch] ~ la santé 건강을 해치다 La pluie *a abîmé* mon chapeau. 비를 맞아서 모자가 못쓰게 됐다.
아비메

abject(e) [형] 비열한, 치사한
압젝뜨

abjection [여] 비열, 비굴
압젝시옹

abjuration [여] 포기
압쥐하시옹

abjuratoire [형] 기절적; 개종의
압쥐하뚜아흐

abjurer [타] (의견, 주의 따위를) 버리다, 포기하다
압쥬헤

ablatif [남] 탈격
아블라띠프

ablation [여] 절제, 잘라버림 ~ d'une partie de l'estomac 위 일부 절제
아블라시옹

ablégat [남] 법왕령 부총독; (법왕의) 부사절
아블레갸

ablette [여] [어류] 잉어의 일종
아블레뜨

ablution [여] (종교적 예식으로) 몸을 정하게 물로 담기, 세정; 목욕
아블뤼시옹

abnégation [여] 희생; 자기 희생, 헌신
압네갸시옹

aboi [남] (개의) 짖는 소리
아부아

aboiement [남] 개 짖는 소리
아부아멍

abolir [타] (제도 따위를) 폐지하다 La France *a aboli* la peine capitale en 1981. 프랑스는 1981 년 사형제도를 폐지했다. ~ l'esclavage 노예제도를 폐지하다; 파괴하다, 없애다 ~ la mémoire de l'accident 사고의 기억을 지우다 L'avion *abolit* les distances. 비행기가 거리를 대폭 단축시켜 준다 Une mode *est abolie* par une plus nouvelle. 유행이 더 새로운 유행에 의해 사라졌다
아볼리흐

abolissable [형] 폐지할 수 있는
아볼리사블

abolissement [남] 폐지
아볼리스멍

abolisseur [남] 폐지자
아볼리쇠흐

abolitif(ve) [형] 폐지하는, 취소하는
아볼리띠프(띠브)

abolition [여] 폐지
아볼리시옹

abolition(n)isme [남] 노예 폐지론; 관세 폐지론
아볼리시오니슴

abominable [형] 밉살스러운, 가증스러운 (=affreux, horrible) acte ~ 가증스러운 행동 Je la trouvais ~. 그녀가 밉살스럽게 여겨졌다 Je ne veux plus voir cet ~ individu. 나는 그 가증스러운 인간을 더 이상 보고 싶지 않다 / (비인칭) Il est ~ de sa part de se comporter ainsi. 그가 이렇게 행동하다니 가증스럽다; 아주 나쁜, 고약한 (=détestable, exécrable) Quel temps ~ ! 날씨 참 고약하군! une ~ odeur de putréfaction 지독한 썩는 냄새 [être ~ avec qn] Il a été ~ avec ses parents. 그는 부모에게 못되게 굴었다
아보미나블

abominablement [부] 밉살스럽게
아보미나블멍

abomination [여] 가증스러운 언동
아보미나시옹

abominer [타] 몹시 싫어하다
아보미네

abondamment [부] 많이, 풍부히
아봉다멍

abondance [여] 풍부 en ~ 풍부하게
아봉덩스

abondant(e) [형] 풍부한
아봉덩(뜨)

abonder [자] 많이 있다, 풍부하다
아봉데

abonné(e) [명] (잡지, 신문 따위의) 구독자
아보네

abonnement [남] (잡지, 신문 따위의) 구독
아본느멍

abonner [타] (다른 사람을 위해) 구독신청을 하다
아보네

abonnir [타] 개량하다
아보니흐

abord [남] (옛) (배의) 접안; 접근 (=accès); 도달; (사람에게) 접근하기, 말 걸기; (사람을 맞는) 태도, 응대 (=accueil, ré putation) Son ~ m'a mis à l'aise. 그는 나를 편안하게 맞아주었다; (복수) 주변, 근처 (=alentours, environ) Les ~s du volcan sont dangereux. 화산 근처는 위험하다 à l'~; au premier ~; dès l'~' de prime ~ 처음부터, 첫눈에 Cet homme, au premier ~ un peu fermé 첫눈에 좀 폐쇄 적으로 보이는 그 사람 aux ~s de qc ...주변에, 근처에; 무렵에 Ces industries se localisent aux ~s des grandes villes. 이 산업은 대도시 주변에 집중되어 있다 Cet
아보흐

événement se situe aux ~s de 1900. 이 사건이 일어 난 시기는 1900 년 경이다 (tout) d'~ 우선, 앞서, 먼저 Demandons-lui d'~ son avis, nous déciderons ensuite. 먼 저 그의 의견을 물어 보고 그 다음에 결정 합시다

abordable 아보흐다블 — [형] 접근할 수 있는[하기 쉬운]; 상냥스러운

abordage 아보흐다즈 — [남] (적선으로의) 침입; 배의 충돌

aborder 아보흐데 — [타] [해양] (다른 배에) 접근하다; (배가) 사고로 충돌하다; (공격 목적으로) 다른 배를 들이받다; 해변에 닿다; (낯선 곳, 험한 곳에) 이르다 ~ une montagne par la face nord 북쪽 사면으로 산에 이르다; (사람에게) 접근하다, 말을 걸다 (=draguer, accoster) Elle s'est fait ~ par un inconnu. 낯선 사람이 그녀에 게 말을 걸어 왔다; (비유) (문제에) 착수하다 (=entamer);논의하다(=débattre) La question *a été abordé* mais pas approfondie. 문제가 일단 거론되기는 했으나 깊이 다루어지지는 않았다

abordeur 아보흐되흐 — [형][남] 접근하는 (사람)

aborigène 아보히젠 — [명][복] 원주민 A~s d'Australie 호주 원주민[형] 토착 의

aborner 아보흐네 — [타] ...의 경계를 정하다

abortif(ve) 아보흐띠프(띠브) — [형] 유산의, 유산시키는

abouchement [남] 접합; 회견, 회담; 담판
아부슈멍

aboucher [타] 맞붙이다, 접합시키다
아부셰

aboulie [여] [의학] 의사결핍
아불리

aboulique [형] [의학] 의사결핍의
아불리끄

about [남] [건축] 장부
아부

aboutage [남] 두 동아줄의 끝을 잇기
아부따즈

aboutement [남] 접합
아부뜨멍

abouter [타] 접합시키다
아부떼

aboutir [타간] [~à/dans/en/sur] (주 어는 사물)...에 끝이 닿 다, ...로 연결되다 ruelle qui *aboutit* à la rivière 강으로 이 어지는 골목길 La Loire *aboutit* à l'Atlantique. 루아르 강은 대서양으로 흘러든다 (주어는 사람) (마침내) ...에 도착하다[이르다] (=atterrir) Après deux heures de mar-ches, ils *ont abouti* dans un village. 두 시간을 걸은 끝에 그들은 마침내 어느 마을에 이르렀다 [~à qch/inf] (비유) ...로 이끌다, ...의 결과에 이르다, ...로 귀착되다 (=conduire, mener à) Les accords de Genève *ont abouti* à couper le Viêt-nam en deux. 제네바 협약은 베트남을 분단 시키는 결과를
아부띠흐

낳았다 [자] 성공하다 (=réussir); (목표, 결실을) 맺다 Après un long travail, j'*ai* enfin *abouti*. 오랜 노력 끝에 나는 마침내 성공했다 Les négociations *ont a-bouti*. 협상은 결실을 맺었다 [의학] 종기가 곪다 faire ~ qch ...을 성취시키다

abourissant(e)
아부띠성(성뜨)
[형] 이르는; ...에 귀착하는

aboutissement
아부띠스멍
[남] 결과; 실현

ab ovo
아보보
[부] 처음부터

aboyant(e)
아부아영(뜨)
[형] 짖는

aboyer
아부아예
[자] (개, 이리 따위가) 짖다 (=japper, hurler); (을) 향해 짖어대다 [~ à/contre/après] Le chien *aboie* contre le facteur. 개가 우체부를 향해 짖 어댄다; (사람이) 목쉰 소리를 내다 Il parle anglais en *aboyant* un peu. 그는 좀 쉰 소리로 영어를 한다; (비유) 소리치다; 욕설을 퍼붓다; 울부 짖다 (=crier, invectiver) [~ contre/à/après] Un policier en colère *aboyait* après les piétons. 화난 경관은 보행자 들에게 소리를 지 르고 있었다 ~ à la lune (비유) 공연히 떠들어 대다 Chien qui *aboie* ne mord pas. (속담) 짖는 개 는 물지 않는다 [타] (개가) 쫓아다니며 짖다 Ce chien *aboie* tous les passants. 이 개는

지나가는 사람만 있으면 쫓아다니며 짖는다; 분노하여 (을) 외치다; (에게) 욕설을 퍼붓다 Après cinq minutes de silence, il *aboyait* deux ou trois mots. 그는 5 분 정도 침묵하더니 두세 마디를 내질렀다.

aboyeur 아부아예흐 [형] 짖는; 시끄럽게 잔소리하는 [남] 잔소리 많은 사람

abracadabrant(e) 아브하꺄다브헝(헝뜨) [형] 기가 막히도록 놀라운, 대경실색할

abrasif(ve) 아브하지프(지브) [형] 물건을 가는데 쓰이는 [남] 연마제

abrasion 아브헤옹 [여] 마박; [의학] 박피

abrégé 아브헤제 [남] 간략, 생략

abrégement 아브헤즈멍 [남] (기간의) 단축; (책, 연설의) 요약, 간추림; 철자 생략

abréger 아브헤제 [타] (기간을) 단축시키다, 줄이다 (=écourter, réduire) Le mauvais temps *a abrégé* nos vacances. 악천후 때문에 휴가를 일찍 끝냈다. ~ sa vie [ses jours] (과로, 근심으로) 명을 재촉하다; (연설, 담화, 원고 따위의) 양을 줄이다, 요약하다; (철자를) 생략하다 (= raccourcir, résumer) ~ le récit d'une histoire 이야기 의 줄거리를 줄이다 / (보어 없이) *Abrégeons* ! au fait ! 각설하고, 본론으로 들어갑시다! La tâche de l'historien consiste à ~. 역사가의 임무 는 요약에 있다 pour ~ 요컨 대, 간단히 말해서 (=bref) s'~ [대] (로) 줄여지다, 단축되다

abreuvage
아브뢰바즈
[남] 물 먹임; 적시기; 관개

abreuver
아브뢰베
[타] 물 먹이다

abreuvoir
아브뢰부아흐
[남] 물 먹이는 곳; 물주는 그릇

abréviateur(trice)
아브헤비아뙤흐(트히스)
[명] 요약자

abréviatif(ve)
아브헤비아띠프(브)
[형] 생략의, 적요의

abréviation
아브헤비아시옹
[여] 약어

abri
아브히
[남] 피난소, 몸 피할 곳 mener une vie à l'~ de la faim et de la maladie 배고픔 과 질병으로부터 보호되는 삶 을 살다

abricot
아브히꼬
[남] [식물] 살구

abricotier
아브히꼬띠에
[남] 살구나무

abriter
아브히떼
[타] 피난시키다

abrivent
아브히벙
[남] 바람막이

abrogatif(ve)
아브호갸띠프(띠브)
[형] 폐지[폐기]하는

abrogation
아브호갸시옹
[여] 폐지

abrogatoire
아브호갸뚜아흐
[형] 폐지를 목적으로 하는

abroger
아브호제
[타] 폐지하다, 취소하다

abrupt(e) [형] 가파른, 험한; 거친
압휩뜨

abruti(e) [형] 바보가 된 [명] 바보
아브휘띠

abrutir [타] 우둔하게 만들다, 바보가 되게 하다
아브휘띠흐

abrutissant(e) [남] 우둔하게 함; 우둔
아브휘띠성(성뜨)

abrutissement [남] 우둔하게 함; 우둔
아브휘띠스멍

abrutisseur(se) [형][명] 우둔하게 만드는 (사람)
아브휘띠쇠흐(쇠즈)

Abs [접] '분리', '상실'의 뜻을 나타내는 접두사
압스

A.B.S. [약] Anti Blocking System (자동차 급제동시 미끄러짐 없이 완만한 제동을 하게 하는 장치)
아베에스

abscisse [여] [수학] 가로좌표
압시스

abscons(e) [형] 알기 어려운, 난해한
압스꽁(꽁스)

absence [여] 부재
압성스

absent(e) [형] 부재의, 결석 Il a été ~ hier. 그는 어제 부재중이었다.
압성(성뜨)

absentéisme [남] 결석하는 것
압성떼이슴

absenter(s') [대] (있던 곳으로부터) 떠나다, 자리를 비우다; 결석하다
삽성떼

absidal(e, aux) [형] 후진의
압시달(도)

abside [여] (성당의) 후진
압시드

absinthe [여] [식물] 쓴 쑥 (국화과)
압생뜨

absolu(e) [형] 절대적인
압솔뤼

absolument [부] 절대적으로 Le pouvoir ~ corrompt absolument. 절대권력은 절대적으로 부패한다.
압솔뤼멍

absolution [여] 면제
압솔뤼시옹

absolutisme [남] 전제주의, 전제정치, 독재
압솔뤼띠슴

absolutiste [형] 전제주의의, 전제정치의, 독재의 [명] 전제주의자
압솔뤼띠슴

absolutoire [형] 사죄의
압솔뤼뚜아흐

absorbable [형] 흡수할 수 있는
압소흐바블

absorbant(e) [형] 빨아들이는, 흡수성의; 마음을 빼앗는, 열중케 하는 [남] 흡수성의 물질; 흡수제
압소흐벙(벙뜨)

absorbement [남] 전념, 열중
압소흐브멍

absorber [타] 흡수하다; 마시다, 먹다; 마음을 빼앗다, 열중케 하다 s'~ dans qch …에 몰두하다
압소흐베

absortif(ve) [형] 흡수성의
압소흐띠프(띠브)

absorption [여] 흡수; 섭취; 전심, 열중
압소흡시옹

absorptivité [여] 흡수성[력]
압소흡띠비떼

absoudre [타] 죄를 용서하다; 석방하다
압수드흐

abasoute [여][종교] 사도
압수뜨

abstème [형][명] 술을 안 마시는 (사람)
압스뗌

abstenant(e) [명] (투표의) 기권자
압스뜨넝(넝뜨)

abstenir(s') [대] 삼가다 s'~ de qch 스스로 무엇을 삼가다
삽스뜨니흐

abstention [여] (행동의) 자숙, 회피; (투표, 토론의) 기권, 기권표
압스떵시옹

abstentionnisme [남] 회피; 투표 기권
압스떵시오니슴

abstentionniste [명] 투표기권자
압스떵시오니스뜨

abstergent(e) [형] [의학] 세척의
압스떼흐정(뜨)

absterger [타] [의학] 세척하다
압스떼흐제

abstersif(ve) [형] 세척하는; 세척에 적합한
압스떼흐지프(브)

abstersion [여] 세척
압스떼흐지옹

abstinence [여] (음식물의) 전제, 단식; 금욕
압스띠넝스

abstinent(e) [형] (음식 따위를) 절제하는
압스띠넝(넝뜨)

abstracteur [형] 추출하는 [남] 추출가
압스트학뙤흐

abstractif(ve) [형] 추상적인
압스트학띠프(브)

abstraction [여] 추상
압스트학시옹

abstractivité 압스트학띠비떼	[여] 추상력
abstraire 압스트헤흐	[타] 추상하다
abstrait 압스트헤	[형] 추상적인
abstrus(e) 압스트휘(즈)	[형] 알기 어려운, 난해한
absurde 압쉬흐드	[형] 불합리한 il est ~ que + sub…한 것은 불합리하다
absurdement 압쉬흐드멍	[부] 이치에 맞지 않게; 당치 않게, 터무니없게
absurdité 압쉬흐디떼	[여] 부조리
abus 아뷔	[남] 오용, 남용
abuser 아뷔제	[타간] 남용하다
abuseur(se) 아뷰죄흐(죄즈)	[형] 속이는; 유혹하는 [명] 사기꾼; 유혹하는 사람
abusif 아뷔지프(브)	[형] 과도의, 부당한, 그릇된; 속이는
abysse 아비스	[남] 심해
abyssinien(ne) 아비시니엥(엔)	[형]아비시니아(l'Abyssinie)의 A~ [명] 아비시니아 사람
acabit 아꺄비	[남] 품질; 성질
acacia 아까시아	[남] [식물] 아카시아
académicien 아까데미시엥	[남] 아카데미 회원
académie	[여] 아카데미

아까데미

academique [형] 아카데미의
아까데미끄

académisme [남] 형식 존중; 관학풍
아까데미슴

acajou [남] 마호가니
아까주

acalèphes [남][복] [동물] 해파리류
아깔레프

acanthacées [여][복] [식물] 어캔더스과
아껑따쎄

acanthe [여] [식물] 어캔더스
아껑뜨

acare [남] = acarus
아까흐

acariâtre [형] 까다로운, 골 잘 내는
아까히아트흐

acariâtreté [여] 까다로움, 골 잘 내는 성미
아까히아트흐떼

acarides [남][복] [동물] 음벌레류
아까히드

acarpe [형] [식물] 열매 없는
아까흐쁘

acarus [남] [동물] 음벌레
아까휘스

acaule [형] [식물] 무현경의
아꼴

accablant(e) [형] 짓누르는 듯한; 과중한; 견딜 수 없는
아까블렁(뜨)

accablement [남] 짓누름, 압도; 과중; 낙심, 낙담
아까블르멍

accabler [타] 짓누르다, 압도하다
아까블레

accalmie [여] (폭풍 따위의) 잠시 잔잔함
아깔미

accaparement [남] 독점; 매점
아꺄빠흐멍

accaparer [타] 독점하다; 매점하다
아꺄빠헤

accapareur(se) [명] 독점자; 매점자
아꺄빠회흐(회즈)

accéder [자] 이르다; 동의하다, 승낙하다 ; [정보] 접속하다 ~ à la page d'accueil 홈페이지에 접속하다
악세데

accelerando [부] [음악] 점차로 급속히
악셀레헝도

accélérateur [남] 액셀러레이터
악셀레하떠흐

accélération [여] 가속화
악셀레하씨옹

accélérer [타] 가속화하다
악셀레헤

accent [남] 악센트; (음악의) 강세 악센트 부호, 프랑스어의 악상
악성

accentuable [형] 악센트를 붙여서 발음할 수 있는; 음부를 붙일 수 있는
악성뛰아블

accentuation [여] 악센트를 붙여 발음하기
악성뛰아시옹

accentuer [타] 강조하다
악썽뛰에

accptabilité [여] 수락할 수 있음
악셉따빌리떼

acceptable [형] 받아들일만한
악셉따블

acceptant(e) [형] 받아들이는 [명] 승낙자
악셉떵(떵뜨)

acceptation 악셉따시옹	[여] 영수; 승낙
accepter 악셉떼	[타] 받아들이다
accepteur 악셉뙤흐	[남] 어음[수표] 인수인[지불인]
acception 악셉시옹	[여] 어의, 의미
accès 악세	[남] 접근
accessibilité 악세시빌리떼	[여] 가까이하기 쉬움; [정보] 접근성 ~ numérique 정보[인터넷] 접근성
accessible 악세시블	[형] (~à) 접근 가능한
accession 악세시옹	[여] 도달, 달성; 취임 ~ au trône 즉위
accessit 악세시	[남]([복] ~(s)) 포장
accessoire 악세수아흐	[형] 부속의 [남] 악세서리
accessoirement 악세수아흐멍	[형] 부차적으로
accident 악시덩	[남] 사고
accidenté(e) 악시덩떼	사고로 인하여 희생당한; 변화 있는, 기복이 심한
accidentel(le) 악시덩뗄	[형] 우연한
accidentellement 악시덩뗄멍	[부] 우연하게
accidenter 악시덩떼	[타] 고르지 않게 하다, 변화 있게 만들다

accipitres [남][복] [조류] 맹금류
악시삐트흐

accise [여] 소비세
악시즈

acclamateur(trice) [명] 갈채자
아끌라마뙤흐(트히스)

acclamation [여] 갈채, 환호
아끌라마시옹

acclamer [타] 갈채하다, 환호하여 맞이 하다
아끌라메

acclimatation [여] (~à) 새 풍토에 대한 순응
아끌리마따시옹

acclimater [타] 새 풍토에 순응시키다
아끌리마떼

accommodant(e) [형] 친절한, 성질이 순한, 다루기 쉬운
아꼬모덩(덩뜨)

accommodation [여] 적응; 개조; 설비; 조절
아꼬모다시옹

accommoder [타] 맞게 하다, 적응시키다; 화해시키다
아꼬모데

accompagnateur(trice [명] 반주자
아꽁빠냐뙤흐(트히스)

accompagnement [남] 반주
아꽁빠뉴멍

accompagner [타] 동반하다; 수행하다, 호위하다; 반주하다
아꽁빠녜

accompli(e) [형] 완전한, 완벽한, 모범적인, 성숙한, 경험을 쌓은; 다 끝난; 실행된, 실현된
아꽁쁠리

accomplir [타] 성취하다
아꽁쁠리흐

accomplissement [남] 수행, 실행, 완성, 성취; 실현
아꽁쁠리스멍

accord 아꼬흐 [남] 협약, 협정 ~ permettant aux sud-Coréens de visiter plus facilement les EtatsUnis 한국인의 미국입국 절차 를 간소하게 하는 협정 (한국 인에 대한 미국 입국 비자 면제 협정); ~ cadre 기본협정; ~ culturel 문화협정; ~ de libre-échange entre la Corée et les États-Unis 한미자유무역협정 (FTA); ~ de libre-échange nordaméricain (ALÉNA) 북 미자유무역협정([영] NAFTA : North American Free Trade Agreement); ~ général sur les tarifs douaniers et le commerce (GATT) 관세 및 무역에 관한 일반협정 ([영] GATT: General Agreement on Tariffs and Trade); ~ multilatéral sur l'inves-tisse-ment 다자간 국제투자협정; ~s régionaux de commerce 지역무역협정 ([영] Regional Trade Agreements)

accordable 아꼬흐다블 [형] 동의할 수 있는; 화해시킬 수 있는

accordement 아꼬흐드멍 [남] 화해시키기

accordéon 아꼬흐데옹 [남] 아코디언

accorder 아꼬흐데 [타] 일치시키다, 화해시키다; 승인[허락]하다; (선물, 은혜 따위를) 주다 ~ un prêt à la consommation ou au logement 가계 및 주택자금 대출 을 해주다 ~ une aide éner-gétique 에너지

원조를 약속하다

accotement [남] 갓길, 노변
아꼬뜨멍

accouchement [남] 해산, 분만
아꾸슈멍

accoucher [자] 해산하다, 출산하다
아꾸셰

accoudement [남] 팔꿈치를 기대기
아꾸드멍

accouder, s' [대] 팔꿈치를 기대다
사꾸데

accouplement [남] 연결; 접합; 결합; 교미
아꾸쁠멍

accoupler [타] 짝짓다; 결합시키다; 교미시키다
아꾸쁠레

accourir [자] 달려오다, 급히 오다
아꾸히르

accoutumé(e) [형] 습관이 된, 일상의
아꾸뛰메

accoutumer [타] [~ qn à qch/inf] 익숙케 하다, 습관을 붙여주다 On ne l'*a* pas *accoutumé* à se lever tôt. 우리는 그에게 일찍 일어 나는 습관을 붙여주지 못했다
아꾸뛰메

accréditation [여] 인정
아끄헤디따시옹

accroc [남] 흠집, 찢어진 곳; (비유) (명성 따위의) 오점
아크호

accrocher [타] (갈고리에) 걸다
아크호셰

accroître [타] 증가시키다; 성장시키다, 발육시키다; 증대시키다 ~ et intensifier les relations 관계를 증진 시키고 강화하다
아크후아트흐

accroupi(e) [형] 웅크린, 쭈그린
아크후삐

accroupir, s' [대] 웅크리다, 쭈그리다
사크후삐흐

accrouissement [남] 웅크림, 쭈그림
아크후이스멍

accueil [남] 접대, 대접
아꾀유

accueillant(e) [형] 환대하는, 상냥스러운
아꾀영(영뜨)

accueillir [타] 접대하다; 입학시키다 ~ tout bachelier 바깔로레아를 취득한 모든 신입생을 입학시 키다; 개최하다 ~ une exposition consacrée à l'artiste 예술가의 전시회를 열다
아꾀이흐

accumulation [여] 축적; 수집; 축적[수집]된 것 ~ du capital 자본축적
아뀌뮐라시옹

accumuler [타] 축적하다, 모으다 ~ des preuves 증거를 수집하다
아뀌뮐레

accusateur(trice) [형] 비난하는, 고소의 [명] 고소인
아뀌자뙤흐(트히스)

accusation [여] 고발 porter une ~ 고발 하다
아뀌자시옹

accusatif(ve) [남] 대격, 목적격 [형] 대격의
아뀌자띠프(띠브)

accusé(e) [명] 피고인
아뀌제

accuser [타] 고발하다 ~ de qch / d'avoir fait qch …(한) 것에 대해 고발하다 être *accusé* d'avoir joué le rôle d'inter-médiaire 중개인 역할을 했다고 고발되다
아뀌제

acerbe [형] 신랄한

아세흐브

acétate [남] 아세테이트 (필름)

아세따뜨

acharné(e) [형] 열중하는, 악착스러운

아샤흐네

acharnement [남] 악착스러움, 열중

아샤흐느멍

acharner, s' [대] 열중하다

사샤흐네

achat [남] 구매, 물건 사기

아샤

acheminement [남] 앞으로 나아감, 전진

아슈민멍

acheminer [타] 향하게 하다

아슈미네

achetable [형] 살 수 있는

아슈따블

acheter [타] 사다

아슈떼

acheteur(se) [명] 사는 사람, 구매자

아슈뙤흐

achèvement [명] 완성, 성취

아셰브멍

achever [타] 끝마치다, 완성하다

아슈베

acide [남] (화학)산

아시드

acidifier [타] 산화하다

아시디피에

acidité [여] 산성도

아시디떼

acier [남] 강철

아시에

acné [여] 여드름
아끄네

acompte [남] 분할 지불금, 선금
아꽁뜨

à-coup(s) [남] 급격한[불규칙한] 움직임, 급정지
아꾸

acoustique [형] (악기가) 전기증폭이 되지 않은
아꾸스띠끄

acquéreur [남] 구매자, 취득자
아께회흐

acquérir [타] 사다; 얻다, 획득하다; 취득하다
아께히흐

acquis(e) [형] 획득된; 후천적인, 후천성의
아끼(끼즈)

acquisition [여] 획득
아끼지시옹

acquit [남] [상업] 영수(증)
아끼

acquittable [형] 치를[지불할] 수 있는
아끼따블

acquittement [남] 지불
아끼뜨멍

acquitter [타] 치르다, 지불하다
아끼떼

âcre [형] (맛, 냄새가) 자극적인, 매운, (소리 따위가) 날카로운
아크흐

acrimonie [여] 신랄함
아크히모니

acrobate [명] 곡예사
아크호바뜨

acrobatie [여] 줄타기, 곡예; (곡예와 같은) 재주, 묘기
아크호바시

acrobatique [형] 곡예의

아크호바띠끄

acronyme [남] [언어] 단어처럼 발음되는 약자 (예: ovni, sida)
아크호님

acrylique [남] 아크릴의
아크힐리끄

acte [남] 동작, 행위, 행동
악뜨

acteur(trice) [명] 배우 ~ de théâtre[ciné-ma] 연극[영화]배우; (사건 따 위의) 관계자, 당사자 principal ~ 주동자; 주체 ~s du domaine de l'aviation 항공분 야의 주체 ~s éco-nomiques 경제주체
악뙤흐(트히스)

actif(ve) [형] 활동적인; 활기 있는; 근면한 , 부지런한; [문법] 타동의, 능동의 [남] [경제] 자산 ~s nets 순자산; 자기 자본
악띠프(띠브)

action [여] ; 행동 ~s de représailles 보복행동 ~s engagées pour les personnes handi-capées 장애인들을 위하여 착수한 활동; 주식 ~ au porteur 무기명주 ~ avec valeur nominale 액면주 ~ de base 기본주 ~ de priorité 우선주 ~ diluée 희석주 ~ gratuite 무상주 ~ nominative 기명 주식 ~ nouvelle 신주 ~ ordinaire 보통주 ~ sans droit de vote 무의 결권주 ~s non cotées 비상장주식
악시옹

actionnaire [명] 주주 ~ de priorité 우선주식 보유 주주 ~ indivi-duelle 개인주주
악시오네흐

actionner [타] [법] (…에 대해) 소송을 제기하다
악시오네

아페흐미스멍

affichage [남] 게시, 공고(공시), 벽보 (붙이기); [정보] 디스플레이
아피샤즈

affiche [여] 포스터
아피슈

afficher [타] 게시하다
아피셰

affilé(e) [형] 날이 선; (감각 따위가) 예민한, 날카로운
아필레

affilier [타] 회원으로 가입시키다
아필리에

affiliation [여] 회원가입; (회사, 단체 따위의) 제휴
아필리아시옹

Affiner [타] 정련하다; (설탕 따위를) 정제하다
아피네

affirmatif(ve) [형] 긍정의
아피흐마띠프(띠브)

Affirmation [여] 단언; 긍정
아피흐마시옹

Affirmer [타] 단언하다; 긍정하다
아피흐메

Affliction [여] 근심, 심로; 고뇌; 슬픔, 수심
아플릭시옹

affligé(e) [형][명] 고통 받는 (사람)
아플리제

affliger [타] 괴롭히다
아플리제

afflouer [타] (암초에 걸린 배를) 물 위에 떠오르게 하다
아플루에

affluence [여] 군집, 쇄도
아플뤼엉스

affluent(e) [형] 흘러드는
아플뤼엉(엉뜨)

affluer [자] 흘러들다, 흘러 모이다; 쇄도하다
아플뤼에

afflux [남] 쇄도
아플뤼

affolement [남] 얼빠져 있음; 당황, 공황
아폴멍

affoler [타] 얼빠지게 하다
아폴레

affranchi(e) [형] 해방된; 우표를 붙인
아프헝시

affranchir [타] 해방하다, 면세하다; 우표를 붙이다
아프헝시흐

affranchissement [남] 해방; 면세; 우표를 붙이기
아프헝시스멍

affréter [타] (운송 수단을) 임차하다; 용선하다
아프레떼

affreux(se) [형] 무서운; 지독한; 지긋지긋한; 추악한
아프회(회즈)

affront [남] 모욕, 치욕
아프홍

affrontement [타] 서로 맞서기; 대결, 대립 ~ des deux grandes puissances 양대 세력간의 대립
아프홍뜨멍

affronter [타] 대담하게 대하다
아프홍떼

affubler [타] (에게) 괴상하게 옷을 입 히다, 우스꽝스럽게 꾸미다
아퓌블레

affût [남] [군사] 포가, (기관총 따위의) 종가; 매복 장소, (사냥감을 기다리는) 길목; 매복
아퓌

afin [부] ~ de (+ inf); (~que + sub) ...하기 위하여
아펭

afghan(e) [명] (A~) 아프가니스탄 사람

아프겅(간) [형] 아프가니스탄의

Afghanistan [남] [지리] 아프가니스탄
아프갸니스떵

africain(e) [명] (A~) 아프리카 사람
아프히껭(껜) [형] 아프리카의

afrikaans [남] [형] 아프리칸스어, 아프칸스어의 (남아프리카공국의 네덜란드계 주민의 언어, 1925 년부터 영어와 함께 공용어가 됨)
아프히껑스

afrikaner [형] 남아프리카 네덜란드계 백인(층)의 [명] (A~) (남아프 리카) 네덜란드계 백인
아프히꺄네

Afrique [여] [지리] 아프리카
아프히크

afro-américain(e) [형] 아프리카에서 유래된 미국풍의 [명] (A~-A~) 아프리 카계 미국인
아프호-아메히껭(껜)

agaçant(e) [형] 성가신
아갸성(성뜨)

agacement [남] 성가신 기분
아갸스멍

agacer [타] 성가시게 굴다
아갸세

âge [남] 나이, 연령 Quel ~ avez-vous ? 나이가 어떻게 되십니까?; (인생의) 시기; 시대 ~ d'or 황금시대
아즈

âgé(e) [형] 나이가 많은; 늙은 personnes ~es 노인...살[세]의 Il est ~ de trente ans. 그는 서른 살이다
아제

agence [여] 대리점
아정스

agenda [남] 비망록

아정다

agenouillement [남] 꿇어앉기
아즈누유멍

agenouiller, s' [대] 무릎을 꿇다
사즈누예

agent [명] 대리인
아정

agglomération [여] 덩어리; 집단; 주거 밀집 지역 La nation française est une ~ des peuples. 프랑스 국민은 여러 민족의 결합체이다
아글로메하시옹

agglomérer [타] (한 덩어리로) 모으다
아글로메헤

aggravant(e) [형] 악화시키는
아그하벙(벙뜨)

aggraver [타] 악화시키다
아그하베

aggravation [여] 악화시키기
아그하바시옹

aggraver [타] 악화시키다
아그하베

agile [형] 날쌘, 재빠른, 민첩한
아질

agilement [부] 날쌔게, 재빠르게, 민첩하게
아질멍

agilité [여] 민활, 민첩, 경쾌
아질리떼

agir [자] 행동하다
아지흐

agitateur(trice) [명] 선동자
아지따뙤흐(트히스)

agitation [여] 동요
아지따시옹

agité(e) [형] 동요하는
아지떼

agiter [타] 뒤흔들다, 휘두르다
아지떼

agneau(x) [남] 어린 양
아뇨

agnostique [형] 불가지론의 [명] 불가지론자
아그노스띠끄

agonie [여] 임종의 순간; (비유) (국가, 문명의) 말기, 최후, 종말
아고니

agoniser [자] 죽어가다, 빈사상태에 있다
아고니제

agora [남] (옛 그리스의) 광장; 시장
아고하

agoraphobie [여] 광장공포증
아고하포비

agoraphobique [형] 광장공포증의
아고하포비끄

agrafage [남] 스테이플러로 찍기
아그하파즈

agrafe [여] 스테이플
아그하프

agrafer [타] 스테이플러로 찍다
아그하페

agrandir [타] 크게 하다, 확장하다
아그헝디흐

agrandissement [남] 증대, 증가, 확장, 확대
아그헝디스멍

agréable [형] 쾌적한
아그헤아블

abréablement [부] 쾌적하게
아그헤아블멍

agréer [타] 기꺼이 받아들이다[수락하다

아그헤에	]; [법] 승인하다, 인가하다
agrément 아그헤멍	[남] 승인, 인가
agrémenter 아그헤멍떼	[타] 장식하다; 흥미롭게 하다
agresser 아그헤세	[타] 공격[습격]하다; 침략하다
agresseur 아그헤쐬흐	[남] 공격자
agressif(ve) 아그헤시프(시브)	[형] 공격적인
agression 아그헤시옹	[여] 공격
agressivement 아그헤시브멍	[부] 공격적으로, 침략적으로
agressivité 아그헤시비떼	[여] 공격적 성질, 침략성
agricole 아그히꼴	[형] 농업의
agriculteur 아그히뀔뙤흐	[남] 농부
agricultural(e, aux) 아그히뀔뛰할	[형] 농업의
agriculture 아그히뀔뛰흐	[여] 농업
Agriffer 아그히페	[타] 손톱[발톱]으로 움켜잡다
Agripper 아그히뻬	[타] 움켜잡다
agrochimie 아그호시미	[여] 농약
agronome 아그호놈	[명] 농학자

agronomie [여] 농학
아그호노미

agronomique [형] 농학의
아그호노미끄

aguicher [타] (속어) 유혹하다, 추파를 던지다; 흥미[호기심]를 자극하다
아기셰

ahurir [타] 어리둥절하게[얼빠지게] 하다
아위히흐

aide [여] 도움, 조력 J'ai besoin de votre ~. 당신의 도움이 필요하다; 원조, 보조 ~s aux personnes handicapées 장애인 보조 ~ alimentaire 식량원조 econom ique 경제 원조 ~ énergétique 에너지 지원
에드

Aider aider [타] 돕다 [속담] *Aide*toi et le ciel t'*aidera.* 하늘은 스스로 돕는 자를 돕는다
에데

aïeul(e, eux) [명] 조상
아옐

Aigle [남] 독수리
에글

aiglon(ne) [명] [조류] 새끼 독수리
에글롱(론)

aigre [형] 신; (목소리 따위가) 귀에 거슬리는
에그흐

aigrement [부] 날카롭게, 신랄하게
에그흐멍

aigreur [여] 신맛; (비유) 쓰라림
에그회흐

aigrir [타] 시게 하다; 기분을 상하게 하다
에그히흐

aigu(ë) [형] 뾰족한; 날카로운
에귀

aiguille
에귀이유
[여] 바늘

aiguiser
에기제
[타] 날카롭게 하다

ail
아유
[남] [식물] 마늘

aile
엘
[여] 날개

aileron
엘롱
[남] 지느러미

ailleurs
아유흐
[부] 다른 곳에 d'~ 게다가 ~ 한편으로는

aimable
에마블
[형] 호감을 주는

aimablement
에마블멍
[부] 사랑스럽게, 귀엽게

aimant
에멍
[남] 자석

aimanter
에멍떼
[타] 자기를 띄게 하다

aimer
에메
[타] 사랑하다, 좋아하다

aîné(e)
에네
[형] 맏이의; 손위의
[명] 장남, 장녀; 연장자

ainsi
엥시
[부] 그와 같이; 그러므로

air
에흐
[남] 공기, 대기; (비유) 분위 기; 태도, 얼굴표정 avoir l'~ + 형용사 ...처럼 보이다; ...하는 것 같이 보이다

aire
에흐
[여] 평평한 표면, 마당

aisance
[여] (생활의) 여유, 유복; (말,

에정스 | 행동, 태도 따위가) 자유스러움, 우아함

aise [여] 기쁨, 만족; 자유, 편한
에즈

aisé(e) [형] 유복한
에제

aisément [부] 마음 편히, 불편없이; 쉽사리; 안락하게
에제멍

aisselle [여] 겨드랑이
에셀

ajournement [남] 연기
아주흐느멍

ajourner [타] 연기하다 ~ pour / à qch …까지 연기하다
아주흐네

ajout [남] (원고, 조각, 원형 따위에) 덧붙이기, 첨가
아주

ajouter [타] 추가하다
아주떼

ajustable [형] 조절 가능한
아쥐스뜨멍

ajuster [타] (가격, 요금 등을) 조절하다
아쥐스떼

alarmant(e) [형] 불안감을 주는, 걱정스러운 ; 놀라게 하는
알라흐멍(멍뜨)

alarme [여] 경보
알라흐므

alarmer [타] 불안을 주다, 걱정시키다
알라흐메

alarmiste [명] 기우가 심한 사람
알라흐미스뜨

albâtre [남] 설화석고
알바트흐

albatros [남] 신천옹

알바트호스

albinos [명] 선천성 색소 결핍증인 사람
알비노스

album [남] 앨범
알봄

albumen [남] 알의 흰자
알뷔멘

alcali [남] 알칼리
알깔리

alcalin(e) [형] 알칼리의
알깔렝(린)

alchimie [여] 연금술
알시미

alchimiste [남] 연금술사
알시미스뜨

alcool [남] 알코올
알꼴

alcoolique [명] 알코올성의
알꼴리끄

alcoolisé(e) [형] 알코올이 함유된
알꼴리제

alcooliser [타] 알코올화하다; 알코올을 타다
알꼴리제

alcoolisme [남] 알코올 중독
알꼴리스므

alco(o)test [남] (휴대용) 혈중 알코올 농도 측정기, 음주 측정기
알꼬떼스뜨

alcôve [여] 침상을 들여놓는 곳; 부부간의 화목
알꼬브

aléa [남] 요행
알레아

aléatoire [형] 우연성의; 위험한, 확실성 없는
알레아뚜아흐

aléatoirement [부] 우연[사행]적으로
알레아뚜아흐멍

alentour [부] 주위에, 부근에
알렁뚜흐 [남][복] 부 근

alerte [여] 경계
알레흐뜨

alerter [타] (주어는 사람) (조치를 취하도록) 경고하다, 미리 알리다
알레흐떼

algèbre [여] 대수학
알제브흐

Alger [명] [지리] 알제 (알제리(Algérie)의 수도)
알제

Algérie [여] [지리] 알제리
알제히

algérien(ne) [형] 알제리의
알제히엥(엔) [명] (A~) 알제리 사람

algorithme [남] 알고리듬
알고히뜨므

algue [여] 해초
알그

alibi [남] 알리바이
알리비

aliéné(e) [형] [법] 양도된
알리에네

aliénation [여] [법] (재산, 권리 따위의) 양도; [의학, 심리] (일시적 또는 지속적인) 정신이상, 이성의 상실; (개인에 대한 집단적인) 반감, 적대감
알리에나시옹

aliéner [타] (재산, 권리 따위를) 양도하다; (비유, 문어) 포기하다, 상실하다; (사람의 마음을) 멀어지 게 하다; 반감을 갖게 하다
알리에네

alignement [남] 정렬

알리뉴멍

aligner [타] 정렬하다
알리녜

aliment [남] 식품 ~ riche[pauvre] en calories 고[저] 칼로리식품 ~ diététique 다이어트 식품
알리멍

alimentaire [형] 음식의
알리멍떼흐

alimentation [여] 영양, 자양; 양식
알리멍따시옹

alimenter [타] 양식을 공급하다
알리멍떼

alinéa [남] [인쇄] 별행, 줄바꿈
알리네아

aliter [타] (환자를) 자리에 눕게 하다; (비유) (힘, 건강 따위를) 약화시키다
알리떼

allaiter [타] (에게) 젖을 먹이다, 수유하다 ~ un enfant au sein 아이에게 모유를 먹이다
알레떼

allant(e) [형] (문어) 정정한, 활기있는
[남] (복수) 가는 사람들; 원기, 활기
알렁

allécher [타] (맛있는 것으로) 먹고 싶게하다, 끌어당기다; (비유) 유혹[유인]하다
알레셰

allée [여] 골목
알레

allégeance [여] 충성
알레정스

alléger [타] 가볍게 하다
알레제

allégorie [여] 풍유
알레고히

allègre
알레그흐
[형] 즐거운, 쾌활한, 민활한

allégresse
알레그헤스
[여] 환희, 희열

alléguer
알레게
[타] (유력한 증명, 논거를) 끌어내다, 인용[인증]하다

alléluia
알렐뤼야
[남] 할렐루야

Allemagne
알마뉴
[여] [지리] 독일

allemand(e)
알멍(멍드)
[형] 독일의 [명] (A~) 독일 사람 [남] 독일어

aller
알레
[자] 가다 Je *vais* à l'école. 나는 학교 에 간다; 순조롭게 진행되다 Le commerce *va* bien. 장사가 잘 된다; 경기가 좋다; (건강 상태가) ...하다;...한 상태로 지내다 Co-mment *allez*vous ? 어떻게 지내십니까?; (주어는 사물) (에) 맞다, 어울리다 Cette robe vous *va* bien. 이 드레스는 당신에게 잘 어울립니다

allergie
알레흐지
[여] 알레르기

allergique
알레흐지끄
[형] 알레르기의

allergologue
알레흐골로그
[명] 알레르기 전문 의사

alliage
알리아즈
[남] 합금(하기); (비유) 혼합물, 불순물

alliance
알리엉스
[여] 연합

allié(e)
알리에
[형] 동맹의, 연합의

allier 알리에	[타] 결합하다; 겸비하다
allo/allô 알로	[감] [전화] 여보세요
allocation 알로꺄씨옹	[여] 급여; 수당; 할당
allocution 알로뀌시옹	[여] 짧은 연설 prononcer une ~ 연설을 하다 ~ de victoire [정치] 당선 연설
allonger 알롱제	[타] 길게 하다
allumage 알뤼마즈	[남] 불을 켜기, 점화
allumer 알뤼메	[타] 불을 붙이다, 점화하다 ~ la flamme olympique 올림픽 성화를 점화하다
allumette 알뤼메뜨	[여] 성냥
allure 알뤼흐	[여] 걸음걸이; 행동거지, 태도
allusion 알뤼지옹	[여] 암시
aloi 알루아	[남] (옛) 합금, (화폐, 귀금속 따위의) 순도
alors 알로흐	[부] 그 때, 그 당시; 그러면; 그러므로, 그래서
alourdir 알루흐디흐	[타] 무겁게 하다, 짐[중책]을 지우다
aloyau(x) 알루아요	[남] [요리] 소의 허리 윗부분 고기
alpe 알쁘	[여] (알프스 산맥의) 고지 목장 les A~s 알프스 산맥
alpha	[남] 그리스어 자모의 첫 자

알파

alphabet [남] 알파벳
알파베

alphabétique [형] 알파벳의
알파베띠끄

alpin(e) [형] 알프스의; 등산의 club ~ 산악회
알뼁(삔)

alpinisme [남] 등산, 등산 취미
알삐니슴

altération [여] 변질
알떼하시옹

altercation [여] 언쟁
알떼흐꺄시옹

altérer [타] 변질시키다
알떼헤

alternance [여] 교대
알떼흐넝스

alternateur [남] 교류발전기
알떼흐나뙤흐

alternatif(ve) [형] 번갈아드는, 규칙적으로 교체되는; 양자 택일의, 선택적인; 대체의, 대 용의 énergies ~ves 대체 에너지 [여] 양자택일
알떼흐나띠프(띠브)

alternativement [부] 양자택일로
알떼흐나띠브멍

altimètre [남] 고도계
알띠메트흐

altitude [여] 고도
알띠뛰드

alto [남] 알토
알또

altruisme [남] 이타주의
알트휘슴

altruiste 알트휘스뜨 [형] 이타주의의

aluminium 알뤼미니옴 [남] 알루미늄

amabilité 아마빌리떼 [여] 친절함, 상냥함, 호의

amaigrir 아메그히흐 [자] 수척해지다, 마르다

amalgamation 아말가마시옹 [여] 합동, 합병

amalgame 아말걈 [남] 아말감

amalgamer 아말갸메 [타] 통합하다

amande 아멍드 [여] 아몬드

amant(e) 아멍(멍뜨) [명] (옛) 애인, 연인; (복수) 애인 관계

amarrer 아마헤 [타] (선박, 비행선 따위를) 밧줄로 매어두다

amas 아마 [남] 축적, 퇴적, 무더기

amassage 아마사즈 [남] 쌓아올리기, 저장[축적]하기

amasser 아마세 [타] 쌓아놓다, 긁어모으다

amateur 아마뙤흐 [남] 아마추어

ambages 엉바즈 [여][복] 우회적인 표현, 넌지시 돌려 말하기

ambassade 엉바사드 [여] 대사의 직; 대사관

ambassadeur [남] 대사

엉바사되흐

ambiance [여] 분위기
엉비엉스

ambiant(e) [형] 주위의, 주변적인 air ~ 주위 공기
엉비엉(엉뜨)

ambidextre [형] 양손잡이의
엉비덱스트흐

ambigu(ë) [형] 모호한
엉비귀

ambiguité [여] 모호성
엉비귀이떼

ambition [여] 야심
엉비시옹

ambitieusement [부] 야심적으로
엉비시유즈멍

ambitieux(se) [형] 야심적인
엉비시유(유즈)

ambition [여] 야심, 야망
엉비시옹

ambivalence [여] 상반되는 감정
엉비발렁스

ambivalent(e) [형] [심리] 반대 감정이 양립한
엉비발렁(렁뜨)

ambre [남] 호박
엉브흐

ambulance [여] 구급차, 앰뷸런스 Appelez une ~ ! 구급차를 부르세요!
엉뷜렁스

ambulant(e) [형] 순회하는
엉뷜렁(렁뜨)

âme [여] 영혼
암

amélioration [여] 개선, 개량; 진보, 향상 ; (건강, 날씨 따위의) 회복, 진전,
아멜리오하시옹

호전

améliorer
아멜리오헤
[타] 개선하다, 개량하다; 향상[진보]시키다

amen
아멘
[남] 아멘

aménagement
아메나즈멍
[남] 정비; 개조; 개발 plan d'~ 개발계획

aménager
아메나제
[타] 정비[정돈]하다

amende
아멍드
[여] 벌금

amendement
아멍드멍
[남] 개정

amender
아멍데
[타] 개정하다

amener
아므네
[타] 데리고 가다[오다]

amer(ère)
아메흐
[형] 쓴; 쓰라린, 슬픈

américain(e)
아메히껭(껜)
[형] 미국의 [명] (A~) 미국 사람

américanisme
아메히꺄니슴
[남] 미국 문화 및 생활방식의 숭배[모방]

Amérique
아메히끄
[여] [지리] 아메리카 대륙

amertume
아메흐뜀
[여] 쓴맛; 고통, 쓰라림; (회한, 실망 따위의) 쓰라린 감정

ameublement
아뫼블멍
[남] 가구; 실내장식

améthyste
아메띠스뜨
[여] 자석영차

ameuter
아뫼떼
[타] (사냥개를) 불러모으다; (시위, 폭동을 목적으로) 사람들을

모으다, 선동하다

ami(e) 아미	[명] 친구
amiable 아미아블	[형] [법] 화해적인, 합의로 이루어진, 타협적인
amibe 아미브	[여] 아메바
amical(e, aux) 아미꺌(꼬)	[형] 우호적인
amincir 아멩시흐	[타] (몸 따위를) 야위게 하다, (판자 따위를) 얇게 하다
amiral 아미할	[남] (해군) 사령관
amitié 아미띠에	[여] 우정
ammoniac 암모니아끄	[남] 암모니아
amnésie 암네지	[여] 기억상실증
amnésique 암네지끄	[명] 기억상실증 환자
amniste 암니스띠	[남] 사면
amnistie 암니스띠	[남] (국회의 결의에 의한) 대사, 사면
amoindrir 아무엥드히흐	[타] (가치, 중요성을) 감소시키다, 작게 하다, 줄이다
amollir 아몰리흐	[타] 부드럽게 하다, 무르게 하다
amonceler 아몽슬레	[타] 쌓아올리다, (바람이 구름을 한 군데로) 모으다[몰아오다]
amont 아몽	[남] (강의) 상류; [경제] 전단계 en ~ (de qch) ...의 상류에; [경]

생산 이전의 단계에; 사전에 미리

amoralité 아모할리떼 [여] 도덕관념의 결여

amorce 아모흐스 [여] (새, 짐승을 잡기 위한) 먹이; (비유) 유혹; 시초

amorcer 아모흐세 [타] (에) 미끼를 달다; 밑밥으로 유인하다

amorphe 아모흐프 [형] 일정한 모양이 없는

amortir 아모흐띠흐 [타] 약하게 하다; 완화하다

amortissement 아모흐띠스멍 [남] 약하게함, 완화; [경제] (부채의)상각; 감가상각(비) De nouveaux investisse ments n'ont pas eu lieu malgré un ~. 감가상각이 발생했지만 그만큼 신규투자는 이루어지지 않았다

amortisseur 아모흐띠쇠흐 [남] 완충장치

amour 아무흐 [남] 사랑

amouracher, s' 사무하셰 [대] [s'~ de] (에게) 반하다

amoureux(se) 아무회(회즈) [형] (에게) 반한, (을) 사랑하 는 tomber ~ de qn ...을 사랑하다 , ...와 사랑에 빠지다

amour-propre (amours-propres) 아무흐프호프흐 [남] 자존심, 자부심, 자만심

ampère 엄뻬흐 [남] 암페어

amphibe 엉피브 [남] 양서동물

amphibie [형] 수륙 양서의

엉피비

amphithéâtre [남] 계단식 강의실
엉피떼아트흐

ample [형] 넓은
엉쁠

amplificateur [남] 증폭기, 앰프
엉쁠리피꺄뙤흐

amplifier [타] 확대하다, 부연하다; 과장하다
엉쁠리피에

ampoule [여] 전구
엉뿔

amputation [여] 절제 (팔, 다리); 삭제, 삭 감, 축소
엄쀄따씨옹

amputé(e) [명] (팔, 다리 등의) 절단 수 술을 받은 사람
엄쀄떼

amputer [타] (외과 수술에서) (팔, 다리 따위)를 절단하다
엄쀄떼

Amsterdam [명] 암스테르담
암스떼흐담

amusant(e) [형] 즐거운
아뮈정(정뜨)

amuse-gueule(s) [남] 아페리티프와 함께 먹는 비스킷, 샌드위치 따위
아뮈즈괼

amusement [남] 즐거움
아뮈즈멍

amuser [타] 즐겁게 하다
아뮈제

amygdale [여] [해부] 편도선
아미달

amygdalite [여] 편도선염
아미달리뜨

an [남] 해, 년
엉

anachronisme [남] 시대착오
아나크호니슴

anaérobie [형] [생물] 혐기성의
아나에호비

anagramme [여] 철자 바꾸기
아나그함

analgésique [남] 진통제
아날제지끄

analogie [여] 유사, 우추(법)
아날로지

analogique [형] 유추에 근거한; 유사의; [정보통신] 아날로그의 calcul ~ 아날로그 계산
아날로지끄

analogue [형] 유사한
아날로그

analphabète [형] 문맹의 [명] 문맹(자), 배우지 못한 사람
아날파베뜨

analyse [여] 분석
아날리즈

analyser [타] 분석하다
아날리제

analyste [명] 분석자
아날리스뜨

analytique [형] 분석적인
아날리띠끄

ananas [남] [식물] 파인애플
아나나(스)

anarchie [여] 무정부 상태
아나흐시

anarchique [형] 무정부(상태)의
아나흐시끄

anarchiste [명] 무정부주의자
아나흐시스뜨

anathème
아나뗌
[남] 파문

anatomie
아나또미
[여] 해부

anatomique
아나또미끄
[형] 해부의

ancestral(ale, aux)
엉세스트할(호)
[형] 조상의

ancêtre
엉세트흐
[명] 조상

anchois
엉슈아
[남] 멸치

ancien(ne)
엉시엥(엔)
[형] (흔히 명사 뒤) 오래전부터 있는, 예부터의; 고물의; (명사 앞) 이전의, 퇴역[퇴직]한 ~s com attants 재향군인

ancienneté
엉씨엔떼
[여] 낡음, 낡은 것, 오래됨; 근속[재직] 연수

ancrage
엉크하즈
[남] 닻을 내림

ancre
엉크흐
[여] 닻 jeter l'~ 닻을 내리다

ancrer
엉크헤
[자] 정박하다

andin(e)
엉뎅(딘)
[형] 알데스 산맥의

andouille
엉두이유
[여] [요리] 순대, 소시지 (보통 차게 해서 먹음)

Âne
안
[남] [동물] 당나귀

anéantir
아네엉띠흐
[타] 말소시키다

âne(esse) 안(아네스)	[남] 당나귀; 바보, 어리석고 고집이센 사람
anéantir 아네엉띠흐	[타] 없애다; 소멸[전멸]시키다; 진을 빼다, 지칠대로 지치게 하다
anecdote 아넥도뜨	[여] 일화
anecdotique 아넥도띠끄	[형] 일화의
anémie 아네미	[여] 빈혈
anémique 아네미끄	[형] 빈혈의
anémone 아네몬	[여] 아네모네
anesthésie 아네스떼지	[여] 마비, 마취
anesthésier 아네스떼지에	[타] 마취시키다
anesthésique 아네스떼지끄	[남] 마취제
anesthésiste 아네스떼지스뜨	[명] 마취 전문의
ange 엉즈	[남] 천사 ~ gardien 수호천사
angélique 엉젤리끄	[형] 천사의
angine 엉진	[여] [의학] 안기나, 구협염 ~ de poitrine 협심증
anglais(e) 엉글레	[형] 잉글랜드의; 영어의 [명] (A~) 잉글랜드 사람 [남] 영어
angle 엉글	[남] 각도
Angleterre	[여] [지리] 영국

엉글르떼흐

anglicise [타] 영어화하다
엉글리시제

anglicisme [남] 다른 나라 말에 도입된 영어식 표현
엉글리시슴

anglo-américain(e) [형] 영미의 [남] 미국 영어
엉글로아메히껭(껜)

anglophone [형] 영어권의
엉글로폰

anglo-saxon(onne) [형] 앵글로 색슨 사람의 [명] (A~-S~) 앵글로색슨 민족
엉글로삭송(손)

angoissant(e) [형] 마음을 괴롭히는;안타까운
엉구아성(성뜨)

Angoisse [여] 괴로움, 고뇌
엉구아스

angoissé(e) [형] 매우 불안해하는
엉구아세

Angoisser [타] 괴롭게 하다; 걱정시키다
엉구아세

Angola [남] [지리] 앙골라
엉골라

Anguille [여] 뱀장어
엉기유

anguleux(se) [형] 모난
엉귈뢰(뢰즈)

anicroche [여] 사소한 장해[고장], 지장
아니크호슈

animal(aux) [남] 동물 militant(e) pour les droits des *animaux* 동물권리 옹호가
아니말(모)

animateur(trice) [명] 생기를 주는 사람
아니마뙤흐(트히스)

animé(e) [형] 활기를 받은

아니메

animateur(trice) [명] 사회자
아니마뙤흐(트히스)

animation [여] (드물게) 생명력, 생기; 번창, 호황
아니마시옹

animé(e) [형] 생명있는, 살아있는; 생기있는, 활발한
아니메

animer [타] 활기를 주다
아니메

animosité [여] 원한, 증오 ~ envers qn …에 대한 원한
아니모지떼

anis [남] [식물] 아니스 (미나리과 향료식물의 총칭)
아니(스)

ankyloser [타] 관절경직이 일어나게 하다; 마비시키다
엉낄로제

annales [여][복] 연대기 figurer dans les ~ 연 대기에 나와 있다
아날

anneau(x) [남] 반지
아노

année [여](달력 상의) 해, 연
아네

annexe [형] 부속된, 보조적인; 부수적인, 부차적인 [여] 별관, 부속기관; 부록
아넥스

annexion [여] [정치] 영토의 병합
아넥시옹

annihilation [여] 전멸, 근절
아니일라시옹

annihiler [타] 없애버리다, 전멸하다
아니일레

anniversaire [남] 생일, 기념일 ~ de la Révolution 혁명 기념일 ~ diplomatique 수교 기념일
아니베흐세흐

annonce [여] 발표
아농스

annoncer [타] 발표하다 ~ que + ind. …라고 발표하다
아농세

annonciation [여] [가톨릭] 수태고지
아농시아시옹

annoter [타] 주석을 달다
아노떼

annuaire [남] 연보, 연감
아뉘에흐

annuel(le) [형] 연간의
아뉘엘

annulaire [남] 약지
아뉠레흐

annulation [여] 취소, 해약, 파기 ~ d'une réservation 예약 취소; 무표화, 해제
아뉠라시옹

annuler [타] [법] 무효화하다, 파기하다, 해약하다; (약속, 예정 따위를) 취소하다 ~ une commande 주문을 취소하다
아뉠레

anodin(e) [형] 대수롭지 않은
아노뎅(딘)

anomalie [여] 비정상, 이례적인 것 ~ dans..… 에 있어서 이례적인 것
아노말리

anonymat [남] 익명성
아노니마

anonyme [형] 익명의
아노님

anorak [남] 아노락 (두건 달린 방한용 자켓)
아노하끄

anorexie [여] 식욕부진 ~ mentale 신경성 식욕 부진
나오헥씨

anorexique
아노헥씨끄
[형][명] 식욕부진의, 식욕부진에 걸린 (사람)

anormal(e, aux)
아노흐말(모)
[형] 비정상적인

anormalement
아노흐말멍
[부] 비정상적으로

anse
엉스
[여] (그릇, 바구니 따위의) 손잡이, 고리

antagonisme
엉따고니슴
[남] 적대, 대립 ~ entre A et B A와 B 사이의 적대관계

antagoniste
엉따고니스뜨
[형] 적대하는
[명] 반대자, 상대자; 경쟁자

antarctique
엉따흐띠끄
[형] 남극의 [여] (A~) 남극 대륙

antécédent
엉떼세덩
[남] (추론, 판단에서 전제되는) 선행현상, 선례; [복] (사람의) 과거지사, 전력; (사물의) 유래

antenne
엉뗀
[여] 안테나

antérieur(e)
엉떼히외흐
[형] (시간) ...전의, 이전의 vie ~e 전생; (공간) ...앞의, 전방의 parties ~es d'un édifice 건물의 앞부분; [문법] passé[futur] ~ 전과거[미래]

anthologie
엉똘로지
[여] 선집, 문집

anthologiste
엉똘로지스뜨
[명] 명시선집의 편집자

anthracite
엉트하시뜨
[남] 무연탄

anthrax
엉트학스
[남] 탄저병

anthropologie
엉트호뽈로지
[여] 인류학

anthropologique [형] 인류학의
엉트호뽈로지끄

anthropologiste [명] 인류학자
엉트호뽈로지스뜨

antibactérien(ne) [형] 항균성의
엉띠박떼히엥(엔)

antibiotique [형] 항생작용이 있는
엉띠비오띠끄 [남] 항생제

antichambre [여] 대기실, 부속실
엉띠샹브흐

anticipation [여] 미리 하기; 예상, 예견
엉띠시빠시옹

anticiper [타] 기대하다, 예상하다
엉띠시뻬

anticlérical(e, aux) [형] (공공 생활에) 교권의 개입을 반대하는, 반교권주의의
엉띠끌레히꺌(꼬) [명] 반교 권주의자

anticyclone [남] [기상] 고기압권[대]
엉띠시끌론

antidater [타] 앞서다
엉띠다떼

antidépresseur [남] 우울증 치료제, 항 우울증의
엉띠데프헤쐬흐

antidérapant(e) [형] 미끄럼 방지의
엉띠데하뻥(뻥뜨)

antidote [남] 해독제 ~ contre / à qch …에 대한 해독제
엉띠도뜨

antigel [남] 동결방지제
엉띠젤

antihistaminique [형] [의학] 항히스타민의
엉띠이스따미니끄 [남] 항히스타민제(천식, 두드러기 따위 의 치료제)

anti-inflationniste [형] 인플레이션 억제[방지]의

엉띠엥플라시오니스뜨

antilope [여] [동물] 영양
엉띨로쁘

antipathie [여] 반감
엉띠빠시

antipathique [형] 불쾌한, 싫은, 기분나쁜
엉띠빠띠끄

antiquaire [명] 골동품상
엉띠께흐

antique [형] (명사 뒤) 낡은, 시대에 뒤떨어진
엉띠끄

antiquité [여] 먼 옛날, 태고; (l'A~) 고대(문명); (복수) 고대의 유적; 고미술
엉띠끼떼

antiracisme [남] 인종차별 반대
엉띠하시슴

antisémite [형] 반유대주의의
엉띠세미뜨

antisémitisme [남] 반유대주의의
엉띠세미띠슴

antiseptique [형] [의학] 소독의, 살균의
엉띠셉띠끄 [남] 소 독약, 살균제

antiterroriste [형] 테러에 대항하는
엉띠떼호히스뜨

antithèse [여] 대조, 대립
엉띠떼즈

antithétique [형] 대조적인
엉띠떼띠끄

antonyme [남] 반의어
엉또님

anus [남] 항문
아뉘스

anxiété [여] 불안

엉시에떼

anxieux(se) [형] 불안한, 걱정하는, 근심하는
엉시유(유즈)

aorte [여] 대동맥
아오흐뜨

août [남] 8 월
우뜨

Apache [명] 아파치족 (미국 남부의 인디언부족)
아빠슈

apaisement [남] 진정, 완화, 위무
아뻬즈멍

apaiser [타] 진정시키다
아뻬제

apartheid [남] 민족격리정책, 인종차별 정책
아빠흐떼이드

apathie [여] 무감동
아빠띠

apathique [형] 무감동한
아빠띠끄

apercevoir [타] 언뜻 보다; 알아차리다
아뻬흐쓰봐흐

aperçu [남] 얼핏 보기, 일별; 개관, 개요
아뻬흐쒸

apéritif [남] (식욕을 돋우기 위해 마시는) 반주
아뻬히띠쁘

apeuré(e) [형] 겁에 질린
아쀠헤

aphrodisiaque [남] 최음제
아프호디지아끄

apitoyer [타] 감동시키다, 불쌍한 마음이 들게 하다
아삐뚜아예

aplanir [타] 평평하게 하다; 해소하다 ~ les principaux points de tension
아쁠라니흐

주요 갈등요소 를 해소하다

aplatir
아쁠라띠흐
[타] 납작[평평]하게 하다; 부피 줄이다; (비유) 기를 꺾다

aplomb
아쁠롱
[남] 수직, 균형

apocalypse
아뽀꺌립스
[여] (A~) 요한계시록, 세상의 종말

apocalyptique
아뽀꺌립띠끄
[형] (파멸의) 전조가 되는, 종말적인, 대참사를 예언하는

apocryphe
아뽀크히프
[형] 외전, (저작, 작품 등의) 작자나 전거가 의심스러운

apogée
아뽀제
[남] 원지점 (달, 인공위성 따위가 궤도상에서 지구와 가장 멀어지는 위치); (비유) 절정, 최고점; 전성기

apolitique
아볼리띠끄
[형] 정치에 무관심한

Apollon
아뽈롱
[남] 아폴로

apologie
아뽈로지
[여] 변명

apologiste
아뽈로지스뜨
[명] (주의, 행동의) 옹호자, 변호자

apostrophe
아뽀스트호프
[여] 아포스트로피 (')

apothéose
아뽀떼오즈
[여] 신으로 모시기, 신격화

apôtre
아뽀트흐
[남] 사도, (주의, 사상의) 전도자
se faire l'~ d'une idée 어떤 사상을 열심히 전파하다

Appalaches
아빨라슈
[여][복] 애팔래치아 산맥

apparaître
아빠헤트흐
[자] 나타나다

apparat [남] 화려, 호화, 성대함
아빠하

appareil [남] 기계, 기구, 장치, 도구
아빠헤유

apparemment [부] 명백하게
아빠하멍

apparence [여] 외모 Il ne faut pas se fixer aux ~s. 겉모습을 믿어서는 안된다.
아빠헝스

apprent(e) [형] 명백한
아빠헝(헝뜨)

apparenté(e) [형] 인척 관계를 맺은, 결연된
아빠헝떼

apparition [여] 출현
아빠히씨옹

appartement [남] 아파트
아빠흐뜨멍

appartenir [자] ...에 속하다
아빠흐뜨니흐

appât [남] 미끼, 낚싯밥
아빠

appauvrir [타] 가난하게 만들다
아뽀브히흐

appel [남] 부름; 출석을 부름, 점호; 소집
아뻴

appeler [타] 부르다
아쁠레

appellation [여] 명칭
아뻬라씨옹

appendice [남] 부록
아뺑디스

appendicite [여] 충수염, 맹장염
아뺑디시뜨

appentis
아뺑띠
[남] [건축] (건물 벽에 비스듬히 덧붙이) 지붕, 차양

appétissant(e)
어뻬띠성(성뜨)
[형] 식욕을 돋구는

appétit
아뻬띠
[남] 식욕 Il a bon ~. 그는 식욕이 왕성 하다. Il n'a pas d'~. 그는 식욕이 없다. Bon ~ ! 맛있게 드세요!

applaudir
아쁠로디흐
[타] 박수갈채하다

applaudissement
아쁠로디쓰멍
[남] (~s) 박수갈채 Les ~s ont éclaté. 박수갈채가 터졌다.

application
아쁠리꺄시옹
[여] 붙이기, 바르기; 적용

applique
아쁠리끄
[여] (장식 또는 튼튼하게 하기 위해) 덧붙이는 것

appliqué(e)
아쁠리께
[형] (과학이 실제로) 적용된, 응용된

appliquer
아쁠리께
[타] 적용하다 ~ sur qch …에 적용하다

appoint
아뿌엥
[남] [상업, 재정] 차감잔고, 잔금, (모자라는 액수를 채우는) 잔돈

apport
아뽀흐
[남] 가져오기, 지참; 가져온 것, 지참물 [경제] 출자; 출자액; (복수) (현금 이외의) 동산 또는 부동산

apporter
아뽀흐떼
[타] 가져오다; 지참하다; 운반하다 ~ le café dans la salle de séjour 거실로 커피를 가져오다; 출자하다 ~ des capitaux dans une industrie 자본을 산업에 출자하다

apposer
[타] (우표, 광고 따위를) 붙이다

아뽀제

apposition [여] 병렬
아뽀지시옹

appréciable [형] 평가할 수 있는
아프헤시아블

appréciation [여] 평가, 감정; (거리, 크기 따위의) 측정; 판단, 평가, 의견
아프헤시아시옹

apprécier [타] 평가하다, 감정하다; (거리, 크기 따위를) 어림하여 측정하다; 높이 평가하다, 존중하다; (예술 작품을) 감상하다, 애호하다; (요, 술 따위를) 맛보다, 즐기다; 인정하다, 고맙게[기쁘게] 생각하다~ la musique 음악을 감상[애호]하다
아프헤시에

appréhender [타] 붙잡다, 체포하다; 이해하다, 파악하다 ~ une notion 개념을 이해하다
아프헤엉데

apprendre [타] 배우다
아프헝드흐

apprenti(e) [명] 견습(생), 수습생
아프헝띠

apprentissage [남] 도제수업, 수습, 견습, 실습, 수련
아프헝띠사즈

apprêter [타] 준비[채비]하다, 분장시키다, 준비시키다
아프헤떼

apprivoiser [타] (짐승, 새를) 길들이다
아프히부아제

approbation [여] 찬성, 동의; 승인, 허가, 인가
아프호바시옹

approche [여] 접근
아프호슈

approcher, s' [대] (~ de) 가까이가다
사프호셰

approfondi(e) [형] 깊어진, 철저한, 심오한
아프호퐁디

approfondir [타] 깊게 하다; 깊이 연구하다
아프호퐁디흐

appropriation [여] 사물화, 전유
아프호프히아시옹

approprié(e) [형] 적절한 ~ pour qch …에 적절한
아프호프히에

approprier [타] (에) 알맞게 하다, 적응시키다
아프호프히에

approuver [타] 찬성[동의]하다 ~ une décision 결정에 찬성하다; 허가[인가]하다 ~ le projet de budget 예산안을 승인하다
아프후베

approvisionner [타] 식료품을 공급하다
아프호프히비지오네

approximatif(ve) [형] 대략의
아프혹시마띠프(띠브)

approximation [여] 접근
아프혹시마시옹

appui [남] 받침; 괴기
아쀠이

appuyer [타] 받치다, 괴다
아쀠예

âpre [형] 떫은
아프흐

après [전] 뒤에, 다음에
아프헤

après-demain [부] 모레
아프헤드멩

après-guerre (불변) [남] (1, 2 차) 세계대전후
아프헤게흐

après-midi [남] 오후

아프헤미디

a priori, à priori [부] 선험적으로, 선천적으로
아프히오히

à-propos [남] 시기에 적합한 것[말, 행위]
아프호뽀

apte [형] 능력[소질]이 있는, 알맞은, 적절한
압뜨

aptitude [여] 적성
압띠뛰드

aquarelle [여] 수채화법, 수채화
아꾸아렐

aquarium [남] 수족관
아꾸아히엄

aquatique [형] 물의
아꾸아띠끄

aqueduc [남] 물길
아끄뒤끄

aquilin(e) [형] 매부리 모양의; nez ~ 매부리코
아낄렝(린)

arabe [형] 아랍의 [명] (A~) 아랍인 [남] 아랍어
아하브

Arabie [여] 아라비아
아하비

arable [형] 경작할 수 있는
아하블

arachide [여] 땅콩
아하시드

araignée [여] 거미
아헤녜

arbitraire [형] 제멋대로인, 독단적인
아흐비트헤흐

arbitre [남] 중재인, 심판 prendre qn pour ~ ...을 중재자로 삼다
아흐비트흐

arbitrer
아호비트헤
[타] 중재재판하다

arborer
아호보헤
[타] (나무처럼 곧게) 세우다, (기를) 게양하다; 보라는 듯이 내세우다, 공공연히 드러내다, 과시하다

arbre
아흐브흐
[남] 나무

arbuste
아흐뷔스뜨
[남] [식물] 소관목

arc
아흐끄
[남] 활, 호

arc-bouter
아흐끄부떼
[타] [건축] (을) 연결 보강하다

arcade
아흐꺄드
[여] 오락실, 아케이드

arc-en-ciel (arcs-en-ciel)
아흐껑시엘
[남] 무지개

arche
아흐슈
[여] (노아의) 방주 (=~ de Noé)

archaïque
아흐꺄이끄
[형] 고풍의, 구식의

archéologie
아흐께올로지
[여] 고고학

archéologique
아흐께올로지끄
[형] 고고학의

archéologue
아흐께올로그
[명] 고고학자

archer
아흐셰
[남] 궁수

archétype
아흐께띠쁘
[남] 원형

archipel
아호시뻴
[남] 열도

architecte
아호시떽뜨
[명] 건축가

architectural(e, aux)
아호시떽뒤할(호)
[형] 건축의

architecture
아호시떽뛰흐
[여] 건축

archive
아호시브
[여] 자료

arctique
아흐띠끄
[형] 북극의 [남] 북극 aller dans l'~ 북극으로 가다

ardemment
아흐다멍
[부] 열렬하게

ardent(e)
아흐덩(덩뜨)
[형] 열렬한

ardeur
아흐되흐
[여] 열성

ardoise
아흐두아즈
[여] 청석돌[점판암, 석반석], 청석돌판' 슬레이트

ardu(e)
아흐뒤
[형] 정력적인, 끈기있는

arène
아헨
[여] (옛, 문어) 모래, 모래사장, 모래마당; (모래를 깐 원형의) 투기장

arête
아헤뜨
[여] 물고기의 뼈, 생선 가시

argent
아흐정
[남] ① 은; 은화 ② 돈, 금전, 화폐; 재산

argenté(e)
아흐정떼
[형] 은을 씌운, 은빛의

argentin(e)
아흐정땡(띤)
[형] 아르헨티나의
[명] (A~) 아르 헨티나 사람

Argentine [여] 아르헨티나
아흐정띤

argile [여] 점토, 찰흙
아흐질

argot [남] (범죄자, 불량배 따위의) 은어
아흐고

argument [남] 추론, 논증; 논거; 설득 수단
아흐규멍

argumenter [자] 논거를 제시하다, 논증하다
아흐귀멍떼

aride [형] 불모의
아히드

ardidité [여] 건조, 메마름
아히디떼

aristocrate [명] 귀족
아히스또크하뜨

aristocratie [여] 귀족정치
아히스또크하씨

aristocratique [형] 귀족의
아히스또크하띠끄

arithmétique [형] 산수의 [여] 산수
아히뜨메띠끄

armateur [남] 선주, (선박의 출범에 소요되는) 의장품 책임자
아흐마뙤흐

armature [여] (건축물, 창, 조각품 따위의) 뼈대, 골조, 철골, 철근
아흐마뛰흐

arme [여] 무기 prendre les ~s 무기를 지니다
아흐므

armé(e) [형] 무장한 ~ de qch …로 무장한
아흐메

armée [여] 군대
아흐메

armement [남] 장비, 병기, 무장

아흐므멍

arménien(ne) [형] 아르메니아의
아흐메니엥(엔) [명] (A~) 아르메니아 사람

armer [타] 무장시키다
아흐메

armistice [남] 휴전
아흐미스띠스

armoire [여] 장롱, 옷장
아흐무아흐

armure [여] 갑옷
아흐뮈흐

aromate [남] 향신료, 향료; 방향성 물질
아호마뜨

aromathérapie [여] [의학] 아로마테라피
아호마떼하삐

aromatique [형] 향기가 있는 [여] 방향 요법
아호마띠끄

aromatiser [타] 향을 내다, 향을 넣다
아호마띠제

arôme [남] 향기
아홈

arpenter [타] (토지를) 측량하다; 성큼성큼 걷다
아흐뻥떼

arpenteur [남] 측량사
아흐뻥뙤흐

arqué(e) [형] 활처럼 휜
아흐께

arraché [남] [역도] 인상 à l'~ 힘겹게, 간신히
아하셰

arracher [타] 잡아 뽑다; 빼앗다
아하셰

arrangeant(e) [형] 타협적인, 까다롭지 않은
아헝정(정뜨)

arrangement 아헝즈멍 [남] 정돈

arranger 아헝제 [타] 배열하다, 정돈하다 ~ des livres dans une bibliothèque 책들을 책장에 정돈 하다; (모임 따위를) 마련하다, 주선하다 ~ un mariage 결혼을 성사시키다

arrestation 아헤스따시옹 [여] 체포 être en état d'~ 체포된 상태이다

arrêt 아헤 [남] 중지, 정지

arrêté 아헤떼 [남] 명령, 포고

arrêter 아헤떼 [타] 중단하다 Il *a arrêté* de fumer après sa maladie. 그는 병이 난 다음부터 담배를 끊었다; 체포하다

arrhes 아흐 [여][복] 선금, 예약금; 저당, 보증, 증거; 벌금

arrière 아히에흐 [남] 뒷부분, 뒤

arriéré 아히에헤 [남] 미납금 ~ de loyer 집세 미납금

arrivée 아히베 [여] 도착 "~ à Berlin 7 heures 25" " 베를린 도착 7 시 25 분"

arriver 아히베 [자]; 도착하다 Nous *arriverons* à Paris à midi. 우리는 정오에 파리에 도착할 것이다; (상태, 목표, 수준에) 이르다, 도달하다 ne pas ~ à dormir 잠을 이루지 못하다; (사건 따위가) 일어나다, 발생하다 Cela peut ~ à tout le monde. 그런 일은 누구에게든 일어날 수 있다

arrogamment [부] 거만하게
아호갸멍

arroance [여] 거만
아호겅스

arrogant(e) [형] 거만한
아호겅(겅뜨)

arroger, s' [대] (권리, 자격 따위를) 부당하 취득하다, 찬탈하다, 가로채다
사호제

arrondir [타] 둥글게 하다, 둥근 형태를 주다; (동작 따위를) 부드럽게 하다
아홍디흐

arrondissement [남] (옛) 둥그렇게 하기, (비유) 증가, 확장
아홍디스멍

arroser [타] 물을 주다[뿌리다] ~ des plantes 화초에 물을 주다; (을)(로) 적시다
아호제

arrosoir [남] 물뿌리개
아호주아흐

arsenal [남] 무기고
아흐스날

arsenic [남] 비소
아흐스닉

art [남] 예술, 미술
아흐

artère [여] 동맥의
아흐떼흐

artériel(le) [형] 동맥의
아흐떼히엘

arthrite [여] 관절염
아흐트히뜨

arthritique [명] 관절염의
아흐트히띠끄

artichaut [남] 아티초크 (국화과의 다년초)
아흐띠쇼

article 아흐띠끌	[남] 관사; 기사
articulation 아흐띠뀔라시옹	[여] 명료한 발음
articuler 아흐띠뀔레	[타] 명료하게 발음하다
artifice 아흐띠피스	[남] 화구 feu d'~ 불꽃놀이
artificiel(le) 아흐띠피씨엘	[형] 인공적인
artillerie 아흐띨르히	[여] 포, 대포
artisan 아흐띠정	[남] 공예가, 장인
artiste 아흐띠스뜨	[명] 예술가, 예능인
artistique 아흐띠스띠끄	[형] 예술적인
artistiquement 아흐띠스띠끄멍	[부] 예술적으로
aryen(ne) 아히엥(엔)	[형] 아리아족의 [남][복] (A~s) 아리아족
as 아스	[남] (트럼프 카드의) 에이스, (주사위, 도미노의) 1
ascendant 아성덩	[남] 영향력, 지배력 avoir l'~ sur qn ...에게 영향을 미치다 (황도 12 궁의 위치로 나타내는 탄생 때의) 성위
ascenseur 아성쇠흐	[남] 승강기, 엘리베이터
ascension 아성시옹	[여] 상승, (A~) 예수 승천 l'A~ de Jésus 예수의 승천
ascète	[명] 수행자, 고행자

아세뜨

ascétique [형] 수행의, 고행의
아세띠끄

aseptique [형] 무균의
아셉띠끄

asiatique [형] 아시아의 [명] (A~) 아시아 사람
아지아띠끄

Asie [여] 아시아
아지

Asie Mineure [여] 소아시아
아지 미뇌흐

asile [남] 보호소
아질

aspect [남] 국면 examiner qch sous tous les ~s …을 모든 면에서 조사하다
아스뻬

asperge [여] 아스파라가스
아스뻬흐즈

asperger [타] (에게) 물을 끼얹다, (에) 물을 뿌리다
아스뻬흐제

asphyxie [여] 질식
아스픽시

asphyxier [타] 질식시키다
아스픽지에

aspirateur(trice) [형] 빨아 올리는[들이는], 들이시는 [남] (진공) 청소기
아스삐하뙤흐(트히스)

aspiration [여] 열망, 갈망 ~ à qch …에 대한 열망
아스피하시옹

Aspirer [타간] 열망하다 ~ à qc[inf] …을 열망하다
아스삐헤

Aspirine [여] 아스피린
아스삐힌

assailliant(e) [명] 공격자

아쎄영(영뜨)

assaillir [타] 공격하다 *être assailli* par les soucis[par le doute] 걱정[의심]으로 압도되다
아사이흐

assaisonner [타] 맛을 내다, 조미하다, 양념하다, 맛나게 하다
아세조네

assassin [남] 암살자
아사생

assassinat [남] 암살
아사시나

assassiner [타] 암살하다
아사시네

assaut [남] 공격, 돌격 ~aérien[terrestre]비행[지상]공격
아소

assécher [타] 말리다, 건조하다, 물을 빼다
아세셰

assemblée [여] 조립
아성블레

assembler [타] 집합시키다, 조립하다
아성블레

assembleur(se) [명] 조립공
아성블뢰흐(뢰즈)

assener [타] (한 방) 먹이다, (심한 타격) 가하다
아스네

assentiment [남] 동의, 찬동
아성띠멍

asseoir [타] 앉히다, 착석시키다 s'~ 앉다
아수아흐

asservir [타] 노예로 만들다; 굴복시키다, 복종시 키다
아세흐비흐

assez [부] 충분히, 부족 없이; 꽤, 상 당
아세

assidu(e) [형] 근면한

아시뒤

assiduité [여] 근면, 부지런함
아시뒤이떼

assiéger [타] 포위하다
아시에제

assiette [여] 접시
아시에뜨

assigner 할당하다
아시녜

assimilation [여] 동화, 융합 ~ à qch …에의 동화
아시밀라시옹

assimiler [타] 동류시하다 ~ une indemnité à un salaire 수당을 급여와 동일시하다
아시밀레

assis(e) [형] 앉아 있는
아시(시즈)

assistance [여] 청중
아시스떵스

assistant(e) [명][복] 참석자
아시스떵(떵뜨)

assister [타간] [~ à qch] ...에 출석[참석]하다
아시스떼

association [여] 단체
아소시아시옹

associé(e) [형] 연합한 [명] 동료
아소시에

associer [타] 연합시키다 ~ à …에 연합시키다
아소시에

assoiffé(e) [형] 목마른
아수아페

assombrir [타] 어둡게 하다, 흐리게 하다; (비유) 우울하게 만들다, 침울하게 하다
아송브히흐

assommant(e) 아소멍(멍뜨)	[형] (구어) 질력나는, 지루한, 귀찮은
assommer 아소메	[타] (머리를 쳐서) 타살하다, 죽이다; 몹시 때리다, 때려눕히다; 질력나게 하다, 질리게 하다
assorti(e) 아소흐띠	[형] 잘 어울리는, 조화로운
assortiment 아소흐띠멍	[남] 유별, 분류 ~ de qch …의 분류
assortir 아소흐띠흐	[타] 배합하다
assortissant(e) 아서흐띠성(성뜨)	[형] 잘 어울리는
assoupir 아수삐흐	[타] 졸게 하다 s'~ [대] 졸다
assouplir 아수쁠리흐	[타] 부드럽게 하다, 연하게 하다
assourdir 아수흐디흐	[타] 귀가 멀게 하다; 귀가 아프게 하다
assouvir 아수비흐	[타] (식욕 따위를) 채우다, 만족시키다
assujettir 아쉬제띠흐	[타] 구속하다, 강요하다
assurance 아쉬헝스	[여] 자신(감); 대담, 침착, 확신; 보증, 확약, 언질; 보험 ~ automobile 자동차 보험
assuré(e) 아쉬헤	[형] 보장된
assurer 아쉬헤	[타] 보증하다; 보장하다 ~ la réconciliation et la coexis-tence pacifique 화해와 평화적 공존을 보장하다 ~ à qn que + ind. …에게 …을 보증 하다
Assyrie	[여] [고대지리] 앗시리아

아시히

astérisque [남] 별표
아스떼히스끄

astéroïde [남] 불가사리
아스떼호이드

asthmatique [명] 천식의
아스뜨마띠끄

asthme [남] 천식
아스뜸

asticot [남] (구어) (낚싯밥으로 쓰는) 구더기; (비유) 놈, 녀석
아스띠꼬

astigmatisme [남] 난시
아스띠그마띠슴

astiquer [타] (문질러서) 광[윤]을 내다
아스띠께

astre [남] 천체; 별
아스트흐

astreindre [타] 강요하다 [~ qn à qch/inf]
아스트헹드흐

astrologie [여] 점성술
아스트홀로지

astrologue [명] 점성가
아스트홀로그

astronaute [명] 우주비행사
아스트호노뜨

astronome [명] 천문학자
아스트호놈

astronomie [여] 천문학
아스트호노미

astronomique [형] 천문의
아스트호노미끄

astrophysicien(ne) [명] 천체물리학자
아스트호피지시엥(엔)

astrophysique [여] 천체물리학
아스트호피지끄

astuce [여] 예리함
아스뛰스

astucieusement [부] 예리하게
아스뛰시유즈멍

astucieux(se) [형] 통찰력이 날카로운, 예리한
아스뛰시유(유즈)

asymétrique [형] 불균형의, 부조화의
아지메트히끄

atavique [형] 격세유전의
아따비끄

atelier [남] 공장; (공장 내에서 동일 한 작업이 이루어지는) 작업장, 소공장; 연구회; 연수회; 아틀리에, 화실, 조각실
아뜰리에

athée [형] 무신론의 [명] 무신론자
아떼

athéisme [남] 무신론
아떼이슴

Athènes [명] [지리] 아테네
아뗀

athlète [명] 운동선수
아뜰레뜨

athlétique [형] 운동선수다운
아뜰레띠끄

athlétisme [남] 운동경기
아뜰레띠슴

atlantique [형] 대서양의 [남] (A~) 대서양
아뜰렁띠끄

atlas [남] 지도책
아뜰라스

atmosphère [여] 분위기 L'~ était tendue.

아뜨모스페흐 분위기가 긴장되어 있었다.

atmosphérique [형] 대기의
아뜨모스페히끄

atome [남] 원자
아똠

atomique [형] 원자의
아또미끄

atomiser [타] 미립자화하다
아또미제

atomiseur [남] 분무기
아또미죄흐

atone [형] 활력이 없는, 무기력한
아똔

atout [남] (카드놀이의) 으뜸[상수]패; (비유) 성공의 수단
아뚜

atroce [형] 흉악한, 극악한
아트호스

atrocité [여] 흉악, 악행, 잔학행위
아트호시떼

atrophie [여] (영양부족 따위에 의한) 위축증, 소모증
아트호피

attabler [타] (옛) (을) 식탁에 앉히다 s'~ [대] 식탁에 앉다; (게임, 작업을 위해) 테이블에 앉다
아따블레

attache [여] 잡아매기, 묶기
아따슈

attaché(e) [형] 부속의 ~ à qn / qch …에 부속 된[명] (대사, 공사의) 수행원
아따셰

attachement [남] 부착
아따슈멍

attacher [타] 붙잡아 매다 ~ les mains d'un prisonnier 죄수의 손을 묶다
아따셰

s'~ [대] 집착하다, 애착을 갖다 Il s'attache trop à l'argent. 그는 돈에 너무 집 착한다

attaquant(e)
아따껑(뜨)
[명] 공격자

attaque
아따끄
[여] 공격 ~ contre qn ...에 대한 공격

attaquer
아따께
[타]공격하다

attardé(e)
아따흐데
[형] 늦어진, 지체된

attarder
아따흐데
[타] 늦어지게 하다

atteindre
아뗑드흐
[타] 도달하다

atteint(e)
아뗑(뗑뜨)
[형] (병에) 걸린 [~ (de qch)]

atteinte
아뗑뜨
[여] 도달하기, 달성, (힘이 미치는) 범위

atteler
아뜰레
[타] (말, 소를) 수레[쟁기]에 달다

attenant(e)
아뜨넝(넝뜨)
[형] 인접한, 이웃한

attendre
아떵드흐
[타] 기다리다

attendrir
아떵드히흐
[타] 연하게[부드럽게] 하다

attentat
아떵따
[남] 가해; 폭행; 범죄계획; 음 모; 테러 행위

attente
아떵뜨
[여] 기다림, 기다리는 시간

attentif(ve)
아떵띠프(띠브)
[형] 주의 깊은

attention [여] 주의, 집중 attirer l'~ de qn ... 의 주의를 끌다 à l'~ de qn (편지, 메모 따위 의 행선) ...씨 앞
아떵시옹

attentivement [부] 주의 깊게
아떵띠브멍

atténuer [타] (감각, 상태 따위의 강도를) 약하게 하다, 덜다, 줄이다, (빛깔 따위를) 연하게 하다
아떼뉘에

atterrir [자] [항공] 착륙하다
아떼히흐

atterrissage [남] [항공] 착륙
아떼히사즈

attestation [여] 증명, 증언, 증거; 증명서 ~ d'assurance automobile 자동차 험 증명서
아떼스따시옹

attester [타] 증명하다 ~ que + ind. …을 증명 하다
아떼스떼

Attique [여] [고대지리] 아티카
아띠끄

attirail [남] (어떤 용도에 필요한) 도구 일체
아띠하유

attirer [타] 매료시키다 Son charme *attire* tout le monde. 그의 매력은 모든 사람의 마음을 사로잡는다.
아띠헤

attitude [여] 태도 ~ à l'égard de qch …에 대한 태도
아띠뛰드

attraction [여] 끌어당김, 매력
아트학시옹

attrait [남] 매력 ~ de qch …의 매력
아트헤

attraper [타] 잡다
아트하빼

attrayant(e) [형] 매력적인
아트헤영(영뜨)

attribuer
아트히뷔에
[타] 주다, 부여하다 ~ une part à un héritier 상속인에게 몫을 할당하다

attribut
아트히뷔
[남] 특성 [문법] 속사

attribution
아트히뷔시옹
[여] 부여, 할당 ~ d'un rôle à un acteur 배우에게 역할을 맡기기

attrister
아트히스떼
[타] 슬프게 하다; (자연 따위를) 음울[음산]하게 만들다

attrouper
아트후뻬
[타] (사람을) 불어 모으다, (군중을) 끌어모으다

aubaine
오벤
[여] (뜻밖의) 행운, 요행, 횡재, 가로챈 재물

aube
오브
[여] 새벽

auberge
오베흐즈
[여] 여관

aubergine
오베흐진
[여] [식물] 가지

aucun(e)
오꼥(뀐)
[형] (부정) 어떠한, 하나도, 조금도 Le mot n'est dans ~ dictionnaire. 이 단어는 어떤 사전에도 없다

aucunement
오뀐멍
[부] (부정) (ne 나 sans 과 함께) 조금도, 추호도, 전혀

audace
오다스
[여] 대담(성)

audacieux(se)
오디시유(유즈)
[형] 대담한

au-delà/ au-delà(s)
오들라
[남] 저승, 내세

au-dessous
오드쉬
[형] (장소가) 아래에, 그 아래에

au-dessus [부] (장소가) 위에; (수량, 정도 따위가) 그 이상으로; 높게
오드쉬

au-devant [부] 앞에[으로], 마중[맞이]하러
오드벙

audible [형] 들리는
오디블

audience [여] (대중의) 지지, 찬동, 공감; (특히 라디오, 텔레비전의) 청취자 ; 시청자 taux d'~ 시청률
오디엉스

audio [형] 음성의
오디오

audiotypiste [명] 녹취자
오디오띠삐스뜨

audiovisuel(le) [형] 시청각의
오디오비쥐엘

audit [남] 회계감사
오디뜨

auditer [타] 회계감사하다
오디떼

auditeur(trice) [명] 회계감사관, 감사
오디뙤흐(트히스)

auditif(ve) [형] 청각(기관)의, 귀의
오디띠프(띠브)

audition [여] 듣기, 오디션, 심사 ~ pour qch …에 대한 오디션
오디시옹

auditionner [타] 시청하다, 오디션을 하다 ~ pour qch …에 대해 오디션을 하다
오디시오네

auditoire [남] (집합적) 청중, 방청인
오디뚜아흐

augmentation [여] 증대, 증가
오그멍따시옹

augmenter [타] 늘리다, 증가시키다

오그멍떼 ~ la capacité de production 생산력을 증대시키다

auguste [형] 당당한, 위엄 있는
오귀스뜨

aujourd'hui [부] 오늘
오주흐뒤이

aumône [여] 동냥
오몬

auparavant [부] …전에, 먼저, 그전에
오빠하벙

auprès [부] 곁에, 옆에 ~ de qn/qch 곁에, 옆에; …에 파견된[전속된], …에게(서), …에 대하여
오프헤

aura [여] 영기, 아우라 (초능력자에게 보인다는 인체의 후광)
오하

auriculaire [형] 귀의
오히뀔레흐

aurore [여] 오로라
오호흐

aussi [부] 역시, 또한
오시

aussitôt [부] 곧, 즉각, 곧장
오시또

austère [형] 준엄한, 엄숙한
오스떼흐

austérité [여] 준엄, 엄격
오스떼히떼

austral(e, aux) [형] 남쪽의
오스트할(호)

Australie [여] [지리] 호주
오스트할리

australien(ne) [형] 호주의 [명] (A~) 호주 사람
오스트할리엥(엔)

autant [부] 그만큼, 같은 정도로
오떵

autel [남] (고대종교에서 신에게 바치는 희생의) 제단, 공물대; [가톨릭] 단, 제대
오뗄

auteur [남] 작가; (범죄, 사건 따위의) 주모자, 장본인, 범인 ~ du massacre 학살의 범인
오뙤흐

authenticité [여] 신빙성, 진실성, 신품임
오떵띠시떼

authentifier [타] 진품임을 감정(인정)하다
오떵띠피에

authentique [형] 진정한, 진짜의, 진품의
오떵띠끄

autisme [남] 자폐증
오띠슴

autiste [형] 자폐증의
오띠스뜨

auto [여] 자동차
오또

autobiographie [여] 자서전
오또비오그하피

autobiographique [형] 자서전의
오또비오그하피끄

autocollant(e) [형] (봉투, 레테르 따위를) 적시지 않고 붙이는 [남] 라벨, 스티커
오또꼴렁(렁뜨)

autocrate [남] 전제군주, 독재자
오또크하뜨

autocratie [여] 절대주권
오또크하시

autocratique [형] 전제의, 독재의
오또크하띠끄

autodéfense [여] 자주국방

오또데펑스

auto(-)école(s) [여] 자동차 운전학원
오또에꼴

autoépuration [여] (하천 따위의) 자정작용
오또에쀠하씨옹

autographe [남] 서명
오또그하프

auto-immun(e) [형] 자기면역의
오또이멩(이뮌)

automatique [형] 자동의
오또마띠끄

automatiquement [부] 자동적으로
오또마띠끄멍

automatisation [여] 자동화
오또마띠자시옹

automatiser [타] 자동화하다
오또마띠제

automne [남] 가을
오똔

automobile [형] 자동차의 [여] 자동차
오또모빌

automobilisme [남] 자동차 산업, 자동차 경주
오또모빌리슴

automobiliste [명] 자동차 운전자
오또모빌리스뜨

Autonome [형] 자치[독립]적인; 독자적인 territoire ~ 자치령; 자율적인 individu ~ 자율적인 개인
오또놈

Autonomie [여] 자치, 자치권
오또노미

Autopsie [여] 부검
오똡시

Autorisation [여] 허가 accorder l'~ de + inf

오또히자시옹	…할 허가를 내주다
Autoriser 오또히제	[타] 허가하다 ~ à + inf …하는 것을 허가하다
Autoritaire 오또히떼흐	[형] 권위적인
autoritarisme 오또히따히슴	[남] 권위주의
Autorité 오또히떼	[여] 권한 [복] 당국
Autoroute 오또후뜨	[여][남] 고속도로
auto(-)stop 오또스톱	[남] 무료편승, 히치하이크
auto(-)stoppeur(se) 오또스또뾔흐(뾔즈)	[명] 무료 편승하는 사람
autosuggestion 오또쉬그제스띠옹	[여] 자기암시
autour 오뚜흐	[부] 둘레에, 주위에 ~ de qch ... 주위에
autre 오트흐	[형] 다른
autrefois 오트흐푸아	[부] 옛날에, 예전에
autrement 오트흐멍	[부] 달리, 다른 방법으로
Autriche 오트히슈	[여] 오스트리아
autrichien(ne) 오트히시엥(엔)	[형] 오스트리아의 [명] (A~) 오스트리아 사람
autruche 오트휘슈	[여] [조류] 타조; 타조가죽 chaussures en ~ 타조가죽 신발 avoir un estomac d'~ (무엇이든 소화해내는) 튼튼한 위를 가지다

pratiquer la politique de l'~ 눈감고 위험을 얼버무리는 정책을 쓰다

autrui 오트휘이 [대명] 남, 타인

auxiliaire 옥실리에흐 [형] 보조의 [남] 조동사

avalanche 아발렁슈 [여] 눈사태

aval 아발 [남] 하류; 하위부문, 후속단계 en ~ de qch ...의 하류(쪽)에;...에 뒤이어

avalanche 아발렁슈 [여] 눈사태

avaler 아발레 [타] 삼키다

avance 아벙스 [여] 돌출부

avancé(e) 아벙세 [형] 고급수준의

avancement 아벙스멍 [남] 전진

avancer 아벙세 [타] (앞으로) 내밀다; 내놓다, 제시하다; 주장하다 ~ que la légitimité arrivera forcément 반드시 일이 공정하게 진행될 것이라고 주장하다

avant 아벙 [전] (시간) …전에, …보다 먼저, …이내에 [남] (배, 비행기, 차 따위의) 앞쪽, 앞부분

avantage 아벙따즈 [남] 이점

avantager 아벙따제 [타] (에게) 혜택을 주다, 유리하게 하다

avantageux(se) [형] 유리한
아벙따죄(죄즈)

avant-garde [여] (예술의) 전위파, 아방가르드
아벙갸흐드

avant-hier [부] 그제
아벙띠에흐

avare [형] 인색한
아바흐

avarice [여] 인색, 구두쇠 근성
아바히스

avarie [여] [법] 해손, (운송 중의) 손상
아바히

avarié(e) [형] (배, 비행기 따위가) 손상을 입은, 파손된
아바히에

avatar [남] [힌두교] 화신, 현신; (비유) 변화, 변모, 변형; (흔히 복수) (뜻밖의) 사고, 재난, 우여곡절
아바따흐

avec [전] ...와 함께
아베끄

avenant(e) [형] 상냥한, 싹싹한, 호의적인 à l'~ 마찬가지로, 부합하게
아브넝(넝뜨)

avenir [남] 장래, 미래 à l'~ 앞으로는
아브니흐

avent [남] 대림절 (크리스마스 전 4주간을 포함하는 시기)
아벙

aventure [여] 모험
아벙뜌흐

aventurier [명] 모험을 즐기는 사람
아벙뜌히에(에흐)

aventureux(se) [형] 모험적인
아벙뜌회(회즈)

avenue [여] 대로
아브뉘

avérer 아베헤 [타] (옛) 진실임을 확인해주다, 사실로 인증하다 s'~ [대] …인 것으로 드러나다, 밝혀지다

averse 아베흐스 [여] 소나기, 폭우

aversion 아베흐시옹 [여] 혐오, 싫음, 반감 avoir de l'~ contre qn/qch …을 매우 싫어하다

avertir 아베흐띠흐 [타] 알리다; 경고[예고]하다

avertissement 아베흐띠쓰멍 [남] 통지; 예고; 경고; 주의

avertisseur(se) 아베흐띠쇠흐(쇠즈) [남] 경보기, 경적, (철도의) 신호기 [형] 경고하는, 주의를 주는

aveu(x) 아뵈 [남] 고백, 자백

aveugle 아뵈글 [형] 눈먼

aveugler 아뵈글레 [타] 눈멀게 하다; 이성을 잃게 하다; 현혹하다

aviateur(trice) 아비아뙤흐(트히스) [명] 비행사, 조종사

aviation 아비아시옹 [여] 비행(술), 항공(술)

avide 아비드 [형] ...을 갈망하는

avidité 아비디떼 [여] 열심, (열렬한) 욕망, 갈망, 탐욕 ~ de qch …에 대한 욕망

avilir 아빌리흐 [타] 품위를 떨어뜨리다, 전락[타락]시키다

avion 아비옹 [남] 비행기

aviron [남] [해양] (배의) 노

아비홍

avis [남] 의견 à mon ~ 내생각에는
아비

avisé(e) [형] 심사숙고하는, 신중한, 빈틈 없는
아비제

aviser [타간] [~ à] ...에 대해 숙고, ...하도록 유의하다
아비제

avocat [명] 변호사 (여자 변호사일 경우 avocate 가 통용되나 avocat 로 쓰기도 함. 칭호는 Maître)
아보꺄

avoine [여] 귀리, 귀리낱알
아부안

avoir [타] 가지다 Il *a* une moto. 그는 오토바이를 한 대 가지고 있다; (조동사: 과거분사와 결합하여 복합 시제를 구성함) Je n'*ai* pas encore déjeuné. 나는 아직 점심 식사를 하지 않았다; (비인칭 구문: Il y a) (사물, 사람이) 있다 Il y *a* une voiture devant la maison. 집 앞에 자동차 한 대 가 있다
아부아흐

avoisinant(e) [형] 인접한, 이웃에 있는
아부아지넝(넝뜨)

avoisiner [타] 이웃하여 있다, 인접하여 있다
아부아지네

avortement [남] 낙태
아보흐뜨멍

avoué [형] (사실이) 고백된
아부에

avouer [타] (사실을) 고백하다, 인정하다
아부에

avril [남] 4 월
아브힐

axe [남] 축(선), 중심

악스

axiome
악시옴
[남] [철학] 명제, 전제; [수학, 논리학] 공리; 자명한 이치; 격 언, 금언

axiomatique
악시오마띠끄
[형] [수학][논리학] 공리의; 공리적인; (공리와도 같이) 자명한

Azerbaïdjan
아제흐바잇정
[남] [지리] 아제르바이잔

azerbaïdjanais(e)
아제흐바잇자네(네즈)
[형] 아제르바이잔의
[명] (A~) 아제르바이잔 사람

azéri(e)
아제히
[형] 아제르바이잔의
[명] (A ~) 아제르바이잔 사람

azote
아조뜨
[남] [화학] 질소

aztèque
아즈떼끄
[형] 아즈텍의 [명] (A~) 아즈텍 사람

azur
아쥐흐
[남] 푸른 하늘, 창공

B - b

B, b
베
[남] 불어 자모의 둘째 글자

babiller
바비에
[자] (수다스럽게) 재잘거리다; (까치, 티티새 따위가) 지저귀다, (개울물 따위가) 졸졸 소리를 내며 흐르다

babiole
바비올
[여] 자질구레한 물건

bâbord
바보흐
[남] [해양] (배의) 좌현

Bac
바끄
[남] (하천, 호수 따위를 건너기 위한) 바닥이 평평한 배; (구어) 대학입학 자격(시험)(=baccalauréat) passer le[son] ~ 대학입학 자격시 험을 치다

baccalauréat
바깔로헤아
[남] 대학입학자격 (시험)
préparer[passer] le ~ 대학입학 자격 시험을 준비하다[치다]
être reçu[refusé] au ~ 대학입학 자격 시험에 합격[낙방]하다 candidat au ~ 대학입학 자격시험 응시자 titulaire du ~ 대학입학자격 취득자

bâche
바슈
[여] ① [기계] (증기기관, 보일러 따위의) 물탱크; (압축 된 용수를 모아두는) 물탱크 ~ d'alimentation (기계 작동을 위한) 급수탱크 ② [원예] (식물의 성장촉진을 위한) 온상 ③ (수력 터빈의) 덮개 (케이스) ④ 물품 보호용 덮 개[방

수포]recouvrir un étalage d'une ~ 진열대에 보호 덮개를 씌우다 ⑤ [어업] 자루 그물 ~ traî-nante[volante] 저인망 ⑥ (속어) 침대 시트 se mettre dans les ~s 잠자리에 들다 ⑦ (구어) 운동모자 (=cas-quette)

bâcler
바끌레
[타] ① (구어) 일을 날림으 로 해치우다 ~ son devoir 숙제를 대강 해치우다 / (보어 없이) Il ne sait pas travailler : il *bâcle.* 그는 일을 제대로 할 줄 모른다: 서둘러 대충 해치우기만 한다 ② (옛) (문, 창문을) 빗장으로 걸어닫다 ③ (옛) [해양] (항구, 하천 따위를) 폐쇄하 다; (비유) 항행을 불가능하게 하다 ~ un bateau 하역 을 위해 배를 부두에 묶어 정박시키다

bacon
바꽁
[남] 베이컨

bactérien(ne)
박떼히엥(엔)
[형] 박테리아[세균]의

bactériologie
박떼히올로지
[여] 세균학

bactérie
박떼히
[여] 박테리아, 세균

badaud(e)
바도(도드)
[형][명] (여성형은 드물게 사용) 부질없이 (거리의) 구경거리를 좋아하는 (사람)

badin(e)
바뎅(딘)
[형] [문학] 우스운, 익살맞은, 농담을 잘 하는

badiner
바디네
[자] 농담하다, 희롱하다, 장난삼아 하다, 경솔히 행동하다

Baffe
바프
[여] (구어) 따귀

bafouiller 바푸예 [자] (구어) 더듬더듬 말하다, 횡설수설하다

bagage 바갸즈 [남] ① [복] (여행객의) 짐, 가방; 휴대품, 수하물 ~s à main 휴대품, 핸드캐리 여행 물품 chariot à ~s 여행가방 용 카트 garde des ~s 여행 물품 보관소 faire[défaire] ses ~s 여행가방을 챙기다 [풀다] faire enregistrer ses ~s à la gare 여가방을 역수하물 창구에 등록하다 mettre[déposer] ses ~s à la consigne 여행가방을 수하물 위탁소에 보관하다 excédent de ~s 중량초과 수하물 / [단] Un seul ~ ? 이 짐 하나뿐입니까? ② (비유) 지식, 학식 (=connaissance); 경험; Son ~ scientifique est quasi nul. 그가 과학에 관해 갖고 있는 지식 은 거의 전무하다

bagarre 바갸흐 [여] ① 싸움판; 소란, 소동 Des ~s ont éclaté entre la police et les manifestants. 경찰과 데모대 사이에 난투극이 벌어졌다 Je me suis trouvé pris dans la ~. 나는 어쩌다가 싸움판에 끼어들게 되었다 ② (구어) 주먹다짐, 폭력 ~ pour le pouvoir 권력 쟁취를 위한 투쟁 Il va y avoir de la ~. 곧 심상치 않 은 일이 벌어질 것이다

bagarrer 바갸헤 [자] (구어) 싸우다, 싸움판을 벌이다; 투쟁하다 (=lutter); 열변을 토하다 Il va falloir ~ pour l'obtenir. 그것을 얻기 위해 싸워야 할 것이다 se ~ [대] (구어) ① (서로) 싸우다, 주먹다짐하다 (=se battre) Il *s'est bagarré* avec son frère.

그는 자기 형제와 주먹다짐하 며 싸웠다 ② (서로) 논쟁하다 (=se quereller) Ils *se sont bagarrés* à propos des élections. 그들은 선거를 쟁점으로 격렬한 논쟁을 펼쳤다 ③ 투쟁하다, 대항하여 싸우다 se ~ contre la concurrence 경쟁을 물리치려고 애쓰다

bagarreur(se) 바가회흐(회즈) [형] 싸움[논쟁]을 좋아하는; 공격적인 (=agressif, batailleur) [명] 싸움[논쟁]을 좋아하는 사람 Ce garçon est un ~. 이 사내 아이는 싸움꾼이다.

bagatelle 바갸뗄 [여] ① 하찮은 [쓸모가 없는] 물건 (=bibelot); 적은 돈, 푼돈 B~ que tout cela ! 다 쓸데없는 것들이야! acheter qch pour une ~ ...을 헐값에 사다 ② 사소 한[쓸데없는] 짓 (일); (옛) 예의에 어긋나는 행동 per-dre son temps à des ~s 쓸데없는 짓에 시간을 허비하다 Ils se sont brouillés pour une ~. 그들은 별것도 아닌 문제로 사이가 틀어졌다 ③ (구어) 육체관계, 정사 Il est très porté sur la ~. 그는 여자를 밝히는 사람이다 ~s de la porte 문 전에서 손님을 꾀는 수장; (속어) 전희 la ~ de (반어) 막대한 금액 Il a dépensé en une soirée la ~ de dix mille euros. 그는 하루 저녁에 무려 만 유로를 썼다.

Bagdad 바그다드 [명] 바그다드 (이라크의 수도)

bagnole 바뇰 [여] (구어) 고물차, 오래된 차, 자동차

Bague [여] ① 반지, 가락지 (=anneau) ~ de

바그

fiançailles 약혼반지 diamant en ~ 반지에 세 팅된 다이아몬드 tête d'une ~ 반지의 (보석을 부착하기 위한) 거미발; 반지의 보석~ à large chaton (문장, 이니셜 따위를 새긴) 넓은 알반지 porter une ~ au doigt 손가락에 반지를 끼고 있다 ② (새의 발에 두르는) 고리; (궐련 따위의) 두름띠 ~ d'un pigeon voyageur 통신 비둘기의 발고리 ③ [기계] (두 부품 사이를 맞추는) 이음[받침, 낌] 고리 ~ d'assemblage 이 음고리 ~ d'excentrique 편심륜 ④ [해양] 선 박용 각종 고리 ~ en corde 돛의 삭륜 ~ d'amarrage 계선환, 링 볼트 ⑤ [건축] (원기둥의 몸체를 수평으로 구분하는) 고리 모양 쇠시리 ⑥ [음악] (악궁의) 현의 장력을 조절하는 부분 ⑦ [도량형] (원통형 물체의) 겉지름 측정기 ⑧ (버섯의) 팡이고리, 균륜 ⑨ [전기] ~ collective 슬립링 aller comme une ~ au doigt (물건이) 꼭 맞다 avoir la ~ au doigt 결혼을 약속하다 C'est une ~ au doigt (구어) 그것은 (값이 당하고) 부담 없이 바뀌칠[쓰다 가 버릴] 수 있다; 부담 없고 수입이 괜찮은 일이다 jeu de ~s 말을 달리며 기둥에 달아놓은 고리를 창으로 찔러 따는 놀이 (Sa place est) une ~ au doigt (그의 지위는) 한직 (이다)

baguette
바게뜨

[여] ① (가는 막대기); 지팡이; 지휘봉 coup de ~ 막대기로 치기 ~s de tam-bour 북채 ~ magique 마술 지팡이 ~ des sour-ciers 지하 수맥을 찾는

사람의 지팡이 ~ d'officier[de chef d'orchestre] 장교[오케스트라 지휘자]의 지휘봉 ② [건축] 쇠시리, 몰딩(molding) ~ d'angle 테두리 몰딩 ~s décoratives 장식 몰딩 ~ dissimulant les fils électriques 전선을 가리는 막대 ③ (바지, 양말 따위의) 가장자리 두름테; (구두코 끝의) 장식 가죽; (편지지의) 장식테 ④ [제과] 바게트 빵 une demi-~ 바게트 반쪽 ⑤ 젓가락 manger du riz avec des ~s 쌀밥을 젓가락으로 먹다 avaler ses ~s 죽다 avoir de la ~ 운이 좋다 avoir les ~s (구어) 겁이 나서 움츠러들다; 기가 죽다 commander[mener] les gens à la ~ 사람들을 엄하게 다루다 d'un coup de ~ (magique) 마술에 걸린 듯; 눈깜짝할 사이에 en avoir plein les ~s 너무 걸어서 다리가 막 대기처럼 뻣뻣해졌다 être à la ~ 지휘[감독] 하다 (des cheveux) raides comme des ~s de tambour (구어) 매우 뻣뻣한 (머리카락) marcher à la ~ 엄한 규율하에 움직이다[진행 되다] mettre les ~s 달아나다 obéir[se laisser mener] à la ~ 아무 말 없이 복종하다 passer par les ~s 태형을 받다; 혹독한 비평 [모욕]을 받다

bahut 바위 [남] (옛날에 사용한) 불룩한 모양의 여행용 궤; [건축] (버팀벽, 난간의) 불룩한 지지대

baie 베 [여]후미, 내포

baigner 베녜 [타] ① (물, 액체에) 담그다, 적시다 ~ ses pieds dans l'eau 발을 물에 담그다 ~ ses lèvres avec un onguent 연고로 입술을 촉촉이 하다 *être baigné* de qch ...으로 흥건해지다[적셔지다] ② 목욕시키다; 미역 감게 하다 ~ un enfant 어린애를 목욕시키다 ③ (바다, 호수의 물이 육지 따위에) 닿다, 에워 싸다; (강이) (에) 흐르다 mer qui *baigne* cette côte 바다에 면한 연안 La Seine *baigne* Paris. 센 강이 파리에 흐르고 있다 ④ (빛 따위가) 에워싸다, (위로) 퍼지다 (=inonder) [자] ① (물, 액체에) 잠기다, 젖어들다 [~ dans qch] La viande *baignait* dans la sauce. 고기가 소스에 담겨 있었다 ~ dans son sang 피투성이가 되다 ② (안개 따위에) 둘러 싸이다; (기쁨, 슬픔 따위에) 감싸 이다, 잠기다 [~ dans qch] Tout le paysage *baignait* dans la brume. 온 풍경이 안개에 싸여 있었다. ~ dans sons chagrin 침울함에 잠기다 Ça[Tout] baigne dans l'huile; Ça[Tout] baigne. (구어) 모든 일이 순조롭다; 모든 일이 척척 진행중이다 se ~ [대] ① 목욕하다; 물놀이 하다, 해수욕하다 se ~ dans la mer[dans une piscine] 바다[수영장]에서 물놀이 하다 Tu viens te ~ ? 물놀이 갈래? ② (물에) 자기의 ...을 적시다, 담그다 [se ~ qch] Elle *s'est baigné* seulement les pieds. 그녀는 발만 적셨다 ③ (에) 기꺼이 잠기다, (을) 즐기다 se ~ dans l'air libre 자유분망하게 지내다 se ~ dans le sang (문어) 살육하다, 학살하다

baignoire 베뉴아흐 [여] 욕조

bail(aux) 바유(보) [남] 임대차

bâiller 바예 [자] 하품하다

bain 벵 [남] 목욕

baiser 베제 [타] 입맞추다; (속어) 성교하다 [남] 키스

baisse 베스 [여] 낮아지기

baisser 베세 [타] 낮추다, 내리다 [자] 감소하다 Le nombre de demandeurs d'emploi *a baissé* de 48,900. 구직자 수가 48,900 명 줄었다

Bal 발 [남] 무도회

balade 발라드 [여] (구어) 산책, 산보; 소풍, 유람

balader, se 스발라데 [대] 산보하다, 거닐다

Balai 발레 [남] 비, 빗자루; 걸레, 대걸레

balance 발렁스 [여] ① 저울 ② 균형, 평형 상태 ③ [상업] 차감잔고, 결산

balancer 발렁세 [타] 좌우로 흔들다

balayer 발레예 [타] 비로 쓸다

balayeur(se) [명] (거리의) 청소부
발레예흐(예즈)

balbutier [자] (어린애가) 말을 더듬다, 혀짤배기 소리하다; 말을 우물우물하다, 입속으로 중얼거리다
발뷔시에

balcon [남] 발코니
발꽁

baleine [여] [동물] 고래
발렌

balise [여] [식물] 칸나의 씨
발리즈

baliverne [여] (흔히 복수) 허튼 소리, 객설, 시시한 이야기
발리베흔

ballade [여] 민요, 발라드
발라드

ballant(e) [형] 건들거리는, 흔들리는
발렁(렁뜨)

balle [여] ① 공 ② 총알
발

ballet [남] 발레, 무용극
발레

ballon [남] 공, 구(球), (구기용)볼
발롱

ballot [남] (행상인의) 짐, 작은 짐, 봇짐
발로

ballotter [타] 흔들다, 요동치게 하다
발로떼

balustrade [여] (계단의) 난간
바뤼스트하드

bambou [남] 대나무, 죽재(竹材)
범부

ban [남] ① [복] (교회에서의 혼인공시 ②

벙 (행사, 수훈식 따위에서 선언에 앞선) 북소리

banal(ale, aux) [형] 진부한, 평범한
바날(노)

banaliser [타] ① 평범하게 하다, 진부하게 하다; 일반화하다, 보편화시키다
바날리제

banalité [여] 진부(함), 평범함; 진부한 말
바날리떼

banane [여] 바나나
바난

banc [남] 긴 의자, 벤치
벙

bancaire [형] 은행의
벙께흐

bandage [남]붕대눈가리개, 안대
벙다즈

bande [여] ① 띠, 밴드 ② 무리, 떼
벙드

bandeau(x) [남] 이마에 두른 띠; 눈가리 개
벙도

bander [타] (상처를) 붕대로 싸매다
벙데

banderole [여] (축제나 전투 때 배의 마스트나 창끝에 다는) 길쭉 한 (삼각)기; (글이 적힌) 커 다란 천[플래카드]
벙드홀

bandit [남] 산적, 강도, 도적, 도둑
벙디

bandoulière [여] (어깨에서 허리로 매는) 멜빵, 탄띠
벙둘리에흐

banlieue [여] (대도시의) 교외, 시외
벙리유

bannir 바니흐 [타] 추방하다, 내쫓다; 몰아내다, 물리치다

banque 벙끄 [여] 은행(의 업무)

banqueroute 벙끄후뜨 [여] [법] 파산, 도산

banquet 벙께 [남] 연회, 축하연

banquette 벙께뜨 [여] (쿠션이 있는) 긴 의자, (버스, 전차의) 좌석

banquier(ère) 벙끼예(예흐) [형] 은행(업)의 [남] 은행가[업자] [여] 여성은행가[업자], 은행가의 아내

baptême 바뗌 [남] [종교] 세례(식), 영세

baptiser 바띠제 [타] [종교] (에게) 세례[영세]를 주다

baptiste 바띠스뜨 [명] [종교] 침례교도 [형] 침례교의

baquet 바께 [남] 나무통, 함지; (스포츠카, 경주용 자동차의) 움푹 파인 의자

bar 바흐 [남] 술집

baraque 바하끄 [여] 바라크, 가건물; (복수) [군사] 막사, 병사

baratin 바하땅 [남] 감언이설 Elle est franche, elle ne fait pas de ~. 그녀는 솔직하며, 감언이설을 하지 않는다.

barbare 바하바흐 [형] 문명에 뒤진, 문명권 외에 있는, 미개한

barbarie 바흐바히 [여] 야만성

barbarisme [남] [언어] 부정확한 어법
바흐바히슴 [어구]

barbe [여] 수염; 수염 모양의 것
바흐브

barbecue [남] [요리] ① (야외에서 숯불을 사용
바흐브뀨 하여) 고기 굽는 틀 ② 바베큐 요리

barbelé(e) [형] 가시가 있는
바흐블레 [남] 가시철사; [복] 철조망

barboter [자] (부리로) 물[진창] 속을 뒤지다, (물,
바흐보떼 진창 속에서) 절벅거리다

barbouiller [타] (얼굴, 종이 따위를) 더럽히다,
바흐부예 서투르게 칠하다

barbu(e) [형] 수염이 있는; 수염 같은 술이 달린;
바흐뷔 [식물] 까끄라기가 있는

barda [남] (군대은어) (병사의) 장비 전체;
바흐다 (구어) 귀찮은 짐, 소지품

barder [타] (을) (강철 따위의 금속으로) 덮어
바흐데 [둘러]싸다

barème [남] 계산표, 채점표, 운임표
바헴

baril [남] 작은 통
바힐

bariolé(e) [형] 잡색의, 얼룩덜룩한
바히올레

baromètre [남] 기압계, 청우계 바로미터
바호메트흐

barométrique [형] 기압(계)의
바호메트히끄

baron [남] 남작, 외국귀족, 호족
바홍

baronnial(ale, [형] 남작의, 남작령의, 귀족풍의, 당당한

aux)
바호니알(오)

baroque 바호끄 [남] 바로크 양식, 세련된, 복잡하고 화려한

barque 바흐끄 [여] (일반적으로 100 톤 이하의) 작은 배, 보트

barrage 바하즈 [남] 댐

barre 바흐 [여] 막대기; 빗장

barreau(x) 바호 [남] 창살; (법정의) 변호사석, 변호사업[단, 회]

barrer 바헤 [타] ① (길 따위를) 막다, 가로막다, 차단 하다 ② (페이지, 글씨 쓴 곳에) 줄을 긋다

barrette 바헤뜨 [여] 테없는 납작한 작은 모자; 작은 막대

barricade 바히꺄드 [여] 바리케이드

barrière 바히에흐 [여] 장애, 장벽, 방벽, 방책

bas(basse) 바(바스) [형] 낮은 [남] 낮은 곳, 낮은 부분, 아래쪽; 스타킹

bas-côté 바꼬떼 [남] (차도 옆의 보행자가 다닐 수 있는) 갓길

bascule 바스뀔 [여] 흔들 굴대, 시소

basculer 바스뀔레 [자] ① 앞뒤로 움직이다, 기울다 ② 회전하다 ③ 균형을 잃다, 쓰러지다

base 바즈 [여] 토대, 기초, 근거, 기지

baser [타] ...에 기초를 두다
바제

bas-fond [남] 저지, 우묵한 곳, 분지; (강, 바다의) 얕은 곳,여울
바퐁

basilic [남] [식물] 꿀풀과의 박하 비슷한 식물 (향미료, 약용)
바질리끄

basilique [여] 공회당, 대성당
바질리끄

basques [여][복] 바스크 사람
바스끄

basse [여] 베이스, 바스, 저음
바스

basset [남] (광맥·암층(岩層)의) 노두(露頭)
바세

bassin [남] 대야; 못; 저수지
바셍

bassiste [복] 콘트라베이스 주자, 베이스 기타 주자
바시스뜨

basson [남] 바순, 파고토
바송

bastion [남] 능보(稜堡), 요새
바스띠옹

bas-ventre [남] 아랫배; (암시) 성기, 음부
바벙트흐

bataille [여] 전투, 싸움, 교전
바따유

bâtard(e) [복] ① 사생아, 서자 ② (동물의) 잡종
바따흐(흐드)

bateau(x) [남] 배
바또

bâtiment [남] ① 건물
바띠멍

bâtir 바띠흐	[타] (건물을) 짓다, 건축하다 (선박을) 건조하다, (교량 따위를) 건설하다
bâtisse 바띠스	[여] (건물의) 석조부분, 토대
bâton 바똥	[남] 막대기
battant(e) 바떵(떵뜨)	[남] (종의) 추 [형] 때리는, 치는; 왕복운동을 하는
battement 바뜨멍	[남] 두드리기, 부딪치기, 두드리는[부딪치는] 소리
batterie 바트리	[여] [군사] 포대, 포병 중대; 전지, 축전지, 배터리
battre 바트흐	[타] 치다, 두드리다; 휘젓다
bavard(e) 바바흐(흐드)	[형] 수다스러운
bavardage 바바흐다즈	[남] 수다
bavarder 바바흐데	[자] 수다를 떨다
bave 바브	[여] 침, (입, 아가리의) 거품, (비유) 독설, 욕
baver 바베	[자] ① 침을 흘리다 ② (비유, 구어) (놀람, 경탄 따위로) 입을 다물지 못하다, 얼떨떨해지다
Bavière 바비에흐	[여] [지리] 바이에른 주 (독일 남부의 주)
bazar 바자흐	[남]시장, 상점가, 백화점
bazooka 바주까	[남] 바주카, 바주카포

Bd	(약) boulevard 대로, 한길
B.D. 베데	[여] (구어) (신문잡지의) 연재만화
béant(e) 베엉(엉뜨)	[형] 많이 열린, 벌어진
béatifier 베아띠피에	[타] [가톨릭] (교황이 죽은 자에 대해) 시복을 선포하다; (에게) 하늘나라의 행복을 누 리게 하다
beau(bel) (belle,beaux, belles) 보(벨)	[형] 아름다운 ~ paysage 아름다운 경치
beaucoup 보꾸	[부] 많이 Il y a ~ de pommes. 사과가 많이 있다
beau-fils (beaux-fils) 보피스	[남] 의붓아들; (때로) 사위
beau-frère (beaux-frères) 보프헤흐	[남] 매형, 처남
beau-père (beaux-pères) 보뻬흐	[남] 시아버지, 장인
beauté 보떼	[여] 아름다움, 미, 미모
beaux-arts 보자흐	[남][복] 미술
beaux-parents 보빠헝	[남][복] 의부모, 계부모, 시부모, 장인장모
bébé 베베	[남] 갓난아이, 아기

bec 베끄	[남] 부리
bécane 베깐	[여] (구어) 자전거, 자동차, 오토바이; (은어) 기계, 컴퓨터
bedaine 브덴	[여] (구어) 뚱뚱한 배
bée 베	[형][여] bouche ~ (감탄, 놀라움으로) 멀거니 입을 벌리고
bégayer 베게예	[자] 말을 더듬다, (어린아이가) 더듬더듬 말하다
bégonia 베고니아	[남] [식물] 베고니아
bègue 베그	[형][명] 말을 더듬는 (사람)
béguin 베겡	[남] (옛) (베긴 교단의) 여신도들이 쓰던 끈 달린 모자; (18 세기) (비유, 구어) (한때의) 연정, 연인, 애인
beige 베즈	[남] 낙타색, 베이지 색
beignet 베녜	[남] [요리] 튀김 요리, 튀겨서 설탕을 친 요리
belge 벨즈	[형] 벨기에(Belgique)의 B~ [명] 벨기에 사람
Belgique 벨지끄	[여] 벨기에
Belgrade 벨그하드	[명] [지리] 베오그라드 (세르비아 (Serbie)의 수도)
bélier 벨리에	[남] 숫양
belle-fille (belles-filles)	[여] 며느리; 의붓딸

벨피유

belle-mère (belles-mères) [여] 시어머니; 장모; 의붓어미
벨메흐

Bellesoeur (belles-soeurs) [여] 의붓자매, 시누이, 올케, 처형, 처제, 형수
벨쇠흐

belligérance [여] 호전성, 투쟁성, 교전
벨리제헝스

belligérant(e) [형] 교전 중의
벨리제헝(뜨)

belliqueux(se) [형] 호전적인, 전쟁을 선동하는
빌레꾀

bémol [남] (음악) 플랫 (b), 반음내림표 / 반음 내리는, 플랫의 mettre un ~ (à la clé) 어조 [태도]를 부드럽게 하다
베몰

bénédictin(e) [명] 베네딕트파 수도사[수녀]; (비유) 박식하고 근면한 사람
베네딕땡(띤)

bénédiction [여] 축복
베네딕시옹

bénéfice [남] 이익, 이윤
베네피스

bénéficiaire [남][여]수익자, 수혜인
베네피시에흐

bénéficier [타간] ① (주어는 사람) [~ de] ...의 득을 보다, 혜택을 입다 ② (주어는 사물) [~ à] ...에 도움이 되다, 기여하다
베네피시에

bénéfique [형] 유익한, 이로운
베네피끄

Bénélux, le [남] 베네룩스 3 국 (Be(lgique), Né(erlande), Lux(embourg) 3 국(의
베네뤽스

총칭)); 베네룩스 3 국 사이의 관세동맹

bénévole
베네볼
[형] 호의적인, 너그러운; 무보수의, 자발적인

Bengale
벵걀
[남] [지리] 벵골(만) (인도의 북동부지역)

bénin(igne)
베넹(니뉴)
[형] 인자한, 친절한, 상냥한

Bénin
베넹
[남] [지리]베닌

bénir
베니흐
[타] 축복하다

benzène
벤젠
[남] [화학] 벤젠

benzine
벤진
[여] [화학] 벤진

béquille
베끼유
[여] 목발

berceau(x)
베흐소
[남] 요람

bercer
베흐세
[타] 가만히 흔들다; 흔들어 재우다

béret
베헤
[남] 베레모

bergamote
베흐갸모뜨
[여] [식물] 배의 일종; 베가모트 (오렌지의 일종)

berge
베흐즈
[여] 둑, 제방, 둑길

berger(ère)
베흐제(제흐)
[명] 목자; 지도자

Berlin
베흘렝
[명] [지리] 베를린 (독일(Allemagne)의 수도)

berlinois(e) [형] 베를린의 [명] (B~) 베를린 사람
베흘리누아(아즈)

bermuda [남] 버뮤다 (대서양 서부의 군도로 된 영국 식민지)
베흐뮤다

berner [타] 속이다, 야유[우롱]하다, 웃음거리로 만들다
베흐네

bésigue [남] 베지크 (두서너 사람이 하는) 카드놀이의 일종
베지그

besogne [여] 일, 작업; 임무, 사명
브조뉴

besoin [남] 필요, 요구 avoir ~ de qch ...이 필요하다
브주엥

bestialité [여] 수성, 수욕, 잔인한 짓, 잔인한 성격
베스띠알리떼

bestseller [남] 베스트셀러
베스뜨셀레흐

bétail [남] (집합적) (농경용, 식용의) 가축
베따유

bête [여] 짐승
베뜨

bêtise [여] 어리석음, 우둔함; 어리석은 짓[말]
베띠즈

béton [남] 콘크리트
베똥

betterave [여] [식물] 무우류 (순무우, 사탕무우, 당근 따위)
베트하브

beugler [자] (소가) 울다, 큰 소리를 내다; (비유) 고함치다
뵈글레

beurre [남] 버터
뵈흐

bévue [여] 큰 실수, 오류, 잘못

베뷔

Bhoutan 부떵	[남] [지리] 부탄
biais(e) 비에(에즈)	[형] [건축] 경사진, 비스듬한 [남] ① 경사, 비스듬함 ② 완곡한 방법[수단] par le ~ de qch ...라는 간접적인 수단으로; ...을 핑계삼아
bibelot 비블로	[남] 자질구레한 실내 장식품
biberon 비브홍	[남] (젖먹이용) 수유기, 빨수 있는 꼭지가 달린 병
Bible, la 비블	[여] 성경
bibliographie 비블리오그하피	[여] ① 서지학 ② 저서 목록, 참고 문헌
bibliographique 비블리오그하피끄	[형] 서지학의; 참고문헌의
bibliothécaire 비블리오떼께흐	[명] 도서관 사서[직원]
bibliothèque 비블리오떼끄	[여] ① 도서관 ② 책장, 서가
biblique 비블리끄	[형] 성서의, 성서에서 나온 구절
bicamér(al)isme 비까메히슴(비까메할리슴)	[남] [정치] 양원제
bicarbonate 비꺄흐보나뜨	[남] 중탄산염
biceps 비셉스	[남] 이두근, 팔의 근력
bicyclette 비씨끌레뜨	[여] 자전거

bide [남] (구어) 배(때기); (1958) (연극 따위의) 흥행 대실패
비드

bidet [남] 비데
비데

bidon [남] (물, 휘발유 따위를 넣는) 양철통 (약 1-2 리터 들이)
비동

bidonville [남] (도시 주변의) 판잣집이 밀집해 있는 거리, 빈민굴
비동빌

bien [남] 선 [부] 잘, 능란하게
비엥

bien-aimé(e) [형] 가장 사랑하는
비에-네메

bien-être [남] (복수불변) (정신, 육신의) 행복, 안락, 평안
비에네트흐

bienfaisance [여] 선행, 친절, 자선, 자비
비엥프정스

bienfaisant(e) [형] (사물이) 유익한, 효험이 있는
비엥프정(정뜨)

bienfait [남] (물질적인) 혜택, 이익, 효용
비엥페

bienfaiteur(trice [명] 은인, 자선가, 후원자
비엥페뙤흐(트히스)

bien-fondé [남] 합법성, 합당성, 정당성
비엥퐁데

bien-fonds [남] 부동산
비엥퐁

bienheureux(se [형] (명사 앞뒤) (문어) 매우 행복한, 다행한, 좋은
비에뇌회(회즈)

bienséant(e) [형] (옛, 문어) 예의바른, 점잖은, 어울리는, 격에 맞는
비엥세엉(엉뜨)

bientôt [부] 곧, 오래지않아

비엥또

bienveillant(e) [형] 친절한, 호의적인
비앙베영(영뜨)

bienvenu(e) [형] 환영받는
비앙브뉘

bienvenue [여] 환영, 환대
비엥브뉘

bière [여] 맥주
비에흐

biffer [타] 지우다, 삭제[말소]하다, 제거하다
비페

bifteck [남] 비프스테이크
비프떼끄

bifurcation [여] 분기점
비퓌흐꺄시옹

bifurquer [자] (길 따위가) 두 갈래로 갈라지다, 분기하다
비퓌흐께

bigarré(e) [형] 여러 색깔의, 얼룩덜룩한
비가헤

big-bang [남] 우주폭발 생성이론; (비유) 대격변
빅벙

bigamie [여] 중혼(죄)
비갸미

bigler [자] (구어) 사시이다 [타간] [~ sur [dans] qn/qch] (구어) …을 곁눈질하다, 눈독들이다
비글레

bigot(e) [형][명] 편협한 신앙심을 가진 (사람); 편협한[완고한] (사람)
비고(고뜨)

bigoudi [남] (머리 미용에 쓰는) 컬클립
비구디

bijou(x) [남] 보석
비주

bijouterie 비주트히	[여] 보석 가게, 보석 제조[세공, 매매]업; (집합적) 보석
bijoutier(ère) 비주띠에(에흐)	[명] 보석상, 보석세공인
bilan 빌렁	[남] 대차대조표; 결산서
bilatéral(ale, aux) 비라떼할(호)	[형] 양자간의
bile 빌	[여] [의학] 담즙; (옛, 비유) 화, 짜증
bileux(se) 빌뢰(뢰즈)	[형] 담즙질의; (구어) 성 잘 내는 (성격이) 조바심하는, 근심걱정 잘하는
bilingue 빌렝그	[형] 두 나라 말을 하는, 두 나라 말로 쓴
bilinguisme 빌렝기슴	[남] 2개 국어 상용(常用)
billard 비야흐	[남] 당구
billet 비예	[남] 표, 티켓
billot 비요	[남] (위가 평평한) 통나무; (식육점의) 도마
binette 비네뜨	[여] [정보] 사이버 공간에서 컴퓨터 자판의 문자, 기호, 숫자 등을 조합해 감정이나 의사를 나타내는 표현법
bingo 빙고	[남] 빙고, 대히트
biographie 비오그하피	[여] 전기, 일대기
biologie	[여] 생물학

비올로지

biologiste [명]생물학자
비올로지스뜨

bionique [형] 생체 공학의
비오니끄

biopsie [여] 생체 검사(법)
비옵시

biorythme [남] 생체 리듬
비오히뜸

biparti(e) [형] 이분된, 두 부분으로 이루어진
비빠흐띠

bis [남] 앙코르, 제청
비스 [부] (번호, 번지, 조항 따위가) …의

biscotte [여] 비스킷, 러스크 (조각내어 딱딱하게 구운 빵)
비스꼬뜨

biscuit [남] 비스킷, 과자 모양의 빵
비스뀌

bise [여] (구어) 뽀뽀, 볼에 하는 키스
비즈

bisexuel(le) [명] 양성의, 양성기관을 가진
비섹쉬엘

bissextile [형][여] 윤의 année ~ 윤년
비섹스띨

bistro(t) [남] 작은 바, 비스트로
비스트호

bitume [남] 역청, 타르, 아스팔트
비뜀

bivouac [남] 야영, 노숙
비부아끄

bizarre [형] 이상한
비자흐

blafard(e) [형] 창백한, 희끄므레한, 생기없는

블라파흐(흐드)

blague [여] 농담
블라그

blaguer [자] 농담하다
블라게

blaireau [남] [동물] 오소리; (오소리 털로 만든) 화필, 면도솔, (사진 감광판의) 먼지 터는 솔
블레호

blâme [남] 비난,힐난; 징계
블람

blâmer [타] 비난하다, 나무라다
블라메

blanc(he) [형] 흰
블렁(렁슈)

blanc-bec (blancs-becs) [남] 풋내기, 애숭이
블렁베끄

blancheur [여] 흰빛, 흼
블렁셰흐

blanchir [타] ① 희게 하다 ② 표백하다
블렁시흐

blanchisserie [여] 표백장, 세탁소
블렁시스히

blanc-manger (blancs-mangers) [남] [요리] 젤리의 일종
블렁멍제

blason [남] 가문, 문장, 문장학
블라종

blazer [남] 선전하는 사람, 퍼뜨리는 사람
블라제

blé [남] 밀, 소맥; (복수) 밀이삭

블레

bled [남] (북아프리카의) 내지, 오지; (구어) 촌구석, 벽촌
블레드

blême [형] 창백한,파랗게 질린
블렘

blesser [타] ① 상처를 입히다; 아프게 하다 ② 마음을 상하게 하다 ③ (눈, 귀 따위에) 거슬리다
블레세

blessure [여] 상처, 부상
블레쉬흐

bleu(e) [형] 파란 [남] 파란색, 청색 ~ ciel 하늘색
블뢰

blinder [타] [군사] 장갑하다, 철갑을 두르다, (참호 따위를) 엄폐하다
블렝데

blizzard [남] 심한 눈보라, 폭풍설, 돌발
블리자흐

bloc [남] 큰 덩어리
블록

blocage [남] 봉쇄, 방해, 저해
블로꺄즈

bloc(k)-notes (bloc(k)s-notes) [남] 메모지철
블록노뜨

blond(e) [형] 금발의
블롱(롱드)

bloquer [타] 차단하다
블로께

blottir, se [대] 몸을 웅크리다, 쪼그리다
스블로띠흐

blouse [여] (농민, 서민이 입던) 조잡하고 헐렁한 옷; 작업복
블루즈

blouson [남] 점퍼, 짧은 상의
블루종

bluffer [자] (구어) 속임수를 쓰다, 허세를 부리다, 공갈치다
블뢰페

bobine [여] 실패, (철사, 필름 따위를 감는) 둥근틀, (방적기의) 실감개, 목관
보빈

bocal(aux) [남] (주둥이가 넓은) 저장용 병
보깔(꼬)

boeuf [남] ① 소 ② 쇠고기
뵈프

bohème [여] 보헤미안
보엠

bohémien(ne) [형] 보헤미아(사람)의
보에미엥(엔)

boire [타] 마시다, 술 마시다
부아흐

bois [남] 나무, 재목; 숲
부아

boisson [여] 음료
부아송

boîte [여] 상자
부아뜨

boiter [자] 다리를 절다
부아떼

boîtier [남] (여러 칸으로 나뉜) 연장[도구] 상자; 겉껍질, 케이스
부아띠에

bol [남] 공기, 사발
볼

bolide [남] [천문] 화구, 유성, 운석; 매우 빠른 차, 발이 빠른 사람
볼리드

Bolivie [여] [지리] 볼리비아
볼리비

bombardement [남] 포격, 폭격
봄바흐드멍

bombarder [타] 포격하다, 폭격하다
봄바흐데

bombe [여] 원자[수소] 폭탄, 핵무기
봉브

bombé(e) [형] 가운데가 불룩 나온, 볼록형의
봉베

bon(ne) [형] ① (품질, 성능이) 좋은 ~ fauteuil 좋은 의자 ② 적절한, 알맞은 arriver au ~ moment 적시에 도착하다 ③ 착한, 선량한 ~ garçon 착한 소년 ④ 맛있는, 냄새 좋은 très ~ plat 매우 맛있는 음식
봉(본)

bonbon [남] (어린애말) 사탕
봉봉

bond [남] 뛰어오름, 도약
봉

bonde [여] 배수구, 물구멍; (물통, 목욕통 따위의) 주둥이
봉드

bondé(e) [형] 만원인, 가득찬 [~ de]
봉데

bondir [자] ① (사람, 동물이) 뛰어오르다, 뛰어가다 ② (공 따위가) 튀다
봉디흐

bonheur [남] 행복 ~ suprême 최고의 행복 recherche du ~ 행복의 추구
보뇌흐

bonhomme [남] ① 착한 사람, 호인 ② (구어) 친밀감을 나타내어) 녀석; (아기 또는 아기처럼 대하는 사람을 가리켜) 애야, 아가
보놈

bonifier [타] 이익금[상여금]을 주다
보니피에

bonjour [남] (낮 인사) 안녕하십니까, 안녕
봉주흐

bonne [여] 하녀, 가정부
본

bonnement [부] (옛) 순진하게; 솔직하게, 정직하게
본느멍

bonnet [남] 테 없는 모자
보네

bonneterie [여] (집합적) (내복, 양말, 편물, 모자 따위의) 양품류, (그) 제조[판매]업[점]
본느트히

bonsoir [남](저녁 인사) 안녕하십니까, 안녕
봉수아흐

bonté [여] 착함, 어질음; 친절
봉떼

bord [남] 가장자리; 기슭 au ~ de la mer 바닷 가에서
보흐

bordel [남] 갈보집; 풍기물란한 곳
보흐델

border [타] (주어, 보어는 사물) 가장자리를 따라 뻗어있다, 가장자리를 이루다
보흐데

Bordeaux [명] [지리] 보르도
보흐도

bordereau(x) [남] (계산서, 서류, 목록 따위의) 명세서
보흐드호

bordure [여] ① 가장자리[테두리]에 두른[댄] 것, 가장자리 장식 ② 가장자리
보흐뒤흐

boréal(e, aux) [형] [지리] 북쪽의, 북쪽에 있는
보헤알(오)

borgne [형] 애꾸의
보흐뉴

borne [여] 경계표
보흐느

borné(e) [형] (장애물에 의해) 한정된, 국한된
보흐네

borner [타] 한정하다, 한계를 정하다
보흐네

bosse [여] 혹
보스

bosser [타] [해양] 밧줄로 고정하다[잡아매다] [타] (공부 따위를) 열심히 하다
보세

bossu(e) [형] 혹이 있는 [명] 꼽추
보쉬

botanique [형] 식물학의 jardin ~ 식물원
보따니끄

Botswana [남] [지리] 보츠와나
봇스와나

botte [여] 장화 une paire de ~s 장화 한 켤레
보뜨

botter [타] (에게) 장화를 신기다; (비유, 구어) (의) 마음에 들다, (에게) 어울리다; 차다, 걷어차다
보떼

bottin [남] 전화번호부
보뗑

bouc [남] 염소의 수컷
부끄

bouche [여] 입
부슈

bouché(e) [형] 막힌, 가로막힌, 마개로 막은
부셰

bouchée [여] 한 입(의 양)
부셰

boucher [타] (구멍, 틈새 따위를) 막다, 봉하다, (병 따위를 마개로) 막다
부셰

boucherie
부슈히
[여] 푸줏간, 정육점

bouchon
부숑
[남] (병 따위의) 마개

boucle
부끌
[여] ① 버클, 고리쇠, 죔쇠 ② (비유) 둥글게 말린 것 ~ de cheveux 머리카락의 컬

bouclé(e)
부끌레
[형] 버클을 채운; (머리카락이) 컬이 된, 곱슬곱슬한

boucler
부끌레
[타] 버클을 채우다; (머리카락을) 곱슬곱슬하게 하다; 마무리 짓다 ~ les négociations 협상을 마무리 짓다

Bouddha
부다
[남] 불타, 부처, 석존

bouddhisme
부디슴
[남] 불교

bouddhiste
부디스뜨
[명] 불교도, 불교 스님

bouder
부데
[자] 실쭉한 낯을 보이다, 뾰루퉁하다, 토라지다

boudin
부뎅
[남] [요리] (돼지의 피와 기름 따위로 만든) 순대

boue
부
[여] 진창, 진흙

bouée
부에
[여] 부표; 튜브, 구명대

boueux(se)
부외(외즈)
[형] 진흙투성이의

bouffe
부프
[여] (구어) 먹기

bouffée
부페
[여] 내뿜는 입김, (담배연기 따위를)

내뿜기

bouffer [자] 부풀다, 불룩해지다
부페 [타] (구어) 게걸스럽게 먹다, 먹다

bouffi(e) [형] (눈, 얼굴 따위가 보기 싫게) 부은, 부어 오른, 부푼
부피

bouger [자] ① 움직이다 ② 이동하다
부제

bougie [여] 초, 양초
부지

bougonner [자] 투덜대다, 불평하다 [타] 불평하다, 잔소리하다, 심하게 꾸짖다
부고네

bouillabaisse [여] [요리] 부이야베스 (지중해식 생선 스튜)
부야베스

bouillant(e) [형] 끓고 있는, 끓어오르는
부영(영뜨)

bouillasse [여] (구어) 진흙탕, 진창
부야스

bouille [여] (포도 수확용) 바구니
부이유 [채롱]; (구어) 얼굴, 낯짝

buillie [여] (특히 아기들을 위해 우유 등에 밀가루를 넣고 끓인) 걸쭉한 죽
부유이

bouillir [자] 끓다
부이흐

bouilloire [여] (물끓이는) 주전자, (귀금속을 연마하기 위한 백금의) 작은 용기
부이유아흐

bouillonner [자] 거품을 내며 부글거리다, 끓다
부요네

boulanger(ère) [명] 빵집 주인
불렁제(제흐)

boulangerie [여] 빵집
불렁즈히

boule [여] 공, 구, 공 모양의 것
불

bouleau(x) [남] [식물] 자작나무
불로

boulevard [남] 나무가 들어선 큰 길
부르바흐

bouleverser [타] 뒤엎다, 전복시키다, 엉망으로 만들다
불베흐세

boulimie [여] 이상 식욕 항진, 과식증
불리미

boulot [남] (구어) 일
불로

boum [감] 쾅, 쿵 (추락, 폭파 따위의 둔중한 소리)
붐

bouquet [남] 부케, 꽃다발
부께

bouquin [남] 헌 책, 고본; (구어) 책
부깽

bouquiniste [명] (특히 파리 센강가의) 고본 장수
부끼니스뜨

bourbeux(se) [형] (땅이) 질퍽한, 진창인
부흐뵈(뵈즈)

bourbon [남] (피아노 오르간의) 최저 음역의 음전
부흐봉

bourde [여] (옛) 거짓말, 꾸며낸 이야기, 객설; 큰 실수[실책]
부흐드

bourdon [남] [동물] 뒝벌
부흐동

bourdonner [자] (벌 따위가) 윙윙[붕붕]거리다
부흐도네

bourg [남] (장이 서는) 큰 마을[부락], 읍
부흐

bourgeois(e) [명] 중산 계급의, 부르주아의
부흐주아(아즈)

bourgeoisie [여] 중산계급, 유산계급, 부르주아 계급
부흐주아지

bourgeonner [자] 싹트다, 발아하다
부흐조네

bourgogne [남] 부르고뉴산 포도주
부흐고뉴

bourlinguer [자] [해양] (배가) 난항하다, 항해를 많이 하다; (비유, 구어) 여행을 많이 하다, 방랑하다
부흘렝게

bourrasque [여] 돌풍, 광풍, 질풍; (비유) (분노 따위의) 폭발
부하스끄

bourreau(x) [남] ① 형리 ② 남을 괴롭 히는 사람, 학대자 ~ d'enfants 아동학대자 ~ de travail 많은 일을 척척 해치우는 사람; 일[공 부]벌레
부호

bourrer [타] (쿠션 따위에) 속을 넣다
부헤

bourru(e) [형] 거친, 조잡한; (비유) 무뚝뚝한, 퉁명스러운
부휘

bourse [여] 지갑; 장학금
부흐스

bousculer [타] ① 뒤죽박죽으로 만들다, 뒤엎어 놓다 ② 떼밀다
부스뀔레

boursouf(f)lé(e) [형] 부푼, 부어오른
부흐수플레

bousculer [타] 뒤죽박죽으로 만들다, 뒤엎어 놓다; 떼밀다
부스뀔레

bousiller 부지에	[타] (일을) 날림으로 하다
boussole 부솔	[여] 나침반
bout 부	[남] 끝, 약간
bouteille 부떼유	[여] ① 병, 술병 ② (병 속의 내용물로서의) 술, 포도주 boire une ~ de rouge 적포도주 한 병을 마시다
boutique 부띠끄	[여] 부티크, 상점, 가게
boutiquier(ère) 부띠끼에(에흐)	[명] (종종 경멸) 상점주인, 소매상인
bouton 부똥	[남] 단추 ~ de chemise 셔츠 단추
boutonnière 부또니에흐	[여] 단추구멍
boxe 복스	[여] 권투
boycott 보이꼬뜨	[남] 보이콧
boycottage 보이꼬따즈	[남] 불매(不買) 동맹을 맺기, 배척하 기, 보이콧
bracelet 브하슬레	[남] 팔찌
bracelet-montre (bracelets-montres) 브하슬레몽트흐	[남] 손목시계
brader 브하데	[타] (중고, 고물시장에서) 팔다

brailler 브하예	[자] (구어) 고함치다, 큰 소리로 말 [노래]하다
braise 브헤즈	[여] 잉걸불[숯불]
brancard 브헝꺄흐	[남] 들것
branche 브헝슈	[여] 가지, 분지
branché(e) 브헝셰	[형] 접속된
branchement 브헝슈멍	[남] 접속 ~ téléphonique 전화접속
brancher 브헝셰	[자] (새가) 나뭇가지에 앉다 [타] (본선, 본관에) 연결[접속]시키다
branle 브헝르	[남] 흔들림, 동요; 자극, 충격
braquer 브하께	[타] (총, 망원경 따위를) 향하게 하다
bras 브하	[남] 팔
brassard 브하사흐	[남] 완장
brasser 브하세	[타] 휘젓다
brasserie 브하스히	[여] 맥주 양조(장)
brave 브하브	[형] 용감한
braver 브하베	[타] 무릅쓰다 ~ la mort 죽음을 무릅쓰다
bravo 브하보	[감] 잘 한다, 좋다

bravoure 브하부흐	[여] 용감, 용맹, 용기
break 브헤끄	[남] [자동차] 라이트밴; [테니스] faire le ~ 상대방의 서비스 게임을 이기다; [재즈] 브레이크 (연주 도중 기다림의 효과를 내기 위해 잠시 쉬는 것); 브레이크 댄스
brebis 브흐비	[여] 암양
brèche 브헤슈	[여] (벽 따위의) 틈, 금, 구멍
bredouille 브흐두이유	[형] 얻지 못한, 성과가 없는
bredouiller 브흐두이예	[자] 성급하고 불분명하게 말하다 [타] 알아들을 수 없게 말하다, 중얼거리다
bref(ève) 브헤프(헤브)	[형] 간략한
Brésil 브헤질	[남] 브라질
brésilien(ne) 브헤질리엥(엔)	[형] 브라질의 B~ [명] 브라질 사람
bretelle 브흐뗄르	[여] 가죽끈
brevet 브흐베	[남] 특허
breveté(e) 브흐브떼	[형] 면허장[수료증]을 가진, 유자격의
bribe 브히브	[여] (옛) 작은 조각, 소량; (비유) 약간, 단편
bricolage 브히꼴라즈	[남] (자질구레한) 공작, 작업, (취미삼아 하는) 만들기, 목공일

bricole 브히꼴	[여] (중세의) 노포, 쇠뇌; (마구의) 가슴띠, (짐꾼의) 멜빵
bricoler 브히꼴레	[자] (일정한 직업 없이) 여러가지 일을 하며 생계를 잇다 [타] (취미삼아) 만들다[목공일하다]
bride 브히드	[여] (말의 굴레) (재갈과 고삐 포함)
brider 브히데	[타] (말 따위에) 굴레르 씌우다
brièvement 브히에브멍	[부] 짧게; 간결하게
brièveté 브히에브떼	[여] 짧음, 간결
brigade 브히갸드	[여] ① [군사] 여단 ② (군대, 경찰 따위의) 분대, 소대, 반 ③ (공무원, 근로자 따위의) 반, 조
briguer 브히게	[타] (옛) 술수[술책]를 써서 얻으려하다; (문어) 열망하다, 간절히 바라다
brillant(e) 브히영(영뜨)	[형] (명사 앞, 뒤) ① 빛나는 ② (지적 으로) 우수한, 명석한
briller 브히예	[자] 빛을 발하다, 빛나다, 반짝이다
brimade 브히마드	[여] 따돌림, 왕따 ~ à l'école 학교에서의 따돌림
brin 브헹	[남] 실오라기
brindille 브헹디유	[여] 잔가지
brioche 브히오슈	[여] 브리오슈 (둥글게 부푼 모양에 둥근 작은 꼭지가 달린 빵)
brique	[여] 벽돌

브히끄

briquet [남] 라이터
브히께

brise [여] 산들바람, 미풍
브히즈

briser [타] 깨뜨리다
브히제

britannique [형] 영국의, 영국인의
브히따니끄

broc [남] (목이 길고 손잡이가 달린) 병, 병에 담긴 음료
브호

brocante [여] 고물업, 골동품업
브호껑뜨

brocanteur(se) [명] 고물장수, 골동품 상인
브호껑뙤흐(뙤즈)

brocart [남]수단(繡緞), 문직(紋織)
브호까흐

broche [여] ① 꼬챙이; (고기 굽는) 쇠꼬챙이, 꼬치 ② 브로치, 장식핀
브호슈

broché [남] [기계] (옛) (천공기로) 구멍 뚫기; [직조] 수단, 돋을무늬천
브호셰

brochette [여] [요리] (고기 굽는) 작은 꼬치[꼬챙이]; 꼬치에 꿴 고기
브호셰뜨

brochure [여] 소책자, 팜플렛
브호쉬흐

brocoli [남]브로콜리
브호꼴리

broder [타] (천에) 수를 놓다, 수로 새겨넣다
브호데

broderie [여] 수, 자수
브호드히

broncher 브홍셰
[자] (비유, 문어) (난관, 장애물 따위에) 봉착하다, 부딪치다 [~ sur/contre qch]

bronchite 브홍시뜨
[여] 기관지염

bronzer 브홍제
[타] 청동을 입히다, 청동색을 칠하다; (피부를) 그을리다, 검게 태우다

brochure 브호쉬흐
[여] 팸플릿, 가제본한 책, 소책자

broder 브호데
[타] (천에) 수를 놓다

broderie 브호드히
[여] 수, 자수

bronze 브홍즈
[남] 청동, 브론즈

brossage 브호사즈
[남] 솔질, 브러시질

brosse 브호스
[여] 솔, 브러시 ~ à dents 칫솔

brosser 브호세
[타] 솔질하다, 솔[브러시]로 털다, 닦다

brouette 브후에뜨
[여] (양팔 손잡이가 달린) 외바퀴 손수레

brouhaha 브후아아
[남] 웅성거림, 와글거리는 소리

brouillard 브후이야흐
[남] 안개

brouille 브후이유
[여] 불화, 반목

brouillé(e) 브후이예
[형] 뒤섞은, 혼합한 oeufs ~s [요리] (계란을 휘저어 부친) 스크램블에그

brouiller 브후이예
[타] ① 뒤섞다, 혼합하다 ② (시각 따위

를) 흐리게 하다

brouillon [남] 초고, 초안; 밑그림, 청사진
브후이용

broussaille [여] (흔히 복수) 가시덤불, 무성한 잡초
브후사유

brousse [여] (지방어) (프로방스 지방의 염소, 양젖으로 만든) 치즈
브후스

brouter [타] (짐승이 풀을) 뜯어먹다
브후떼

broyer [타] 빻다, 찧다, 갈다, (염료 따위를) 개다
브후아예

bruine [여] 이슬비, 는개
브휘인느

bruit [남] ① 소리, 음 ~ d'animaux 짐승이 내는 소리 ② 소문, 풍문
브휘이

brûler [타] 태우다
브휠레

brûlure [여] 불에 뎀, 화상
브휠뤼흐

brume [여] 짙은 안개
브휨

brumeux(se) [형] 안개낀
브휘뫼(뫼즈)

brun(e) [형] 갈색의
브헹(휜)

Brunei [남] [지리] 브루나이
브휴네

brunir [타] (금속 표면, 기계 따위를) 매끈거리게 하다, 연마하다
브휘니흐

brusque [형] ① (주로 명사 뒤) 거친, 난폭한 ② (주로 명사 앞) 갑작스런, 돌연한, 뜻밖의
브휘스끄

brusquer [타] (를) 거칠게 다루다, (에게) 무례[당돌]하게 굴다
브휘스께

brut(e) [형] 천연의, 가공하지 않은 pétrole ~ 원유
브휘(휘뜨)

brutal(e, aux) [형] 잔인한, 난폭한, 야만 적인
브휘딸(또)

brutaliser [타] 심하게[가혹하게] 다루다, (에게) 폭력을 사용하다
브휘딸리제

brutalité [여] 거침, 난폭함
브휘딸리떼

bruyant(e) [형] 시끄러운
브휘영(영뜨)

bruyère [여] [식물] 히드
브휘예흐

buanderie [여] 세탁소
뷔엉드히

bûche [여] 장작
뷔슈

bûcher [남] 장작 관[곳간] [타] (목재 따위를 도끼로) 대강 다듬다[깎다]
뷔셰

bucolique [형] 목자(牧者)의, 목가적인
뷔꼴리끄

budget [남] ① (국가, 공공기관의) 예산 ~ de l'Éducation nationale 교육예산 ② (기업, 단체, 가정, 개인의) 예산; 경비 ~ de publicité 광고 예산
뷧제

budgétaire [형] 예산(상)의
뷧제떼흐

buée [여] 김, 수증기
뷔에

buffet [남] ① 찬장 ② 뷔페
뷔페

buffle [남] 물소
뷔플

buisson [남] (관목의) 덤불, 수풀
뷔이송

bulbe [남] (예전에 bulb 로 쓰기도 했음) [해양] (물의 저항을 줄이기 위한) 구상용골
뷜브

Bulgarie [여] [지리] 불가리아
뷜가히

bulle [여] ① 거품 ② (만화에서 인물의 대사를 나타내는) 동그란 테
뷜

bulletin [남] ① (공식적인) 보고서, 공보 ② (학회, 단체의) 회보 ③ (학교의) 성적표 ④ 투표 용지 ~ blanc[nul] 백지[무효]표
뷜뗑

buraliste [명] 우체국의 창구직원; 담배가게 주인
뷔할리스뜨

bureau(x) [남] ① (사무용) 책상 ② 사무실 ③ (관청, 회사의) 부서, 국, 원, 과
뷔호

bureaucrate [명] ① 관리, 관료 ② (경멸) 관료 적인 사람 ③ (경멸) (법률사무소 따위의) 서기 ; 하급관리 [형] 관료적인
뷔호크하뜨

bureaucratie [여] ① 관료주의 ② (집합적) 관료 (전체)
뷔호크하시

bureaucratique [형] 관료 정치의; 관료적인 절차가 번잡한
뷔호크하띠끄

burlesque [형] ① 우스꽝스러운, 익살스러운 ② [문학] gen-re[style] ~ 고상하고 웅장한 주제 를 비속화함으로써 희극적 효과를 자아내는 장르 [문체] (특히 17 세기 전반기의 한 문학 양식을 가리킴)
뷔흘레스끄

bus [남] 버스
뷔스

busqué(e) [형] 구부러진
뷔스께

buste [남] ① 상반신 ② (여자의) 유방, 가슴 둘레 ③ [미술] 흉상, 반신상
뷔스뜨

but [남] 과녁, 목표
뷔

buté(e) [형] 고집이 센, 완고한
뷔떼

buter [타] (구어) (총기로) 죽이다, 암살하다 [자] (에) 발부리를 부딪치다; (에) 부딪치다, 걸리다; (비유) (어려움, 반대 따위에) 부딪치다; (주어는 사물) (에) 기대다
뷔떼

butin [남] 전리품, 노획물
뷔뗑

butte [여] 과녁을 세우는 언덕, 표적, 목표, 대상
뷔뜨

buvette [여] (역, 극장 따위의) 간이 [구내]식당, 작은 술집
뷔베뜨

buveur(se) [명] 술꾼, 술고래
뷔뵈흐

byzantin(e) [형] 비잔틴의, 동로마 제국의 [명] (B~) 비잔틴 사람
비정뗑(띤)

C - c

C, c
세
[남] 불어 자모의 셋째 글자

ça
사
[대] (cela 의 단축형) 그것 Comment ~ va ? 어떻게 지내? Ça va bien 잘 지내

cabale
까발
[여] 음모, 비밀결사, 파벌

cabane
꺄반
[여] 오두막집, 선실, 조종실

cabaret
꺄바헤
[남] 카바레

cabas
까바
[남] (과일 따위를 담는) 바구니, 한 바구니의 분량

cabestan
꺄베스떵
[남] 캡스턴

cabine
꺄빈
[여] ① (특정 용도의) 작은 공간 ~ d'ascenseur (승강기의) 사람 타는 곳 ~ de bain (목욕탕, 해수욕장 따위의) 탈의실 ~ de douche 샤워실 ~ d'essayage (옷가게의) 옷 입어보는 곳 ~ téléphonique 전화박스 ~ de vote (투표장의) 기표소 ② [해양] 선실 ~ de luxe 특등실 ~ de passager 객실 ~ des cartes 해도실 retenir une ~ à bord d'un paquebot 여객선의

객실을 예약하다 ③ [항공] (비행기의) 조종사실 ④ [철도] (기차의) 기관사실 ~ d'aiguillage[de signaux] 신호소

cabinet
꺄비네

[남] ① (큰 방에 딸린) 작은 방 (수식어나 한정 어구가 없이는 거의 쓰이지 않음) ~ de bains 욕실 ; 탈의실 ~ de débarras 짐을 넣어두는 방 ~ de toilette[d'aisancces] 화장실 ~ particulier (카페, 식당 따위의) 별실 ② 전시실, 진열실 ~ d'objet d'art 미술품 진열실 ③ 서재, 연구실 ~ de travail[d'étude] 서재[연구실] ~ de littérature [lecture] 열람 실 homme de ~ 서재에 묻혀 사는 사람 ④ (복수) 화장실 (=toilettes) (이 경우 복수 표시는 불쾌한 말을 부드럽게 해주는 역할을 함) aller aux ~s 화장실에 가다 ~s à la turque 좌변기가 없는 화장실 ⑤ 사무실, 진찰실, 집무실 ~ d'un avocat 변호사 사무실 ~ de consultation 진찰실 ~ de groupe 공동 진료소 ~ dentaire 치과 ~ d'affaires 대리업 사무소, 회계 사무소 ⑥ (집합적) 고객, 단골 환자; 업무 avoir un très bon ~ 많은 고객을 확보하 고 있다 Il a un gros ~. 그는 업무가 많다 ⑦ [정치] 내각, 정부 ~ anglais[de Londres] 영국 정부 conseil de ~ 각의 ⑧ (장관, 도지사의) 비서실

~ du ministre 장관 비서실 chef de ~ 비서실장

câble
까블

[남] ① 굵은 밧줄, 쇠 줄, 강삭; [해양] 닻줄 (=~ d'ancre) ~ de traction 견인 밧줄 ~ metallique 와이어 로프 haler un ~ 밧줄을 당기다 mouiller le ~ 닻줄을 풀다 ② [전기] 전선, 피 복선, 케이블 ~ aérien[souterrain, sous-marin] 공중[지하, 해저] 케이블 ~ électrique [hertizien, téléphonique] 전기 [전파, 통신, 전화] 케이블 ~ isolé[coaxial] 절연[동축] 케이블 télévision par ~s 유선[케이블] 텔레비전 ③ (해저) 전선 [케이블] 통신 (=câblogramme); 전신문, 전보 (=télégramme); répondre par ~ 유선통신으로 답하다 envoyer un ~ à qn; aviser qn par (le) ~ ...에게 전보를 치다 ④ (밧줄 모양의) 장식끈(=câblé) ⑤ [해양] 연 (=encablure) (옛날의 길이 단위, 185.2 미터) ⑥ [건축] 밧줄꼴 쇠시리 ⑦ [항공] ~ de commande (비행기의) 조종삭 couper le ~ avec qn ...와 관계를 끊다, 절교하다 filer le[du] ~ [해양] 밧줄을 풀다; (구어) 질질 끌다 filer le ~ (옛) 떠나다, 출발하다 (=s'en aller, partir) filer son ~ par le bout [해양] 자기 배의 닻줄을 풀다; (구어) 죽다

C-c

câblé(e)
꺄블레

[형] ① 꼬인, 꼰 fil ~ 꼬아만든 선 ② (쇠시리가) 밧줄 모양인; 밧줄꼴 쇠시리를 단 ③ [해양] 밧줄이 달린 ancre ~e 밧줄이 달린 닻 ④ 배선이 된, 케이블 공사가 된 circuits ~s 배선 회로 réseau ~ 배선망 ville ~e 케이블 공사를 한 도시 ⑤ (구어) 세상 물정에 밝은 (=au courant); 첨단 유행의 (=à la mode, branché) cinéaste ~ 첨단 유행을 걷는 영화인 ⑥ (해저) 전선[케이블] 통신으로 보낸 [남] ① 굵게 꼰 밧줄 ② (밧줄 모양의) 장식끈

câbler
꺄블레

[타] ① (여러 줄을 합쳐서) 꼬다 ② (해저) 전선[케이블]으로 타전하다, 전보를 치다 Je vous *câblerai* une dépêche. 당신에게 전보를 치겠다 ③ (전기 따위의) 배선을 하다; (도시 따위에) 케이블 설치 공사를 하다 ④ (목재 따위를) 케이블 수송하다

câblerie
꺄블르히

[여] 밧줄[전선] 제조[판매]; 밧줄[전선] 제조 공장

caboche
꺄보슈

[여] (구어) 머리, 대가리; 정신, 기억

cabosser
꺄보세

[타] (구어) (때려서) 혹을 만들다, 타박상을 입히다, (차 따위를)찌부러뜨리다

cabrer
꺄브헤

[타] ① (말 따위를) 뒷발로 서게 하다 ② 격분시키다, 반항[반대]하게 하다 (=révolter) Votre attitude l'*a cabré*. 당신의 태도가 그를 노하게 했다 ③ [항공] 급상승시키다 ~ un avion 비행기를 급상승시키다 / (보어 없이) ~ pour sauver son altitude 고도를 유지하기 위해 급상승하다 se ~ [대] ① (말 따위가) 뒷발로 일어서다; [항공] (비행기가) 급상승하다 ② (비유) 격분하다, 반항[반대]하다 (=se révolter) se ~ à l'idée de lui demander pardon 그에게 용서를 구해야 한다는 생각에 격분하다 [se ~ contre qn/qch] se ~ contre le patron[la morale] 상사에게 대들다[도덕에 어긋나게 행동하다] [se ~ devant qch] se ~ devant une exigence absurde 터무니없는 요 구에 반발하다

cabriole 꺄브히올 — [여] (흔히 복수) 뛰기, 뛰놀기, 도약; 재주넘기

cabriolet 꺄브히올레 — [남] 카브리올레형 자동차; (프랑스 혁명 후에 유행한) 앞챙이 둥그런 여성, 아동용 모자

cacah(o)uète/cacahouette/cacahuate 꺄꺄외뜨 — [여] [식물] 땅콩, 낙화생

cacao 꺄꺄오 — [남] [식물] 카카오

cacatoès 꺄꺄또에스 — [남] 앵무새의 일종

cache — [여] 저장소, 캐시 메모리

까슈

cache-cache 까슈까슈 (불변) [남] 숨바꼭질

cachemire 까슈미흐 [남] 캐시미어 pullover en ~ 캐시미 어 스웨터

cache-nez 까슈네 [남] (복수불변) 목도리, 머플러

cacher 까셰 [타] ① 감추다, 숨기다 [~ qch/qn] ~ des bujoux[de l'argent] 보석[돈]을 감추다/~ des prisonniers évadés 탈옥수를 숨겨주다 ② 가리다 (=masquer, voiler) [~ qch] ~ la lumière[vue] 빛[시야]을 가리다 La maison cache la plage. 집 때문에 해변이 보이지 않는다 ③ 비밀로 하다, 드러내지 않다, 은폐하다 ~ son âge 나이를 숨기다 ~ ses inquiétudes[sentiments]불안감[감정]을 드러 내지 않다 ~ la vérité 진실을 은폐하다 [~ qch à qn] ~ la vérité[ses intentionns] à qn ...에게 진실[의도]을 숨기다 [~ à qn que + ind] Elle vous a caché qu'elle m'avait vu. 그녀가 당신에게 나를 본 사실을 숨겼다 [~ à qn + inf] Je ne vous cache pas avoir une opinion différente. 당신에게 내가 견해를 달리 하고 있음을 숨기지 않겠습니다 [~ à qn + 간접의문절] Elle ne m'a pas caché qui elle aimait. 그녀는 내게 누구를 사랑하

는지를 숨기지 않았다 ~ sa vie 은둔생활을 하다 ~ sonjeu[ses cartes] 의도를 숨기다, 속셈을 감추다 L'arbre cache la forêt. (속담) 나무만 보고 숲은 보지 못하다 pour ne rien vous ~ 숨김없 이 말하자면 Un train peut en ~ un autre. 열차 뒤에 또 열차 (건널목 주의 표지판) se ~ [대] ① 숨다, 은신하다 se ~ derrière un arbre 나무 뒤에 숨다 se ~ pour ne pas être arrêté. 체포되지 않으려고 은신하다 Va te ~ ! 꺼져 버려! (=Va-t'en !) ② 숨겨지다, 가려지다 Sa mé-chanceté se cache sous[derrière] l'indiffé-rence. 그는 무관심한척 하지만 속으로 는 악의를 품고 있다 ③ (을) 피하다, 몰래하다 [se ~ de qn] Il *s'est caché* de moi. 그가 나를 피했다. [se ~ à qch] se ~ aux yeux de tout le monde 누구의 시선에도 띄지 않다 ④ (...하는 것을) 숨기다 [se ~ de qch/inf] Il ne *se cache* pas de la sympathie qu'il a pour elle. 그는 그녀에 대한 호감을 숨기지 않는다 Il ne *s'est pas caché* d'avoir menti. 그는 거짓말을 했다는 것을 숨기지 않았다

cachet
꺄셰

[남] ① 도장, 인장 (= sceau); 스탬프 (=tampon); 소인 (=timbre) appliquer[apposer, mettre] un ~

sur qch ...에 도장을 찍다 ② (도장, 소인이 찍힌) 자국; 봉인, 봉랍; 상표, 마크 ~ d'obligation[de la poste, postal] 우체국의 소인 fermer une lettre par un ~ de cire 편지를 봉랍으로 봉하다 briser un ~ 봉 인을 뜯다; [법] 봉인을 파기하다 ~ volant 봉하지 않은 편지 ~ d'un fabricant 상표 ③ (비유) (특이한) 흔적, 특징, 특이성; ~ d'originalité 독창성 ~ d'une époque 시대의 특징 avoir du ~ 특색이 있다 manquer de ~ 특색이 없다 ④ 사례금, 보수 ~ d'unacteur[musicien] 배우[음악가]에 대한 사례금 toucher un gros ~ 많은 보수를 받다 ⑤ [약학] 약포; 정제, 캡슐 ~ d'aspirine 아스피린정

cachette 꺄셰뜨 [여] 숨는 곳

cacophonie 꺄꼬포니 [여] 불협화음

cactus 꺅뛰스 [남] 선인장

cadavérique 꺄다베히끄 [형] 송장 같은, 새파랗게 질린

cadavre 꺄다브흐 [남] 시체

caddie 꺄디 [남] 캐디

cadeau(x) [남] ① 선물; 증정품 (=don,

까도 présent) ~ d'anniversaire 생일 선물 ~ de mariage 결혼선물 ~ de nouvel an 연말연시 의 선물 (=éterne) faire[offrir] un ~ à qn ... 에게 선물을 하다 (동격으로 합성명사 구성) papier ~ 포장지 paquet[boîte] ~ 선물상자 ~ souvenir 기념품 C'est pas un ~. (구어) 견디어 내기 힘든 사람이다; 재미없다 C'est un ~ de la maison. 이것은 무료 증정품입니다. faire ~ de qch à qn 에게 ...을 선물하다 Je vous fais ~ des détails. (속어) 자질구레한 일은 면제해 드리지요 Les petits ~x entretiennent l'amitié. (속담) 작은 선물이 우정을 돈독히 한다 ne pas faire de ~ à qn (구어) (사업상) 깐깐하게 굴다, 엄하게 대하다

cadenas 꺄드나 [남] 맹꽁이 자물쇠

cadence 꺄덩스 [여] 율동적인 흐름, 억양, 운율, 리듬

cadencé(e) 꺄덩세 [형] 박자가 맞는, 율동적인; 운율이 잘 맞는

cadet(te) 꺄데(데뜨) [형] 손아래의 [명] 동생; 손아랫사람

cadran 꺄드헝 [남] (시계의) 문자반, 눈금반; (계기 따위의) 지침면, 지침판, (전화) 다이얼

cadre 꺄드흐 [남] 틀, 핵심 그룹, 간부, 뼈대

C-c

cadrer 꺄드헤	[자] 일치하다, 맞다, 어울리다
cafard(e) 꺄파흐(흐드)	[명] 위선자, 독실한 신자인 체하는 사람
café 꺄페	[남] ① 커피 ~ crème 크림커피 ② 카페
caféine 꺄페인	[여] 카페인
cafétéria 꺄페떼히아	[여] 카페테리아, 구내식당
cafetier(ère) 꺄프띠에(에흐)	[명] 카페주인 [여] 커피포트
cage 꺄즈	[여] (짐승의) 우리; 새장
cagibi 꺄지비	[남] (창문 없는) 작은 방, 골방
cahier 꺄예	[남] 공책, 노트, 장부
cahot 꺄오	[남] (울퉁불퉁한 길을 달리는) 차의 요동, 덜걱거림
cahoteux(se) 꺄오뙤(뙤즈)	[형] 요철이 심한, 덜거덕거리게하는
caïd 꺄이드	[남] 카이드 (북아프리카에서 재판권, 행정권, 경찰권, 징세권을 행사하는 이슬람교의 지방관); (구어) 두목, 보스, 고위층, 중진, 실력자
cailler 꺄예	[타] (혈액, 우유 따위를) 엉기게 하다, 응고시키다
caillou(x) 꺄이유	[남] 자갈, 조각돌
caisse	[여] ① 상자 ② 금고, 돈궤 ③

께쓰 계산대

caissier(ère) [명] 회계원
께씨에(에흐)

cajoler [타] 애지중지하다, 귀여워하다,응석을 받아주다
꺄졸레

cajou [남] [식물] 캐슈 (열대 남미산으로 그 열매는 식용)
꺄주

calamine [여] [광물] 칼라민, 이극광
꺌라민

calamité [여] 큰 재난, 참사
꺌라미떼

calcaire [형] 석회질의 [남] 석회암
꺌께흐

calcifier, se [대] 석회질이 되다
스꺌시피에

calciner [타] (석회석에 고열을 가하여) 석회로 만들다
꺌시네

calcium [남] 칼슘
꺌시옴

calcul [남] 계산 faire des ~s 계산을 하다
꺌뀔

calculatrice [여] 계산기
꺌뀔라트히스

calculer [타] 계산하다 machine à ~ 계산기
꺌뀔레

calculette [여] 계산기
꺌뀔레뜨

cale [여] [해양] 선창, 화물창
꺌

calé(e) [형] (구어) (주어는 사람) 유식한,
꺌레

박식한, 교육받은; (주어는 사물) 어려운, 복잡한

caleçon
깔송
[남] (남자용) 팬츠, (권투선수 따위의) 팬츠

calendrier
깔렁드히에
[남] 달력

calepin
깔뻥
[남] 수첩, 비망록

caler
깔레
[타] [해양] 내리다, 낮추다

calibrage
깔리브하주
[남] ① (총포, 탄환의) 구경 정하기[측정]

calibre
깔리브흐
[남] 직경, 구경

calibrer
깔리브헤
[타] 눈금을 정하다, 조정하다, 대응시키다

calice
깔리스
[남] 성배

Californie
깔리포흐니
[여] [지리] 캘리포니아

califourchon, à
아깔리푸흐숑
[부] (말타듯) 걸터앉아

câliner
깔리네
[타] 귀여워하다, 애무하다, 달콤한 말로 꼬이다

calligraphie
깔리그하피
[여] 서예

calmant(e)
깔멍(멍뜨)
[형] 진정시키는, 진통작용의

calme
깔므
[형] 고요한 [남] 침착 Du ~ ! 침착하세요!

calmement
[부] 침착하게

깔므멍

calmer
깔메
[타] 가라앉히다 se ~ [대] ① 고요해지다, 잔잔해지다 ② 평정[냉정]을 되찾다

calomnie
깔롬니
[형] 험구, 중상

calorie
깔로히
[여] 칼로리 faire attention aux ~s 칼로리에 신경을 쓰다

calotte
깔로뜨
[여] 정수리를 덮는 작은 모자

calquer
깔께
[타] 투사하다, 베끼다

calvaire
깔베흐
[남] [조각][회화] 예수 수난상; (특히 브르타뉴 지방의) 예수 수난 군상; (그) 십자가

calviniste
깔비니스뜨
[형] 칼빈주의를 신봉하는, 칼빈파의 [명] 칼빈주의자

calvitie
깔비시
[여] 대머리

camarade
꺄마하드
[명] 동료

camaraderie
꺄마하드히
[여] 우정, 우애

Cambodge
껑봊즈
[남] [지리] 캄보디아

cambrer
껑브헤
[타] (활 모양으로) 휘게 하다

cambriolage
껑브히올라즈
[남] 가택침입행위, 강도행위

cambrioleur(se)
껑브히올뢰흐
[명] 도둑

C-c

cambrioler 껑브히올레	[타][자] 가택에 침입하여 도둑질하다
camée 꺄메	[남] 카메오 (색상 차이가 보이도록 돋을 새김한 조가비, 자수정, 오닉스 따위)
caméléon 꺄멜레옹	[남] [동물] 카멜레온
camélia 꺄멜리아	[남] [식물] 동백나무, 동백꽃
camelot 꺄믈로	[남] 행상, 노천상
camelote 꺄믈로뜨	[여] (구어) 싸구려 물건, 날림으로 만든 물건
caméra 꺄메하	[여] 비디오 카메라
Cameroun 꺄므훈	[남] [지리] 카메룬
caméscope 꺄메스꼬쁘	[남] 캠코더
camion 꺄미옹	[남] 트럭
camionnette 꺄미오네뜨	[여] (1.5 톤 미만의) 소형 화물차
camionneur(se) 꺄미오뇌흐(뇌즈)	[명] 트럭 운전수
camomille 꺄모미유	[여] [식물] 카밀레 (국화과 약용식물); 카밀레 꽃을 달인 차
camouflage 꺄무플라주	[남] 위장
camoufler 꺄무플레	[타] (무기, 차량, 군인들을) 위장하다, 변장시키다

camoufler
까무플레
[타] 위장하다

camp
깡
[남] 캠프장, 야영지 planter son ~ 캠프를 치다

campagnard(e)
깡빠냐흐(흐드)
[형] 시골에 사는; 시골풍의 촌스러운 [명] 시골 사람

campagne
깡빠뉴
[여] 농촌, 밭, 시골, 들, 평야; 동, 캠페인, 작전

camper
깡뻬
[자] 야영하다

campeur(se)
깡뻐흐(뵈즈)
[명] 캠핑 참가자

camping
깡삥
[남] 야영 faire du ~ 야영을 하다

campus
깡쀠스
[남] 교정, 캠퍼스

Canada
꺄나다
[남] [지리] 캐나다

canadien(ne)
꺄나디엥(엔)
[형] 캐나다의
[명] (C~) 캐나다 사람

canal
꺄날
[남] 운하, 인공 수로

canaliser
꺄날리제
[타] 운하를 파다

canapé
꺄나뻬
[남] 카나페, 소파

canard
꺄나흐
[남] [조류] 오리, 오리고기, 오리 요리

canari
꺄나히
[남] [동물] 카나리아

cancaner
[자] 쑥덕공론하다, 험담하다

껑까네

cancer 껑세흐 [남] ① (C~) [천문] 게자리 ② [의학] 암 avoir un ~ 암에 걸리다

cancéreux(se) 껑세회(회즈) [형] 암의, 암에 걸린

cancre 껑크흐 [남] 열등생

candélabre 껑데라브흐 [남] (가지가 많이 달린) 큰 촛대

candeur 껑되흐 [여] 순진함, 천진함

candidat(e) 껑디다(다뜨) [명] 후보자

candidature 껑디다뛰흐 [여] 입후보, 입후보 자격

candide 껑디드 [형] 순진한, 순박한

canevas 꺄느바 [남]. 캔버스, 범포

canif 꺄니프 [남] (접을 수 있는) 주머니 칼; 목판화 도구

canin(e) 꺄넹(닌) [형] 개의

caniveau(x) 꺄니보 [남] 물이 흘러가도록 홈을 판 돌

cannabis 꺄나비스 [남] [식물] 인도 대마, 대마초

canne 깐 [여] 지팡이

cannelle 꺄넬 [여] 계피, 시나몬

canner [타] (의자의 밑판, 등판을) 등으로

꺄네 엮다, 매질하다

cannibale 꺄니발 [명] 식인종 [형] 야만의

cannibalesque 꺄니발레스끄 [형] 식인종 같은

cannibaliser 꺄니발리제 [타] ① (다른 기계를 수리하기 위해 폐기된 기계의) 부품을 떼어 내다 ② (동일 생산 업체의 다른 생산품과) 경쟁을 하다 ③ (비유) 흡수하다, 파괴하다

cannibalisme 꺄니발리슴 [남] ① 식인풍습; (비유) 잔인성, 잔학 행위 ② [동물] 같은 종을 잡아먹는 행위

canoë 꺄노에 [남] 카누 Ils ont descendu la rivière en ~. 그들은 카누를 타고 강을 내려왔다

canoéiste 꺄노에이스뜨 [명] 카누 젓는 사람

canon 꺄농 [남] ① [군사] 포, 대포 ② [신학] (교황 에 의해 공인된 교리, 계율, 법령 등을 모은) 교회 법령 집

canonique 꺄노니끄 [형] 규범에 맞는; 표준이 되는

canoniser 꺄노니제 [타] ① [가톨릭] 시성하다, 성인품에 올리다 ② (구어) 무턱대고 칭찬하다

canot 꺄노 [남] [해양] (갑판이 없는) 보트

cantilever 껑띨르베 [남] [토목] 캔틸레버, 외팔보

cantine 껑띤 [여] 구내식당 manger à la ~

구내식당 에서 식사하다

canton
꺙똥
[남] (스위스의) 주

cantonal(e, aux)
꺙또날(노)
[형] ① (스위스) 주의 ② (프랑스의) 면의

Cantorbéry
꺙또흐베히
[명] [지리] 캔터베리 les Contes de ~ 캔터베리 이야기

canyoning
꺄니오닝
[남] (협곡을 내려오는) 급류타기

caoutchouc
꺄우추
[남] 고무

cap
꺕
[남] 갑, 곶

capable
꺄빠블
[형] (을) 할 수 있는 Il est, se sent ~ de réussir. 그는 성공할 능력이 있고 스스로 그 렇게 느끼고 있다

capacité
꺄빠시떼
[여] ① 용적; 용량 ② 능력; 역량 une grande ~ de travail 상당한 작업 능력

cape
꺄쁘
[여] 망토

capillaire
까삘레흐
[형] 모발의, 털의

capitaine
꺄삐뗀
[남] [군사] (육군, 공군) 대위, 중대장; 함장; (일반적으로) 장, 우두머리; [운동] (한 팀의) 주장

capital(e, aux)
꺄삐딸(또)
[형] 중대한 [남] 자본 [여] 수도

capitalisation
까삐딸리자시옹
[여] 자본주의화

capitaliser
까삐딸리제
[타] 자본주의화하다, 투자하다

capitalisme
까삐딸리슴
[남] 자본주의

capitaliste
꺄삐딸리스뜨
[형] 자본주의의 [명] 자본주의자

capituler
꺄삐뛸레
[자] 항복하다

capot
꺄뽀
[남] (자동차의) 보네트

capote
꺄뽀뜨
[여] 두건 달린 큰 외투; (자동차의) 덮개, 포장

capoter
꺄뽀떼
[자] (차, 배 따위가) 전복하다, (비행기가) 곤두박질치다

caprice
꺄프히스
[남] 변덕

capricieux(se)
꺄프히시유(유즈)
[형] 변덕스러운

capricorne
꺄프히꼬흐느
[남] ① [동물] 영양 ② (C~) [천문] 염소자리 tropique du C~ 남회귀선

capitaine
꺄삐뗀
[남] 선장; 육군[공군] 대위 [운동] (팀의) 주장

captiver
꺕띠베
[타] 매혹하다

caprice
꺄프히스
[남] 일시적 기분, 변덕

capricieux(se)
꺄프히시유(유즈)
[형] 변덕스러운

capsule
꺕쉴
[여] 캡슐

C-c

capter
꺕떼
[타] (마음을) 끌다, 얻다; [법] 교묘한 수단으로 손에 넣다 사취[착복]하다

captif(ve)
꺕띠프(띠브)
[형] 매혹된 [명] 포로

captiver
꺕띠베
[타] 사로잡다, 매혹하다

captivité
꺕띠비떼
[여]. 포로 en ~ 사로잡혀

capturer
꺕뛰헤
[타] 붙잡다

capuchon
꺄쀠숑
[남] (외투 따위에 달린) 두건, 후드

car
꺄흐
[접] 왜냐하면 [남] 관광버스

caractère
꺄학떼흐
[남] 성격 être d'un ~ agréable 성격 이 쾌활하다

caractériser
꺄학떼히제
[타] 특징짓다 se ~ par ~로 특징지어지다

caractéristique
꺄학떼히스띠끄
[형] 특징적인 [여] 특성, 특색, 특징

carafe
꺄하프
[여] 유리 물병

carambolage
꺄헝볼라즈
[남] (당구에서) 캐넌 (공 두개를 연달아 맞히기); (비유, 구어) 연쇄충돌

caramboler
꺄헝볼레
[자] (당구에서) 캐넌을 치다; (구어) 일거양득하다; 실패하다

caramel
꺄하멜
[남] 캐러멜 dessert au ~ 캐러멜디저트

carat
[남] 캐럿 or 18 ~s 금 18 캐럿

까하

caravane [여] (사막 지역의) 대상; 여행자단 ; 캠핑 트레일러
까하반

carbone [남] 탄소 onoxyde de ~ 일산화 탄소
까흐본

carbonate [남] 탄산염
까흐보나뜨

carbonater [타] 탄산염, 탄화하다
까흐보나떼

carboniser [타] 탄화하다
까흐보니제

carburant [형] 탄화수소를 함유한 [남] 발동기용 연료
까흐뷔헝

carburateur(trice) [형] [화학] 탄화시키는, 기화시키는 [남] 기화기
까흐뷔하뙤흐(트히스)

carcasse [여] 시체
까흐까스

cancérigène [형] [의학] 발암성의 substance ~ 발암물질
껑세히젠

carcinome [남] [의학] 암
까흐시놈

cardiaque [형] 심장의
까흐디아끄

cardigan [남] 카디건
까흐디경

cardinal [남] 추기경
까흐디날

cardiologie [여] [의학] 심장병학
까흐디올로지

cardiologue [명] [의학] 심장병전문의
까흐디올로그

C-c

cardiovasculaire
꺄흐디오바스뀔레흐
[형] [해부] 심장 혈관의

carence
꺄헝스
[여] 부족 ~s en vitamines 비타민 부족

caresse
꺄헤스
[여] 애무, 어루만지기

caresser
꺄헤세
[타] 애무하다, 귀여워하다

cargaison
꺄흐게종
[여] [해양] 선하, (비행기, 차의) 화물; (비유, 구어) 많은 양

caricature
꺄히꺄뛰흐
[여] 캐리커처

caricaturiste
꺄히꺄뛰히스뜨
[명] 풍자만화가

carie
꺄히
[여] 충치

carillon
꺄히용
[남] 주명종, 차임벨; 자명종 장치, 자명종 시계

carnage
꺄흐나즈
[남] 대학살

carnaval
꺄흐나발
[남] 사육제, 카니발

carnet
꺄흐네
[남] 수첩

cépage
세빠즈
[남] 포도나무 품종 ~ précoce 조생종 ~ tardif

céphalée
세팔레
[여] [의학] 두통 ~ de tension 긴장성 두통

cerner
세흐네
[타] 파악하다 ~ les attentes du public 소비자의 기호 파악

charnel(le)
[형] 육체의

샤흐넬

carnivore 꺄흐니보흐	[형] [동물] 육식성의 [남] [동물] 육식 동물
carotène 꺄호뗀	[남] 카로틴
carotidien(ne) 꺄호띠디엥(엔)	[형] [해부] 경동맥의
carotte 꺄호뜨	[여] [식물] 당근
carpe 꺄흐쁘	[여] [동물] 잉어
carpette 꺄흐뻬뜨	[여] 융단, 양탄자; (구어) 비굴한 아첨꾼
carré(e) 꺄헤	[형] ① 정사각형의, 평방의 ② [수학] 제곱의 [남] ① 정사각형; 체크무늬 ② [수학] 제곱수
carreau(x) 꺄호	[남] ① 바둑판 무늬 ② (바닥, 벽면에 붙이는) 타일, 포석, 보도블록 ③ 창유리
carrefour 꺄흐푸흐	[남] 사거리
carrément 꺄헤멍	[부] 사각으로, 네모지게, 수직으로; 똑바로, 꿋꿋이; 단호하게, 솔직하게, 통명스럽게
carrière 꺄히에흐	[여] 직업, 경력 ~ politique 정치 경력
carrosserie 꺄호쓰히	[여] [자동차] 차체
carrousel 꺄후셀	[남] 회전목마
carrure 꺄휘흐	[여] (사람의) 어깨넓이, (옷의) 어

깨폭

cartable
꺄흐따블르
[남] (초등학생용) 책가방

carte
꺄흐뜨
[여] ① 카드 jouer aux ~s 카드 놀이를 하다 ② 지도 ③ 메뉴

cartel
꺄흐뗄
[남] 카르텔, 기업 연합

cartilage
꺄흐띨라주
[남] 연골

cartographe
꺄흐또그하프
[명] 지도제작자

cartographie
꺄흐또그하피
[여] 지도제작법

carton
꺄흐똥
[남] 종이 상자

cartonné(e)
꺄흐또네
[형] 판지로 만든; [제본] 하드 커버 장정의

cartouche
꺄흐뚜슈
[여] 탄약통, 카트리지

cas
꺄
[남] 경우 au cas où + cond.; au[en] ~ que + sub. ...한 경우에는

cascade
가스꺄드
[여] 폭포

case
꺄즈
[여] 구획, 칸

caser
꺄제
[타] (사람, 사물을 제한된 공간 안에) 힘들여 집어넣다

caserne
꺄제흐느
[여] 병영, 병사

casier
꺄지에
[남] (서류 따위를 넣어두는) 칸막이 함

casino 까지노	[남] 카지노
casque 까스끄	[남] (군용) 철모; (보호용) 헬멧, 모자
casquette 까스께뜨	[여] 챙달린 모자, 캡, 제모
cassant(e) 까성	[형] 깨어지기[부서지기] 쉬운
casse 까스	[여] [인쇄] (조판에 사용되는 활자를 분류해 놓은) 활자 케이스; 부수기, 깨기
casse-croûte 까스크후뜨	[남] (불변) 가벼운 식사, 간단한 식사
casse-noisette (casse-noisettes) 까스누아제뜨	[남] 호두 까는 기구
casse-noix 까스누아	[남] (복수불변) 호두 까는기구; [조류] 잣까마귀 무리
casse-pieds 까스삐에	[명] (복수불변) (구어) 귀찮은 사람
casser 까세	[타] 깨뜨리다
casserole 까스홀	[여] 냄비
cassette 까세뜨	[여] 카세트테이프 enregistrer sur ~ 카세트테이프에 녹음하다
cassis 까시스	[남] [식물] 까막까치밥나무, (그) 열매; (도로를 가로지르는) 배수용 도랑; 가로로 함몰되어 있는 노면
cassure 까쉬흐	[여] (깨어져 생긴) 틈, 금

castagnettes 꺄스따네뜨	[여][복] 캐스터네츠
caste 꺄스뜨	[여] 카스트 le système des ~s 카스트 제도
castrer 꺄스트헤	[타] 거세하다
cataclysme 꺄따끌리슴	[남] 큰 홍수, 대변동
catacombes 꺄따꽁브	[여][복] 지하묘지
catalan 꺄딸렁	[형] 카탈루냐의 [명] (C~) 카탈루냐 사 람 [남] 카탈루냐어
catalogue 꺄딸로그	[남] 카탈로그
catalyseur 꺄딸리죄흐	[남] 촉매, 자극
catalytique 꺄딸리띠끄	[형] 촉매의
cataracte 꺄따학뜨	[여] ① 폭포 ② (비유) 폭우, 호우
catarrhe 꺄따흐	[남] ① [의학] 카타르; 카타르성 염증 ② 심한 감기, 독감
catastrophe 꺄따스트호프	[여] 대참사, 큰 재앙
catastrophique 꺄따스트호피끄	[형] 파멸의
catéchisme 꺄떼시슴	[남] 교리문답서
catégorie 꺄떼고히	[여] ① [철학] 범주, 카테고리 ② 부류, 종류; 분야, 부문 ranger qch par ~s ...을 종류별로 분류하다

catégorique
꺄떼고히끄
[형] 절대적인

catégoriquement
꺄떼고히끄멍
[부] 단호하게, 분명하게, 명확하게

cathédrale
꺄떼드할
[여] 대성당

cathéter
꺄떼떼흐
[남] [의학] 카테테르, 도뇨관

cathode
꺄또드
[여] [전기] 음극

catholique
꺄똘리끄
[형] 가톨릭의

catholicisme
꺄똘리시슴
[남] 천주교

caucasien(ne)
꼬꺄지엥(엔)
[형] 카프카스 지방의
[남] 카프카스어

cauchemar
꼬슈마흐
[남] 악몽

causal(e, als/aux)
꼬잘(조)
[형] 원인이 되는; 인과 관계를 나타내는

causalité
꼬잘리떼
[여] 인과관계

cause
꼬즈
[여] 원인, 이유 la ~ directe 직접적인 원인

causer
꼬제
[타] (의) 원인이다, (을) 야기하다

causerie
꼬즈히
[여] 한담, 잡담

caustique
꼬스띠끄
[형] 부식성의

cautériser
꼬떼히제
[타] 부식하다

C-c

caution [여] 보증금, 담보, 보석금
꼬시옹

cavalcade [여] 퍼레이드
꺄발꺄드

cavalerie [여] 기병; 기병대
꺄발르히

cavalier(ère) [명] 말을 타는 사람; 기수
꺄발리에(에흐) [남] 기병; 기갑병

cave [여] 지하실
꺄브

caveau(x) [남] 작은 지하실, 지하실의 작은 광
꺄보

caverne [여] 동굴
꺄베흐느

caverneux(se) [형] 동굴 같은
꺄베흐뇌(뇌즈)

caviar [남] 캐비어 (철갑상어의 알젓)
꺄비아흐

cavité [여] ① (단단한 물체 내부의) 빈 공간, 구멍 boucher une ~ 구멍을 메우다 ② (조직, 기관에서 병으로 인해 생긴) 공동, 구멍 ~ dentaire 충치의 구멍 ③ [해부] 강, 와 ~ abdominale 복강
꺄비떼

CD-R [남] 기록가능 CD
쎄데에흐

CD-ROM, cédérom [남] CD 롬 sur ~ CD 롬에
쎄데홈

CD-RW [남] 재기록 가능 CD

ce(cet)(cette, ces) 이, 그, 저 ~ livre 이[그] 책 [대명] (형식적인 주어로) *C*'est bon.
스(쎄뜨, 쎄)

좋아요

ceci
스시
[대명] 이것

cécité
세시떼
[여] 실명

céder
세데
[타] 양도하다

cédille
세디유
[여] [언어] 세디유 (모음 a, o, u 앞의 c 를 [s]음으로 발음하기 위해 c 밑에 붙이는 기호 (ç))

céder
세데
[타] ① 넘겨주다, 양보하다 ~ sa place à qn ...에게 자리를 양보하다 ② [법] 매각하다; (권리 따위를) 양도하다 ~ un magasin 점포를 매각하다

cèdre
세드흐
[남] [식물] (지중해 원산의) 서양삼나무

ceinture
생뛰흐
[여] 허리띠, 벨트

cela
슬라
[대명] 그것, 저것

célébration
셀레브하시옹
[여] 축하

célèbre
셀레브헤
[형] 유명한

célébrer
셀레브헤
[타] 축하하다

célébrité
셀레브히떼
[여] 명성, 유명인

céleri
셀르히
[남] [식물] 셀러리 ~s braisés 익힌 셀러리

céleste [형] 하늘의, 천체의
셀레스뜨

célibat [남] 독신생활
셀리바

célibataire [형] 독신의 [명] 독신자
셀리바떼흐

cellier [남] (포도주, 양식 따위의) 지하저장실
셀리에

cellulaire [형] 세포의
셀륄레흐

cellule [여] 세포
셀륄

cellulite [여] 피하 결합조직의 부풀음
셀륄리뜨

celluloïd [남] 셀룰로이드
셀륄로이드

cellulose [여] 셀룰로스, 섬유소
셀륄로즈

celtique(celte) [형] 켈트 족의, 켈트 말의
셀띠끄(셀뜨)

Celui (celle)(ceux, celles) [대명] 이것, 이 사람 ma femme et *celle* de mon cousin 내 아내와 내 사촌의 아내
슬뤼이(셀, 쇠, 셀)

celui-ci[là] (celle-ci[là], ceux-ci[là], Celles-ci[là]) [대명] (두 대상을 구별하여) 이것[저것]
슬뤼이시[라](셀시[라], 쇠시[라], 셀시[라])

cendre [여] 재 ~s d'un foyer 난로의 재
성드흐

cendrier [남] 재떨이

성드히에

Cendrillon [명] 신데렐라
성드히용

cénotaphe [남] 기념비
세노따프

censé(e) [형] 추정[간주]되는, 여겨지는
성세

censeur [남] 검열관
성쐬흐

censure [여] 검열
성쉬흐

censurer [타] 검열하다
성쉬헤

cent [남] 백, 센트
성

centaine [여] 100 자릿수; 100 개, 100 명, (단위가) 100 개의 것, 100 살
성뗀

centenaire [형][명] 100 세(이상의) [남] 100 주년
성뜨네흐

centilitre [남] 센티리터
성띨리트흐

centimètre [남] 센티미터
성띠메트흐

central(e, aux) [형] 중앙의 [여] 발전소
성트할(호)

centralisation [여] 집중
성트할리자시옹

centraliser [타] 집중시키다
성트할리제

centre [남] 중심 le ~ de l'attention 관심의 초점
성트흐

centrer
성트헤
[타] 중심, 집중하다

centre-ville
성뜨흐빌
[남] 시내

centrifuge
성트히퓌즈
[형] 원심(성)의; 원심력을 이용한

centrifugeuse
성트히퓌죄즈
[여] 원심기 (원심력을 이용한 기기의 총칭)

centruple
성트휘쁠
[형] 100 배의 [남] 100 배

cependant
스뺑덩
[접] 하지만

céramique
세하미끄
[여] 도자기

cercle
세흐끌
[남] 원 former un ~ 원을 형성하다

cercueil
세흐뀌유
[남] 관

céréale
세헤알
[여] 곡류, 시리얼 ~s pour le petit déjeuner 아침식사용 시리얼

cérébral(e, aux)
세헤브할(호)
[형] 대뇌의

cérémonial
세헤모니알
[남] 예식, 의식, 의전

cérémonie
세헤모니
[여] 의식 ~ du mariage 결혼식

cérémoniel(le)
세헤모니엘
[형] 의식[의례]의

cerf
세흐
[남] 사슴

cerfeuil
세흐뙤유
[남] [식물] 파슬리의 일종

cerf-volant(cerfs-volants)
세흐볼렁
[남] ① [곤충] 사슴벌레 ② 연 jouer au ~ 연날리기를 하다 lancer un ~ 연을 띠우다[날리다]

cerise
스히즈
[여] [식물] 체리

cerisier
스히지에
[남] [식물] 벚나무

cerne
세흐느
[남] 다크서클

cerné(e)
세흐네
[형] 거무스레한[푸르스름한, 납빛] 무리가 진

cerner
세흐네
[타] (거무스레한 무리 따위로) 두르다, 에워싸다

certain(e)
세흐뗑(뗀)
[형] 확실한, 확신하는

certainement
세흐뗀멍
[부] 확실히

certes
쎄흐뜨
[부] (문어, 옛) 물론, 확실히; (양보) …확실하지만, 확실히 …하면서도

certitude
세흐띠뛰드
[여] 확실성, 확신

certificat
세흐띠피꺄
[남] 증명서

certification
세흐띠피꺄시옹
[여] 증명

certifier
세흐띠피에
[타] 증명하다

certitude
세흐띠뛰드
[여] 확신

cerveau(x)
세흐보
[남] 뇌

cervelle 세흐벨	[여] 뇌장; 지혜
cervical(e, aux) 세흐비꺌(꼬)	[형] [해부] 목의, 경부 의
cesse 세스	[여] 중단, 끊임, 휴지 sans ~ 끊임없이, 줄곧
cesser 세세	[자] 멈추다
cessez-le-feu 세세르푸	[남] 휴전
cession 세시옹	[여] [법] 양도, 양여, 매각, 매매, (영토의) 할양
c'est-à-dire 세따디흐	[접] 즉, 다시 말하자면
chacun(e) 샤껭(뀐느)	[대명] 각자, 각기
chagrin 샤그헹	[남] (마음의) 괴로움, 고통
chahut 샤위	[남] 소란, (선생에 대한 항의의 표시로서) 학생들의 소란, 야유
chahuter 샤위떼	[자] (교실에서) 소란을 피우다
chaîne 셴느	[여] 쇠사슬, 연쇄 tenir un chien à la ~ 개에게 목줄을 채우다
chaînon 셰농	[남] (사슬의) 고리
chair 셰흐	[여] 살; 육신
chaise 셰즈	[여] 의자
chaland 샬렁	[남] (바닥이 편편한) 짐배, 거룻배

C-c

chäle
샬
[남] 숄

chalet
샬레
[남] 별장

chaleur
샬뢰흐
[여] (물체의) 열(기), (난방, 난로의) 열; (인체의) 열(감), 더위

chaleureux(se)
샬뢰회(회즈)
[형] 열렬한, 열띤, 따뜻한, 진심어린

challenge
샬렁즈
[남] ① [운동] (선수권에의) 도전경기; 우승배, 챔피언 타이틀 ② (비유) 도전

challenger
샬렁제
[남] [운동] 도전자[팀]

chambre
셩브흐
[여] 방

chameau(x)
샤모
[남] 낙타

chamois
샤무아
[남] 샤무아, 셈 (산악지대에 사는 야생 영양); 셈 가죽 (무두질한 양, 염소의 안쪽 가죽)

champ
셩
[남] 밭

champagne
셩빠뉴
[형] 샴페인의 [남] 샴페인

champignon
셩삐뇽
[남] [식물] 버섯

chameau(x)
샤모
[남] 낙타 caravane de ~x 낙타 대상

champignon
셩삐뇽
[남] 버섯

champion(ne)
[명] 챔피언, 우승자 ~ du mon-

셩삐옹(온) de 세계 챔피언

C-c

championnat [남] 선수권 대회, 챔피언쉽
셩삐오나

chance [여] 운 Il y a peu de ~s qu'on attrape le voleur.그 도둑을 잡을 가망은 거의 없다.
셩스

chancelier [남] 장관, 대법관, 독일의 총리
셩슬리에

chanceux(se) [형] (구어) 행운의, 운좋은
셩쇠(쇠즈)

chandail [남] 스웨터
셩다유

chandelle [여] 양초
셩델

change [남] 환전 taux de ~ 환율
셩즈

changeant(e) [형] 변하기쉬운, 변덕스러운
셩정(정뜨)

changement [남] 변화, 변경
셩즈멍

changer [타] 바꾸다 ~ de mode de vie 삶의 방식을 바꾸다
셩제

chanson [여] 노래
셩송

chant [남] 노래
셩

chantage [남] 공갈, 협박, 강탈
셩따즈

chanter [자] 노래하다
셩떼 [타] (노래를) 부르다

chanteur(se) [명] 가수

셩뙤흐(뙤즈)

chantier [남] 작업장, 공사장, 일터
셩띠에

chantilly [남] (방추로 짠) 팔각형 그물 모양의 레이스 [여] glace à la ~ 생크림 아이스크림
셩띠유이

chantonner [자][타] 흥얼거리며 노래하다, 콧노래를 부르다
셩또네

chanvre [남] (교회의) 성가대원
셩브흐

chaos [남] 혼돈 théorie du ~ 카오스 이론
꺄오

chaparder [타] (구어) 훔치다, 날치기하다
샤빠흐데

chapeau(x) [남] 모자
샤뽀

chapelle [여] 예배당
샤뻴

chaperon [남] 여성보호자
샤쁘홍

chaperonner [타] 보호자로서 동반하다
샤쁘호네

chapitre [남] 장 au ~ 33 33 장에
샤삐트흐

chaplain [남] 예배당 목사
샤쁠렝

chapon [남] 식용 수탉
샤뽕

chaque [형] 각각의, 각자의; …마다, 매…
샤끄

char [남] 4 륜 경마차

샤흐

C-c

charabia
샤하비아
[남] (구어) 횡설수설, 종잡을 수 없는 말

charade
샤하드
[여] ① [놀이] (한 단어를 여러 음절로 나누어 맞추는) 문자 수수께끼; 몸짓 수수께끼 ② (비유) 이해하기 힘든 일[것, 작품], jouer aux ~s 제스처 게임을 하다

charbon
샤흐봉
[남] 석탄

charcuterie
샤흐뀌트히
[여] 돼지고기 가공업, 돼지고기(제품) 푸줏간; (햄, 소시지 따위) 돼지고기 제품(류)

charcutier(ère)
샤흐뀌띠에(에흐)
[명] 돼지고기(제품)장수

charge
샤흐즈
[여] 부담

chargé(e)
샤흐제
[형] 가득 찬 ~ d'émotion 감정에 휩싸인

chargement
샤흐즈멍
[남] 짐[화물]의 적재[싣기]

charger
샤흐제
[타] ① (에 짐을) 싣다, 지우다 ~ un camion (de paquets) 트럭 에 짐을 싣다 ② (을) (으로) 가득 채우다[덮다] ~ une table de mets 식탁에 음식을 푸짐하게 차려놓다 ③ 충전하다 ④ (세금을) 부과하다; (책임을) 지우다; (임무 나 책임을) 맡기다 ~ le peuple de taxes 국민에게 세금을 부과하다

chariot
[남] (네바퀴) 짐수레

샤히오

charismatique [형] 카리스마적인
꺄히스마띠끄

charisme [남] 카리스마
꺄히슴

charitable [형] 자비로운, 자선의
샤히따블

charitablement [부] 자비롭게
샤히따블르멍

charité [여] 자선 par ~ 자선으로
샤히떼

charmant(e) [형] 매력적인
샤흐멍(멍뜨)

charme [남] 매력
샤흠

charmer [타] 매혹하다
샤흐메

charnière [여] 경첩, 돌쩌귀; (결정적인) 전환점
샤흐니에흐

charnu(e) [형] 살집이 있는
샤흐뉘

charpente [여] (건축물의) 골조, 뼈대
샤흐뻥뜨

charpenterie [여] 목수직, 목수일
샤흐뻥뜨히

charpentier [남] 목수
샤흐뻥띠에

charogne [여] 썩은 고기, 오물
샤호뉴

charrette [여] 짐수레
샤헤뜨

charrier [타] (짐수레로) 운반하다

샤히에

charte [여] 특허장, 헌장
샤흐뜨

chasse [여] 사냥; 추격
샤스

chasser [타] 내쫓다; 사냥하다
샤세

chasseur(se) [명] 사냥꾼, 수렵인
샤쇠흐(쇠즈)

châssis [남] ① (유리, 판 따위를 끼워 고정시키는) 틀, 테, 액자 ② (창 따위의) 틀, 샤시, 유리창, 유리문
샤시

chaste [형] 순결한, 품위 있는
샤스뜨

chasteté [여] 순결, 정숙
샤스뜨떼

chat(te) [명] 고양이
샤(샤뜨)

châtaigne [여] 밤
샤떼뉴

châtain(e) [형][남] 밤색의
샤뗑 [남] 밤색 [명] 밤색머리의 사람

château(x) [남] 성, 성곽
샤또

châtier [타] 벌하다, 혼내주다
샤띠에

chatouiller [타] 간지르다; 가볍게 쓰다듬다[애무하다]; (비유) (감각, 감정을 기분좋게) 자극하다, 북돋우다
샤뚜에

chatouilleux(se) [형] 간지럼을 잘 타는, 민감한
샤뚜이외(외즈)

chaud(e) [형] 뜨거운, 따뜻한
쇼(쇼드)

chaudière [여] 보일러, 기관
쇼디에흐

chaudron [남] 냄비; 솥
쇼드홍

chauffage [남 난방
쇼파즈

chauffer [타] 덥게 하다, 데우다
쇼페

chauffeur [남] 운전사 une voiture avec ~ 기사가 있는 자동차
쇼푀흐

chaussée [여] 둑, 제방; 두렁(길), 둔덕(길); 도로, 차도
쇼세

chausse-pied [남] 구둣주걱
쇼스삐에

chausser [타] (신발, 양말 따위를) 신다; (신발, 양말 따위를) 신기다
쇼세

chaussette [여] 양말
쇼세뜨

chausson [남] 실내화, (실내용) 슬리퍼
쇼송

chaussure [여] 신, 신발[구두] (한 짝)
쇼쉬흐

chauve [형] 대머리의; (산, 언덕 따위가) 수목이 없는
쇼브

chauve-souris (chauves-souris) [여] [동물] 박쥐
쇼브수히

chaux [여] 석회
쇼

cheddar 셰다흐	[남] 체다 치즈
chef 셰프	[남] 장, 우두머리
chef-d'oeuvre (chefs-d'oeuvre) 셰되브흐	[남] 걸작, 대표작; 완벽한 경지, 최고봉
chef-lieu(chefs-lieux) 셰플리외	[남] (프랑스의) 도청[군청] 소재지
chemin 슈멩	[남] 길, 도로
chemin de fer 슈멩드페흐	[남] 철로
cheminée 슈미네	[여] 굴뚝
cheminer 슈미네	[자] (고되고 먼 길을 천천히) 나아가다
chemise 슈미즈	[여] 드레스셔츠
chemisier 슈미지에	[남] 여성용 블라우스
chêne 셴	[남] 떡갈나무, 참나무
chenil 슈니/슈닐	[남] (사냥)개집
chenille 슈니유	[여] (나비 따위의) 애벌레, 송충이
chèque 셰끄	[남] 수표
cher(ère) 셰흐	[형] 비싼; 친애하는

chercher
셰흐셰
[타] 찾으려 애쓰다, 찾아보다

chère
셰흐
[여] (옛) 낯, 얼굴

chéri(e)
셰히
[형] 극진히 사랑하는 [명] 애인, 극진히 사랑하는 사람

chérir
셰히흐
[타] 소중히 하다

cherté
셰흐떼
[여] 높은 가격, 값비쌈

chérubin
셰휘벵
[남] 케루빔, 천사

chétif(ve)
셰띠프(띠브)
[형] (몸이) 허약한, 연약한

cheval(aux)
슈발(보)
[남] [동물] 말

chevaleresque
슈발헤스끄
[형] 기사도적인, 용기 있고 예의 바른

chevalerie
슈발르히
[여]기사도 정신

chevalet
슈발레
[남] 받침(대), 작업대

chevalier
슈발리에
[남] 기사

chevaucher
슈보셰
[자] (치마, 기와 따위가 부분적으로) 포개지다, 겹치다

chevelu(e)
슈블뤼
[형] 머리털이 난; 머리털이 길고 많은, 장발인

chevelure
슈블뤼흐
[여] (집합적) 머리(털), 두발

cheveu(x)
[남] 머리카락

슈뵈

cheville [여] 발뒤꿈치
슈비유

chèvre [여] 염소
셰브흐

chevreuil [남] [동물] 노루
슈브회유

chewing-gum [남] 껌
슈윙곰

chez [전] (의) 집에(서); (거주지, 나라 따위를 가리켜) (의) 나라[고장]에 (서)
셰

chic [남] 멋; 유행 avoir du ~ 멋있다 [형] (불변) 멋진, 근사한, 세련된
시끄

chicane [여] 어거지; 트집; 궤변; 소송
시깐

chicaner [자] 어거지 부리다 [타] 트집잡다 ; 다투다
시꺄네

chicanerie [여] 억지, 트집
시꺄느히

chiche [형] (옛) 인색한; (비유) 적은
쉬슈

chichi [남] 점잔빼기, 꾸민 태도
쉬쉬

chicorée [여] [식물] 치커리, 꽃상추
쉬꼬헤

chien(ne) [명] [동물] 개
쉬엥(엔)

chiffon [남] 누더기 조각
쉬퐁

chiffonner [타] 구기다
쉬포네

chiffre [남] 암호, 숫자
쉬프흐

Chili [남] [지리] 칠레
쉴리

chimère [여] 키메라, 망상
쉬메흐

chimérique [형] 공상적인, 가공의
쉬메히끄

chimie [여] 화학
쉬미

chimiothérapie [여] 화학 요법
쉬미오떼하삐

chimpanzé [남] 침팬지
셍뺑제

chimique [형] 화학의
쉬미끄

chimiste [명] 화학자
쉬미스뜨

Chine [여] [지리] 중국
쉰

chino [남] 치노바지 un ~ 치노바지 한 벌
쉬노

chinois(e) [형] 중국의 [명] (C~) 중국 사람
쉬누아(아즈)

chiot [남] 어린 강아지
쉬오

chiquenaude [여] 손가락으로 튀기기
쉬끄노드

chirurgical(e, aux) [여] 외과의
시휘흐지꺌(꼬)

chirurgie [여] 외과, 외과학
시휘흐지

chirurgien(ne) [명] 외과의사
쉬휘흐지엥(엔)

chlore [남] [화학] 염소
끌로흐

chlorofluorocarbone [남] 플루오르화 탄화수소
끌로호플뤼오호꺄흐본

chloroforme [남] [화학] 클로로포름
끌로호포흠

chloroformer [타] 클로로포름으로 마취시키다
끌로호포흐메

chlorophylle [여] 엽록소
끌로호필

chlorure [남] 염화화합물
끌로휘흐

choc [남] (두 물체의) 충돌, 충격, 타격
쇼끄

chocolat [남] 초콜릿 ~ chaud 핫 초콜릿
쇼꼴라

choeur [남] 성가대
꾀흐

choisir [타] 선택하다
슈아지흐

choix [남] 선택 faire un ~ 선택하다
슈아

choléra [남] [의학] 콜레라
꼴레하

cholestérol [남] 콜레스테롤
꼴레스떼홀

chômage [남] 실업, 실직
쇼마즈

chômer [자] 실직하다
쇼메

chômeur(se) [명] 실업자
쇼뫼흐(뫼즈)

chope [여] 맥주잔
쇼쁘

choquant(e) [형] 충격적인
쇼껑(껑뜨)

choquer [타] 충격을 주다
쇼께

choral(e, als) [형] 합창의, 합창대의 composition ~ale 합창곡 [남] (합창곡의) 성가 [여] 합창대(=choeur)
꼬할

chorégraphe [명] 안무가
꼬헤그하프

chorégraphie [여] 안무
꼬헤그하피

chorégraphier [타] 안무하다
꼬헤그하피에

choriste [명] 성가대원
꼬히스뜨

chose [여] 사물, 물건
쇼즈

chou(x) [남] [식물] 양배추
슈

chouchou(te) [명] (구어) 마음에 드는 것 (=favori) ~ des sondages 여론조사 에서 인기인 사람
슈슈(슈뜨)

chouette [여] [동물] 올빼미 [형] 근사한
슈에뜨

chou-fleur [남] [식물] 꽃양배추
슈플뢰흐

choyer [타] 소중히 하다, 애지중지하다
슈아예

chrétien(ne) 크헤띠엥(엔)	[형] 기독교의 [명] 기독교신자 se faire ~ 기독교 신자가 되다
christianisme 크히스띠아니슴	[남] 기독교
chrome 크홈	[남] [화학] 크롬
chromosome 크호모좀	[남] 염색체
chronique 크호니끄	[형] 만성적인 [여] 연대기
chronologique 크호놀로지끄	[형] 연대순의
chronologiquement 크호놀로지끄멍	[부] 연대순으로
chronologie 크호놀로지	[여] 연대기, 연표
chrysalide 크히잘리드	[여] 번데기, 과도기
chrysanthème 크히정뗌	[남] 국화
chuchotement 쉬쇼뜨멍	[남] 속삭이다; 속삭이는 소리; 밀담 ~ du vent (문어) 바람의 속삭임
chuchoter 쉬쇼떼	[자] 속삭이다 [타] (을) 속삭이다 ~ quelques mots à l'oreille de qn ...의 귀에 대고 속삭이다
chut 쉬뜨	[감] 쉬! 조용히!
chute 쉬뜨	[여] ① 떨어짐, 추락 ② 폭포 les ~s du Niagara 나이애가라 폭포 ③ 몰락, 와해

Chypre
쉬프흐
[여] [지리] 키프로스 섬

ci
시
[부] 여기에 있는, 가까운 ci-après 금후, 차후 cicontre 반대쪽 페이지에, 여백에, 첨부서류에 c-dessous 아래에, 다음에 cidessus 위에, 앞서 말한 ciinclus(e), cijoint(e) 동봉하는, 첨부의

cible
시블
[여] 과녁, 표적; (비유) (비판, 조롱 따위의) 대상

ciboulette
시불레뜨
[여] [식물] 산파

cicatrice
시까트히스
[여] [의학] 상처자국, 흉터; (비유) (마음의) 상처

cicatriser
시까트히제
[타] (상처를) 치유하다, 아물게 하다; (마음의 상처를) 치유하다, 진정시키다

cidre
시드흐
[남] 능금주

ciel(cieux)
시엘(시유)
[남] 하늘; 대기; 천국

cierge
시에흐즈
[남] 큰 양초

cidre
시드흐
[남] 사과술

cigale
씨걀
[여] 매미

cigare
씨갸흐
[남] 여송연, 시가

cigarette
씨갸헤뜨
[여] 담배

cil [남] 속눈썹
실

ciller [자] 눈을 깜박거리다
시예

cime [여] (나무, 바위, 산 따위의) 꼭대기
심

ciment [남] 시멘트
시멍

cimetière [남] 묘지
시므띠에흐

cinéma [남] ① 영화 ② 영화관 aller au~ 영화관에 가다
시네마

cinématographie [여] 영화술
시네마또그하피

cinématographique [형] 영화의
시네마또그하피끄

cinq [형] 다섯의 [남] 다섯
셍끄

cinquantaine [여] 약 오십
셍깡뗀

cinquante [형] 오십의 [남] 오십
셍깡뜨

cinquantenaire [남] 오십년제
셍깡뜨네흐

cinquantième [형] 오십 번째의, 오십분의 일의 [명] 오십번 째 [남] 오십분의 일
셍깡띠엠므

cinquième [형] 다섯째의 [명] 다섯째 [남] 오분의 일
셍끼엠므

cinquièmement [부] 다섯째로
셍끼엠므멍

cintre [남] 활 모양, 궁형, 아치형
셍트흐

cirage
시하즈
[남] 광택제, 구두약

circoncire
시흐꽁시흐
[타] 할례를 하다

circoncision
시흐꽁시지옹
[여] 할례

circonférence
시흐꽁페헝스
[여] 원주, 주변

circonflexe
시흐꽁플렉스
[형] 곡절 악센트가 붙은

circonlocution
시흐꽁로귀시옹
[여] 완곡한 표현

circonscription
시흐꽁스크힙시옹
[여] 한계, 경계

circonscrire
시흐꽁스크히흐
[타] 제한하다

circonspect(e)
시흐꽁스뻬(뻭뜨)(뻭뜨)
[형] 신중한

circonstance
시흐꽁스떵스
[여] 상황, 환경 dans ces ~s 그 상황에서

circonstancié(e)
시흐꽁스떵씨에
[형] 자세한, 상세한

circonvenir
시흐꽁브니흐
[타] 우회하다

circuit
시흐뀌이
[남] 순회, 회로

circulaire
시흐뀔레흐
[형] ① 원을 그리는 ② 원형의 ③ 순환하는; 주기적인 [여] 회람장, 공문

circulation
시흐뀔라시옹
[여] 순환

C-c

circulatoire [형] 순환상의
시흐뀔라뚜아흐

circuler [자] 순환하다
시흐뀔레

cire [여] 밀납
시흐

cirer [타] 밀랍을 먹이다[입히다]
시헤

cirque [남] 서커스
시흐끄

cirrhose [여] 간경변
시호즈

ciseau(x) [남] 끌, 정; [복수] 가위
시조

citadelle [여] 성, 요새
시따델

citadin(e) [형] 도시의, 도시에 살고 있는 [명] 도시인
시따뎅(딘느)

citation [여] 인용(문)
시따시옹

cité [여] 시, 도시
시떼

citer [타] 인용하다
시떼

citerne [여] 저수지
시떼흐느

citoyen(ne) [명] 시민
시뚜아옝(엔)

citrique [형] 구연성의
시트히끄

citron [남] 레몬
시트홍

citrouille [여] [식물] 호박
시트후이유

citrus [남] 감귤류
시트휘스

civière [여] 들것
시비에흐

civil(e) [형] 시민의; 민간의
시빌

civilisation [여] 문명
시빌리자시옹

civilisé(e) [형] 문명화된
시빌리제

civiliser [타] 문명화하다
시빌리제

civilité [여] 예의바름, 교양
시빌리떼

civique [형] 시민의
시비끄

clair(e) [형] ① 밝은, 환한 ② (날씨가) 맑은, 화창한
끌레흐

clairière [여] 숲 속의 빈 터
끌레히에흐

clair-obscur [남] 명암의 배합
끌레홉스뀌흐

clairsemé(e) [형] 성긴, 듬성듬성한
끌레흐스메

clairvoyant(e) [형] 선견지명[통찰력,혜안]이 있는
끌레흐부아영(영뜨)

clamer [타] 외치다, 부르짖다; 주장하다
끌라메

clameur [여] 소란
끌라뫼흐

clan [남] 당파, 과
끌렁

clandestin(e) [형] 비밀의
끌렁데스뗑(띤)

claque [여] 손바닥으로 치기; 돈 받고 극장에서 박수갈채하는 사람
끌라끄

claquer [자] 철썩거리다
끌라께

clarification [여] ① 정화 ② (비유) 해명
끌라히피꺄시옹

clarifier [타] 정화하다
끌라히피에

clarinette [여] [음악] 클라리넷
끌라히네뜨

clarinettiste [명] 클라리넷 연주자
끌라히넷띠스뜨

clarté [여] ① 빛 ~ laiteuse 우유빛 ② 맑음, 투명함; 광택 ③ 명료성, 명확성 parler avec ~ 분명하게 말하다
끌라흐떼

classe [여] 등급 une place de première ~ 1 등석
끌라스

classement [남] 분류
끌라스멍

classer [타] 분류하다
끌라세

classeur(se) [명] 분류[정리]하는 사람, 선별자
끌라쇠흐(쇠즈)

classification [여] 분류
끌라시피꺄시옹

classifié(e) [형] 분류된
끌라시피에

classifier [타] 분류하다, 등급 별로 나누다
끌라시피에

classique [형] 고전적인, 고전주의의
끌라시끄 [남] 고전

clause [여] 절, 조항
끌로즈

claustrophobie [여] 밀실공포증
끌로스트호포비

clavicorde [남] 클라비코드
끌라비꼬흐드

clavicule [여] [해부] 쇄골
끌라비뀔

clavier [남] [음악] 피아노 건반 [정보] 컴퓨터 의 키보드
끌라비에

clé, clef [여] 열쇠
끌레

clémence [여] 온화, 관용
끌레멍스

clément(e) [형] ① 관대한 ② (비유) (기후 따위가) 온화한
끌레멍(멍뜨)

clerc [남] ① 서기 ~ de notaire 공증인 사무소 의 서기 ② 성직자
끌레흐

clergé [남] (집합적) (한 교회, 도시의) 성직자
끌레흐제

clérical(e, aux) [형] 성직자와 관련된, 성직자의 vie ~e 성직자 생활
끌레히꺌(꼬)

cliché [남] 진부한 표현
끌리셰

client(e) [명] 의뢰인
끌리엉(엉뜨)

clientèle [여] (집합적) 의뢰인, 손님, 고객,

끌리엉뗄 단골

C-c

cligner [타] (눈을) 가늘게 뜨다, 반쯤 감다 ; (눈을) 깜박이다
끌리녜

clignotant(e) [형] (눈이) 깜박거리는; (불빛이) 점멸하는, 반짝거리는
끌리뇨떵(떵뜨)

clignoter [자] (눈 따위가 무의식적으로) 깜박거리다; (비유) (불빛이) 반짝거리다, 점멸하다
끌리뇨떼

climat [남] 기후
끌리마

climatique [형] 기후의
끌리마띠끄

climatisation [여] 실내공기조절
끌리마띠자시옹

climatisé(e) [형] 냉방장치가 된, 냉방중인
끌리마띠제

clin [남] 눈 깜작할 사이, 순식간 en un ~ d'oeil 순식간에, 눈 깜작할 사이에
끌렝

clinique [여] 진료소
끌리니끄

clinique [형] 임상의
끌리니끄

clipper [남] 쾌속 범선
끌리뻬

cilquable [형] 클릭할 수 있는
끌리꺄블

cilque [여] 도당, 파벌
끌리끄

cliqueter [자] 짤랑[달가닥]거리다, 부딪히는 소리를 내다
끌리끄떼

cliquetis
끌리끄띠
[남] (금속 물체들이) 부딪히는 소리

clivage
끌리바즈
[남] 분열

clochard(e)
끌로샤흐(흐드)
[명] 부랑자, 거지

cloche
끌로슈
[여] 종

clocher
끌로셰
[남] (교회 따위의) 종루, 종탑

cloison
끌루아종
[여] (건물 내부의) 간막이(벽)

cloître
끌루아트흐
[남] (일반인의 출입이 금지된) 수도원 경내, 금역 (수도사 거주구역); 수도원

cloîtrer
끌루아트헤
[타] ① (을) 수도원에 넣다 ② (비유) 가두다, 격리하다

clonage
끌로나즈
[남] [생물] 클론화, 클로닝

clone
끌론
[남] [생물] 클론 (단일 개체에서 무성생식 으로 생긴 개체 또는 개체군)

cloner
끌로네
[타] [생물] (개체세포 유전자 DNA 조각을) 무성생식으로 복제하다

cloque
끌로끄
[여] (화상 따위로 생긴) 물집, 수포

clore
끌로흐
[타] 닫다; 마감하다 [자] 닫히다; 끝나다

clos(e)
끌로(로즈)
[형] 닫힌, 둘러싸인

clôture
끌로뛰흐
[여] ① 울타리, 담장 ② (수도원의) 출입금지지역 ③ 종결, 마감; 휴업 séance de ~ 최종회기; 폐회

clou
끌루
[남] 못; 장식못; 제일의 인기거리

clouer
끌루에
[타] ① (에) 못질을 하다; 못을 박아 고정 시키다 ② (날카로운 것으로) 움직이지 못하게 하다; (비유) 꼼짝 못하게 하다

clown
끌룬
[남] 어릿광대

club
끌럽
[남] 클럽 ~ de tennis 테니스 클럽

coaguler
꼬아귈레
[타] 응고시키다 [자] 굳어지다

coalition
꼬알리시옹
[여] (국가, 정당 따위의) 동맹, 연합, 연립, 제휴

coaxial(e, aux)
꼬악씨알(오)
[형] 같은 축의

cob
꼬브
[남] 땅딸막한 잡종 말

cocaïne
꼬까인
[여] [약학] 코카인

cocarde
꼬꺄흐드
[여] 꽃 모양의 모장

cocasse
꼬꺄스
[형] (구어) 우스꽝스러운, 얄궂은

coccyx
꼭시스
[남] [해부] 꽁무니뼈, 미저골

cocher
꼬셰
[타] (에) 표시를 하다

cochonnerie 꼬숀느히 [여] (구어) 불결; 더러운 것; 잘못된[망친] 것

cocker 꼬께흐 [남] 작은 사냥개

cocktail 꼭뗄 [남] 칵테일 ~ à base de gin 진 칵테일

cockpit 꼭삐뜨 [남] 조종실

coco 꼬꼬 [남] 야자열매

cocon 꼬꽁 [남] 고치

code 꼬드 [남] 코드, 법전, 규칙 ~ de conduite 행동 규칙

codéine 꼬떼인 [여] [화학] 코데인

codifier 꼬디피에 [타] 부호화하다

coefficient 꼬에피시엉 [남] [수학] 계수

coeur 꾀흐 [남] ① 심장 ② 프럼프의 하트 ③ 중심

coexister 꼬에그지스떼 [자] 공존하다

coffre 꼬프흐 [남] ① (뚜껑 달린) 궤, 함, 상자 ② 금고 ③ (자동차의) 트렁크

coffre-fort (coffres-forts) 꼬프흐포흐 [남] 금고

cognac 꼬냐끄 [남] 코냑

cogner 꼬녜	[타] 부딪히다, 충돌하다
cognitif(ve) 꼬그니띠프(띠브)	[형] 인식의
cohabitation 꼬아비따시옹	[여] ① 동거 ~ des époux 부부의 동거 ~ avec qn ...와의 동거 ② [정치] 보혁 공존, 좌우동거 gouvernement de ~ 좌우동거 정부 (대통령과 내각의 정파가 다른 정부)
cohabiter 꼬아비떼	[자] ① 함께 살다, 동거하다 ② [정치] 좌우파가 동거하다
cohérence 꼬에헝스	[여] 일관성
cohérent(e) 꼬에헝(헝뜨)	[형] 일관성 있는
cohésif(ve) 꼬에지프(지브)	[형] 결합력 있는
cohésion 꼬에지옹	[여] 결합
cohorte 꼬오흐뜨	[여] 일대, 일단
cohue 꼬휘	[여] (떠들석한) 무리, 군중
coiffe 꾸아프	[여] (시골 아낙네, 수녀의) 머리쓰개
coiffer 꾸아페	[타] 머리를 치장하다
coiffeur(se) 꾸아푀흐(푀즈)	[남] 이발사
coiffure	[여] 이발

꾸아퀴흐

coin [남] ① 모퉁이, 구석 ② 조각
꾸엥

coincer [타] 쐐기로 박다, 쐐기로 고정시키다; 움직이지 않게 하다, 꼼짝못하게 하다
꾸엥세

coïncidence [여] 일치, 동시 발생
꼬엥시덩스

coïncider [자] 일치하다
꼬엥시데

coke [남] 코크스
꼬끄

col [남] 깃, 칼라
꼴

colère [여] 분노, 노여움 metre qn en ~ ...을 화나게 만들다
꼴레흐

coléreux(se) [형] 화를 잘 내는
꼴레회(회즈)

colique [여] (흔히 복수) 복통; (특히) 결장장 산통
꼴리끄

colis [남] 꾸러미, 소포
꼴리

collaborateur(trice) [명] ① 협력자; 공저자; 공동편찬자 ② (제 2 차 세계대전시) 독일에 협력한 자
꼴라보하뙤흐(트히스)

collaboration [여] ① 공동작업, 협력 ② (제 2 차 대전 시 비쉬 정부의) 대독 협력 정책; 대독 협력
꼴라보하시옹

collaborer [타간] ① ...에 협력하다, 참여하다 ~ à un projet 공동으로 프로젝트를 하다 ② (보어 없이)
꼴라보헤

(독일에) 협력하다

C-c

collage
꼴라즈
[남] 콜라주

collant(e)
꼴렁(렁뜨)
[형] 접착력있는, 들러붙는, 끈끈한; [남] (무용, 운동용의) 타이츠; 팬티 스타킹; 접착 테이프

collation
꼴라시옹
[여] ① 대조 ② 간단한 식사, 간식

collationner
꼴라시오네
[타] 대조하다

colle
꼴
[여] 풀, 접착제

collecter
꼴렉떼
[타] 수집하다 ~ de l'argent 돈을 모으다

collectif(ve)
꼴렉띠프(띠브)
[형] 공동의, 단체의, 집단의 biens ~s 공유재산

collection
꼴렉시옹
[여] 수집; 수집품 ~ de tableaux 그림수집

collectionner
꼴렉시오네
[타] 수집하다

collectionneur(se)
꼴렉시오뇌흐(뇌즈)
[명] 수집가

collectivement
꼴렉띠브멍
[형] 집단적으로, 공동으로, 함께

collectivisme
꼴렉띠비슴
[남] 집단주의

collectivité
꼴렉띠비떼
[여] 단체, 집단

collectionneur(se)
꼴렉시오뇌흐(뇌즈)
[명] 수집가

collège
[남] 중학교

꼴레즈

collégien(ne) 꼴레지엥(엔)	[명] 중학생
collègue 꼴레그	[명] 동료
coller 꼴레	[타] (풀칠하여) 붙이다
collet 꼴레	[남] [요리] 목살
collier 꼴리에	[남] 목걸이
colline 꼴린	[여] 언덕, 동산
collision 꼴리지옹	[여] 충돌
colloque 꼴로끄	[남] 세미나, 토론회
colmater 꼴마떼	[타] 낮은 땅을 높이다, 건조한 땅을 개량하다; 막다, 메우다, 봉하다
Colombie 꼴롱비	[여] [지리] 콜롬비아
colon 꼴롱	[남] 식민지 개척자
côlon 꼴롱	[남] [해부] 결장
colonel 꼴로넬	[남] 대령
colonial(e, aux) 꼴로니알(오)	[형] 식민지의 [명] 식민지 주민
colonie 꼴로니	[여] 식민지
colonisation	[여] 식민지화

꼴로니자시옹

coloniser [타] 식민지로 만들다
꼴로니제

colonialiste [명] 식민주의자
꼴로니알리스뜨

colonne [여] 기둥
꼴론

colorant(e) [형] 착색하는, 물들이는
꼴로헝(헝뜨)

colorer [타] 염색하다, 물들이다
꼴로헤

colorier [타] (특히 종이 따위에) 색칠하다
꼴로히에

colossal(e, aux) [형] 거대한
꼴로살(소)

colporter [타] 행상하다
꼴뽀흐떼

coma [남] [의학] 혼수상태
꼬마

comateux(se) [형] 혼수상태의
꼬마뙤(뙤즈)

combat [남] 전투
꽁바

combatif(ve) [형] 투쟁적인
꽁바띠프(띠브)

combattant(e) [명] 투사.
꽁바떵(떵뜨)

combattre [타] (와) 싸우다
꽁바트흐

combien [부] 얼마만큼, 얼마나
꽁비엥

combinaison [여] 결합
꼼비네종

combine [여] (구어) 술책, 비결
꽁빈

combiné(e) [형] 결합된
꼼비네

combiner [타] 결합하다
꼼비네

comble [남] (비유) 절정, 극치
꽁블

combler [타] 가득 채우다; 메꾸다
꽁블레

combustible [형] 가연성의
꽁뷔스띠블

combustion [여] 연소 moteur à ~ interne 내부 연소 모터
꽁뷔스띠옹

comédie [여] 희극
꼬메디

comédien(ne) [명] 배우
꼬메디엥(엔)

comestible [형] 먹을 수 있는, 식용의
꼬메스띠블

comète [여] 혜성
꼬메뜨

comique [형] 희극의, 우스운
꼬미끄

comité [남] 위원회
꼬미떼

commandant [남] 사령관, 지휘관
꼬멍덩

commande [여] 주문, 주문품
꼬멍드

commandement [남] 명령, 지령
꼬멍드멍

commander [타] 명령하다; 주문하다
꼬멍데

commando [남] 의용군
꼬멍도

comme [부] ① ...처럼, ...과 마찬가지로 ② ...과 같은 ③ 얼마나, 어떻게 C~ il est bon ! 얼마나 친절한 사람인가!
꼼므

commémoratif(ve) [형] 기념의
꼬메모하띠프(띠브)

commémorer [타] 기념하다
꼬메모헤

commencement [남] 시작, 처음
꼬멍스멍

commencer [타] 시작하다
꼬멍세

comment [부] 어떻게 C~ faire ? 어떻게 할까 C~ dire ? 어떻게 말하지?
꼬멍

commentaire [남] ① 주석, 주해, 설명 ② 논평, 해설
꼬멍떼흐

commentateur(trice) [명] 논평자
꼬멍따뙤흐(트히스)

commenter [타] 논평하다
꼬멍떼

commérage [남] (구어) 쑥덕공론, 잡담; 험담, 비방
꼬메하즈

commerçant(e) [형] 상업의, 상업에 종사하는
꼬메흐성(성뜨) [명] 상인, 소매상인

commerce [남] 상업, 통상
꼬메흐스

commercial(e, aux) [형] 상업상의
꼬메흐시알(오)

commercialisation [여] 상업화
꼬메흐시알리자시옹

commercialiser [타] 상업화하다
꼬메흐시알리제

commercialement [부] 상업적으로
꼬메흐시알멍

commère [여] 아낙네, 수다스런 여자
꼬메흐

commettre [타] ① (범죄, 과실 따위를) 저지르다, 범하다 ~ un adultère 간통을 저지르다 ② 맡기다, 위임하다 ~ des enfants au soin de qn 아이들을 ...에게 맡기다
꼬메트흐

commissaire [남] 위원
꼬미세흐

commissariat [남] 위원의 직[신분]; 경찰서
꼬미사히아

commission [여] ① 위임 ② 중개료, 수수료 toucher une ~ de 5% 5%의 수수료를 받다 ③ 위원회 ~ administrative 관리[운영]위원회
꼬미시옹

commissure [여] [해부] 접합부, 연합(부)
꼬미쉬흐

commode [형] 편리한; 형편에 맞는; 편안한 ; 유쾌한
꼬모드

commodité [여] 편리, 편의, 안락
꼬모디떼

commotion [여] 진동; 충동, 충격
꼬모시옹

commuer [타] 감형하다
꼬뮈에

commun(e) [형] 공동의
꼬멩(꼬뮌)

communautarisme [남] 공동체주의, 집단주의
꼬뮈노따히슴

communauté [여] 공동체 la ~ internationale 국제사회
꼬뮈노떼

commune [여] 시, 읍, 면 (프랑스의 최소행정구)
꼬뮌

communément [부] 일반적으로
꼬뮈네멍

communiant(e) [명] [가톨릭] 성체배령자
꼬뮤니엉(엉뜨)

communication [여] 의사소통 les voies de ~ 의사소통수단
꼬뮈니꺄시옹

communion [여] ① 교단, 종파; 단체 ② [가톨릭] 영성체 faire sa première ~ 첫 영성체를 하다 ③ 성찬식
꼬뮈니옹

communiqué [남] 공식성명[발표], 공보
꼬뮈니께

communiquer [타] 알리다, 통지하다 ~ ses projets 자신의 계획을 알리다 [자] 연락을 취하다 ~ avec un ami 친구와 연락하다
꼬뮈니께

communisme [남] 공산주의
꼬뮈니슴

communiste [형] 공산주의의 [명] 공산주의자 parti ~ 공산당
꼬뮈니스뜨

commutateur [남] [전기] 전환기, 스위치; [전기, 통신] 교환기
꼬뮈따뙤흐

compact(e) [형] 치밀한, 촘촘한; 밀집한, 꽉 들어 찬
꽁빡뜨

compagnon (compagne) [명] 동료, 친구
꽁빠뇽(꽁빠뉴)

compagnie [여] ① 교우, 교제 tenir ~ à qn ... 곁에 머물다, 고독을 달래주다 J'ai un chien pour me tenir ~. 나는 내 옆에 두기 위하여 개를 기른다 ② 회사 ~ aérienne 항공사
꽁빠니

comparabilité [여] 비교가능성
꽁빠하빌리떼

comparable [형] 비교 가능한
꽁빠하블

comparaison [여] 비교
꽁빠헤종

comparatif(ve) [형] 비교의, 상대적인
꽁빠하띠프(띠브)

comparativement [부] 비교적, 상대적으로
꽁빠하띠브멍

comparer [타] 비교하다 ~ qn / qch à ~을 ~와 비교하다
꽁빠헤

compartiment [남] 구획
꽁빠흐띠멍

compartimenter [타] 구획하다
꽁빠흐띠멍떼

compas [남] 컴퍼스
꽁빠

compassé(e) [형] (태도 따위가) 꾸민듯한, 부자연스러운, 어색한
꽁빠세

compassion [여] 동정, 연민
꽁빠시옹

compatible [형] 양립 가능한, 호환할 수 있는
꽁빠띠블

compatibilité [여] 양립가능성, 호환성
꽁빠띠빌리떼

compatissant(e) [형] 동정심 있는
꽁빠띠성(성뜨)

compatriote [명] 동포, 동료
꽁빠트히오뜨

compensation [여] 보상, 보충
꽁뼁사시옹

compenser [타] 벌충하다, 보상하다
꽁뼁세

compétence [여] 경쟁력
꽁뻬떵스

compétent(e) [형] 유능한
꽁뻬떵(떵뜨)

compétitif(ve) [형] 경쟁적인
꽁뻬띠띠프(띠브)

compétiteur(trice) [명] 경쟁자 [형] 경쟁하는
꽁페띠뙤흐(트히스)

compétition [여] 경쟁력
꽁뻬띠시옹

compilation [여] 편집
꽁삘라시옹

compiler [타] 편집하다
꽁삘레

complaire [타] (문어) [~ à qn] …의 비위를 맞추다, 환심을 사다
꽁쁠레흐

complaisance [여] 호의, 배려
꽁쁠레정스

complaisant(e) [형] 친절한, 호의적인
꽁쁠레정(정뜨)

complément [남] 보어, 보완물
꽁쁠레멍

complémentaire [형] 보완적인
꽁쁠레멍떼흐

complet(ète) [형] 완전한
꽁쁠레(레뜨)

compléter [타] 완성하다
꽁쁠레떼

complètement [부] 완전히 Il est ~ idiot. 그는 완전히 바보다
꽁쁠레뜨멍

complexe [형] 복잡한 [남] 콤플렉스 Son poids lui donne un ~. 그는 몸무게에 콤플렉스를 가지고 있다.
꽁쁠렉스

complexité [여] 복잡성
꽁쁠렉시떼

complication [여] ① 복잡함 ② (복수) [의학] 합병증
꽁쁠리꺄시옹

complice [형] 공범의 [명] 공범(자), 공모자
꽁쁠리스

complicité [여] 공모, 연루
꽁쁠리시떼

compliment [남] 칭찬 faire un ~ à qn ...을 칭찬하다
꽁쁠리멍

compliqué(e) [형] 복잡한, 까다로운, 어려운
꽁쁠리께

compliquer [타] 복잡하게 하다 ~ les choses 일을 복잡하게 만들다
꽁쁠리께

comportement [남] 행동, 태도, 처신, 반응
꽁뽀흐뜨멍

comporter [타] (주어는 사물) 허용하다; 포함하다, 내포하다 se ~ [대] 행동하다, 처신하다
꽁뽀흐떼

composé(e) [형] 구성된, 혼합의
꽁뽀제 [남] 복합물, 혼합물

composer [타] 구성하다, 작곡하다
꽁뽀제

composite [형] 합성의 [남] 합성물
꽁뽀지뜨

compositeur(trice) [명] 작곡가
꽁뽀지뙤흐(트히스)

composition [여] 구성, 작문, 작곡 Cela est ma propre ~. 이것은 내 자신이 한 작문이다
꽁뽀지시옹

composter [타] (자동개찰기로) 개찰하다, (스탬프로 서류 다위에) 소인[번호]을 찍다
꽁뽀스떼

compréhensible [형] 이해할 수 있는
꽁프헤엉시블

compréhension [여] 이해
꽁프헤엉시옹

comprendre [타] ① 이해하다 ~ un texte 텍스트를 이해하다 ② 포함시키다 Le recensement a été fait sans ~ les étrangers. 인구조사는 외국인을 포함시키지 않고 이루어졌다
꽁프헝드흐

compresse [여] 압박붕대
꽁프헤스

compresseur [남] 압축기
꽁프헤쇠흐

compression [여] 압축

꽁프헤시옹

comprimé [남] [약학] 정제, 알약
꽁프히메

comprimer [타] 압축[압착, 압박]하다, 꽉 죄다
꽁프히메

compris(se) [형] 포함된, 이해된
꽁프히(히즈)

compromettant(e) [형] (평판 따위에) 해로운, 위험한; 해가 될 수 있는
꽁프호메떵(떵뜨)

compromettre [타] (의) 평판을 위태롭게 하다 [자] [법] 중재에 의해 타협하다, 중재 계약을 맺다
꽁프호메트흐

compromis [남] ① [법] 중재(계약); 가계약 ② 타협, 화해 arriver à un ~ 타협에 이르다
꽁프호미

comptabilité [여] 회계(학), 부기
꽁따빌리떼

comptable [형] 셀 수 있는
꽁따블

comptant [형][남] 현금의 (수표 포함)
꽁떵

compte [남] 셈, 계산; 계정
꽁뜨

compter [타] 계산하다; 중요하다 à ~ de ...부터
꽁떼

compteur [남] 계량기, 측정기
꽁뙤흐

comptoir [남] 계산대
꽁뚜아흐

compulsion [여] 강제
꽁쀨시옹

compulsif(ve) 꽁뾜시프(시브) [형] [심리][정신분석] 강박의, 강박적인

comte 꽁뜨 [남] 백작

comtesse 꽁떼스 [여] 백작 부인

con(ne) 꽁(꼰) [남] (비어) (여자의) 음부 [명] 머저리, 바보

concave 꽁꺄브 [형] 오목한

concéder 꽁세데 [타] (권리 따위를) 양도[부여]하다; 허가[인가]하다

concentration 꽁성뜨하시옹 [여] 집중 camp de ~ 강제 수용소

concentrer 꽁성트헤 [타] 집중시키다

concentrique 꽁성트히끄 [형] 집중적인

concept 꽁쎕뜨 [남] ① [철학] 개념, 관념 ② (상품의) 컨셉트

conception 꽁셉시옹 [여] ① 수태, 임신 ② 이해(력) ③ 구상, 발상, 발명

concerné(e) 꽁세흐네 [형] 관계가 있는

concerner 꽁세흐네 [타] ~에 관계하다 en ce qui *concerne* le salaire 급여에 관해서는

concert 꽁세흐 [남] 콘서트

concerté(e) 꽁세흐떼 [형] 협의[합의]에 기초한; 합의에 의해 준비된

concession
꽁세시옹
[여] ① (토지, 권리 따위의) 양도 ; 양도 계약; (정부에 의한 개발사업 따위의) 인가 ② 양보 ③ [언어] proposition de ~ 양보절

concessionnaire
꽁세시오네흐
[형] (토지개발, 사업시행 따위를) 허가[인가]받은

concevable
꽁스바블
[형] 생각할 수 있는

concevoir
꽁스부아흐
[타] 상상하다, 생각하다

concierge
꽁시에흐즈
[명] (건물의) 관리인, 수위, 문지기

conciliant(e)
꽁실리엉(엉뜨)
[형] 타협적인, 협조적인; 화해시키는

conciliation
꽁실리아시옹
[여] 조정, 화해 commission de ~ 조정위원회

conciliatoire
꽁실리아뚜아흐
[형] 회유적인

concilier
꽁실리에
[타] (의견, 이해가 다른 사람들을) 화해시키다, 조정하다

concitoyen(ne)
꽁시뚜아옝(옌)
[명] 동국인, 동향인

concis(e)
꽁시(시즈)
[형] 간결한

concluant(e)
꽁끌뤼엉(엉뜨)
[형] 결정적인

conclure
꽁끌뤼흐
[타] 결론내리다 «Enfin», ditil pour ~. 그는 결론짓기 위해 "마침내"라고 말했다.

conclusion
꽁끌뤼지옹
[여] 결론 en ~ 결론적으로

concocter [타] 날조하다
꽁꼭떼

concombre [남] 오이
꽁꽁브흐

concordance [여] 일치
꽁꼬흐덩스

concorder [자] 일치하다
꽁꼬흐데

concourir [타간] (주어는 사람, 사물) [~ à qch/inf] …에 협력[협동]하다, 기여[공헌]하다 [자] 경쟁하다
꽁꾸히흐

concours [남] 선발시험
꽁꾸흐

concret(ète) [형] 구체적인
꽁크헤(헤뜨)

concrètement [부] 구체적인말로
꽁크헤뜨멍

concurrence [여] 경쟁, (특히 상행위의) 경쟁, 경합
꽁뀌헝스

concurrent(e) [형] 경쟁하는, (특히 상행위의) 경쟁상대의
꽁뀌헝(헝뜨)

condamnation [여] 비난, 유죄선고
꽁다나시옹

condamner [타] 비난하다, 유죄판결을 내리다
꽁다네

condensation [여] 압축
꽁덩사시옹

condenser [타] 응축하다
꽁덩세

condenseur [남] 응축기
꽁덩쇠흐

condescendance [여] 겸손
꽁데성덩스

condescendant(e) [형] 건방진, 거만한
꽁데성덩(덩뜨)

condescendre [타] 겸손하게 굴다
꽁데성드흐

condition [여] 조건 remplir les ~s 조건에 맞다
꽁디시옹

conditionnel(le) [형] 조건부의 [남] 조건법
꽁디시오넬

conditionnement [남] 조절
꽁디시온멍

conducteur [남] 지휘자, 도체, 운전사
꽁뒥뙤흐

conduction [여] 유도
꽁뒥시옹

conduire [타] 이끌다
꽁뒤이흐

conduit [남] 도관, 수도
꽁뒤이

conduite [여] 이끎, 인도; 행실, 품행
꽁뒤이뜨

cône [남] 원뿔
꼰

confection [여] 과자
꽁펙시옹

confédération [여] 연합, 동맹
꽁페데하시옹

confédéré(e) [형] 연합한
꽁페데헤

confédérer, se [대] 동맹하다
스꽁페데헤

conférence
꽁페헝스
[여] 회의, 협의회 ~ internationale 국제회의

conférer
꽁페헤
[타] 부여하다

confesser
꽁페세
[타] 고백하다

confesseur
꽁페쇠흐
[남] 고백하는 사람

confession
꽁페시옹
[여] 고백

confessionnal
꽁페시오날
[남] 고해소

confetti(s)
꽁페띠
[남] (사육제, 축제 따위 때 던지는) 색종이 조각

confiance
꽁피엉스
[여] 신뢰, 자신 avoir confiance en qn[qch] ...을 신뢰하다

confiant(e)
꽁피엉(엉뜨)
[형] ① (을) 신용[신뢰]하는 être ~ dans ses amis 친구들을 믿다 ② (남을) 쉽게 믿는; 낙관적인 ③ 자신이 있는, 자부심이 강한, 거만한

confidence
꽁피덩스
[여] 속내이야기; 비밀

confident(e)
꽁피덩(덩뜨)
[명] 속내 이야기를 할 수 있는 사람, 절친한 친구

confidentiel(le)
꽁피덩시엘
[형] 비밀의

confidentialité
꽁피덩시알리떼
[여] 기밀성

confidentiel(le)
꽁피덩시엘
[형] 기밀의

confidentiellement [부] 기밀로
꽁피덩시엘멍

confier [타] ① 맡기다, 부탁하다
꽁피에 ② (비밀따위를) 털어놓다

confiné(e) [형] 갇힌
꽁피네

confiner [타] 제한하다, 가두다
꽁피네

confirmation [여] 확인하다
꽁피흐마시옹

confirmer [타] 확인하다
꽁피흐메

confiscation [여] 몰수, 압수
꽁피스꺄시옹

Confiserie [여] 당과제조[판매], 과자점, 당과
꽁피즈리

confiseur(se) [명] 제과점, 과자제조인
꽁피쇠흐(쇠즈)

confisquer [타] 몰수하다
꽁피스께

confiture [여] 잼 ~ de fraise 딸기 잼
꽁피뛰흐

conflit [남] 투쟁, 충돌 entrer en ~
꽁플리

confluence [여] 합류
꽁플뤼엉스

confluent [남] 합류점
꽁플뤼엉

confondre [타] 혼란시키다
꽁퐁드흐

confondu(e) [형] 당황한, 어리둥절한, 아연실색
꽁퐁뒤

한

C-c

conforme
꽁포흠
[형] 부합하는, 적합한

conformément
꽁포흐메멍
[부] ...에 맞추어서, ...에 따라서

conformer
꽁포흐메
[타] 따르게 하다 se ~ [대] 걸맞다 afin de se ~ aux objectifs olympiques 올림 픽 목표에 걸맞기 위하여

conformiste
꽁포흐미스뜨
[형] 체제순응적인
[명] 체제순응 자

conformité
꽁포흐미떼
[여] 부합, 일치

confort
꽁포흐
[남] 안락, 쾌적, 안락[쾌적]한 시설

confortable
꽁포흐따블
[형] 편안한

confrère
꽁프헤흐
[남] (자유업, 회사 따위의) 동료, 동업자

confronter
꽁프홍떼
[타] 대면시키다, 대결시키다

confus(e)
꽁퓌(퓌즈)
[형] 당황한, 송구스러워하는, 부끄러워하는

confusément
꽁퓌제멍
[부] 혼란하여

confusion
꽁퓌지옹
[여] 혼동, 당황 jeter la ~ 혼동을 야기하다

congé
꽁제
[남] 휴가

congédier
꽁제디에
[타] (손님 따위를) 돌아가게 하다, 돌려보내다

congélateur(trice) 꽁젤라뙤흐(트히스)	[형] 냉동용의 [남] 냉동실
congeler 꽁즐레	[타] 얼리다, 냉동시키다
congénital(e, aux) 꽁제니딸(또)	[형] 선천적인
congénitalement 꽁제니딸멍	[부] 선천적으로
congestion 꽁제스띠옹	[여] 혼잡, 정체
congestionné(e) 꽁제스띠오네	[형] 혼잡한, 정체된
conglomérat 꽁글로메하	[남] 복합 기업
congrégation 꽁그헤갸시옹	[여] [가톨릭] 수도회
congrès 꽁그헤	[남] ① (외교, 학술, 정당 따위의 대규 모) 회의, 대회, 학회 ② (미국의) 국회, 의회
conifère 꼬니페흐	[남] [식물] 구과식물, 침엽수; (복수) 침엽수류
conique 꼬니끄	[형] 원뿔의
conjecture 꽁젝뛰흐	[여] 추측, 짐작
conjecturer 꽁젝뛰헤	[타] 추측하다, 억측하다, 짐작하다
conjoint(e) 꽁주엥(엥뜨)	[형] 결합된, 부수의; (행동, 계획 따위가) 공동의, 때를 같이하는
conjonction 꽁종씨옹	[여] ① 결합, 제휴 ② [문법] 접속사

conjonctivité [여] [의학] 결막염
꽁종띠비떼

conjugaison [여] 동사 변화
꽁쥐게종

conjugal(e, aux) [형] 부부의
꽁쥐걀(고)

conjuguer [타] (동사를) 변화시키다
꽁쥐게

conjurer [타] (악령 따위를) 쫓다
꽁쥐헤

connaissance [여] 앎, 알기; (복수) 지식, 조예
꼬네성스

connaisseur(se) [명] 감정가, 권위자
꼬네쐬흐(쐬즈)

connaître [타] ① 알다; 정통하다; 식별하다; 경험하다; 알아보다
꼬네트흐

connexion [여] 연결 ~à Internet 인터넷 연결
꼬넥시옹

connivence [여] 묵과, 묵인
꼬니벙스

connotation [여] 함축, 내포
꼬노따시옹

connoter [타] 내포하다
꼬노떼

connu(e) [형] (사물이) 발견된, 널리 알려진; 유명한
꼬뉘

conquête [여] 정복
꽁께뜨

consacrer [타] 신성하게 하다
꽁사크헤

consciemment [부] 의식하여

꽁시아멍

conscience [여] 의식, 자각, 인식 avoir une ~ écologique 환경문제에 대하여 인
꽁시엉스

식하다

conscieneusement [부] 양심에 따라, 성실히
꽁시엉시유즈멍

consciencieux(se) [형] 양심적인, 성실한
꽁시엉시유(유즈)

conscient(e) [형] 의식을 가진, 자각하는
꽁시엉(엉뜨)

conscription [여] 징병
꽁스크힙시옹

consécration [여] 신성화, 정화
꽁세크하시옹

consécutif(ve) [형] 연속적인
꽁세뀌띠프(띠브)

consécutivement [부] 연속하여
꽁세뀌띠브멍

conseil [남] 조언, 충고; 회의, 의회
꽁세유

conseiller [타] 권고하다, 권하다
꽁세예

conseiller(ère) [형] 충고하는 [명] 조언자, 충고자 [남] 고문관; 참사관
꽁세예(예흐)

consensus [남] (의견의) 일치
꽁성쉬스

consentement [남] 동의
꽁성뜨멍

consentir [자] [~à] ...에 동의하다 Les parents *ont consenti* au mariage. 부모들은 결혼을 승낙했다
꽁성띠흐

conséquence [여] 결과 en ~ de ...의 결과로서
꽁세껑스 ; ...에 따라서

conséquent(e) [형] (행동, 논증 따위가) 일관성
꽁세껑(껑뜨) 있는, 합리적인

conservateur(trice) [형] 보수적인 [명] 보수주의자
꽁세흐바뙤흐(트히스)

conservation [여] 보존
꽁세흐바시옹

conservatisme [남] 보수주의
꽁세흐바띠슴

conservatoire [남] 온실, 음악학교
꽁세흐바뚜아흐

conserve [여] 통조림
꽁세흐브

conserver [타] 보존하다
꽁세흐베

considérable [형] 상당한
꽁시데하블

considérablement [부] 상당히
꽁시데하블멍

considération [여] 고려 prendre qch en ~ ...
꽁시데하시옹 을 고려하다

considérer [타] 숙고하다
꽁시데헤

consigne [여] [군사] (보초 따위에게 내리
꽁시뉴 는) 명령; (일반적인 뜻의) 명령, 지령, 지시

consigner [타] (돈을) 공탁하다, (물건을) 위
꽁시녜 탁하다; (되가져오면 환불하는 조건으로 병 따위의) 값을 쳐서 받다

consistance [여] 일관성

꽁시스떵스

consister
꽁시스떼
[자] (으로) 이루어지다, 구성되다 [~ en + 복수명사]; (에) 있다 [~ en/dans]; …하는 데 있다 [~ à + inf]

consolation
꽁솔라시옹
[여] 위로(의 말), 위안

consoler
꽁솔레
[타] 위로하다

consolidation
꽁솔리다시옹
[여] 튼튼히 하기, 보강; (지위, 세력 따위의) 강화

consolider
꽁솔리데
[타] 튼튼히 하다; 강화[보강]하다; 관계[지위] 따위를 공고히 하다

consommable
꽁소마블
[형] 소비할 수 있는; 먹을[마실] 수 있는 ~s [명][복] 소모품, 소비재

consommateur(trice)
꽁소마뙤흐(트히스)
[명] 소비자

consommation
꽁소마시옹
[여] 소비 la ~ d'électricité 전기 소비

consommer
꽁소메
[타] 소비하다

consonne
꽁손
[여] 자음

conspirateur(trice)
꽁스삐하뙤흐(트히스)
[명] 공모자

conspirer
꽁스삐헤
[자] 음모를 꾸미다 ~ en vue de + inf. ...하기 위하여 음모를 꾸미다

constamment
꽁스따멍
[부] 일정하게

constance
꽁스떵스
[여] 불변성

C-c

constant(e) [형] 불변의, 일정한
꽁스떵(떵뜨)

constellation [여] 별자리
꽁스뗄라시옹

consternation [여] 대경실색
꽁스떼흐나시옹

constat [남] 조서, 공정증명, (공적인)보고서, 기록; 확인[확증]된 사실
꽁스따

constater [타] 확인하다, (사실임을) 인정하다
꽁스따떼

consterner [타] 깜작 놀라게 하다, 아연실색케 하다
꽁스떼흐네

constipation [여] 변비
꽁스띠빠시옹

constipé(e) [형] 변비에 걸린
꽁스띠뻬

constituer [타] 구성하다
꽁스띠뛰에

constitutif(ve) [형] 구성하는
꽁스띠뛰띠프(띠브)

constitution [여] ① 구조, 성분, 조직 ② (C~) 헌법; 정체
꽁스띠뛰시옹

constitutionnel(le) [형] ① 합헌적인; 헌법에 의한, 입헌적인 ② 체질적인, 선천적인
꽁스띠뛰시오넬

constitutionnellemen [부] 합법적으로
꽁스띠뛰시오넬멍

construction [여] 건설 en ~ 건설 중인
꽁스트획시옹

construire [타] 건설하다
꽁스트휘이흐

constructif(ve) [형] 건설적인

꽁스트획띠프(띠브)

consul
꽁쉴
[남] 영사 le ~ de France 프랑스 영사

consulaire
꽁쉴레흐
[형] 영사(관)의

consulat
꽁쉴라
[남] 영사관

consultant(e)
꽁쉴떵(떵뜨)
[명] 컨설턴트, 고문

consultatif(ve)
꽁쉴따띠프(띠브)
[형] 상의의

consultation
꽁쉴따시옹
[여] 상담, 상의

consulter
꽁쉴떼
[타] 상담하다

consumérisme
꽁쉬메히슴
[남] 소비자 운동

contact
꽁딱뜨
[남] 접촉 prendre ~ 연락하다

contacter
꽁딱떼
[타] 연락하다

contagieux(se)
꽁따지유(유즈)
[형] 전염성의

contamination
꽁따미나시옹
[여] 오염

contaminer
꽁따미네
[타] 오염시키다

conte
꽁뜨
[남] 동화

contemplatif(ve)
꽁떵쁠라띠프(띠브)
[형] 주시하는, 관조하는

contemplation
[여] 심사숙고, 응시

꽁떵쁠라시옹

contempler [타] 심사숙고하다
꽁떵쁠레

contemporain(e) [형] 현대의 [명] 현대인
꽁떵뽀헹(헨)

contenance [여] 용적, 용량
꽁뜨넝스

conteneur [남] 용기, 컨테이너
꽁뜨놔흐

contenir [타] 포함하다
꽁뜨니흐

content(e) [형] 만족한 être ~ de qch[inf.] ... 에 대하여 만족하다
꽁떵(떵뜨)

contentement [남] 만족
꽁떵뜨멍

contenter [타] 만족시키다 se ~ [대] 만족해하다 [se ~ de]
꽁떵떼

contentieux(se) [형] [법] 이론이 분분한, 소송의
꽁떵시유(유즈)

contenu [남] 기사, 목차
꽁뜨뉘

conter [타] 말하다, 이야기하다
꽁떼

contester [타] 이의를 제기하다
꽁떼스떼

contexte [남] 문맥, 정황 hors ~ 문맥을 벗어나다
꽁떽스뜨

contigu(ë) [형] 인접한, 연이은
꽁띠귀

continent [남] 대륙
꽁띠넝

continental(e, aux) [남] 대륙의
꽁띠넝딸(또)

continu(e) [형] 연속된, 계속적인, 꾸준한
꽁띠뉘

continuation [여] 계속됨
꽁띠뉘아시옹

continuellement [부] 연속적으로
꽁띠뉘엘멍

continuer [타] 계속하다 Il *a continué* de traverser la rue. 그는 계속 길을 건넜다.
꽁띠뉘에

continuité [여] 연속성
꽁띠뉘이떼

continuum [남] 연속체
꽁띠뉘엄

contingence [여] 우연성
꽁땡정스

contingent(e) [형] 우연의, 일어날지도 모르는
꽁땡정(정뜨)

continuel(le) [형] 계속적인
꽁띠뉘엘

continuellement [부] 계속해서
꽁띠뉘엘멍

contorsion [여] 비틀기, 왜곡
꽁또흐시옹

contour [남] 윤곽
꽁뚜흐

contourner [타] 우회하다, 돌다
꽁뚜흐네

contraceptif(ve) [형] 피임의 [명] 피임약 ~ oral 경구용 피임약
꽁트하셉띠프(띠브)

contraception
꽁트하셉시옹
[여] 피임

contracter
꽁트학떼
[타] 수축시키다, 축소하다 se ~ [대] 줄어들다

contraction
꽁트학시옹
[여] 수축, 단축

contractuel(le)
꽁트학뛰엘
[형] 계약에 의한 [명] 임시직원, 계약자

contradiction
꽁트하딕시옹
[여] 부정, 모순

contradictoire
꽁트하딕뚜아흐
[형] 모순된

contraindre
꽁트헹드흐
[타] 강요하다

contraint(e)
꽁트헹(헹뜨)
[형] 강제된, 강요된, 부자연스러운, 어색한

contrainte
꽁트헹뜨
[여] 강제 sous la ~

contraire
꽁트헤흐
[형] 반대의 [남] 정반대 au ~ 그와는 반대로

contrarier
꽁트하히에
[타] (에) 거역하다, 반대하다, 저지하다, 방해하다

contraste
꽁트하스뜨
[남] 대조 par ~ avec qch ~와 대조하여

contrast(é)
꽁트하스떼
[형] 명암이 심한

contraster
꽁트하스떼
[자] 대조를 이루다

contrat
꽁트하
[남] 계약 ~ de travail 고용계약

contravention
[여] [법] 위반, (특히) 교통법규

꽁트하벙시옹 위반

contre
꽁트흐
[접] ① ... 곁에, ...에 접근하여; ...에 기대어; ...와 맞대어 s'appuyer ~ un arbre 나무에 기대다 ② (대립) ...에 반(대)하여, ...을 거슬러 parler ~ la volonté de qn ...의 의지[의사]에 반대되는 말을 하다

contre-attaque
꽁트흐아따끄
[여] 역습

contre-attaquer
꽁트흐아따께
[타] 역습하다 [자] 반격에 나서다

contrebalancer
꽁트흐발렁세
[타] ① (와) 균형을 이루다, 평형을 이루다 ② 상쇄하다, 메우다

contrebande
꽁트흐벙드
[여] 밀수입, 밀수입품

contrecarrer
꽁트흐꺄헤
[타] 거부하다, 저항하다

contrecoeur, à
아꽁트흐꾀흐
[부] 마지못해, 내키지 않아하며

contrecoup
꽁트흐꾸
[남] 반향, 여파

contredire
꽁트흐디흐
[타] 반대하다, 부인하다

contrée
꽁트헤
[여] 지방, 고장

contre-espionnage
꽁트흐에스삐오나즈
[남] 대 간첩활동[조직]

contrefaçon
꽁트흐파송
[여] 위조, 복제; 위조물, 위조품

contrefaire
꽁트흐페흐
[타] 위조하다

contrefait(e) [형] 위조된
꽁트흐페(페뜨)

contre-filet [남] (쇠고기의) 등심(=fauxfilet)
꽁트흐필레

contreindication [여] 금기
꽁트헹디꺄시옹

contre-insurrection [여] 대반란 계획
꽁트흐엥쉬헥시옹

contremaître(sse) [명] 감독, 반장, 십장
꽁트흐메트흐(헤스)

contre-mesure [여] 대책, 대항조치
꽁트흐므쥐흐

contre-offensive [여] [군사] (적의 선재권을 없애기 위한) 대반격, 역습
꽁트흐오펑시브

contrepoint [남] 대위법
꽁트흐뿌엥

contrepoids [남] 평형추, 분동; 시계추
꽁트흐뿌아

contre-productif(ve) [형] 비생산적인
꽁트흐프호뒥띠프(띠브)

contre-révolution [여] 반혁명
꽁트흐헤볼뤼시옹

contresigner [타] 부서[연서]하다
꽁트흐시녜

contretemps [남] 불의의 사고, 난처한 일
꽁트흐떵

contre-terrorisme [남] (같은 방법을 사용하여 이루어지는) 보복[역] 테러
꽁트흐떼호히슴

contribuable [명] 납세자
꽁트히뷔아블

contribuer [타] ① ...에 기여[공헌]하다; 동참하다 Ce sussès *a* beaucoup
꽁트히뷔에

contribué à la rendre heureuse. 이번 성공이 그녀를 행복하게 하는 데 큰 몫을 했다 ② 분담금을 내다, 출자하다; 납세하다

contribution
꽁트히뷔시옹
[여] ① 기여, 공헌, 협력 apporter sa ~ à la science 학문 발전에 기여하다 ② 분담금, 할당액 ③ 세금, 조세

contrit(e)
꽁트히(히뜨)
[형] 회개하는

contrôle
꽁트홀
[남] 통제

contrôlé(e)
꽁트홀레
[형] 통제된

contrôler
꽁트홀레
[타] 통제하다

controverse
꽁트호베흐스
[여] 논란 soulever de nom-breu ses ~s 수많은 논란을 일으키다

controversé(e)
꽁트호베흐세
[형] 논란이 되는

contusion
꽁뛰지옹
[여] 좌상, 타박상, 멍

conurbation
꼬뉘흐바시옹
[여] 도시광역화

convaincant(e)
꽁벵깡(깡뜨)
[형] 설득력 있는

convaincre
꽁벵크흐
[타] 확신시키다 se ~ ...을 확신하다

convaincu(e)
꽁벵뀌
[형] 확신하는, 믿어 의심치 않는 Il est ~ que vous réussirez. 그는 당신의 성공을 믿어 의심치 않는다

C-c

convalescent(e) [형][명] 회복기에 있는 (사람), 회복 중인 (사람), 차도가 있는
꽁발레성(성뜨)

convection [여] 전달, 운반
꽁벡시옹

convecteur [남] 대류식 난방기
꽁벡뙤흐

convenable [형] 적절한, 적당한, 알맞은
꽁브나블

convenir [타간] [~ à qch] ...에 맞다, 적절하다, 어울리다
꽁브니흐

convention [여] ① [법] 협약, (협약의) 조항 ② (주로 복수) 관습, 규약, 규범, 관례 ③ 임시 의 회, 입헌
꽁벙시옹

conventionnel(le) [형] 전통적인
꽁벙시오넬

convenu(e) [형] 합의된, 겨정된
꽁브뉘

convergence [여] ① (한 점으로의) 집중 ② (비유) (동일한 결과, 목적으로의) 집중; (의견 따위의) 일치; 공조 ~ des efforts 노력의 집중 ③ [정보] 컨버전스 ~ numérique 디지털 컨버전스 converger [자] 모이다, 집중하다 ~ sur qch ...로 집중하다
꽁베흐정스

conversation [여] 회화, 담화 avoir une ~ 대화를 하다
꽁베흐사시옹

conversion [여] 변환
꽁베흐시옹

converti(e) [명] 개종자
꽁베흐띠

convertible
꽁베흐띠블
[형] 바꿀 수 있는

convertir
꽁베흐띠흐
[타] 바꾸다, 전환하다; 개종시키다

convertisseur
꽁베흐띠쇠흐
[남] 변환기

convexe
꽁벡스
[형] 볼록한

conviction
꽁빅시옹
[여] 확신, 자신 avoir la ~ de qch / que + ind. ...을 확신하고 있다

convive
꽁비브
[명] (다른 사람들과 함께 초대된) 회식자, 손님

convocation
꽁보꺄시옹
[여] 소집, 집회

convoi
꽁부아
[남] 호송, 호위

convoiter
꽁부아떼
[타] 탐내다, 갈망하다

convoluté(e)
꽁볼뤼떼
[형] 뒤얽힌 [식물] 잎이 말린, 소용돌이꼴의

convoquer
꽁보께
[타] 소집하다

convulser
꽁뷜세
[타] 진동시키다

convulsif(ve)
꽁뷜시프(시브)
[형] 경련성의

convulsivement
꽁뷜시브멍
[형] 경련을 일으켜

convulsion
꽁뷜시옹
[여] 경련 entrer en ~s 경련을 일으키다

coopératif(ve) [형] 협력적인 [여] 조합
꼬오뻬하띠프(띠브)

coopération [여] 협력
꼬오뻬하시옹

coopérer [자] 협력하다
꼬오떼헤

coopter [타] 선출하다
꼬옵떼

coordinateur(trice) [명] 조정자
꼬오오흐디나뙤흐(트히스)

coordonné(e) [형] ① 조직된; 연계된 ② (색채, 스타일 따위가) 어울리는, 조화로운
꼬오오흐도네

coordonnée [여] 대등한 것
꼬오오흐도네

coordonner [타] 조화시키다
꼬오오흐도네

copain(copine) [명] 친구, 동무, 애인
꼬뼁(꼬삔)

Copenhague [명] [지리] 코펜하겐
꼬뻰하그

copieux(se) [형] 풍부한
꼬삐유(유즈)

copie [여] 사본 ~ certifiée conforme 증명된 사본
꼬삐

copier [타] 복사하다, 베끼다
꼬삐에

copieur(se) [명] 컨닝하는 학생, (맹목적으로) 모방하는 사람
꼬비예흐(예즈)

copilote [명] 부조종사
꼬삘로뜨

copiste [명] ① 서기 ② 모방자

꼬삐스뜨

coproprieté | [여] 공동소유

꼬프호프히에떼

copuler | [자] 교접하다

꼬쀨레

copyright | [남] 저작권 détenir le ~ 저작권을 가지다

꼬삐하이뜨

coq | [남] 수탉

꼬끄

coque | [여] (호두 따위의) 껍질 ~ de noix 호두 껍질; (비유) 작은 배

꼬끄

coquelicot | [남] [식물] 개양귀비

꼬끌리꼬

coqueluche | [여] [의학] 백일해

꼬끌뤼슈

coquet(te) | [형] 요염한

꼬께(께뜨)

coquetterie | [여] 교태, 농락

꼬께뜨히

coquillage | [남] 조개, 식용조개

꼬끼야즈

coquille | [여] 조개껍질

꼬끼유

coquin(e) | [명] 녀석, 놈

꼬깽(꼬낀)

cor | [남] 뿔피리, 각적

꼬흐

corail(aux) | [남] 산호

꼬하유(꼬호)

corbeau(x) | [남] [조류] 까마귀

꼬흐보

corbeille [여] 바구니
꼬흐베유

corde [여] 밧줄; 노끈
꼬흐드

cordial(e, aux) [형] 마음에서 우러난
꼬흐디알(디오)

cordon [남] 끈
꼬흐동

cordonnier(ère) [명] 구두수선공
꼬흐도니에(에흐)

Corée [여] [지리] 한국
꼬헤

coréen(ne) [형] 한국의 [명] (C~) 한국 사람 [남] 한국어
꼬헤엥(엔)

corne [여] 뿔
꼬흐느

cornée [여] 각막
꼬흐네

cornéen(ne) [형] 각막의
꼬흐네엥(엔)

cornet [남] 원뿔 모양의 물건 ~ de glace 아이 스크림콘
꼬흐네

corniche [여] [건축] 코니스 (벽기둥 윗부분에 장식으로 두른 쇠시리 모양의 돌출부)
꼬흐니슈

cornichon [남] [원예] 작은 오이
꼬흐니숑

corollaire [남] ① [논리] 파생명제 ② [수학] (정리의) 계, 따름정리 ③ 당연한 결과, 필연적 귀결
꼬홀레흐

coroner [남] 검시관
꼬호네

corporel(le)
꼬흐뽀헬
[형] 육체를 가진, 유형의, 물질적인; 신체의, 육체의

corps
꼬흐
[남] 몸, 신체; 단체 ~ diplomatique 외교사절단

corpulent(e)
꼬흐퓔렁(렁뜨)
[형] 체격이 좋은, 뚱뚱한, 비만의

corpus
꼬흐쀠스
[남] ① [법, 문학] 자료집; 문집 ② [언어] 자료, 자료체

correct(e)
꼬헥뜨
[형] 정확한

correctement
꼬헥뜨멍
[부] 정확히

correctif(ve)
꼬헥띠프(띠브)
[형] 교정하는
[남] 완화제, 중화제

correction
꼬헥시옹
[여] 수정

corrélation
꼬헬라시옹
[여] 상호연관

corréler
꼬헬레
[타] 서로 관련시키다

correspondance
꼬헤스뽕덩스
[여] 일치, 통신

correspondant(e)
꼬헤스뽕덩(덩뜨)
[형] 일치하는 [명] ① 서신교환자, 펜팔상대 ② (신문, 잡지의) 특파원, 통신원

correspondre
꼬헤스뽕드흐
[자] 일치하다, 부합하다; 해당하다; 관련되다 Cela ne *correspond* à rien. 그것은 아무 것에도 부합하지 않는다

corridor
꼬히도흐
[남] 복도

corriger [타] 고치다, 바로잡다; 수정하다, 정정하다 ~ une erreur de calcul 계산 착오를 시정하다
꼬히제

corroborer [타] 확실하게 하다
꼬호보헤

corroder, se [대명] 부식하다
스꼬호데

corrompre [타] ① 썩게 하다, 부패시키다 ② 타락시키다
꼬홍프흐

corrompu(e) [형] ① 상한, 썩은 ② (비유) 그릇된, 나쁜; 타락한
꼬홍쀠

corrosif(ve) [형] 부식성의
꼬호지프(지브)

corrosion [여] 부식
꼬호지옹

corruption [여] 타락, 부패
꼬휩시옹

corsage [남] 상의, 블라우스
꼬흐자즈

Corse [여] [지리] 코르시카 [형] 코르시카의 C~ [명] 코르시카 사람 [남] 코르시카 사투리
꼬흐스

corsé(e) [형] 향기가 있는, 양념이 진한
꼬흐세

cosaque [형] 카자흐스탄의 [명] 카자흐 스탄 사람
꼬자끄

conseiller [타] (에게) 충고하다
꽁세예

conseiller(ère) [명] 상담역, 고문, 조언자, 충고 자
꽁세예(예흐)

cortège [남] 행렬
꼬흐떼즈

corvée
꼬흐베
[여] 강제 노역; 하기 싫은 일, 고역

cosignataire
꼬시냐떼흐
[명] 연서인

cosmétique
꼬스메띠끄
[형] 화장용의

cosmique
꼬스미끄
[형] 우주의

cosmonaute
꼬스모노뜨
[명] 우주 비행사

cosmopolite
꼬스모뽈리뜨
[형] 세계주의의 [명] 세계인

cosse
꼬스
[여] (콩 따위의) 깍지, 껍질

cossu(e)
꼬쉬
[형] 부유한

Costa Rica
꼬스따 히꺄
[남] [지리] 코스타리카

costume
꼬스뛰
[남] 복장

cote
꼬뜨
[여] 인기도, 평판 ~ de popularité dans les sondages 여론조사 지지도

côte
꼬뜨
[여] 갈비뼈; 언덕; 해안

côté
꼬떼
[남] 옆, 옆구리 à ~ de ... 곁에

coteau(x)
꼬또
[남] 작은 언덕

côtelette
꼬뜰레뜨
[여] 얇게 저민 고기

coter
꼬떼
[타] (자료에) 분류기호를 매기다; (의) 시세[가격]를 매기다, 상장하다

coton
꼬똥
[남] 목화, 면

cou
꾸
[남] (사람, 동물의) 목

couche
꾸슈
[여] (갓난아기의) 기저귀

couché(e)
꾸셰
[형] 누운

coucher
꾸셰
[타] 침대에 눕히다 [자] 성관계를 갖다 [~ avec qn] se ~ [대] (침대에) 눕다, 자다

couchette
꾸셰뜨
[여] 침대차의 칸막이방

coucou
꾸꾸
[남] 뻐꾸기

coude
꾸드
[남] 팔꿈치

coudre
꾸드흐
[타][자] 바느질하다

couler
꿀레
[자] 흐르다

couleur
꿀뢰흐
[여] 색깔 De quelle ~ est-il ? 그것은 무슨 색깔입니까?

coulisse
꿀리스
[여] 무대 뒤

couloir
꿀루아흐
[남] 복도, 낭하, 통로

coup
꾸
[남] 부딪힘, 충격, 타격 ~d'état 쿠데타

coupable
꾸빠블
[형] 유죄의

coupe
꾸쁘
[여] 잔, 술잔; 자르기, 베기

couper
꾸뻬
[타] 자르다, 잘게 썰다 ~ qch en cubes 입방꼴로 자르다

couple
꾸쁠
[남] 부부, 커플

coupon
꾸뽕
[남] 쿠폰

coupure
꾸쀠흐
[여] 벤 상처

cour
꾸흐
[여] ① 안마당, 안뜰 ② 궁궐, 궁정, 왕궁 ③ 재판소, 법원, 법정 ~ martiale 군사 법원 courage [남] 용기 Il faut du ~. 용기가 필요하다

courage
꾸하즈
[남] 용기, 담력

courageux(se)
꾸하죄(죄즈)
[형] 용기 있는 C'était ~ de sa part. 그는 용감했다.

couramment
꾸하멍
[부] 유창하게, 거침없이

courant(e)
꾸헝(헝뜨)
[형] 달리는; (물이) 흐르는, 후르는 듯한, 유창한; 현재의, 지금의; 보통의, 일반적인

courbature
꾸흐바뛰흐
[여] (과로로 인한) 근육통

courbe
꾸흐브
[여] 곡선

courber
꾸흐베
[타] 구부리다

coureur(se)
꾸회흐(회즈)
[명] 달리는 사람[동물]; [운동] 경주자[선수]

courir
꾸히흐
[자] 달리다

couronne
꾸혼
[여] 왕관

couronnement
꾸혼멍
[남] 대관식

couronner
꾸호네
[타] 왕위에 앉히다

courrier
꾸히에
[남] 우편물

courroie
꾸후아
[여] 띠, 끈, 벨트

cours
꾸흐
[남] ① 수업 ② 흐름; (일의) 경과
au ~ de qch ...중에 있는

course
꾸흐스
[여] 뛰기, 달리기; 경기, 경주, 레이스

coursier
꾸흐시에
[남] 안내원, 가이드

court(e)
꾸흐(흐뜨)
[형] 짧은 [남] (테니스) 코트

court-circuit
(courts-circuits)
꾸흐시뀌이
[명] [전기] 누전, 쇼트

courtier(ère)
꾸흐띠에
[명] [상법] 중개인, 브로커, 알선자

courtiser
꾸흐띠제
[타] 구애하다

courtois(e)
꾸흐뚜아(아즈)
[형] ① (중세의) 궁정풍의 ② 예의 바른, 정중한, 상냥한

courtoisement [부] 정중하게
꾸흐뚜아즈멍

courtoisie [여] 공손, 친절
꾸흐뚜아지

courant [남] 흐름
꾸헝

cousin(e) [명] 사촌
꾸젱(꾸진)

coussin [남] 쿠션
꾸셍

coût [남] 비용
꾸

coûtant [형][남] prix ~ 원가
꾸떵

couteau(x) [남] 칼, 나이프
꾸또

coûter [타] 비용이 들다 estimer le coût de qch ...의 비용을 견적하다
꾸떼

coûteux(se) [형] 값비싼
꾸뙤(뙤즈)

coutume [여] 관습 C'est la ~. 그것은 관습이다
꾸뜀

coutumier(ère) [형] 습관적인
꾸뛰미에(에흐)

couture [여] 바느질(하는 방법)
꾸뛰흐

couturier [남] (고급) 여성복 디자이너, 양장점
꾸뛰히에

couturière [여] 양장 재단사, 양재사
꾸뛰히에흐

couvée [여] 한 배의 병아리 새끼; 한 배에

꾸베 품는 알

couvent [남] 수녀원, 수도원
꾸벙

couver [타] (새가) 알을 품다
꾸베

couvercle [남] 뚜껑, 덮개
꾸베흐끌

couvert(e) [형] 덮인; 모자를 쓴; 옷을 입은; 책임을 면한; (날씨가) 흐린
꾸베흐(흐뜨)

couverture [여] 표지
꾸베흐뛰흐

couvre-feu [남] 야간 통행금지
꾸브흐푀

couvrir [타] 덮다 être *couvert* de gloire 영광에 휩싸이다
꾸브히흐

cowboy [남] 카우보이
까오보유

crabe [남] [동물] 게
크하브

cracher [자] 침 뱉다 [타] 뱉다
크하셰

crachin [남] 안개비, 는개, 이슬비
크하셍

cracker [남] 크래커
크하께흐

craie [여] 분필
크헤

craindre [타] 두려워하다
크헹드흐

crainte [여] 두려움
크헹뜨

craintif(ve) [형] 겁이 많은, 두려워하는
크헹띠프(띠브)

cramoisi(e) [형] 진홍빛[색]의
크하무아지

crampe [여] 꺾쇠, 경련
크헝쁘

cramponner [타] 꺾쇠로 고정시키다, 고리못을 박다; (비유) 억지로 붙잡다
크헝뽀네

cran [남] (무엇을 걸거나 고정시키기 위한) 홈
크헝

crâne [남] 두개골
크한

crâner [자] 용감한 척하다
크하네

crapule [여] (집합적) 방탕한 사람들
크하쀨

craquelure [여] (그림, 도자기에 생기는 니스, 유약의) 금, 균열
크하끌뤼흐

craquement [남] 삐걱거림
크하끄멍

craquer [자] ① 삐거덕하는 소리를 내다 ② (비유)갑자기 찢어지다[뜯어 지다],③(욕망, 욕구에) 굴복하다, 꺾이다
크하께

crasse [여] 때; 천한 신분
크하스

crasseux(se) [형] 때가 낀; 비열한
크하쇠(쇠즈)

cratère [남] 분화구
크하떼흐

cravate [여] 넥타이
크하바뜨

crawl
크홀
[남] 크롤

crayon
크헤용
[남] 연필

créancier(ère)
크헤엉시에(에흐)
[명] 채권자

créateur(trice)
크헤아뙤흐(트히스)
[명] 창조자

créatif(ve)
크헤아띠프(띠브)
[형] 창조적인

création
크헤아시옹
[여] ① [종교] 창조, 개벽 ~ de l'univers 우주 창조 la C~ 천지 창조 ② (인간에 의한) 창조, 창작, 발명; 창출 ~ d'emplois 일자리 창출

créativité
크헤아띠비떼
[여] 창조성

créature
크헤아뛰흐
[여] 피조물

crèche
크헤슈
[여] 탁아소 ~ d'entreprise 직장 내 탁아소

crédibilité
크헤디빌리떼
[여] 신빙성

crédible
크헤디블
[형] 신빙성 있는

crédit
크헤디
[남] 신용 vivre de ~s 대출로 살다

crédit-bail
크헤디바유
[남] 임대차 (당사자의 일방(임대인) 이 상대방(임차인)에게 목적물을 사용 · 수익할 수 있게 하고, 상대방이 그 대가로서 차임을 지급할 것을 약정함으로써 성립하는 계약)

crécriter
크헤디떼
[타] 공을 인정하다 On peut le ~ d'une bonne gestion. 그가 업무를 잘했다고 인정할 수 있다

crédule
크헤뒬
[형] 속기 쉬운

crédulité
크헤뒬리떼
[여] 믿기 쉬움

créer
크헤에
[타] ① [종교] 창조하다 Dieu créa le ciel et la terre. 하나님이 천지를 창조하셨다 ② (없던 것을) 만들어내다; 창안[고안, 발명]하다, 창작하다 ~ une théorie 이론을 세우다 ~ un style 스타일을 창안
하다

crémaillère
크헤마예흐
[여] (벽난로용) 남비걸이

crémation
크헤마시옹
[여] 화장, 소각

crématoire
크헤마뚜아흐
[남] 화장터

crématorium
크헤마또히엄
[남] 화장터

crème
크헴
[여] 크림 ~ solaire 선크림

crémerie
크헤므히
[여] 유제품 판매점

crémeux(se)
크헤뫼(뫼즈)
[형] 크림의

crêpe
크헤쁘
[여] 크레이프

crêperie [여] 크레이프 빵가게
크헤프히

crépuscule [남] 석양, 땅거미, 황혼
크헤쀠스뀔

crescendo [부] [음악] ① 점점 세게 ② (비유) 점점 더 강하게[많이, 심하게]
크헤셴도
[남] (불변) ① [음악] 크 레센도(점점 세게 연주하라는 악상 부호 ② 고조, 점증, 증폭 ~ de douleur 고통 의 격화

cresson [남] [식물] (잎이 매운 샐러드용의) 물냉이, 양갓냉이, 크레송
크헤송

crête [여] (닭의) 볏; (산의) 능선; (그래프상의) 최고치
크헤뜨

Crète [여] [지리] 크레타 섬
크헤뜨

creuser [타] 파다; 깊이 연구하다
크회제

creux(se) [형] 움푹한; 속이 빈
크회(회즈)

crevaison [여] 터짐, 파열
크흐베종

crevasse [여] 금, 균열
크흐바스

crever [타] 터뜨리다
크흐베

crevette [여] 작은 새우
크흐베뜨

cri [남] 외침
크히

criant(e) [형] 외치는, 고함치는; (빛깔 따위가) 눈에 거슬리는 요란한
크히엉(엉뜨)

crible
크히블
[남] 체

cribler
크히블레
[타] 체로 치다[거르다]

cric
크히끄
[남] (무거운 짐 따위를 들어올리는) 잭

crier
크히에
[자] 고함치다

crime
크힘
[남] 범죄 C'est un ~ de gaspiller la nourriture. 음식을 낭비하는 것은 죄다

criminel(le)
크히미넬
[형] 범죄의 [명] 범죄자

criminologie
크히미놀로지
[여] 범죄학

crise
크히즈
[여] 위기

crisper
크히스뻬
[타] 수축시키다, 오그라들게 하다

crisser
크히세
[자] 이를 갈다

cristal
크히스딸
[남] 수정

cristalliser
크히스딸리제
[타] 결정시키다

critère
크히떼흐
[남] 표준, 기준; 조건 ~ de sélection des candidats 후보자 선정 조건

critique
크히띠끄
[형] 비평의 [여] 비평 Le film a été acclamé par la ~. 그 영화는 비평가들의 극찬을 받았다 [명]

비평가 ~ de culture populaire 대중문화평론가 ~ de théâtre 연극평론가 ~ littéraire 문학평론가

critiquer
크히띠께
[타] 비평하다, 비판하다

Croatie
크호아씨
[여] [지리] 크로아티아

crochet
크호셰
[남] (작은) 갈고리, 후크

croc
크호
[남] (짐승의) 송곳니, 이빨 [농업] 괭이, 쇠스랑

croche
크호슈
[여] [음악] 8 분음표

crochet
크호셰
[남] (작은) 갈고리, 훅

crochu(e)
크호쉬
[형] 갈고리 모양으로 굽은

crocodile
크호꼬딜
[남] [동물] 악어 verser des larmes de ~s 거짓 눈물을 흘리다

croire
크후아흐
[타] ① 믿다, 생각하다 [자] ...의 존재를 믿다 (+ à), 신앙을 가지다 (+ en)

croisade
크후아자드
[여] [역사] 십자군

croisement
크후아즈멍
[남] 교차시키기, 교차하기

croiser
크후아제
[타] 교차시키다

croissance
크후아성스
[여] 성장 ~ économique 경제성장

croissant
크후아성
[남] 초승달

croître [자] 자라다; 늘다
크후아트흐

croix [여] 십자가
크후아

croque-monsieur [남] (복수불변) 크로크므시외 (햄 샌드위치에 치즈를 얹어 구운 것)
크호끄므시유

croquer [타] 깨물어 먹다
크호께

croquet [남] 크로케
크호께

croquis [남] 크로키, 약화
크호끼

crouler [자] 쓰러지다, 무너지다
크훌레

croupier [남] 금전책임자
크후삐에

croustillant(e) [형] (과자 따위가) 바삭바삭한
크후스띠영(영뜨)

croûte [여] 빵껍질, 빵 부스러기
크후뜨

croûton [남] ① (바게트 따위의) 긴 빵의 양 끝; 굳은 빵 덩어리 ② [복] [요리] 크루통 (작은 빵조각을 버터나 기름에 튀긴 것)
크후똥

croyable [형] (사물이) 믿을 만한
크후아야블

croyance [여] 믿음, 확신
크후아영스

cru(e) [형] 날것의
크휘

cruauté [여] 잔인성, 잔혹성
크휘오떼

crucial(e, aux) 크휘시알(시오)	[형] 중대한 question ~e 중대한 문제
cruche 크휘슈	[여] (손잡이가 달린) 항아리, 단지
crucifier 크휘시피에	[타] 십자가에 못박다
crucifix 크휘시피	[남] 그리스도 수난상
crucifixion 크휘시픽시옹	[여] 십자가에 못박음
crudité 크휘디떼	[여] (복수) 생채소[과일]
cruel(le) 크휘엘	[형] 잔인한
cruellement 크휘엘멍	[형] 잔인하게
crustacés 크휘스타세	[남][복] [동물] 갑각류
crypte 크힙뜨	[여] 토굴, 지하실
Cuba 꾸바	[남] [지리] 쿠바
cube 뀌브	[남] 정육면체, 입방체
cubique 뀌비끄	[형] 입방의
cubisme 뀌비슴	[남] 입체파
cubiste 뀌비스뜨	[형] 입체파의
cueillir 꾀이흐	[타] 따다; 뜯다

cuiller/cuillère [여] 순가락, 스푼
뀌이예흐

cuillerée [여] 한 순가락의 불량
뀌유헤

cuir [남] 가죽, 피혁
뀌이흐

cuire [타] (음식물을) 익히다, 삶다, 굽다
뀌이흐 ~ de la viande à feu vif 고기를 강한 불로 익히다 [굽다]

cuisine [여] 부엌; 요리
뀌이진

cuisinier(ère) [명] 요리사
뀌이지니에(에흐)

cuisinière [여] 요리용 화덕
뀌이지니에흐

cuisse [여] 넓적다리
뀌이스

cuisson [여] (요리를) 익히기, 삶기, 굽기
뀌이송

cuit(e) [형] (음식이) 익힌, 삶은, 구운 viande ~e à point[bien ~e, trop ~e] 적당히[잘, 너무] 익힌 고기
뀌이(이뜨)

cuivre [남] 구리, 동
뀌이브흐

cul [남] (구어) (사람의) 엉덩이
뀌

culbute [여] 재주넘기
뀔뷔뜨

culbuter [자] 곤두박질하다, 전복되다
뀔뷔떼

cul-de-sac [남] ① 막다른 길 [골목] ② 출

C-c

(culs-de-sac) 꿔드사끄 — 구가 없는 장소 ③ [구어] 장래성이 없는 직업[사업], 막다른 처지, 궁지

culinaire 뀔리네흐 — [형] 요리의

culot 뀔로 — [남] (구어) 대담성

culotte 뀔로뜨 — [여] 짧은 바지; (여자의) 속바지

culpabilité 뀔빠빌리떼 — [여] 유죄(성)

culte 뀔뜨 — [남] 컬트, 숭배 film-~ 컬트영화

culture 뀔뛰흐 — [여] 문화 ~ qui vient de la rue 거리문화

cultivateur(trice) 뀔띠바뙤흐(트히스) — [명] 경작자, 농부

cultivé(e) 뀔띠베 — [형] 경작된; 교양 있는

cultiver 뀔띠베 — [타] 재배하다, 양성하다 ~ de bonnes relations 좋은 관계를 만들어나가다

culture 뀔뛰흐 — [여] 경작, 농업; 문화

culturel(le) 뀔뛰헬 — [형] 문화의

culturellement 뀔뛰헬멍 — [부] 문화적으로

cumulatif(ve) 뀌뮐라띠프(띠브) — [형] 누적하는

cumuler 뀌뮐레 — [타] 겸하다; 겸임하다

cupide
ꀌ삐드
[형] (문어) (재물을) 탐내는, 욕심 많은

Cupidon
ꀌ삐동
[남] [로마신화] 큐피드 (연애의 신)

cure
뀌흐
[여] [의학] 치료(법)

curé
뀌헤
[남] 주임신부[사제]

cure-dent
뀌흐덩
[남] 이쑤시개

curer
뀌헤
[타] (하천, 하수구 따위를) 준설히 하다, 청소하다

curieux(se)
뀌히유(유즈)
[형] 호기심 있는

curiosité
뀌히오지떼
[여] 호기심 par ~ 호기심에서

curriculum vitae
뀌히뀔럼비떼
[남] 이력서

curry
뀌히
[남] [요리] 카레 ~ de poulet 치킨 카레

curseur
뀌흐쐬흐
[남] 커서

cuve
뀌브
[여] 양조통, 발효통

cuvée
뀌베
[여] 통 하나의 분량

cuvette
뀌베뜨
[여] 대야, 양푼; 세면대; (수세식 변소의) 변기

cyanure
씨아뉘흐
[남] [화학] 시안화불, 청화불 ~ de potassium 시안화칼륨, 청산가리

cyberbilletterie [여] [정보] 인터넷 상에서 이루
시베흐비예뜨히 어지는 예약과 매표

cyberboutique [여] 인터넷쇼핑몰
시베흐부띠끄

cybercafé [남] 넷카페, PC 방
시베흐꺄페

cybercriminalité [여] 사이버범죄
시베흐크히미날리떼

cyberdépendance [여] 인터넷중독
시베흐데뻥덩스

cybernétique [여] 사이버네틱스 (생물 및 기계
시베흐네띠끄 를 포함하는 계에서 제어와 통신
문제를 종합적으로 연구하는 학문)

cybersécurité [여] 사이버보안
시베흐세뀌히떼

cycle [남] 순환, 주기
시끌

cyclique [형] 순환의, 주기적인
시끌리끄

cyclisme [남] 사이클링
시끌리슴

cycliste [형] 자전거의 [명] 사이클선수
시끌리스뜨

cyclo-cross [남] 크로스컨트리 자전거 경주
시끌로크호스

cyclone [남] 사이클론
씨끌론

cygne [남] [조류] 백조
시뉴

cylindre [남] 원주
실렝드흐

cylindrée [여] [기하] 원기둥의 부피

실렝드헤

cylindrique [형] 원통의
실렝드히끄

cymbale [여] 심벌즈
생발

cynique [형] 견유학파의 [명] 견유학자
시니끄

cynisme [남] 견유주의
시니슴

cyprès [남] 실편백
시프헤

cyrillique [형] 키릴 문자의 alphabet ~ 키릴 자모
시힐리끄

D - d

D, d
데
[남] 불어 자모의 넷째 글자

dactylo
닥띨로
[명] 타이피스트

dactylographier
닥띨로그하피에
[타] 타자기로 치다

dada
다다
[남] (어린애말) 말(동물)

daigner
데녜
[타] …해 주다

daim
뎅
[남] (흰 반점이 있는) 사슴의 일종

dalle
달
[여] ① 포석, 타일; (대리석 유리 따위의) 관 ~ de ciment 시멘트 포석 ~ de marbre 대리석의 판석 ~ funèbre[funéraire, tumulaire] 무덤의 평석 ② (구어) 목구멍 (=gorge) ③ (생선을 썬) 토막 avoir la ~ (구어) 배고프다 (=avoir faim) avoir la ~ en pente (구어) 술꾼이다 rincer la ~ à qn (구어)...에게 술을 먹이다 se rincer[se mouiller] la ~ (구어) 한잔 마시다 (=boire)

daltonien(ne)
달또니엥
[형] [의학] 색맹(증)의 [명] 색맹자

damas
다마
[남] 다마스크 천

dame
담
[여] ① 부인, 여성 (femme 보다 정중한 표현) manteau de ~ 부인용 외투 coiffeur pour ~s 미용사 Qui est cette vieille ~ ? 저 노부 인은 누구신가요? D~s “부인용 (화장실)” ② (구어) 부인, 아내 (=épouse, fem-me) [법] 부인

damnation
담나씨옹
[여] 저주, 욕설

damné(e)
다네
[형] 저주받은

damner
다네
[타] 지옥에 떨어뜨리다, 영벌에 처하다

dancing
덩싱
[남] [영] (옛) 댄스 홀

Danemark
단마흐크
[남] [지리] 덴마크

danger
덩제
[남] ① 위험 (=péril, risque) courir un ~ 위험을 무릅쓰다 éviter[fuir] un ~ 위험을 피하다 signal de ~ 위험신호 Attention, ~ ! 주의하시오, 위험합니다! [~ + 무관사명사] ~ de mort[chute] 죽음[추락]의 위험 ~s de hausse des prix 물가가 오를 위험성 [~ que + sub] Le ~ qu'il se produise un accident est très faible. 사고가 발생할 위험성은 매우 적다 ② (이) 미치는 휘험, 악영향 [~ de qch] ~ de la guerre 전쟁이 미치는 위험 ~ du tabac 담배의 해독 ③ 염려, 우려 année de

tous les ~s 모든 면에서 염려스러운 해 ④ (흔히 복수) [해양] (위험한) 표류물, 암초 bouées indiquant les ~s à éviter 피해야 할 암초를 표시하는 부표 ~ public 여러 사람에게 위험한[해를 끼치는] 사람 en ~ 위험한 상태의 être en ~ 위태롭다 mettre qn en ~ ...을 위 태롭게 하다 mettre en ~ les intérêts de qn ...의 이익을 해치다 hors de ~ 위험을 벗어난 Il y a du[quelque] ~ à + inf. ...하는 것은 위험하다 Il y a du ~ à passer par là. 그 쪽으로 지나가면 위험하다

dangereux(se) 덩즈회(회즈) [형] 위험한

dangereusement 덩즈회즈멍 [부] 위험하게

danois 다누아 [형] 덴마크의 [명] (D~) 덴마크인

dans 덩 [전] ① (장소) ...의 안[속]에(서) être ~ la maison 집 안에 있다 enfouir qch ~ la terre ...을 땅 속에 묻다 habiter ~ la ville 시내에 거주하다 jouer ~ la cour 뜰에서 놀다 voler ~ l'air 공중을 날다 (방향) ...의 (안)으로 ~ tous les sens 사방으로 entrer ~ la chambre 방으로 들어가다 aller ~ un café 카페에 들어가다 sortir ~ la rue 거리로 나가다 (출처) ...에서 lire qch ~

un livre ...을 책에서 읽다 découper un article ~ un journal 신문 에서 기사를 오려내다 prendre un bonbon ~ un sac 봉지에서 사탕 을 꺼내다 Je l'ai lu ~ (l'oeuvre de) Gide. 나는 지드 작품에서 그것 을 읽었다 (범위)...의 안쪽에 ~ un rayon de cinq kilomètres 반경 5 킬로미터 내에 (경과) ...을 지나(면) On arrivera au village ~ quatre kilomètres. 4 킬로미터만 더 가면 마을 에 도착할 것이다 [~ + 신체 부위 명사] mettre une fleur ~ ses cheveux 머리에 꽃을 꽂다 recevoir un coup de pied ~ les fesses 엉덩이를 걷어차이다 serrrer qn ~ ses bras ...을 포옹하다 Il y avait de la tristesse ~ son regard. 그의 시선에는 슬픈 기색이 감돌고 있었다 [~ + 교통기관명사] monter ~ une voiture[le train] 승용차[기차] 에 올라타다 ② (시간) ...(동안)에 (=au cours de, lors de) ~ la suite 그 후에 ~ mon enfance 내가 어렸을 때 ..., 이내에[안으로] ~ l'année[la semaine] 연[주]내로 ~ la matinée 오전 중으로 ~ les cinq jours 닷새 내에 ③ (소속, 포함, 직업) ...에 entrer ~ une famille 가족의 일원이 되다 entrer ~ un complot 음모에 가담하다 jouer ~ un orchestre 관현악 단에서 연주하

다 être ~ mon pouvoir 내 권한 내에 있다 entrer ~ l'enseignement 교직에 몸을 담다 être ~ le commerce 상업에 종사하다 faire ~ les draps 포목장사를 하다

danse 덩스 [여] 춤

danser 덩세 [자] 춤추다

danseur(se) 덩쇠흐(쇠즈) [명] 댄서, 무용가

Dard 다흐 [남] 투창

Date 다뜨 [여] ① 날짜, 연월일 ~ d'un contrat 계약 (서) 날짜 ~ de naissance 생년월일 lettre qui porte la ~ d'une réunion 모임의 날짜를 정하다 Quelle ~ avons-nous aujourd'hui ?; Quelle ~ est-ce aujourd'hui ? 오늘은 며칠입 니까? ② 시기, 연대, 시대 (=époque) être de la même ~ 같은 시기에 속 하다 La ~ de cette couche géologique est très ancienne. 이 지층은 아주 오래 전에 형성된 것이다 ③ (중요한) 사건 C'est une ~ importante de l'histoire du pays. 그것은 그 나라 역사상 아주 중요한 사건이다 ④ 시일, 기한 (=terme, échéance) ~ limite de remise de dossiers 서류 제출 기한 ~ de vente (상품의)

판매 기 한 ~ de valeur 유효 기한 ~ butoir d'un ultimatum 최후 통첩의 최종 시한 à ~(s) fixe(s) 정해진 날짜에; 규칙적으로 (=réguli èrement) à la[en] ~ du ...날짜의 à longue[courte] ~ 장기[단기]의 de ~ fraîche[récente]; de nou-velle ~ 최근의 de lon-gue[vieille] ~ 오래 전부터(의) en ~ de ...에서 부친

Dater
다떼

[타] ① (편지, 문서 따위에) 날짜를 쓰다 ~ une lettre 편지에 날짜를 쓰다 [~ de] ~ un contrat du 4 mai 계약서에 5 월 4 일의 날짜 를 쓰다 ② (사건, 작품 따위의) 연대를 추정[결 정]하다 ~ un tableau 그림의 연대를 추정하다 [~de] ~ le crâne de 2 millions d'années 두개골의 연대를 200 만 년 전의 것으로 추정하다 [자] ① [~de] (부터) 시작하다, (에) 일어나다, 나타나다; (로) 거슬러 올라가다 (=re-monter) ouvrage qui date de 1950[de vingt ans; d'il y a vingt ans) 1950 년[20 년 전]의 작품 ② [~ dans] 획을 긋다 (=faire date) événement qui *dat*e dans l'histoire 역사상 획기적인 사건 ③ 시대에 뒤떨어지다, 구식이다 robe qui *date* 유행 에 뒤진 옷 à ~ de ...부터 (=à partir de) à ~ d'aujourd'hui[de ce jour] 오늘부터 Cela ne date pas d'hier.

그것은 어제오늘의 일이 아니다 ~ de loin 오래전 으로 거슬러 올라간다 se ~ [대] 날짜를 써넣다 Une lettre *se date* toujours. 편지에는 날짜를 써야 한다

datte 다뜨 [여] 대추야자

dauphin 도펭 [남] [동물] 돌고래

davantage 다벙따즈 [부] ① (동사를 수식하여) 더 많이, 더 한층 (=plus) Je l'aime ~. 나는 그를 더 좋아한다 Elle a ~ travaillé. 그녀는 더 많이 일했다 Il n'en sait pas ~. 그는 그것에 대해 더이상 모른다 ② 더 오래 (=plus longtemps) Je ne puis rester ~. 더 오래 머무를 수가 없습니다 Il faudra attendre dix ans ou ~. 10 년 또는 그 이상을 기다려 야 할 것이다

de [전] ① (소유, 소속) ...의, ...에 속한 les livres ~ Pierre 피에르의 책 le fils ~ Sylvie 실비의 아들 la fenêtre de la maison 집의 창문 ② (출발, 이탈) ...부터, ...에서 venir ~ l'école 학교에서 오다 de-scendre ~ la voiture 차에서 내리다 sortir de chez soi 자기 집에서 나가다 l'a-vion ~ Paris 파리발 비행 기 (파리행 비행기의 뜻도 됨) ~ Séoul (jusqu'à) Busan 서울에서 부산까지 D'où est-ce tu viens ? 어디서 오는

길이니? (시간) ...부터 *du* matin au soir 아침부터 저녁까지, 하루종일 *du* 4 jusqu'à 15 de ce mois 이달 4 일부터 15 일까지 *d'*ici à jeudi 지금 부터 목요일 까지 ③ (출신, 기원) (출신) ...출신의 un jeune ~ bonne famille 좋은 집안 출신의 젊은이 D'où êtes-vous ? - De Marseille. 어디 출신이십 니까? - 마르세유 출신입니다. ④ (원인, 동기) ... 때문에, ...해서 du fait ~ qch ... 때문에 inquiet~ qch ...로 불 안해하는 être puni ~ son retard 지각해서 벌을 받다

dé
데
[남] 골무; 주사위

déambuler
데엉뷜레
[자] 산책하다, 거닐다

débâcle
데바끌
[여] 붕괴

déballer
데발레
[타] (상자, 궤짝 따위의) 짐[물건]을 풀다, 끄집어내다

débarquer
데바흐께
[타] 뱃짐을 풀다; 상륙시키다

débarras
데바하
[남] (잡동사니를 치워 두는) 방, 광, 다락방

débarrasser
데바하세
[타] ...으로부터 거치장스러운 것을 없애다

débat
데바
[남] 토론 ~télévisé entre les candidats 후보간 텔레비전 토론

débattre
[타] 토론하다 ~ un problème avec

데바트흐	qn 어떤 문제에 대하여 ...와 토론하다
débauche 데보슈	[여] 방탕
débaucher 데보셰	[타] (직공을) 직무에서 이탈시키다, 파업시키다
débile 데빌	[형] 허약한, 발육이 좋지 않은
débilitant(e) 데빌리떵(떵뜨)	[형] 쇠약하게 하는
débit 데비	[남] ① 소매; 판매량 ② 말솜씨, 어조 ~ monotone[rapide] 단조로운[빠른] 어조 ③ [회계] 차변
débiter 데비떼	[타] 인출하다
débiteur(trice) 데비뙤흐(트히스)	[명] 채무자
déblayer 데블레예	[타] (장소를) 치우다
débloquer 데블로께	[타] 동결[제한, 통제]을 해제하다
déboguer 데보게	[타] 잘못을 찾아 고치다, 해충을 없애다
déboire 데부아흐	[남] (비유, 문어) 좌절감, 환멸
déboîter 데부아떼	[타] (박히거나 고정된 것을) 빼내다
débonnaire 데보네흐	[형] 유순한
débordé(e) 데보흐데	[형] 넘치는

débordement 데보흐드멍 — [남] 넘침; 범람

déborder 데보흐데 — [자] (하천 따위가) 넘치다, 범람하다

débouché 데부셰 — [남] 출구; 방편; 판로

déboucher 데부셰 — [타] 마개를 뽑다, 막힌 것을 뚫다

debout 드부 — [부] (사물이) 세워진; (사람이) 서있는 상태로

déboutonner 데부또네 — [타] (의) 단추를 끄르다

débraillé(e) 데브하예 — [형] 옷차림이 단정치 않은

débrancher 데브헝셰 — [타] [철도] (차량을) 분리하여 측선에 배치하다; [전기] 접속을 끊다,전원을 차단하다

débrayer 데브헤예 — [타] [기계] (의) 연동장치[클러치]를 분리시키다

débris 데브히 — [남] (흔히 복수) (깨진, 부서진) 파편, 조각

débrouillard(e) 데부후야흐(흐드) — [형][명] (구어) 곤경을 잘 벗어나는[능수능란한, 영악한] (사람)

débrouiller, se 데브후예 — [대] (구어) 요령있게 행동[처리]하다

début 데뷔 — [남] ① 시작, 시초, 발단 au ~ de qch ... 의 초기에 ② (흔히 복수) 데뷔, 첫 진출 faire ses ~s comme qch ...로 데뷔하다

débutant(e) 데뷔떵(떵뜨) — [형] 시작하는, 첫발을 내딛는 [명] 신인, 신진; 초심자, 입문자

débuter [자] (에) 첫발을 내딛다, 진출하다; (배우, 작가 따위가) 데뷔하다
데뷔떼

deçà ~ (et) delà 여기저기, 이리저리
드사

décadent(e) [형] ① 쇠퇴하는, 몰락하는 ② 퇴폐적인
데까덩(덩뜨)

décaféiné(e) [형] 카페인을 제거한
데꺄페이네

décalage [남] 어긋남 ~ horaire 시차
데꺌라즈

décalitre [남][복] 데카리터
데꺌리트흐

décamètre [남] 데카미터
데꺄메트흐

décamper [자] (구어) 물러가다, 도주하다
데껑뻬

décanter [타] 옮기다
데껑떼

décapiter [타] (의) 목을 자르다, 참수하다
데꺄삐떼

décathlon [남] 10 종 경기
데꺄뜰롱

décédé(e) [형] 사망한
데세데

décéder [자] 사망하다
데세데

déceler [타] 알아내다, 간파하다
데슬레

décembre [남] 12 월
데성브흐

décence [여] 체면, 품위

데성스

décennie [여] 10 년
데세니

décent(e) [형] 단정한, 점잖은
데성(성뜨)

décentraliser [타] 분산시키다
데성트할리제

décerner [타] (상, 증서 따위를) 수여하다
데세흐네

décès [남] 사망, 죽음
데세

décevoir [타] 실망시키다
데스부아흐

déchaîner [타] (폭풍우 따위의) 맹위를 떨치게 하다
데셰네

déchant [남] 논평
데샹

décharge [여] 부담을 덜기
데샤흐주

décharger [타] 덜어주다
데샤흐제

déchet [남] 폐기물 ~ toxique 유독성 폐기물 ~s radioactifs 방사선 폐기물 ~s nucléaires 핵폐기물
데셰

déchiffrement [남] 해독, 번역
데시프흐멍

déchiffrer [타] 해독하다
데시프헤

déchiqueter [타] 잘게 찢다
데시끄떼

déchirant(e) [형] 가슴을 찢는 듯한, 비통한, 애

데시형(형뜨) 절한

déchirer [타] 찢다
데시헤

D-d

déchirure [여] 찢어진 부분; 찢어진[긁힌] 상처; (비유) 마음의 고통[상처]; (비유) 갈라진[깨진] 틈
데시휘흐

décibel [남] 데시벨 (음의 강도의 단위 ([약] dB))
데시벨

décidé(e) [형] 결정된
데시데

décidément [부] 이거 원! 도대체!; 정말이지, 확실히; 요컨대, 결국
데시데멍

décider [타] 결정하다 ~ de + inf. ...을 하기로 결심하다
데시데

décigramme [남] 데시그램
데시그함

décilitre [남] 데시리터
데실리트흐

décimale [여] 소수 calculer à deux ~s 소수점 2자리까지 계산하다
데시말

décimer [타] 많은 사람을 죽이다
데시메

décimètre [남] 데시미터
데시메트흐

décisif(ve) [형] 결정적인
데시지프(지브)

décision [여] 결정, 판결
데시지옹

déclaration [여] 선언 la D~ d'indé-pendance des Etats-Unis d'Amérique 미국
데끌라하시옹

데꾸뻬 | 다

découragement [남] 낙담
데꾸하즈멍

décourager [타] 낙담시키다
데꾸하제

décousu(e) [형] (꿰맨 것이) 뜯어진
데꾸쥐

découvert(e) [형] 발견된, 밝혀진
데꾸베흐(흐뜨)

découverte [여] 발견
데꾸베흐뜨

découvrir [타] 발견하다
데꾸브히흐

décrasser [타] (의) 때를 벗기다
데크하세

décrépit(e) [형] 노쇠한
데크헤삐(삐뜨)

décret [남] 법령
데크헤

décrier [타] (문어) 헐뜯다
데크히에

décrire [타] 묘사하다
데크히흐

décrocher [타] (고리, 못 따위에서) 벗기다, 떼어내다; (수화기를) 들다
데크호셰

décroître [자] 줄어들다, 감소하다
데크후아트흐

déçu(e) [형] 실망한, 환멸을 느낀 ~ de l'indifférence de qn ...의 무관심에 실망한 Je suis ~ de le voir faire aucun cas de ma demande. 그가 내
데쉬

요구를 무시하는 것을 보고 실망했다

dédaigner
데데녜
[타] 경멸하다

dédaigneux(se)
데데뉴(뉴즈)
[형] 경멸적인

dédain
데뎅
[남] 멸시

dedans
드덩
[부] 안에(서), 안으로

dédicacer
데디까세
[타] (저서 따위를) 헌정하다

dédier
데디에
[타] (예배당을) 헌납하다; (저서 따위를 권두에 헌사를 써서) 헌정하다; (노력 따위를) (에) 바치다

dédommager
데도마제
[타] (손해를) 배상[변상, 보상]하다 [~ qn de/pour qch]

dédoubler
데두블레
[타] (두 겹[줄]짜리를) 한겹[줄]으로 하다

déductible
데뒥띠블
[형] 공제할 수 있는

déduction
데뒥시옹
[여] 공제, 삭감

déduire
데뒤이흐
[타] ① 공제하다 ② 추론하다

défaillance
데파영스
[여] (기력, 체력의) 약화, 쇠약

défaillir
데파이흐
[자] 기절하다, 실신하다

défaire
데페흐
[타] 해체하다, 부수다

défait(e) [형] 해체된, 부서진
데페(페뜨)

défaite [여] 패배 essuyer une ~ 패배를 겪다
데페뜨

défaitiste [형] 패배주의의 [명] 패배주의자
데페띠스뜨

défaut [남] 결점, 결함
데포

défavoriser [타] 불리하게 하다
데파보히제

défection [여] 탈당, 탈퇴
데펙시옹

défectueux(se) [형] 결점이 있는
데펙뛰유(유즈)

défendeur(eresse) [명] [법] (민사 소송의) 피고 인
데펑되흐(드헤스)

défendre [타] 지키다, 방위하다, 보호하다
데펑드흐

défense [여] 방어 Je dois dire pour ma propre ~. 나는 나 자신을 방어하기 위하여 말해야 한다
데펑스

défenseur [남] 방어자
데펑쇠흐

défensif(ve) [형] 방어적인, 수비의
데펑시프(시브)

déférence [여] 복종, 존경
데페헝스

déférent(e) [형] 공손한
데페헝(헝뜨)

défi [남] 도전 relever le ~ 도전과제를 해결하다
데피

défiance 데피엉스	[여] 의심, 불신, 경계심
défiant(e) 데피엉(엉뜨)	[형] 의심[불신, 경계]하는
déficient(e) 데피시엉(엉뜨)	[형] 부족한
déficit 데피시뜨	[남] 부족, 결손
défier 데피에	[타] 도전하다; ...하지 못하리라고 생각하다; 두려워하지 않다, 무릅쓰다
défigurer 데피귀헤	[타] 외관을 손상하다
défilé 데필레	[남] ① 분열 행진; 종대 행진 ② (사람, 차량 따위의) 행렬 ~ de mode 패션쇼
défiler 데필레	[타] (실로 엮은 것을) 풀다 [자] 열을 지어 행진하다
définir 데피니흐	[타] 정의하다
définitif(ve) 데피니띠프(띠브)	[형] 한정적인
définition 데피니시옹	[여] 정의
définitivement 데피니띠브멍	[부] 한정적으로
déflation 데플라시옹	[여] 수축, 디플레이션
déflationniste 데플라시오니스뜨	[형] 통화 수축의
défléchir	[타] 비끼다

데플레쉬흐

déflexion [여] 빗나감
데플렉시옹

défoncer [타] (통 따위의) 밑바닥을 빼다
데퐁세

déformer [타] 추하게 하다, 볼품없게 하다
데포흐메

défraîchi(e) [형] 신선함을 잃은; 시들은; 색이 바랜
데프헤시

défrayer [타] (에게) (의) 비용을 지불해주다 [~ qn de qch]
데프헤예

défunt(e) [형] 죽은 (문어) 사망한, 작고한
데펭(펭뜨)

dégagé(e) [형] (에서) 해방된, 벗어난, (이) 없는 [~ de]
데가제

dégagement [남] (저당물 따위를) 되찾기; (장애물의) 제거, 청소
데가즈멍

dégager [타] (저당물 따위를) 되찾다; (책임, 의무 따위를) 면하게 해주다
데가제

dégât [남] (흔히 복수) 피해, 손해
데가

dégel [남] 해빙
데젤

dégeler [타] (얼었던 것을) 녹이다
데즐레

dégénéré(e) [형] 타락한 [명] 타락자
데제네헤

dégénérer [자] 타락하다
데제네헤

dégénérescence [여] 타락
데제네헤성스

D-d

dégingandé(e)
데젱겅데
[형] 키가 홀쭉한, (거동, 동작이) 휘청거리는, 어설픈

dégonfler
데공플레
[타] 공기[가스]를 빼다, 수축시키다

dégourdi(e)
데구흐디
[형] 마비된 것이 풀린; 날렵한, 능숙한

dégourdir
데구흐디흐
[타] 마비된 것을 풀리게 하다; (비유) 수줍음, 어색함을 풀어주다

dégoût
데구
[남] 혐오감

dégoûtant(e)
데구떵(떵뜨)
[형] ① 몹시 불쾌한, 역겨운 odeur ~e 역겨운 냄새

dégoûté(e)
데구떼
[형] 곧장 싫증을 내는, 까다로운

dégoûter
데구떼
[타] 역겹게 하다

dégoutter
데구떼
[자] (물, 액체가) 방울져 떨어지다

dégradation
데그하다시옹
[여] 좌천, 파면

dégradant(e)
데그하덩(덩뜨)
[형] 품위를 떨어뜨리는

dégrader
데그하데
[타] 좌천시키다

degré
드그헤
[남] 도 10 ~s de latitude 위도 10 도

dégueulasse
데괼라스
[형] (구어) 더러운, 구역질나는, 불쾌한

déguisement
데기즈멍
[남] 변장

déguiser, se 스데기제	[대명] 변장하다 se ~ en qn ...로 변장하다
dégustation 데귀스따시옹	[여] 시음 ~ du vin 와인 시음
déguster 데귀스떼	[타] (술 따위의) 맛을 보다, 시음하다; (비유) 즐기다
dehors 드오흐	[부] 밖에(서), 밖으로
déjà 데자	[부] 이미, 벌써
déjeuner 데죄네	[자] 점심식사하다 [남] 점심
déjouer 데주에	[타] (놀이, 계획 따위를) 실패하게 하다, 좌절시키다
delà 들라	[전] au(-) ~ de qch …의 저쪽으로 , …이전으로
délabré(e) 델라브헤	[형] (건물 따위가) 황폐화된, 누더기가 된; (비유) (건강 따위가) 상한
délai 델레	[남] 기한, 기일
délaisser 델레세	[타] (사람을) 돌보지 않다
délavé(e) 델라베	[형] (색이) 엷게 바랜, 엷은
délayer 델레예	[타] (액체로) 녹이다, 용해시키다
délégation 델레갸시옹	[여] 대표단
délégué(e) 델레게	[명] 대표, 사절

D-d

délégue r
델레게
[타] 파견하다

délibéré(e)
델리베헤
[형] 심사숙고한 후의; 단호한, 결연한, 확고한

délibérément
델리베헤멍
[부] 신중히; 고의로

délibérer
델리베헤
[자] 토의하다, 심의하다; 숙고하다

délicat(e)
델리꺄(꺄뜨)
[형] 진미의, 맛있는; 우아스러운; 정묘한; 미묘한; 섬세한; 예민한; 곤란한; 난처한; 가냘픈; 연약한; 민감한

délicatement
델리꺄뜨멍
[형] 미묘하게, 섬세하게; 예민하게; 가냘프게; 연약하게; 살며시; 소중하게

délicatesse
델리꺄떼스
[여] 진미; 우아; 미묘; 예민; 섬세; 연약; 곤란함, 난처함; 민감

délice
델리스
[남] 즐거움

délicieusement
델리시유즈멍
[부] 맛있게

délicieux(se)
델리시유(유즈)
[형] 맛있는

délier
델리에
[타] 풀다, 끄르다

délimiter
델리미떼
[타] 경계를 설정하다

délinquance
델렝껑스
[여] 범죄, 비행

délinquant(e)
델렝껑(껑뜨)
[형] 비행을 저지른 [명] 범죄자

délirant(e) [형] 정신착란의
델리헝(헝뜨)

délire [남] 정신착란
델리흐

délit [남] 범법행위 ~ informatique 컴퓨터통신 등을 악용하여 사이버 공간에서 행하는 범죄
델리

délivrer [타] 해방시키다, 석방시키다
델리브헤

déloger [타] 쫓아내다
델로제

déloyal(e, aux) [형] 불성실한
델루아얄(요)

delta [남] 델타
델따

deltaplane [남] 삼각날개를 단 소형 글라이더
델따쁠란

déluge [남] 홍수, 폭우 La Corée subit actuellement un very-table ~. 한국에는 현재 폭우 가 쏟아지고 있다
델뤼즈

déluré(e) [형] 빈틈없는, 영악한
델뤼헤

demain [부] 내일; 곧, 장차
드멩

demande [여] 요구 à la ~ 요구에 따라
드멍드

demander [타] 요구하다
드멍데

démangeaison [여] 가려움, 근질근질함
데멍제종

D-d

démanger [자] (주어는 신체부위 명사) 가렵다
데멍제

démantèlement [남] (시설, 요새 따위의) 붕괴, 파괴 ~ des installations nucléaires 핵시설 폐기
데멍뗄멍

démanteler [타] 해체하다
데멍뜰레

démaquiller [타] 화장을 지우다
데마끼예

démarcation [여] 경계, 분계 ligne de ~ 군사분계선
데마흐꺄시옹

démarche [여] 발걸음, 거동; (행동, 사유 따위의) 방식, 과정, 전개
데마흐슈

démarquer [타] 표시를 제거하다, 상표를 없애다
데마흐께

démarrage [남] 엔진의 시동; (차 따위의) 출발
데마하즈

démarrer [타] [해양] (배의) 밧줄을 풀다; (구어) 시작하다
데마헤

démarreur(se) [남] 시동장치 [명] [운동] 스타트에 능한 선수
데마회흐(회즈)

démasquer [타] 가면을 벗기다
데마스께

démêlé [남] 다툼, 분쟁; (흔히 복수) 분란, 말썽
데멜레

démêler [타] (얽힌 것을) 풀다
데멜레

démembrer [타] 분할하다
데멍브헤

déménagement [남] 이사, 이전

데메나즈멍

déménager [자] 이사하다
데메나제

démence [여] 치매
데멍스

démener, se [대] 소란을 피우다, 날뛰다
스데므네

démenti [남] 부인, 반박
데멍띠

démentir [타] (의 말을) 거짓[허위]이라고 반박하다, 부인하다
데멍띠흐

démesuré(e) [형] 정상을 벗어난, 지나치게 큰
데므쥐헤

démettre [타] 탈구시키다
데메트흐

démilitariser [타] (국가, 지역을) 비무장화하다
데밀리따히제 zone *démilitarisée* 비무장지대

demeure [여] 주거
드뫼흐

demi(e) [형] (절)반의
드미

démission [여] 사직, 사임
데미시옹

démissionner [자] 사직하다
데미시오네

demi-tarif [남] 반액
드미따히프

démobiliser [타] 부대를 해산하다
데모빌리제

démocrate [형] ① 민주주의의 ② 민주당의
데모크하뜨 [명] ① 민주주의자②(미국의)민주

당(=parti ~); 민주당원

démocratie [여] 민주주의
데모크하시

D-d

démocratique [형] 민주주의의
데모크하띠끄

démocratisation [여] 보급 ~du haut débit 초고속 인터넷 보급
데모크하띠자시옹

démodé(e) [형] 유행에 뒤진, 시대에 뒤떨어진 ; (구어) 구식의
데모데

demoiselle [여] 미혼 여자
드무아젤

démolir [타] 헐다
데몰리흐

démolition [여] 파괴
데몰리시옹

démon [남] 악마, 귀신
데몽

démonter [타] 말에서 떨어지게[내리게] 하다; (기계 따위를) 분해하다
데몽떼

démonstrateur(trice [명] (상점 따위에서 기구 의 사용을 설명하는) 실연 판매원
데몽스트하뙤흐(트히스)

démonstratif(ve) [형] 논증적인
데몽스트하띠프(띠브)

démonstration [여] 논증 faire une ~ 증명하다
데몽스트하시옹

démontrable [형] 명백한
데몽트하블

démontrer [타] 논증하다
데몽트헤

démoraliser [타] 혼란시키다
데모할리제

dénationaliser [타] 국적을 박탈하다.
데나시오날리제

dénaturer [타] 왜곡하다, 곡해하다
데나뛰헤

dénicher [타] (새, 알을) 새집에서 끄집어내다; (비유) (은신처 따위에서) 끌어내다
데니셰

dénier [타] (자신의 말, 행동 따위를) 부인하다
데니에

dénigrement [남] 훼손
데니그흐멍

dénigrer [타] 중상하다, 비방하다
데니그헤

dénombrer [타] 세다, 열거하다
데농브헤

dénomination [여] 명명
데노미나시옹

dénommer [타] (공식적으로) 알리다
데노메

dénoncer [타] 비난하다 ~ l'absurdité de la thèse 주장의 불합리성을 비난하다
데농세

dénonciation [여] 탄핵
데농시아시옹

dénouement [남] 결말, 종국, 해결
데누멍

dénouer [타] (의) 매듭을 풀다; (비유) (손, 입 따위를) 열게 하다; (어려움 따위를) 해결하다; (작품 따위를) 결말짓다
데누에

denrée [여] (흔히 복수) 소비물자, 식료품

덩헤

Dense [형] 밀집한
덩스

densité [여] 밀도
덩시떼

dent [여] 이, 치아
덩

dentelé(e) [형] 톱니 모양의, 들쭉날쭉한
덩뜰레

dentaire [형] 치과의
덩떼흐

dentelle [여] 레이스
덩뗄

dentier [남] 틀니, 의치
덩띠에

dentifrice [남] 치약
덩띠프히스

dentiste [명] 치과의사
덩띠스뜨

dénucléarisation [여] 비핵화 ~ de la pénin-sule coréenne 한반도 비핵화
데뉘끌레아히자시옹

dénué(e) [형] 없는, 결핍된 [~ de qch]
데뉘에

déodorant [남] 방취제
데오도헝

dépannage [남] (고장난 것의) 수리
데빠나즈

dépanner [타] (고장난 것을) 쉬하다
데빠네

dépanneuse [여] (고장난 차의) 견인차, 응급수리차
데빠뇌즈

départ 데빠흐	[남] 출발
département 데빠흐뜨멍	[남] 부문, 부
départir 데빠흐띠흐	[타] (문어) 분배하다, 할당하다
dépassé(e) 데빠세	[형] 추월당한; 시대에 뒤진
dépasser 데빠세	[타] 앞지르다, 추월하다
dépaysé(e) 데뻬이제	[형] 고향[고국]을 떠난; 낯선, 어리둥절한
dépecer 데쁘세	[타] (고기 따위를) 잘게 자르다
dépêche 데뻬슈	[여] 발송하다
dépêcher, se 데뻬셰	[대] 서두르다
dépendance 데뻥덩스	[여] 의지, 의존 ~de la voiture 자동차 의존도 ~ énergétique 에너지(해외)의존
dépendre 데뻥드흐	[타간] (~ de) 의지하다
dépens 데뻥	[남][복] [법] 소송비용
dépense 데뻥스	[여] 지출, 비용, 경비
dépenser 데뻥세	[타] (돈을) 쓰다
dépensier(ère) 데뻥시에(에흐)	[명] 돈 쓰기 좋아하는 사람, 낭비가 [형] 돈 쓰기 좋아하는, 낭비벽이 있

는

dépérir 데뻬히흐	[자] 쇠약해지다
dépérissement 데뻬히스멍	[남] 쇠약; 시듦, 고사 ~ des forêts 산림 고사 현상
dépeuplement 데뾔쁠멍	[남] 인구감소
dépilatoire 데삘라뚜아흐	[형] 탈모의 [남] 탈모제
dépistage 데삐스따즈	[남] [의학] 진단
dépister 대삐스떼	[타] (짐승의) 발자취를 찾아내다; (범인 따위를) 추적하다
dépit 데삐	[남] 분함, 원통함, 원함 en ~ de qch/qn …에도 불구하고
Dépité(e) 데삐떼	[형] 분해 하는, 화가 난
déplacé(e) 데쁠라세	[형] 위치가 바뀐, 제자리에 있지 않은; (비유) (장소, 상황에) 걸맞지 않는, 부적당한
déplacement 데쁠라스멍	[남] 이동 ~s ferroviaires 철도이동
déplacer 데쁠라세	[타] 옮겨놓다
déplaire 데쁠레흐	[타간] [~ à qn] ...의 마음에 들지 않다
dépliant(e) 데쁠리엉(엉뜨)	[형] 접는 식의 [남] 접어서 포갠 책자[안내서, 지도]
déplier 데쁠리에	[타] (접은 것을) 펴다

déploiement 데쁠루아멍	[남] 전개, 배치
déplorable 데쁠로하블	[형] 슬픈, 비참한
déplorer 데쁠로헤	[타] 비탄하다
déployer 데쁠루아예	[타] 전개하다
déportation 데뽀흐따시옹	[여] 국외추방
déporté(e) 데뽀흐떼	[명] 피추방자
déporter 데뽀흐떼	[타] 운반하다,국외로 추방하다
déposant(e) 데뽀정(정뜨)	[명] 예금자
déposer 데뽀제	[타] 맡기다; 제출하다 ~ un dossier de préinscription (학교입학) 원서를 제출하다
dépôt 데뽀	[남] ① 놓기, 두기 ② 맡기기, 위탁 ③ 예금
dépouille 데뿌유	[여] (동물의) 가죽; (비유, 문어) (사람의) 유해
dépouillé(e) 데뿌예	[형] 가죽[허물]이 벗겨진
dépouiller 데뿌예	[타] (동물의) 가죽[비늘, 살]을 벗기다; 옷을 벗기다
dépourvu(e) 데뿌흐뷔	[형] (이) 없는, (을) 빼앗긴, 잃은 [~ de]
dépravation 데프하바시옹	[여] 타락, 부패

dépraver 데프하베	[타] 나쁘게 만들다
déprécier, se 스데프헤시에	[대] 가치가 떨어지다
dépressif(ve) 데프헤시프(시브)	[형] 울적한
dépression 데프헤시옹	[여] ① 의기소침; (육체적, 정신적) 쇠약 ② [심리] 우울증 ③ [경제] 불경기, 불황; (가격 따위의) 하락 ~ des années 30 1930 년대의 대불황
dépressuriser, se 스데프헤쉬히제	[대] 기압이 내려가다
déprimer 데프히메	[타] 움푹 패이게 하다; (비유) 의기소침하게 하다
depuis 드쀠이	[전] …이래로, …이래
député 데쀠떼	[남] 국회의원
déraciner 데하시네	[타] 뿌리를 뽑다
déraillement 데하유멍	[남] 탈선
dérailler 데하예	[자] [철도] 탈선하다; (기계 따위가) 비정상적으로 움직이다; (비유) (언행이) 상궤를 벗어나다
déraisonnable 데헤조나블	[형] 사리에 어긋나는, 비상식적인
dérangement 데헝즈멍	[남] 흐트러뜨리기, 흐트러짐, 혼란
déranger 데헝제	[타] 어지럽히다

déraper
데하뻬
[자] (차량이) 옆으로 미끌어지다

dérèglement
데헤글멍
[남] 불규칙; 뒤틀림, 고장; 이상, 불순; 질서에서 벗어나게 함 L'activité humaine engendre ces ~s. 인간의 활동이 이러한 불순 일으킨다

déréglementation
데헤글멍따시옹
[여] [행정] 규제 완화[철폐] ~ des marchés financiers internationaux 국제 금융시장의 규제 완화

déréglementer
데헤글멍떼
[타] [행정] 규제를 완화[철폐]하다

dérégler
데헤글레
[타] 규칙을 벗어나게 하다

déréguler
데헤귈레
[타] 규제를 철폐하다

dérision
데히지옹
[여] 조롱

dérisoire
데히주아흐
[형] 아주 근소한

dérive
데히브
[여] ① (일, 이야기 따위의) 빗나감, 일탈; (예기치 않은) 변화, 변동 ② (선박, 비행기의) 편류, 표류

dérivé(e)
데히베
[형] ① 부차적인, 2 차적인 ② [언어] 파생한 ③ [수학] 미분된 ④ [화학] 유도된 [남] ① 부산물, 2 차제품 ② [언어] 파생어

dériver
데히베
[타] (흐르는 물의) 방향을 돌리다, 끌다; 유도하다 [자] (배가) 항로를 벗어나다, 표류하다; 흐르던 방향을 바꾸다; 파생하다, 유래하다

dermatite
[여] 피부염

데흐마띠뜨

dermatologie [여] [의학] 피부병학
데흐마똘로지

D-d

dermatologue [명] [의학] 피부과전문의
데흐마똘로그

dernier(ère) [형] 최후의; 최근의
데흐니에(에흐)

dérobé(e) [형] 훔친, 누설된; 숨겨진, 비밀의 [여] 브르타뉴 지방의 무용의 일종
데호베

dérobée, à la [부] 몰래, 은밀히
알라데호베

dérober [타] 훔치다
데호베

dérouler [타] (말린 것을) 펴다; 전개하다
데훌레

déroute [여] 패주, 궤주
데후뜨

dérouter [타] (선박, 비행기 따위의) 항로를 변경시키다;방황하게[어리둥절하게] 하다
데후떼

derrière [전] 뒤에 se cacher ~ la haie 울타리 뒤에 숨다
데히에흐

dès [전] ...부터, ...하자마자 ~ ce moment 그때 부터 바로 [~ que + ind.] D~ que vous serez à Paris, envoyez-moi un e-mail. 파리에 도착하자마자 내게 이메일을 보내주세요
데

désaccord [남] 불화
데자꼬흐

désagréable [형] 불쾌한

데자그헤아블

désappointement [남] 실망, 낙담
데자뿌엥뜨멍

désapprouver [타] 찬성하지 않다, 반대하다, 비난하다
데자프후베

désarçonner [타] 낙마시키다
데자흐소네

désarmant(e) [형] 상대의 감정을 누그러뜨리는
데자흐멍(멍뜨)

désarmement [남] 무장해제
데자흐므멍

désarmer [타] 무장을 해제하다
데자흐메

désarroi [남] (정신적인) 혼란, 동요
데자후아

désastre [남] 재앙
데자스트흐

désavantage [남] 단점, 결점; 불리한 조건
데자벙따즈

désavantager [타] 불리하게 만들다
데자벙따제

descendant(e) [명] 자손
데성덩(덩뜨)

descendre [타] 내리다 [자] 내려가다 ~ de qch ...에서 내려가다
데성드흐

descente [여] 하강 faire sa ~ 하강하다
데성뜨

descriptif(ve) [형] 묘사적인
데스크힙띠프(띠브)

description [여] 묘사
데스크힙시옹

désemparé(e) 데정빠헤 [형] (배, 비행기 따위가) 파손되어 항해[운항]할 수 없는; 당황한, 어쩔 줄 모르는

désensibiliser 데성시빌리제 [타] 감도를 줄이다

désert(e) 데제흐(흐뜨) [형] 사람이 살지 않는 [남] 사막

déserter 데제흐떼 [타] 버리다

désertion 데제흐시옹 [여] 유기

désespéré(e) 데제스뻬헤 [형] 절망적인

désespérément 데제스뻬헤멍 [부] 필사적으로 avoir ~ besoin de qch ...을 필사적으로 필요로 하다

désespérer 데제스뻬헤 [타간] [~ de] (에 대해) 절망[실망]하다; (을) 단념하다

désespoir 데제스뿌아흐 [남] 절망

déshabiller 데자비예 [타] (의) 옷을 벗기다 se ~ [대] 옷을 벗다

déshabituer 데자비뛰에 [타] 습관을 버리게 하다

déshériter 데제히떼 [타] 상속권을 박탈하다

déshonneur 데조뇌흐 [남] 불명예, 망신

déshonorant(e) 데조노헝(헝뜨) [형] 불명예스러운

déshydratation 데지드하따시옹 [여] 탈수, 건조

déshydraté(e) [형] 수분이 빠진
데지드하떼

déshydrater [타] 수분을 빼다
데지드하떼

design [남] 디자인
디자인

désignation [여] 지명, 명시
데지냐시옹

désigner [타] 지명하다 ~ qn (com-me) qch ... 을 ...로 지명하다
데지녜

désinfectant [남] 소독제
데젱펙떵

désinfecter [타] 소독하다
데젱펙떼

désintégrer, se [대명] 해체되다
스데젱떼그헤

désintéressé(e) [형] 이해관계를 떠난, 사심이 없는 ; 공정한, 객관적인
데젱떼헤세

désintéresser [타] (부채 청산, 손해배상으로) 관계가 없어지게 하다; (에) 무관심해지게 만들다
데젱떼헤세

désinvolte [형] (태도, 동작이) 경쾌한, 유연한 , 자연스러운
데젱볼뜨

désir [남] 욕망
데지흐

désirable [형] 바람직한
데지하블

désirer [타]열망하다 [~ + inf.] ...하기를 열망 하다
데지헤

désireux(se) [형] 원하는, 바라는
데시회(회즈)

désobéir
데조베이흐
[자] 불복종하다

désobéissant(e)
데조베이썽(썽뜨)
[형] (아이가) 순종하지 않는, 반항적인; 제멋대로 노는

désobligeant(e)
데조블리졍(졍뜨)
[형] 불친절한, 무례한

désodoriser
데조도히제
[타] 악취를 없애다

désoeuvré(e)
데죄브헤
[형] (정신적, 물리적 이유로) 할 일이 없는

désolation
데졸라시옹
[여] 폐허

désolé(e)
데졸레
[형] ① 황량한 ② 침통한, 몹시 가슴 아픈 ③ 미안한

désoler
데졸레
[타] 매우 가슴 아프게 하다 비탄에 잠기게 하다; 난처하게 하다, 괴롭히다

désopilant(e)
데조삘렁(렁뜨)
[형] 우스운, 익살맞은

désordonné(e)
데조흐도네
[형] 무질서한

désordre
데조흐드흐
[남] 무질서

désorganiser
데조흐갸니제
[타] ① [의학] (유기체의) 조직을 파괴하다 ② (비유) (에) 혼란을 야기하다, 뒤흔 들다

désorienter
데조히엉떼
[타] 갈피를 못 잡게 하다

désormais
데조흐메
[부] 이제부터(는), 앞으로는

despote [남] 전제 군주, 독재자
데스뽀뜨

despotisme [남] 전제 정치
데스뽀띠슴

dessécher [타] 말리다, 건조하다
데세셰

dessein [남] 의도, 의사; 계획, 구상
데셍

desserrer [타] (죈 것을) 풀다, 늦추다
데세헤

dessert [남] 디저트
데세흐

desservir [타] (성직자가 소성당, 소교구의) 제무를 임시로 담당하다; (교통, 통신 수단 따위가) 통하다
데세흐비흐

dessin [남] 데생, 소묘, 그림
데셍

dessiner [타] 그리다
데시네

dessous [남] 하부, 바닥, 아래
드수

dessus [남] 상부, 위쪽
드쉬

dessus-de-lit [남] (복수불변) 침대 커버
드쉬들리

déstabiliser [타] 불안정하게 하다
데스따빌리제

destin [남] 운명, 숙명
데스뗑

destinataire [명] 수신인, 수취인
데스띠나떼흐

D-d

destination 데스띠나시옹	[여] 목적지 à ~ de Paris 파리로 향하는
destiné(e) 데스띠네	[형] 향하는 [여] 운명
destinée 데스띠네	[여] 운명, 숙명
destiner 데스띠네	[타] (을) (에) 쓰려고 정하다 Je *destine* cette somme à l'achat d'un costume. 나는 이 돈을 옷 구입비로 정해 둔다
destituer 데스띠뛰에	[타] 면직시키다
destructeur(trice) 데스트획뙤흐(트히스)	[형] 파괴하는 [명] 파괴자
destructif(ve) 데스트획띠프(띠브)	[형] 파괴성의, 파괴력을 지닌
destruction 데스트획시옹	[여] 파괴
desuet(ète) 데쉬에(에뜨)/데쥐에(에뜨)	[형] 통용되지 않는, 낡아빠진
Désunir 데쥐니흐	[타] 불화하게 하다, 이간[반목]시키다
Détachable 데따샤블	[형] 떼어낼 수 있는
détachant(e) 데따샹(샹뜨)	[형] 얼룩을 빼는 [남] 얼룩 빼는 약
détaché(e) 데따셰	[형] 풀어진, 떨어진; 초연한, 집착하지 않는
détachement 데따슈멍	[명] 분리, 이탈

détacher
데따셰
[형] 떼어진

détacher
데따셰
[타] 떼어내다 se ~ [대] 떨어지다

détail
데따유
[남] 세부 사항 en ~ 자세하게

détaillant(e)
데따영(영뜨)
[명] 소매상

détecter
데떽떼
[타] 발견하다

détecteur
데떽뙤흐
[남] 탐지기

détection
데떽시옹
[여] 발견, 탐지

détective
데떽띠브
[남] 탐정

déteindre
데뗑드흐
[타] 빛깔을 퇴색시키다, 탈색하다

détendre
데떵드흐
[타] (팽팽한 것을) 늦추다

détenir
데뜨니흐
[타] 소지[보유]하다, 점하다, 쥐; 구류하다, 억류하다

détente
데떵뜨
[여] 방아쇠; 긴장완화

détention
데떵시옹
[여] 구치, 유치

détenu(e)
데뜨뉘
[명] 구류자

détergent(e)
데떼흐정(정뜨)
[형] 세척용의 [남] 세(척)제

détérioration
[여] 악화

데떼히오하시옹

détériorer, se 스데떼히오헤 [자] 악화되다

détermination 데떼흐미나시옹 [여] 결정; [의학] 검출 (형, 성질 따위의), 측정, 결정(어떤 질환이 일정 방향으로 발전하는 성향)

déterminant(e) 데떼흐미넝(넝뜨) [형] 결정적인

déterminé(e) 데떼흐미네 [형] 정해진, 결정된, 일정한

déterminer 데떼흐미네 [타] 결정하다

déterrer 데떼헤 [타] (땅속에서) 파내다, 발굴하다

détester 데떼스떼 [타] 증오하다

détonateur 데또나뙤흐 [남] 뇌관

détonation 데또나시옹 [여] 폭발

détonner 데또네 [자] [음악] 음정이 틀리게 노래[연주]하다

détour 데뚜흐 [남] 우회

détourné(e) 데뚜흐네 [형] 외딴; 넌지시하는; 완곡한; 간접적인 chemin ~ 에움길

détourner 데뚜흐네 [타] (의) 방향을 바꾸다

détraquer 데트하께 [타] (기계 장치를) 고장내다

détresse [여] (고독감, 무기력으로 인한) 비탄

데트헤스 , 고뇌

détriment [남] au ~ de qn/qch ...을 희생시켜
데트히멍 , ...의 불이익을 감안하지 않고

détritus [남] 찌꺼기, 쓰레기, 폐물, 잔해
데트히뛰(스)

détromper [타] 잘못을 깨닫게 하다, 각성시키다
데트홍뻬

détruire [타] 파괴하다
데트휘이흐

dette [여] 빚 avoir des ~s 빚을 지다
데뜨

deuil [남] 초상; (초상으로 인한) 슬픔, 애상, 애도, 애통; 몽상; 상복
되유

deux [형] 둘의 [남] (숫자로서의) 2
되

dévaliser [타] (에게서) 빼앗다, 강탈[겁탈]하다
데발리제

dévaloriser [타] (화폐, 상품의) 가치를 떨어뜨리다
데발로히제

dévaluation [여] 평가절하
데발뤼아시옹

dévaluer [타] 평가절하하다
데발뤼에

devancer [타] (공간적으로) 앞서다; 능가하다; (지정된 시일, 적령보다) 일찍 하다
드벙세

devant [전] …앞에(서), …앞을
드벙

devanture [여] (가게의) 정면, 진열창
드벙뛰흐

dévastateur(trice) [형] 파괴적인

데바스따뙤흐(트히스)

dévastation [여] 파괴
데바스따시옹

dévaster [타] 황폐하게 하다, 유린하다, 큰 피해를 주다
데바스떼

déveine [여] (속어) 불운, 운수 나쁨
데벤느

développement [남] 발전, 개발
데블로쁘멍

développer [타] 발전시키다
데블로뻬

devenir [자] ...이 되다
드브니흐

Déverser [타] (액체를) 흘려보내다, 쏟다
데베흐세

déviant(e) [형] 벗어나는, 탈선하는
데비엉(엉뜨)

déviation [여] 일탈
데비아시옹

dévier [자] 빗나가다
데비에

deviner [타] 예측하다
드비네

devinette [여] 수수께끼; (복수) 수수께끼 놀이
드비네뜨

devis [남] 견적, 견적서
드비

dévisager [타] 뚫어지게 얼굴을 쳐다보다
데비자제

devise [여] 명구; 격언, 표어; (복수) [경제] 외화, 외국 통화
드비즈

dévisser 데비세	[타] (나사를) 풀다, 해체하다
devoir 드부아흐	[타] 갚아야하다, 치러야하다; 의무가 있다; 덕을 입다 [남] 의무, 본분; 숙제
dévorer 데보헤	[타] 게걸스레 먹다
dévot(e) 데보(보뜨)	[형] 독실한, 믿음이 깊은
dévoué(e) 데부에	[형] 헌신적인
dévouement 데부멍	[남] 헌신
dévouer, se 데부에	[대] 헌신하다, 몰두하다
dextérité 덱스떼히떼	[여] 재치, 솜씨 좋음
Dhaka 다까	[명] [지리] 다카 (방글라데시의 수도)
diabète 디아베뜨	[남] 당뇨병
diabétique 디아베띠끄	[형] 당뇨병의 [명] 당뇨병 환자
diable 디아블	[남] 악마; 사탄, 마귀
diabolique 디아볼리끄	[형] 악마적인
diacritique 디아크히띠끄	[형] 구별 짓는
diagnose 디아그노즈	[여] 진단(법)

dignostic [남] 진단
디아그노스띠끄

diagnostique [형] 진단상의
디아그노스띠끄

diagnostiquer [타] 진단하다 Les médecins *ont diagonostiqué* un cancer. 의사들은 암을 진단 했다.
디아그노스띠께

diagonal(e, aux) [형] 비스듬한
디아고날(노)

diagonale [여] 대각선
디아고날

diagramme [남] 도표, 도해, 도식
디아그함

dialecte [남] 방언
디알렉뜨

dialectique [여] ① 논법 ② [철학] (플라톤의) 문답법 ③ 변증법
디알렉띠끄

dialogue [남] 대화
디알로그

dialoguer [자] 대화하다
디알로게

dialyse [여] 투석, 분해
디알리즈

diamant [남] 다이아몬드
디아멍

diamétralement [부] ① 직경 방향으로 ② (비유) 완전히, 절대적으로
디아메트할멍

diamètre [남] 직경, 지름 avoir 2m de ~ 직경 2m 이다
디아메트흐

diaphragme [남] 횡격막
디아프하금

diapo [여] (구어)슬라이드
디아뽀

diapositive [여] 슬라이드
디아뽀지띠브

diarrhée [여] 설사
디아헤

diatribe [여] 통렬한 비난의 연설
디아트히브

dichotomie [여] 이분법
디꼬또미

dichromatique [형] 두 색을 가진
디크호마띠끄

dictateur [남] 독재자
딕따뙤흐

dictatorial(e, aux) [형] 독재적인, 전제적 인; 위압적인
딕따또히알(오)

dictature [여] 독재, 독재권력
딕따뛰흐

dictée [여] 받아쓰기
딕떼

dicter [타] 받아쓰게 하다
딕떼

diction [여] 어법, 말씨
딕시옹

dictionnaire [남] 사전
딕시오네흐

didascalie [여] [연극] 지문(바탕글)
디다스깔리

diesel [남] 디젤기관
디젤

diète [여] 식이요법

디에뜨

diététicien(ne) [명] 영양학자
디에떼띠시엥(엔)

diététique [형] 음식물의
디에떼띠끄

dieu(x) [남] 신 Mon D~ 어머나, 저런
디유

diffamation [여] 중상, 명예훼손
디파마시옹

diffamatoire [형] 명예를 훼손하는, 중상적인
디파마뚜아흐

diffamer [타] 명예를 훼손하다, 중상하다
디파메

différemment [부] 다르게 Cela touche les hommes et les femmes ~. 그것은 남자와 여자에게 다르게 영향을 미친다
디페하멍

différence [여] 차이 faire la ~ entre du porc et du mouton 돼지고기와 양고기를 구별하다
디페헝스

différenciation [여] 차별, 구별, 구분
디페헝시아시옹

différencier [타] 구별[구분]하다
디페헝시에

différend [남] 분쟁 ~s territoriaux 영토분쟁
디페헝

différent(e) [형] 다른 Ils sont ~s à cet égard. 그들은 이러한 점에서 다르다.
디페헝(헝뜨)

différentiel(le) [형] 차이의 [남] 차동기, 차동장치 [여] 미분
디페헝시엘

différencier [타] 구별짓다
디페헝시에

différer [자] 다르다 Ces deux propositions diffèrent en un point. 그 두 제안은 한 가지 점에서 다르다 [타] 연기하다, 미루다 ~ un paiement à une date ultérieure 지불을 후일로 연기하다
디페헤

difficile [형] 어려운 Il me sera ~ de décider. 내가 결정하는 것은 어려울 것이다.
디피실

difficulté [여] 어려움 les ~s de la vie ici 이곳 에서 사는 어려움
디피뀔떼

difforme [형] 기형의, 불규의; 흉한, 불균형의
디포흐므

diffus(e) [형] 흩어진
디퓌(퓌즈)

diffuser [타] 흩트리다, 확산시키다
디퓌제

diffusion [여] ① 전파 ~ de la cul-ture coréenne en France 프랑스 내 한국문화 전파 ~ de l'information 정보의 전파 ② 방송, 중계 ~ des matchs à la télévision 대회의 중계 ~ systématique sur la toile 인터넷을 통한 방송
디퓌지옹

digérer [타] 소화하다
디제헤

digest [남] 개요
디제스뜨

digeste
디제스뜨
[형] 소화하기 쉬운

digestif(ve)
디제스띠프(띠브)
[형] 소화를 돕는

digestion
디제스띠옹
[여] 소화

digne
디뉴
[형] 위엄 있는

digital(e, aux)
디지딸(또)
[형] ① 손가락의; 손가락 모양의 empreinte ~ale 지문 ② 수의, 숫자에 관한

dignitaire
디니떼흐
[남] 고위 인사

dignité
디니떼
[여] 존엄성

digression
디그헤시옹
[여] 여담, 탈선

digue
디그
[여] 제방

dilapider
딜라삐데
[타] 낭비[탕진]하다

dilater
딜라떼
[타] 팽창시키다

dilatoire
딜라뚜아흐
[형] 느린, 더딘

dilemme
딜렘
[남] 진퇴양난 devant un ~ 진퇴양난 에 빠진

diluer
딜뤼에
[타] 희석하다

dilution [여] 희석
딜뤼시옹

dimanche [남] 일요일
디멍슈

dimension [여] 차원, 규모
디멍시옹

diminuer [타] 줄이다
디미뉘에

diminutif(ve) [형] [언어] 지소적인
디미뉘띠프(띠브) [남] 지소접미사; 지소사

diminution [여] 감소
디미뉘시옹

dinde [여] 암칠면조
뎅드

dindon [남] 수칠면조
뎅동

dîner [남] 저녁식사 [자] 식사하다 ~ à la maison 집에서 식사하다 ~ dehors 외식하다
디네

dîneur(se) [명] 식사하는 사람
디뇌흐(뇌즈)

dingue [형] (구어) 미친, 머리가 돈
뎅그

dinosaure [남] 공룡
디노조흐

diocésain(e) [형] 교구의 [명] (교구의) 신도
디오세젱(젠)

diocèse [남] (가톨릭의) 교구
디오세즈

dioxyde
디옥시드
[남] 이산화물 ~ de car-bone
[남] 이산화탄소

diphtongue
디프똥그
[여] 이중모음

diplomate
디쁠로마뜨
[명] 외교관

diplomatie
디쁠로마시
[여] 외교

diplomatique
디쁠로마띠끄
[형] 외교상의 120ème anniversaire de l'établissement des relations ~s entre la France et la Corée 한불수교 120 주년

diplôme
디쁠롬
[남] 학위

diplômé(e)
디쁠로메
[형][명] 학위를 취득한 (사람)

dire
디흐
[타] 말하다

direct(e)
디헥뜨
[형] 직접적인 en contact ~ avec ... 와 직접적으로 연락하다

directement
디헥뜨멍
[부] 직접적으로

directeur(se)
디헥뙤흐(뙤즈)
[명] 감독

direction
디헥시옹
[여] 방향 dans mauvaise ~ 잘못된 방향으로

directionnel(le)
디헥시오넬
[형] 방향상의

directif(ve)
디헥띠프(띠브)
[형] 이끌어주는

directive [여] 지령
디헥띠브

dirigeant(e) [형] 지도하는 [명] 지도자
디히정(정뜨)

diriger [타] (... 쪽으로) 돌리다, 이끌다; 인도하다, 유도하다, 조종하다; 지도하다; 통제하다
디히제

discerner [타] 식별하다
디세흐네

disciple [명] 제자
디시쁠

disciplinaire [형] 규율에 관한; 처벌의
디시쁠리네흐

discipline [여] ① 학과, 교과목; (운동경기의) 종목 ② 규율; 규율준수
디시쁠린

discipliné(e) [형] 훈련받은
디시쁠리네

discipliner [타] 훈련하다
디시쁠리네

discontinu(e) [형] 연속되지 않는, 간헐적인
디스꽁띠뉘

discordance [여] 부조화; 불일치
디스꼬흐덩스

discordant(e) [형] 조화하지 않는
디스꼬흐덩(덩뜨)

discothèque [여] 디스코텍
디스꼬떼끄

discours [남] 연설, 강연; 담화
디스꾸흐

discrédit [남] 불신

디스크헤디

discréditer [타] 의심하다
디스크헤디떼

discret(ète) [형] 신중한
디스크헤(헤뜨)

discrétion [여] 분별, 신중, 결정권 Cette décision est à ma ~. 나는 그 결정에 대하여 결정권을 가지고 있다
디스크헤시옹

discrimination [여] 차별
디스크히미나시옹

disculper [타] (의) 결백을 밝히다
디스뀔뻬

discussion [여] 토론 soumettre qch à la ~ ...을 토의 주제로 제기하다
디스뀌시옹

discuté(e) [형] 논의의 여지가 많은, 이론이 분분한
디스뀌떼

discuter [타] 검토하다, 심의하다, 토의하다 [타간] ~ de qch[qn] ~ d'un prix 가격을 흥정하다
디스뀌떼

disette [여] (식량, 생필품 따위의) 부족, 결핍, 흉작
디제뜨

disgracieux(se) [형] 볼품없는, 보기흉한, 서투른, 어색한
디스그하시유(유즈)

disloquer [타] 분리시키다, 분해하다
디슬로께

disparaître [자] (조동사는 avoir; 문어, 고어체에서 상태를 표현할 때는 être를 씀) 사라지다, 떠나다
디스빠헤뜨흐

disparité [여] 격차 ~ numérique 정보격차
디스빠히떼

disparu(e) [형] 사라진; 행방불며오딘, 실종된
디스빠휘

dispenser [타] 베풀다, 시행하다
디스뺑세

disperser [타] 분산시키다
디스뻬흐세

dispersion [여] 분산
디스뻬흐시옹

disponible [형] (사고 따위가) 막힌 데가 없는, 고정관념에 매어있지 않은
디스뽀니블

disposé(e) [형] 배열된, 배치된
디스뽀제

disposer [타] 배치하다
디스뽀제

disposition [여] 배치
디스뽀지시옹

disproportionné(e) [형] 불균형의
디스프호뽀흐시오네

dispute [여] 말다툼, 언쟁, 논쟁
디스쀠뜨

disputer, se [대] 논쟁하다 se ~ avec qn ...와 논쟁하다
스디스쀠떼

disquaire [명] 음반상인
디스께흐

disqualification [여] 자격 박탈
디스꺌리피꺄시옹

disqualifier [타] 자격을 박탈하다
디스꺌리피에

disque [남] 음반, 레코드
디스끄

disquette [여] 플로피 디스크, 디스켓

디스께뜨

dissemblable [형] 다른
디성블라블

D-d

dissemblance [형] 차이점
디성블랑스

dissémination [여] 뿌리기; 살포; 전파
디세미나시옹

disséminer [타] 뿌리다, 퍼뜨리다; 선전하다, 전파하다
디세미네

dissimuler [타] 숨기다, 감추다, 가리다
디시뮐레

dissension [여] (감정, 이해관계, 신념 따위의) 대 립 ~s dome stiques[familiales] 가정불화 le parti socialiste agité par de profondes ~s 심각한 내분으로 동요하고 있는 사회당
디성시옹

disséquer [타] 해부하다
디세께

dissertation [여] 작문, 논술, 소논문
디세흐따시옹

dissident(e) [형] 의견을 달리하는 [명] 반체제자
디시덩(덩뜨)

dissimuler [타] 숨기다
디시뮐레

dissiper [타] 없애다
디시뻬

dissociation [여] 분리
디소시아시옹

dissocier [타] 분리하다
디소시에

dissolu(e) [형] (문어) 문란한, 절도 없는; 방종

디솔뤼 | 한, 방탕한

dissonant(e) 디소넝(넝뜨) [형] 귀에 거슬리는

dissoudre 디수드흐 [타] 용해하다

dissuader 디쉬아데 [타] 만류하다

distance 디스떵스 [여] 거리 à égale ~ 같은 거리에서

distant(e) 디스떵(떵뜨) [형] 거리가 먼

distendre 디스떵드흐 [타] 넓히다

distillation 디스띨라시옹 [여] 증류

distiller 디스띨레 [타] 증류하다

distinct(e) 디스뗑(뗑끄뜨) [형] 뚜렷한

distinctement 디스뗑끄뜨멍 [부] 뚜렷하게

distinction 디스뗑끄시옹 [여] 구별

distingué(e) 디스뗑게 [형] 구별되는

distinguer 디스뗑게 [타] 구별하다 se ~ de qch ...로부터 구별되다

distorsion 디스또흐시옹 [여] [의학] (신체 일부분의) 비틀림, 염전; (비유) 불균형, 격차

distraction 디스트하끄시옹 [여] 기분전환

distraire
디스트헤흐
[타] 주의를 산만하게 하다 Je ne veux pas *être distrait.* 나는 방해받고 싶지 않다.

distrait(e)
디스트헤(헤뜨)
[형] 방심한, 멍한

distribuer
디스트히뷔에
[타] 분배하다

distributeur(trice)
디스트히뷔뙤흐(트히스)
[명] ① 분배자; 배급(업)자 ~ de films 영화 배급업자 ② 유통업자

distribution
디스트히뷔시옹
[여] ① 분배 ② 유통

district
디스트힉뜨
[남] 지역, 구역

divaguer
디바게
[자] (주어는 사람) 횡설수설하다

divan
디벙
[남] (등받이, 팔걸이가 없는) 긴의자

divergence
디베흐정스
[여] 분산

diverger
디베흐제
[자] 갈라지다

divers(e)
디베흐(흐스)
[형] 다양한

diversification
디베흐시피꺄시옹
[여] 다변화 ~ des sources d'énergie 에너지원의 다변화

diversion
디베흐시옹
[여] 전환

diversité
디베흐시떼
[여] 다양성 ~ culturelle 문화다양성

divertissement
디베흐띠스멍
[남] 기분전환, 휴식, 오락

divídende 디비덩드	[남] 배당금 payer[verser] le ~ 배 당금을 지불하다
divin(e) 디벵(빈)	[형] 신성한
divinement 디비느멍	[형] 신성하게
divinité 디비니떼	[여] 신성
diviser 디비제	[타] 나누다
divisible 디비지블	[형] 나눌 수 있는
division 디비지옹	[여] 나누기, 분할; 나눗셈; 나뉜 부분, 구분
divisionnaire 디비지오네흐	[형] 분할상의
divorce 디보흐스	[남] 이혼 demander le ~ 이혼을 요구 하다
divorcé(e) 디보흐세	[명] 이혼한 사람
divulguer 디뷜게	[타] 누설하다, 폭로하다
dix 디스	[형] 열의, 열째의 [남] 열; 십일
dix-huit 디즈위이뜨	[형] 18 의 [남] 18, 열여덟
dixième 디지엠	[형] 열 번째의 [남] (파리의) 제 10 구
dix-neuf 디즈뇌프	[형] 19 의 [남] 19, 열아홉
dix-sept	[형] 17 의, 열일곱의 [남] 17, 열일

디세뜨 곱

DJ [남] 디스크자키
디제이

docile [형] 유순한
도실

docteur [남] 의사, 박사
독뙤흐

doctorat [남] 박사 학위
독또하

doctrine [여] 공식 외교정책, 교리
독트힌

document [남] 문서
도뀌멍

documentaire [형] 문서의 [남] 다큐멘터리
도뀌멍떼흐

documentation [여] 고증
도뀌멍따시옹

documenter [타] 참고자료를 제공하다
도뀌멍떼

dodo [남] (어린애말) 잠
도도

dodu(e) [형] (구어) 살찐, 포동포동한
도뒤

dogmatique [형] 교리에 관한, 독단주의의
도그마띠끄

dogme [남] 교의, 교리
도금

doigt [남] 손가락
두아

doléance [여] (복수) 불평, 푸념, 하소연
돌레엉스

dollar
돌라흐
[남] 달러

domaine
도멘
[남] 영토; [정보] 도메인 adressage par ~s 도메인 주소

dôme
돔
[남] 둥근 천장

domestique
도메스띠끄
[형] 가정의, 국내의

domestiquer
도메스띠께
[타] 길들이다

domicile
도미실
[남] 주소, 처소

dominance
도미넝스
[여] 권세, 지배, 우세

dominant(e)
도미넝(넝뜨)
[형] 지배적인

domination
도미나시옹
[여] 지배권

dominer
도미네
[타] 지배하다. 통치하다; (경쟁자를) 누르다, 이기다 ~ see concurrents 경쟁자들을 제압하다

domino
도미노
[남] 도미노 놀이

dommage
도마즈
[남] 손해, 손실, 손상

dommages-intérpets
도마즈엥떼흐페
[남][복] 손해배상

dompter
동떼
[타] (짐승을) 길들이다

don
[남] 기부

동

donc [접] 그러므로, 따라서
동끄

D-d

donateur(trice) [명] 기증자
도나뙤흐(트히스)

donné(e) [형] 주어진, 베풀어진; 정해진, 일정한
도네

donnée [여] 자료, 정보, 데이터
도네

donner [타] 주다
도네

donneur(se) [명] 수여자
도뇌흐(뇌즈)

dont [대명] (de +관계대명사)의 구실을 하는 관 계대명사 ami ~ la mémoire est remarquable 기억력이 뛰어난 친구
동

dopage [남] 도핑 (불법약물사용) combattre le ~; lutter con-tre le ~ 도핑을 퇴치하다
도빠즈

doper [타] 마약을 먹이다
도뻬

doré(e) [형] 금도금한, 금박을 입힌; 금빛의
도헤

dorénavant [부] 이제부터, 앞으로(는)
도헤나벙

dorer [타] 금도금하다, 금박을 입히다
도헤

dorloter [타] 애지중지하다
도흘로떼

dormir [자] 자다

도호미흐

dortoir [남] 기숙사
도호뚜아흐

dos [남] (사람, 동물의) 등
도

dose [여] 복용량
도즈

dossier [남] 등받이; (사건, 인물 따위의) 관계 서류
도시에

doter [타] 지참금을 주다 [~ qn (de qch)]
도떼

douane [여] 세관
두안

douanier(ère) [형] 세관의 [남] 세관원
두아니에(에흐)

double [형] 두 배의 [남] 두 배
두블

doubler [타] 두 배로 만들다; (옷 따위에) 안을 대다; [영화] 더빙하다
두블레

doublure [여] 안감
두블뤼흐

double-clic [남] 더블 클릭
두블끌리끄

double-cliquer [자] 더블 클릭하다
두블끌리께

doublement [부] 이중으로 [남] 배가
두블멍

doubler [타] 두 배로 만들다 [자] 두 배로 되다
두블레

doucement [남] 부드럽게, 살그머니
두스멍

D-d

douceur
두쇠흐
[여] 단맛; 다정스러움, 상냥함; 부드러움

douche
두슈
[여] 샤워

doucher
두셰
[타] 샤워시키다 se ~ [대] 샤워하다

doué(e)
두에
[형] (재능 따위를) 타고난, 부여받은 [~ de qch]

douille
두유
[여] [기계] 연결통; 전기 소켓

douillet(te)
두예(예뜨)
[형] 부드러운, 포근한

douillette
두예뜨
[여] (성직자의) 솜외투, (솜으로 안을 넣은) 실내복

douloureux(se)
둘루회(회즈)
[형] (육체적으로) 아픈, 고통스러운; (정신적으로) 괴로운, 슬픈

douleur
둘뢰흐
[여] 고통; 통증 ~ profonde 극심한 통증

doute
두뜨
[남] 의심

douter
두떼
[타간] 의심하다 ~ de qch ...을 의심하다

doux(douce)
두(두스)
[형] 단; 부드러운

douzaine
두젠
[여] 약 12 une ~ de pom-mes 10여 개의 사과

douze
두즈
[형] 12의 [남] 12

douzième
두지엠
[형] 열 두번째의

dragée
드하제
[여] 당과의 일종 (아몬드나 호두에 당의를 입힌 것. 세례나 결혼 축하식에서 주로 사용)

draguer
드하게
[타] (구어) (낚아채려고 …에게) 접근하다

dragon
드하공
[남] 용

drainage
드헤나주
[남] 배수

dramatique
드하마띠끄
[형] 극적인

dramatisation
드하마띠자시옹
[형] 극화

dramatiser
드하마띠제
[타] 극화하다

dramaturge
드하마뛰흐즈
[명] 극작가

drame
드함
[남] 연극, 희곡

drap
드하
[남] 천; 시트

drapeau(x)
드하뽀
[남] 깃발

drastique
드하스띠끄
[형] 과감한

dresser
드헤세
[타] 일으키다; 세우다

drogue
드호그
[여] 약, 마약

drogué(e)
드호게
[형] (마약) 중독의, 중독된

droguer, se [대] 마약을 복용하다
스드호게

droit(e) [형] 바른, 곧은; (심성이) 올바른 [부] 똑바로, 일직선으로 [명] 직각 [여] 직선; 오른편, 우측 [남] 권리; 법
드후아(아뜨)

drôle [형] 우스운, 익살스러운, 재미있는; 이상한, 기묘한 un ~ de garçon 야릇한 소년
드홀

dru(e) [형] 무성한, 빽빽한
드휘

dû(e) [형] ① 지불해야 하는 ② (에) 의한 accident ~ à la maladresse 서툴러서 난 사고 [남] 당연히 받을[갚을] 것; 빚
뒤

duc [남] 공작
뒤끄

duchesse [여] 공작 부인
듀셰스

duel [남] 결투
듀엘

dûment [부] [행정법] 정식으로; (구어) 제대로
뒤멍

dune [여] 모래 언덕
뒨

Dunkerque [명] [지리] 됭케르크
뎅께흐끄

duo [남] 이중주, 2 인조
뒤오

dupe [여] 잘 속는 사람
뒤쁘

duper
뒤뻬
[타] 속이다

duplicata
뒤쁠리꺄따
[남] 등본, 사본

duplicité
뒤쁠리시떼
[여] 이중성격

dur(e)
뒤흐
[형] 굳은; 무자비한, 인정머리없는 ; 괴로운, 벅찬, 힘드는; 엄한, 냉혹한; 끈기있는 être ~ au travail 일을 끈기있게 하다

durable
뒤하블
[형] 오래 견디는

durablement
뒤하블멍
[부] 영속적[항구적]으로

durant
뒤헝
[전] ... 동안에

durcir
뒤흐시흐
[타] 굳게 하다

durée
뒤헤
[여] 지속; 지속기간; 기간

durer
뒤헤
[자] 지속되다, 계속되다

dureté
뒤흐떼
[여] 경도, 단단함; (비유) (물의) 경도; 딱딱함, 거침, 부조화

duvet
뒤베
[남] (조류의) 솜털

dynamique
디나미끄
[형] 역동적인 [여] 추진력

dynamisme
디나미슴
[남] 박력; 성장세 afficher au deuxième trimestre un ~ supérieur à celui des Etats-Unis. 2 사분기에 미

국보다 높은 성장세를 보이다

dynamite
디나미뜨
[여] 다이너마이트

dynamiter
디나미떼
[타] 다이너마이트로 폭파하다; (비유) (전통, 체계 따위를) 파괴하다, 타파하다

dynamo
디나모
[여] 발전기

dynastie
디나스띠
[여] 왕조

dysenterie
디성뜨히
[여] 이질

dyslexique
디슬렉시끄
[형] 독서장애를 가진 [명] 독서 장애자

E - e

E, e 으
[남] 불어 자모의 다섯째 글자

eau(x) 오
[여] ① 물 ~ distillée 증류수 ~bouillante 끓는 물 ~ douce[dure] 연수[경수] ~ gazeuse 탄산수 ~ potable 식수 ~ minérale 광천수 ~ thermale 온천수 ~ souterraine 지하수 ~ lourde 중수 ~ du robinet 수돗물 chute d'~ 폭포 ~ de source 샘물 ~ de pluie 빗물 jet d'~ 분수 moulin à ~ 물레방아 verre à ~ 물컵 un verre d'~ 물 한컵 château d'~ 저수탑 boire de l'~ 물을 마시다 se laver à l'~ chaude 더운 물로 몸을 씻다 Il est tombé beaucoup d'~. 비가 많이 내렸다 ② (집합적) (하천, 호수, 바다 따위 의) 물 cours d'~ 하천 marcher au bord de l'~ 물가를 거닐다 traverse[passer] l'~ 물을 건너다 mettre un navire à l'~ 선박을 진수시키다 ③ (복수) 온천(장), 광천(장) ville d'~x 온천 도시 aller aux ~x 온천에 가다 prendre les ~x 광천수를 마시다 ④ (복수) 해수, 바다 basses[hautes] ~x 간[만]조 ~x territoriales 영해 ~x inter-nationales 공해

~ x d'un navire 배가 지나간 뒤의 물살 ⑤ (복수) 용수 ~x industrielles 공업용수 ~x usées 하수 ~x polluées 오수; 폐수

eau-de-vie (eaux-de-vie) 오드비
[여] 화주, 증류주, 브랜디

ébahir 에바이흐
[타] 깜짝 놀라게 하다

ébauche 에보슈
[여] ① 초벌, 초안, 밑그림 oeuvre à l'état d'~ 초벌 작업 상태의 작품 ② (비유) 시초, 시작 (=commen cemen t); 희미한 윤곽[형태] (=esquisse) ~ d'un sou-rire 희미한 미소 ③ 불완전한 것, 미완성의 것 ~s de demo-cratie 과도기의 민주주의

ébaucher 에보셰
[타] ① (재료를) 대강 다듬다, 초벌 손질을 하다 ~ une poutre 대들보를 대강 잡다 ~ un diamant 다이아몬드를 초벌 가공하다 ② (작품의) 초안을 만들다; 윤곽을 잡다 ~ une statue[un tableau] 조상[그림]의 윤곽을 잡다 ③ 대강 구상하다, 준비하다 ~ un plan[projet] 계획을 구상하다 ④ (동작, 행위 를) 가볍게 나타내다 (=amorcer, esquisser) ~ un sourire 살짝 미소짓다 s'~ [대] ① 윤곽이 잡히다; 되어가다 oeuvre qui *s'ébauche* lentement 천천히 윤곽이 잡혀가는 작품[일] ② 구상되다, 준비되다 projet qui *s'ébauche* dans son esprit 그가 속으로 구상 중

인 계획 ③ (희미하게) 나타나다, 드러나다 La chaîne des Alpes *s'ébaucahit* dans le lointain. 멀리 알프스 산맥이 윤곽을 드러 내고 있었다

ébaucheur
에보셰흐
[남] 초벌 작업 직공

ébène
에베느
[여] ① 흑단 coffret d'~ 흑단 상자 bracelet en ~ 흑단 팔찌 ② 칠흑(빛) noir comme l'~; d'un noir d'~ 칠흑같이 검은 cheveux d'~ 칠흑같이 검은 머 리 ③ 단단하고 색이 진한 목재 bois d'~ 흑인 (노예 상인들의 용 어) commerce du bois d'~ 노예 매매

éblouir
에블루이흐
[타] ① (강한 빛으로) 눈부시게 하다 (=aveugler) Ses phares nous éblouissaient. 우리는 그의 전조등 때문에 눈이 부셨다 ② (옛, 비유) 현혹시키다, 눈멀게 하 다 (=fasciner) Son succès l'*a ébloui*. 그가 이룬 성공이 그를 눈멀게 했다 ③ 경탄을 불러일으키다, 마음을 사로 잡다 (=émer-veiller) *être ébloui* par la beauté de qn ...의 아름다움에 넋을 잃다 ④ [기계] (수신기 따위의 기능을) 강한 광선을 쬐어 마비시키다

éblouissant(e)
에블루이성(성뜨)
[형] ① 눈부신 neige ~e de blancheur 눈부신 백설 ② (옛) 현혹하는 ③ 경탄을 불러일으키 는, 놀랄 만한 ~e beauté 눈이 부실 정도의 아름다움 interpret-tation ~e d'un musicien 음악가 의 경탄할만한 연주

E-e

éblouissement 에블루이스멍 [남] ① 눈부심; 찬란함 ~ causé par le soleil couchant 낙조로 인한 눈부심 ② 현기증, 아찔함 avoir un ~ [des ~s] 어지럽 다, 현기증을 느끼다 ③ (비유) 경탄, 놀라움; 경탄할 만한 것

éborgnement 에보흐뉴멍 [남] 애꾸눈으로 만들기; 애꾸눈(의 상태)

éborgner 에보흐녜 [타] ① 애꾸눈으로 만들다; 눈을 때리다, 눈에 상처를 내다 ② (건물의) 창 따위를 폐 쇄하다; 가리다 ~ une maison (건물 따위가 가로막아) 집에 햇빛이 들지 않게 하다 ③ [농업] (과일 나무의) 필요 없는 순을 치다 s'~ [대] ① 애꾸가 되다; 한쪽 눈을 다치다 J'ai failli m'~. 하마터면 한쪽 눈을 다칠뻔 했다 ② 서로 눈을 때리다

éboueur 에부외흐 [남] 도로 청소부

ébouler 에불레 [자] 무너지다, 허물어지다

ébouillanter 에부이영떼 [타] ① 끓는 물에 담그다, 데치다; 뜨거운 물을 붓다 ~ une théière 찻주전자를 열탕에 담그다 ~ des légumes 채소를 뜨거운 물에 데치다 ② 뜨거운 물에 데게 하다 s'~ [대] 뜨거운 물에 데다 Elle *s'est* graveme nt *ébouillantée*. 그 여자는 뜨거운 물에 심하게 데었다

éboulement 에불멍 [남] ① (흙, 바위, 구조물 따위의) 붕괴; 낙반; 사태 mineurs victimes d'un ~ 낙반 [붕괴]사 고를 당한 광원들 ② 무너진 흙 [건축자재] Un ~ bouchait le passage. 무너진 토사더미로 통 로가 막혀있었다

ébouriffé(e) 에부히페

[형] 머리카락이 헝클어진

ébranlement 에브헝르멍

[남] ① (충격으로 인한) 진동, 흔들림 (=tremblement) ~ des vitres 차창의 떨림 [진동] L'~ du train l'a réveillé. 기차가 덜컹 하며 떠나는 바람에 그는 잠에서 깼다 ② (정권, 건강 따위의) 위기; 타격 (=déstabilisation) ~ de la monarchie 왕정의 위기 ③ (마음, 의지 따위의) 동요 (=trau-matisme) ~ de la conviction 신 념의 동요

ébranler 에브헝레

[타] ① (충격으로) (뒤)흔들다, 진동시키다 (=agiter, secouer) détonnation qui *ébranle* les vitres 차창을 울리는 폭발 La tempête a *ébranlé* cet arbre. 폭풍이 이 나무를 뒤흔들었다 ② (구조물에) 타격을 주다; (정권, 건강 따위를) 위태롭게 하다 ~ le pouvoir d'un régime 정권을 위태롭게 하다 l'accident qui *a ébranlé* sa santé 그의 건강을 악화시킨 사고 ③ (마음, 의지 따위를) 동요하게 하 다 Rien n'*a ébranlé* sa volonté. 그 무엇도 그의 의지를 꺾지 못했 다 Ce dernier argument *a ébranlé* sa conviction. 이 마지막 논거가 그의 신념을 흔들어 놓았다

[~ qn] Les prières de sa fille ont fini par l'~. 딸의 기도가 그의 마음을 움직이고야 말았다 ④ 자극하다 ~ l'imagi-nation 상상력을 자극하다 s'~ [대] ① 흔들리다, 동요하다 Le mur *s'est ébranlé* par le choc. 충격으로 벽이 흔들렸다 ② 움직 이기[떠나기] 시작하다 (=dé-marrer) Il regardait le train s'~. 그는 기차가 출발하는 것을 바라보고 있었다 L'admini-stration est longue à s'~. 행정 업무는 더디게 시작된다

ébrécher 에브헤셰 — [타] (칼날, 접시 따위를) 이가 빠지게 하다

ébullition 에뷜리시옹 — [여] 끓음, 비등

écaille 에까유 — [여] (생선, 파충류 따위의) 비늘

écailler 에꺄예 — [타] (생선의) 비늘을 벗기다

écarlate 에꺄흘라뜨 — [여] 진홍색 [형] 진홍색의

écart 에꺄흐 — [남] ① (시간, 공간적) 차이, 간격, 거리, 벌어짐 grand ~ (무용에서) 다리를 180 도 로 벌리기 ② 편차, 격차 ~ entre les tem-pératures du jour et de la nuit 일교차

écarté(e) 에꺄흐떼 — [형] (중심에서) 멀리 떨어진, 외딴

écarter 에꺄흐떼 — [타] 사이를 떼어놓다; 벌리다 ~ les doigts 손가락을 벌리다

écervelé(e) — [형][명] 경솔한[지각없는, 정신나간]

에세흐블레	(사람)
échafaud 에샤포	[남] 공개처형대, 단두대
échafaudage 에샤포다즈	[남] [건축] 비계, 발판
échange 에셩주	[남] 교환 en ~ de qch ....의 대가로, ... 대신
échanger 에셩제	[타] 교환하다 Les mariés ont échangé leurs anneaux. 신랑 신부는 반지를 주고 받았다
échangeur 에셩죄흐	[남] 열교환기; 입체 교차로
échantillon 에셩띠용	[남] 견본, 표본
échappement 에샤쁘멍	[남] (가스, 증기의) 배출, 배기
échapper 에샤뻬	[타간] ...을 모면하다; 피하다 ~ à un accident[danger] 사고[위험]를 모면하다 s'~ [대] 도망치다 Elles se sont échappées à toutes jambes. 그 여자들은 있는 힘을 다해 도망쳤다
écharde 에샤흐드	[여] (살에 박힌) 가시
écharpe 에샤흐쁘	[여] 스카프
échasse 에샤스	[여] 죽마, 장대발
échauffer 에쇼페	[타] 데운, 뜨겁게 하다
échéance 에셰엉스	[여] (계약의) 만기일, (어음, 채무 따위의) 지불 기한[날짜]

échéant(e) 에셰엉(엉뜨)	[형] [법] 만기가 된, 기한에 이른 le cas ~ 그럴 경우, 필요한 경우에는
échec 에셰끄	[남] (복수) 서양장기, 체스; 실패
échelle 에셸	[여] 등급, 단계, 규모 à grande ~ 대규모로
échelon 에슐롱	[남] 사다리의 가로대 (발딛는 부분); 단계, 계층, 등급
échevelé(e) 에슈블레	[형] 머리가 헝클어진; (비유) 혼잡스런, 난장판인
échine 에쉰	[여] 척추, 등뼈
Echiquier 에시끼에	[남] 재무부
écho 에꼬	[남] 메아리
échoppe 에쇼쁘	[여] 구멍가게, 노점
échouer 에슈에	[자] 좌초하다; 실패하다
éclabousser 에끌라부세	[타] (에게) 흙탕불 따위를 튀기다
éclair 에끌레흐	[남] 번개(불); 섬광
éclairage 에끌레하즈	[남] 조명, 조명방식, 채광
éclaircie 에끌레흐시	[여] (하늘이) 잠시 갬
éclaircir 에끌레흐시스	[타] 밝게 하다, 맑게 하다
éclairer 에끌레헤	[타] 비추다, 밝히다

éclat 에끌라	[남] 파편, 조각
éclatant(e) 에끌라떵(떵뜨)	[형] (소리가) 귀청을 찢는, 울리는
éclater 에끌라떼	[자] 파열하다, 터지다; 요란스럽게 울리다; 발발하다 ~ de rire 웃음을 터뜨리다
éclipse 에끌립스	[여] 식
éclipser 에끌립세	[타] 가리다
éclore 에끌로흐	[자] (알에서) 깨어나다, 부화하다
écluse 에끌뤼즈	[여] (운하, 개천 따위의) 수분
écoeurer 에꾀헤	[타] (과자, 음료수 따위가) 구역질나게 하다; (비유) (처신, 사람 따위가) 불쾌하게 하다
éco-guerrier(ère) 에꼬게히에(에흐)	[명] 과격한 환경 활동가
école 에꼴	[여] 학교
écolier(ère) 에꼴리에(에흐)	[명] 초등학생, 아동 [명] 초등학생(용)의
écologie 에꼴로지	[여] 생태학
écologique 에꼴로지끄	[형] 생태학의
écologiste 에꼴로지스뜨	[명] 생태학자
éconduire 에꽁뒤이흐	[타] (의) 요구를 거절하다, 퇴짜놓다

économe [형] 검소한
에꼬놈

économie [여] 경제학, 경제
에꼬노미

économique [형] 경제학의
에꼬노미끄

économiser [자] 절약하다
에꼬노미제

économiste [명] 경제학자
에꼬노미스뜨

écorce [여] (나무, 과실의) 껍질
에꼬흐스

écorcher [타] 가죽을 벗기다
에꼬흐셰

écorchure [여] 찰과상
에꼬흐쉬흐

écossais(e) [형] 스코틀랜드(Écosse)의 É~ [명] 스코틀랜드 사람 [남] 스코틀랜드어
에꼬세(세즈)

Écosse [여] [지리] 스코틀랜드
에꼬스

écouler [타] 유통시키다, 팔아치우다
에꿀레

écourter [타] (시간을) 줄이다, 단축하다
에꾸흐떼

écoute [여] (전화, 방송 따위의) 청취
에꾸뜨

écouter [타] 듣다
에꾸떼

écran [남] 차폐물, 칸막이, 가리개; 영사막, 스크린, (텔레비전의) 화면
에크헝

écrasant(e) [형] 눌러 부수는, 대단히 무거운
에크하정(정뜨)

écraser
에크하제
[타] 짓눌러 납작하게 하다, 으스러뜨리다

écrémer
에크헤메
[타] (우유에서) 크림을 떠내다, 탈지하다

écrevisse
에크흐비스
[여] [동물] 가재

écrier, s'
세크히에
[대] 소리를 지르다, 외치다

écrire
에크히흐
[타] 쓰다

écriteau(x)
에크히또
[남] 게시판

écriture
에크히뛰흐
[여] 문자, 표기법

écrivain
에크히벵
[남] 작가, 저작자, 문필가

écrou
에크후
[남] [기계] 너트, 암나사

écrouer
에크후에
[타] 죄수명부에 기입하다, 수감[투옥]하다

écrouler, s'
세크훌레
[대] (건물 따위가) 무너지다

écueil
에꾀유
[남] 암초

écume
에뀜
[여] 거품

écureuil
에뀌회유
[남] [동물] 다람쥐

eczéma
엑제마
[남] [의학] 습진

éden
에덴
[남] [성서] l'É~, le jardin d'É~ 에덴동산; 낙원, 천국

édifiant(e) [형] 교훈적인
에디피엉(엉뜨)

édifice [남] 건물
에디피스

édifier [타] 세우다, 건립하다
에디피에

éditer [타] 편집하다
에디떼

éditeur(trice) [명] 편집자
에디뙤흐(트히스)

édition [여] 편집
에디시옹

éditorial [남] 사설
에디또히알

éducateur(trice) [명] 교육자
에뒤꺄뙤흐(트히스)

éducatif(ve) [형] 교육적인
에뒤까띠프(띠브)

éducation [여] 교육
에뒤꺄시옹

éduquer [타] 교육시키다
에뒤께

effacer [타] 지우다
에파세

effarer [타] 질겁하게 하다
에파헤

effectif [형] 유효한, 효과가 있는; 실제의, 실질적인 [남] (집단의) 실제 인원, 정원
에펙띠프

effectivement [부] 실제로, 실질적으로
에펙티브멍

effectuer [타] 실행하다, 행하다

에펙뛰에

efféminé(e) 에페미네	[형] 나약한, 여자 같은
effervescent(e) 에페흐베성(성뜨)	[형] ① 기포성의, 끓는 ② (비유) 흥분한, 열광한
effet 에페	[남] 효과
effectif(ve) 에펙띠프(띠브)	[형] 효과적인
effectuer 에펙뛰에	[타] 실행하다
efficace 에피꺄스	[형] 효과적인
efficacement 에피꺄스멍	[부] 효과적으로
efficacité 에피꺄시떼	[여] 효과적임
effigie 에피지	[여] 초상
effleurer 에플뢰헤	[타] 스치다, 스쳐가다; 가볍게 대다 [건드리다]
effluent 에플뤼엉	[남] 폐수, 폐기물
effondrer 에퐁드헤	[타] 부수다, 파괴하다, 붕괴시키다
efforcer, s' 세포흐세	[대] 노력하다, 애쓰다 [s'~ de/à + inf]
effort 에포흐	[남] 노력 ne pas ménager ses ~s 노력 을 아끼지 않다
effrayer 에프헤예	[타] 두렵게[무섭게] 하다, 오싹하게 하다

effréné(e) 에프헤네	[형] 절제되지 않은, 과도한, 광적인
effriter 에프히떼	[타] 풍화시키다, 잘게 부수다
effroi 에프후아	[남] (문어) 두려움, 공포
effronté(e) 에프홍떼	[형] 부끄러워할 줄 모르는, 뻔뻔한, 염치없는
effronterie 에프홍트히	[여] 뻔뻔스러움
effroyable 에프후아야블	[형] 무시무시한, 끔찍한
effusion 에퓨지옹	[여] 유출
égal(e, aux) 에갈(고)	[형] 평등한
égaler 에갈레	[타] 필적하다, 같다
égaliser 에갈리제	[타] 동등하게 하다
égalitaire 에갈리떼흐	[형] 평등주의의
égalitariste 에갈리따히스뜨	[형] 평등주의의, 평등주의를 지지하는 [명] 평등주의자
égalité 에갈리떼	[여] 평등
égard 에갸흐	[남] 고려; 대하는 태도; 존경; 경의 à l'~ de ...에 대하여, ...에 관하여
égarer 에갸헤	[타] 길을 잃게 하다 s'~ [대] 길을 잃다
égayer	[타] 쾌활하게 하다, 흥겹게 하다

에게예

église [여] 교회, 성당
에글리즈

ego [남] [복수불변] [철학] 자아
에고

égocentrique [형] 자아중심적인
에고성트히끄

égoïsme [남] 이기주의
에고이슴

égoïste [형] 이기주의의 [명] 이기주의자
에고이스뜨

égorger [타] (동물을) 목베어 죽이다, 도살하다; (사람을) 참수하다, 목을 자르다
에고흐제

égotisme [남] 자만
에고띠슴

égotiste [명] 이기주의자
에고띠스뜨

Égout [남] 하수구, 하수도
에구

égoutter [타] 물[물기]을 빼다
에구떼

égratigner [타] 할퀴다, 표면에 상처[흠집]를 내다
에그하띠녜

égratignure [여] 할퀸 상처, 찰과상
에그하띠뉘흐

Égypte [여] [지리] 이집트
에집뜨

égyptien(ne) [형] 이집트의 É~ [명] 이집트인
에집시엥(엔)

éjaculation [여] 분출
에지뀔라시옹

éjaculer [자] 내뿜다

에자껄레

éjecter, s' [대명] 축출하다
세젝떼

éjection [여] 축출
에젝시옹

élaboration [여] 노작
엘라보하시옹

élaborer [타] 정교하게 만들다
엘라보헤

élancer [타] 냅다 던지다
엘렁세

élan [남] 비약, 도약
엘렁

élancé(e) [형] 호리호리한, 날씬한
엘렁세

élancement [남] 통증, 격통
엘렁스멍

élancer [타] 들어놀리다, 높이다
엘렁세

élargir [타] 넓히다, 확장하다
엘라흐지흐

élastique [형] 탄성이 풍부한, 탄력적인
엘라스띠끄

électeur(trice) [명] 유권자
엘렉뙤흐(트히스)

élection [여] 선거 gagner aux ~s 선거에서 승리하다
엘렉시옹

électoral(e, aux) [형] 선거의
엘렉또할(호)

électoralisme [남] 선거운동
엘렉또할리슴

électorat [남] ① 선거권 ② (집합적) 유권자,

엘렉또하 선거인

électricien(ne) [명] 전기기사
엘렉트히시엥(엔)

électrifier [타] 전기를 통하게 하다
엘렉트히피에

électricité [여] 전기
엘렉트히시떼

électrique [형] 전기의
엘렉트히끄

électrisant(e) [형] 전기를 통하게 하는; (비유) 짜릿하게 하는
엘렉트히장(장뜨)

électrocuter [타] 감전사시키다 s'~ 감전사당하다
엘렉트호뀌떼

électrocution [여] 감전사; 전기 사형
엘렉트호뀌시옹

électrode [여] 전극
엘렉트호드

électrolyse [여] 전기 분해
엘렉트홀리즈

électron [남] 전자
엘렉트홍

électronique [형] 전자의 [여] 전자 공학
엘렉트호니끄

électrophone [남] 전축
엘렉트호폰

élégance [여] 우아함
엘레강스

élégant(e) [형] 우아한
엘레강(강뜨)

élégamment [부] 우아하게
엘레갸멍

élégie [여] 애가, 비가
엘레지

élément [남] 요소 l'~ clé de son succès 그의 성공에 있어서의 중요한 요소
엘레멍

élémentaire [형] 기본이 되는
엘레멍떼흐

éléphant [남] 코끼리
엘레펑

éléphantesque [형] 거대한
엘레펑떼스끄

élevage [남] (가축의) 사육; (물고기 따위의) 양식; 목축
엘바즈

élévateur [남] 승강기
엘레바뙤흐

élévation [여] 높이
엘레바시옹

élève [명] 학생
엘레브

élevé(e) [형] 높은; 고급의
엘르베

élever [타] 올리다; 일으키다; 들다; 세우다; 키우다, 기르다; 높이다
엘르베

élimé(e) [형] (옷 따위가) 해진, 낡은
엘리메

élimination [여] 제거
엘리미나시옹

éliminer [타] 제거하다
엘리미네

élire [타] 선출하다
엘리흐

élitaire [형] 엘리트의
엘리떼흐

élite [여] 정예
엘리뜨

elle [대명][여] 그 여자, 그것
엘

elliptique [형] 타원형의
엘립띠끄

élocution [여] 웅변술
엘로뀌시옹

éloigné(e) [형] 먼, 멀리 떨어진
엘루아녜

éloigner [타] 멀리 보내다, 떨어뜨리다
엘루아녜

éloquence [여] 웅변
엘로껑스

éloquent(e) [형] 웅변의
엘로껑(껑뜨)

éluder [타] (교묘하게) 피하다, 모면하다
엘뤼데

e-mail [남] [정보] 이메일
이멜

émail(aux) [남] 법랑, 칠보
에마유(에모)

émailler [타] 에나멜을 칠하다
에마예

émancipation [여] 해방
에멍시빠시옹

émasculer [타] 거세하다, 무기력하게 하다
에마스뀔레

emballage [남] 짐꾸리기, 포장
엉발라즈

emballer [타] 짐을 꾸리다, 포장하다; 트렁크에 넣다; 차에 싣다; 열중케 하다
엉발레

embarcadère
엉바흐꺄데흐
[남] 부두, 선착장

embargo
엉바흐고
[남] ① [해양] (선박의) 억류, 출항금지 ② (물품의) 판매[통상, 수출] 금지

embarquement
엉바흐끄멍
[남] 탑승

embarquer
엉바흐꼐
[타] 태우다

embarquer, s'
성바흐께
[대] 탑승하다 s'~ dans qch ... 에 탑승하다

embarras
엉바하
[남] ① 곤경 ② 걱정거리

embarrassant(e)
엉바하성(성뜨)
[형] 당황하게 하는

embarrasser
엉바하세
[타] 당황하게 하다 s'~ [대] (을) 거추장스럽게 여기다, (으로) 고생하다, 시달리다 [s'~ de]

embaucher
엉보셰
[타] 고용하다

embaumer
엉보메
[타] 미라로 만들다

embellir
엉벨리흐
[타] 장식하다

embêtant(e)
엉베떵(떵뜨)
[형] (구어) 귀찮은, 골치아픈, 난처한

embêtement
엉베뜨멍
[남] (구어) 귀찮게 굴기, 귀찮음, 지겨움, 골치거리

embêter
엉베떼
[타] (구어) 지겹게 하다, 따분하게 하다; 몹시 귀찮게 하다

emblée, d'
덩블레
[부] 단번에, 단숨에, 곧바로, 문제없이

emboîter
엉부아떼
[타] 끼워넣다, 끼워맞추다

embolie
엉볼리
[여] 색전증

embonpoint
엉봉뿌엥
[남] (초기단계의) 비만, 살이 약간 찐 상태

embouchure
엉부쉬흐
[여] [음악] (관악기의) 입을 대고 부는 곳, 취구

embouteillage
엉부떼야즈
[남] (교통, 통신의) 혼잡, 막히기

embouteiller
엉부떼예
[타] 병에 넣다; 막다, 폐색하다; (길 따위를) 혼잡하게 만들어 통행할 수 없게 하다

emboutir
엉부띠흐
[타] 금속 각인을 하다, 금형 작업을 하다

embranchement
엉브헝슈멍
[남] 나무의 갈래; 분기점, 갈래길; 간선도로, 지선, 지류

embrasser
엉브하세
[타] 포옹하다; 입 맞추다

embrayage
엉브헤야즈
[남] 연결장치, 클러치

embrayer
엉브헤예
[타] [기계] (모터에) 연결하다, 연동장치를 하다 [자] 클러치를 넣다

embrouiller
엉부후예
[타] (실 따위를) 얽히게 하다, (서류 따위를) 뒤섞다

embryon
엉브히용
[남] 태아

embryonnaire
엉브히요네흐
[형] 태아의

éméché(e)
에메셰
[형] (구어) 얼근히 취한; (머리털을) 타래로 만든

E-e

émeraude [여] 에메랄드
에므호드

émerger [자] (수면 위로) 나타나다, 떠오르다; 부상하다
에메흐제

émeri [남] 금강사
에므히

émerveiller [타] 경탄[감탄]하게 하다 s'~ [대] 감탄[경탄]하다 [s'~ de[devant] qch /inf]
에메흐베예

émetteur [남] (주로 온실가스) 배출국 2ème ~ de gaz à effet de serre 2 번째 온실가스 배출국
에메뙤흐

émettre [타] 발산하다
에메트흐

émeute [여] 폭동, 소요, (민중의) 봉기
에뫼뜨

émietter [타] 부스러뜨리다, 잘게 부수다
에미에떼

émigration [여] 이민, 이주
에미그하시옹

émigrant(e) [명] 이주자
에미그헝(헝뜨)

émigré(e) [형] 이주한; 망명한 travailleurs ~s 이민노동자 [명] 이주자, 망명자
에미그헤

émigrer [자] 이민가다
에미그헤

éminemment [부] 저명하게
에미나멍

éminence [여] ① 언덕, 고지 ② (É~) 예하 (추기경의 존칭) son É~ le car-dinal 추기경 예하, 고위 인사
에미넝스

éminent(e) 에미넝(넝뜨) [형] 높은, 저명한

émirat 에미하 [남] (이슬람 세계의) 수장의 지위[영토]; 수장국

émissaire 에미세흐 [남] 사절, 밀사

émission 에미시옹 [여] ① 방송; (방송) 프로그램 ② [물리] 방출, 방사, 복사 ~ électronique 전자 방출

emmagasiner 엉마가지네 [타] (상품을) 창고에 넣다, 입고하다

emmêler 엉멜레 [타] 엉클다, 뒤섞다

emménager 엉메나제 [자] (새로운 집으로) 이사하다, 입주하다

emmener 엉므네 [타] 데리고 가다, 연행하다

emmerder 엉메흐데 [타] (구어) 성가시게 하다, 귀찮게 굴다, 곤란하게 하다

emmitoufler 엉미뚜플레 [타] (구어) (모피 따위로) 따뜻하게[포근하게] 감싸다

émoi 에무아 [남] (문어) 동요, 들끓음, 흥분

émollient(e) 에몰리엉(엉뜨) [형] 완화하는

émoluments 에몰뤼멍 [남][복] 공무원 급료[봉급], (공증인 따위의) 보수, 사례금

émotion 에모시옹 [여] 감정

émotif(ve) 에모띠프(띠브) [형] 정서의

émotionnel(le) [형] 감정의
에모시오넬

émousser [타] 무디게 하다
에무세

émouvant(e) [형] 감동시키는
에무벙(벙뜨)

émouvoir [타] 감동시키다, 마음을 움직이다; 일으키다
에무부아흐

empaqueter [타] (물건을) 싸다, 포장하다
엉빠끄떼

emparer, s' [대] [s'~ de] 탈취하다, 점령하다, 독점하다
성빠헤

empathie [여] 감정이입
엄빠시

empêchement [남] 방해, 지장, 장애(물)
엉뻬슈멍

empêcher [타] 방해하다, 못하게 하다, 막다
엉뻬셰

empereur [남] 황제
엉프회흐

empesé(e) [형] 풀먹인; (태도 따위가) 뻣뻣한, 부자연한
엉쁘제

empester [타] (방 따위를) 악취나게 하다
엉뻬스떼

empiéter [자] [~ sur qch] 조금씩 침범하다, 잠식하다
엉삐에떼

empiler [타] 쌓다, 쌓아올리다
엉삘레

empire [남] 제국
엉삐흐

empirer [자] (성세 따위가) 나빠지다, 악화하
엉삐헤

다

empirique
엉삐히끄
[형] 경험적인

emplacement
엉쁠라스멍
[남] 용지, 부지

emplette
엉쁠레뜨
[여] 물건사기, 장보기

emplir
엉쁠리흐
[타] (문어) 가득 채우다

emploi
엉쁠루아
[남] 고용

employé(e)
엉쁠루아예
[명] 종업원, 직원, 사무원

employer
엉쁠루아예
[타] 쓰다, 사용하다; (사람을) 쓰다, 고용하다, 채용하다

employeur(se)
엉쁠루아예흐(예즈)
[명] 고용주

empocher
엉뽀셰
[타] (돈, 이익 따위를) 받아 가지다, 수취하다

empoigner
엉뿌아녜
[타] 움켜잡다, 붙잡다

empoisonner
엉뿌아조네
[타] 독을 넣다

emporter
엉뽀흐떼
[타] 가져가다; 앗아가다; 빼앗다; ...의 생명을 빼앗다; 점령하다; 휩쓸다 ; 흥분시키다; 획득하다 l'~ 이기다, 우세하다 L'amour l'*emporte* souvent sur la raison. 사랑은 흔히 이성보다 강하다

empreinte
엉프헹뜨
[여] (눌리거나 찍힌) 자국, 흔적

empressé(e) 엉프헤세 [형] 열성적인, 열렬한

empresser, s' 성프헤세 [대] 서둘러[민첩하게] 하다 [s'~ de + inf]

emprisonner 엉프시조네 [타] 감옥에 넣다, 투옥[수감]하다

emprunt 엉프헹 [남] 돈의 차용, 차용금, 부채; 공채; 차용

emprunter 엉프헹떼 [타] 빌리다

ému(e) 에뮈 [형] 감격한, 감동된; 흥분된

émuler 에뮐레 [타] [정보] (다른 컴퓨터 운영체계) 작동을 모방하다, 에뮬레이트하다

émulsifier 에뮐시피에 [타] 유상으로 만들다

émulsion 에뮐시옹 [여] 유제

émulsionner 에뮐시오네 [타] 유제를 타다, 유화하다

en 엉 [전] ① (장소, 시간을 가리킴) ...에, ...에서 ② (방향을 가리킴) ...에, ...으로 [대명] (=de + 대명사) ① 그것에 관하여 Qu'~ pensez-vous ? 그것에 관하여 어떻게 생각합니까? ② 그것으로부터 ③ 그것의 얼마큼(부분[부정]관사 du, de la, de l', des 가 포함되어 있는 경우) Avez-vous des cigarettes ? - Non, je n'~ ai pas. 담배 있으십니까? - 아니요, 없습니다

encadrer 엉꺄드헤 [타] 틀[테, 액자]에 끼우다, 테두리를 하다

en-cas 엉까	[남] (언제든지 먹을 수 있도록 준비된) 가벼운 식사
encastrer 엉꺄스트헤	[타] 박아[끼워]넣다
encaisser 엉께세	[타] (대금을) 수령하다
enceinte 엉셍뜨	[형][여] 임신한
encéphalogramme 엉세팔로그함	[남] 뇌수 엑스레이 사진
encercler 엉세흐끌레	[타] 둘러싸다
enchaîner 엉셰네	[타] 사슬로 묶다; 속박하다, 예속시키다
enchanté(e) 엉셩떼	[형] 마법의; 매우 기쁜[만족한]
enchantement 엉셩뜨멍	[남] 마법, 마법을 걸기, 주문; (비유) 매혹, 매력; 큰 기쁨, 환희
enchanter 엉셩떼	[타] 매혹하다
enchanteur (teresse) 엉셩뙤흐(뜨헤스)	[명] ① 마법사 ② (비유) 매혹적인 사람 [형] 매혹적인, 황홀케 하는
enchère 엉셰흐	[여] (경매에서) 값을 올려 부르기; (흔히 복수) 경매
enchevêtrer 엉슈베트헤	[타] 얽히게 하다; (비유) 복잡[혼란]하게 하다
enclin(e) 엉끌렝(끌린)	[형] 경향[성향, 버릇]이 있는 [~ à qch/inf]
enclos(e) 엉끌로(로즈)	[형] ① 둘러싸인 champs ~ d'une barrière 울타리로 둘러싸인 밭

[남] (울타리, 담 따위로) 둘러싸인 땅

encoder [타] 부호화하다
엉꼬데

encolure [여] (말 따위의) 목, 경부; (사람의) 목, 목둘레
엉꼴뤼흐

encombrant(e) [형] (장소를 차지해서) 거추장스러운, 방해가 되는
엉꽁브헝(헝뜨)

encombrement [남] (장소, 통로를) 막기, 붐빔, 혼잡
엉꽁브흐멍

encombrer [타] (장소, 통로를) 막다, 혼잡하게 하다
엉꽁브헤

encore [부] 아직(도), 여전히
엉꼬흐

encouragement [남] 격려
엉꾸하즈멍

encourager [타] 격려하다 ~ qn à + inf. ...가... 하도록 격려하다
엉꾸하제

encourir, s' [대] (옛) 뛰어가다
성꾸히흐

encre [여] 잉크
엉크흐

encrypter [타] 부호화하다
엉크힙떼

encyclopédie [여] 백과사전
엉시끌로뻬디

endémie [여] 풍토병
엉데미

endémique [형] 풍토성의
엉데미끄

endetter [타] 빚지게 하다 s'~ [대] 빚지다 [s'~ de]
엉데떼

endive [여] [식물] 꽃상추
엉디브

endommager [타] 손해를 입히다, 손상[파손]하다
엉도마제

endocrinologie [여] 내분비학
엉도크히놀로지

endormi(e) [형] 잠든
엉도흐미

endormir, s' [대] 잠들다
성도흐미흐

endossement [남] 배서, 보증
엉도스멍

endosser [타] 써넣다, 보증하다
엉도세

endroit [남] 장소
엉드후아

enduire [타] 바르다, 칠하다 [~ qch de qch]
엉뒤이흐

endurance [여] 지구력, 인내
엉뒤헝스

endurcir [타] 튼튼하게 하다, 단련시키다
엉뒤흐시흐

endurer [타] 견디다
엉뒤헤

énergie [여] 에너지 ~ éolienne 풍력에너지 ~ nucléaire 원자력에너지
에네흐지

énergique [형] 에너지 넘치는
에네흐지끄

énerver [타] 신경질[짜증]나게 하다 s'~ 대] 신경질[짜증]나다 [s'~ à qch/inf]
에네흐베

enfance [여] 유년기, 소년[소녀]시절
엉펑스

enfant
엉펑
[명] 어린이, 아동

enfantin(e)
엉펑뗑(펑띤)
[형] 어린이 특유의, 아동의; 어린이를 위한, 아동용의; (경멸) 유치한

enfer
엉페흐
[남] 지옥

enfermer
엉페흐메
[타] 가두다, 감금하다

enfiler
엉필레
[타] (바늘 따위에 실을) 꿰다, (반지 따위를 손가락에) 끼우다

enfin
엉펭
[부] 마침내

enflammé(e)
엉플라메
[형] 타고, 타고 있는; 열정적인

enflé(e)
엉플레
[형] 부푼, 부풀어 오른

enflure
엉플뤼흐
[여] (신체 부위의) 부은 상태, 부증; (비유) 과장

enfoncer
엉퐁세
[타] 박다, 처박다

enfreindre
엉프헹드흐
[타] (문어) 어기다, 위반하다

enfuir, s'
성퓌이흐
[대] 달아나다, 도망가다

engagement
엉갸즈멍
[남] 약속, 맹세; 계약, 고용계약

engager
엉갸제
[타] 고용하다, 징집하다; (사람을) 구속하다, 얽매다 s'~ [대] 약속하다 [s'~ à qch/inf]

engelure
엉즐뤼흐
[여] 가벼운 동상

engin 엉젱	[남] 기구, 도구, 기계
englober 엉글로베	[타] 병합하다
engourdi(e) 엉구흐디	[형] (손, 발 따위가) 마비된, 저린
engourdir 엉구흐디흐	[타] (손, 발 따위를) 마비시키다, (팔, 다리를) 저리게 하다
engraisser 엉그헤세	[타] 살찌게 하다
engrenage 엉그흐나즈	[남] 톱니바퀴장치
engueuler 엉길레	[타] (구어) 욕을 하다, 질책을 하다
énigme 에니금	[여] 수수께끼
enivrer 엉니브헤	[타] 취하게 하다 s'~ [대] 취하다
enjamber 엉정베	[타] 성큼 넘다, 뛰어넘다 [자] 걸치다, 삐져나와 있다
enjeu(x) 엉죄	[남] 내기; 내거는 것 쟁점, 문제점
enjoliveur(se) 엉졸리뵈흐(뵈즈)	[명] 꾸미기 좋아하는 사람 [남] [자동차] 바퀴덮개
enjoué(e) 엉주에	[형] 쾌활한, 명랑한
enlèvement 엉레브멍	[남] 제거, 회수, 운반, 반출, 옮김
enlever 엉르베	[타] 없애다, 치우다
enliser 엉리제	[타] (모래, 진창 속에) 빠뜨리다, 파묻다, 끌어넣다

E-e

ennemi(e)
엔미
[명] 적 se faire des ~s 적을 만들다

ennui
엉뉘이
[남] 권태, 지겨움

ennuyer
엉뉘이에
[타] 곤란하게 하다, 난처하게 하다, 귀찮게 하다, 성가시게 하다 s'~ 지루하다; (에) 싫증나다 [s'~ de]

ennuyeux(se)
엉뉘이유(유즈)
[형] 지루한, 권태를 느끼게 하는

énoncer
에농세
[타] ① (구두 또는 문장으로 명확하게) 진술하다; 서술하다; 표현하다 ② (조항 따위를) 규정하다

énonciation
에농시아시옹
[여] ① 표현, 진술, 서술 ② [논리] 명제 ③ 규정

enorgueillir
엉노흐괴이흐
[타] 거만하게 하다, 뽐내게 하다 s'~ [대] 거만해지다, 뽐내다 [s'~ de qch/inf]

énorme
에노흠
[형] 거대한

énormément
에노흐메멍
[부] 엄청나게

énormité
에노흐미떼
[여] 악독, 극악무도

enquérir
엉께히흐
[타] [법] 심문하다 s'~ [대] (을) 조사하다, 문의하다, 알아보다

enquête
엉께뜨
[여] 조사, 앙케이트; (당국의) 조사, 수사, 취조, 신문, 심문

enraciné(e)
엉하시네
[형] (식물이) 깊이 뿌리박은; 뿌리깊은

enragé(e)
엉하제
[형] 격노한, 몹시 화난

enrager
엉하제
[자] 몹시 화를 내다, 원통해하다 [타] 화나게 하다

enrayer
엉헤예
[타] (기계, 총을) 고장나게 하다; (진행을) 막다, 저지하다

enregistrement
엉흐지스트흐멍
[남] 녹음; [정보] 저장

enregistrer
엉흐지스트헤
[타] 녹음하다; [정보] 저장하다

enrhumer
엉휘메
[타] 감기에 걸리게 하다 s'~ [대] 감기에 걸리다

enrichir
엉히쉬흐
[타] 부유하게 하다

enrôlement
엉홀멍
[남] 징집; 입대

enrôler
엉홀레
[타] 병적에 등록하다; 징집하다; 모집하다 s'~ 입대하다

enrouer
엉후에
[타] 목을 쉬게 하다 s'~ [대] 목이 쉬다

enrouler
엉훌레
[타] (둥글게) 감다[말다]

enseigne
엉세뉴
[여] 간판

enseignement
엉세뉴멍
[남] (문어) 가르침, 교훈; 가르치기, 교육

enseigner
엉세녜
[타] 가르치다, 교육[교수]하다

ensemble
엉성블
[부] 함께, 같이

ensevelir
엉스블리흐
[타] (문어) 매장하다; 파묻다, 매몰시키다

ensoleillé(e)
[형] 햇볕이 드는, 양지바른

엉솔레예

ensommeillé(e) [형] 조는, 졸리워하는; 잠이 덜 깬
엉소메예

ensuite [부] 그리고 나서, 곧이어
엉쉬이뜨

ensuivre, s' [대] (부정법과 3 인칭으로만 쓰임) (문어) 결과로서 일어나다, …라는 결과가 따르다
성쉬이브흐

entaille [여] 배낸[파낸] 자리, 홈(구멍), 새김눈, 눈금
엉따유

entailler [타] 벤[패인] 자국을 만들다, 홈(구멍)을 내다, 눈금을 새기다
엉따예

entamer [타] 상처를 내다, 다치게 하다; (음식물, 천 따위의) 첫 조각을 자르다[떼어내다], 처음으로 손을 대다; 시작하다, 개시[착수]하다
엉따메

entasser [타] (무질서하게) 쌓다, 집적하다; (돈을) 저축하다
엉따세

entendre [타] 듣다; 깨닫다, 이해하다; 의미하다; 정통하다; 원하다; 들을 줄 알다 Vous m'*entendez* 제목소리가 들리십니까?
엉떵드흐

entendu(e) [형] 꾀바른, 잘 알고 있는 듯한
엉떵뒤

entente [여] 합의, 의견일치
엉떵뜨

entérité [여] 장염
엉떼히떼

enterrer [타] (땅에) 묻다; 매장하다, (의) 장례를 치루다
엉떼헤

enterrement [남] 매장, 장례; 장례식

엉떼흐멍

en-tête
엉떼뜨
[남] (종이 상단에 인쇄된) 두서, 표제

entêté(e)
엉떼떼
[형] 고집이 있는, 고집센

entêter
엉떼떼
[타] 머리 아프게[어지럽게] 하다; 열중케 하다; 거만하게 만들다 s'~ [대] 고집을 부리다

enthousiasme
엉뚜지아슴
[남] 열광

enthousiaste
엉뚜지아스뜨
[형] 열광적인

entier(ère)
엉띠에(에흐)
[형] 전체의

entièrement
엉띠에흐멍
[부] 전적으로 Nous sommes ~ d'accord. 우리는 전적으로 동의한다

entité
엉띠떼
[여] 존재

entomologie
엉또몰로지
[여] 곤충학

entonner
엉또네
[타] 노래하기 시작하다

entonnoir
엉또누아흐
[남] 깔때기

entorse
엉또흐스
[여] 삐기, 염좌

entortiller
엉또흐띠에
[타] (을) 둘둘 감싸다[말다]

entourage
엉뚜하즈
[남] 주위 사람들, 측근; 주위, 부근; 둘레의 장식

entourer
엉뚜헤
[타] 두르다, 둘러치다, 둘러싸다; 베풀다

E-e

entracte
엉트학뜨
[남] (연극 따위의) 막간; (연주회, 영화의) 중간 휴식 시간

entraider, s'
성트헤데
[대] 서로 돕다

entrain
엉트헹
[남] 활기, 활력

entraînement
엉트헨멍
[남] (어떤 행동으로) 이끌기, 이끌림, 충동, 부추김

entraîner
엉트헤네
[타] 끌고가다, 휩쓸어가다

entraîneur(se)
엉트헤뇌흐(뇌즈)
[명] 말 조련사; 코치, 트레이너 [남] [기계] 발동[운전]장치

entrave
엉트하브
[여] 족쇄; (비유) 구속, 속박, 방해, 제동

entraver
엉트하베
[타] 족쇄를 채우다; (비유) 방해[저지]하다, 구속[속박]하다

entre
엉트흐
[전] …사이에(서)

entrebâiller
엉트흐바예
[타] (문, 창문 따위를) 조금 열다 s'~ [대] 방긋이 열리다[벌어지다]

entrechoquer
엉트흐쇼께
[타] 부딪다, 충돌시키다

entrée
엉트헤
[여] 들어감, 들어옴, 입장, 입학, 취임; 입구, 현관; 문 faire son ~ 입장하다

entrelacer
엉트흘라세
[타] (실, 리본 따위를) 합쳐 얽다[꼬다]; 서로 얽히게 하다

entremêler
엉트흐멜레
[타] (뒤)섞다, 혼합하다

entremets
엉트흐메
[남] [요리] 앙트르메 (예전에는 로스트와 디저트 사이에 먹는 가벼운 음식

을 가리켰음. 요즘에는 식후 디저트 전에 먹는 단 음식을 가리키며 점차 디저트와의 구별이 사라지고 있음)

entremise [여] 중개, 중재, 알선
엉트흐미즈

entrepôt [남] 창고
엉트흐뽀

entreprenant(e) [형] 활동적인, 적극적인, 대담한
엉트흐프흐넝(넝뜨)

entreprendre [타] 착수하다, 시작하다; 시도하다
엉트흐프헝드흐

entrepreneur(se) [명] 기업가
엉트흐프흐뇌흐(뇌즈)

entreprise [여] ① 기도, 기획, 계획 ② 기업, 회사 ~ publique[privée] 공기업[사기업]
엉트흐프히즈

entrer [자] 들어가다, 시작하다 ~ en guerre 전쟁을 개시하다
엉트헤

entresol [남] [건축] 중이층
엉트흐솔

entre(-)temps [부] 그 사이에, 그 동안에
엉트흐떵

entretenir [타] 유지하다, 보존하다
엉트흐뜨니흐

entretien [남] 보존, 유지; 회담, 이야기
엉트흐띠엥

entrevoir [타] 언뜻 보다, 어렴풋이 보다, 잠시 보다[만나다]
엉트흐부아흐

entrevue [여] 회견, 회담, 대담
엉트흐뷔

entr(')ouvert(e) [형] 방긋이 열린, 갈라진
엉트후베흐(흐뜨)

E-e

entr(')ouvrir [타] 방긋이 열다
엉트후브히흐

énumération [여] 열거
에뉘메하시옹

énumérer [타] 열거하다
에뉘메헤

envahir [타] (영토를) 침입[침략]하다; 난입하다, 몰려들다
엉바이흐

enveloppe [여] 봉투
엉블로쁘

envelopper [타] 봉하다
엉블로뻬

envergure [여] 펼친 날개의 폭; 규모; 역량
엉베흐귀흐

envers [전] ...에 대하여 [남] 반대(쪽); 안; 이면 à l'~ 반대로, 거꾸로
엉베흐

enviable [형] 샘나는
엉비아블

envie [여] 선망, 부러움; 샘, 질투, 시기심; 욕망 avoir ~ de qch / inf. ...을 가지고 싶다, ...하고 싶다
엉비

envier [타] 부러워하다
엉비에

envieux(se) [형] 시기심이 강한
엉비유(유즈)

environ [전] (시간) (문어) …쯤, 경, 무렵 [부] 대략, 약 [남][복] 근처, 부근
엉비홍

environnement [남] 환경
엉비혼멍

envisager [타] 관찰하다
엉비자제

envoi 엉부아	[남] 보내기, 부치기, 발송; 파견
envolée 엉볼레	[여] ① 날아오름, 비상 ② 날아오르는 무리
envoler, s' 성볼레	[대] ① (새가) 날아오르다, 날아가다 ② 비행기를 타고 출발하다 Le ministre *s'est envolé* pour la France. 장관은 비행기를 타고 프랑스로 출발했다
envoyé(e) 엉부아예	[형] 보내진, 발송한 [명] 파견원
envoyer 엉부아예	[타] 보내다
enzyme 엉짐	[여] 효소
éolien(ne) 에올리엥(엔)	[형] 바람으로 움직이는, 풍력의 énergie ~ne 풍력에너지
épais(sse) 에빼(빼스)	[형] 두꺼운; 짙은, 진한; 무성한; 우둔한
épaisseur 에빼쐬흐	[여] 두께, 두꺼움
épaissir 에빼시흐	[타] 두껍게 하다; 짙게 하다; 무성하게 하다; 우둔하게 하다
épanouir 에빠누이흐	[타] 꽃을 피게 하다
épargner 에빠흐녜	[타] 절약하다; 저축하다
éparpiller 에빠흐삐예	[타] 흩뜨리다, 흩뿌리다
épars(e) 에빠흐(흐스)	[형] 흩어져 있는

épatant(e) 에빠떵(떵뜨)	[형] (구어) 훌륭한, 근사한, 기막힌
épater 에빠떼	[타] (구어, 비유) 대경실색[기절초풍]하게 하다
épaule 에뽈	[여] 어깨
épave 에빠브	[여] 표류물, 난파선의 잔해
épeler 에쁠레	[타] 철자를 말하다; 한자씩 더듬거리며 읽다
éperdu(e) 에뻬흐뒤	[형] (격정으로) 이성을 잃은, 광란적인
éperdument 에뻬흐뒤멍	[부] 미친 듯이, 제 정신을 잃고
éphémère 에페메흐	[형] 덧없는
épice 에삐스	[여] 양념, 향신료
épicé(e) 에삐세	[형] (강한) 양념을 한, 향신료를 넣은
épicentre 에삐성트흐	[남] 진원지
épicer 에삐세	[타] 향신료를 치다, 양념을 하다
épicerie 에삐스히	[여] 식료품점; (보존 가능한) 식료품, 가공식품
épicier(ère) 에삐시에(에흐)	[명] 식료품상
épidémie 에삐데미	[여] [의학] 유행병
épidémique 에삐데미끄	[형] 유행성의

épiderme
에삐데흠
[남] [해부] 표피

épier
에삐에
[타] 몰래 감시하다, 염탐하다

épigramme
에삐그함
[여] ① (고대의) 짧은 시편; 비문 ② 풍자시, 촌철시 ③ 경구, 독설

épilepsie
에삘렙시
[여] [의학] 간질

épileptique
에삘렙띠끄
[형] 간질의

épiler
에삘레
[타] (털, 머리카락 따위를) 뽑다

épine
에삔
[여] 가지; 가시나무; 곤란 être sur des ~s 조마조마하다, 매우 걱정스럽다, 바늘방석에 앉은 것 같다

épineux(se)
애삐뇌
[형] 가시가 있는

épingle
에뼁글
[여] 핀

Épiphanie
에삐파니
[여] [가톨릭] 주현절 (1 월 6 일)

épique
에삐끄
[형] 서사시

épisode
에삐조드
[남] 일화

épisodique
에삐조디끄
[형] 삽화적인

épitaphe
에삐따프
[여] 비명, 비문

épithète
에삐떼뜨
[여] 형용어구

épitomé
[남] 개요, 발췌

에삐또메

épître [여] 편지
에삐트흐

éplucher [타] (야채, 과일 따위의) 껍질을 벗기다
에쁠뤼셰

éponge [여] [동물] 해면, 해면 동물
에뽕즈

éponyme [형] 이름의, 시조가 된
에뽀님

époque [여] 시대
에뽀끄

épouser [타] (와) 결혼하다
에뿌제

épousseter [타] 먼지를 털다
에뿌스떼

épouvantable [형] 무서운, 끔찍한
에뿌벙따블

épouvante [여] 격렬한 공포
에뿌벙뜨

épouvanter [타] 겁에 질리게 하다, 공포에 빠뜨리다
에뿌벙떼

époux(se) [명] 배우자
에뿌(뿌즈)

éprendre, s' [대] (에게) 반하다, 사랑에 빠지다 [s'~ (de qn)]
세프헝드흐

épreuve [여] [운동] 종목 15 ~s générales pour 84 disciplines 15 개 종목 및 84 개 세부 종목
에프회브

éprouver [타] 시험하다; (감정, 감각 따위를) 느끼다, 맛보다
에프후베

épuisé(e) [형] 고갈된, 다 써버린; 지친, 기진맥
에쀠이제

진한

épuiser [타] 다 써버리다, 다 팔아버리다
에쀠이제

équateur [남] 적도
에꾸아뙤흐

équation [여] 방정식
에꾸아시옹

équatorial(e, aux) [형] 적도의
에꾸아또히알(오)

équestre [형] ① 기마 모습의 ② 승마의
에께스트흐

équilatéral(e, aux) [형] 등변의
에끼라떼할(호)

équilibre [남] 균형
에낄리브흐

équilibré(e) [형] (물건이) 균형이 잡힌, 균형을 이룬; (정신 따위가) 안정된
에낄리브헤

équin(e) [남] 말의
에껭(낀)

équinoxe [남] 춘[추]분
에끼녹스

équipage [남] (집합적) (선박, 비행기, 우주선의) 승무원
에끼빠즈

équipe [여] ① (작업 따위의) 반, 조, 팀 former une ~ 반[팀]을 짜다 ② 그룹, 패거리
에끼쁘

équipement [남] 장비, 비품평분시
에끼쁘멍

équiper [타] 갖추어주다
에끼뻬

équitable [형] 공정한

에끼따블

équitation [여] 승마
에끼따시옹

équité [여] 공평, 공정
에끼떼

E-e

équivalent(e) [형] ① 동등한, 등가의, 상당[대 응] 하는 [남] 동등한 것, 상당[대응]하는 것 donner l'~ de ce qu'on a reçu 받은 것 만큼 의 물건을 주다
에끼발렁(렁뜨)

équivaloir [타간] [~ à + 수량표현] …와 (가치가) 같다
에끼발루아흐

équivoque [형] 분명치 않은
에끼보끄

érable [남] [식물] 단풍나무
에하블

éradication [여] 근절
에하디꺄시옹

éradiquer [타] 근절하다
에하디께

érafler [타] 스치다, 스쳐서 상처를 입히다, 긁어 흠집을 내다
에하플레

éraflure [여] 찰과상, 긁힌 상처
에하플뤼흐

ère [여] 시대, 시기
에흐

érection [여] ① (문어) (기념물의) 건립, 직립 ② 격상, 승격 ③ [생리] 남녀 성기관의 흥분; 발기
에헥시옹

éreinter [타] 기진맥진하게 하다
에헹떼

ériger [타] 승격시키다 ~ en qch ...로 승격

에히제 시키다

ergonomie [여] 인체공학
에흐고노미

ergonomique [형] 인체공학적인
에흐고노미끄

éroder [타] 침식하다
에호데

érogène [형] 성적으로 민감한
에호젠

érosion [여] 부식
에호지옹

érotique [형] 성욕을 자극하는
에호띠끄

érotisme [남] 에로티시즘
에호띠슴

errer [자] 방황하다, 떠돌아다니다
에헤

erreur [여] 오류
에허흐

erroné(e) [형] 잘못된
에호네

éruption [여] [의학] 발진, 돋아남; [지질] (화산의) 분화, (용암 따위의) 분출
에휩시옹

escabeau [남] (팔걸이, 등걸이가 없는) 나무의자
에스꺄보

escalade [여] (사다리로) 기어오르기; (성벽 따위를) 넘어가기
에스꺌라드

escalader [타] (담, 철책 따위를) 넘어 들어가다; (산, 바위 따위를) 등반하다, 기어오르다
에스꺌라데

escale [여] 기항, 착륙

에스깔

escalier
에스깔리에
[남] 계단

escalope
에스깔로쁘
[여] [요리] 에스칼로프 (육류, 생선의 얇게 썬 고기점)

escamoter
에스꺄모떼
[타] (요술로) 감추다; 슬쩍하다, 낚아채다; (주어는 사물) 감추다, 보이지 않게 하다

escarpé(e)
에스꺄흐뻬
[형] 가파른, 깎아지른

escargot
에스꺄흐고
[남] [동물] 달팽이

escarpement
에스꺄흐쁘멍
[남] 절벽

escompter
에스꽁떼
[타] [재정] (어음을) 할인하다; 기대하다

esclavage
에스끌라바주
[남] 노예상태, 노예의 신분; 노예제도; 속박, 예속

esclave
에스끌라브
[명]노예

escorte
에스꼬흐뜨
[여] 호위

escorter
에스꼬흐떼
[타] 호위하다

escrime
에스크힘
[여] 검술, 펜싱

escroc
에스크호
[남] 사기꾼 [형] 사기꾼의

espace
에스빠스
[남] 공간

espacer
에스빠세
[타] (공간적으로) 사이를 떼다, 간격을 두다; (시간적으로) 사이를 두다

esotérique
에조떼히끄
[형] 비밀의

Espagne
에스빠뉴
[여] [지리] 스페인

espagnol(e)
에스빠뇰
[형] 스페인의 [명] (E~) 스페인 사람 [남] 스페인어

espèce
에스뻬스
[여] (사람, 사물의) 종류; (복수) 화폐, 현금

espérance
에스뻬헝스
[여] 희망, 기대

espérer
에스뻬헤
[타] 기대하다, 바라다, 희망하다

espiègle
에스삐에글
[형] 장난꾸러기의, 장난기 있는 [명] 장난꾸러기

espion(ne)
에스삐옹(온)
[명] 간첩, 스파이

espionnage
에스삐오나주
[남] 스파이 활동

espionner
에스삐오네
[타] 간첩 행위[활동]를 하다, 정탐[염탐]하다

espoir
에스뿌아흐
[남] 희망, 기대

esprit
에스프히
[남] 정신

esquimau (aude, aux)
에스끼모(모드)
[형] 에스키모의 E~ [명] 에스키모인

esquisse
에스끼스
[여] 초벌 그림, 스케치, 소묘

esquisser
에스끼세
[타] 초벌을 그리다, 소묘하다

esquiver [타] (공격을) 교묘하게 피하다
에스끼베

essai [남] ① (성능 따위의) 시험, 테스트; 실험 faire l'~ d'un produit 제품을 시험하다 ② 시도 ③ 수필, 에세이; 시론, 평론
에세

essaim [남] (분봉하는) 꿀벌떼, (공충의) 무리, 떼; (이동하는) 무리, 집단
에셍

essayer [타] 시험하다; 해보다
에세예

essence [여] 본질, 정수
에성스

essentiel(le) [형] 본질적인
에성시엘

essieu(x) [남] 차축, 굴대
에시유

essor [남] 비약 prendre son ~ 날아오르다
에소흐

essuie-glace [남] (자동차의 창을 닦는) 와이퍼
에쉬이글라스

essuie-main [남] 손수건, 타월
에쉬이멩

essouffler [타] 숨가쁘게 하다, 헐떡거리게 하다 s'~ [대] 숨이 가빠지다, 헐떡거리다
에수플레

essuyer [타] 닦다
에쉬이예

est [남] 동쪽
에스뜨

estampe [여] [금속] 압형, 압인; [미술] 판화
에스떵쁘

estampille [여] 검인, 증인, 상표, 레테르

에스떵삐유

estheticien(ne) [명] 미학자, 심미가; 미용사
에스떼띠시엥(엔)

estimation [여] 견적
에스띠마시옹

estime [여] (호의적인) 평가, 평판; 존중; 존경, 경의
에스띰

estimer [타] (가격, 가치를) 평가[감정]하다; 추산하다, 추정하다
에스띠메

estival(e, aux) [형] 여름의, 피서의
에스띠발(보)

estomac [남] 위; 윗배 avoir un ~ d'autruche 위가 튼튼하다
에스또마

Estonie [여] 에스토니아
에스또니

estrade [여] 단, 대, 연단
에스트하드

estuaire [남] 강어귀
에스뛰에흐

estropier [타] 불구자로 만들다; (가구 따위를) 망가뜨리다
에스트호삐에

et [접] 그리고, 또, 및, …와
에

établi(e) [형] ① 세워진, 설치된, 설립된, 고정된 ② 확립된, 확고한
에따블리

établir [타] 설립하다
에따블리흐

établissement [남] 설립, 설치, 부설, 건설; 제정; 증명; 확립; 기관
에따블리스멍

étage [남] (건물의 3층 이상의) 층
에따즈

étagère
에따제흐
[여] 전반

étai
에떼
[남] [해양] (돛대의) 버팀줄; (쇠사슬 고리 속의) 막대; 지주, 받침대; (비유, 문어) (사회, 조직의) 지지(자), 원조(자), 지주

étain
에땡
[남] [광물] 주석; 주석 제품

étalage
에딸라즈
[남] (상품 따위의) 진열, 전시; 진열대, 쇼윈도; (집합적) 진열된 상품

étanche
에떵슈
[형] (액체, 기체 따위가) 새지 않는

étang
에떵
[남] 못, 연못

étape
에따쁘
[여] 숙박지, 휴식지, (군대의) 숙영지; 단계

étaler
에딸레
[타] 늘어놓다, 펼쳐놓다; 진열하다; 자랑 삼아 보이다, 과시하다; 보이다 ; 넘어뜨리다

état
에따
[남] 상태; (É~) 국가; 정부 É~ voyou 불량국가

et caetera, et cetera
에세떼하
[부] 기타 등등 ([약] etc.)

États-Unis
에따쥐니
[남][복] [지리] 미국

étayer
에떼예
[타] 떠받치다; (비유) 뒷받침하다, 지지하다

été
에떼
[남] 여름

éteindre
에뗑드흐
[타] ① (불을) 끄다 ② 진정시키다 ~ la soif 갈증을 해소시키다

étendre 에떵드흐	[타] (몸의 일부를) 뻗다, 펼치다; (접은 것을) 펼치다
étendu(e) 에떵뒤	[형] 펴진, 펼쳐진; 뻗은, 펼쳐진, 누운; 넓은, 광활한, 방대한
étendue 에떵뒤	[여] 넓이, 면적; 범위, 정도, 규모
éternel(le) 에떼흐넬	[형] 영원한
éternité 에떼흐니떼	[여] 영원
éternuer 에떼흐뉘이에	[자] 재채기하다
éther 에떼흐	[남] 에테르
Éthiopie 에띠오삐	[여] [지리] 에티오피아
éthique 에띠끄	[형] ① [철학] 윤리(학)의, 도덕의 [여] [철학] 윤리; 윤리학
étinceler 에뗑슬레	[자] 빛나다, 반짝이다
étincelle 에뗑셀	[여] 불똥, 불티
étiquette 에띠께뜨	[여] 에티켓
étoffe 에또프	[여] 옷감, 천, 직물
étoile 에뚜알	[여] 별
étonner 에또네	[타] 놀라게 하다 s'~ [대] 놀라다
étouffer 에뚜페	[타] 숨막히게 하다, 질식시키다

étourderie [여] 경솔, 소홀, 방심
에뚜흐드히

étourdi(e) [형] 경솔한; 어리둥절한
에뚜흐디

étourdir [타] 정신 못 차리게 하다
에뚜흐디흐

étourdissement [남] 현기증, 실신
에뚜흐디스멍

étrange [형] 이상한
에트헝주

étranger(ère) [형] 외국의 [명] 외국인; 이방인
에트헝제(제흐)

étrangler [타] (목을) 조르다, 교살하다; 졸라매다; 저지하다
에트헝글레

être [자] 있다, 존재하다
에트흐

étreindre [타] 조르다, 죄다; 껴안다, 포옹하다
에트헹드흐

étreinte [여] 졸라매기, 죄기, 포위
에트헹뜨

étrenne [여] (흔히 복수) 새해 선물
에트헨

étrenner [타] 처음으로 사용[이용]하다
에트헤네

étroit(e) [형] 좁은, 협소한, 협의의
에트후아(아뜨)

étrusque [형] 에트루리아의 [명] (É~) 에트루리아인
에트휘스끄

étude [여] 연구; 공부
에뛰드

étudiant(e) [명] (대학에 준하는 고등교육을 받고
에뛰디엉(엉뜨)

있는) 학생

étudier 에뛰디에
[타] ① 공부하다 ~ l'anglais 영어를 공부하다 ② 연구하다 ~ un auteur 어떤 작가를 연구하다

étui 에뛰이
[남] 갑, 상자, 케이스

étymologie 에띠몰로지
[여] 어원

eugénisme 외제니슴
[남] 우생학

eunuque 외뉘끄
[남] 거세된 남자

euphémisme 외페미스므
[남] 완곡어법

euphémique 외페미끄
[형] 완곡어법의

euphorie 외포히
[여] 다행증

euphorique 외포히끄
[형] ① 행복감을 자아내는, 다행증의 ② 흐뭇한, 행복[만족]을 느끼는

eurasiatique 외하시아띠끄
[형] 유라시아의 [명] (E ~) 유라시아 사람

eurasien(ne) 외하시엥(엔)
[형] 유라시아의 [명] (E~) 유라시아 사람

EURATOM 외하똠
[여] 유럽 원자력 공동체

euro 외호
[남] 유로

Eurochèque 외호셰끄
[남] 유로체크

eurodollar
[남] 유로달러

외호돌라흐

euroland [남] 유로화 사용하는 유럽 국가
외호렁드

Europe [여] [지리] 유럽
외호쁘

européen(ne) [형] 유럽의 [명] (E~) 유럽 사람
외호뻬엥(엔)

eurosceptique [형][명] 통합 유럽의 장래를 의심하는 (사람)
외호셉띠끄

euthanasie [여] 안락사
외따나지

eux [대명] (3 인칭 남성단수 lui 의 복수, 강세형) 그들, 그것들
외

évacuation [여] ① (몸 밖으로의) 배출, 배설 ② 배수 ③ (어떤 장소로부터의) 철수, 퇴거, 대피
에바뀌아시옹

évacué(e) [명] 대피자, 피난민
에바뀌에

évacuer [타] 대피시키다
에바뀌에

évader, s' [대] 탈주하다, 도망하다
세바데

évaluation [여] 평가
에발뤼아시옹

évaluer [타] 평가하다
에발뤼에

évangélique [형] 복음 전도의
에벙젤리끄

évangélisme [남] 복음주의
에벙젤리슴

évangélisateur [명] 복음 전도자

(trice)
에벙젤리자뙤흐(트히스)

évangile [남] 복음서
에벙질

évanouir, s' [대] 사라지다; 기절하다
세바누이흐

évanouissement [남] 소멸, 소실
에바누이스멍

évaporer, s' [자] 증발하다
세바뽀헤

évasé(e) [형] (나팔처럼) 벌어진
에바제

évasif(ve) [형] 회피적인
에바지프(지브)

évasion [여] 탈주, 탈옥
에바지옹

éveiller [타] (문어) (의) (잠을) 깨우다 s'~ [대] 잠이 깨다
에베예

événement [남] 행사, 사건
에벤멍

évetail [남] 부채
에벙따유

éventaire [남] (상점 밖에 내놓은) 상품 진열대
에벙떼흐

éventualité [여] 궁극, 결말
에벙뛰알리떼

éventuel(le) [형] 가능성 있는
에벙뛰엘

évidemment [부] 확실히, 틀림없이
에비다멍

évident(e) [형] 분명한, 확실한, 명백한
에비덩(덩뜨)

évier 에비에	[남] (부엌의) 개수대; [건축] 배수구
évincer 에벵세	[타] [법] (의) 소유권을 박탈하다
éviter 에비떼	[타] 피하다, 모면하다
évocateur(trice) 에보꺄뙤흐(트히스)	[형] 환기시키는
évocation 에보꺄시옹	[여] 환기
évoluer 에볼뤼이에	[자] 변화하다, 진화하다
évolution 에볼뤼시옹	[여] 진화
évolutionniste 에볼뤼시오니스뜨	[명] [생물][철학] 진화론자 [형] 진화론의
évoquer 에보께	[타] 일깨우다, 회상시키다, 상기 시키다
exacerber 에그자세흐베	[타] (고통을) 격화하다, (병세를) 돋구다; 격노케 하다, 노발대발하게 하다
exact(e) 에그자/에그작뜨(에그작뜨)	[형] 정확한
exactement 에그작뜨멍	[부] 정확하게 C'est ~ le contraire. 그것은 정확히 정반대이다
exiger 에그지제	[타] 강요하다
exagération 에그자제하시옹	[여] 과장 On peut dire sans ~ que + ind. ...라고 말하는 것은 과장이 아니다

exagéré(e) [형] 과장된
에그자제헤

exagérer [타] 과장하다
에그자제헤

exalté(e) [형] 흥분한
에그잘떼

examen [남] 시험 ~ de français 불어 시험
에그자멩

examinateur(trice) [명] 시험관
에그자미나뙤흐(트히스)

examiner [타] 시험하다
에그자미네

exaspération [여] 격분
에그자스뻬하시옹

exaspérer [타] 성나게 하다
에그자스뻬헤

excavateur(trice) [명] ① [토목] 굴착기 ② [의학] 천 공기
엑스까바뙤흐(트히스)

excavation [여] 동굴
엑스까바시옹

excédent [남] 잉여; 흑자
엑세덩

excédentaire [형] 과잉의, 초과된, 흑자의 production ~ 과잉생산 balance commerciale ~ 흑자무역수지
엑세덩떼흐

excéder [타] 초과하다
엑세데

excellence [여] ① (문어) 우수, 탁월 ② (E~) 각하, 예하 (대사, 장관, 대주교의 존칭) par ~ 전형적인, 대표적인, 특히
엑셀렁스

excellent(e) [형] 훌륭한
엑셀렁(렁뜨)

exceller [자] 능가하다
엑셀레

excentricité [여] 기행
엑성트히시떼

excentrique [형] 별난 [명] 별난 사람
엑성트히끄

excepté [전] …을 제외하고
엑셉떼

excepter [타] (을) (에서) 제외하다, 빼다
엑셉떼

exception [여] 예외 à l'~ de …을 제외하고
엑셉시옹

exceptionnel(le) [형] 예외적인
엑셉시오넬

excès [남] 초과
엑세

excessif(ve) [형] 초과의
엑세시프(시브)

excise [여] (영국의) 간접세, 물품세, 소비세
엑시즈

excitation [여] 흥분
엑시따시옹

excité(e) [형] 흥분한
엑시떼

exciter [타] 흥분시키다
엑시떼

exclamation [여] 외침 point d'~ 느낌표
엑스끌라마시옹

exclamer, s' [대] 외치다
섹스끌라메

exclu(e) [형] (사람이) 제명된, 축출된; 소외된, 제외된; (사물이) 배제된, 논외의
엑스끌뤼

exclure [타] 제외하다
엑스끌뤼흐

exclusif(ve) [형] 독점적인
엑쓰끌뤼지프(지브)

exclusion [여] 제외, 배제
엑쓰끌뤼지옹

exclusivement [부] 독점적으로
엑스끌뤼지브멍

exclusivité [여] 독점기사
엑쓰끌뤼지비떼

excrément [남] 배설물
엑스크헤멍

excréter [타] 배설하다
엑스크헤떼

excrétion [여] 배설
엑스크헤시옹

excursion [여] 소풍
엑스뀌흐시옹

excuse [여] 변명
엑스뀌즈

excuser [타] 용서하다 *Excusez*-moi! 죄송합니다!
엑스뀌제

exécuter [타] 실행[실천]하다; (판결에 따라) 사형을 집행하다
에그제뀌떼

exemplaire [형] 모범적인, 완벽한, 전형의
에그정쁠레흐

exemple [남] 예 donner l'~ 본보기가 되다
에그정쁠

exempt(e) [형] 면제된
에그정(정뜨)

exempter [타] 면제하다

에그정떼

exemption [여] 면제
에그정쁘시옹

exercer [타] 행사하다, 실행하다
에그제흐세

exercice [남] 운동, 연습, 행사, 실행
에그제흐시스

exhaustif(ve) [형] 철저한, 소모적인
에그조스띠프(띠브)

exhiber [타] [법] (공문서, 증명서 따위를) 당국에 제출[제시]하다; 보여주다, 전시하다; (내보여) 자랑하다, (신체를) 노출하다
에그지베

exhibitionniste [명] 노출증 환자
에그지비시오니스뜨

exhorter [타] (문어) (에게) (을) 권고하다, 설득하다
에그조흐떼

exhumer [타] 발굴하다
에그쥐메

exigeant(e) [형] 까다로운, 요구가 많은
에그지정(정뜨)

exigence [여] 요구, 요청; (흔히 복수) 요구사항
에그지정스

exiger [타] (강경하게) 요구하다, 요청하다
에그지제

exigu(ë) [형] 협소한, 옹색한
에그지귀

exil [남] 추방, 유배 partir en ~ 유배를 떠나다
에그질

exilé(e) [형] 추방된 [명] 추방자; 망명자
에그질레

existant(e) 에그지스떵(떵뜨) [형] ① 현존하는, 실재하는 ② 현재의, 현행의

existence 에그지스떵스 [여] 존재 Je ne connaissais pas son ~. 나는 그것의 존재도 몰랐다

existentialisme 에그지스떵시알리슴 [남] 실존주의

existentiel(le) 에그지스떵시엘 [형] 실존적인

exister 에그지스떼 [타] 존재하다

exode 에그조드 [남] 대이동; 출애굽기

exorbitant(e) 에그조흐비떵(떵뜨) [형] ① 터무니없는, 과도한 ② [법] 한계를 벗어난, 저촉되는

exorciser 에그조흐시제 [타] 내쫓다

exorcisme 에그조흐시슴 [남] 귀신 쫓아내기

exorciste 에그조흐시스뜨 [명] 귀신 쫓는 사람

exotique 에그조띠끄 [형] 이국적인

expansionniste 엑스빵시오니스뜨 [형] 영토 확장주의의; 경제팽창 주의의 [명] 영토확장주의자; 경제팽창주의자

expédient(e) 엑스뻬디엉(엉뜨) [형] 유리한, 편리한 [남] 수단, 방편

expédier 엑스뻬디에 [타] 신속하게 처리하다; 날림으로 해치우다

expédition [여] 원정

엑스뻬디시옹

expérience [여] 경험 ~ de la gestion 경영 경험
엑스뻬히엉스

expérimental(e, aux) [형] 실험의
엑스뻬히멍딸(또)

expérimentalemer [부] 실험적으로
엑스뻬히멍딸멍

expérimenté(e) [형] 경험있는, 노련한, 실험을 거친
엑스뻬히멍떼

expérimenter [자] 실험하다
엑스뻬히멍떼

expert [남] 전문가
엑스뻬흐

expertise [여] 전문가의 능력
엑스뻬흐띠즈

expier [타] 속죄하다
엑스삐에

expiration [여] 만료, 만기
엑스삐하시옹

expirer [자] 만료되다
엑스삐헤

explication [여] 설명, 해설, 해석
엑스쁠리꺄시옹

explicite [형] 뚜렷한
엑스쁠리시뜨

expliquer [타] 설명하다
엑스쁠리께

exploit [남] 위업
엑스쁠루아

exploitation [여] 개척, 개발
엑스쁠루아따시옹

exploiter [타] 착취하다, 개발하다
엑스쁠루아떼

explorateur(trice) [명] 탐험가
엑스쁠로하뙤흐(트히스)

exploration [여] 탐험
엑스쁠로하시옹

exploratoire [형] 답사의
엑스쁠로하뚜아흐

explorer [타] 탐험하다
엑스쁠로헤

exploser [자] 폭발하다
엑스쁠로제

explosible [형] 폭발성의
엑스쁠로지블

explosif(ve) [형] ① 폭발의, 폭발에 관한, 폭발성의 ② 충격적인
엑스쁠로지프(지브)

exponentiel(le) [형] 지수의
엑스뽀넝시엘

exportateur(trice) [형] 수출하는 [명] 수출업자, 수출 상인
엑스뽀흐따뙤흐(트히스)

exportation [여] 수출
엑스뽀흐따시옹

Exporter [타] 수출하다
엑스뽀흐떼

exposé(e) [형] 진열된, 전시된 [남] 보고, 설명, 분석; (연구) 발표, 논술
엑스뽀제

exposer [타] ① 전시하다 ② 설명하다, 진술하다 ③ 드러내놓다, 노출시키다
엑스뽀제

exposition [여] 전시회
엑스뽀지시옹

exprès [부] 일부러, 고의로

엑스프헤

express [형] 급행의, 고속의 train ~ 급행열차
엑스프헤스

expressément [부] ① 명백하게, 단호하게 ② 일부러, 특별히
엑스프헤세멍

expressif(ve) [형] 표현적인
엑스프헤시프(시브)

expression [여] 표현
엑스프헤시옹

expressionnisme [남] 표현주의
엑스프헤시오니슴

exprimer [타] (말, 행동, 표정 따위로) 표현하다, 표시하다 s'~ [대] (언어, 행동 따위로) 자신의 생각[감정]을 나타내다, (예술 따위로) 자유로이 자신을 표현하다
엑스프히메

expulsion [여] 배제
엑스쀨시옹

exquis(e) [형] 세련된, 섬세한
엑스끼(끼즈)

exsangue [형] 빈혈의, 핏기 없는, 창백한
엑상그

exsuder [자] 스며나오다
엑쉬데

extase [여] 황홀경
엑스따즈

extatique [형] 황홀한
엑스따띠끄

extension [여] 확장
엑스떵시옹

exténuer [타] 기진맥진하게 하다, 탈진하게 하
엑스떼뉘이에

다

extérieur(e)
엑스떼히예흐
[형] 외부의 [남] 외부, 밖

extérioriser
엑스떼히오히제
[타] [심리] (지각, 감각의) 원인을 외부 세계에서 찾다

extermination
엑스떼흐미나시옹
[여] 몰살

exterminer
엑스떼흐미네
[타] 몰살하다

externe
엑스떼흔
[형] 외부의

extincteur
엑스뗑끄뙤흐
[남] 소화기

extinction
엑스뗑끄시옹
[여] 멸종

extorquer
엑스또흐께
[타] 강탈하다, 강요하다

extorsion
엑스또흐시옹
[여] 강탈; 강요

extracteur
엑스트학뙤흐
[남] 추출자

extraction
엑스트학시옹
[여] 뽑아냄

extrader
엑스트하데
[타] 넘겨주다

extradition
엑스트하디시옹
[여] 송환

extraire
엑스트헤흐
[타] 뽑아내다

extrait
엑스트헤
[남] 추출물

extra-large [형] 굉장히 큰
엑스트하라흐즈

extranet [남] [정보] 엑스트라넷
엑스트하네뜨

extraordinaire [형] 비범한 Cela n'a rien d'~. 그것에 대해서는 이상할 것이 아무것도 없다
엑스트하오흐디네흐

extrapoler [자] [과학] (기지의 수치관계로부터 미지의 수치관계를) 추정하다
엑스트하뽈레

extra(-)terrestre [명] 외계인
엑스트하떼헤스트흐

extravagance [여] 사치
엑스트하바겅스

extravagant(e) [형] ① 괴상한, 기상천외의 ② 엄청난, 도를 벗어난
엑스트하바겅(겅뜨)

extragerti(e) [형] 외향적인 [명] 외향적인 사람
엑스트하베흐띠

extrême [형] ① 맨 끝의, 말단의 ② 극도의, 과 격한, 극단의
엑스트헴

extrêmement [부] 극단적으로
엑스트헴멍

extrême-oriental (e, aux) [형] [지리] 극동의
엑스트헤모히엉딸(또)

extrémisme [남] 극단론
엑스트헤미슴

extrémité [여] 끝, 말단
엑스트헤미떼

exubérance [여] 풍부
에그쥐베헝스

exubérant(e) [형] ① 풍부한, 무성한, 충만한 ②
에그쥐베헝(헝뜨)

(행동, 감정 따위가) 왕성한, 발랄한, 개방적인

F - f

F, f
에프
[여] 불어 자모의 여섯째 글자

fable
파블
[여] 우화

fabricant(e)
파브히껑(껑뜨)
[명] 제조인, 제조업자 [형] 제조하는, 제조업의

fabrication
파브히꺄시옹
[여] ① 제조, 제작, 생산 ~ à la main 수제 ~ en grande série 대량생산 ~ maison 자가 제작 objet de ~ française 프랑스 제품 Est-ce une robe de votre ~ ? 이것이 당신이 만든 드레스 인가요? ② 제조법 secret de ~ 제조법의 비결 ③ 위조, 모조 ~ d'un faux acte 문서 위조 ④ (비 유) 날조 ~ de fausses nouvelles 헛소문의 날조 ⑤ (경멸) (밥벌이, 영리를 위한 소설, 작품 따위의) 양산 ⑥ [정보] ~ assistée par ordinateur 계산기 원용 생산 de sa ~ 자기 손으로 만든

fabrique
파브히끄
[여] ① (옛) 제조; 제조법; 만듦새, 품질 objet de ~ étran-gère 외국제품 tissu de bonne ~ 품질이 좋은 천 ② 제조소, 공장 (=usine, manu-facture) ~ de meubles 가구 제작소 marque de ~ 상표 prix de ~ 공장도 가격 ③ (옛) 교회의 재산;

교회의 재산 관리위원회 (=conseil de ~) ⑤ [미술] (그림 속의) 건축물 être de même ~ (비유) 같은 부류의 사람이다; 난형난제이다 être de sa ~ (옛, 비유) 자기가 만들어낸 [고안한] 것이다

fabriqué(e)
파브히께

[형] ① (제품 등이) 제조된 arti-cle ~ en Angleterre 잉글랜드에서 제조된 상품 ② 위조된; 날 조된 histoire ~e de toutes pièces 완 전히 꾸며낸 이야기 ③ (비유) (감정 따위가) 위장된 (=fastice, forcé) amabilité ~e 겉뿐인 친절

fabriquer
파브히께

[타] ① (제품 등을) 만들다, 제조[제작]하다 (=confectionner, ma-nufacturer) ~ un appareil de ses propres mains 자기 손으로 기구를 만들다 ~ un modèle en grande série 하나의 모델을 대량으로 생산하다 ② (구어) 하다 (=faire) Qu'est-ce que tu *fabriques* ? 무얼 하고 있니? ③ 위조[모조]하다 ~ un faux passeport 여권을 위조하다 ④ (비유) 날조하 다, 꾸며대다 ~ un alibi 알리바이 를 조작하다 ⑤ (주로 경멸) 훈련 시켜 만들어 내다 [~ qn] ~ un cham pion[une vedette] 챔피언 [인기 배우]을 만들어내다 ⑥ (소설, 작품 따위를 모방하 여) 쓰다, 제작하다 ~ un sonnet à la mani-ère de Ronsard 롱사르를 모방하 여 소네트를 쓰다 ⑦ (비유) (감정 따위를) 위장하다 ~ un sourire 억지 웃음을 짓다 ⑧ (아이를) 낳다 (=enfancer); 임신하다 (=con vevoir) ⑨ (속어) 훔치다 (=voler); 속이다 (=tromper) se faire ~ son porte-monnaie 지갑을 도난 당하다 se ~ [대] ① 만들어지다, 제조되다 ② 자기를 위해 ...을 만들다; 꾸며대다 se ~ un parapluie 자기가 쓸 우산을 만들다 se ~ un prétexte pour ne pas travailler 일하지 않으려고 구실을 꾸며대다

fabuleusement 파뷜뢰즈멍 [부] 놀랄 만큼

fabuleux(se) 파뷜뢰(뢰즈) [형] ① (문어) 전설의, 신화의 (=légendaire, mythique) héros ~ 전설의 영웅 âges[temps] ~ 신 화시대 ② (문어) 공상적인, 가공 의 (=chimérique, fictif) histoire ~se 가공의 이야기 pays ~ 가공 의 나라 ③ 믿기 어려운 , 엄청난 (=incroyable, prodigieux) aven-ture ~se 믿기 어려운 모험 somme ~se 엄청난 금액 ④ (구 어) 뛰어난, 특출한 (=excep-tionnel) film ~ 아주 우수한 영화 [남] 우화적인 것[일]

fabuliste 파뷜리스뜨 [남] 우화 작가

fac 파끄 [여] (약, 구어) 단과대학, 학부 (=faculté) être en ~ de droit 법 과대학에 다니다

façade 파사드 [여] ① (건물의) 정면 (=devant) ~ de marbre 대리석으로 된 정면 trois pièces en ~ 정면 쪽의 세 개의 방 ② (비유) 겉, 외관 (=apparence, extérieur) n'avoir qu'une ~ d'honnêteté 겉보기에만 정직[성실]하다 Il a l'air très libéral, mais ce n'est qu'une ~. 그는 매우 자유분방한 것처럼 보 이는데, 겉보기에만 그렇다 ④ (구 어) 얼굴 se refaire la ~ 화장하 다 se faire ravaler la ~ 안면에 성형수술하다 démolir la ~ à qn ...의 얼굴을 마구 때리다 ⑤ [지리] 연안 지방 ~ atlan-tique de la France 프랑스 대서양 연안 지방

face
파스

[여] ① 얼굴, 낯 (=figure, visa-ge) avoir la ~ large[ronde] 얼 굴이 넓다[둥글다] détourner la ~ 얼굴을 돌리다 tomber la ~ contre la terre 넘어져서 얼굴이 땅에 부딪히다 ② (동전 따위의) 앞면; 면, 표면 (=surface) ~ d'une médaille 메달의 앞면 ~ de la terre 지표면 glace à trois ~s 삼면경 papier imprimé sur deux ~s 양면에 인쇄된 종이 ③ (비유) 모습, 면모, 측면, 양상, 국면 (=aspect) ~ d'un village 마을의 모습 examiner une situation sous toutes ses ~s 상황을 모든 측면에서 검토하다 Les choses ont bien changé de ~. 사태의 양상이 많이 달라졌다 ④ (비유) 체면 perdre[sauver] la ~ 체면 을 잃다[세우다] à double ~; à deux ~s 이중인격의; 양면 성을 가진 homme à double ~ 표리부동한 사람

problème à double ~ 양면성을 지닌 문제 étoffe à double ~ [직물] 안팎이 없는 천 à la ~ de qn/qch ...의 면전에(서), 앞에(서) proclamer son innocence à la ~ de tout le monde[du ciel] 모든 사람[하늘] 앞에(서) 자기의 무죄를 주장하다 en ~ de qch/qn ...의 맞은 편에, 앞에 habiter en ~ de l'église 교회의 맞은 편에 살다 l'un en ~ de l'autre 서로 마주하여 ~ à ...에 직면하여 ~ à une diffi-culté 어려움에 직면하여 ~ à ~ 마주보고 se regarder ~ à ~ 서로 마주보다 체면이 서다 ~ à ~ [부] 마주보고

facétieux(se)
파세띠유(유즈)
[형] 우스운, 익살맞은

facette
파세뜨
[여] ① (다면체의) 면; (보석 따위의) 결 정면 corps à ~s égales 정다면체 tailler qch à ~s ...을 결정면을 따라 자르다 ② (비유) 양상, 모습 diverses ~s de sa personnalité 그 의 인격의 여러 측면 ③ [곤충] yeux à ~s, 겹눈, 복안 ④ [해부] (이, 뼈 따위 의) 면 ~ articulaire 관절면 à ~s (비유) 여러 가지 모습 [양 상]을 지닌 être à ~s 여러 가지 양상을 보이다 personnage à ~s (상황에 따라) 태도 [성격]가변하는 인물 style à ~s 현란한 문체

fâché(e)
파셰
[형] ① 유감스럽게[애석하게] 생각하는 (=désolé, regretté) [~ de

qch/inf.] Je suis ~ de votre décision[de ne pas pouvoir vous aider]. 당신의 결정에 대해[당신을 도와 드리지 못하게 되어] 유감스럽게 생각합니다 ② 불만스러운, 불쾌한; 화난 avoir l'air ~ 불만스러워하는[화가 난] 것 같다 [~ de qch/inf.] ~ de ses propos 그의 말에 불쾌해 하다[화를 내다] [~ contre qn] Il est ~ contre moi. 그는 나에 대해 화가 나있다 ③ 사이가 틀어지다 Ils sont ~s. 그들은 사이가 좋지 않다 [~ avec] être ~ avec ses collègues 동료들과 사이가 좋지 않다 ④ (구어) (에 대해) 전혀 모르는, 능력이 없는; (을) 싫어하는 [~ avec qch] être ~ avec les maths 수학을 전혀 못 하다[싫어하다]

fâcher
파셰

[타] ① (옛) 괴롭히다, 슬프게 하다 (=affliger, attrister) ② 화나게 하다, 불쾌하게 하다 (=irriter, mécontenter) ~ qn en le contredisant 말대답하여 ...을 화나게 하다 Une telle attitude ne fait que ~ son père. 그러한 태도는 그의 아버지를 화나게 할 뿐이다 ③ 사이가 틀어지게 하다 Rien ne pourra nous ~. 어떤 일 도 우리 사이를 나쁘게 하지 못할 것이다 [~ qn avec qn] incident qui a fini par le ~ avec son ami 그와 그의 친구 사이를 틀어지게 한 사건 ④ (구어) (을) 싫어하게 하다 [~ qn avec qch] L'allergie le *fâche* avec le soleil. 그는 알레 르기 때문에 햇볕을 싫어한다 se ~ [대] ① 화내다, 분개하다 (=s'emporter) se ~ contre qn ...에게 화를 내다 Ne le lui dites pas, il va se ~. 그에게 그것을 말하지 마세요. 화를 낼 겁니다 ② 사이가 틀어지다 Il se sont fâchés. 그들은 사이가 틀어졌다 [se ~ avec qn] se ~ avec ses voisins 이웃들과 사이가 벌어지다 ③ (구어)(에 대해) 전혀 모르다; (을) 싫어하다 [se ~ avec qc] se ~ avec la chimie 화학을 잘 못하다 [싫어하다] se ~ tout rouge 몹시 화내다

fâcheux(se) 파슈(슈즈) [형] ① (명사 앞, 뒤) 유감스러운, 애석한 (=déplorable, regrettable) événement ~ 유감스러운 사건 ~se nouvelle 딱한 소식 ② (명사 앞, 뒤) 좋지 않은, 해로운; 난처한, 거북한; 계제가 나쁜 (=inopportun) influ ence ~se 악영향 ~se initiative 계제에 맞지 않는 제안 tomber dans une ~se situ-ation 난처한 상황에 처하다 [명] 귀찮은 사람 [남] 난처한 점[일] Le ~, c'est que + ind. / sub. 난처한 점은 ...이다

facial(e, aux) 파시알(오) [형] 안면의, 얼굴의

facile 파실 [형] 쉬운

facilité 파실리떼 [여] 쉬움, 용이함

façon
파송
[여] 방식, 방법

façonner
파소네
[타] 가공하다, 세공하다; 만들다; 손질하다, 가꾸다; 훈련[양성]하다

facteur
팍뙤흐
[남] 요소

facture
팍뛰흐
[여] 계산서

faction
팍시옹
[여] 당파, 파벌

factuel(le)
팍뛰엘
[형] 사실의, 실제의

facultatif(ve)
파뀔따띠프(띠브)
[형] 임의의, 임의 선택의

faculté
파뀔떼
[여] ① 능력, 재능 지능 ~ d'attention 주의력 ② 학부, 단과대학 s'inscrire à la ~ des sciences 자연대학에 등록하다

fade
파드
[형] 맛없는, 무미한, (냄새가) 역겨운

faible
페블
[형] 연약한, 허약한

faiblement
페블멍
[부] 약하게, 힘없이, 희미하게

faiblesse
페블레스
[여] 약함, 무력함

faiblir
페블리흐
[자] (사람, 체력 따위가) 약해지다, 쇠약해지다

faillir
파이흐
[자] (+ inf.) ...할 뻔하다

faillite
파유이뜨
[여] 파산 (상태)

F-f

faim
펭
[여] 굶주림, 허기

fainéant(e)
페네엉(엉뜨)
[형] 게으른, 나태한 [명] 게으름뱅이

faire
페흐
[타] ① 만들다 ② 하다

faisabilité
프자빌리떼
[여] (기술적) 실현[실행] 가능성

faisable
프자블
[형] 할 수 있는, 타당성 있는

faisceau(x)
페소
[남] 묶음, 다발, 단; 집합, 일련

fait
페
[남] ① 일, 사건 ② 사실, 진실, 진상

faîte
페뜨
[남] [건축] 마룻대, 용마루

falaise
팔레즈
[여] (해안의) 절벽, 낭떠러지; 급사면

falloir
팔루아흐
[비] 필요하다; … 하지 않으면 안 되다; 틀림 없다 Il *faut* travailler. 일해야 한다

falsifier
팔시피에
[타] (음식물 따위를) 섞음질하다; (화폐, 서류 따위를) 위조[변조]하다

fameux(se)
파뫼(뫼즈)
[형] (문어) 유명한; (명사 앞) (비꼼) 많이 언급된, 화제에 올랐던

familiariser
파밀리아히제
[타] 친하게 하다, 익숙하게 하다 ~ un soldat avec le maniement des armes 병사에게 무기 조작을 익히게 하다

familiarité
파밀리아히떼
[여] ① 친교, 친밀; 친숙, 잘 앎, 정통 ② 허물없음, 친숙함

familier(ère) 파밀리에(에흐) [형] 잘 아는, 친한 son visage m'était ~. 그녀의 얼굴은 나에게 낯이 익었다

famille 파미유 [여] 가족

famine 파민 [여] 기근, 굶주림

fan 판 [명] 팬

fanal(aux) 파날(노) [남] (차의) 전조등, (마차 따위의) 각등

fanatique 파나띠끄 [형] 광신적인, 열광적인 [명] 광신자, 열광자

fanatisme 파나띠슴 [남] 광신, 열광

faner 파네 [타] (베어낸 식물을) 널어 말리다, 건조시키다; 시들게 하다

fanfare 펑파흐 [여] 팡파르, 과시, 허세

anfaron(ne) 펑파홍(혼) [형] 허풍떠는, 허세부리는 [명] 허풍선이

fantaisie 펑떼지 [여] 상상, 공상, 환상

fantaisiste 펑떼지스뜨 [형] 근거 없는, 허위의 idée ~ 상상, 공상

fantastique 펑따스띠끄 [형] 환상적인

fantoche 펑또슈 [남] 꼭두각시; (비유) (다른 사람에게 조종당하는) 허수아비, 꼭두각시

fantôme 펑똠 [남] 귀신,유령

FAQ [여] [약] foire qux questions 자주 묻는 질문

farce [여] 소극, 익살, 광대극
파흐스

farci(e) [형] (고기, 야채 따위를 다진 것으로) 속을 채운; (비유, 경멸) (로) 가득찬 [~ de]
파흐시

fard [남] 화장품, 분, 연지
파흐

fardeau [남] (무거운) 짐; 중책, 부담
파흐도

farder [타] 분을 바르다, 화장하다,분장하다
파흐데

farine [여] 밀가루
파힌

farouche [형] 야생의, 길들여지지 않은
파후슈

fascinant(e) [형] 매혹적인, 황홀한
파시넝(넝뜨)

fascination [여] 매혹, 매료
파시나시옹

fasciné(e) [형] 매혹된, 얼을 빼앗긴
파시네

fasciner [타] 매혹하게 하다, 반하게 하다
파시네

fascisme [남] 파시즘
파시슴

fasciste [명] 파시스트 당원 [형] 파시즘의
파시스뜨

faste [남] 호사, 영화, 사치
파스뜨

fastidieux(se) 파스띠디유	[형] 지겨운, 진절머리나는, 견딜 수 없는
fatal(e, als) 파딸(또)	[형] ① 운명의, 숙명적인 ② (문어) 죽음의, 치명적인 ③ (을) 파멸로 이끄는, 불행을 초래하는 C'est une maladresse qui eut vous être ~. 이런 하찮은 실수가 당신을 파멸로 이끌 수도 있다
fataliste 파딸리스뜨	[명] 운명론자, 숙명론자 [형] 운명론자 의, 숙명론자의
fatigant(e) 파띠겅(겅뜨)	[형] 힘이 드는, 고생스러운
fatigue 파띠그	[여] 피로, 피곤
fatigué(e) 파띠게	[형] 피곤한
fatiguer 파띠게	[타] 피곤하게 하다, 지치게 하다
faubourg 포부흐	[남] [역사] 성밖 (도시 경계, 성곽 외부 구역); (흔히 복수) 대도시 근교, 교외
fauché(e) 포셰	[형] 베어진; (구어) 무일푼의, 빈털터리의
faucher 포셰	[타] 낫으로 베다
faucon 포꽁	[남] 매, 송골매
faufiler 포필레	[타] 시침질[가봉]하다
faune 폰	[여] 동물상 (어떤 지역, 환경에 분포하는 동물의 모든 종류)

faussaire
포세흐
[명] (문서, 화폐 따위의) 위조자; (예술작품의) 위작자

fausse couche (fausses couches
포스뀨슈
[여] 유산

faussement
포스멍
[부] 거짓으로, 속여서

fausser
포세
[타] 왜곡하다, 변질시키다

fausseté
포스떼
[여] 오류, 잘못, 그릇됨

faute
포뜨
[여] (규범 따위의) 위반, 과오, 잘못, 나쁜 행동; (도덕, 종교적) 죄, 잘못; (규칙, 원칙 따위의) 소홀, 오류, 실수, 실책

fauteuil
포뙤유
[남] (등받이와 팔걸이가 있는 1 인용) 안락의자 ~ roulant 휠체어

fauve
포브
[형] 엷은 황갈색의, 다갈색의; 야수의; [미술] 야수파의 [남] 엷은 황갈색, 다갈색; 야수, 맹수; (복수) (F~s) [미술] 야수파

faux(sse)
포(포스)
[형] 그릇된, 거짓의 une *fausse* impression de sécurité 안전에 관한 그릇된 생 각 [남] 허위, 거짓

faux-filet(s)
포필레
[남] (소의) 등심살 (요리)

faux-monnayeur
포모네예흐
[남] 화폐 위조자; (비유) 위선자

faveur
파뵈흐
[여] 호의, 은혜 en ~ de …을 고려하여, …에 찬성하여; …에게 호의적으로, 유리하게

favorable
파보하블
[형] 호의적인, 유리한 L'opinion publique ne lui est pas ~. 여론이 그에게 불리하다

favori(te)
파보히(히뜨)
[형] 애호하는 [명] 총애 받는 사람

favoriser
파보히제
[타] 혜택을 주다, 특별대우를 하다, 두둔하다; (주어는 사물) 유리하게 작용하다

fax
팍스
[남] 팩스

fécond(e)
페꽁(꽁드)
[형] 번식력 있는, 생식력이 왕성한; (땅이) 기름진, 비옥한

fécondité
페꽁디떼
[여] 번식력, 생산력; 풍요, 풍부 taux de ~ 출산율

fédéral(e, aux)
페데할(호)
[형] 연방의 le gouvernement ~ 연방정부

fédéraliste
페데할리스뜨
[형] 연방제의 [명] 연방주의자

fédération
페데하시옹
[여] 연합, 동맹

fédéré(e)
페데헤
[형] 연합의, 연방제조의

fédérer
페데헤
[타] 연방화하다 se ~ ① 연방이 결성되다 ② 연합되다; 연맹이 조직되다

fée
페
[여] 요정, 선녀

féerie
페히
[여] 요술; 꿈같은 곳; 휘황찬란한 광경

féerique
페히끄
[형] 선녀의, 요정의; 몽환극의; 신비로운; 휘황찬란한

F-f

feindre 펭드흐	[타] (인) 체하다, 가장하다 [~ de + inf] ~ de ne pas comprendre 못 알아들은 척하다
feinte 펭뜨	[여] 가장, 시늉
fêler 펠레	[타] 금이 가게 하다
félicitation 펠리시따시옹	[여] (복수) 축하, 축사
féliciter 펠리시떼	[타] 축하하다 [~ qn (de qch/inf)]
fêlure 펠뤼흐	[여] 금, 균열
femelle 프멜	[여] (동식물의) 암컷 [형] 암컷의
féminin(e) 페미넹(미닌)	[형] 여자의, 여성 고유의
femme 팜	[여] 여자; 아내
fendre 펑드흐	[타] 쪼개다, 패다
fenêtre 프네트흐	[여] 창, 창문
fente 펑뜨	[여] (갈라져 생긴) 균열, 금
fer 페흐	[남] 쇠, 철
fer-blanc (fers-blancs) 페흐블렁	[남] 양철
férié(e) 페히에	[형] 축제일[공휴일]로 정해진

ferme 페흠	[형] 단단한, 딱딱한; (사람, 성격이) 굳센, 흔들리지 않는 [여] 농장, 농지
fermé(e) 페흐메	[형] 닫힌; (비유) 폐쇄적인
fermement 페흐므멍	[부] 단단히, 꼭; 확고하게, 확실하게
fermentation 페흐멍따시옹	[여] 발효
fermenter 페흐멍떼	[자] (술 따위가) 익다, 발효하다
fermer 페흐메	[타] 닫다
fermeté 페흐므떼	[여] 단단함, 딱딱함
fermeture 페흐므뛰흐	[여] 잠금장치, 닫는 기구; 닫기, 문닫기; 휴업
fermier(ère) 페흐미에(에흐)	[명] 소작인; 농민, 농부, 농장주 [형] 농장의, 소작지의
fermoir 페흐무아흐	[남] (책, 지갑, 목걸이, 팔찌 따위에 붙어있는 철제) 고리쇠, 잠금쇠
féroce 페호스	[형] (동물이) 사나운; (사람이) 잔인한, 흉폭한; (행동, 말 따위가) 가혹한, 가차없는; 맹렬한, 강렬한
férocement 페호스멍	[부] 사납게, 잔인하게
férocité 페호시떼	[여] 사나움 ,맹렬
féodal(e, aux) 페오달(도)	[형] 영지(봉토)의
ferraille 페하유	[여] 고철

ferré(e)
페헤
[형] 쇠를 씌운, 철제 부품을 단; 철도의 voie ~e 철도

ferreux(se)
페회(회즈)
[형] 철을 함유한

ferroviaire
페호비에흐
[형] 철도의, 철도수송의 réseau ~ 철도망

ferry
페히
[남] 나룻배, 철도 연락선, 페리선

fertile
페흐띨
[형] 기름진, 비옥한

fertilisant(e)
페흐띨리정(정뜨)
[형] 비옥하게 하는 [남] 비료

fertilisation
페흐띨리사시옹
[여] 비옥화, 다산화

fertiliser
페흐띨리제
[타] 비옥하게 하다, 기름지게 하다

fertilité
페흐띨리떼
[여] 비옥, 다산, 풍부

fervent(e)
페흐벙(벙뜨)
[형] 열렬한, 강렬한

ferveur
페흐뵈흐
[여] 열렬, 열정

fesse
페스
[여] (흔히 복수) (인간, 동물의) 궁둥이, 엉덩이

festin
페스뗑
[남] 향연, 축하연, 진수성찬

festival(s)
페스띠발
[남] 축제, 축전, 잔치

festoyer
페스뚜아예
[자] 성대한 식사를 하다

fête
페뜨
[여] 축제, 성일

Fétiche [남] 주물, 물신
페띠슈

fétide [형] 악취가 나는
페띠드

feu [남] 불, 화염 mettre le ~ à qch …에 불을 지르다, 흥분시키다, 격분시키다 mettre le ~ aux poudres 격정을 불러일으키다; 분쟁을 일으키다
푀

feuillage [남] ① (집합적) (초목의) 잎, 군엽 ② 잎이 우거진 잔 가지
푀야주

feuille [여] 나뭇잎; 종잇장; 인쇄물; 신문 ~ de figuier 무화과 잎
푀유

feuilleter [타] (페이지를) 넘기다, 대충 훑어보다
푀유떼

feutre [남] 펠트; 펠트 제품, 펠트 모자
푀트흐

fève [여] [식물] 잠두; 잠두콩, 누에콩, 잠두콩과 비슷한 열매
페브

février [남] 2 월
페브히에

fiançailles [여][복] 약혼(식), 약혼시절
피엉사유

fiancé(e) [명] 약혼남(녀)
피엉세

fiancer [타] 약혼시키다 [~ qn à/avec qn]
피엉세

fiasco [남] 큰 실수, 대실패
피아스꼬

fibre [여] 섬유, 섬유조직
피브흐

ficelé(e) [형] 끈으로 묶은
피슬레

F-f

ficeler
피슬레
[타] 끈으로 묶다

ficelle
피셀
[여] 끄나불, 가는 끈

fiche
피슈
[여] (자료, 정보) 카드, 전표, 표

ficher
피셰
[타] (못 쐐기 따위를) 박다, 쳐박다, 쑤셔넣다; (구어) (비어 foutre 의 대용어로서 흔히 과거분사는 fichu, 부정사는 fiche) 하다;주다; 두다 se ~ [대] 놀리다, 우롱하다, 무시하다, 아랑곳 않다 [se ~ de qn/qch] Je *m'*en *fiche*. 아무려면 어때, 나는 그 일에 관심없다

fichier
피시에
[남] (집합적) 색인표, 카드함; [정보] 파일

fichu(e)
피쉬
[형] (구어) (명사 앞) 불쾌한, 나쁜, 고약한

fictif(ve)
픽띠프
[형] 가공의, 가상의, 허구의

fiction
픽시옹
[여] 소설, 허구

fidèle
피델
[형] 충성스러운, 충직한; 충실나, 믿을 수 있는

fier, se
스피에
[대] 믿다, 신뢰하다 [se ~ à qn/qch]

fier(ère)
피에흐
[형] 자랑스럽게 생각하는, 만족해하는 [~ de qn/qch/inf]

fierté
피에흐떼
[여] 자랑

fièvre
피에브흐
[여] 열 avoir de la ~ 열이 있다

fiévreux(se)
피에브회(회즈)
[형] 열이 있는

figé(e)
피제
[형] 굳은, 응고된; (사람, 표정 따위가) 경직된; [언어] expres sion[locution] ~e 관용구

figer
피제
[타] (피, 기름 따위를) 엉기게 하다, 굳게 하다; (정세, 사회 따위를) 경직시키다

figue
피그
[여] [식물] 무화과

figuier
피기에
[남] [식물] 무화과나무

figurant(e)
피귀항(헝뜨)
[명] (연극, 영화, 발레의) 단역, 엑스트라

figure
피귀흐
[여] 얼굴, 안면; 안색, 모습, 태도; 그림, 삽화, 도형

figuré(e)
피귀헤
[형] ① 형체로 나타낸, 그림으로 표시한 ② (뜻이) 비유적인; (문체가) 비유가 풍부한

figurer
피귀헤
[타] (그림, 형상, 기호 따위로) 표시하다, 나타내다; 상징하다 [자] 모습을 보이다, 나타나다; (연극, 영화 따위에서) 단역을 맡다

figurine
피귀힌
[여] 작은 입상

Fidji, les îles
피지
[여][복] 피지제도

fil
필
[남] 실

filament
필라멍
[남] 필라멘트, 단섬유

file
필
[여] 열, 행렬, 줄

filer
필레
[타] (실을) 잣다, 실로 만들다; 실잣듯이 내보내다

filet
필레
[남] ① [요리] 안심 ~ mignon 인심의 끝 부분 ~ de boeuf 필레 살(안심 스테이크) ② (동물, 어류 포획용의) 그물, 망

filial(e, aux)
필리알(오)
[형] (부모에 대해) 자식의, 자식으로서의 [여] 자회사, 계열회사

Filière
필리에흐
[여] (철사 제조용의) 다이스철판;(나사봇 의 도드라진 줄기를 만드는) 다이스형; (거미, 누에의) 방적돌기; 대들보

filigrane
필리그한
[남] ① (금, 은, 유리의) 선조세공; (칼 자루에 감는) 금속선 ② (종이의) 투명무늬 en ~ 암암리에, 함축적으로

fille
피유
[여] 딸; 소녀

fillette
피예뜨
[여] 소녀, 여자아이

film
필므
[남] 영화

filmer
필메
[타] 영화필름에 담다, 영화로 찍다,촬영하다

fils
피스
[남] 아들

filtre
필트흐
[남] 필터, 여과장치

filtrer
필트헤
[타] ① (액체, 기체 따위를) 거르다, 여과하다; (불순물을) 걸러내다 ② 검

Fétiche 페띠슈 — [남] 주물, 물신

fétide 페띠드 — [형] 악취가 나는

feu 푀 — [남] 불, 화염 mettre le ~ à qch …에 불을 지르다, 흥분시키다, 격분시키다 mettre le ~ aux poudres 격정을 불러일으키다; 분쟁을 일으키다

feuillage 푀야주 — [남] ① (집합적) (초목의) 잎, 군엽 ② 잎이 우거진 잔 가지

feuille 푀유 — [여] 나뭇잎; 종잇장; 인쇄물; 신문 ~ de figuier 무화과 잎

feuilleter 푀유떼 — [타] (페이지를) 넘기다, 대충 훑어보다

feutre 푀트흐 — [남] 펠트; 펠트 제품, 펠트 모자

fève 페브 — [여] [식물] 잠두; 잠두콩, 누에콩, 잠두콩과 비슷한 열매

février 페브히에 — [남] 2 월

fiançailles 피엉사유 — [여][복] 약혼(식), 약혼시절

fiancé(e) 피엉세 — [명] 약혼남(녀)

fiancer 피엉세 — [타] 약혼시키다 [~ qn à/avec qn]

fiasco 피아스꼬 — [남] 큰 실수, 대실패

fibre 피브흐 — [여] 섬유, 섬유조직

ficelé(e) 피슬레 — [형] 끈으로 묶은

F-f

ficeler [타] 끈으로 묶다
피슬레

ficelle [여] 끄나불, 가는 끈
피셀

fiche [여] (자료, 정보) 카드, 전표, 표
피슈

ficher [타] (못 쐐기 따위를) 박다, 처박다, 쑤셔넣다; (구어) (비어 foutre 의 대용어로서 흔히 과거분사는 fichu, 부정사는 fiche) 하다;주다; 두다 se ~ [대] 놀리다, 우롱하다, 무시하다, 아랑곳 않다 [se ~ de qn/qch] Je *m'en fiche*. 아무려면 어때, 나는 그 일에 관심없다
피셰

fichier [남] (집합적) 색인표, 카드함; [정보] 파일
피시에

fichu(e) [형] (구어) (명사 앞) 불쾌한, 나쁜, 고약한
피쉬

fictif(ve) [형] 가공의, 가상의, 허구의
픽띠프

fiction [여] 소설, 허구
픽시옹

fidèle [형] 충성스러운, 충직한; 충실나, 믿을 수 있는
피델

fier, se [대] 믿다, 신뢰하다 [se ~ à qn/qch]
스피에

fier(ère) [형] 자랑스럽게 생각하는, 만족해하는 [~ de qn/qch/inf]
피에흐

fierté [여] 자랑
피에흐떼

fièvre [여] 열 avoir de la ~ 열이 있다
피에브흐

열하다, 검문하다 ~ les passants 행인들을 검문하다

fin 펭
[여] ① 끝 ② (흔히 복수) 목적, 목표 à des ~s pacifiques 평화적 목적으로

fin(e) 펭(핀)
[형] 순수한, 세련된, 정련된; 고급의, 질좋은 vins ~s 질좋은 포도주

final(e, als/aux) 피날(노)
[형] 끝의, 종말의 [여] 결승전

finalement 피날멍
[부] 최후로, 마지막으로

finaliste 피날리스뜨
[명] 결승전 진출자

finance 피넝스
[여] 재정 ,재무

financement 피넝스멍
[남] 자금조달, 융자

financier(ère) 피넝시에(에흐)
[형] 금전상의, 재정의, 재무의

financièrement 피넝시에흐멍
[부] 재정적으로, 재정상

finaud(e) 피노(노드)
[형] 교활한, 음흉한 [명] 교활한사람

fine 핀
[여] 고급브랜디, 코냑, 코냑 잔

finement 핀멍
[부] 훌륭하게, 아름답게

finesse 피네스
[여] 기교, 솜씨

fini(e) 피니
[형] 끝난, 완결된, 완성된

finir 피니흐
[자] 끝내다, 끝마치다 le produit *fini* 완제 품

finlandais(e) [형] 핀란드의 [명] (F~) 핀란드 사람
펭렁데(데즈)

Finlande [여] [지리] 핀란드
펭렁드

finnois(e) [형] 핀란드의 [명] 핀란드사람
피누아(아즈) [남] 핀란드 말

firme [여] 기업, 회사, 상사
피흐므

fisc [남] (단수형으로만) 국세청, 세무서; 국고, 세
피스끄

fiscal(e, aux) [형] 국고의, 세무의
피스깔(꼬)

fissure [여] 작은 틈, 균열
피쉬흐

fixation [여] 정착, 고정
픽사시옹

fixe [형] 고정된
픽스

fixer [타] 고착(고정)시키다
픽세

flagellation [여] 채찍질, 태형
플라젤라시옹

flageolet [남] [음악] 플라졸렛
플라졸레

flagrant(e) [형] 명백한, 의심의 여지가 없는
플라그헝

flair [남] (동물의) 후각; (비유) 직감, 육감, 통찰력
플레흐

flambant(e) [형] 타오르는; 멋진, 근사한
플렁벙(벙뜨)

flamber [자] 불타다; 강렬한 빛을 내다, 작열하다
플렁베

flamme
플람
[여] 불꽃, 불길

flan
플렁
[남] [요리] 플랑 (과자의 일종)

flanc
플렁
[남] 옆구리, 옆구리살

flancher
플렁셰
[자] (구어) 약해지다, 주춤하다, 머뭇거리다

flanelle
플라넬
[여] 플란넬

flâner
플라네
[자] 한가로이 거닐다[산책하다]

flanquer
플렁께
[타] (건물 따위의) 옆에 덧대다, 옆에 나란히 세우다

flaque
플라끄
[여] 구덩이, 웅덩이; 불웅덩이

flasque
플라스끄
[여] 납작한 작은 병

flatter
플라떼
[타] 아첨하다

flatterie
플라트히
[여] 아첨, 듣기 좋은 칭찬

flatteur(se)
플라뙤흐(뙤즈)
[형] 아첨하는, 알랑거리는 [명] 아첨꾼

fléau
플레오
[남] (큰) 화 ~ de Dieu 신의 징벌, 천벌; (전쟁, 페스트, 기근 따위의) 재앙, 재해

flèche
플레슈
[여] 화살; 화살표

fléchir
플레쉬흐
[타] 구부리다, 굽히다, 휘다

flétrir [타] 시들게 하다, 말라죽게 하다
플레트히흐

fleur [여] 꽃, 화초
플뢰흐

fleuriste [명] 꽃장수, 화초재배가[연구가]
플뢰히스뜨

fleuve [남] 큰 강, 대하
플뢰브

flexible [형] 유연한
플렉시블

flexibilité [여] 유연성
플렉시빌리떼

flic [남] (구어) 경찰(관)
플리끄

flocon [남] (양모, 면 따위의) 폭신폭신한 뭉치; (눈, 수증기 따위의) 송이, 덩이 La neige tombait à gros ~s. 함박눈이 내리고 있었다; (곡식을) 납작하게 빻은 것 ~s de maïs 콘플레이크
플로꽁

floraison [여] 개화
플로헤종

flore [여] 식물상, 식물지
플로흐

florentin(e) [형] 피렌체의 [명] (F~) 피렌체 사람
플로헝뗑(헝띤)

florissant(e) [형] 무성한, 번영하는, 융성한
플로히성(성뜨)

flot [남] (복수) 물결, 파도
플로

flotte [여] 함대
플로뜨

flotter [자] 물 위에 뜨다

플로떼

flou(e) [형] (윤곽이) 흐릿한, 희미한
플루

fluctuer [자] 변동하다,오르내리다
플뤽뛰이에

fluet(te) [형] (신체 따위가) 가늘고 호리호리한; (소리가) 가늘고 높은
플뤼에(에뜨)

fluide [남] 유동성의
플뤼이드

fluorescent(e) [형] 형광성의
플뤼오헤성(성뜨)

fluor [남] 불소
플뤼오흐

fluorure [남] 불화물
플뤼오휘흐

flûte [여] 플루트
플뤼뜨

flûtiste [명] 플루트주자
플뤼띠스뜨

flux [남] 흐름, 유출, 배출; [경제] 유통
플뤼

focal(e, aux) [형] 초점의
포깔(꼬)

foetus [남] 태아
페뛰스

foi [여] 믿음, 신앙
푸아

foie [남] (사람, 동물의) 간, 간장 ~ gras 푸아그라 (거위, 오리의 간)
푸아

foin [남] 꼴, 건초
푸엥

foire [여] ① 시장, 장 ② 품평회, 박람회

푸아흐 ~ du livre 도서전시회, 도서전

fois [여] 번, 회
푸아

foison [여] (옛) 다량 à ~ 많이
푸아종

foisonner [자] 많다, 풍부하다
푸아조네

folâtrer [자] 장난치다, 까불다
폴라트헤

folie [여] ① 광기, 정신착란 Ils s'aiment à la ~. 그들은 서로 열 렬히 사랑하고 있다 ② 어리석음
폴리

foncé(e) [형] (색이) 짙은, 진한 couleur ~e 짙은 색
퐁세

foncier(ère) [형] 토지의, 부동산의 impôt ~ 토지세
퐁시에(에흐)

fonction [여] 기능, 작용 remplir une ~ 기능을 다하다
퐁시옹

fonctionnel(le) [형] 기능의, 기능성의
퐁시오넬

fonctionnaire [복] 공무원
퐁시오네흐

fonctionner [자] (기계, 기관 따위가) 기능을 수행하다, 작동하다, 움직이다
퐁시오네

fond [남] 밑, 밑바닥
퐁

fondamental (e, aux) [형] ① 기본적인, 중요한 ② 근본적인, 철저한
퐁다멍딸(또)

fondamentalemen [부] 근본[기본]적으로
퐁다멍딸멍

fondamentaliste 퐁다멍딸리스뜨 [명] 근본주의자

fondateur (trice) 퐁다뙤흐(트히스) [명] 창설자, 설립자

fondation 퐁다시옹 [여] ① (흔히 복수) 기초공사; (비유) 기초, 기반 ② (제도, 건물 따위의) 창설, 설립 ③ [법] (증여, 기부 따위에 의한) 설립; 기금; 재단 établir une ~ 기금을 조성하다

fondé(e) 퐁데 [형] 창설된, 설립된; 근거가 있는 확실한

fonder 퐁데 [타] 설립하다, 창건하다

fonderie 퐁드히 [여] 주조[업],주물

fondre 퐁드흐 [타] 녹이다

fondu(e) 퐁뒤 [형] 녹은 [여] [요리] 퐁듀 (치즈를 녹여 만든 요리)

fonds 퐁 [남] 기금, 자금

fondu(e) 퐁뒤 [형] 녹은, 용해된, 액체상태의

fondue 퐁뒤 [여] [요리] 퐁뒤 (치즈, 백포도주를 섞어 불에 녹인 것에 빵조각을 적셔 먹는 요리)

fontaine 퐁뗀 [여] 분수, 분수지, 샘

fonte 퐁뜨 [여] 녹음, 용해; 주조

F-f

football [남] 축구
풋볼

force [여] 힘, 영향력
포흐스

forcé(e) [형] 강요된, 무리한
포흐세

forcément [부] 반드시, 필연적으로, 불가피하게
포흐세멍

forcené(e) [형] 광란의, 격분한; 열렬한, 열광적인, 맹렬한
포흐스네

forcer [타] 강제하다, 강요하다
포흐세

force [여] 단조공장
포흐스

forer [타] (에) 구멍을 뚫다
포헤

forestier(ère) [형] 숲으로 덮인, 숲의, 삼림의
포헤스띠에(에흐)

forêt [여] 숲, 삼림, 산림지대
포헤

forge [여] 대장간, (대장간의) 화덕; 제철설비; (복수) 제철소, 철공소
포흐즈

forger [타] ① (금속을) 벼리다, 단련하다 ② (비유) (공들여) 만들다, 만들어내다
포흐제

formaliser [타] 정식화하다
포흐말리제

formalité [여] 형식에 구애됨, 딱딱함
포흐말리떼

format [남] 판형, 체제 ~ folio 포맷판
포흐마

formation [여] 연수, 교육
포흐마시옹

forme
포흠
[여] 모습, 형, 방식 sous ~ de qch ... 의 형태로, ~의 방식으로

formel(le)
포흐멜
[형] 형식적인

former
포흐메
[타] 형성하다

formidable
포흐미다블
[형] 무시무시한; 어마어마한, 엄청난; 기막힌, 놀라운

formulaire
포흐뮐레흐
[남] 서식집; 설문지, 앙케이트 용지, 신청 용지

formulation
포흐뮐라시옹
[여] 공식화, 정식화

formule
포흐뮐
[여] ① 관례적인 문구[표현] ② [수학] [물리][화학] 공식, 식

formuler
포흐뮐레
[타] 서식에 따라 적다[작성하다]; (생각, 감정 따위를) 표현[표명, 진술]하다

fornication
포흐니꺄시옹
[여] ① [종교] 간음죄 ② (구어) 육체관계, 성교 ③ (비유) [성서] 우상숭배, 배교

fort(e)
포흐(흐뜨)
[형] 힘센, 가한, 튼튼한 [부] 매우; 강하게, 세차게 [남] 요새, 성채, 보루

fortification
포흐띠피꺄시옹
[여] 요새화

fortifier
포흐띠피에
[타] (몸을) 튼튼하게[강하게] 하다; (사물을) 보강하다, 견고하게 하다; (비유) (성격, 의지, 권위 따위를) 강하게 하다, 확고하게 하다

fortune
포흐뛴
[여] 부, 재산 faire ~ 부자가 되다

forum
[남] 포럼, 공공광장, 공개토론(장)

포홈

fosse [여] (땅에 판) 구멍, 구덩이
포스

fossé [남] 도랑
포세

fossile [남] 화석 énergie ~ 화석에너지
포실

fossilisé(e) [형] 화석화된
포실리제

fou(fol/folle, fous/folles) [형] 미친, 머리가 돈
푸(폴)

foudre [여] 벼락 coup de ~ 낙뢰; 대타격, 불의 의 타격, 청천벽력; 돌발적이며 급격한 사랑
푸드흐

foudroyant(e) [형] 전격적인, 급격한, 격렬한; 아연실색하게 하는, 무서운; 치명적인
푸드후아영(영뜨)

foudroyer [타] 벼락으로 치다; (화력으로) 분쇄하다, 무찌르다; 사살하다, 쏘아 죽이다; 꼼짝 못하게 하다, 혼비백산하게 하다
푸드후아예

fouet [남] 채찍
푸에

fouetter [타] 채찍으로 때리다, 매질하다; 두드리다; (크림 따위를) 휘젓다; 자극하다
푸에떼

fouille [여] 땅을 파기, 굴착; (고고학상의) 발굴(작업); 뒤지기, 조사, 수색
푸이유

fouiller [타] 뒤지다
푸이예

foulard [남] 스카프, 머플러
풀라흐

foule
풀
[여] 군중; 민중, 대중

fouler
풀레
[타] (땅을) 밟아 다지다; 짓이기다, 압착[압축]하다

foulure
풀뤼흐
[여] 삠, 접질림

four
푸흐
[남] (빵, 과자 따위를 굽는) 화덕; 오븐

fourche
푸흐슈
[여] 쇠스랑, 갈퀴

fourchette
푸흐셰뜨
[여] 포크; 포크처럼 생긴 기계부 품; 새의 흉골

fourgon
푸흐공
[남] 부지깽이; 화물 운송차, 유개차

fourgonette
푸흐고네뜨
[여] 소형 유개 화물차[트럭]

fourmi
푸흐미
[여] [곤충] 개미

fourmilier
푸흐밀리예
[남] [동물] 개미핥기

fournaise
푸흐네즈
[여] 맹화, 타오르는 큰 불

fourneau(x)
푸흐노
[남] [기술] 가마, 노; (요리용) 화덕, 레인지

fourni(e)
푸흐니
[형] 갖춘, 구비된

fournir
푸흐니흐
[타] ① (에게) (을) 공급하다 ~ qn en légumes ...에게 채소를 공급하다 ② (에게) (을) 제공하다 ~ le vivre et le couvert à des réfu-giés 피난민에게 식량과 모포를 지급하다

fournisseur(se) [명] 납품업자, 납품업체, 공급자
푸흐니쇠흐(쇠즈)

fourniture [여] 공급, 조달
푸흐니뛰흐

fourrage [남] (가축의) 사료, 꼴
푸하즈

fourré [남] 덤불숲, 잡목림
푸헤

fourré(e) [형] (로) 입혀진, 덧대어진; 모피로 안을 댄, 보온성이 큰
푸헤

fourrer [타] 모피로 안을 대다; (과자 따위의) 속을 채우다
푸헤

fourre-tout [남] (복수불변) (잡동사니를 넣어두는) 창고, 벽장, 장롱
푸흐뚜

fourrure [여] 모피
푸휘흐

foutre [타] (구어) 하다; 두다 se ~ [대] 아랑곳하지 않다, 신경쓰지 않다 [se ~ de qch/que+ sub] Il se fout de tout. 그는 어떤 일에도 아랑곳하지 않는다
푸투흐

foyer [남] 화덕, (벽) 난로; 가정, 가정생활, 안식처
푸아예

fracas [남] 깨지는[부딪히는] 소리, 굉음
프하꺄

fracasser [타] 요란스럽게 깨뜨리다
프하꺄세

fraction [여] ① [종교] ~ du pain 성체의 분할 ② [수학] 분수 ③ 부분 ④ (당파, 조직 조직 따 위의) 계파, 분파
프학시옹

fracture [여] 골절, 부러짐
프학뛰흐

fragile
프하질
[형] 부서지기[깨지기] 쉬운

fragilité
프하질리떼
[여] 부서지기 쉬움, 여림

fragment
프하그멍
[남] 파편

fragmentaire
프하그멍떼흐
[형] 파편의, 단편적인

fraîchement
프헤슈멍
[부] 새로이, 새롭게

fraîcheur
프헤셰흐
[여] 신선미, 새로움

frais(fraîche)
프헤(프헤슈)
[형] 신선한 avoir l'air ~ 신선해 보이다 [남] 경비; 비용

frais
프헤
[남][복] 경비, 지출

fraise
프헤즈
[여] 딸기

framboise
프헝부아즈
[여] 나무딸기

franc
프헝
[남] 프랑화

franc(franche)
프헝(프헝슈)
[형] 솔직한

français
프헝세
[형] 프랑스의 [명] (F~) 프랑스사람 [남] 불어

France
프헝스
[여] [지리] 프랑스

franchement
프헝슈멍
[부] 솔직히, 숨김없이, 터놓고

franchir
프헝쉬흐
[타] 뛰어넘다, 건너다

franchise [여] 솔직, 터놓음
프헝쉬즈

franciser [타] 프랑스식으로하다
프헝시제

franco [부] 수신자의 운임부담 없이; (구어) 솔직하게, 단호하게 [전] '프랑스'의 뜻
프헝꼬

francophile [형] 친불의 [명] 친불파
프헝꼬필

francophobe [형] 반불적인 [명] 반불파
프헝꼬포브

francophone [형] 불어를 말하는 [명] 불어를 말하는 사람
프헝꼬폰

frange [여] 술, 술장식
프헝즈

frapper [타] 치다, 때리다, 두드리다, 차다
프하뻬

fraternel(le) [형] 형제의, 형제 같은
프하떼흐넬

fraterniser [자] 형제처럼 친하게 사귀다, 화목하다
프하떼흐니제

fraternité [여] 우애, 우대감; 동포애 Liberté, Égalité, F~ 자유, 평등, 박애 (프랑스공화국의 이념)
프하떼흐니떼

fraude [여] 사기, 기만
프호드

fraudeur(se) [명] 사기꾼
프호되흐(되즈)

frauduleux(se) [형] 사기의, 부정의
프호뒬뢰(뢰즈)

frayeur [여] 공포, 두려움
프헤예흐

fredonner
프흐도네
[타] 콧노래를 하다

frein
프헹
[남] (기계, 자동차 따위의) 브레이크

freiner
프헤네
[자] 브레이크를 걸다

free-lance
프힐렁스
[형] (불변) 자유계약의, 프리랜서의
[명] 자유계약자, 프리랜서

frégate
프헤갸뜨
[여] 프리깃 범선, 프리깃함

frêle
프헬
[형] 날씬한, 홀쭉한

frémir
프헤미흐
[자] 부들부들 떨다, 몸서리치다, 전율하다; 흔들리다, 진동하다; 랑거리다

frénétique
프헤네띠끄
[형] 열광적인

fréquemment
프헤꺄멍
[부] 자주, 종종, 빈번히

fréquence
프헤껑스
[여] (de) 자주 일어남, 빈번

fréquent(e)
프헤껑(껑뜨)
[형] 빈번한

fréquenter
프헤껑떼
[타] 자주 드나들다, 자주 다니다, 출입하다; 자주 만나다, 교제하다

frère
프헤흐
[남] 형제

fresque
프헤스끄
[여] 프레스코 화법, 프레스코 벽화

fret
프헤
[남] (화물의) 운임, 운송료

frétiller
프헤띠예
[자] (작은 몸짓으로) 빠르게 움직이다, 파닥이다

frette [여] 초조
프헤뜨

friable [형] 부서지기[가루가 되기] 쉬운
프히야블

friand(e) [형] (특정한 음식 따위를) 특히 찾는 [좋아하는]
프히엉(엉드)

friandise [여] 단 것, 사탕
프히엉디즈

freudien(ne) [형] 프로이트의 [명] 프로이트 학파의 사람
프회디엥(엔)

fric [남] (구어) 돈
프히끄

fricoter [타] (비유) 음모를 꾸미다, 술책을 부리다
프히꼬떼

friction [여] 마찰 être cause de ~ 마찰을 일으키다
프힉시옹

frigidaire [남] 냉장고
프히지데흐

frigide [형] 몹시 추운, 추위가 지독한
프히지드

frigidité [여] 한랭, 냉담, 쌀쌀함
프히지디떼

frigo [남] 냉동실, 냉장고
프히고

frigorifier [타] 냉동[냉장]시키다
프히고히피예

frileux(se) [형] 추위를 많이 타는
프힐뢰(뢰즈)

fringale [여] [구어] 심한 배고픔
프헹걀

frire [타] 기름에 뒤기다
프히흐

frise
프히즈
[여] 프리즈, 소벽

friser
프히제
[타] (머리카락 따위를) 곱슬곱슬하게 하다

frisson
프히송
[남] (추위로 인한) 떨림, 오한; (공포 따위로 인한) 몸서리, 소스라치기, 전율

frit(e)
프히(히뜨)
[형] 튀긴 poisson ~ 생선튀김 [여] (흔히 복수) 감자튀김

friture
프히뛰흐
[여] 튀김, 프라이

frivole
프히볼
[형] 천박한, 경박한

frivolité
프히볼리떼
[여] 천박, 경박

froid(e)
프후아(아드)
[형] 추운, 차가운

froisser
프후아세
[타] (천 따위를) 구기다; (비유) 기분을 상하게 하다, 언짢게 하다

fromage
프호마즈
[남] 치즈

froment
프호멍
[남] 밀

froncer
프홍세
[타] (이마, 눈살을) 찌푸리다

fronde
프홍드
[여] ① (F~) [프랑스사] 프롱드의 난; 반란의 무리 ② (비유) 반항, 폭동

front
프홍
[남] ① (사람의) 이마; (동물의) 앞머리 ② 전선 F~ national 국민전선

frontière
프홍띠에흐
[여] 국경 la ~ franco-espa-gnole 프랑스와 스페인 사이의 국경

frotter [타] 마찰하다, 문지르다, 비비다
프호떼

fructifier [자] 열매를 맺다, 비옥하게 되다
프휙띠피에

fructueux(se) [형] 열매를 많이 맺는, 다산의
프휙뛰유(유즈)

fruit [남] 과일, 과실, 열매
프휘이

fruité(e) [형] 과일 같은, 과일 맛[향]이 나는
프휘이떼

frustrant(e) [형] 기대에 어긋나는, 실망시키는
프휘스트헝(헝뜨)

frustration [여] 좌절, 실패
프휘스트하시옹

frustré(e) [형] 실망한, 좌절한
프휘스트헤

fugitif(ve) [형] 달아나는, 도망치는 [명] 도망자
퓌지띠프(띠브)

fugue [여] [음악] 푸가, 둔주곡; (일시적인) 실종, 가출
퓌그

fuir [자] 달아나다, 도망치다 [타] (회)피하다, 멀 리하다
퓌이흐

fuite [여] 도망, 도주; (물, 빛 따위가) 새기, 새는 자리 ~ de gaz 가스의 누출
퓌이뜨

fulminer [자] 격노하다
퓔미네

fumée [여] 연기; 김; 헛된 일, 허사, 덧없는 것 [복] 취기; 흥분
퓌메

fumer [자] 연기가 나다 [타] (담배를) 피우다; (보어 없이) s'arrêter de ~ 담배를 끊다
퓌메

fumet
퓌메
[남] (불고기, 술 따위의) 향기

fumeur(se)
퓨뫼흐(뫼즈)
[명] 흡연자

funèbre
퓌네브흐
[형] 장례의 cérémonie ~ 장례

funérailles
퓌네하유
[여][복] 장례식

funéraire
퓌네헤흐
[형] 장례의 drap ~ 관에 덮는 천

funiculaire
퓌니뀔레흐
[남] 케이블 철도; 케이블카

fur
퓌흐
[남] (옛) 비율, 비례 (다음 숙어로만 쓰임) au ~ et à mesure (와) 동시에, (에) 따라서 au ~ et à mesure de qch[que+ind] …(함)에 따라(서)

furet
퓌헤
[남] [동물] 흰족제비

fureter
퓌흐떼
[자] 꼬치꼬치 캐다, 샅샅이 뒤지다

fureur
퓌회흐
[여] 격노, 분노 être en ~ 격노한 상태이다

furieusement
퓌히유즈멍
[부] 미친듯이, 노하여, 맹렬히

furieux(se)
퓌히유(유즈)
[형] 격노한, 맹렬한 Cela l'a ren-du ~. 그것이 그를 분노하게 만들었다

furtif(ve)
퓌흐띠프(띠브)
[형] 몰래 하는, 은밀한

furtivement
퓌흐띠브멍
[부] 몰래, 살그머니, 슬쩍

fuseau(x)
퓌조
[남] [직조] (물레의) 가락, 방추; 방추형

fusée [여] 로켓
퓌제

fuselage [남] 동체, 기체
퓌즐라즈

fuser [자] 녹다; (빛이 녹아서) 퍼지다; (광선이) 새어들다; (소금이 불 위에서) 바작바작 타다; (신관이) 폭발하지 않고 타다
퓌제

fusible [남] 퓨즈 faire sauter un ~ 퓨즈를 터 지게 하다, 몹시 화내다
퓌지블

fusil [남] 소총
퓌지

fusillade [여] 일제사격, 연속사격
퓌지야드

fusion [여] 용해, 융해, 융합
퓌지옹

fusionner [자] 녹다
퓌지오네

fût [남] (나무의) 밑동, 줄기
퓌

futile [형] 헛된, 효과 없는
퓌띨

futur(e) [형] 미래의, 장래의 [남] 미래, 장래 dans le ~ 장래에
퓌뛰흐

G - g

G, g
제

[남] 불어 자모의 일곱째 글자

Gabarit
갸바히

[남] ① [조선, 기술] 실물 크기의 모형; 형판; (옷의) 본 (=patron) ~ de traçage 형판 tour à ~ 틀 만드 는 선반 ② 표준 게이지, 측정기 ③ (정해진) 크기, 규격, 형 (=dimen-sion) ~ églemen taire 규정 규격 canal à grand ~ 대형 운하 char ger un camion confor-mément au ~ 트럭에 적재 한계를 준수하여 싣다 ④ (체격, 성격, 능력 따위의) 크기, 정도 (=ta ille, stature); 종류 (=acabit, genre) grand[petit] ~ 키가 큰[작은] 사람 Son intelli gence ne dépasse pas le ~ com mun. 그의 두뇌가 보통 사람 보다 뛰어난 것은 아니다 Ils sont du même ~. 그들은 같은 부류의 사람이다 ⑤ [철학] ~ de charge ment 적재 한계 ~ de voie 궤간의 표준 계기 être passé au ~ (은어) (도박 에서) 남은 돈을 전부 잃다

Gabegie
걉지

[여] 속임수, 사기

Gâcher

[타] ① (모르타르 따위를) 이기다,

갸셰

반죽 하다 ~ du plâtre 회반죽을 이기다 / (보어 없이) ~ serré [lâche] 되게[묽게] 이기다 ② (비유) 날림으로 하다 (=bâcler, saboter) ~ un travail 일을 대충 해치우다 ③ (비유) 낭비[허비] 하 다 (=ga spiller); (기회 따위를) 놓치다 (=ma nquer, rater); 망치다, 망가뜨리다 (=abî-mer, gâter) ~ son temps 시간을 낭비하다 ~ le plaisir de qn ....의 흥을 깨다 ~ son avenir 장래를 망치다

Gâchette
갸셰뜨

[여] (자물쇠청의) 걸림쇠

Gâchis
갸시

[남] ① (모르타르, 회 따위의) 반죽 ② 진창 ③ 뒤죽박죽, 엉망 진창 Tu as fait un beau ~. 엉망진창으로 만들어 놓았구나 ④ (비유) 혼란, 난맥 (=dsordre, gabegie) ~ économ ique 경제적인 혼란 être en plein ~ 큰 혼란에 빠져있다 ⑤ 낭비 (=gaspillage) ~ de paroles (비유) 쓸데 없이 말이 많음

Gadget
갓제

[영] [남] ① (실용성이 없는) 신기한 [기발한] 제품[기구, 장치] ② (비유) (유효성이 의심스러운) 묘안, 묘책 Ce projet est intéressant, mais sans argent, ce n'est qu'un ~. 그 계획은 흥미롭기는 한데 자금이 없으면 하나의 안에 불과 하다 ③ (합성어를 형성

하여) appa reil-~ 신기한 기구 idée-~ 기발한 생각

Gaffe
갸프

[여] ① (구어) 실수, 실언 faire [co m mettre] une lourde ~ 큰 실수를 하다 c'est une ~ de + inf. ...하는 것은 잘못이다 ② (다음의 숙어로 사용됨) faire ~ à qch /qn; faire ~ à[de] + inf; faire ~ que + sub. ... 에 [하도록] 주의 [조심] 하다

Gage
갸즈

[남] ① 저당, 담보 con-trat de ~ 담보 계약 constitution de ~ 질권 설정 prendre[laisser, me ttre] qch en ~ ...을 저당 잡다[잡히다] ② 저당[당, 담보]물 emprun-ter [prêt er] sur ~s 담보물을 잡히고 [잡고] 돈을 빌리다 [빌려주다] prêteur sur ~s 전당포 ③ 보증; 보증금 Il a refusé de traiter sans ~s suffi-sants. 그는 충분한 보증 없이는 교섭할수 없다고 거절 했다 mettre des ~s entre les mains de qn 보증 금을 ...의 손에 맡기다 ④ (내기 에서) 거는 돈[물건] jouer aux ~s 내기를 하다 ⑤ (비유) 증거, 표시 (=preuve) donner à qn un ~ de fidélité ...에게 충성의 증거를 보이다 offrir une bague à qn en ~ de son amour ...에게 사랑의 표시로 반지를 주다 ⑥ [복] (옛) (하인에게 주는) 급료, 보수

gagnant(e)
갸녕(녕뜨)

[형] 이기는, 승리하는; 당첨의 équi pe ~e 승리한 팀 numéro ~ 당첨 번호 Tout le monde donne ce cheval ~. 모두가 그말이 우승하리라고 예상하고있다 partir [jou er] ~ 승리를 확신하고 일을 시작하다 [명] 승리자; 당첨자; 승마

gagne-pain
갸뉴뺑

[남] (복수불변) ① 생계수단, 벌이도구 Ces loçons de piano étaient son ~. 그는 그렇게 피아노 교습을 해서 먹고 살았다 ② (집 안의) 밥벌 이하는 사람

Gagner
갸녜

[타] ① (돈 따위를) 벌다 ~ 2 000 euros par mois 한 달에 2 천 유로 를 벌다 ~ sa vie[son pain, de quoi vivre, (구어) sa croûte, son bif teck] 생활비를 벌다 [~ qch à qch /inf.] ~ sa vie au jeu[à chanter] 도박을 해서 [노래를 불러서] 생활비를 벌다 ② (도박, 복권 에서) 따다, 당첨되다 ~ beaucoup d'argent aux courses 경마에서 많은 돈을 따다 ~ le gros lot à la loterie 복권에서 특상에 당첨되다 ③ (이득 따위를) 얻다, 획득하다 Vous ne *gagnerez* rien dans cette affaire. 그 일에서 아무 이득도 얻지 못할 거요 [~ qch à inf.] Qu'e stce que vous *gagnez*à vous obstiner ainsi ? 이렇게 고집부려서 얻는게 뭐요? ④ (명성, 신뢰, 지지 따위를

) 얻다, 받다 ~ une certaine réputation 상당한 명성을 얻다 ~ le coeur des peuples 민심을 얻다 ~ la con fiance de qn ...의 신뢰를 받다 ~ les su-ffrages[voix] 표를 얻다 ⑤ (상 따위를) 받다, 획득하다 ~ le prix 상을 받다 ~ une médaille d'argent 은메달을 따다 ~ un titre 타이틀을 따다 ⑥ (시간, 공간을) 벌다, 절약하다 ~ un quart d'heure en prenant un raccourci 지름길을 택하여 15 분을 벌다 ~ de la place [l'espace] (물건 따위를 잘 배치 하여) 공간의 여유를 얻다 ⑦ (싸움, 경기, 소송 따위 에서) 이기다, 승리 하다 ~ la bataille [cou rse] 싸움 [경주]에서 이기다 ~ les el ections 선거 에서 승리하다 ~ un procès 승소하다 ⑧ (체중, 키 따위 가) 늘다, 커지다 ~ deux kilos 체중이 2 킬로그램 늘다 Il a gagné dix cen timètres 그는 10 센티미터 더컸다

gagneur(se)
갸녜흐(녜즈)
[형][명] ① 승리한 (사람) ~ de batailles 싸움에서 이긴 사람 ~ de prix 수상자 ② 돈벌이하는 (사람) ~ d'argent 돈을 버는 사람

gai(e)
게
[형] ① 즐거운, 명랑한, 쾌활한 (=jo vial, joyeux) garçon[carac tère] ~ 명랑한 소년[성격] chan-son [conv ersation] ~e 즐거운

노래 [대화] ~ luron 명랑한 사람, 낙천가 ~ et dispos 몹시 즐거운 ② (표정, 색채, 소리 따위가) 밝은, 명랑한; (날씨가) 청명한 visage ~ 명랑한 얼굴 ta pisserie aux couleurs ~es 밝은 색깔의 벽지 voix ~e 명랑한 목소리 temps ~ 청명한 날씨 ③ (작품 따위가) 즐거움을 주는 film ~ 오락영화 auteur ~ 유머 작가

gaiement/gaîment
게멍

[부] ① 즐겁게, 쾌활하게 (=joyeusement) chanter ~ 즐겁게 노래하다 ② 활기[원기]있게

gaieté, gaîté
게떼

[여] 즐거움, 쾌활함 per-dre [retrouver] la ~ 쾌활함을 잃다 [되찾다] mettre qn en ~ ...을 즐겁게 하다 mettre de la ~ dans une réunion 모임을 유쾌하게 하다 ② (표정, 색채, 소리 따위의) 밝음, 명랑함; (날씨가) 청명함 ~ du ciel 청명한 하늘 ③ (작품 따위의) 흥미를 주는 것, 유머, 재치 (=humour, sel) comédie pleine de ~ 유머로 가득찬 희극 ④ 얼근함, 거나함 se mettre en ~ 얼근해지다

gaillard(e)
갸야흐(흐드)

[형] ① 건장한, 활기찬 ② (이야기, 노래 따위가) 천한, 외설적인 [남] ① 쾌활한 남자; 건장한 남자 ② (구어) 소년, 젊은이; 녀석, 놈

gaillardement
갸야흐드멍

[부] ① 원기왕성하게; 쾌활하게

gain
겡

[남] ① 이익, 이득, 이윤 amour [soif] du ~ 이욕 ~ illicite 부당 이득 ~ d'un chef d'entreprise 기업주의 이윤 faire[réaliser] de gros ~s à la Bourse 증권 거래를 통해 큰 이득을 보다 ② (정신적인) 이득, 이점, 성과; 절약

gaine
겐

[여] ① 칼집; (권총, 카메라 따위의) 케이스, 포장, 커버 ② (비유, 문어) 굴레, 속박 ③ [의복] (부인용) 거들 ④ (조각품 따위의) 받침, 대

gainé(e)
게네

[형] ① (집, 커버 따위에) 넣어진, 싸인 ② (옷 따위가) 꼭 맞는 [끼는]

gainer
게네

[타] ① (집, 커버 따위에) 넣다, 싸다 ② (옷 따위가) 꼭 맞다 [끼다]

gala
갈라

[남] (공적인 또는 사교계의) 축제, 의식, 리셉션; 특별공연

galant(e)
갈렁(렁뜨)

[형] (여자에게) 정중한, 친절한; (여자의) 환심을 사려드는 homme ~ 여자에게 친절한[환심을 사려드는] 사람 se montrer ~ avec[envers, pour] unefemme 여자에게 정중하게 대하다

galanterie
갈렁트히

[여] ① (여자에 대한) 정중함, 친절; (여자의) 환심을 사려는 태도

galerie
갈르히

[여] 화랑

galet
갈레

[남] (해안, 강가의) 자갈, 조약돌

galette
갈레뜨
[여] (둥글고 납작한) 케이크, 과자

gallon
갈롱
[남] [도량] 갤런

galon
갈롱
[남] (옷, 커튼 따위의) 선

galop
갈로
[남] (말의) 구보, 질주

galoper
갈로뻬
[자] (구보로) 달리다, 질주하다

galopin
갈로뺑
[남] (구어) (거리를 뛰어다니는) 장난꾸러기, 개구쟁이

galvaniser
갈바니제
[타] …에 갈바니 전기를 작용시키다, (비유) 활기를 주다

gambader
겅바데
[자] 깡총깡총 뛰다

Gambie
겅비
[명] [지리] 감비아

gamin(e)
갸멩(민)
[명] 어린애

gamme
감
[여] [음악] 음계; [미술] 색계, 색상; (비유) 일련의 종류[범위, 단계] bas[haut, milieu] de ~ 저가품[고가품, 중가품]

gang
겅
[남] 갱

Gange
겅즈
[남] 갠지즈강

gangrène
겅그헨
[여] 회저, 탈저

gangreneux(se)
[형] 괴저성의

경그흐뇌(뇌즈)

gangster [남] 갱단의 일원
경스떼흐

gant [남] 장갑
경

garage [남] 차고
갸햐즈

garagiste [명] 자동차 정비공장주인[직공]
갸하지스뜨

garant(e) [명] [법] 보증인
갸헝(헝뜨)

garantie [여] 보증
갸헝띠

garantir [타] [법] 보증하다
갸헝띠흐

garçon [남] 소년; (식당 따위의) 종업원
갸흐송

garde [여] 감시, 망, 보초
갸흐드

garde-boue [남] (자전거 따위의) 흙받이
갸흐드부

garde-fou [남] 난간, 보호책, 가드레일
갸흐드푸

garde-malade [명] 간호인
갸흐드말라드

garde-manger [남] (옛) 식료품 저장실; 찬장
갸흐드멍제

garder [타] 보존하다, 간직하다
갸흐데

garde-robe [여] (집합적) (어떤 사람의) 옷, 의상
갸흐드호브

gardien(ne) 갸흐디엥(엔) [명] 수호자 ① (사람, 동물, 장소 따위를) 지키는 사람; 간수; 수위, 관리인 ② (질서, 전통 따위의 보호자, 수호자 ③ [운동] 골키퍼 (=~ de but)

gare 갸흐 [여] (기차의) 정거장, 역

garer 갸헤 [타] (처, 선박 따위를 안전한 곳에) 대다, 넣다, (차를) 주차시키다 se ~ [대] 주차[정박]하다

gargariser, se 스갸흐갸히제 [대] 목을 헹구다 가글하다

gargouillement 갸흐구이으멍 [남] (이무기 돌 따위에서) 물 빠지는 소리

gargouiller 갸흐구이예 [자] (이무기 돌 따위에서 물이 내려 가며) 꾸르륵 소리를 내다

garnement 갸흔멍 [남] 악동, 소란을 피우는 아이

garni(e) 갸흐니 [형] 갖춘, 가득찬, 풍성한

garnir 갸흐니흐 [타] 갖추다, 설비하다; 장식하다; 튼튼히 하다; (장소를) 채우다, 막다; (부속품, 장식품을) 붙이다

gars 갸흐 [남] (구어) 소년, 젊은이, 남자, 녀석

gas(-)oil 갸조욀/갸주알 [남] 경유, 디젤유

gaspiller 갸스삐에 [타] 낭비하다, 허비하다

gastrique 갸스트히끄 [형] 위의

gastrite
갸스트히뜨
[여] 위염

gastronomie
갸스트호노미
[여] 식도락, 미식법; 요리법

gastronomique
갸스트호노미끄
[형] 식도락의, 미식법의

gâteau(x)
갸또
[남] 과자, 케이크

gâter
갸떼
[타] 망치다, 잡치다, 못쓰게 만들다, 망그러뜨리다; (흥을) 깨뜨리다; 상하게 하다; (속어) (어린 애를) 너무 애지중지 키우다

gauche
고슈
[형] 비뚤어진, 뒤틀린; 서투른, 어색한; 왼쪽의, 왼편의 [여] 왼쪽, 좌측

gaucher(ère)
고셰(셰흐)
[형] 왼손잡이의 [명] 왼손잡이

gauchiste
고쉬스뜨
[형] 극좌파의, 좌익 급진주의자의, 신좌익의 [명] 극좌파, 좌익 급진주의자, 신좌익

gaufre
고프흐
[여] 와플

gaufrette
고프헤뜨
[여] 웨하스

gaver
갸베
[타] (가금류에) 사료를 억지로 많이 먹이다

gaz
갸즈
[남] 가스 cuisiner au ~ 가스로 요리
하다 s'engager à réduire les émissions de ~ à effet de serre 온실가스를 감축하기로 하다

gaze
갸즈
[여] 얇은 천, 박사; [의학] 거즈

gazette
갸제뜨
[여] (옛, 지방어) 신문, 잡지; (비유)소문을 퍼뜨리기, 이야기

gazeux(se)
갸죄(죄즈)
[형] 가스의

gazon
갸종
[남] 잔디(밭)

gazouiller
갸주예
[자] (시냇물이) 졸졸 흐르다

géant(e)
제엉(엉뜨)
[명] 거인

geindre
젱드흐
[자] 약한 소리로 신음하다, 앓는 소리를 내다

gel
젤
[남] 결빙

gélatine
젤라띤
[여] 젤라틴

gelée
즐레
[여] 영하의 온도[날씨], 서리; [요리] 젤리 (고기, 과일의 즙 따위를 고아 엉기게 한 것)

geler
즐레
[타] 얼리다

Gémeaux
제모
[남][복] [천문] 쌍둥이자리

gémir
제미흐
[자] 신음하다; 탄식하다

gênant(e)
제넝(넝뜨)
[형] 답답한, 거추장스러운

gencive
정시브
[여] 잇몸

gendre
정드흐
[남] 사위

gène
젠
[남] 유전자

gêne
젠
[여] (신체적) 제약, 장애,어려움

généalogie
제네알로지
[여] 가계. 혈통

généalogiste
제네알로지스뜨
[명] 계보학자

gêner
제네
[타] 거북하게 하다; 난처하게 하다

général(e, aux)
제네할(흐)
[형] 일반적인 parler en termes *gé néraux* 일반적으로 말하다

généralisation
제네할리자시옹
[여] 일반화

généraliser
제네할리제
[타] 일반화(보편화)하다

généraliste
제네할리스뜨
[형] [의학] 종합의학의; 비전문의, 일 반의

généralité
제네할리떼
[여] 일반적임

généralement
제네할멍
[부] 일반적으로

Générateur (trice)
제네하뙤흐(트히스)
[형] ① 생식[번식]하는 ② (비유) 발 생시키는, 야기하는 '기원이 되는 acte ~ de désordre 혼란을 야기하는 행위 [남] [기계] 발전기

génération
제네하시옹
[여] 세대

généreusement
[부] 관대하게

제네회즈멍

généreux(se) [형] 관대한
제네회(회즈)

générique [형] 속(屬)의 médicament ~ 동종 의 값싼 의약품
제네히끄

génériquement [부] (드물게) 속(屬)에 관하여
제네히끄멍

générosité [여] 관대
제네호지떼

genèse [여] 기원, 유래 la G~ (성경) 창세기
즈네즈

généticien(ne) [명] 유전학자
제네띠시엥(엔)

génétique [형] 발생(론)적인 [여] 유전학
제네띠끄

génétiquement [부] 발생(진화, 유전)학적으로 ~ modifié 유전자 조작의
제네띠끄멍

Genève [명] [지리] 제네바
즈네브

génial(e, aux) 천재적인 ~ale inventtion 천재적인 발명 ② 뛰어난, 훌륭한 film ~ 훌륭한 영화 C'est ~ ! 멋지다, 대단하다
제니알(오)

génie [남] 천재성, 천재 un ma-théma ticien de ~ 수학 천재
제니

génital(e, aux) [형] 생식의
제니딸(또)

génitif [남] (언어) (격변화하는 언어의) 제 2 격, 속격
제니띠프

genou(x) [남] 무릎; se mettre à ~ x 무릎을 꿇다
즈누

genre
정흐
[남] (동, 식물의) 종류; 종류, 유형; (문학, 예술의) 장르, 양식

gens
정
[남][복] 사람들

génocide
제노시드
[남] 민족말살

génotype
제노띠쁘
[남] 유전자형

genre
정흐
[남] 종류, 성별

gentil(le)
정띠(띠유)
[형] 친절한

gentillesse
정띠예스
[여] 상냥함, 호의, 친절

géographe
제오그하프
[남] 지리학자

géographie
제오그하피
[여] 지리학

géographique
제오그하피끄
[형] 지리학(상)의

géographiquement
제오그하피끄멍
[부] 지리(학)적으로

géologie
제올로지
[여] 지질학

géologique
제올로지끄
[형] 지질학(상)의

géologue
제올로그
[명] 지질학자

géométrie
제오메트히
[여] 기하학

géométrique
제오메트히끄
[형] 기하학(상)의

géopolitique
제오뽈리띠끄
[형] 지정학(상)의

Géorgie
제오흐지
[여] [지리] 그루지아

géorgien(ne)
제오흐지엥(엔)
[형] 그루지아의 [명] (G~) 그루지아 사람

Gérance
제헝스
[여] 경영, 관리; 관리기간

gérant(e)
제헝(헝뜨)
[명] 관리인, 지배인

Gerbe
제흐브
[여] 단, 다발

Gerbille
제흐비유
[여] [동물] (사바나 지역 사막에 사 는) 설치류

gercé(e)
제흐세
[형] 금이 간, 터진, 튼

Gerçure
제흐쉬흐
[여] (피부의) 틈; (땅, 나무 따위의) 갈라짐, 터짐

Gérer
제헤
[타] (타인의 이익 따위를) 관리하다; (자신의 일을) 경영하다, 관리하다

gériatre
제히아트흐
[명] 노인병 전문의

gériatrie
제히아트히
[여] 노인병학

germe
제흠
[남] 세균

gérondif
제홍디프
[남] (프랑스어의) 제롱디프 (동사의 현재분사 앞에 en 을 붙인 형태)

gestation
제스따시옹
[여] [생리] 임신, 잉태

geste
제스뜨
[남] ① 손짓, 몸짓 ② 행위, 행동

gesticuler
제스띠뀔레
[자] 몸짓을 많이 하다

gestion
제스띠옹
[여] 관리, 경영

ghetto
게또
[남] 유태인 거류지, 유태인 거리, (소수민 족의) 거주지

gibier
지비예
[남] (집합적) 사냥거리, 사냥감

giboulée
지불레
[여] (바람, 우박, 눈을 동반한) 소나기

gicler
지끌레
[자] (액체가) 분출하다, (진창이) 튀다

gifle
지플
[여] 따귀 donner[flan-quer] une ~ à qn ...의 뺨을 때리다

gigantesque
지강떼스끄
[형] 거대한

gigaoctet
지갸옥떼
[남] 기가바이트

gigot
지고
[남] (양 따위의) 넓적다리 고기

gilet
질레
[남] (소매가 없는) 조끼, 동의

gin
젱
[남] 진

gingembre
젱정브흐
[남] 생강 ~ frais 신선한 생강

girafe
지하프
[여] [동물] 기린

gisement
지즈멍
[남] [광산] 광맥, 광상, 지층; 보

고

gitan(e) [명] (스페인의) 집시
지떵(딴) [형] 집시의

givre [남] 서리, 성에
지브흐

glabre [형] [식물] 잔 털이 없는; 털[수염]이 없는
글라브흐

glace [여] 얼음; 아이스크림; 거울
글라스

glacer [타] 얼게 하다; 냉장하다; 얼음에 채우다, 몸을 얼리다; (열정 따위를) 식게 하다; 소름 끼치게 하다; 설탕을 씌우다; 윤나게 하다, 윤기를 먹이다
글라세

glaciaire [형] 어는 추위의; 얼음의; 얼음덩이의, 빙하의
글라시에흐

glacial(e, aux) [형] 얼음 같은, 차디찬; 냉담한, 쌀쌀한
글라시알(오)

glacier [남] 빙하
글라시에

glaçon [남] 얼음조각
글라송

glaise [여] 찰흙, 점토
글레즈

glande [여] [해부] 선
글렁드

glaner [타] (추수 후) 밭에 떨어진 이삭을 줍다
글라네

glapir [자] (동물이) 날카롭게 짖다
글라삐흐

glaucome [남] [의학] 녹내장

글로꼼

glissant(e) [형] 미끄러지기 쉬운, 미끄러운
글리썽(썽뜨)

glissement [남] 미끄러지기
글리스멍

glisser [자] 미끄러지다; 미끄럼 타다; 미끄러지듯 가다, 슬며시 내닫다; 스치다; 슬쩍 지나치다; 빠져나가다
글리세

global(e, aux) [형] 전체의, 전체적인, 총괄적인, 포괄적인
글로발(보)

globe [남] 지구
글로브

gloire [여] 영광
글루아흐

glorieux(se) [형] 영광스러운
글로히유(유즈)

glorifier [타] 찬미하다
글로히피에

glossaire [남] 어휘사전
글로세흐

glouton(ne) [형] 게걸스런 [남] 식충이, 대식가
글루똥(똔)

gluant(e) [형] 끈적끈적한, 점착성의; (사람이) 성가시게 달라붙는, 끈덕진
글뤼엉(엉뜨)

glucose [남] 포도당
글귀꼬즈

glycérine [여] 글리세린
글리세힌

go, tout de [부] 대뜸, 단도직입적으로
뚜드고

gobelet 고블레 [남] (다리 없는) 컵, 물잔

gober 고베 [타] 꿀꺽 삼키다, 들이 마시다; (구어) 먹다

godet 고데 [남] (손잡이, 다리 없는) 잔, 물컵; (구어) 한잔 술; (의복, 옷감, 종이 따 위의) 주름, 구김살

goéland 고엘렁 [남] [동물] 갈매기

goémon 고에몽 [남] 해초, 바닷말

gogo, à 아고고 [부] (구어) 풍성하게, 많이, 실컷, 얼마든지

golf 골프 [남] [운동] 골프

golfe 골프 [남] 만

gomme 곰 [여] 고무

gommer 고메 [타] 고무풀을 칠하다, 고무를 섞다

gond 공 [남] (문 따위의) 경첩, 돌쩌귀

gonfler 공플레 [타] 부풀게 하다, 팽창시키다

gong 공 [남] [음악] 징

gorge 고흐주 [여] 목구멍, 인후

gorgée 고흐제 [여] 한모금, 한입

gorger [타] 가득 채우다
고흐제

gorille [남] [동물] 고릴라
고히유

gosier [남] 목구멍, 인후
고지에

gosse [명] (구어) 아이, 어린이
고스

gothique [남] 고딕 양식
고띠끄

goudron [남] 타르, 역청, 진
구드홍

gouffre [남] 깊은 구렁, 균열
구프흐

goulag [남] ① (G~) (옛 소련의) 강제 노동수용소 ② (독재체제하에서의) 격리, 분리 ③ 강제 노동수용소
굴라그

goulot [남] (병 따위의) 좁은 주둥이
굴로

goulu(e) [형] 게걸스럽게 먹는
굴뤼

gourd(e) [형] 추위로 마비된, 곱은
구흐(흐드)

gourde [여] 호리병, 바보, 멍청이 (특히 여성에 대해서)
구흐드

gourdin [남] 곤봉, 몽둥이
구흐뎅

gourmand(e) [형] 식도락[미식]을 즐기는; 미식(법)의
구흐멍(멍드)

gourmandise [여] (결점으로서의) 식도락, 미식, 식탐
구흐멍디즈

gourou [남] (브라만교의) 영적 지도자, 도사, (정신적) 지도자, 스승
구루

gousse [여] [식물] (콩의) 깍지
구스

goût [남] 미각; 맛, 입맛; 취미, 기호; 풍취; 감식력 pren-dre ~ à qch ...에 취미를 갖게 되다
구

goûter [타] 맛보다; 찬성하다; 애호하다; 즐 기다
구떼

goutte [여] (물)방울; 극소량; 술 한잔 boire la ~ 한잔 마시다; 사업에 실패하다 boire une ~ 한잔 마시다
구뜨

goutter [자] 방울방울 흘러내리다
구떼

gouttière [여] 홈통
구띠에흐

gouvernail [남] (배, 항공기의) 키, 타
구베흐나유

gouvernant(e) [명] [복] 통치자, 지배자, 행정 권, 정부
구베흐넝(넝뜨)

gouvernement [남] 정부
구베흔멍

gouvernemental(e, aux) [형] 정부의
구베흔멍딸(또)

gouverner [타] 지배하다, 통치하다
구베흐네

gouverneur [남] 은행장, 총재, (특히) 프랑스 은행 총재, (미국의) 주지사
구베흐뇌흐

goyave [여] [식물] 번석류의 열매
구아야브

goyavier [남] [식물] 번석류나무
구아야비에

grâce [여] 은혜, 친절, 호의 ~ à vous 당신 덕분에
그하스

graicer [타] (죄인을) 특사하다, 형을 감면하다
그하시예

gracieusement [부] 우아하게, 상냥하게
그하시유즈멍

gracieux(se) [형] 상냥한, 귀여운, 무료의, 무보수의
그하시유(유즈)

gracile [형] (문어) 가늘고 섬세한
그하실

gradation [여] 점진, 단계
그하다시옹

grade [남] 계급, 등급, 직급
그하드

gradin [남] 계단식 좌석
그하뎅

graduel [남] [가톨릭] 층계송
그하뒤이엘

graduel(le) [형] 점진적인, 단계적인
그하뒤이엘

graduer [타] 점차 늘리다, 점점 세게[어렵게]하다
그하뒤이에

grain [남] 낟알, 곡식 알; (모래 따위의) 알, 부스러기; 극소량
그헹

graine [여] 씨, 종자
그헨

graissage [남] 기름칠하기, 윤활유 넣기
그헤사즈

graisse [여] 지방

그헤스

graisser [타] (기계에) 기름을 치다; (옷 따위에) 기름을 묻히다
그헤세

grammaticalement [부] 문법적으로
그하마띠깔멍

grammaire [여] 문법
그함메흐

grammairien(ne) [명] 문법학자
그함메히 엥(엔)

grammatical (e, aux) [형] 문법의
그하(함)마띠깔(꼬)

gramme [남] 그램
그함

grand(e) [형] 큰
그헝(헝드)

grand-chose [여] (불변) (보통 pas 또는 sans 과 함께 쓰임) 대단한 일, 대수로운 것 Cela ne fait pas ~. 대수롭지 않다
그헝쇼즈

Grande-Bretagne [여] [지리] 대영제국
그헝드브흐따뉴

grandement [부] 크게, 많이, 충분히, 완전히
그헝드멍

grandeur [여] 크기, 넓이, 규모
그헝되흐

grandiose [형] 뽐내는
그헝디오즈

grandir [자] 성장하다
그헝디흐

grand-mère [여] 할머니

(grands-mères)
그헝메흐

grand-père (grands-pères) [남] 할아버지
그헝뻬흐

grand-rue [여] 큰 길, 대로
그헝휘

grands-parents [남][복] 조부모
그헝빠헝

granit(e) [남] 화강암
그하니(니뜨)

granuleux(se) [형] 낟알의
그하뉠뢰(뢰즈)

graphique [형] 선[도표, 그래프]으로 표시된 [남] 도표, 그래프
그하피끄

graphite [남] 흑연
그하피뜨

graphologie [여] 필적학
그하폴로지

graphologue [명] 필적학자
그하폴로그

grappe [여] (꽃, 열매의) 송이; (송이처럼 생긴) 다발, 더미, (사람, 동물의) 무리
그하쁘

grappin [남][해양] 네 갈고리 닻
그하뺑

gras(se) [형] 지방성의; 기름기 많은, 기름진; 비 대한; 기름 묻은; 추잡한
그하(하스)

gratifier [타](혜택, 호의 따위를) 베풀다
그하띠피에

gratitude [여] 감사(의 마음) manifester [ex

그하띠뛰드 primer] toute sa ~ à qn …에게 심심한 감사의 뜻을 표하다

gratte-ciel 그하뜨시엘 [남] 마천루

gratter 그하떼 [타] (물체의 표면을) 긁다, 문지르다; (손톱, 발톱 따위로) 긁다

gratuit(e) 그하뛰이(이뜨) [형] 무상의

gratuitement 그하뛰이뜨멍 [부] 무료로, 공짜로

gravé(e) 그하베 [형] 새겨진, 조각된

grave 그하브 [형] 중대한; 위독한

gravement 그하브멍 [부] 근엄하게, 엄숙하게, 중대하게, 심각하게

graver 그하베 [타] (정, 끌 따위로 단단한 물체에) 새기다

gravier 그하비에 [남] 자갈, 조약돌

gravir 그하비흐 [타] (바위, 나무 따위를) 오르다

gravité 그하비떼 [여] (태도, 말 따위의) 근엄함, 엄숙함

gravure 그하뷔흐 [여] 새기기, 조각하기, 조각술

gré 그헤 [남] 기호, 의향, 의사 au ~ de qch …대로

grec(que) 그헤끄 [형] 그리스의
[명] (G~) 그리스 사 람

Grèce [여] [지리] 그리스

그헤스

greffe [여] [의학] 이식 ~ de la peau 피부 이식
그헤프

greffer [타] [원예] 접붙이다, 접목하다; [의학] 이식하다
그헤페

grêle [여] 우박, 싸락눈
그헬

grêler [비] 우박이 오다
그헬레 [타] 우박 피해 를 입히다

grêlon [남] 우박알
그헬롱

grelot [남] 방울
그흘로

grelotter [자] (추위, 공포 따위로) 떨다
그흘로떼

grenade [여] ① [식물] 석류 ② [군사]수류탄
그흐나드

grenadier [남] [식물] 석류나무
그흐나디에

grenier [남] 곡식창고, 곳간
그흐니에

grenouille [여] [동물] 개구리
그흐누이유

grésiller [자] (튀기는 음식 따위에서) 지글지글하는 소리가 나다
그헤지예

grève [여] 동맹 파업, 스트라이크 usine en ~ 파업 중인 공장
그헤브

gribouiller [자] 서투른 그림을 그리다, 글씨를 휘갈겨 쓰다
그히부예

grief [남] 불평, 불만
그히에프

grièvement
그히에브멍
[부] (병 따위가) 중하게 être ~ blessé 중상을 입다

griffe
그히프
[여] (맹수, 맹금의) 발톱

griffer
그히페
[타] (발톱, 손톱으로) 할퀴다, 긁다

grignoter
그히뇨떼
[자] 조금씩 갉아먹다, (사람이) 조금씩 먹다

gril
그히(힐)
[남] [요리] 석쇠, 그릴

grillade
그히야드
[여] (석쇠로) 구운 고기[생선]

grille
그히유
[여] ① 창살, 격자 ② 일람표 ~ de programmes de télévision 텔레비전 프로그램 일람표

griller
그히예
[타] 석쇠에 굽다; (광석을) 구워서 정련 하다; 태우다; (커피 따위를) 볶 다

grillon
그히용
[남] [곤충] 귀뚜라미

grimace
그히마스
[여] ① 찌푸린 얼굴 ②(갖가지) 얼굴표정 faire la ~ à qn[qch] (비유) ...을 냉대하다

grimper
그헹뻬
[자] 기어오르다

grincement
그헹스멍
[남] 삐걱거리기, 삐걱 거리는 소리 ~ de dents 이 갈기, (비유) 고난, 슬픔

grincer
그헹세
[자] (이빨을) 갈다, (사물이) 삐걱거 리다

grincheux(se)
[형] 까다로운, 불평이 많은

그헤슈(슈즈)

gripe
그히쁘
[여] 유행성 감기

grippé(e)
그히뻬
[형][명] 유행성 감기에 걸린 (사람)

gris(e)
그히(히즈)
[형] 회색의 [남] 회색

griser
그히제
[타] 회색으로 만들다[칠하다]; 얼근히 취하게 하다; (비유) 도취[열광]시키다

grisonner
그히조네
[자] (머리, 수염이) 세다, 반백이 되다

grizzli
그히즐리
[남] [동물] (로키 산맥에 사는) 회색곰

Groenland
그헨렁드
[남] [지리] 그린란드

groenlandais(e)
그헨렁데(데즈)
[형] 그린란드의 [명](G~) 그린란드 사람

groggy
그호기
[형] (불변) (권투) (얻어맞아서) 비틀거리는

grogner
그호녜
[자] (돼지, 곰 따위가) 꿀꿀[으르렁] 거리다; 불평하다, 투덜대다

grogon(ne)
그호197(논)
[형] 늘 불평하는, 투덜대는, 부루퉁한 [명] (여성불변) 불평을 잘하는 사람

grommeler
그홈레
[자] 중얼거리다, 투덜거리다; (멧돼지 따위가) 으르렁거리다

grondement
그홍드멍
[남] (짐승의) 으르렁거리는 소리,(대포, 천둥, 파도 따위의) 요란하게 울리는 소리

G-g

gronder
그홍데
[자] 중얼거리다; (곰 따위가) 으르렁 거리다, 포효하다; (천둥 따위가) 울리다

gros(se)
그호(호스)
[형] 굵은, 두꺼운, 뚱뚱한

groseille
그호제유
[여] [식물] 까치밥나무 열매(로 만든 시럽)

grossesse
그호세스
[여] 임신

grosseur
그호쐬흐
[여] 굵기, 크기, 부피; 뚱뚱함, 비만

grossier(ère)
그호시에(에흐)
[형] (명사 앞, 뒤) 거친, 조잡한

grossièrement
그호시에흐멍
[부] 거칠게, 조잡하게

grossir
그호시흐
[자] 커지다, 굵어지다, 살찌다, 뚱뚱 해지다

grossiste
그호시스뜨
[명] 도매상인

grotesque
그호떼스끄
[형] 기괴한

grotte
그호뜨
[여] 동굴

grouiller
그후예
[자] 우글[득실]거리다

groupe
그후쁘
[남] 그룹

grouper
그후뻬
[타] 한 무리로 모으다, 집합[집결]시키다

grue
그휘
[여] [조류] 두루미, 학; [기계] 기중기, 크레인

grumeau(x) [남] (소금, 흙 따위의) 덩어리
그휘모

Guatemala [남] [지리] 과테말라
과떼말라

guatémaltèque [형] 과테말라의
과떼말떼끄 [명] (G~) 과테 말라사람

guenille [여][복] 누더기, 남루한 옷 en ~s 누더기를 걸친
그니유

guêpe [여] [곤충] 말벌
게쁘

guère [부] [ne… ~] 거의[별로, 그다지] …않다
게흐

guéridon [남] (발 하나 달린) 조그만 원탁
게히동

guérilla [여] 게릴라전, 유격전
게히야

guérillero [남] 게릴라병, 유격병
게히예호

guérir [타] (병, 환자를)고치다, 치료하다
게히흐

guerre [여] 전쟁
게흐

guerrier(ère) [형] 전쟁의 [남] 전사
게히에(에흐)

guetter [타] 노리다; 매복하여 지키다
게떼

gueule [여] ① (짐승의) 입, 아가리 ② (구어) (사람의) 입 Ta ~ ! 입닥쳐!
괼

geuler [자] (구어) 큰 소리로 떠들다[노래 부르다], 고함지르다
괼레

gui [남] [식물] 겨우살이

기

guichet [남] 창구
기셰

guide [남] 안내인, 가이드
기드

guider [타] 안내하다
기데

guidon [남] (자전거, 오토바이의) 핸들
기동

G-g

guigne [여] [식물] 버찌의 일종
기뉴

guignol [남] 꼭두각시
기뇰

guilde [여] [역사] (중세의) 길드, 동업조합; (회원에게 특별 가격으로 물품을 구입, 공급해 주는) 공동조합
길드

guillemet [남] (흔히 복수) 인용부호, 따옴표
기유메

guillotine [여] 단두대
기요띤

guindé(e) [형] (태도가) 부자연스러운, 어색한
겡데

Guinée [여] [지리] 기니
기네

guise [여] (옛) 방법, 방식, 양식 (현재는 다음의 숙어로 사용) à sa ~ 자기 방식대로, 제멋대로 en ~ de qch …로(서)
기즈

guitare [여] [음악] 기타 jouer de la ~ 기타를 연주하다
기따흐

guitariste [명] 기타 연주자
기따히스뜨

guttural(e, aux) [형] 목구멍의
귀뛰할(호)

gymnase [남] 체육관
짐나즈

gymnaste [명] 체조 선수
짐나스뜨

gymnastique [여] 체조
짐나스띠끄

gynécologie [여] [의학] 부인과학
지네꼴로지

gynécologiste [명] [의학] 부인과 전문의
지네꼴로지스뜨

gynécologique [형] [의학] 부인과학의
제네꼴로지끄

gynécologiste [명] 부인과 의사
지네꼴로지스뜨

H - h

*: h aspiré (유성 h)

H, h 아슈
[남] 불어 자모의 여덟째 글자

habile 아빌
[형] ① 솜씨 좋은, 재주 있는, 능숙한 couturier ~ 솜씨 좋은 재단사 [~ à qch/inf.] homme ~ aux échecs 체스에 능한 사람 être ~ à faire qch ...하는데 능하다 [~ de] être ~ de ses mains[doigts] 손재주가 좋다 [~ dans/en] être ~ dans les relations sociales 사교에 능하다 ② 약삭 빠른, 교활한 intrigant ~ 교활한 책략가 ③ 능숙하게 행해진, 교묘한 raisonnement très ~ 매우 정교한 추론

habilement 아빌멍
[부] 솜씨 좋게, 능란하게, 교묘하게

habileté 아빌떼
[여] ① 좋은 솜씨, 능숙함, 교묘함 artisan d'une grande ~ 솜씨가 매우 좋은 장인 avec ~ 능숙하게, 교묘하게 ② (흔히 복수) (예술, 직업상의) 기교, 기법, 요령

habiliter 아빌리떼
[타] ① [법] 자격[권한]을 주다 ~ un incapable à passer un acte juridique 무능력 자에게 법률행위를 할 수 있는 자격을 주다

habillage
[남] ① 옷 입히기[입기], 옷치장 cabine

아비야주 [salle] d'~ 탈의실 ② (상품, 기계 따위의) 포장, 외장 (작업)

habillé(e) 아비예 [형] ① 옷을 입은; 정장한 bien ~ 멋진 옷차림을 한 ~ de[en] blanc 흰 옷을 입은

habillement 아비유멍 [남] ① 옷을 입히기(입기) ② 의복 지급[구입]

habiller 아비예 [타] ① 옷을 입히다 [~ qn (de/en)] ~ un enfant de[en] blanc 아이에게 흰 옷을 입히다 ~ qn en cow-boy ...에게 카우보이처럼 옷을 입히다 ② 옷을 사주다[지급하다] s'~ ① 옷을 입다; 옷차림을 하다 s'~ court[jeune, légère ment] 옷을 짧게[젊게, 가볍게] 입다 s'~ à la dernière mode 최신 유행의 복장을 하다

habit 아비 [남] ① 옷; (복수) 의복, 의상 ~ de ve lours 벨벳 옷 ② (직업, 활동에 특유한) 옷, 복장 ~ militaire 군복 ~ de chasse 사냥복 ~ de gala 예복, 야회복

habitabilité 아비따빌리떼 [여] ① 거주 가능[적합]성 ② 자동차, 승강기 따위의) 수용능력

habitable 아비따블 [형] 거주할 수 있는, 거주하기에 적당한

habitant(e) 아비떵(떵뜨) [명] (여성형은 드물게 쓰임) ① 주민, 거주자 ~s de la ville 도시의 주민 recensement des ~s 인구조사 ② (집합적) 그 지역의 주민 loger chez l'~ 민박하다 ③ (건물의) 거주자, 입주자

habitat 아비따 [남] 서식지, 거주지

H-h

habitation 아비따시옹 [여] 거주(권), 거주지

habiter 아비떼 [자] ① 살다, 거주하다 à la champagne [en banlieue, au premier étage, à Paris] 시골 [교외, 2 층, 파리]에서 살다 ~ chez son ami 친구 집에 있다 ~ avec qn ...와 같이 살다 [타] ① (에서) 살다 ~ une ville [ville, chambre d'hôtel] 별장 [도시, 호텔 방]에서 살다 ② (동식물이) 서식하다 lieux que l'ours *habite* 곰이 서식하는 지역

habitude 아비뛰드 [여] ① 습관, 습성, 버릇 mau-vaises ~s 악습 changer d'~ 습관을 바꾸다 acquérir[con-tracter] une bonne ~ 좋은 습관이 생기다 [~ de qch/inf.] ~ du tabac[de fumer] 흡연 습관 avoir l'~[avoir pour ~] de se lever tôt le matin 아침에 일찍 일어나는 습관이 있다

habitué(e) 아비뛰이에 [명] ① 단골, 자주 드나드는 사람 ~ d'un café 카페의 단골 ② 상용하는 사람 ~ du cigare 시가 애용자 [형] ① 습관이 된, 익숙해진 [~ à qch/inf.] ~ au climat[à vivre seul] 기후에[혼자 사는데] 익숙해진 [~ à ce que + sub.] Elle est ~e à ce qu'on ne lui résiste pas. 그녀는 남이 자기에게 반항하지 않는 것에만 익숙하다

habituel(le) 아비뛰이엘 [형] 습관적인, 관례적인, 통상적인 geste ~ 습관적인 몸짓 état ~ 정상적인 상태 au sens ~ du terme 용어의 통상적인 의미로

habituellement [부] 습관적으로; 관례적으로, 통상, 보통
아비뛰이엘멍 Les classes se terminent ~ en juillet. 학기는 통상 7월에 종료된다

habituer [타] 익숙하게 하다, 길들이다 ~ un en
아비뛰이에 fant au froid 아이가 추위에 익숙해지게 하다

***hache** [여] 도끼
아슈

***haché(e)** [형] ① 잘게 벤, 썬, 다진 ② (문장이)
아셰 짤막짤막한

***hacher** [타] ① 잘게 베다[썰다, 다지다] ~ des
아셰 oignons 양파를 잘게 썰다[다지다] ② 아무렇게나[서툴게] 자르다 ③ 손상시키다 ④ (비유) (말, 문장 따위를) 중단 시키다, 짧게 끊다 Le pu-blic *hachait* son discours d'applaudissements. 청중의 박수갈채로 연설이 중단되곤 했다

***hachette** [여] 손도끼, 자귀
아셰뜨

***hachis** [남] [요리] 잘게 다진 고기[생선] (요
아시 리); (채소를) 잘게 다진 것

***hagard** [형] (공포 따위로 인해) 얼이 빠진, 험
아갸흐 상궂은

***haie** [여] ① 울타리, 생울타리 (= ~ vive)
에 ~ morte[sèche] 마른 나뭇가지 울타리

haïku [남] 하이쿠 (일본의 전통적인 단시)
아유꾸

***haillon** [남] ① 넝마; (복수)snejrldht
아용

***haillonneux(se** [형] 누더기를 걸친
아용뇌(뇌즈) [명] 누더 기를 걸친 사람, 거지

H-h

*haine 엔 [여] 증오, 미움 regard de ~ 증오의 눈초리 s'attirer la ~ de qn ...의 미움을 사다 allumer[exciter] les ~s publiques 사람들의 반감을 불러일으키다, 사람들이 반감을 가지게 하다 avoir [prendre] qn/qch en ~... 을 증오하다

*haïr 아이흐 [타] 증오하다, 미워하다, 싫어하다

*hâlé(e) 알레 [형] 볕에 탄[그을린]

Haïti 아이띠 [남] [지리] 아이티, 아이티 섬

*haïtien(ne) 아이띠엥(엔) [형] 아이티의 [명] (H~) 아이티 사람

haleine 알렌 [여] 입김

*haleter 알떼 [자] 헐떡거리다

*hall 올 [남] 홀, 넓은 방

*halle 알 [여] (도매)시장; (복수) (식료품 전반을 취급하는) 중앙 시장

hallucination 알뤼시나시옹 [여] 환각, 환상

hallucinogène 알뤼시노젠 [형] 환각유발(성)의

*halogène 알로젠 [남] 할로겐

*halte 알뜨 [여] 정지, 휴식

*hamac 아마끄 [남] 해먹

hamburger [남] 햄버거
엉뵈흐괴그

hameçon [남] 낚시 (바늘)
암므송

hamster [남] 햄스터
암스떼흐

*hanche [여] 허리
엉슈

handball [남] 핸드볼
엉드발(볼)

*handicap [남] 핸디캡, 불리한 조건, 약점
엉디꺄쁘

handicapé(e) [형] 신체적[정신적]장애가 있는 des enfants ~s mentaux[physiques] 정신적[신체적] 장애가 있는 아이들
엉디꺄뻬

*handicaper [타] 불리하게 하다
엉디꺄뻬

*hanté(e) [형] 귀신이 출몰하는, 불안한, 괴로운
엉떼

*hanter [타] 자주가다, ~ 에 출몰하다
엉떼

*hangar [남] 헛간. 광; 격납고
엉갸흐

*hanter [타] (문어) 자주 드나들다; (유령, 귀신, 요정이) 들다[붙다]
엉떼

*happer [타] 덥석 물다
아뻬

*harangue [여] (의회, 왕 따위의 앞에서 하는) 엄숙한 연설, 지루한 연설
[훈시, 설교]
아헝그

*haranguer [타] (에게) 연설하다, (비유) 장광설[설교]을 늘어놓다
아헝게

*harasser [타] (현재는 흔히 복합시제 수동태로 쓰임) 몹시 피로하게[기진맥진하게] 하다
아하세

*harcèlement [남] 괴롭힘, 애먹음 ~ sexuel 성희롱
아흐셀멍

*harceler [타] 괴롭히다, 귀찮게 굴다
아흐슬레

*harde [여] 떼, 무리
아흐드

*hardi(e) [형] 대담한, 과감한
아흐디

*hareng [남] [어류] 청어
아헝

*haricot [남] 강낭콩
아히꼬

harmonica [남] [음악] 하모니카
아흐모니꺄

harmonie [여] 조화, 일치, 화합
아흐모니

harmonieux(se) [형] 조화된, 화목한
아흐모니유(유즈)

harmoniser [타] 조화[화합]시키다
아흐모니제

*harnais [남] 마구, 장치
아흐네

*harpe [여] [음악] 하프
아흐쁘

*harpiste [명] 하프 연주자
아흐삐스뜨

*harpon [남] 고래작살
아흐뽕

*harponner [타] (고래) 작살로 쏘아 맞히다[찍다] (비유, 구어) (도둑 따위를) 잡다, 체포
아흐뽀네

하다

*hasard [남] 운수, 요행; 우연한 일 par ~ 우연히
아자흐

*hasarder [타] (문어) (생명, 재산 따위를) 내걸다, 위태롭게 하다
아자흐데

*hâte [여] 급함, 서두름
아뜨

*hâter, se [대] 서두르다
스아떼

*hâtif(ve) [형] (통상, 예정보다) 빠른, 이른, 조숙한
아띠프(띠브)

*hausse [여] 오름 être à la ~ 상승세에 있다
오스

*hausser [타] (담 따위를) 높이다; (소리, 음성을) 높이다, 크게 하다
오세

*haut(e) [형] 높은
오(오뜨)

*hautain(e) [형] 거만한, 불손한
오뗑(뗀)

*hauteur [여] 수준 à la ~ de... 수준의
오뙤흐

*haut-parleur [남] 확성기, 스피커
오빠흘뢰흐

*hayon [남] (지방어) (목장, 농장의 비바람 따위를 피하기 위한) 책; (수레의) 앞[뒷] 판자; (자동차 후부의) 문으로 사용되는 부분; (트럭의 후부에 경첩으로 달아놓은) 판
에용

*Havane, la [여] 하바나 (쿠바의 수도) (h~) [남] 하바나산의 담배, 하바나 여송연, 옅은 밤색 (h~) [형] (불변) 옅은 밤색의
라아반

Hawaï [남] [지리] 하와이
아와이

hawaïen(ne) [형] 하와이의 [명] (H~) 하와이 사람
아와이엥(엔)

*Haye [여] [지리] (la ~) 헤이그
에

*hebdomadaire [형] 주간의 revue ~ 주간지
엡도마데흐

héberger [타] 유숙시키다
에베흐제

hébreu(x) [형] 히브리의 [남] 히브리어 (H~) 히브리 사람
에브회

hectare [남] 헥타르
엑따흐

hédonisme [남] [철학] 쾌락주의
에도니슴

hédoniste [명] 쾌락주의자 [형] 쾌락주의(자)의
에도니스뜨

hédonistique [형] =hédoniste
에도니스띠끄

hélas [감] 아! 슬프도다!
엘라스

*héler [타] (멀리서) 소리쳐 부르다
엘레

hélice [여] 프로펠러
엘리스

hélicoptère [남] 헬리콥터
엘리꼽떼흐

héliport [남] 헬리콥터 발착장, 헬리포트
엘리뽀흐

héliporter [타] 헬리콥터로 수송하다
엘리뽀흐떼

hélium
엘리옴
[남] 헬륨

hellénique
엘레니끄
[형] (고대) 그리스의

hellénisme
엘레니슴
[남] 그리스어법; 그리스 문화, 정신; 헬레니즘

helvétique
엘베띠끄
[형] 스위스의

hématome
에마똠
[남] 혈종

hémisphère
에미스페흐
[남] 반구, 반구체

hémoglobine
에모글로빈
[여] 헤모글로빈

hémophilie
에모필리
[여] 혈우병

hémorragie
에모하지
[여] 출혈, 자산손실

hémorroïdes
에모호이드
[여][복] 치질, 치핵

*henné
에네
[남] 해나 염료 (머리털 따위의 염색에 쓰이는 염료)

*hennir
에니흐
[자] 말이 울다; 말의 울음소리와 같은 소리를 내다

hépatite
에빠띠뜨
[여] 간염

héraldique
에할디끄
[형] 문장(紋章)의 [여] 문장학

*héraut
에호
[남] 왕의 사자, 포고자

herbage
에흐바즈
[남] 풀, 목초; (천연) 목장

herbe [여] 풀, 초본
에흐브

herbicide [형] 잡초를 죽이는 produit ~ 제초제
에흐비시드 [남] 제초제

herboriste [명] 식물학자
에흐보히스뜨

hercule [남] 힘센 사람, 장수
에흐뀔

héréditaire [형] 유전성의, 세습의
에헤디떼흐

hérédité [여] 유전, 상습, 세습
에헤디떼

hérésie [여] 이교, 이단
에헤지

hérétique [형] 이교의, 이단의 [명] 이교도, 이단자
에헤띠끄

*hérisser [타] (머리털, 가시 따위를) 곤두세우다
에히세

*hérisson [남] [동물] 고슴도치
에히송

héritage [남] ① 상속; 유산, 법적상속동산, 조상대대의 가재[가보] ② (시대, 사회 따위의) 유산
에히따즈

hériter [타] [~ de] …을 상속받다
에히떼

héritier(ère) [명] 상속인
에히띠에(에흐)

hermétique [형] 밀봉한, 기밀의
에흐메띠끄

hermétiquemer [부] 밀봉[밀폐]하여
에흐메띠끄멍

*hernie [여] [의학] 헤르니아, 탈장

에흐니

héroïne [여] ① 여걸, 여장부, 여주인공, 탁월한 여성 Jeanne d'Arc, ~ nationale française 프랑스의 국가적 영웅인 잔다르크 ② (작품의) 여주인공 ~ d'un film 영화의 여주인공 ③ [화학] 헤로인 (마취 진통제)
에호인

héroïnomane [형] 헤로인 마약 중독의 [명] 헤로인 마약 중독자
에호이노만

héroïque [형] 영웅의, 용사의
에호이끄

héroïquement [부] 영웅답게, 용맹스럽게
에호이끄멍

héroïsme [남] 영웅적 자질, 영웅적 행위
에호이슴

*héron [남] [조류] 왜가리
에홍

*héros [남] 영웅, 용사, (남자) 주인공
에호

herpès [남] [의학] (수)포진
에흐뻬

hésitant(e) [형] 주저하는, 머뭇거리는
에지떵(떵뜨)

hésitation [여] 주저, 망설임 accepter qch sans ~ ...을 주저 없이 받아들이다[수락하다]
에지따시옹

hésiter [자] 주저하다. à ~ on n'obtient rien 망설이다가는 아무것도 얻지 못한다.
에지떼

hétérogène [형] 이종의, 혼성의
에떼호젠

hétérosexuel(le[형] 이성애의 [명] 이성애자
에떼호섹쉬엘

*hêtre [남] [식물] 너도밤나무
에트흐

heure [여] 시간 il y a une ~ 한 시간 전에 le train part à trois ~s. 기차가 세시에 출발한다
외흐

heureusement [부] 다행히(도)
외회즈멍

heureux(se) [형] 행복한
외회(회즈)

*heurt [남] 충격, 충돌
외흐

*heurter [타] (에) 부딪히다, (와) 충돌하다 se ~ [대] (에) 부딪히다 [se ~ à/contre qch]; (상호적) (사람, 사물이) 서로 충돌하다
외흐떼

hexagone [남] ① 육각형 ② (l'H~) 프랑스 본토 [본국]
에그자곤

hibernation [여] 동면
이베흐나시옹

hiberner [자] 동면하다, 칩거하다
이베흐네

*hibou [남] 올빼미; 말을 안 하는 사람, 사교를 싫어하는 사람
이부

*hideux(se) [형] 끔찍한, 불쾌한
이되(되즈)

hier [부] 어제
이에흐

*hiérarchie [여] 계급제도, 위계, 조직, 단계
이에하흐시

*hiérarchique [형] 계급의, 계급제도의
이에하흐시끄

hiéroglyphe [남] (고대 이집트의) 상형문자

이에호글리프

*hi-fi (haute-fidélité) [여] 하이파이
이피

hilarité [여] 폭소, 크게 웃음
일라히떼

Himalaya, l' [남] [지리] 히말라야 산맥
리말라야

hindi [남] 힌디어
인디

hindou(e) [형] 인도의, 힌두교의 [명] (H~) 힌두교도
엥두

hindouisme [남] 힌두교
엥두이슴

hippie [형] 히피족의, 히피풍의 [명] 히피(족)
이삐

hippique [형] 말의; 마술의, 경마의
이삐끄

hippisme [남] 말을 사용하는 스포츠 (경마, 승마, 폴로)
이삐슴

Hippocrate [남] 히포크라테스 (고대 최고의 의학자) serment d'~ 히포크라테스 선서
이뽀크하뜨

hippodrome [남] [고대사] (경마, 전차 경주용의) 타원형 경기장; 경마장
이뽀드홈

hippopotame [남] 하마, 덩치가 큰 사람
이뽀뽀땀

hippy [형] 히피족의, 히피풍의 [명] 히피(족)
이삐

*hirondelle [여] [조류] 제비
이홍델

hirsute [형] (머리, 수염 따위가) 덥수룩한; (태도

이흐쉬뜨 가) 거친, 퉁명스러운

hispanique [형] 스페인의
이스빠니끄

*hisser [타] 끌어올리다, 게양하다 ~ les couleurs 국기를 게양하다
이세

histoire [여] ① 역사; 역사학 ~ de la France 프랑스 역사 ② 연혁; 내력, 경력; 전기 ③ 이야기 ~ drôle 우스운 이야기, 농담
이스뚜아흐

historien(ne) [명] 역사가, 역사학자
이스또히엥(엔)

historique [형] 역사적인, 역사의,
이스또히끄

historiquement [부] 역사적으로, 정확하게
이스또히끄멍

*hit-parade [남] 히트곡 순위표, 영화, 연극의 인기 순위
이뜨빠하드

hiver [남] 겨울
이베흐

*hocher [타] 흔들다, (머리를) 끄덕거리다
오셰

*hockey [남] 하키 crosse de ~ 하키 채
오께

*hold-up [남] 무장강도(의 습격) commettre un ~ 강도질을 하다
올됩

*hollandais(e) [형] 네덜란드의 H~ [명] 네덜란드 사람 [남] 네덜란드어
올렁데(데즈)

*Hollande [여] [지리] 네덜란드
올렁드

holocauste [남] ① (유태교의) 전번제 (통째로 구운 짐승을 제물로 바침); 종교적 희생 ② 희생; 제물 ③ 대량학살
올로꼬스뜨

hologramme [남] 홀로그램
올로그함

***homard** [남] 바다 가재
오마흐

homélie [여] 통속 종교교육, 설교
오멜리

homépathe [형] 유사요법주의의
오메오빠뜨

homéopathie [여] 유사요법
오메오빠띠

homéopathique [형] 유사요법주의의
오메오빠띠끄

homicide [형] 살인자의, 살인의 [남] 살인, 살인죄
오미시드 ~ justifiable 정당방위 살인

hommage [남] 경의, 존경, 칭찬, 헌정 rendre ~ à
오마즈 qn ....을 찬양하다

homme [남] 남자; 어른; 사람
옴

homogène [형] 동질의, 균질의, 동일한
오모젠

homogénéiser [타] 등질화하다, 균질화하다
오모제네이제

homogénéité [여] 등질성, 일치
오모제네이떼

homographe [남] 동형이의어
오모그하프

homologue [형] [수학] 대응하는 [남] [수학] 대응;
오몰로그 (지위가) 동등한 사람 Le minister des Affaires étrangères a rencontré son ~ allemand. 외무부장관은 독일 외무부장관을 만났다

homonyme [남] 동음이의어
오모님

homosexualité [여] 동성연애
오모섹쉬이알리떼

homosexuel(le) [형] 동성애의 [명] 동성연애자
오모섹쉬이엘

Hong Kong [남] [지리] 홍콩
옹꽁

*Hongrie [여] [지리] 헝가리
옹그히

*hongrois(e) [형] 헝가리의 [명] (H~) 헝가리 사람
옹그후아(아즈) [남] 헝가리어

honnête [형] 정직한, 정숙한, 적당한 être ~ au
오네뜨 sujet de qch ...에 대해 정직하다, 성실하다

honnêtement [부] 정직하게, 청렴하게, 적절하게
오네뜨멍

honnêteté [여] 정직, 성실, 정숙 L'~ est toujours
오네뜨떼 récompensée. 정직은 항상 보상을 받는다

honneur [남] 명예, 체면, 경의, 존경
오뇌흐

honorable [형] 명예로운, 명망 높은, 고귀한
오노하블

honorablement [부] 명예롭게, 정중히
오노하블멍

honoraire [형] 명예직의
오노헤흐

honoraires [남][복] (의사, 변호사, 공증인 등 자유
오노헤흐 직 종사자의) 사례금, 보수

honorer [타] 존경하다, 공경하다

오노헤

honorifique [형] 명예상의, 존댓말의
오노히피끄

*honte [여] 치욕, 수치, 부끄러움
옹뜨

*honteusement [부] 수치스럽게, 부끄럽게도
옹뙤즈멍

*honteux(se) [형] 부끄러운; 부끄럼 타는, 수줍은; 수치스러운 action ~se 수치스러운 행동
옹뙤(뙤즈)

hôpital(aux) [남] 병원 à l'~ 병원에서
오삐딸(또)

*hoquet [남] 딸꾹질 avoir le ~ 딸꾹질이 나오다
오께

*hoqueter [자] 딸꾹질하다
오끄떼

horaire [형] 시간의, 한 시간의
오헤흐

*horde [여] 유목민, 무리
오흐드

horizon [남] 지평선, 수평선, 미래, 영역 élargir ses ~s 영역을 넓히다
오히종

horizontal (e, aux) [형] 수평의, 수평 방향의
오히종딸(또)

*horloge [여] (특히 공공장소의) 큰 시계; 괘종시계
오흘로즈

horloger(ère) [명] 시계상, 시계제조[수리]공
[형] 시 계에 관련된
오흘로제(제흐)

horlogerie [여] 시계 제조업; 시계류; 시계점
오흘로즈히

hormonal [형] 호르몬의, 호르몬 에 의한

(e, aux)
오흐모날(노)

*hormis [전] ...을 제외하고, ... 이외에
오흐미

hormone [여] 호르몬
오흐몬

horoscope [남] 점성
오호스꼬쁘

horreur [여] 공포, 무서움, 혐오 avoir ~ de qch[+ inf.] ...을[하기를] 무척 싫어하다
오회흐

horrible [형] 무시무시한, 소름끼치는
오히블

horriblement [부] 무시무시하게
오히블멍

horrifiant(e) [형] 소름끼치게 하는
오히피엉(엉뜨)

horrifié(e) [형] 소름끼치는
오히피에

*hors [전] ...밖에; ...을 제외하고
오흐

*hors-d'oeuvre [남] 전채요리
오흐되브흐

hortensia [남] [식물] 수국
오흐떵시아

horticole [형] 원예의
오흐띠꼴

horticulteur (trice) [명] 원예가
오흐띠뀔뙤흐(트히스)

horticulture [여] 원예
오흐띠뀔뛰흐

hospice [남] (고아, 노인 따위를 수용하는) 양육원, 구제원
오호삐스

hospitalier(ère) [형] 환대하는, 병원의
오스삐딸리에(에흐)

hospitaliser [타] 입원시키다, 양육원에 수용하다
오스삐딸리제

Hospitalité [여] 환대, 후대, 극진한 대접
오스삐딸리떼

Hostile [형] 적대하는, 적대적인
오스띨

Hostilité [여] 적의, 반감
오스띨리떼

hot-dog [남] 핫도그
옷도그

hôte(hôtesse) [명] 주인 [여] 스튜어디스(=~sse de l'air)
오뜨(오떼스)

hôtel [남] 호텔, 여관, 관저, 웅장한 저택
오뗄

hôtelier(ère) [명] 여관 주인, 호텔 경영자
오뜰리에(에흐)

*hotte [여] (등에 지는) 채롱; (부엌 따위의) 연도
오뜨

*houblon [남] [식물] 홉
우블롱

*houe [여] 괭이
우

*houille [여] 석탄
우이유

H.T. [약] hors-taxe 면세의

*hublot [남] (배의) 현창, (비행기의) 원창, (세탁
위블로

기의) 둥근 유리창

*huer [타] 큰 소리로 야유[매도]하다
위이에

huile [여] 기름
위일

huiler [타] (에) 기름을 치다[바르다]
위일레

huissier [남] (관청 따위의) 수위, 경비원; 집행관
위이시에

*huit [형] 여덟의 [남] 여덟
위이뜨

*huitième [형] 여덟째의 [명] 여덟째 [남] 팔분의 일
위이띠엠

*huitièmement [부] 여덟째로
위이띠엠멍

huître [여] [패류] 굴
위이트흐

humain(e) [형] 인간의, 인간 고유의
위멩(멘)

humainement [부] 사람으로서, 사람의 힘으로
위멘멍

humaniser [타] 인간답게 만들다, 인간성을 부여하다
위마니제

humanisme [남] 인문주의, 인본주의
위마니슴

humaniste [남] 고전학자, 인간[인본]주의자 [형] 인문주의의, 고전 연구의, 인간[인본]주의의
위마니스뜨

humanitaire [형] 인도주의적인
위마니떼흐

humanité [여] 인류, 인간, 인간미, 인정

위마니떼

humble [형] 겸손한; 겸허한; 검소한, 수수한; 보잘 것 없는
엥블

humblement [부] 겸손하게, 자기를 낮추어
엥블멍

humecter [타] 축축하게 하다, 적시다, 축이다
위멕떼

*humeur [여] 기질, 성질, 성미; (상황에 따른) 기분 être de[en] bonne ~ 기분이 좋다, 흐뭇한 기분이다
위뫼흐

Humide [형] 습한, 물기가 많은
위미드

humidificateur [남] 가습기
위미디피꺄뙤흐

humidité [여] 습기, 습도
위미디떼

humiliant(e) [형] 창피스러운, 굴욕[치욕]적인; 모욕적인
위밀리엉(엉뜨)

humiliation [여] 치욕, 모욕, 굴욕
위밀리아시옹

humilier [타] 모욕하다, 창피를 주다
위밀리에

humilité [여] 겸손, 겸허, 공손
위밀리떼

humoriste [명] 유머 작가, 해학가, 익살꾼
위모히스뜨

humoristique [형] 해학적인, 익살스러운
위모히스띠끄

humour [남] 해학, 익살, 유머 avoir le sens de l'~ 유머감각이 있다
위무흐

humus [남] 부식토, 부식질

유뮈스

*hurlement 위흘멍 [남] (개, 이리 따위의) 짖는소리, (사람의) 울부짖음, 아우성 un ~ de douleur 고통의 울부짖음

*hurler 위흘레 [자] (개, 이리 따위가) 짖다, (주어는 사람) 절규하다, 울부짖다, 고함[아우성] 치다 ~ de rage 고함을 지르며 노발대하다

*hussard 위사흐 [남] [군사] 경기병

*hutte 위뜨 [여] (나무, 짚, 흙 따위로 만든) 오두막집

hybride 이브히드 [형] 잡종의, 혼합의, 절충의 [남] (동식 물의) 잡종, 혼종어

hydrate 이드하뜨 [남] 수화물

hydrater 이드하떼 [타] 수화시키다 (피부 조직에) 수분을 주다

hydraulique 이드홀리끄 [형] 수력의 [여] 수력학, 수리학

hydravion 이드하비옹 [남] 수상 비행기

hydre 이드흐 [여] [그리스신화] ① 히드라 (헤라클레스가 죽였다는 머리가 7 또는 9 개인 뱀, 머리 하나를 자르면 두 개가 생김) ② (비유) 근절하기 어려운 악[화근] ③ [동물] 히드라

hydrique 이드히끄 [형] 물의 adopter des modes d'irrigation moins gourmands en ressources ~s 수자원을 덜 소비하는 관개법을 도입하다

hydro (-)électricité [여] 수력 전기
이드호엘렉트리시떼

hydro (-)électrique [형] 수력 전기[발전]의 cen-trale ~ 수력 발전소
이드호엘렉트히끄

hydrogène [남] 수소
이드호젠

hydrolyse [여] [화학] 가수분해
이드홀리즈

hydrophobie [여] [의학] 공수병, 광견병
이드호포비

hydrothérapie [여] (목욕, 습포 따위에 의한) 물 치료법
이드호떼하삐

*hyène [여] [동물] 하이에나
이엔

hygiène [여] 위생 ~ alimentaire 식품 위생
이지엔

hygiénique [형] 위생상의, 건강에 좋은
이제에니끄

hygiéniste [명] 위생학자, 위생기사
이제에니스뜨

hymne [남] 찬가, 송가
임느

hyperactif(ve) [형] 과도하게 활동적인
이뻬학띠프(띠브)

hyperactivité [여] 과도한 활동
이뻬학띠비떼

hyperbole [여] 과장법, 쌍곡선
이뻬흐볼

hyperlien [남] [정보] 하이퍼링크

이뻬홀리엥

Hypermarché [남] 대형슈퍼마켓
이뻬흐마흐셰

Hypersensible [형] 감성이 지나치게 민감한, 과민한
이뻬흐성시블

Hypertension [여] 고혈압
이뻬흐떵시옹

Hypnose [여] 최면 상태, 황홀
입노즈

Hypnothérapie [여] 최면 치료
입노떼하삐

hypnotique [형] 최면(술)의 [남] 수면제, 최면제
입노띠끄

hypnotiser [타] 최면술로 잠자게 하다, 정신을 빼앗다
입노띠제

hypnotiseur(se) [형][명] 최면술을 거는 (사람)
입노띠죄흐(죄즈)

hypnotisme [남] 최면상태, 최면술
입노띠슴

hypoallergique [형] 저자극성인
이뽀알레흐지끄

hypocondrie [여] 히포콘드리, 심기증
이뽀꽁드히

hypocrite [형] 위선적인, 거짓의 [명] 위선자
이뽀크히뜨

hypocritement [부] 위선적으로
이뽀크히뜨멍

hypoderme [남] [해부] 피하조직
이뽀데흠

hypodermique [형] 피하의
이뽀데흐미끄

hypoténuse [여] [수학] 빗변
이뽀떼뉘즈

hypothèque [여] 저당(권)
이뽀떼끄

hypothermie [여] [의학] 저체온증
이뽀떼흐미

hypothèse [여] 가정, 가설
이뽀떼즈

hypothétique [형] 가정의, 가설적인
이뽀떼띠끄

hystérectomie [여] [의학] 자궁적출술
이스떼헥또미

hystérie [여] 히스테리, 극도의 흥분
이스떼히

hystérique [형] 히스테리의, 히스테리 증세의, 극도로 흥분된
이스떼히끄

I, i [남] 불어 자모의 아홉째 글자
이

Icare [남] 이카로스 (그리스 신화에서 초로 붙인 날개로 하늘을 날다가 태양열에 초가 녹아서 추락한 인물)
이꺄흐

ici [부] ① 여기에서 Viens ~. 이리와 M. Martin, ~ présent 여기 계신 마르텡 씨 Il fait plus frais ~ qu'à Paris. 이곳은 파리보다 선선하다 Veuillez signer ~. 여기에 서명해 주세요 I~ repose[gît] X. 여기에 X 씨가 잠들다 (묘비명) I~ encore, l'auteur évoque sa jeunesse. 여기서 다시 작가는 자신의 유년을 떠올린다 d'~ (장소) 여기서; 이곳의, 현지의 Sortez d'~. 여기서 나가시오! près d'~ 이 근처에 C'est à un kilomètre[à cinq minutes] d' ~. 여기서 1 킬로 미터[5 분] 거리이다 (시간) 지금부터...까지 [d'~ (à) + 시간명사] d'~ (à) demain 내일까지
이시

icone [남] 아이콘 (컴퓨터의 각종 기능이나 메시지를 표시한 그림 문자)
이꼰

icône [여] (목판에 그린 그리스 정교의) 성화상, 성상
이꼰

iconoclaste [명] 성상 파괴론자, 우상 파괴자, 미

이꼬노끌라스뜨 — 술품 파괴자 (비유, 경멸) 전통 파괴자, 문화 파괴자 [형] 성상 파괴론[주의]의, 우상 파괴의

iconographie 이꼬노그하피 — [여] 도상학, 초상학

idéal(e, aux) 이데알(오) — [형] 이상적인 [남] 이상

idéaliser 이데알리제 — [타] 이상화하다, 미화하다

idéalisme 이데알리슴 — [남] 관념론, 이상주의

idéaliste 이데알리스뜨 — [형] 관념론적인, 이상주의적인 [명] 관념론자, 이상주의자

idée 이데 — [여] ① 생각, 사고, 상념 expression des ~s par le langage 언어를 통한 사고의 표현 ~ claire[nette] 명확한 생각 association d'~ s 관념연합, 연상 se faire des ~s superficielles sur qch ...에 대해 피상적으로 생각하다 perdre le fil de ses ~s 생각의 실마리를 놓치다 rassembler ses ~s 생각을 정리하다 chasser une ~ de son esprit 어떤 생각을 의식에서 떨쳐버리다 ~ fixe 고정관념 [~ de qch/inf.] L'~ de la mort le tourmen tait sans cesse. 죽음에 대한 생각이 끊임없이 그를 괴롭혔다 L'~ de la revoir me ravit. 그 여자를 다시 만난다는 생각에 너무나 기쁘다 [~ que + ind./sub.] L'~ que j'étais désor mais seul m'était in-supportable. 이제 혼자라는 생각을 하니 견디기 어

려웠다 ② 착상, 아이디어, 구상 ③ 견해; 소신 ~ reçue 사회통념 changer d'~ comme de chemise 자주[쉽게] 생각을 바꾸다 J'ai mon ~[ma petite ~] sur la question. 그 문제에 대한 내 나름대로의 소견 이 있다 ③ 개괄적인 이해 (=aperçu) 어림짐작 donner[se faire] une ~ de la complexité des problèmes 문제 의 복잡성을 대충 이해하게 해주다[이해하다] Astu une ~ du prix ? 값이 얼마 정도일까? Je n'en ai aucune[pas la moin-dre] ~. 전혀 짐작이 가지 않는다 ⑥ 상상, 공상; (갑작스러운) 엉뚱한 생각 (=fantaisie) En voilà, une ~ ! 그거야 그저 공연한 상상일 뿐이지! ⑦ 염두, 의식 se mettre bien dans l'~ de + inf.[que + ind.] ...을 명심하다 C'est une chose qui ne me vient même pas à l'~. 나로서는 생각도 할 수 없는 일이다 ⑧ [철학] 이념, 이데아 ⑨ [심리, 논리] 개념, 관념

I-i

identifiable 이덩띠피아블 [형] 식별이 가능한, 확인할 수 있는

identification 이덩띠피꺄시옹 [여] 동일화, 신원확인

identifier 이덩띠피에 [타] ① 동일시하다; 동일인임을 확인하다 [~ qch[qn]] avec/à/et qch[qn]] ~ le parfait avec l'absolu 완벽과 절대를 동일시하다 ② 알아보다 (=reconnaître); (의) 신원을 확인

하다 Je le co-nnais, mais je n'arrive pas à l'~. 아는 사람이긴 한데, 그가 누군지 모르겠다 ~ un cadavre[des empreintes digitales] 사체의 신원[지문]을 확인하다 ③ 식별하다; 판별하다; 감정하다 bruit étrange qu'on n'arrive pas à ~ 정체를 알 수 없는 이상한 소리 objet volant non *identifié* 미확인 비행물체 ([약] ovni) ~ des plantes 식물들을 판별하다 ~ des échantillons de pierres 보석 견본을 감정 하다 s'~ [대] ① (와) 동화되다, 일체가 되다 [s'~ avec/à 부[qch] acteur qui *s'identifie* avec son personnage 작중 인물과 일체가 되는 배우 ② (와) 자신을 동일시하다 [s'~ à qn] Il s'identifie à son père. 그는 자신을 자기 아버지와 동일시한다

identique 이덩띠끄 [형] 동일한

identité 이덩띠떼 [여] 동일성, 정체성, 신원, 신분 Avez-vous une pièce d'~ ? 신분증 있으십니까?

idéogramme 이데오그함 [남] 표의

idéologie 이데올로지 [여] 관념론

idéologique 이데올로지끄 [형] 관념론적인

idiomatique 이디오마띠끄 [형] 관용어의, 특유어법의

idiome [남] 관용어, 방언
이디옴

idiot(e) [명] 백치, 바보
이디오(오뜨)

idiotie [여] 백치, 바보짓
이디오시

idolâtre [형] 우상을 숭배하는; 열렬히 사랑하는 (~ de) [명] 우상숭배자; 열애하는 이, 숭배자; 심취자
이돌라트흐

idolâtrer [타] 열렬히 사랑하다
이돌라트헤

idolâtrie [여] 우상숭배
이도라트히

idole [여] 우상, 숭배 대상
이돌

idylle [여] 목가, 전원시
이딜

ignare [형] 배우지 못한, 무지한
이냐흐
[명] 무지 한 사람

Ignoble [형] (명사 앞, 뒤) 비열한, 상스러운
이뇨블

ignominieux(se) [형] (문어) 치욕[수치]스러운, 비열한
이뇨미니유(유즈)

ignorance [여] 무지, 무식, 무학
이뇨헝스

ignorant(e) [형] 무식한, 무지한
이뇨헝(헝뜨)

ignorer [타] 모르다, 모르고 있다
이뇨헤

il(s) [대명] 그, 그것
일

île [여] 섬
일

illégal(e, aux) [형] 위법의, 불법의
일레걀(고)

illégalement [부] 불법(적)으로
일레걀멍

illégalité [여] 위법(성), 불법행위, 비합법(활동)
일레걀리떼

illégitime [형] 불법의, 비합법적인
일레지띰

Illégitimité [여] 비합법, 부당; 사생
일레지띠미떼

illettré(e) [형] 문맹의 [명] 문맹자
일레트헤

illicite [형] 불법의, 부적한, 불륜의
일리시뜨

illimité(e) [형] 무한한, 무한정의
일리미떼

illisible [형] 읽기 어려운, 읽을 수 없는, 읽을 가치가 없는
일리시블

illogique [형] 비논리적인, 부조리한, 불합리한
일로지끄

illogiquement [부] 비논리적으로, 부조리하게
일로지끄멍

illogisme [남] 모순, 모순된 것
일로지슴

illumination [여] 조명, 일루미네이션
일뤼미나시옹

illuminer [타] (빛을) 비추다, 조명하다
일뤼미네

illusion [여] 착각, 환각
일뤼지옹

illusoire
일뤼주아흐
[형] 허망한, 허위의

illustrateur(trice)
일뤼스트하뙤흐(트히스)
[명] 삽화가

illustration
일뤼스트하시옹
[여] 삽화를 넣기, 삽화

illustre
일뤼스트흐
[형] 저명한, 이름 높은

illustré(e)
일뤼스트헤
[형] 삽화가 들어있는

illustrer
일뤼스트헤
[타] (에) 삽화를 넣다, 예증하다

îlot
일로
[남] 작은 섬; (섬처럼 고립된) 작은 공간; (도시의) 소구역

image
이마즈
[여] 상, 영상, 모습, 사진

imagerie
이마즈히
[여] 판화 제작[판매] (집합적) 판화

imaginable
이마지나블
[형] 상상할 수 있는

imaginaire
이마지네흐
[형] 상상의, 가상의, 가공의

imaginatif(ve)
이마지나띠프(띠브)
[형] 상상의, 상상력이 풍부한

imagination
이마지나시옹
[여] 상상력, 상상 작용

imaginer
이마지네
[타] 상상하다, 마음속에 그리다

imbécile
엥베실
[형] 멍청한, 어리석은
[명] 바보, 얼 간이

imbiber
[타] 적시다, 스며들게 하다

엥비베

imitateur(trice) [명] 모방자
이미따뙤흐(트히스)

imitation [여] 모방, 흉내 L'~ est la plus sincère des flatteries. 모방은 가장 솔직한 아첨이다.
이미따시옹

imiter [타]모방하다, 흉내내다
이미떼

immaculé(e) [형] 순결한, 무구한
이마뀔레

immangeable [형] 먹을 수 없는, 식용으로 부적합한
엥멍자블

immatériel(le) [형] 무형의
이(임)마떼히엘

immatriculation [여] 등록, 등기 numéro d'~ d'une auto mobile 자동차 등록번호
이(임)마트히뀔라시옹

immatriculer [타] [행정] 등록하다
이(임)마트히뀔레

immature [형] 미(성)숙한
이(임)마뛰흐

immaturité [여] 미숙, 미발달, 미완성
이(임)마뛰히떼

immédiat(e) [형] 직접의, 가까운; 즉시의
이(임)메디아(아뜨)

immédiatement [형] 직접적으로, 바로 가까이
이(임)메디아뜨멍

immédiateté [여] 긴박, 직접, 즉시, 직접성
이(임)메디아뜨떼

immémorial(e, aux) [형] 기억에 없는, 아득한 옛날의
이(임)메모히알(오)

immense [형] 무한한, 광대한, 광막한, 거대한
이(임)멍스

immensité [여] 광대, 무한한 공간
이(임)멍시떼

immergé(e) [형] (물에) 잠긴,
이(임)메흐제

immerger [타] (물에) 잠기게 하다
이(임)메흐제

immersion [여] 물에 잠그기, 침수, 잠수
이(임)메흐시옹

immeuble [남] 건물
이(임)뫼블

immigrant(e) [명] (타국으로부터의) 이주민, 이민자
이(임)미그헝(헝뜨)

immigration [여] (타국으로부터의) 이주
이(임)미그하시옹

immigré(e) [명] (타국으로부터의) 이주자
이(임)미그헤

immigrer [자] (타국으로부터) 이주하다, 이민오다
이(임)미그헤

imminence [여] 절박, 촉박
이(임)미넝스

imminent(e) [형] 절박한, 촉박한, 초미의
이(임)미넝(넝뜨)

immiscer, s' [대] 간섭하다, 끼어들다 [s'~ dans qch]
시(심)미세

immobile [형] 부동의, 고정된
이(임)모빌

immobilier(ère) [형] 부동산을 다루는 agence ~ère 부동산 중개업소
이(임)모빌리에(에흐)

immobiliser [타] 움직이지 못하게 하다, 정지시키

이(임)모빌리제 다

immobilité [여] 부동, 부동 상태, 고정
이(임)모빌리떼

immodéré(e) [형] 과도한, 무절제한
이(임)모데헤

immoral(e, aux) [형] 부도덕한, 패덕한; 외설적인
이(임)모할(호)

immoralité [여] 배덕, 부도덕, 외설
이(임)모할리떼

immortaliser [타] 불멸하게 만들다, 영원히 전하다
이(임)모흐딸리제

immortalité [여] 불사, 불멸
이(임)모흐딸리떼

immortel(le) [형] 불사의, 불멸의, 영원한
이(임)모흐뗄

immotivé(e) [형] 이유없는, 까닭없는, 근거없는
이(임)모띠베

immuable [형] 불변의, 불역의
이(임)뮈이아블

immunisation [여] 면역화
이(임)뮈니자시옹

immuniser [타] 면역시키다, 보호하다
이(임)뮈니제

immunitaire [형] [의학] 면역(성)의 système ~ 면역체계
이(임)뮈니떼흐

immunité [여] 면제, 불가침권, 면역(성)
이(임)뮈니떼

immunologie [여] 면역학
이(임)뮈놀로지

impact [남] 탄착, 충격, 영향
엥빡뜨

impair(e) 엥뻬흐 [형] 홀수의, 기수의 [남] 홀수, 기수

impalpable 엥빨빠블 [형] 만져서 느껴지지 않는, 미세한

impardonnable 엥빠흐도나블 [형] 용서할 수 없는

imparfait(e) 엥빠흐페(페뜨) [형] ① 불완전한, 미완성의 ② 결함이 있는, 조잡한 [남] [언어] 반과거

impartial(e, aux) 앙빠흐시알(오) [형] 공평한, 공정한, 편파성 없는

impartialité 앙빠흐시알리떼 [여] 공평, 공정

impasse 엥빠스 [여] 막다른 골목; 궁지, 곤경, 난관, 교착상태 être dans une ~ 교착상태에 빠지다

impassible 엥빠시블 [형] 무감동의, 동하지 않는, 태연한, 냉정한

impatiemment 엥삐시아멍 [부] 참을 수 없이, 안달 나서, 초조하게

Impatience 엥빠시엉스 [여] 참을성 없음, 성급함

impatient(e) 엥빠시엉(엉뜨) [형] 참을성 없는, 성급한

Impatienter 엥빠시엉떼 [타] 참을 수 없게[짜증나게, 화나게] 하다 s'~ [대] 참지 못하다, 짜증내다, 화내다 [s'~ de + inf]

Impayable 엥뻬야블 [형] (구어) 괴상한, 별난, 우스꽝스러운

impeccable 엥뻬꺄블 [형] 완전무결한, 결점이 없는

impénétrable [형] 뚫고 들어갈 수 없는; (비유) 헤

엥뻬네트하블 아릴[이해할] 수 없는

impensable [형] 상상할[있을] 수 없는
엥뻥사블

impératif(ve) [형] 명령적인, 강제적인
엥뻬하띠프(띠브) [남] [언어] 명령법

imperceptible [형] 지각되지 않는, 대수롭지 않은,
엥뻬흐셉띠블 감지할 수 없을 만큼, 조금씩

imperfection [여] 불완전, 결함
엥뻬흐펙시옹

impérial(e, aux) [형] 황제의, 황실의
엥뻬히알(오)

impérialisme [남] 제국주의, 영토확장주의 ~ cultur
엥뻬히알리슴 el 문화적 제국주의

impérialiste [명] 제국주의자
엥뻬히알리스뜨

impérieux(se) [형] 명령적인, 강압적인, 절대적인,
엥뻬히유(유즈) 긴급한

impérissable [형] 불멸의, 불후의, 영속적인
엥뻬히사블

imperméable [형] 스며들지 않는, 방수성의
엥뻬흐메아블 [남] 비옷, 레인코트

impersonnalité [여] 비인격성, 몰개성, 보편성
엥뻬흐소날리떼

impersonnel(le) [형] 비인격적인, 비개인적인
엥뻬흐소넬

impertinence [여] 건방짐, 무례
엥뻬흐띠넝스

impertinent(e) [형] 버릇없는, 무례한, 건방진
엥뻬흐띠넝(넝뜨)

imperturbable [형] 태연한, 차분한, 침착한, 냉정한
엥뻬흐뛰흐바블

impétueux(se) [형] 맹렬한, 격렬한, 혈기왕성한
엥뻬뛰이유(유즈)

impétuosité [여] 맹렬함, 세참
엥뻬뛰이오지떼

impie [형] 불경건한, 신앙심 없는
엥삐

impiété [여] (문어) 무신앙, 불경건, 신[종교]의 모독, 신을 모독 하는[불경한] 언행
엥삐에떼

impitoyable [형] 무정한, 비정한, 냉혹한
엥삐뚜아야블

implacable [형] (문어) 누그러뜨릴[달랠] 수 없는, 집요한, 무정한 냉혹한, 무자비한
엥쁠라꺄블

implacablement [부] 누그러뜨릴 수 없게, 집요하게, 냉혹하게, 가차없이
엥쁠라꺄블멍

implant [남] 이식용 조직편
엥쁠렁

implantation [여] ① (이민 따위에 의한) 이주, 정착 ~ des Arabes en Europe 아랍인들 의 유럽이주 ② (공장, 산업 시설 따위의) 설치, 진출 ~ d'une usine dans une région 어떤 지역에 공장을 설립하기
엥쁠렁따시옹

implanter [타] 도입하다, 설치하다 ~ des industries dans un pays 국가에 새로운 산업을 도입하다
엥쁠렁떼

implémentation [여] [정보] 구현 (시뮬레이션 과정을 거친 프로그램을 실제의 장치로 구체화하는 것)
앙쁠레멍따시옹

imlémenter [타] [정보] 구현하다
엥쁠레멍떼

I-i

implication 엥쁠리꺄시옹
[여] ① (일, 사건과의) 관련, 연루 ~ dans un scandale 추문에 연루되기 ② (흔히 복수) 논리적 귀결, 결과, 영향 ~s fina ncières d'une politique 정책의 재정적인 영향 ③ [법] 범죄와의 연루, 연좌 ④ [논리] 내포, 함축

implicite 엥쁠리시뜨
[형] 암암리의, 무언중의, 함축적인

implicitement 엥쁠리시뜨멍
[부] 암암리에, 은연중에

impliquer 엥쁠리께
[타] ① (사건 따위에) 끌어들이다, 연루시키다 ~ qn dans une affaire criminelle ...을 범죄사건에 연루시키다 ② 내포하다, 함축하다; 전제로 하다; 결과로 초래하다 Cela implique que vous *avez menti*. 그것은 당신이 거짓말을 하였음을 의미하는 것입니다

implorant(e) 엥쁠로헝(헝뜨)
[형] (문어) 탄원하는, 간청[애원]하는

implosion 엥쁠로지옹
[여] 탄원, 간청

impoli(e) 엥뽈리
[형] 버릇없는, 무례한, 불손한

Impolitesse 엥뽈리떼스
[여] 버릇없음, 무례, 실례

impopulaire 앵뽀쀨레흐
[형] 인기없는, 평판이 나쁜

importance 엥뽀흐떵스
[여] 중대성, 중요성 de peu d'~ 거의 중요하지 않은 C'est une question de la plus haute ~ 이것이 가장 중요한 문제다

imporant(e) [형] 중대한, 중요한, 긴요한
엥뽀흐떵(떵뜨)

importateur(trice) [명] 수입업자 [형] 수입하는 pays ~ de pétrole 석유 수입국
엥뽀흐따뙤흐(트히스)

importation [여] 수입, (흔히 복수) 수입품
엥뽀흐따시옹

importer [타] 수입하다, 도입하다; (부정법, 현재분사 3 인칭 단, 복수에만 쓰임) 중요하다 n'importe+ 의문사 N'importe qui pourrait entrer. 누구라도 들어갈 수 있다
엥뽀흐떼

import-export (imports-exports) [남] 수출입
엥뽀흐-엑스뽀흐

importun(e) [형] 귀찮은, 성가신, 번거로운
엥뽀흐뙹(뛴)

importuner [타] 귀찮게 굴다, 폐를 끼치다, 괴롭히다
엥뽀흐뛰네

imposant(e) [형] 위엄있는, 위압적인, 당당한
엥뽀정(정뜨)

imposer [타] ① 위에 놓다; 과세하다; 부과하다, 강요하다 ② 위압하다; 속이다 (~ à)
엥뽀제

imposition [여] 부과, 강제, 과세
엥뽀지시옹

impossibilité [여] 불가능성, 불가능한 일
엥뽀시빌리떼

impossible [형] 불가능한, 있을 수 없는
엥뽀시블

imposteur [남] 사기꾼, 야바위꾼
엥뽀스뙤흐

imposture [여] 사기, 협잡, 속임수
엥뽀스뛰흐

impôt [남] 세금, 조세
엥뽀

impotent(e) [형] 신체가 부자유한, 장애가 있는 [명] 장애인
엥뽀떵(떵뜨)

impraticable [형] ① 실현 불가능한 ② 통행 불가능한
엥프하띠꺄블

imprécis(e) [형] 불명확한, 애매한, 막연한
엥프헤시(시즈)

imprécision [여] 불명료, 막연, 애매
엥프헤시지옹

imprégner [타] 배어들게 하다, 스며들게 하다
엥프헤녜

imprenable [형] 스며들게 할 수 있는
엥프흐나블

imprésario, impresario (imprésarios, impresarii) [남] (연예인의) 매니저, (공연의) 기획자
엥프헤자(사)히오(이)

impression [여] 인상, 느낌, 감상
엥프헤시옹

impressionnant(e) [형] 깊은 감명을 주는, 인상적인
엥프헤시오넝(넝뜨)

impressionner [타] 인상을 주다, 감명을 주다
엥프헤시오네

impressionniste [형] 인상주의의 [명] 인상파 화가, 작가, 작곡가
엥프헤시오니스뜨

imprévisible [형] 예측[예견]불능의
엥프헤비지블

imprévoyant(e) [형] 선견지명이 없는, 용의주도하지 못한, 부주의한
엥프헤부아영(영뜨)

imprévu(e) [형] 예측[예견]하지 못한, 뜻밖의
엥프헤뷔

imprimante [여] [정보] 프린터 ~ à jet d'encre 잉크젯 프린터 ~ (à) laser 레이저 프린터
엥프히멍뜨

imprimé(e) [형] 인쇄된 [남] 인쇄물, 출판물
엥프히메

imprimer [타] 활자화하다, 인쇄하다
엥프히메

imprimerie [여] ① 인쇄(술) ② 인쇄소; 인쇄기, 인쇄 설비
엥프히므히

imprimeur [남] 인쇄인, 인쇄업자; 인쇄공; [직물] 날염공
엥프히뫼흐

improbabilité [여] 있음직하지 않음, 일어날 수 없는 일
엥프호바빌리떼

improbable [형] 있음직하지 않은
엥프호바블

impropre [형] 적당하지 않은, 어울리지 않는
엥프호프흐

improprement [부] 부적당하게
엥프호프흐멍

improvisation [여] 즉흥, 즉음
엥프호비자시옹

improviser [타] 즉석에서 만들어내다
엥프호비제

improviste, à l' [부] 갑작스레, 뜻밖에, 느닷없이
알렝프호비스뜨

imprudence [여] ① 경솔, 무모, 무분별 ② 경솔한 [무분별한] 언행
엥프휘덩스

imprudent(e) [형] 신중하지 못한, 경솔한, 무분별한
엥프휘덩(덩뜨)

impudent(e) [형] 파렴치한, 뻔뻔스러운
엥쀠덩(덩뜨)

impudique [형] 정숙치 못한, 추잡한, 외설적인
엥쀠디끄

impuissance [여] 무력, 무능
엥쀠이성스

impuissant(e) [형] 무력한, 무능한, 무익한
엥쀠이성(성뜨)

impulsif(ve) [형] 충동적인
엥쀨시프(시브)

impulsion [여] 충격, 추진력, 자극
엥쀨시옹

impulsivement [부] 충동적으로
엥쀨시브멍

impunément [부] 벌받지 않고; 탈없이, 지장없이
엥쀠네멍

impur(e) [형] 불순한, 오염된
엥쀠흐

Imputer [타] (의) 탓으로 돌리다, (에게) 책임을 전가하다 [~ qch à qn/qch]
엥쀠떼

inabordable [형] 접근할 수 없는, 도달할 수 없는
이나보흐다블

inacceptable [형] 받아들일 수 없는, 허용할 수 없는
이낙셉따블

inaccoutumé(e) [형] 이례적인, 이상한
이나꾸뛰메

inachevé(e) [형] 미완성의, 불완전한
이나슈베

inactif(ve) [형] 게으른, 나태한; 효과없는, 작용

이낙띠프(띠브) 하지 않는

inadéquat(e) [형] 부적절한, 불충분한
이아데꾸아(아뜨)

inadvertance [여] (부주의로 인한) 과실
이나드베흐떵스

inamical(e, aux) [형] 우정 없는, 매정한, 불친절한, 냉정한; 적대적인
이나미꺌(꼬)

inanimé(e) [형] 생명이 없는, 의식을 잃은
이나니메

inaperçu(e) [형] 들키지 않은, 주의를 끌지 않는, 눈에 띄지 않는
이나뻬흐쉬

inapplicable [형] 적용할 수 없는
이나쁠리꺄블

inappréciable [형] 측정할 수 없는, 미세한, 미미한
이나프헤시아블

inapte [형] (에) 부적격한 être ~ à qch/inf …에 부적격이다
이납뜨

inarticulé(e) [형] 발음이 분명치 않은, 불분명한
이나흐띠뀔레

inattendu(e) [형] 예기치 못한, 뜻밖의
이나떵뒤

inattentif(ve) [형] 부주의한, 태만한, 무관심한
이나떵띠프(띠브)

inattention [여] 부주의, 무관심
이나떵시옹

inaudible [형] 들리지 않는, 차마 들을 수 없는
이노디블

inaugural(e, aux) [형] 개회식의
이노귀할(호)

inauguration [형] 개회식
이노귀하시옹

inaugurer [타] 개회식을 거행하다
이노귀헤

incalculable [형] 헤아릴 수 없는, 무수한, 막대한
엥깔뀔라블

incapable [형] …할 수 없는 불가능한 [~ de + inf/qch]
엥까빠블

incandescence [여] 백열
엥깡데스성스

incandescent(e) [형] 백열하는
엥깡데성(성뜨)

incapable [형] 능력이 없는, 무능한, 쓸모없는
엥까빠블

incapacité [여] 능력 없음. 할 수 없음. 무력
엥까빠시떼

incarcérer [타] 투옥하다, 감금하다, 구치하다
엥꺄흐세헤

incarnatïon [여] 화신, 육체화, 구현
엥꺄흐나시옹

incarné(e) [형] 육체화된, 화신한
엥꺄흐네

incarner [타] 육체화하다, 구체화하다
엥꺄흐네

incassable [형] 부서지지 않는, 끊어지지 않는, 견고한
엥꺄사블

incendiaire [형] 방화하는, 불을 지르는
엥성디에흐 [명] 방 화범

incendie [남] 화재, 큰불
엥성디

incendier [타] 불지르다, 방화하다 ~ un village 마을에 불을 지르다
엥성디에

incertain(e) [형] 불확실한, 불분명한, 미확정의

엥세흐뗑(뗀)

incertitude [여] 불확실성, 미확정
엥세흐띠뒤드

incessamment [부] 즉시, 곧, 당장에
엥세사멍

incessant(e) [형] 끊임없는, 부단한
엥세성(성뜨)

inceste [남] 근친상간
엥세스뜨

incestueux(se) [형] 근친상간의 [명] 근친상간자
엥세스뛰유(유즈)

incident [남] 사소한 사건, (뜻밖의) 지장
엥시덩

incinération [여] 소각, 화장
엥시네하시옹

incinérer [타] 소각하다, 재로 만들다, 화장하다
엥시네헤

incisif(ve) [형] 날카로운, 신랄한 [여] 앞니, 문치
엥시지프(지브)

incision [여] 홈을 새김, 절개
엥시지옹

incitation [여] 격려, 고무, 선동 ~ au travail 작업 독려
엥시따시옹

inciter [타] 격려하다, 자극하다, 교사하다 ~ qn à la Méfiance ...의 경계심을 자극하다
엥시떼

inclément [형] 혹심한
엥끌레멍

inclinaison [여] 경사, 기울기; 숙이기
엥끌리네종

inclination [여] 머리를 숙이기, 경향, 성향

엥끌리나시옹

incliné(e) [형] 경사진, 비스듬한
엥끌리네

incliner [타] 기울이다, 마음을 기울게 하다
엥끌리네

inclu(e) [형] 동봉한, 포함된
엥끌뤼

inclure [타] 동봉하다, 포함시키다
엥끌뤼흐

inclus(e) [형] 포함된
엥끌뤼(뤼즈)

inclusif(ve) [형] [~ de] 포함하고 있는; 포괄적인
엥끌뤼지프(지브)

inclusion [여] ① 집어넣기, 포함 ② 내포물;(결정 속의) 이물질, 함유물
엥끌뤼지옹

incognito [부] 익명으로, 남몰래, 비밀리에
엥꼬니또/엥꼬그니또 [남] 익명, 암행

incohérence [여] 부조화, 불일치
엥꼬에헝스

incohérent(e) [형] ① 일관성이 없는, 앞뒤가 맞지 않는 ② (문어) 기이한, 기괴한
엥꼬에헝(헝뜨)

incohésion [여] 응집력 결핍
엥꼬에지옹

incolore [형] 색깔없는, 무색의; 생기없는, 무건조한
엥꼴로흐

incomber [형] 돌아오다, 과해지다, 떠맡겨지다
엥꽁베

incommensurable [형] 무제한의, 막대한
엥꼬(꼼)멍쉬하블

incommode [형] (사람이) 귀찮은, 성가신
엥꼬모드

incommoder [타] 불쾌[불편]하게 하다, 괴롭히다
엥꼬모데

incomparable [형] 비할 바 없는, 탁월한
엥꽁파하블

incompatible [형] 양립불능의
엥꽁빠띠블

incompétence [여] 권한 부재, 무자격, 부적임, 무능력
엥꽁뻬떵스

incompétent(e) [형] 관할이 틀리는, 권한 없는, 능력 없는
엥꽁뻬떵(떵뜨)

incomplet(ète) [형] 불완전한, 불충분한
엥꽁쁠레(레뜨)

incomplètement [부] 불완전하게
엥꽁쁠레뜨멍

incompréhensible [형] 알 수 없는, 난해한
엥꽁프헤엉시블

incompréhension [여] 이해력의 결핍, 이해의 거부
엥꽁프헤엉시옹

incompris(e) [형] 이해되지 못하는, 진가가 인정되지 않은
엥꽁프히(히즈)

inconcevable [형] 생각도 할 수 없는, 엉뚱한
엥꽁스바블

inconciliable [형] 융화할 수 없는
엥꽁실리아블

inconditionnel(le) [형] 무조건적인, 절대적인
엥꽁디시오넬

inconfortable [형] 안락하지 못한, 불편한; (비유) 불쾌한, 골치 아픈
엥꽁포흐따블

incongruité [여] 몰상식, 버릇없음
엥꽁그휘이떼

inconnu(e) [형] 모르는, 미지의 [명] 미지의 사

엥꼬뉘 — 람, 무명인; 낯선 사람, 이방인, 국외자 [남] 미지의 것 [여] [수학] 미지수

inconscient(e) [형] 의식을 잃은, 의식불명의
엥꽁시엉(엉뜨)

inconséquent(e) [형] 일관성 없는, 부조리한
엥꽁세껑(껑뜨)

inconsidéré(e) [형] 지각[분별]없는
엥꽁시데헤

inconsistant(e) [형] 절개 없는, 불안정한
엥꽁시스떵(떵뜨)

inconsolable [형] 위로할 길 없는
엥꽁솔라블

inconstance [여] 절개 없음, 변심, 변덕, 불안정
엥꽁스떵스

inconstant(e) [형] 절개 없는, 불안정한
엥꽁스떵(떵뜨)

incontestable [형] 이론의 여지 없는, 명백한
엥꽁떼스따블

incontinence [여] 무절제, 방탕
엥꽁띠넝스

incontinent(e) [형] 무절제한, 방탕한
엥꽁띠넝(넝뜨)

inconvenant(e) [형] 무례한, 몰상식한, 파렴치한
엥꽁브넝(넝뜨)

inconvénient [남] 지장, 장애, 위험; 불리한 점, 부정적인 측면, 어려움
엥꽁베니엉

incorporation [여] 합체, 혼합, 편입
엥꼬호뽀하시옹

incorporer [타] 합체하다, 삽입하다
엥꼬호뽀헤

incorrect(e) [형] 부정확한, 버릇없는
엥꼬헥뜨

incorrectement [부] 부정확하게, 버릇없이
엥꼬헥뜨멍

incorrigible [형] 교정할 수 없는, 다루기 힘이 드는
엥꼬히지블

incorruptible [형] 썩지 않는, 변하지 않는
엥꼬휩띠블

incrédule [형] 쉽게 믿지 않는, 의심 많은
엥크헤뒬

incriminer [타] 비난하다, 의심하다, 고소하다
엥크히미네

incroyable [형] 믿을 수 없는, 사실 같지 않은
엥크후아야블

incrustation [여] 상감, 물때, 버캐
엥크휘스따시옹

incubateur(trice) [남] 인공 부화기
엥뀌바뙤흐(트히스) [여] (미숙아 용) 인 큐베이터

incubation [여] 부화
엥뀌바시옹

inculpé(e) [형] 혐의를 받고 있는, 용의선상에 오른
엥뀔뻬

inculper [타] [법] (범죄) 혐의로 고발하다
엥뀔뻬

inculquer [타] 차근차근 설명하다, 가르치다, 주입시키다
엥뀔께

incurable [형] 불치의, 고칠 수 없는
엥뀌하블

incursion [여] 침입, 급습
엥뀌스시옹

Inde [여] [지리] 인도

엥드

indécence [여] 추잡함, 노골적임, 외설
엥데성스

indécent(e) [형] 천한, 단정치 못한, 추잡한
엥데성(성뜨)

indéchiffrable [형] ① 해독[판독]할 수 없는 ② 읽기 어려운, 알아볼 수 없는 manuscrit ~ 읽기 어려운 원고 ③ (비유) 이해하기 어려운, 불가해한; 수수께끼의 pensées ~s 난해한사상 personnage ~ 수수께끼의 인물
엥데쉬프하블

indécis(e) [형] 결단성이 없는, 우유부단한, 확정되지 않은
엥데시(시즈)

indécision [여] 우유부단, 결단성 없음, 주저; 불분명
엥데시지옹

indéfendable [형] 방어할 수 없는
엥데펑다블

indéfini(e) [형] 정의 되지 않은, 한계 없는, 부정확한 l'article ~ 부정관사
엥데피니

indéfiniment [부] 무한정으로
엥데피니멍

indéfinissable [형] 정의할 수 없는, 막연한
엥데피니사블

indélébile [형] 지워지지 않는, 사라지지 않는
엥델레빌

indélicat(e) [형] 부정직한, 상스러운, 무례한
엥델리꺄(꺄뜨)

indélicatesse [여] 부정직, 상스러움, 무례
엥델리꺄떼스

indemne [형] 피해를 입지 않은, 무사한
엥뎀느

I-i

indemniser [타] 배상(변상, 보상)하다
엥뎀니제

indemnité [여] 배상(보상)금, 수당
엥뎀니떼

indépendance [여] 독립(성), 자립(성), 자주성
엥데뻥덩스

indépendant(e) [형] 예속되어 있지 않는, 독립의, 자주적인 [여] 독립절
엥데뻥덩(덩뜨)

indespcriptible [형] 표현[묘사]할 수 없는
엥데스크힙띠블

indésirable [형] 입국[입회]을 환영할 수 없는, 달갑지 않은; 원치 않는
엥데지하블

indestructible [형] 파괴할 수 없는, 불명의
엥데스트획띠블

indéterminé(e) [형] 불확정의, 불명확한, 어렴풋한, 흐릿한
엥데떼흐미네

index [남] (복수불변) 인지, 검지, 집게손가락; 색인, 찾아보기
엥덱스

indexation [여] 지수화 방식에 의한 가치 수정
엥덱사시옹

indicateur(trice) [명] 고발자, 밀고자; 스파이 [남] ① 안내서, 정보지 ② 지시기, 표시계[형] 표시[지시]하는 panneau ~ (도로) 표지판
엥디꺄뙤흐(트히스)

indicatif(ve) [형] 지시하는 [남] 직설법
엥디꺄띠프(띠브)

indication [여] 지시, 정보, 표
엥디꺄시옹

indice [남] 징후; 표지, (지)표; 지수
엥디스

indien(ne) [형] 인도의; 아메리카 인디언의 I~

엥디엥(엔)	[명] 인도인; 아메리카 인디언
indifféremment 엥디페하멍	[형] 무관심한, 냉담한
indifférence 엥디페헝스	[여] 무관심, 무신앙, 냉담
indifférent(e) 엥디페헝(헝뜨)	[형] 아무래도 좋은; 무관심한; 냉담한
indigence 엥디정스	[여] (비유) (지적, 정신적) 빈곤
indigène 엥디젠	[형] 토착의, 토산의, 현지인의
indigent(e) 엥디정(정뜨)	[형] (비유) 보잘 것 없는, 초라한
indigeste 엥디제스뜨	[형] 소화되지 않는, 잘 이해되지 않는
indigestion 엥디제스띠옹	[여] 소화불량, 포만
indignation 앙디냐시옹	[여] 분개
indigne 엥디뉴	[형] 받을 자격 없는, 마땅치 않은
indigner 엥디녜	[타] 분개시키다, 분노케 하다 s' (에) 분개[격분]하다 [s'~ (de qch/contre 부[qch])]
indignité 엥디니떼	[여] 무자격, 무가치, 무능, 비굴
indiqué(e) 엥디께	[형] 지시된, 지정된; 처방된, 추천된
indiquer	[타] 알려주다, 정하다, 가리키다

엥디께

indirect(e) [형] 간접의, 간접적인
엥디헥뜨

indirectement [부] 간접적으로
엥디헥뜨멍

indiscret(ète) [형] ① 조심성 없는 ② 실없는 ③ 무
엥디스크헤(헤뜨) 례한 une question ~ète 무례한 질문

indiscutable [형] 논의의 여지가 없는, 명백한
엥디스뀌따블

indispensable [형] 없어서는 안되는, 필수적인
엥디스뼁사블

indisponible [형] 사용[처분]할 수 없는
엥디스뽀니블

indisposé(e) [형] 몸이 불편한
엥디스뽀제

indistinct(e) [형] 분명치 않은, 몽롱한
엥디스뗑(뗑뜨)

indistinctement [부] 무차별하게, 구별 없이, 불명료
엥디스뗑뜨멍 하게, 희미하게

individu [남] 개인
엥디비뒤

individualisme [남] 개인주의, 개체주의
엥디비뒤이알리슴

individualiste [형] 개인주의의 [명] 개인주의자
엥디비뒤이알리스뜨

indivieuel(le) [형] 개인의, 개체의
엥디비뒤이엘

individuellement [부] 개인적으로, 개별적으로
엥디비뒤이엘멍

indivisible
엥디비지블
[형] 분할할 수 없는, 공유의

indolence
엥돌렁스
[여] 귀찮아함, 게으름, 무기력

indolent(e)
엥돌렁(렁뜨)
[형] 게으른, 정성을 다하지 않는, 무기력한

indolore
엥돌로흐
[형] [의학] 통증이 없는, 무통성의

indomptable
엥동따블
[형] 길들일 수 없는

Indonésie
엥도네지
[여] [지리] 인도네시아

indonésien(ne)
엥도네지엥(엔)
[형] 인도의 [명] (I~) 인도네시아 사람

indubitable
엥듀비따블
[형] 의심할 여지가 없는, 확실한

induction
엥뒥시옹
[여] 귀납법, 추론, 결론

induire
엥뒤이흐
[타] ① 이끌다 ~ en erreur 오류로 이끌다 ② 추론하다, 귀납하다 ③ 감응작용을 일 으키다

indulgence
엥뒬정스
[여] 관용, 관대, 면죄

indulgent(e)
엥뒬정(정뜨)
[형] 관대한, 너그러운

industrialiser
엥뒤스트히알리제
[타] 산업화하다, 공업화하다

industrie
엥뒤스트히
[여] 산업, 공업 l'~ du pétrole 석유산업

industriel(le) 엥뒤스트히엘 — [형] 산업(공업)의 zone ~le 공업 지대 [명] 실업가

inébranlable 이네브헝라블 — [형] 흔들리지 않는, 견고한

inédit(e) 이네디(디뜨) — [형] 미간의, 발표되지 않은; 알려지지 않은

ineffaçable 이네파사블 — [형] (문어) 지울 수 없는 ; (비유) (추억, 감정 따위가) 잊을 수 없는, 사라지지 않는 une impression ~ 잊혀지지 않는 인상

inefficace 이네피꺄스 — [형] 효력이 없는, 쓸 데 없는, 무능한

inefficacité 이네피꺄시떼 — [여] 효력(효험)없음, 무효, 무능

inégal(e, aux) 이네걀(고) — [형] (수량 따위가) 같지 않은, 불균등한; 대등하지 않은, 불평등한, 불공정한

inégalé(e) 이네걀레 — [형] 비할 데 없는, 필적할 수 없는

inégalité 이네걀리떼 — [여] 불균등, 불균형, 불평등

ineptie 이넵시 — [여] 어리석음, 어이없음, 어리석은[어이없는] 행위[말, 일]

inépuisable 이네쀠이자블 — [형] 고갈되지 않는, 마르지 않는; (비유) 무궁무진한, 한없는

inerte 이네흐뜨 — [형] 생기가 없는, 꼼짝하지 않는, 불활성의

inespéré(e) 이네스뻬헤 — [형] 뜻밖의, 예상 밖의 (좋은 일에 쓰임) résultat ~ 기대 이상의 결과

inestimable — [형] 평가할 수 없을 만큼 귀중한, 헤

이네스띠마블 아릴 수 없는, 엄청난

inévitable [형] 피할 수 없는, 필연적인
이네비따블

inévitablement [부] 불가피하게, 반드시, 필연적 으로
이네비따블멍

inexact(e) [형] 부정확한, 틀린, 꼼꼼하지 못한
이네그작뜨

inexactement [부] 부정확하게, 틀리게
이네가작뜨멍

inexcusable [형] 용서할 수 없는
이넥스뀌자블

inexorable [형] 준엄한, 냉혹한
이네그조하블

inexorablement [부] 엄하게, 가혹하게, 사정없이
이넥조하블멍

inexpérience [여] 무경험, 미숙
이넥스뻬히엉스

inexpérimenté(e) [형] 무경험의, 미숙한
이넥스뻬히멍떼

inexplicable [형] 설명할 수 없는, 풀 수 없는
이넥스쁠리꺄블

inexplicablement [부] 설명할 수 없게
이넥스쁠리꺄블멍

inexpressif(ve) [형] 표현력이 빈약한, 무표정한
이넥스프헥시프(시브)

inexprimable [형] 말로 표현할 수 없는
이넥스프히마블

inextricable [형] 해결할 수 없는, 뒤얽힌
이넥스트히꺄블

inextricablement [부] 빠져나오지 못하게
이넥스트히꺄블멍

infaillibilité [여] 과오를 범하지 않음
엥파이빌리떼

infaillible [형] 과오를 범하지 않는
엥파이블

infailliblement [부] 빠져나오지 못하게
엥파이블멍

infâme [형] (문어) (직업, 행위 따위가) 천한, 치사한, 파렴치한
엥팜

infanterie [여] 보병대
엥펑트히

infanticide [남] 영아살해
엥펑띠시드

I-i

infantile [형] 유아의, 영아의
엥펑띨

infarctus [남] [의학] (기관, 조직의) 경색; (도로의) 정체, 체증; (경제 따위의) 위기
앵파흐끄뛰스

infatigable [형] 지칠 줄 모르는, 끈기 있는
엥파띠갸블

infect(e) [형] (냄새, 맛이) 고약한, 악취를 풍기는
엥펙뜨

infecter [타] 오염시키다
엥펙떼

infectieux(se) [형] 감염된, 오염된
엥펙시유(유즈)

infection [여] 감염, 전염
엥펙시옹

inférence [여] 추리, 추론
엥페헝스

inférer [타] 결론을 이끌어 내다, 추리하다
엥페헤

inférieur(e) [형] 아래의, 낮은
엥페히외흐

infériorité [여] 열등, 열세
엥페히오히떼

infernal(e, aux) [형] 지옥의, 악마 같은, 끔찍한
앙페흐날(노)

infertile [형] 불모의, 열매 맺지 않는
엥페흐띨

infertilité [여] (문어) 메마름, 불모 (비유) (재능, 창의력 따위의) 빈약함, 불임(증)
엥페흐띨리떼

infestation [여] 침략, 만연, 체내 침입
엥페스따시옹

infester [타] 횡행하다, 들끓다
엥페스떼

infidèle [형] ① 충실하지 못한 ② (약속, 의무 따위를) 지키지 않는, 신의가 없는, 불성실한; 부정한 femme ~ 부정한 아내
엥피델

infidélité [여] ① 신의의 배반; 불충실, 불성실; (부부간의) 부정 ② 부정확(한 점)
엥피델리떼

infiltration [여] 스며들기, 침투, 잠입
엥필트하시옹

infiltrer, s' [대] 스며들다, 침투하다
셍필트헤

infime [형] 아주 작은, 미세한
엥핌

infini(e) [형] 끝없는, 한없는
엥피니 [남] 무한, 무한대

infiniment [부] 한없이, 아주, 몹시
엥피니멍

infinitif(ve) [형] 부정법의 [남] 부정법 [여] 부정

엥피니띠프(띠브) 법절

infirme [형] 몸이 성하지 못한, 불구인
엥피흠

infirmerie [여] 의무실
엥피흠히

infirmier(ère) [명] 간호사
엥피흐미에(에흐)

infirmité [여] 불구, 신체장애, 약점
엥피흐미떼

inflammable [형] 인화성의, 불붙기 쉬운
엥플라마블

inflammation [여] 염증
엥플라마시옹

inflammatoire [형] 염증성의
엥플라마뚜아흐

inflation [여] 인플레이션, 통화팽창
엥플라시옹

inflationniste [형] 인플레이션과 관련된
엥플라시오니스뜨

inflexibilité [여] 엄격함, 완고함
엥플렉시빌리떼

inflexible [형] 끄떡도 않는, 고집 센
엥플렉시블

inflexion [여] 굽힘, 숙임, 구부러짐
엥플렉시옹

infliger [타] 과하다, 입히다, 가하다
엥플리제

influence [여] 영향, 작용 avoir une ~ 영향력을 미치다 subir l'~ de qqn …의 영향을 받다
엥플뤼엉스

influencer [타] 영향을 주다, 좌우하다

엥플뤼엉세

influent(e) [형] 영향력 있는, 유력한,
엥플뤼엉(엉뜨)

influer [자] 영향을 미치다, 작용하다 [~ sur qn/qch]
엥플뤼에

informateur(trice) [명] 보도원, 정보 제공자
엥포흐마뙤흐(트히스)

informaticien(ne) [명] 정보처리 기술자
엥포흐마띠시엥(엔)

Information [여] 정보, 지식; 정보조사, 정보수집 âge des technologies de l'~ 정보통신시대
엥포흐마시옹

Informatique [여] 정보과학, 정보처리기술 [형] 정보과학의, 정보처리의 système ~ 정보체계
엥포흐마띠끄

informatiser [타] 정보화하다
엥포흐마띠제

informe [형] 형태가 정해지지 않은, 미완성의
엥포흐므

informer [타] 알려주다, 통지하다 s'~ [대] 알아보다, 조회하다 s'~ de la santé de qn ...의 건강에 대해 알아보다
엥포흐메

infraction [여] 위반, 위배
엥프학시옹

infranchissable [형] 뛰어넘을 수 없는
엥프헝시사블

infrarouge [형] 적외선의
엥프하후즈

infrastructure [여] 기초 공사, 하부구조, 인프라, 시설
엥프하스트획뛰흐

infuser 엥퓌제	[타] 달이다, (더운 물에) 우려내다, 주입 하다, (비유) (활력 따위를) 불어 넣다
Infusion 엥퓌지옹	[여] 우려내기 우려낸 것
Ingénieur 엥제니외흐	[남] 기술자
ingénieusement 엥제니유즈멍	[부] 교묘하게, 재간있게
ingénieux(se) 엥제니유(유즈)	[형] 창의력 있는, 영리한, 교묘한
ingéniosité 엥제니오지떼	[여] 재간, 능란한 솜씨, 정교함
ingénu(e) 엥제뉘	[형] (문어) 천진한, 순박한, 솔직한 [명] 솔직한 사람, 순진한 사람, 순박한 사람
ingénument 엥제뉘멍	[부] 솔직하게, 순진하게, 꾸밈없이
ingérence 엥제헝스	[여] 간섭, 개입
ingérer 엥제헤	[타] 입에 넣다, 먹다
ingrat(e) 엥그하(하뜨)	[형] 은혜를 모르는, 배은망덕한
ingratitude 엥그하띠뛰드	[여] 배은망덕
ingrédient 엥그헤디엉	[남] 구성분, 재료
inhabitable 이나비따블	[형] 살 수 없는
inhabité(e)	[형] 사람이 살지 않는, 비어있는

이나비떼

inhalateur [남] 흡입기
이날라뙤흐

inhalation [여] 흡입, 흡수 작용
이날라시옹

inhaler [타] 들이마시다, 흡입하다
이날레

inhibe [형] 억압된, 억제된
이니브

inhiber [타] 억제(저해)하다, 억압하다
이니베

inhibiteur(trice) [형] [생리][심리] 억제하는 [남] [의학][화학] 억제제
이니비뙤흐(트히스)

inhibition [여] 제지, 억제
이니비시옹

inhospitalier(ère) [형] 푸대접하는, 불친절한
이노스삐딸리에(에흐)

inhumain(e) [형] 비인간적인, 인정 없는, 지독한
이뉘멩(멘)

inhumanité [여] 비인간성, 몰인정, 잔인
이뉘마니떼

inhumation [여] 매장
이뉘마시옹

inhumer [타] 매장하다
이뉘메

inimitable [형] 흉내 낼 수 없는, 모방할 수 없는
이니미따블

inimitié [여] (문어) 적의, 증오감, 반감
이니미띠에

inintéressant(e) [형] 재미없는, 무미건조한
이넹떼헤성(성뜨)

ininterrompu(e) [형] 끊임없는, 부단한
이넹떼홍쀠

inique [형] 부당한, 부정한, 불공평한
이니끄

iniquité [여] 부정, 불공정, 불공평, 부패
이니끼떼

initial(e, aux) [형] 원래의, 첫 번째의, 초기의
이니시알(오) [여] 머리글자

initialiser [타] 초기화 하다
이니시알리제

initiative [여] ① 발의, 제창 ② [정치] 발의, 발의권 ③ 솔선행위, 주도, 자주적 행동 pren-dre l'~ de qch[inf.] 솔선하여 ...을 하다
이니시아띠브

initié(e) [명] 심오한 교리를 전수받은 사람, 입문자. 전문가 ~ qqn à …의 입문 지도를 하다
이니시

Initier [타] (종교 따위에 있어서) 비전을 전수하다; 입당시키다; 초보를 가르치다, 깨우쳐주다 s'~ [대] (의) 기초를 배우다 [s'~ à] s'~ à un mé-tier 어떤 직업의 기초를 배우다
이니시에

injecté(e) [형] 충혈된
엥젝떼

injecter [타] 주사하다, 주입하다, 투입하다
엥젝떼

injection [여] 주입, 주사, 주사액 faire une ~ 주사를 놓다
엥젝시옹

injonction [여] 명령; [법] (재판관의) 법정명령
엥종끄시옹

injure [여] 욕설, 중상

엥쥐흐

injurier [타] 욕설을 퍼붓다
엥쥐히에

injuste [형] 불공정한, 부당한
엥쥐스뜨

injustice [여] 부정, 불공평, 부정한 행위
엥쥐스띠스

inné(e) [형] 타고난, 선천적인, 천부의
이네

innocemment [부] 천진난만하게, 악의 없이
이노사멍

innocence [여] 무죄, 무고, 천진난만함, 순수함
이노성스

innocent(e) [명] 죄없는 사람, 청순한 사람, 아이, 유아
이노성(성뜨)

innombrable [형] 무수한, 헤아릴 수 없는
이(인)농브하블

innovateur(trice) [형] 개혁하는, 혁신적인
이노바뙤흐(트히스)

innovation [여] 혁신, 개혁, 혁신적인 것
이노바시옹

innover [타] 개혁하다, 쇄신하다
이노베

inoccupé(e) [형] 빈, 아무도 없는
이노뀌뻬

inoculation [여] 체내침입, 세균감염, 접종
이노뀔라시옹

inoculer [타] 접종하다 ~ qch à qqn …에게 ...의 예방 주사를 놓다
이노뀔레

inodore [형] 냄새가 없는, 무취의
이노도흐

inoffensif(ve) [형] 해를 끼치지 않는
이노펑시프(시브)

inonder [타] 물에 잠기게 하다
이농데

inopérant(e) [형] 효력 없는
이노뻬헝(헝뜨)

inopiné(e) [형] 예상치 못한, 우연한, 뜻밖의
이노삐네

inopportun(e) [형] 시의적절하지 않은
이노뽀흐뗑(뛴)

inopportunément [부] (문어) 안 좋은 시기에
이노뽀흐뛰멍

inoubliable [형] 잊을 수 없는, 잊지 못할, 길이 남을, 오래도록 기억될
이누블리아블

inouï(e) [형] 놀라운, 믿어지지 않는; (구어) 정도가 넘는, 상상을 초월하는
이누이

inoxydable [형] 산화되지 않는, 녹슬지 않는 [남] 스테인렌스 금속
이녹시다블

inquiet(ète) [형] 불안한, 안절부절 못하는
엥끼에(에뜨)

inquiétant(e) [형] 불안한, 근심스러운
엥끼에떵(떵뜨)

inquiéter [타] 불안하게 하다; 근심하게 하다 s'~ 걱정하다
엥끼에떼

inquiétude [여] 근심, 걱정, 염려, 두려움; (종종 복수) 걱정거리
엥끼에뛰드

inquisition [여] 엄한 취조, 종교 재판소
엥끼지시옹

insaisissable [형] 포착할 수 없는; 감각으로 알 수 없는; 이해할 수 없는
엥세지사블

insatiable
엥사시아블
[형] 탐욕스러운, 게걸스러운 d'une curiosité ~ 끝없는 호기심을 가진

insatisfait(e)
엥사띠스페(페뜨)
[형] (사람이) 만족하지 못하는, 불만에 찬

inscription
엥스크힙시옹
[여] 기입, 기재, 등기, 등록, 게시(문)

inscrire
엥스크히흐
[타] 적어두다, 등록시키다 s'~ 등록하다, 가입하다 s'~ à un club 클럽에 가입하다

insecte
엥섹뜨
[남] 곤충, 벌레 같은 것

insecticide
엥섹띠시드
[남] 살충제

insécurité
엥세뀌히떼
[여] 불안정, 불안

insémination
엥세미나시옹
[여] 수정, 매정

insensé(e)
엥성세
[형] 비상식적인, 무분별한, 몰상식한

insensibilité
엥성시빌리떼
[여] 무감각, 마비, 무관심

insensible
엥성시블
[형] 무감각한, 마비된, 무관심한

inséparable
엥세빠하블
[형] 뗄 수 없는, 불가분의

insérer
엥세헤
[타] 삽입하다, 끼워넣다

insertion
엥세흐시옹
[여] 삽입, 게재, 동화, 가입

insidieux(se)
엥시디유(유즈)
[형] 엉큼한, 음흉한, 교활한

insigne
엥시뉴
[형] 주목할 만한, 탁월한, 특별한
[남] ① 표상, 표지, 상징 ② 배지, 마크, 휘장

insignifiance
엥시니피엉스
[여] 하찮은 것, 무의미

insignifiant(e)
엥시니피엉(엉뜨)
[형] 하찮은, 중요하지 않은

Insinuation
엥시뉘이아시옹
[여] 암시, 넌지시 가리킴

Insinuer
엥시뉘이에
[타] 암시하다, 완곡하게 나타내다

Insipide
엥시삐드
[형] 무미의, 맛없는

insistant(e)
엥시스떵(떵뜨)
[형] 집요한, 고집하는

insistence
엥시스떵스
[여] 주장, 강조, 강요, 간청 faire qq ch devant l' ~ de qqn ...의 강요로... 을 하다

Insister
엥시스떼
[자] 역점을 두다, 강조하다

insolation
엥솔라시옹
[여] 빛을 쏘이기, 일광욕

insolence
엥솔렁스
[여] 건방짐, 무례함, 불손한 언행

insolent(e)
엥솔렁(렁뜨)
[형] 건방진, 불손한, 비상한

insolite
엥솔리뜨
[형] 엉뚱한, 기괴한, 놀라운, 색다른

insoluble
엥솔뤼블
[형] 불용해성의, 해결될 수 없는

insolvabilité
[여] 지불(판상)불능

엥솔바빌리떼

insolvable [형] 지불(판상)능력이 없는
엥솔바블

insomniaque [명] 불면증에 걸린 사람
엥솜니아끄

insomnie [여] [의학] 불면(증)
엥솜니

insondable [형] (비유) 이해할 수 없는, 수수께끼 같은, 불가사의한
엥송다블

insonorisé(e) [형] 방음된, 방음장치가 된 apartem ent ~ 방음장치가 된 아파트
엥소노히제

insouciance [여] 태평무심
엥수시엉스

insouciant(e) [형] 태평무심한
엥수시엉(엉뜨)

insoutenable [형] 지지[주장]할 수 없는
엥수뜨나블

inspecter [타] 검사하다, 검열하다, 감독[시찰]하다 ~ une école 학교를 시찰하다
엥스뻭떼

inspecteur(trice) [명] 검사관, 감독관, 사복형사
엥스뻭뙤흐(트히스)

inspection [여] 검사, 감독, 시찰, 검열
엥스뻭시옹

inspirateur(trice) [명] 영감(암시)을 주는 사람 (것)
엥스삐하뙤흐(트히스)

inspiration [여] 영감, 착상, 계시, 암시
엥스삐하시옹

inspiré(e) [형] 영감을 받은, 착상을 얻은
엥스삐헤

inspirer [타] 불러일으키다, 품게 하다, 영감을 불어넣다
엥스삐헤

instabilité
엥스따빌리떼
[여] 불안정, 무상, 변덕

instable
엥스따블
[형] 불균형한; 불안정한, 변덕스러운, 정서불안의

installation
엥스딸라시옹
[여] 입주, 설치, 수여

installer
엥스딸레
[타] 설치하다, 정착시키다 s'~ [대] 자리잡다, 정착하다, 거주하다

instamment
엥스따멍
[부] 간곡하게, 간절하게

instance
엥스떵스
[여] (복수) 간청, 탄원, 애원; [법] 소송, 소송절차; 재판소, 법정, 당국, 결정기관

instant
엥스떵
[남] 순간, 순식간 à l'~ même 금방, 곧, 당장

instantané(e)
엥스떵따네
[형] 순식간의

instar de, à l'
알렝스따흐드
[전] ....처럼, ...을 본따서

instauration
엥스또하시옹
[여] (문어) 창설, 창시, 설립

Instaurer
엥스또헤
[타] 세우다, 설립하다

instigateur(trice)
엥스띠갸뙤흐(트히스)
[명] 선동자, 주모자, (비유) 원동력

instigation
엥스띠갸시옹
[여] (드물게) 선동, 교사 à l'~ de qn ...의 사주를 받아, …의 권유에 따라

instinct
엥스뗑
[남] 본능, 천성, 충동 l'~ qui pousse à faire qch 본능적으로 ...을 하다

instinctif(ve)
[형] 본능적인, 무의식적인 직관적인

엥스뗑끄띠프(띠브)

instituer [타] 세우다, 설립하다
엥스띠뛰이에

institut [남] 학회, 협회, 학사원, 연구소
엥스띠뛰

instituteur(trice) [명] 가정교사 (여성형으로 사용, 남성형은 옛 용법); 초등학교 교사, 유치원 교사
엥스띠뛰뙤흐(트히스)

institution [여] 제도, 기관
엥스띠뛰시옹

institutionnaliser [타] 법제화하다, 제도화하다
엥스띠뛰시오날리제

institutionnel(le) [형] 제도(상)의
엥스띠뛰시오넬

instructif(ve) [형] 교훈이 되는, 유익한
엥스트휙띠프(띠브)

instruction [여] 교육, 지도, 교화
엥스트휙시옹

instruire [타] (문어) 가르치다, 깨우치다, 교육하다; 알리다, 통지하다 [~ qn de qch]
엥스트휘이흐

instruit(e) [형] 교육을 받은, 유식한, 교양있는
엥스트휘이(이뜨)

instrument [남] 도구, 기구, 수단, 악기
엥스트휘멍

instrumental(e, aux) [남] 도구의, 기구의; 악기의
엥스트휘멍딸

instrumentiste [명] 기악연주자, 도구주의자
엥스트휘멍띠스뜨

insu de, à l' [전] …에게 알리지 않고, …가 모르는

알렝쉬드 — 사이에 à mon insu 나도 모르는 사이에, 나에게 알리지 않고

insubordination [여] 불복종, 반항, 항거
엥쉬보흐디나시옹

insuccès [남] 실패
엥쉭세

insuffisant(e) [형] 부족한, 불충분한
엥쉬피정(정뜨)

insulaire [형] 섬에 사는, 섬의, 섬나라의 [명] 섬사람
엥쉴레흐

insuline [여] 인슐린
엥쉴린

insultant(e) [형] 모욕적인, 경멸 투의
엥쉴떵(떵뜨)

insulte [여] 모욕
엥쉴뜨

insulter [타] 모욕하다, 욕하다
엥쉴떼

insupportable [형] 참을 수 없는, 견딜 수 없는
엥쉬뽀흐따블

insurgé(e) [형] 폭동[반란]을 일으킨 [명] 폭도, 반란자
엥쉬흐제

insurger, s' [대] 반란을 일으키다, 봉기하다, 반항하다, 항의하다 [s'~ contre]
생쉬흐제

insurmontable [형] 극복할 수 없는, 물리칠 수 없는
엥쉬흐몽따블

insurrection [여] 폭동, 반란, 반발, 저항
엥쉬헥시옹

intact(e) [형] 손대지 않은, 있는 그대로의 rester ~ 손대지 않은 채로 있다
엥딱뜨

intégral(e, aux) [형] 전체의, 완전한 [여] 전집

엥떼그할(호)

intégration [여] 적분, 적분법, 통합
엥떼그하시옹

intègre [형] 청렴한, 공명정대한, 공정한
엥떼그흐

intégrer [타] 통합하다, 동화하다 s'
엥떼그헤 [대] 합류 하다, 동화되다, 통합되다

intégrité [여] 완벽함, 전체, 완전, 청렴
엥떼그히떼

intellectuel(le) [형] 지적인, 지능의, 이지적인, 총명한
엥뗄렉뛰이엘

intellectuellement [부] 지적으로, 이지적으로, 정신적으로
엥뗄렉뛰이엘멍

intelligemment [부] 지적으로, 이지적으로, 정신적으로
엥뗄리자멍

intelligence [여] 지성, 지능
엥뗄리정스

intelligent(e) [형] 지성을 갖춘, 지적인, 총명한
엥뗄리정(정뜨)

intelligible [형] 이해할 수 있는, 이해하기 쉬운
엥뗄리지블

intempérie [여] 기후불순, 악천후
엥떵뻬히

intense [형] 강렬한, 심한, 막대한, 강도 높은
엥떵스

intensif(ve) [형] ① 집중적인, 집약적인 ② [언어] 의미를 강화하는
엥떵시프(시브)

intensifier [타] 강하게 하다, 강렬하게 하다,
엥떵시피에

intensité [여] (빛, 소리, 바람, 전류 따위의) 강도, 세기; 강력함, 힘
엥떵시떼

intenter [타] [법] (소송을) 걸다, 제기하다
엥떵떼

intention [여] 의향, 의도, 고의 nous avons l'~ de + inf. 우리는 ...을 할 작정이다
엥떵시옹

intentionnel(le) [형] 고의적인, 의도적인, 계획적인
엥떵시오넬

intentionnellemen [부] 고의로, 계획적으로, 의식적으로
엥떵시오넬멍

intercaler [타] (윤달, 윤일을) 넣다; 끼워넣다, 삽입하다
엥떼흐꺌레

intercéder [자] 중재하다, 개입하다
엥떼흐세데

intercepter [타] 가로채다, 중간에서 빼앗다; 가로막다, 저지하다
엥떼흐셉떼

interception [여] 차단, 중지, 가로채기
엥떼흐셉시옹

intercepter [타] 가로막다, 차단하다; 가로채다
엥떼흐셉떼

intercession [여] 중재, 조정
엥떼흐세시옹

interchangeable [형] (부품 따위가) 호환 가능한; 대체[교체]할 수 있는
엥떼흐셩자블

intercontinental (e, aux) [형] 대륙간의
엥떼흐꽁띠넝딸(또)

interdépendance [여] 상호의존
엥떼흐데뼁덩스

interdépendant(e) [형] 상호 의존하는, 상호의존 관계에 있는
엥떼흐데뼁덩(덩뜨)

interdiction [여] 금지
엥떼흐딕시옹

interdire
엥떼흐디흐
[타] 금지하다 Il est *interdit* de fumer dans ce restau-rant. 이 레스토랑에서는 흡연이 금지되어 있다

interdit(e)
엥떼흐디(디뜨)
[형] 금지된

interdisciplinaire
엥떼흐디시쁠리네흐
[형] 학제간의, (동시에) 여러 학문에 관련된

intéressant(e)
앵떼헤성(성뜨)
[형] 관심을 끄는, 흥미로운, 재미있는

intéressé(e)
엥떼헤세
[형] 이해관계가 있는, 관련된, 관심을 가진

intéresser
엥떼헤세
[타] 관심을 끌다, 관심을 불러일으키다 Ce film nous a beaucoup in téressés. 그 영화는 우리의 관심을 상당히 끌었다 s' [대] 관심을 갖다 s'~ à un sport 운동에 흥미를 갖다

intérêt
엥떼헤
[남] 이익, 이기심, 관심, 재미

interface
엥떼흐파스
[여] 경계면, 대화, 의사소통

interférence
엥떼흐페헝스
[여] 간섭, 저촉, 충돌, 중복,

interférer
엥떼흐페헤
[타] 간섭하다, 겹치다, 충돌하다

intérieur(e)
엥떼히예흐
[남] 안의, 내부의, 내적인

interjection
엥떼흐젝시옹
[여] [언어] 감탄사, 간투사

interlock
엥떼흘로끄
[남] 연동 장치, 동시 장치; (올이 풀리지 않는) 면직

interlocuteur(trice)
[명] 대화자, 이야기 상대자

엥떼흘로뀌뙤흐(트히스)

interlude [남] 간주곡, 막간 프로
엥떼흘뤼드

intermariage [남] 다른 인종간의 결혼
엥떼흐마히아즈

intermédiaire [형] 중간의, 중개의, 매개의 [남] 중개, 중매, 중개물 [명] 중개인, 중개자, 중간 상인, 유통업자
엥떼흐메디에흐

interminable [형] 끝없는
엥떼흐미나블

interminablement [부] 끝없이
엥떼흐미나블멍

intermittent(e) [형] 간헐적인, 단속적인
엥떼흐미떵(떵뜨)

international(e, aux) [형] 국제적인 sur le plan ~ 국제적인 측면에서 볼 때
엥떼흐나시오날(노)

internationalisatio [여] 국제화
엥떼흐나시오날리자시옹

internationaliser [타] 국제화하다
엥떼흐나시오날리제

interne [형] 안의, 내부의, 내적인 내면의 [명] 기숙사생, 인턴
엥떼흔

interné(e) [형] 감금된, 억류된, 수용된 [명] 수용자, 감금된 사람
엥떼흐네

internet [남] 인터넷 accès à I~[l'~] 인터넷 접속 naviguer sur I~ 인터넷 서핑하다
엥떼흐네뜨

interniste [명] 내과 전문의
엥떼흐니스뜨

interpeller [타] 말을 걸다; 질문하다

엥떼흐뻴레

interphone [남] 인터폰
엥떼흐폰

interposer [타] (두 물건의) 사이에 놓다, 삽입하다
엥떼흐뽀제

interprétariat [남] 통역사의 직
엥떼흐프헤따히아

interprétation [여] 해석, 설명, 역할, 연기, 통역
엥떼흐프헤따시옹

interprète [명] 통역사, 대변자, 연기자, 연주가
엥떼흐프헤뜨

interpréter [타] 해석하다, 해설하다, 연기하다, 연주하다
엥떼흐프헤떼

interrogateur(trice [형] 질문하는, 의문을 품은 듯한 [명] 질문자, (구두시험의) 시험관
엥떼호갸뙤흐(트히스)

interrogatif(ve) [형] 질문하는 듯한, 의아하다는 듯한 [남] 의문사 [여] 의문문
엥떼호갸띠프(띠브)

interrogatoire [남] 심문, 신문; 심문조서
엥떼호갸뚜아흐

interroger [타] 묻다, 질문하다; 심문하다, 신문하다 ~ un prévenu sur son emploi du temps 피의자에게 시간을 어떻게 보냈는지 심문하다
엥떼호제

interrompre [타] (흐름 따위를) 중단하다[시키다], 중지하다[시키다]; 방해하다
엥떼홍프흐

interrupteur [남] [전기] 스위치, 차단기
엥떼휩뙤흐

interruption [여] 중단, 중지, 차단, 방해
엥떼휩시옹

intersection [여] 가로지름, 교차
엥떼흐섹시옹

intervalle
엥떼흐발
[남] 사이, 간격, 거리 à 100 mètres d'~ 100 미터 거리를 두고

intervenir
엥떼흐브니흐
[자] 개입하다, 개재하다

intervention
엥떼흐벙시옹
[여] ① 간섭, 개입 ② 중재 ③ 작용 ④ 외과수술

interview
엥떼흐뷰
[여] 회견, 회담, 인터뷰 dans une ~ accordée au quotidien *le Monde* <르몽드>지 와의 인터뷰에서

interviewer
엥떼흐뷰베
[타] 회견하다, 인터뷰하다

intervieweur(se)
엥떼흐뷰뵈흐(뵈즈)
[명] 취재 방문기자

intestat
엥떼스따
[형] (불변) 유언을 남기지 않은 Elle est morte ~. 그녀는 유언을 남기지 않고 죽었다

intestin
엥떼스뗑
[남] 장, 창자

intestinal(e, aux)
엥떼스띠날(노)
[형] 장의, 장내의, 장에 있는

intime
엥띰
[형] 내적인, 내부의, 긴밀한, 사적인 [명] 친구, 측근 être ~ avec qn …와 친밀하게 지 내다.

intimement
엥띰멍
[부] 친밀하게, 친절하게

intimidant(e)
엥띠미덩(덩뜨)
[형] 위협적인, 위압적인, 무시무시한

Intimider
엥띠미데
[타] 으르다, 위협하다, 겁을 먹게 하다

intimité
[여] 친밀, 친교, 사생활, 내부, 본성

엥띠미떼

intituler [타] 제목[표제]을 달다[붙이다] s'~ [대] 제목이 붙다 ouvrage qui *s'intitule Mémoires de guerre* <전쟁 회고록>이라는 제목의 작품
엥띠뛸레

intolérable [형] 용서(허용)할 수 없는
엥똘레하블

intolérance [여] 너그럽지 못함, 불관용, 편협
엥똘레헝스

intolérant(e) [형] 도량이 좁은, 너그럽지 못한
엥똘레헝(헝뜨)

intoxication [여] 중독(증세)
엥똑시꺄시옹

intoxiquer [타] 중독 시키다, 마비시키다
엥똑시께

intranet [남] [정보] 인트라넷
엥트하네뜨

intransigeance [여] 비타협성, 고집
엥트헝지정스

intransigeant(e) [형] 양보하지 않는, 비타협적인, 완강한
엥트헝지정(정뜨)

intransitif(ve) [형] 자동사적인 [남] 자동사
엥트헝지띠프(띠브)

intraveineux(se) [형] 정맥 내의
엥트하베뇌(뇌즈)

intrépide [형] 대담한, 용감한; 집요한, 끈질긴, 뻔뻔스러운
엥트헤삐드

intrigue [여] 음모, 간계, 간책, 줄거리
엥트히그

intriguer [타] 궁금하게 하다, 의아심을 품게 하다
엥트히게

intrinsèque
엥트헹세끄
[형] 내재적인, 본질적인

introduction
엥트호뒥시옹
[여] 안내, 소개, 도입, 머리말

introduire
엥트호뒤이흐
[타] 들어오게 하다, 안내하다, 소개하다

introspectif(ve)
엥트호스뻭띠프(띠브)
[형] 내성적인

introuvable
엥트후바블
[형] 찾아내지 못하는, 발견할 수 없는; 보기 드문, 희귀한

introverti(e)
엥트호베흐띠
[형] 내향적인 [명] 내향적인 사람

instrus(e)
엥트휘(휘즈)
[형] 틈입한, 침입한 [명] 침입자, 틈입자

intrusion
엥트휘지옹
[여] 억지로 끼어듦, 난입, 간섭, 주거침입

intuition
엥뛰이시옹
[여] [철학] 직관; 직감, 예감

inusable
이뉘자블
[형] 해지지[닳지] 않는, 질긴

inutile
이뉘띨
[형] 쓸데 없는, 무용한, 헛된

inutilisable
이뉘띨리자블
[형] 사용할 수 없는, 쓸모없는

invalide
엥발리드
[형] 불구의, 운신을 못하는, 지체부자유의 [명] (질환, 상해, 노령 따위로) 일할 수 없게 된 사람[군인]

invariable
엥바히야블
[형] 불변의, 변함 없는; [언어] 불변화의, 어미변화 없는

invasif(ve)
[형] 침입하는, 침해의

엥바지프(지브)

invasion [여] 침략, 침범, 침공, 침입
엥바지옹

invective [여] (흔히 복수) 욕설, 모욕
엥벡띠브

inventaire [남] 목록, 재산목록, 면밀한 점검
엥벙떼흐

inventer [타] 발명하다, 고안하다
엥벙떼

inventeur(trice) [명] 발명자
엥벙뙤흐(트히스)

inventif(ve) [형] 발명의 재주가 있는, 창의성이 풍부한
엥벙띠프(띠브)

invention [여] 발명, 발명품, 창의력, 창작
엥벙시옹

inverse [형] 반대의, 순서가 바뀐, 전도된 [남] 반대, 역 à l'~ 정반대로
엥베흐스

inversion [여] 도치, 역전, 역진, 역류
엥베흐시옹

invertébré(e) [형] 무척추의 [남][복] 무척추 동물
엥베흐떼브헤

investir [타] 임명하다, 권한을 부여하다, 투자하다
엥베스띠흐

investissement [남] 투자
엥베스띠스멍

investisseur [남] 투자자 [형] 투자의 organisme ~ 투자기관
엥베스띠쇠흐

invétéré(e) [형] (악습 따위가) 고질적인, 뿌리 깊은, 상습적인, 만성적인
엥베떼헤

invincible [형] 물리칠 수 없는, 이길 수 없는, 극복할 수 없는
엥벙시블

inviolable [형] 불가침의, 신성한
엥비올라블

invisible [형] 보이지 않는, 눈에 띄지 않는, 만나볼 수 없는
엥비지블

invisiblement [부] 보이지 않게, 눈에 띄지 않게
엥비지블멍

invitation [여] 초대, 초빙, 초대장, 권유
엥비따시옹

invité(e) [명] 초대받은 사람, 손님
엥비떼

inviter [타] 초대하다, 초청하다, 이끌다, 권유하다 ~ qn à prendre un verre ...에게 잔을 들 것을 청하다
엥비떼

involontaire [형] 무의지적인, 고의가 아닌, 본의아닌
엥볼롱떼흐

invoquer [타] 구원을 빌다, 가호를 빌다, 기원하다, 내세우다
엥보께

invraisemblable [형] 사실 같지 않은, 있음직하지 않은
엥브헤성블라블

iode [남] 요오드, 옥소
이오드

iota [남] 극소, 점 하나
이오따

Irak, Iraq [남] [지리] 이라크
이하끄

irakien(ne)/iraquien(ne) [형] 이라크의 [명] (I~) 이라크 사람
이하끼엥(엔)

Iran [남] [지리] 이란
이헝

irlandais(e)
이흘렁데(데즈)

iranien(ne) [형] 이란(Iran)의 [명] (I~) 이란 사람 [남] (페르시아어 따위의) 이란 어족의 언어
이하니엥(엔)

irlandais(e) [형] 아일랜드(Irlande)의 [명] (I~) 아일랜드 사람 [남] 아일랜드어
이흘렁데(데즈)

Irlande [여] [지리] 아일랜드 la République d'~ 아일랜드 공화국
이흘렁드

ironie [여] 아이러니, 빈정거림, 비꼬기, 반어법
이호니

ironique [형] 빈정거리는, 비꼬는, 아이러니컬한
이호니끄

irradiation [여] 발관, 분산
이하디아시옹

irradier [타] 방사선을 쬐다, 빛 따위를 발하다
이하디에

irraisonnable [형] 이성이 없는, 분별없는
이헤조나블

irraisonnablement [부] 이성을 몰각하고, 무분별하게
이헤조나블멍

irrationnel(le) [형] 불합리한, 비이성적인
이하시오넬

irrationnellement [부] 비이성적으로, 비합리적으로
이하시오넬멍

irréalisable [형] 실현할 수 없는
이헤알리자블

irréconciliable [형] 화해할 수 없는, 양립할 수 없는
이헤꽁실리아블

irrécupérable [형] 되찾을 수 없는, 회수할 수 없는; 재생 불가능한, 원상복구가 안되는 capital ~ 회수 불가능한 자본
이헤뀌뻬하블

irréfléchi(e) [형] 지각 없는, 경솔한; 무의식적인,

I-i

이헤플레쉬 본능적인

irréfutable [형] 부인할 수 없는, 반박할 수 없는
이헤퓌따블

irréfutablement [부] 반박할 수 없게, 부인할 수 없게
이헤퓌따블멍

irrégularité [여] 불규칙, 불순, 반칙
이헤귈라히떼

irrégulier(ère) [형] 불규칙적인
이헤귈리에(에흐)

irrégulièrement [부] 불규칙하게, 불순하게
이헤귈리에흐멍

irrémédiable [형] 치료할 수 없는, 불치의, 돌이킬 수 없는
이헤메디아블

irremplacable [형] 다른 것과 바꿀 수 없는, 유일한
이헝쁠라사블

irréparable [형] 회복할 수 없는, 수리할 수 없는
이헤빠하블

irrépressible [형] 억누를 수 없는, 억제할 수 없는
이헤프헤시블

irréprochable [형] 비난할 데 없는, 나무랄 데 없는
이헤프호샤블

irrésistible [형] 저항할 수 없는, 억제할 수 없는
이헤지스띠블

irrésolu(e) [형] 주저하는, 우유부단한, 미해결의
이헤졸뤼

irresponsabilité [여] 무책임
이헤스뽕사빌리떼

irresponsable [형] 책임 없는, 책임지지 않는, 분 별없는, 경솔한
이헤스뽕사블

irréversiblement [부] 철회할 수 없게, 변경할 수 없게, 결정적으로
이헤베흐시블멍

irrévocable
이헤보꺄블
[형] 철회 할 수 없는, 변경할 수 없는, 결정적인

irrévocablement
이헤보꺄블멍
[부] 철회할 수 없게, 취소할 수 없게, 결정적으로

irrigable
이히갸블
[형] 관개할 수 있는

irrigation
이히갸시옹
[여] ① 관개 ② [의학] (환부의) 관류, 세척 ③ [생리] (액체, 체액, 생리용액의) 관류

irriguer
이히계
[타] ① 관개하다 ~ des terres 토지를 관개하다 ② (동맥 따위가 조직에) 혈액을 보내다

irritabilité
이히따빌리떼
[여] 흥분하기 [화를 내기] 쉬움

irritable
이히따블
[형] 성마른, 신경질적인, 자극에 민감한

irritant(e)
이히떵(떵뜨)
[형] 성나게 하는, 자극하는

irriter
이히떼
[타] 성나게 하다, 역정나게 하다, 자극하다

islam
이슬람
[남] ① 이슬람교, 회교 ② (I~) 이슬람 세계[문화]

islamique
이슬라미끄
[형] 이슬람교의, 이슬람의

islandais(e)
이슬렁데(데즈)
[형] 아이슬란드(Islande)의 I~ [명] 아이슬란드 사람 [남] 아이슬란드어

Islande
이슬렁드
[여] [지리] 아이슬란드

isobare
이조바르
[형] 동중의, 등압의 [남] 동중핵 (질량 수가 같고 원자번호가 다른 원자핵) [여] 등압선

isocèle [형] 2 등변의
이조셀

isolation [여] 격리; 절연
이졸라시옹

isolement [남] 고립, 고독
이졸멍

isolément [부] 따로따로, 개별적으로
이졸레멍

isoler [타] 고립시키다, 격리시키다, 절연하다
이졸레

Israël [남] [지리] 이스라엘
이스하엘

issu(e) [형] [~ de] (에서) 태어난, … 출신의; (에서) 야기된, (의) 결과인 conflit ~ de ri- valités économiques 경제 경쟁에서 비롯된 분쟁
이쉬

issue [여] 출구; 해결책; 결과, 결말 à l'~ de qch …가 끝난 후에

israélien(ne) [형] 이스라엘의 [명] (I~) 이스라엘 사람
이스하엘리앙(엔)

Italie [여] [지리] 이탈리아
이딸리

italien(ne) [형] 이탈리아의 [명] (I~) 이탈리아 사람 [남] 이탈리아어
이딸리엥(엔)

italique [형] 이탤릭체의 [남] 이탤릭체 mettre un mot en ~ 어떤 단어를 이탤릭체로 하다
이딸리끄

itinéraire [남] 여정, 도정
이띠네헤흐

itinérant(e) [형] 순회를 하는, 이동을 하는 ambassadeur ~ 순회대사 exposition ~
이띠네헝(헝뜨)

순회 전람회 bibliothèque ~e 이동 도서관

ivoire
이부아흐
[남] 상아 [형] (불변) 상아색의, 상아처럼 흰 tour d'~ 상아탑

Ivre
이브흐
[형]취한

ivresse
이브헤스
[여] 취기

ivrogne
이브호뉴
[형] 술을 많이 마시는 술꾼[술주정뱅이]의 [남] (상습적인) 술꾼

J
지
[남] 불어 자모의 열째 글자

jacasser
자까세
[자] 종알거리다, 수다스럽게 지껄이다

jade
자드
[남] 경옥, 비취

jadis
자디스
[부] 옛날, 옛적에

jaillir
자이흐
[자] ① (물, 액체 따위가) 솟다, 분출하다 L'eau *jaillit* du tuyau crevé. 구멍 뚫린 파이프 에서 물이 솟는다 Le pétrole *jaillit* d'un puits. 석유가 유정에서 뿜어져 나 온다 ② (비유) (빛, 불꽃 따위가) 뿜어져 나오다, 솟다 (소리 따위가) 터져나오다 faire ~ des étincelles 불꽃을 튀게 하다 Des rires j*aillissaient*. 웃음소리가 터져 나왔다 ③ 돌연 나타나다, 돌출하다 (=sur gir) Une idée *jaillit* en lui. 불현듯 그의 머리에 무슨 생각이 떠올랐다 / (비인칭) Il *jaillit* des flots de spectateurs par toutes les portes du stade. 경기장 문마다 관람객들이 쏟아져 나온다 ④ 솟아있다; (눈
에) 두드러지다 Quelques gratteciel jaillissent audessus de la cité. 몇몇 마천루가 도심의 하늘을 찌르고 있다

jaillissant(e)
자이성(성뜨)
[형] 솟아나오는, 솟아오르는, 분출하는

jaillissement 자이스멍 [남] 용솟음, 분출

jalon 잘롱 [남] ① (측량용) 푯말, 표주; 표지 planter[aligner] des ~s 푯말을 세우다 ② (흔히 복수) (비유) 기준, 지표 (=marque, repère) poser[planter] des ~s 준비 작업[정지 작업]을 하다

jalonner 잘로네 [타] ① (측량룡) 푯말[표지]을 세우다; (의) 경계[테두리]를 표시하다 ~ un che min 길을 낼 자리에 푯말을 세우다 [~ qch de qch] ~ une piste de balises 트 랙에 측량주를 꽂다 buissons qui *jalo nnent* (les limites d')un champ 밭의 경계를 이루는 덤불숲 ② (을따라) 늘어 서다 Des monuments historiques *jalo nnent* cette avenue. 이 길을 따라 역사적 기념물들이 늘어서있다 ③ (비유) 점철하다 succès qui *jalonnent* sa carrière 생 애를 수놓고 있는 여러 가지 성공사례 vie *jalonnée* d'événements 사건들로 점철된 생애 ④ [군사] 표병을 배치하다; 목표물의 위치를 산정 하다 [자] 푯말[표주]로서 지적하다

jalouser 잘루제 [타] 질투하다, 시기하다 (=envier) ~ la réussite de qn ...의 성공을 시샘하다 se ~ [대] 서로 질투[시기] 하다

jalousie 잘루지 [여] ① 질투, 시기 ~ entre frères et soeurs 남매 사이의 질투심 ~ de métier 동업 자간의 경쟁의식 ~ de son mari 그 여자 남편의 질투심[의처증] accès[crise] de ~ 질투심의 폭발 éprouver de la ~ 질투심을 느끼다 exciter la ~ 질투심을 불러일 으키다 Il est d'une ~ maladive.

그의 질투심은 병적이다 ② (창문의) 미늘 덧문, 블라인드 baisser[lever] une ~ 블라인드를 내리다[올리다]

jaloux(se) 잘루(루즈) [형] ① 질투[시기]하는, 시샘하는 caractère ~ 질투심이 강한 성격 mari ~ 질투하는[의처증이 있는] 남편 être ~ de qn/qch ...을 질투하다, 시샘하다

Jamaïque 자마이끄 [여] [지리] 자메이카

jamais 자메 [부] ① 결코[단연코] ...않다, 한번도 ··· 않다 (ne 와 함께) Il ne ment ~. 그는 절대 거짓 말하지 않는다 Il ne l'a ~ vue. 그는 그 여자를 한번도 본 적이 없다 N'avouez ~. 절대 털어놓지 마세요 On ne sait ~ (ce qui peut arriver) 무슨 일이 일어날지 아무도 모른다; 예기치 않은 일이 닥칠 수도 있다 (단독으로) amour ~ satisfait 결코 충족된 적이 없었던 사랑 Plus ~ ça !; J~ de la vie ! 결코! 두번 다시는! ② 언젠가, 그 어느 때; 이전에, 일찍이 aujourd'hui, plus que ~ 그 어느 때보다도 오늘(날)은 [si ~] Si ~ je l'attrape, gare à lui ! 그가 언젠가 잡히기만 하면 조심해야 할 걸!

jambe 장브 [여] ① (사람의) 다리 ~s minces 가느다란 다리 ② (짐승, 새의) 다리

jambon 장봉 [남] [요리] 햄 une tranche de ~ 햄 한 조각

jante 장뜨 [여] (수레, 자동차) 바퀴의 테

janvier 장비에 [남] 1 월

Japon [남] [지리] 일본

자뽕

japonais [형] 일본의 [명] (J~) 일본 사람 [남] 일본어
자뽀네

jaquette [여] 모닝코트, 웃옷, 재킷
자께뜨

jardin [남] 정원
자흐뎅

jardinier(ère) [명] 정원사
자흐디니에(에흐)

jargon [남] 특수용어, 은어
자흐공

jaser [자] 수다떨다; 험담하다, 수군거리다
자제

jasmin [남] [식물] 자스민 (꽃)
자스멩

jatte [여] (지방어: 벨기에) 공기, 사발, 한 공기의 양
자뜨

jauge [여] (그릇, 용기 따위의) 용량, 정량
조즈

jauger [타] (용적, 부피 따위를) 계량하다, (유량을) 측정하다
조제

jaune [형] 노란, [남] 노란색; 노란색 물감; 조합에 들지 않은 노동자; 파업에 협력하지 않는 노동자 ~ d'oeuf 달걀 노른자
존

jaunisse [여] 황달
조니스

javelot [남] 투창
자블로

jazz [남] [음악] 재즈
자즈

jazzy [형] (불변) 재즈의

자지

je [대명] 나, 저 J~ suis coréen. 나는 한국인이다
즈

jersey [남] 저지 스웨터
제흐제

Jérusalem [명] [지리] 예루살렘
제휘잘렘

jésuite [남] 예수회 수도사 [형] 예수회의
제쥐이뜨

jet [남] 던짐, 투사
제

jetée [여] 선창, 부두, 방파제
즈떼

jeter [타] 던지다
즈떼

jeton [남] (동전 모양의) 표, 권, 토큰
즈똥

jet-ski [남] 제트 스키
제뜨-스끼

jeu(x) [남] ① 놀이, 유희, 장난 ② 경기, 시합, 게임 ③ 도박, 놀음
죄

jeudi [남] 목요일
죄디

jeun, à [부] 아무것도 먹지 않고, 단식하여, 공복에
아죙

jeune [형] 젊은, 어린
죈

jeûne [남] 단식
죈

jeûner [자] 단식하다
죄네

jeunesse [여] 젊은, 청춘
죄네스

joaillerie [여] 보석 세공술; 보석 세공품
조아유히

joailler(ère) [명] 보석세공업자, 보성상; 보석세공인
조아예(예흐)

jockey [남] 경마기수, 마차꾼, 마부, 조마용 안장
조께

joggeur(se) [명] 조깅을 하는 사람
조괴흐(괴즈)

jogging [남] 조깅
조깅

joie [여] 기쁨, 즐거움
주아

joindre [타] 모으다, 합치다
주엥드흐

joint [남] 마디, 관절, 접합부, 틈바구니
주엥

jojoba [남] [식물] 호호바 (북아메리카산 회양목과의 소관목)
조조바

joli(e) [형] 예쁜
졸리

jonc [남] [식물] 골풀, 등심초; 등, 등나무
종

joncher [타] (길에) 꽃, 나뭇잎을 흩뿌리다
종셰

jonction [여] 결합, 접합
종끄시옹

jongler [자] 곡예를 하다, 손재주를 부리다
종글레

jongleur(se) [명] 요술쟁이, 곡예사, 광대
종글뢰흐(뢰즈)

Jordanie [여] [지리] 요르단
조흐다니

joue [여] 볼, 뺨
주

jouer [자] ① 놀다, 장난하다 ② (놀이, 게임, 경기를) 하다; 도박을 하다 ③ (악기를) 연주하다
주에

jouet [남] 장난감, 완구
주에

joug [남] 멍에
주

jouir [타간] [~ de] 즐기다, 좋아하다
주이흐

jouissance [여] 즐거움, 기쁨, 쾌락
주이성스

jour [남] 날; 낮
주흐

journal(aux) [남] 일기, 신문
주흐날(노)

journalier(ère) [형] 매일의, 나날의, 일상의 [남] (하루씩 삯을 받는) 품팔이꾼
주흐날리에(에흐)

journalisme [남] 저널리즘, 신문, 잡지계
주흐날리슴

journaliste [명] 신문, 잡지, 방송기자, 언론인
주흐날리스뜨

journée [여] 하루 Bonne ~ ! 좋은 하루 보내세요!
주흐네

journellemen [부] 매일, 늘
주흐넬멍

jovial(e, als/aux) [형] 쾌활한, 명랑한, 유쾌한

조비알(오)

joyau(x) [남] 보석, 패물
주와요

joyeuseté [여] 농담; 우스운 짓
주아유즈떼

joyeux(se) [형] 즐거운, 기쁜
주아유(유즈)

jubilation [여] 환희
쥐빌라시옹

jubilatoire [형] 몹시 기뻐하는
쥐빌라뚜아흐

jubilé [남] 50 년 기념식, 금혼식
쥐빌레

jubiler [자] (구어) 몹시 기뻐하다 ~ de qch/inf …에 대해 몹시 기뻐하다
쥐빌레

jucher [자] (새가 높은 곳에) 앉다; (비유) 높은 곳에 살다
쥐셰

judaïque [형] 유태인의 유태교의
쥐다이끄

judaïsme [남] 유태교
쥐다이슴

Judas [남] [성서] 유다 (예수를 배반한 제자) j~ [남] (J~로 쓰기도 함) 배반 자; (문, 벽 따위의) 들여다보는 구멍
쥐다

judiciaire [형] 사법의, 재판의, 법정의
쥐디시에흐

judicieux(se) [형] 판단이 정확한, 분별 있는
쥐디시유(유즈)

judo [남] 유도
쥐도

juge [남] 판사
쥐즈

jugement [남] 재판, 판결, 판단
쥐즈멍

jugeote [여] (구어) 판단력, 분별, 상식
쥐조뜨

juger [타] 재판하다, 판결을 내리다; 판단하다; 심판하다; 생각하다
쥐제

jugulaire [형] 목구멍의, 목의 [여] 경정맥
쥐귈레흐

juif(ve) [형] 유태인의, 유태교의 [명] (J~) 유태인
쥐이프(이브)

juillet [남] 7 월
쥐이예

juin [남] 6 월
쥐엥

juke-box [남] 주크박스 (동전을 넣어서 희망하는 곡을 듣는 레코드 플레이어)
쥐끄복스

julienne [여] [식물] 노랑장대, 헤스페리초류; [요리] (여러가지 채소가 든) 수프의 일종
쥘리엔

Jumeau (elle)(x) [형] 쌍둥이의 [명] 쌍둥이 [여] (흔히 복수) 쌍안경
쥐모

jumelage [남] 접합
쥐믈라즈

jumeler [타] 접합하다; 짝짓다
쥐믈레

jument [여] 암말
쥐멍

jungle [여] 정글, 밀림, 약육강식의 사회 loi de la ~ 약육강식의 법칙
종글

junior [형] 나이가 어린, 후배의
쥐뇨흐

junte [여] 의회, 평의회, 혁명정권
종뜨

jupe [여] 치마, 스커트
쥐쁘

jupon [남] 페티코트, 속치마
쥐뽕

juré(e) [형] 선서한, 맹세한
쥐헤 [명] [법] 배심원; 심 사원

jurer [타] 맹세하다, 선서하다 [자] (을) 걸고 맹세하다 [~ sur/par/devant]; 욕설[악담]을 하다 [~ (contre/après)]
쥐헤

juridiction [여] 사법권, 재판권
쥐히딕시옹

juridique [형] 법률상의
쥐히디끄

jurisprudence [여] 판례, 법해석, 법원리
쥐히스프휘덩스

juriste [명] 법학자, 법률관계의 저술가
쥐히스뜨

juron [남] 모독적인[저주하는] 말, 욕설
쥐홍

jury [남] 배심(단), 심사위원(회)
쥐히

jus [남] 즙, 액, 주스
쥐

jusque [전] (장소) …까지 jusqu'à la gare 역까지; (시간) …까지 du matin jusqu'au soir 아침부터 저녁까지
쥐스끄

juste [형] 올바른, 공평한, 정확한
쥐스뜨

justement [부] 바로, 마침 C'est ~ ce que j'ai

쥐스뜨멍 demandé. 그것이 바로 내가 요구한것 이다

justesse [여] 올바름, 정확함 de ~ 가까스로; 겨우 시간에 맞추어
쥐스떼스

justice [여] 바름, 사법, 재판, 법정 rendre ~ à qn[qch] ...을 정당하게 평가하다, ...의 정당함 [가치, 공적]을 인정 하다, 보상하다
쥐스띠스

justifiable [형] 정당함을 증명할 수 있는, 변명할 수 있는
쥐스띠피아블

justification [여] 무죄의 증명, 변명, 변호
쥐스띠피꺄시옹

justifié(e) [형] 정당화된, 근거[이유]가 있는
쥐스띠피에

justifier [타] 정당화하다, 정당함[타당성]을 증명하다
쥐스띠피에

jute [남] 황마, 황마 섬유
쥐뜨

juteux(se) [형] 즙이 많은
쥐뙤(뙤즈)

juvénile [형] 청년의; 연소한, 젊은
쥐베닐

juxtaposer [타] 나란히 놓다, 병치하다
쥑스따뽀제

juxtaposition [여] 나란히 놓기, 병렬, 병렬상태
쥑스따뽀지시옹

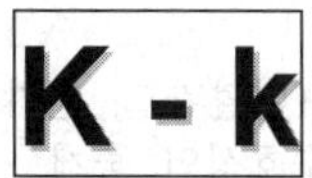

K, k [남] 불어 자모의 열한째 글자
까

Kaboul [명] [지리] 카불
꺄불

kaki [형] (불변) 카키색의 [남] 카키빛
꺄끼

kaléidoscope [남] 만화경
꺌레이도스꼬쁘

kamikaze [남] 자살폭탄테러범
꺄미꺄즈

kangourou [남] [동물] 캥거루
껑구후

kaolin [남] 고령토, 자토
꺄올렝

képi [남] 군모 (프랑스 장교의 정모); 군모 모양의 학생모
께삐

kapok [남] 케이폭, 판야
꺄뽀끄

karaoke [남] 가라오케
꺄하오께

karaté [남] 가라데
까하떼

kart [남] 고카트
꺄흐뜨

kayak [남] 작은 어선
꺄야끄

Kenya　[남] [지리] 케냐
께냐

kermesse　[여] (네덜란드, 벨기에, 프랑스 북부 지방의) 수호성인 축제, 정기시장; (주로 야외에서 열리는) 자선 바자
께흐메스

kérosène　[남] 등류, 석유
께호젠

ketchup　[남] 케첩
께칩

Kg　[남] 킬로그램
낄로그함

kidnappage　[남] 유괴
끼드나빠즈

Kidnappeur (se)　[명] 유괴범
끼드나뻬흐(뾔즈)

kilo　[남] 킬로그램
낄로

kilogramme　[남] 킬로그램
낄로그함

kilomètre　[남] 킬로미터 100 ~ par heure 시속 100 킬로미터
낄로메트흐

kilowatt　[남] 킬로와트
낄로와뜨

kilt　[남] 킬트 (스코틀랜드 고유의상인 스커트 모양의 남자 옷)
낄뜨

kimono　[남] 기모노
끼모노

kiosque　[남] 가두 매점, 정자, 야외음악당
끼오스끄

Kirghizstan　[남] [지리] 키르키즈스탄

끼흐기즈스떵

kiwi [남] ① [조류] 키위새
끼위 ② [식물] 키위 열 매

klaxon [남] (자동차의) 경적
끌락송

klaxonner [자] 경적을 울리다
끌락소네

knickers [남][복] (등산복 따위의 무릎 아래서 졸라 매는) 낙낙한 반바지, 니커보커즈
니께흐

knock-out [남] [권투] 녹아웃
노까우뜨

koala [남] [동물] 코알라
꼬알라

kosovar(e) [형] 코소보의 [명] (K~) 코소보 사람
꼬소바흐

kurde [형] 쿠르드의 [명] (K~) 쿠르드 사람
뀌흐드

Kuweitien(ne) [형] 쿠웨이트의
[명] (K~) 쿠웨이트 사 람
꾸웨이시엥(엔)

kyrielle [여] (말의) 긴 연속; 한없는 연속
끼히엘

kyste [남] [의학] 낭종;
끼스뜨 [생물] (원생동물 따 위의) 낭자, 포자

L, l 엘 — [남] 불어 자모의 열두째 글자

la 라 — [관] le 의 여성형 [남] 음계의 제육음보

Là 라 — [부] ① 저기, 저기에(서); 거기, 거기
에(서) Ne restez pas ici, allez ~. 여기 있지 말고 저기로 가세요 ② (ici 의 대용으로) 여기(에) Que fais-tu ~ ? 여기서 뭘 하니? C'est ~ qu'il fut tué. 그가 살해된 곳은 바로 여기다 Oh ~ ~ ! (고통, 경멸, 놀라움) 아야; 저런, 아이구 Oh ~ ~, quel désordre ! 아이구, 엉망이군

là-bas 라바 — [부] 저기에(서), 그곳에(서)

labeur 라뵈흐 — [남] 수고, 노고

label 라벨 — [남] ① 상표, 라벨 ② (원산지, 품질을 표시하는) 인증표 ~ de qual ité 품질보증표 ~ d'expor tation 수출 인증표 ③ (사람, 단체의) 직 인 se présenter aux élec tions sous le ~ socialiste 사회당 후보로 선거에 출마하다 ④ [정보] 라벨 (자료식별에 쓰이는 문자열)

labo 라보 [남] 실험실, 시험소

laborantin(e) 라보헝뗑(띤) [명] (연구소, 실험실, 병원 따위의) 조수, 조교

laboratoire 라보하뚜아흐 [남] ① 실험실; 시험소; 연수실 [소] ~ de chimie 화학실험실 animaux de ~ 실험용 동물 ap pareils de ~ 실험기구 ~ d'essai 시험소 produit de ~ 시제품 초 ef[assistant] de ~ 연구실장[조수] ferme(-)~ 실험 농장 théâtre(-)~ 실험소 극장 ~ de lan-gues 어학실 습실 ~ de la police 경찰 감식과 ② 현상소 ~ (de) photo 사진현상소 ((구어) labo photo) ~ obscur 암실 ③ (비유) 작업 준비실 ④ (약품 따위의) 제 조실

laborieusement 라보히유즈멍 [부] 애써서, 근면하게, 힘들여, 노고 하여

laborieux(se) 라보히유(유즈) [형] ① (문어) (일이) 힘이 드는, (일이) 벅찬, 곤란한; ~se entre prise 벅찬 계획 accou chement ~ 난산 mets d'une digestion ~se 소화가 잘 안 되는 요리 ② (경멸) 힘쓴 듯한, 고심한 듯한 récit[style] ~ 고심한 흔적이 있는 이야기 [문체] Il n'a pas encore terminé ? C'est ~ ! (구어) 아직 끝내지 않았습니까? 너무 오래하는군요 ③ (사람이) 근면한, 부지런한; 노동으로 사는 élève ~ 근면한 학생 vie ~s e 노동자 생활 les masses [classes] ~s es

노동자 계급 [근로대중] [명] 근면한 사람, 일꾼

labour 라부흐 [남] ① 밭갈이, 경작 ~ à la charrue 쟁기질 ~ au tracteur 트랙터로 갈기 ~s profonds [superficiels,légèrs] (밭을) 깊게 [얇게] 갈기 ~ d'automne 가을갈이 boeuf[cheval] de ~ 경작용 소[말] ② 경작지

labourer 라부헤 [타] ① (땅을) 갈다, 경작하다 ~ un champ 밭을 갈다 / (보어 없이) ~ au tracteur 트랙터로 밭을 갈다 ② (밭고 랑처럼) 파다, 이랑지게 하다 piste *labourée* par le galop des cheveux 말발굽으으로 파헤쳐진 경주로 ③ 주름지게 하다; 자국[상처]를 내다 Des rides *labourent*son visage. 그의 얼굴에는 깊은 주름이 나 있다 ~ les joues de[à] qn ...의 뺨에 상처를 내다

Labrador 라브하도흐 [남] (le ~) [지리] 래브라도

labyrinthe 라비헹뜨 [남] ① 미로; 미궁 ② 복잡 하게 얽힌 도로망 ~ de ruell es 미로 같은 골목길 ③ (비유) 복잡하게 뒤얽힘 ~ de ses pensées 복잡하게 얽힌 그의 생각 Je me suis trouvé dans un ~ d'embarras. 나는 난마 처럼 얽힌 곤경에 처해 버렸다 ④ (건축) (교회의) 미로 같은 포장길 (신자가 무릎으로 기어감 chemin de Jérusalem 이라고도 함)

lac [남] 호수
라끄

lacer [타] (끈으로) 졸라매다
라세

lacération [여] 찢음, 고뇌, 찢어진 상처
라세하시옹

lacérer [타] 찢다, 괴롭히다
라세헤

lacet [남] ① (코르셋, 구두 따위의) 끈; (특히) 가죽끈 ~ de cuir [coton, soie] 가죽[면, 명주] 끈 nouer[rattacher] ses ~s 구두끈을 매다 [고쳐매다] Son ~ s'est défait[dénoué]. 그 사람 구두끈이 풀어졌다 ② (보조 돛을 주돛에 묶는) 동아줄 ③ (길 따위의) 구불구 불함 rou te en ~(s) 구불구불한 길
라세

lâche [형] 느슨한; 비겁한, 비열한
라슈

lâchement [부] 느슨하게; 비겁하게
라슈멍

lâcher [타] 늦추다; 놓아버리다
라셰

lâcheté [여] 비겁; 비겁한 짓
라슈떼

laconique [형] 간결한, 간명한, 말수가 적은
라꼬니끄

lacrymal(e, aux) [형] 눈물의
라크히말(모)

lacrymogène [형] 눈물나게 하는, 최루의 ga z ~ 최루가스
라크히모젠

lactate [남] 유산염
락따뜨

lactation [여] 수유
락따시옹

lacté(e) [형] 젖의; 젖 같은, 젖빛의 Vo ie ~e 은하수
락떼

lactique [형] 젖의, 유즙의 acide ~ 젖 산, 유산
락띠끄

lactose [남] 락토오스, 유당
락또즈

lacune [여] (원문, 사실, 생각 따위의) 누락, 빠진 것, 결함
라뀐

là-dedans [부] 이[그]곳 내부에, 그 안에
라드덩

là-dessous [부] 그 아래, 그 밑에
라드쒸

là-dessus [부] 그 위에
라드쒸

lagune [여] 석호, 초호
라귄

là-haut [부] 저 위(쪽)에(서)
라오

laïcisme [남] 비종교성
라이시슴

laïcité [여] 비종교성
라이시떼

laid(e) [형] 미운, 보기 흉한; 추악한
레(레드)

laideur [여] (용모의) 추함, 못생김
레되흐

laine [여] 양모, 양털

렌

laïque [형] 비종교적인
라이끄

laisse [여] (개, 말 따위를 매는) 줄
레스

laisser [타] 남기다; 두고 가다[오다]; 맡기다; 양도하다; 잃다; ...하게 하다, ...하는대로 버려두다 Cela ne *laisse* pas de m'in quiéter. 그래도 그건 걱정이다
레세

laisser-aller (불변) [남] 되는대로 내버려두기, 태만, 무관심
레세알레

laisser-faire [남] 무간섭, 자유방임
레세페흐

laisser-passer (불변) [남] 통과증, 통행권
레세파세

lait [남] 젖; 우유
레

laiterie [여] (농가의) 우유보관소; 우유 가공 공장; 낙농업, 우유판매업
레트히

laiteux(se) [형] 젖의, 유질의; 젖빛의
레뙤(뙤즈)

laitier(ère) [형] 젖이 나는; 우유를 파는
레띠에(에흐)

laiton [남] 놋쇠, 황동
레똥

laitue [여] [식물] 상치, 상치 샐러드
레뛰

lama [남] 라마승; [동물] 라마, 아메리카 낙타
라마

lambeau(x) [남] (천, 고기, 종이 따위의)조각, 동

렁보 강이

lambin(e) [형] 동작이 느린 [명] 느림보
렁벵(빈)

lambiner [자] 늦장부리다, 꾸물거리다; 시간을 낭비하다
렁비네

lame [여] 칼날
람

lamelle [여] 박층, 박판; (음식의) 얇은 조각
라멜

lamentable [형] 애처로운; 비통한
라멍따블

lamentation [여] 비탄, 애도
라멍따시옹

lamenter [자] 슬퍼하다, 한탄하다
라멍떼

laminer [타] (금속을) 압연하다, 얇게 늘여 펴다
라미네

laminerie [여] 압연공장
라미느히

lampadaire [남] 가로등
렁빠데흐

lampe [여] 램프, 등불
렁쁘

lampion [남] 초롱
렁삐옹

lance [여] 창
렁스

lancement [남] 던지기; 발사
렁스멍

lancer [타] 던지다; (활, 총 따름)쏘다 [발사하다]; (폭탄 따위를) 투하하다
렁세
~ un ballon[le disque] 공[원반]을

던지다

lanceur
렁쇠흐
[남] 발사통, 함재기 발사기

landau
렁도
[남] 랑도(사륜)마차; 유모차

lande
렁드
[여] 광야, 황야; (les L~s) 랑드 지방 (프랑스 남서부)

langage
렁갸즈
[남] (인간에게 고유한) 언어; 언어기능 [언어] 언어활동

langoureux(se)
렁구회(회즈)
[형] (병으로) 쇠약해진, 초췌한

langouste
렁구스뜨
[여] [동물] 바다가재

langue
렁그
[여] ① 혀; 혀 모양의 것 cla quer la ~ 혀를 차다 ② (한나라, 집단의) 언어, 말, 국어 ~ maternelle 모국어

langueur
렁괴흐
[여] 나른함, 권태

languir
렁기흐
[자] 기운(생기)가 없어지다

languissant(e)
렁기성(성뜨)
[형] 나른한, 기운이 없는, 따분한, 활기 없는; 침체한

lanière
라니에흐
[여] 가는 가죽 끝, 가는 끈

lanoline
라놀린
[여] 라놀린

lanterne
렁떼흔
[여] 랜턴, 각등

laper
라뻬
[타] (소리를 내며) 혀로 핥다 [핥아먹다]

lapin(e)
[명] [동물] 집토끼

라뻥(삔)

laque
라끄
[여] 옻, 래커, 헤어스프레이

Laponie
라뽀니
[여] 랩랜드 (노르웨이, 스웨덴, 핀란드의 북부 지역)

lard
라흐
[남] 비계

large
라흐즈
[형] 폭넓은; 넓은; 너그러운

largeur
라흐죄흐
[여] 폭, 가로, 넓이; 굵기, 직경

larguer
라흐게
[타] (밧줄을) 늦추다, 풀다

larme
라흠
[여] 눈물

larmoyant(e)
라흐무아영(영뜨)
[형] 눈물 흘리는; 울먹거리는, 눈물을 자아내는, 눈물을 쥐어짜는

larron
라홍
[남] (옛) 강도, 도둑 le bon ~ et le mauvais ~ [기독교] (그리스도와 함께 십자가형을 당한) 회개한 도둑과 회개 하지 않은 도둑; [인쇄] (종이의) 접힌 부분

larve
라흐브
[여] 애벌레, 유충, 유생

laryngite
라행지뜨
[여] 후두염

larynx
라행끄스
[남] 후두

las(se)
라(라스)
[형] 피로한, 지친; (문어) 싫증 난 [~ de qn/qch/inf]

lascif(ve)
라시프(시브)
[형] 음란한, 도발적인

laser
라제흐
[남] 레이저

lasser
라세
[타] 진력[싫증]나게 하다 se ~ [대] 싫증[진저리]나다 [se ~ de qch/qn/ inf]

lassitude
라시뛰드
[여] 피로; 싫증, 권태

lasso
라소
[남] 던지는 올가미, 올가미 밧줄

latent(e)
라떵(떵뜨)
[형] 숨어있는, 잠복기(성)의

latéral(e, aux)
라떼할(호)
[형] 측면의, 옆의

latéralement
라떼할멍
[부] 측면으로

latex
라떽스
[남] 유액

latin(e)
라뗑(띤)
[형] 라틴 사람의, 라틴어의 [명] (L~) 라틴 사람 [남] 라틴어

latino-américain(e)
라띠노아메히껭(껜)
[형] 라틴아메리카의 [명] (L~ -A~) 라틴아메리카 사람

latitude
라띠뛰드
[여] 위도

latrines
라트힌
[여][복] 변소

latte
라뜨
[여] (얇고 긴) 판자

lauréat(e)
로헤아(아뜨)
[형] (경연 대회 따위에서) 상을 탄, 입상한 [명] 수상자 ~ du prix Nobel 노벨상 수상자

laurier
로히에
[남] 월계수, 월계관

lavabo [남] 세면대
라바보

lavage [남] 세탁, 빨래, 세척
라바즈

lavande [여] 라벤더
라벙드 [형] 라벤더 색의, 엷은 자색의

lave [여] 용암
라브

lave-glace [남] (자동차 와이퍼의) 살수장치
라브글라스

laver [타] 씻다 se ~ [대] 몸을 씻다
라베

laverie [여] (자동 세탁기를 갖춘) 세탁소
라브히

lavette [여] (식기 씻는) 수세미, 행주
라베뜨

lave-vaisselle [남] (복수불변) 식기세척기
라브베셀

laxatif(ve) [형] 완하의 [남] 완하제
락사띠프(띠브)

laxisme [남] 포용주의, 방임주의, 관용 주의
락시슴

laxiste [형] 방임주의의, 관용론의
락시스뜨

le [관] 그, 이, 저
르

leader [남] 지도자, 선도자
리되흐

lécher [타] 핥다 Le chat se *léchait* les pattes. 고양이는 자기 발을 핥고 있었다
레셰

lèche-vitrine [남] (창에 붙어) 즐겁게 구경 하기,

레슈비트힌 진열창을 들여다보고 다니기, 윈도 쇼핑 faire du ~ 진열창 안의 상품을 구경만 하고 돌아다니다

leçon [여] 학과,수업 ~ de con-dui te 운전 교습
르송

lecteur(trice) [명] 독자
렉뙤흐(트히스)

lecture [여] 읽기, 독서
렉뛰흐

Ledit (ladite/lesdits/lesdites [형] [법] 전술의, 해당의 la di te maison 전술한 가옥
르디(라디뜨/레디/레디뜨)

légal(e, aux) [형] 법률(상)의, 법률에 관한
레갈(고)

légalement [부] 법률적[합법적]으로
레갈멍

légalisation [여] (문서 따위의) 공적 증명, 인증, 합법화
레갈리자시옹

légaliser [타] 법률상 정당하다고 인정하다. 공인하다
레갈리제

légalité [여] 적법, 합법
레갈리떼

légat [남] 교황특사, 공식사절
레갸

légendaire [형] 전설(상)의, 믿기 어려운
레정데흐

légende [여] 전설, 전설문학 selon la ~ 전설에 따르면 passer dans la ~ de son vivant 생애의 전설이 되다
레정드

léger(ère) [형] 가벼운; 소화하기 쉬운 à la ~ère 경솔하게, 경박하게
레제(제흐)

L-l

légèrement
레제흐멍
[부] 가볍게; 경쾌하게; 경솔 하게

légèreté
레제흐떼
[여] 가벼움

légion
레지옹
[여] 군대, 군단 L~ d'hon neur 레지옹도 뇌르 훈장 (1802 년 나폴레옹 1 세가 제정한 여러 등급의 국가 훈장)

légionnaire
레지오네흐
[남] ① [고대로마] 군단의 병사 ② 외인부대의 병사 ③ [역사] (프랑수아 1 세 시대의) 임시징병 보병 연대의 병사

législateur(trice)
레지슬라뙤흐(트히스)
[명] 입법자, 입법부 의원

législatif(ve)
레지슬라띠프(띠브)
[형] 입법상의, 법률을 제정하는

législation
레지슬라시옹
[여] 법제, 법(체계); 법률제정, 입법행위

législature
레지슬라뛰흐
[여] 입법부

légitimation
레지띠마시옹
[여] 인정, 공인

légitime
레지띰
[형] 합법적인, 기존의 규칙에 맞는

légitimement
레지띰멍
[부] 합법적으로

légitimer
레지띠메
[타] 정당한[합법적인] 것으로 인정하다; 공인하다

légitimité
레지띠미떼
[여] 합법성, 적법성

legs
레/레그
[남] 유산, 유증(재산)

léguer
레게
[타] 유증하다; 물려주다, 남기다

légume
레귐
[남] 채소

lendemain
렁드멩
[남] 이튿날

lent(e)
렁(렁뜨)
[형] 느린; 우둔한

lenteur
렁뙤흐
[여] 완만함, 더딤

lentille
렁띠유
[여] ① 렌즈 ② [식물] 렌즈콩

léopard
레오빠흐
[남] [동물] 표범

lèpre
레프흐
[여] [의학] 나병, 문둥병

lépreux(se)
레프회(회즈)
[형] 나병에 걸린 [명] 나병환자

Lequel (laquelle/lesquels/lesquelles)
르껠(레껠)
[대명] 어느 사람; 어느 것

lésiner
레지네
[자] 인색하게 굴다, 지나치게 아끼다

lésion
레지옹
[여] 장애, 손상, 정신적 상해

lessive
레시브
[여] (세탁용) 가루[액체] 비누; (식기 세척용) 세제

lest
레스뜨
[남] (복수 없음) [해양] 밸러 스트, 바닥짐 (배의 균형을 잡기 위해 뱃바닥에 싣는 돌, 모 래, 쇠 따위)

leste
레스뜨
[형] 민첩한, 재빠른, 활발한

léthargie
레따흐지
[여] 기면, 혼수상태, 무기력

léthargique
레따흐지끄
[형] 기면성의, 혼수상태의

Lettonie
레또니
[여] [지리] 라트비아

lettre
레트흐
[여] ① 글자, 문자 double ~ 이중 문자 ② [인쇄] 활자 ③ 편지, 서한 informer qn par ~ 편지로 통지하다

leucémie
뢰세미
[여] [의학] 백혈병 être attei nt de ~ 백혈병에 걸리다

leur(s)
뢰흐
[형] 그[그녀]들의, 그것들의

leurre
뢰흐
[남] 미끼새, 속임수, 올가미

leurrer
뢰헤
[타] (매를) 미끼새로 불러들이다; (미끼 따위로) 낚다 속이다

levain
르벵
[남] 효모, 누룩

levant(e)
르벙(벙뜨)
[형] 해뜨는 [남] 해뜨는 쪽, 동쪽, 동방

levé(e)
르베
[형] (손이) 들어올려진, 올려진; (사람이) 자리에서 일어난

levée
르베
[여] 성토, 제방

lever
르베
[타] 쳐들다, 올리다; 없애다; 치우다; 소집하다, 집하다; 징수하다; 떼어내다, 덜어내다 se ~ [대] 일어나다, 기상하다

levier
르비에
[남] 지레

léviter
레비떼
[자] (물체가) 부양하다, 지면에서 뜨다

levraut
르브호
[남] [동물] 새끼(어린) 토끼

lèvre
레브흐
[여] [해부] 입술

levure
르뷔흐
[여] 효모, 효모균

lexical(e, aux)
렉시깔(꼬)
[형] 어휘의

lexicographe
렉시꼬그하프
[명] 사전편찬자

lexicographie
렉시꼬그하피
[여] 사전편찬(법)

lexique
렉시끄
[남] 어휘(집)

lézard
레자흐
[남] [동물] 도마뱀

lézarde
레자흐드
[여] (벽, 천장 따위의) 갈라진 틈, 균열

lézarder
레자흐데
[타] 균열[틈]이 가게 하다, 갈라지게 하다 se ~ (벽에) 금이 가다, 균열이 생기다

liaison
리에종
[여] 결합, 연결, 연속; 연락, 접촉; 교제 se mettre en ~ avec qn ...와 연락을 취하다

liant(e)
리엉(엉뜨)
[형] 사교적인, 사교성이 있는, 상냥한 [남] 탄(력)성, 부드러움

liasse
[여] 묶음, 철, 뭉치 ~ de let res

리아스 편지 묶음

libellule [여] [곤충] 잠자리
리벨륄

libéral(e, aux) [형] 자유주의의, 관대한
리베할(호)

libéralement [부] 자유로이, 활수하게
리베힐멍

libéraliser [타] ~의 제약을 풀다, 자유 화하다
리베할리제

libéralisme [남] 자유주의, 진보주의
리베할리슴

libéralité [여] 관대함
리베할리떼

libérateur(trice) [명] 해방자
리베하뙤흐(트히스)

libération [여] 해방, 석방
리베하시옹

libérer [타] 해방하다; 석방하다
리베헤

Libéria [남] [지리] 라이베리아
리베히아

liberté [여] 자유, 해방 être en ~ 자유롭다
리베흐떼

libido [여] 성욕, 리비도, 성적 충동
리비도

libraire [명] 서적상인
리브헤흐

librairie [여] 서점
리브헤히

libre [형] 자유로운
리브흐

libre-échange
리브흐에셩즈
[남] 자유무역 accord de ~ 자유무역협정 (FTA)

librement
리브흐멍
[부] 자유롭게; 자발적으로

libre-service (libres-services)
리브흐세흐비스
[남] 셀프서비스; 셀프서비스 상점, 슈퍼마켓

Libye
리비
[여] [지리] 리비아

licence
리셩스
[여] 학사, 학사자격, 학사학위, 허가, 인가, 면허, 특허, 라이선스

licenciement
리셩시멍
[남] 해고, 면직, 파면

licencier
리셩시에
[타] 해산하다; 해고하다

licencieux(se)
리셩시유(유즈)
[형] 방탕한, 음탕한

lichen
리켄
[남] 지의, 이끼

licite
리시뜨
[형] 합법적인, 적법한

lie
리
[여] 재강, 찌끼, 지게미; (특히) 포도주의 찌끼

Liechtenstein
리슈뜬슈따인
[남] [지리] 리히텐슈타인

liège
리에즈
[남] 코르크; [식물] 코르크 나무

lien
리엥
[남] 끈, 줄; (생각, 현상 따위의) 관계, 관련성; (인간) 관계, 유대

lier
리에
[타] 매다, 묶다, 연결하다

lieu(x)
리유
[남] 곳, 장소

lieutenant
리유뜨넝
[남] 육군 중위; 부관, 보좌관

lièvre
리에브흐
[남] [동물] 산토끼

lignage
리냐즈
[남] 가계, 혈통

ligne
리뉴
[여] 선, 줄, 경계선, 윤곽 une ~ droite/courbe 직선/곡선

ligoter
리고떼
[타] 묶다, 결박하다

ligue
리그
[여] 연맹, 동맹

lilas
릴라
[남] [식물] 라일락

limaçon
리마송
[남] 달팽이

lime
림
[여] 줄 ~ douce 이가 고운 줄 ~ soured 줄질할 때 소리가 나지 않는 줄 ~ à ongles 손톱 다듬는 줄; [식물] 라임 (열매)

L-l

limitation
리미따시옹
[여] (토지, 영역 따위의) 경계를 긋기, 구획; 제한, 한정

limite
리미뜨
[여] 경계; (시간의) 한계, 기한

limité(e)
리미떼
[형] 제한된, 한정된, 여유가 없는

limite
리미뜨
[여] 경계, 한계, 한도 La voi lence ne connaîtra pas de ~s 폭력은 한계를 모른다. 한정, 제한 connaît re ses propres ~s 적정한 한계를

알다.

limiter 리미떼 — [타] 경계를 정하다; 제한하다

limoger 리모제 — [타] (구어) (장교의) 지휘권을 박탈하다, 좌천시키다; (고관 따위를) 좌천시키다, 경질[파면]하다

limonade 리모나드 — [여] 레모네이드

limousine 리무진 — [여] 리무진

limpide 렝삐드 — [형] 맑은, 투명한, 명쾌한

limpidité 렝삐디떼 — [여] 청명, 투명; 청초; 명쾌

lin 렝 — [남] 아마, 아마포, 린네르

linéaire 리네에흐 — [형] 선의, 직선의, 단조로운

linge 렝즈 — [남] (집합적) (가정용) 린네르 제품; 내의류, 란제리; 세탁물

lingerie 렝즈히 — [여] 리넨 제품, 내의류, 여자용 내의류

linguiste 렝귀이스뜨 — [남] 언어학자

linguistique 렝귀이스띠끄 — [여] 언어학 [형] 언어의, 언어 학의

lino(linotype) 리노(리노띠쁘) — [남] 리놀륨

linoléum/linoleum 리놀레옴 — [남] 리놀륨

lion(ne) 리옹(온) — [남] [동물] 사자 (L~) 사자 자리

l'antre du ~ 사자굴
[명] 용맹 스러운 사람 [여] 암사자

lionceau [남] [동물] 새끼 사자
리옹소

liposuccion [여] [의학] 피하지방의 흡인 채취
리뽀쉭시옹

liquéfier [타] (기체를) 액화 [용해] 시키다
리께피에

liqueur [여] 리큐어, 리쾨르 술, 주류
리꾀흐

liquidateur(trice) [명] 청산인, 결산자
리끼다뙤흐(트히스)

liquidation [여] 청산, 정리, 해소, 제거,
리끼다시옹

liquide [형] 액체의 [남] 액체
리끼드

liquider [타] 청산하다, 결산하다, 제거 하다,
리끼데

liquidité [여] 유동성
리끼디떼

lire [타] 읽다 ~ une lettre 편지를 읽다
리흐

lis/lys [남] [식물] 백합
리스

Lisbonne [명] [지리] 리스본 (포르투갈 (Portugal)의 수도)
리스본

lisibilité [여] (문자의) 읽기 쉬움
리지빌리떼

lisible [형] 읽기 쉬운, 읽기 쉽게 나 타난
리지블

lisière [여] (직물의) 가장자리; (토지, 지역의) 변두리, 변방, 변경
리지에흐

lisse 리스	[형] 매끈매끈한, 반들반들한, 윤기 있는 peau ~ 매끄러운 피부
lisser 리세	[타] 매끄럽게 하다, 윤기를 내다
liste 리스뜨	[여] 표, 목록, 명부, 명단 arri ver en tête de ~ 명단의 맨 앞에 있다.
liste 리스뜨	[여] 표, 목록, 명단, 명부
lit 리	[남] ① 침대 ② 층, (암석 따위의) 상 ③ 하상, 물길
litchi 릿쉬	[남] [식물] 여주 (아시아 남부의 과실수), 여주 열매
literie 리트히	[여] 침구
lithium 리띠옴	[남] [화학] 리튬
lithographe 리또그하프	[명] 석판(인쇄)공
lithographie 리또그하피	[여] 석판술, 석판화, 석판 인쇄소
lithographier 리또그하피에	[타] 석판술로 인쇄하다
litière 리띠에흐	[여] 가마; (마구간,외양간의) 짚[건초]더미; (아파트에 사는 고양이의) 배설용 흡수 모래
litige 리띠즈	[남] ① [법] 소송, 계쟁 ② 논쟁; 분쟁 régler le ~ par voie de négociations 협상을통해 분쟁을 해결하다
litre 리트흐	[남] [도량] 리터

littéraire [형] 문학의, 문학상의, 문학 적인
리떼헤흐

littéral(e, aux) [형] 문자에 의한, 글자대로의, 자의상의, 문어의
리떼할(호)

littéralement [부] 글자대로, 자의대로, 완히
리떼할멍

littérature [여] 문학, 문예, 문헌, 서지, 작품, 곡, 허구, 꾸민일
리떼하뛰흐

littoral(e, aux) [형] 연안의 zone ~ale 연안지대
리또할(호)

Lituanie [여] [지리] 리투아니아
리뛰이아니

liturgie [여] [종교] (기독교의) 예배, 전례; 제식, 의식
리뛰흐지

livide [형] (문어) 납빛의,푸르스름한; (피부가) 창백한
리비드

livrable [형] [상업] (구매자에게) 인도 할 수 있는, 인도해야 하는
리브하블

livraison [여] 배달, 인도
리브헤종

livre [남] 책, 서적
리브흐 [여]파운드 (무게 단 위)

livrer [타] 내어주다; 넘겨주다, 인도하다
리브헤

livret [남] ① 카탈로그, 팜플렛, 안내서 ② 수첩, 장부, 통장
리브헤

livreur(se) [명] 상품배달인 [여] 상품배달차
리브회흐(회즈)

lob [남] [운동] (테니스, 탁구의) 로빙 (높이 쳐올리기)
로브

lobby(ies) [남] [정치] 압력단체, 로비

로비(비즈)

lobbyiste [명] 로비스트
로비스뜨

lobe [남] [해부] 엽 ~s de cerveau 뇌엽
로브

lobélie [여] 로벨리아, 숫잔대
로벨리

local(e, aux) [형] 지방의, 국부의
로깔(꼬)

localisation [여] ① 위치결정[측정]; (시간 속에서의) 위치 결정[확정] ② 국한; 국지화
로깔리자시옹

localisé(e) [형] 국한된, 국지적인
로깔리제

localiser [타] 탐지하다, 위치시키다, 국한하다
로깔리제

localité [여] 고장, 지방; 장소
로깔리떼

locataire [명] 세든 사람, 하숙인
로꺄떼흐

locateur(trice) [명] 임대인, 집주인
로꺄뙤흐(트히스)

location [여] 임대차
로꺄시옹

locomoteur(trice) [형] 이동의, 운동의
로꼬모뙤흐(트히스)

locomotif(ve) [형] 이동성의, 자동적인
로꼬모띠프(띠브) [여] 기관차

locomotion [여] 이동, 운동
로꼬모시옹

locuste [여] 메뚜기, 방아깨비
로뀌스뜨

locution 로뀌시옹 — [여] 어법; 숙어

loft 로프트 — [남] 상업용 건물을 개조하여 만든 주거시설.

logarithme 로갸히뜸 — [남] 대수

loge 로즈 — [여] 수위실, 우리, 회의실, 프리메이슨, 박스 좌석, 의상실 ~ du concierge 수위실

logement 로즈멍 — [남] 거주, 주택, 집, 거처방, 숙소

loger 로제 — [타] 숙박시키다, 묵게 하다, (가구 따위를) 갖다놓다 se ~ [대] 살다, 거주하다

logeur(se) 로죄흐(죄즈) — [명] 가구 딸린 셋방의 주인, 하숙집 주인, 여관 주인

logiciel(le) 로지시엘 — [남] [정보] 소프트웨어 [형] 소프트웨어의, 소프트웨어와 관련된

logique 로지끄 — [형] 논리학의, 논리적인, 당연한 [여] 논리학, 논리학서. 논리, 논법

logiquement 로지끄멍 — [부] 논리적으로, 이론적으로는

logis 로지 — [남] 숙소, 집

logistique 로지스띠끄 — [여] ① 기호논리학 ② [군사] 병참술 ③ [경영] 로지스틱스, 물자 보급, 지원체제 [형] ① 병참(술)의 ② 로지스틱스의, 물자보급의, 지원체제의

logo 로고 — [남] 로고, (상품, 회사 따위의) 상징물

loi
루아
[여] 법

loin
루엥
[부] 멀리

lointain(e)
루엥뗑(뗀)
[형] 멀리 떨어진, 먼

loisir(s)
루이지흐
[남][복] 자유시간, 틈, 여가

lombaire
롱베흐
[형] 요부의

londonien(ne)
롱도니엥(엔)
[형] 런던의 [명] (L~) 런던사람

Londres
롱드흐
[명] [지리] 런던

long(ue)
롱(롱그)
[형] 긴; 오랜, 오래 걸리는

longer
롱제
[타] (옛, 문어) (길을) 가다;(의 가장자리를) 따라가다

longévité
롱제비떼
[여] 장수

longitude
롱지뛰드
[여] [지리] 경도; [천문] 황경

longtemps
롱떵
[부] 오래, 오랫동안

longueur
롱괴흐
[여] 길이, 거리 ~ d'un lit 침대의 길이

longue-vue (longues-vues)
롱그뷔
[여] 망원경

loque
로끄
[여] (비꼼) 누더기, 넝마; (비유) 나약한 사람

loqueet
로께
[남] (문의) 걸쇠, 고리

loqueteux(se)
로끄뙤(뙤즈)
[형] 누더기를 걸친; 해진, 낡은
[명] 누더기를 걸친 사람

lorgner
로흐녜
[타] 곁눈질하다, (에게) 추파를 던지다

lors
로흐
[부] 그 때, 당시 ~ de ... 때에

lorsque
로흐스끄
[접] …할 때; …인데도

losange
로정즈
[남] 마름모, 마름모꼴

lot
로
[남] 몫; (국가에 의한) 양도 경작지, 얼마되지 않는 토지; 운수, 운명

loterie
로뜨히
[여] 복권

lotion
로시옹
[여] 세척, 세척제, 물약, 화장수, 로션

lotir
로띠흐
[타] 몫으로 나누다, 분할하다; 배당하다

lotisssement
로띠스멍
[남] 할당, 배분; (토지의) 분양; 분양받은 토지

loto
로또
[남] 복권

lotus
로뛰스
[남] [식물] 백련

louable
루아블
[형] 칭찬할 만한, 훌륭한

louange
루엉주
[여] 찬양; 찬사

louche
[여] 국자, 국자의 양

루슈

loucher 루셰	[자] 사팔눈이다; (을) 선망[탐욕]의 눈초리로 보다 [~ sur /vers]
louer 루에	[타] 찬양하다; 세주다; 세내다
loup 루	[남] [동물] 늑대
loupe 루쁘	[여] 돋보기, 확대경
louper 루뻬	[타] (구어) (일 따위를) 부실하게 하다, 잡치다, 실패하다; 놓치다, (사람을) 만나지 못하다
lourd(e) 루흐(흐드)	[형] 무거운
lourdaud(e) 루흐도(도드)	[형][명] 서투른[둔한] (사람)
lourdeur 루흐되흐	[여] 서투름, 어색함; (비유) 우둔함
loyal(e, aux) 루아얄(요)	[형] 충성스러운, 충실한, 성실한, 공정한
loyaliste 루아얄리스뜨	[형][명] 충성스러운 (사람)
loyauté 루아요떼	[여] 성실, 정직, 충성, 충절
loyer 루아예	[남] [법] 세, 집세, 임대료
lubie 뤼비	[여] 엉뚱한 생각, 갑작스런 욕망
lubricité 뤼브히시떼	[여] 음란, 음탕
lubrifiant(e) 뤼브히피엉(엉뜨)	[남] 미끄럽게 하는

lubrificateur(trice) [형] 매끄럽게 하는
뤼브히피꺄뙤흐(트히스)

lubrification [여] 매끄럽게 하기, 기름 치기
뤼브히피꺄시옹

lubrifier [타] 기름 쳐서 미끄럽게 하다
뤼브히피에

lubrique [형] 음란한, 음탕스러운, 외설스러운
뤼브히끄

lubriquement [부] 음란[음탕]하게, 외설스럽게
뤼브히끄멍

lucarne [여] 천창
뤼꺄흐느

lucide [형] 명석한, 명쾌한, 정신이 맑은
뤼시드

lucidité [여] 명철, 명민, 각성
뤼시디떼

lucratif(ve) [형] 이득이 있는, 벌이가 되는
뤼크하띠프(띠브)

lueur [여] 희미한 빛, 미광
뤼외흐

luge [여] 썰매
뤼즈

lugubre [형] 초상의; 서글픈, 비통한
뤼귀브흐

lugubrement [부] 서글프게, 우울하게
뤼귀브흐멍

lui [대명] 그, 그것
뤼이

luire [자] 빛나다; 반사하다
뤼이흐

luisance [여] 광택, 윤
뤼이정스

luisant(e)
뤼이정(정뜨)
[형] 빛나는

lumière
뤼미에흐
[여] 빛 à la ~ de... …에 비추어 볼 때

lumineux(se)
뤼미뇌(뇌즈)
[형] 빛을 내는, 빛나는

lunaire
뤼네흐
[형] 달의, 동그란, 황량한, 어슴푸레한

lundi
렝디
[남] 월요일

lune
륀
[여] 달

lunette
뤼네뜨
[여][복] 안경

lustre
뤼스트흐
[남] 윤, 광택

lutrin
뤼트헹
[남] 보면대; 성가대

lutte
뤼뜨
[여] 씨름; 싸움; 레슬링

lutter
뤼떼
[자] 씨름하다; 레슬링하다; 싸 우다

luxe
뤽스
[남] 사치, 호사, 호화, 최고급

Luxembourg
뤽성부흐
[남] [지리] 룩셈부르크

luxer
뤽세
[타] (뼈, 관절을) 삐게 하다 ép aule luxée 탈구된 어깨 se ~ [대] (을) 삐다 se ~ la rotule 종지뼈를 삐다

luxueusement
뤽쉬유즈멍
[부] 호화롭게; 사치스럽게

luxueux(se)
뤽쉬유(유즈)
[형] 호화로운; 사치스런

luxuriant(e)
뤽쉬히엉(엉뜨)
[형] 번성하는, 무성한, 울창한; (비유) 풍부한, 화려한

luxurieux(se)
뤽쉬히유(유즈)
[형] (사람이) 음란한, 음행에 빠진; (몸짓, 눈길 따위가) 음욕에서 비롯한, 음욕이 밴

lycée
리세
[남] 고등학교

lycéen(ne)
리세엥(엔)
[명] 고등학생

lymphe
렝프
[여] 림프(액)

lyncher
렝셰
[타] 약식처형하다, 사형을 가하다; (군중이) 집단폭행을 가하다

lyncheur(se)
렝셰흐(셰즈)
[명] 사형[집단폭행] 가담자

lynx
렝끄스
[남] [동물] 스라소니

Lyon
리옹
[명] [지리] 리옹

lyonnais(e)
리오네(네즈)
[형] 리옹(Lyon)의 L~
[명] 리옹 사람

lyre
리흐
[여] 옛 그리스의 칠현금, 리라

lyrique
리히끄
[형] 서정(시)의, 서정적인, 정열적인, 노래의

lyrisme
리히슴
[남] 서정, 서정성, 서정적 영감, 정열, 감흥

M - m

M, m [남] 불어 자모의 열세째 글자
엠

M. [약] Monsieur (…씨, 귀하, 군)

ma [형][여] 나의 (mon 의 여성)
마

macabre [형] ① 죽음의, 죽음을 연상시키는 (=funèbre) faire une découverte ~ 시체를 발견 하다 danse ~ 죽음의 무도 ② 으스스한, 음산한, 불길한 scène ~ 음산한 장면 plaisanterie ~ 기분 나쁜 농담 [남] 음산함, 기괴함
마꺄브흐

macaron [남] 마카롱 과자
마꺄홍

macaronis [남][복] [요리] 마카로니
마꺄호니

Macédoine [여] [지리] 마케도니아
마세두안

macération [여] ① 담그기 침용 ~ des fruits dans l'alcool 과일을 술에 담그기 ② 침출액 ~ de quinquina 액체 키니네 ③ [의학] 액체 속에서의 피부, 조직의 변화 ④ [종교] 고행 (=mortification)
마세하시옹

macéré(e) [형] ① (액체에) 담근 ② (고행으로) 쇠약해진
마세헤

macérer [타] ① (액체 속에) 담그다 ~ de la

마세헤

racine de gentiane dans de l'eau 용담 뿌리를 물에 담그다 ② [종교] (고행으로 육체를) 괴롭히다, 시달리게 하다 (=mortifier) ~ sa chair 자기의 육체를 괴롭히다 [자] ① (액체에 오랫동안) 잠기다, 담기다 (=tremper) laisser ~ la viande dans une marinade 고기를 소스에 담가놓다 ② (비유) (어떤 상태에 오랫동안) 머물다 laisser ~ qn dans l'ignorance ...을 무지 속에 방치하다 se ~ [대] ① (액체에) 잠기다, 담기다 ② (종교) 고행하다

mâcher
마셰

[타] ① 씹다, 저작하다 ~ de la viande 고기를 씹다 ~ du chewing-gum[tabac] 껌[담배]을 씹다 / (보어 없이) mus-cles qui servent à ~ 저작근 ② (비유) (일을) 하기 쉽게 해 주다; 알기 쉽게 해주다 [~ qch à qn] ~ un travail à qn ...에게 일을 쉽게 할 수 있도록 준비해주다 ~ sa leçon à un enfant 아이에게 수업 내용을 차근차근 쉽게 설명해 주다 ③ (비유) (생각 따위를) 되씹다, 반추하다 (=remâcher) ④ 불분명하게 발음하다 ~ des mots I nintelligibles 이해할 수 없는 말을 중얼거리다 ⑤ (칼날 따위가) 이로 깨문듯이 베다 ciseaux mal ai-guisés qui *mâchent* l'étoffe 무뎌져 천이 우툴두툴하게 잘리는 가위 ne pas ~ ses mots[son opin ion, la vérité] 할 말[의견, 사실] 을 노골적 으로[기탄없이] 말하다

M-m

machette 마셰뜨 — [여] [음악] 마체테 (포르투갈의 소형 현악기)

machin 마셍 — [남] (구어) (이름을 모르거나 밝히기 싫은 사물, 사람을 가리켜) 거시기, 아무개

machinal(e, aux) 마시날(노) — [형] 기계의, 무의식적인

machination 마시나시옹 — [여] 음모, 흉계

machine 마신 — [여] ① 기계, 기구; 기계장치 ~ de bureau 사무기기 ~ d'imprimerie 인쇄기기 ~ agricole 농기계 [~ à] ~ à calculer 계산기 ~ à coudre 재봉틀 ~ à laver 세탁기 ~ à café 커피 자판기 ~ à sous 슬롯 머신 ② 타자기 (= ~ à écrire) taper qch à la ~ ...을 타자기로 치다 ③ 기관; (특히) 선박의 기관; 기관차 (=locomotive) ~ à vapeur 증기기관(차) ~ Diesel 디젤기관(차) sale[chambre] des ~s 기관실 faire ~ (en) arrière ④ 탈것 (자동차, 자전거, 오토바이 따위) ~ volante 비행기 homme installé au volant de sa ~ 운전하고 있는 사람 cycliste sur sa ~ 자전거를 타고 있는 사람 ⑤ (비유) 생체, 인간 ~ humaine 인간의 몸 machiner [타] ① (음모 따위를) 꾸미다, 꾀하다 (=conspirer, intriguer) ~ une trahison 반역을 꾀하다 ② (작품의 줄거리 따위 를) 꾸미다, 구상하다

machiner — [타] ① 꾸미다, 획책하다 ~ une con

마시네 spiration 음모를 꾸미다 ② (연극의) 도구를 설치하다, 무대장치를하다

machinerie [여] ① 기계설비, 기계류 ② 기계실; (선박의) 기관실 ③ [연극] (무대의) 장 치류
마시느히

machinisme [남] ① 기계의 사용; 기계화 ② [철학] (데카르트의) 동물 기계론
마시니슴

machiniste [명] [연극, 영화] 무대장치가; 촬영기사
마시니스뜨

machisme [남] 남성우위론[제도]
마시(치)슴

machiste [형] 남성우위론의 [남] 남성 우위론자
마시(치)스뜨

macho [형] 남성적인, 남자다움을 과시하는
마초

mâchoire [여] 턱, 턱뼈
마슈아흐

mâchonner [타] 우물우물 씹다
마쇼네

macis [남] 육두구 껍질 (향료)
마시

M-m

maçon [남] 석공, 석수
마송

maçonnerie [여] 석공술, 벽돌 쌓기
마소느히

maçonnique [형] 프리메이슨 단의
마소니끄

macrocosme [남] 대우주
마크호꼬슴

maculer [타] (문어) 더럽히다, 얼룩지게 하다
마뀔레

Madagascar
마다가스꺄흐
[남] [지리] 마다가스카르

madame (mesdames)
마담(메담)
[여] (기혼 여성에 대한 경칭) 부인 M~ la Présidente (여성) 의장님

mademoiselle (mesdemoiselles)
마드무아젤(메드무아젤)
[여] (미혼 여성에 대한 경칭) 아가씨, 양

Madère
마데흐
[명] [지리] 마데이라 제도

maf(f)ia
마피아
[여] (M~) 마피아당

magasin
마가젱
[남] 상점, 가게

magazine
마갸진
[남] 잡지 ~ de mode 패션잡지

mage
마즈
[남] 옛 페르시아의 승려; 동방박사 (예수 탄생 때에 베 들레헴에 왔던 사람들)

magicien(ne)
마지시엥(엔)
[명] 마법사, 마술사

magie
마지
[여] ① 마법, 마술, 주술 formules de ~ 주문 ② 신기 한[불가해한] 일

magique
마지끄
[형] 마법의, 마술의, 신기한

magistral(e, aux)
마지스트할(호)
[형] 위엄있는, 당당한, 훌륭한

magistrat
마지스트하
[남] 행정관, 사법관

magnanime
마냐님
[형] 도량이 큰, 관대한

magnanimité [여] 관대함, 아량
마냐니미떼

magnat [남] (경멸) (실업계의) 거물
마그나

magnésie [여] 마그네시아, 산화마그네슘
마녜지

magnésium [남] 마그네슘
마녜지옴

magnétisme [남] 자기, 자성, 자기학
마녜띠슴

magnétophone [남] 녹음기
마녜또폰

magnétoscope [남] 비디오테이프 녹화기
마녜또스꼬쁘

magnifique [형] 찬란한, 화려한, 현란한, 훌륭한
마니피끄

magnifiquement [부] 화려하게, 멋지게
마니피끄멍

magnitude [여] 광도, 등급
마니뛰드

magnolia [남] [식물] 목련
마놀리아/마그놀리아

magouille [여] (구어) (정치, 사업상의) 이면공작, 뒷거래
마구유

mai [남] 5 월
메

maigre [형] 메마른, 빈약한
메그흐

maigreur [여] 여윈 모습, 수척함
메그회흐

maigrir [자] 야위다, 수척해지다

메그히흐

maille [여] (편물, 그물 따위의) 코, 눈
마유

maillet [남] 망치, (폴로 경기용의) 타구봉
마이에

maillon [남] (그물의) 코; 쇠사슬의 고리
마용

maillot [남] (무용수, 곡예사 따위의) 몸에 꼭 끼 는 옷, 타이츠; (운동선수의) 셔츠
마요
~ de bain 수영복

main [여] 손
멩

main-d'oeuvre (mains-d'oeuvre) [여] (집합적) 노동자, 노동력,인력
멩되브흐

maint(e) [형] (문어) 여러, 많은, 다수 의 en ~ endroit 여러 곳에서
멩(멩뜨)

maintenant [부] 지금, 이제, 현재, 요즈음, 오늘날
멩뜨넝

maintenir [타] 꽉 붙들다, 고정시키다, 유지하다
멩뜨니흐

maintien [남] 유지, 태도, 몸가짐
멩띠엥

maire [남] 시장
메흐

mairie [여] 시청, 읍[면]사무소
메히

mais [접] 그러나
메

maïs [남] 옥수수
마이스

maison [여] 집
메종

maisonnée [여] (옛) (동거하는) 가족 전원
메조네

maisonnette [여] 작은 집
메조네뜨

maître [남] 주인 le ~ de maison 집 주인
메트흐

maîtresse [여] 여주인; 여선생; 정부, 첩
메트헤스

maîtrise [여] 지배(력), 숙달
메트히즈

maîtriser [타] 제압[진압]하다, 제어[이용]하다, 극복하다; (비유) (기술, 지식 따위를) 완전히 숙달하다 ~ la langue 언어를 숙달하다
메트히제

majesté [여] 위엄, 존엄, 당당함
마제스떼

majestueusement [부] 위엄 있게; 장엄하게, 당당하게
마제스뛰유즈멍

majestueux(se) [형] 위엄있는, 위풍당당한
마제스뛰유(유즈)

majeur(e) [형] 큰, 많은; 중대한; 성년의
마죄흐

majorer [타] 실제 가격 이상으로 매기다; (가격, 세금, 급여 따위를) 인상하다
마조헤

majoritaire [형] 다수당의; 다수결에 의한
마조히떼흐

majorité [여] 대다수, 과반수 la grande ~ 최다수
마조히떼

majuscule [형] 큰, 대문자의
마쥐스뀔 [여] 대문자

Majorque [여] [지리] 마조르카섬
마조흐끄

mal(maux) [남] 악; 해
말(모) [부] 나쁘게, 불완전하 게, 서투르게

malade [형] 아픈, 병든, 탈이 난
말라드

maladie [여] 병, 질환
말라디

maladresse [여] 서투름, 미숙함, 어설픔, 사려 없음
말라드헤스

maladroit(e) [형] 서투른, 미숙한; 어설픈, 사려 없는, 무분별한
말라드후아(아뜨)

malaise [남] 거북스러움; 불유쾌; 불안, 걱정
말레즈

malaisé(e) [형] 어려운, 곤란한; 군색한
말레제

Malaisie [여] [지리] 말레이시아
말레지

malaisien(ne) [형] 말레이시아의 [명] (M~) 말레이시아 사람
말레지엥(엔)

Malawi [남] [지리] 말라위
말라위

malchance [여] 불운, 불행; 불운한 일
말셩스

mâle [형] 남자의, 수컷의; 남자다운, 씩씩한
말

malédiction [여] (문어) 저주, 저주하는 말
말레딕시옹

malencontreux(se [형] 계제 나쁜, 공교로운, 불운한, 불쾌한
말렁꽁트회(회즈)

malentendu [남] 오해, 불화

말렁떵뒤

malfaçon [여] 서투른 솜씨, 결함
말파송

malfaire [자] 나쁜 짓을 하다; 해롭다
말페흐

malfaisance [여] 악심, 악의; 불법행위
말프정스

malfaisant(e) [형] 유해한; 건강에 해로운; 악의 있는; 나쁜 짓을 좋아하는
말프정(정뜨)

malfait(e) [형] 됨됨이가 좋지 못한; 단정치 못한
말페(페뜨)

malfaiteur(trice) [명] 악인
말페뙤흐(트히스)

malformé(e) [형] 기형의
말포흐메

malformation [여] 기형
말포흐마시옹

malgache [형] 마다가스카르의 [명] (M~) 마다가스카르 사람 [남] 마다가스카르어
말갸슈

malgré [전] ...에도 불구하고
말그헤

malheur [남] 불행; 재난, 화
말뢰흐

malheureusement [부] 불행히도
말뢰회즈멍

malheureux(se) [형] (명사 앞, 뒤) 불행한, 불쌍한, 가련한; 불운한
말뢰회(회즈)

malhonnête [형] 부정직한, 불성실한
말로네뜨

malhonnêtement [부] 부정직하게, 불성실하게
말로네뜨멍

malhonnêteté
말로네뜨떼
[여] 부정직, 불성실

Mali
말리
[남] [지리] 말리

malice
말리스
[여] (옛, 문어) 악의, 심술궂음, 간교함

malicieusement
말리시유즈멍
[부] 심술궂게

malicieux(se)
말리시유(유즈)
[형] 짓궂은, 장난을 좋아하는

malignement
말리뉴멍
[부] 심술궂게, 짓궂게

malignité
말리니떼
[여] 악의, 악의에 찬 언행

malin(gne)
말렝(말리뉴)
[형] 꾀바른, 약삭빠른, 교활한

malle
말
[여] 여행용 대형가방, 트렁크

malléable
말레아블
[형] 유순한, 유연한

mallette
말레뜨
[여] 작은 트렁크

malnutrition
말뉘트히시옹
[남] 영양부족

malodorant(e)
말로도헝(헝뜨)
[형] 악취를 풍기는, 고약한 냄새가 나는

malpropre
말프호프흐
[형] 더러운, 불결한

malsain(e)
말생(센)
[형] 건강하지 못한, 병약한; 건강에 해로운, 비위생적인 logement ~ 비위생적인 주거

malt [남] (양조용의) 맥아, 엿기름
말뜨

maltais(e) [형] 몰타 섬의 [명] (M~) 몰타 사람
말떼(떼즈) [남] 몰타어

Malte [여] [지리] 몰타 섬
말뜨

maltraiter [타] 학대하다, 구박하다
말트헤떼

malveillance [여] 악의, 적의
말베영스

malveillant(e) [형] 악의[적의]를 가진
말베이영(영뜨)

malversation [여] 공금 횡령, 착복, 독직
말베흐사시옹

maman [여] (어린애말) 엄마
마멍

mamelle [여] 젖, 유방
마멜

mamelon [남] 젖꼭지, 유두
마믈롱

mammaire [형] 유방의
마메흐

mammifère [남] 포유동물 [복] 포유류
마(맘)미페흐

mammographie [여] 유방 X 선 촬영법
마(맘)모그하피

mammouth [남] [고대생물] 매머드
마무뜨

manager [남] (연극, 음악, 경기 단체의)흥행주, 매니저; (기업의) 경영자, 관리자, 지배인
마나죄(제)흐

manche [여] 소매 [남] 손잡이, 자루
멍슈 ,

manchette [여] 소맷등, 커프스
멍셰뜨

manchot(e) [형] 손[팔]에 장애가 있는, 손[판]이 없는
멍쇼(쇼뜨)

mandarine [여] 밀감
멍다힌

mandat [남] 위임, 위탁; (위원 따위 의) 권한, 임무, 직무, 임기; [법] 영장, 명령서; [경제, 상 업] 환, 환어음, 우편환
멍다

mandataire [명] 수임자, 수탁자; 위임자, 대리인
멍다떼흐

mandchou(e) [형] 만주의
멍슈(추) [명] (M~) 만주 사람 [남] 만주어

Mandchourie [여] [지리] 만주
멍슈(추)히

mandoline [여] ① [음악] 만돌린 ② [요리] 강판의 일종
멍돌린

manège [남] 말타기, 조마; 승마연습장, 조마장
마네즈

manette [여] (기계의) 핸들, 손잡이
마네뜨

mangeoire [여] 구유, 사료통, 모이통
멍주아흐

mangeable [형] 먹을 수 있는, 식용의
멍자블

manger [타] 먹다
멍제

mangue [여] 망고 열매
멍그

maniable
마니아블
[형] 다루기[조종하기, 가공하기] 쉬운

maniaque
마니아끄
[형] 편집공의, 괴벽 있는
[명] 편집 광, 기인

manie
마니
[여] 편집증, 편집, 열중 avoir la ~ de faire qch ...하는데 열중하다

manier
마니에
[타] 만져보다; 다루다, 조종하다; 세공 [가공]하다; 사용하다; 지휘하다; 관리하다, 처리 하다

manière
마니에흐
[여] 방법, 방식 de cette ~ 이러한 방식으로 [복] 거동, 태도, 예의범절

maniéré(e)
마니에헤
[형] 꾸민 듯한, 부자연스러운, 거드름 피우는, 아양떠는

manif
마니프
[여] (구어) 데모, 시위 (manifes ta tion 의 약어)

manifestant(e)
마니페스떵(떵뜨)
[명] 시위 참가자

manifestation
마니페스따시옹
[여] 표시, 나타냄; 시위, 운동; 행사 ~ sportive 스포 츠행사

manifeste
마니페스뜨
[남] 선언(문), 성명(서)

M-m

manifester
마니페스떼
[타] (생각, 감정 따위를) 표시[표명]하다, 나타내다, 드러내다 ~ sa haine[joie] 증오[기쁨]를 나타내다

manigance
마니겅스
[여] 수상한 짓, 음모

manipulateur (trice)
마니쀨라뙤흐(트히스)
[형] 취급자, 조작기사

manipulation
마니쀨라시옹
[여] 취급, 다루기, 조작

manipuler
마니쀨레
[타] 취급하다, 다루다, 운전하다

manivelle
마니벨
[여] [기계] 크랭크, 크랭크 핸들

manne
만
[여] 만나

mannequin
만껭
[남] 인체[동물] 모형; 마네킹; 패션 모델

mannois
마누아
[형] 만 섬의 [명] (M~) 만 섬 사람

manoeuvre
마뇌브흐
[여] 조종, 조작, 다루기

manoeuvrer
마뇌브헤
[타] 조종하다, 운전하다, 움직이다

manoir
마누아흐
[남] 영주의 저택

manquant(e)
멍껑(껑뜨)
[형] 부족되는; 결석하고 있는
[명] 결원; 부족되는 부분
[남] 부족액

manque
멍끄
[남] 결핍, 부족

manqué(e)
멍께
[형] 망친, 실패한

manquement
멍끄멍
[남] 과실; 결핍, 부족; 결함

manquer
멍께
[자] 부족하다 Le temps nous *manque*. 우리는 시간이 없다

mansarde
멍사흐드
[여] 2 중 물매식 지붕, 망사르드; 지붕밑방, 고미다락방

Mante
멍뜨
[여] [곤충] 사마귀

manteau(x) [남] 코트
멍또

manucure [명] 네일아티스트
마뉘뀌흐 [여][남] 매니큐어

manuel(le) [형] 손의, 손으로 하는, 육체노동의
마뉘이엘 [남] 교과서; 개론서, 입문서

manufacture [여] 공장; 제조
마뉘팍뛰흐

manufacturer [타] 제조[제작]하다
마뉘팍뛰헤

manufacturier(ère) [형] 제조의; 공장의; 공장이 많은
마뉘팍뛰히에(에흐)

manuscrit [남] 수사본, 원고 sous forme de ~ 원고 형태로
마뉘스크히

maquereau [남] [어류] 고등어
마크호

maquette [여] 초벌 그림; (조각, 건축의) 모형
마께뜨

maquillage [남] 화장
마끼야즈

maquiller, se [대] 화장하다
스마끼에

maquis [남] (지중해 연안의) 잡목숲, 관목지대
마끼

marais [남] 늪, 습지, 늪지대
마헤

marasme [남] 부진, 침체 ~ des affaires 사업부진
마하슴

maraude [여] 농작물 도둑질 taxi en ~ 손님을 찾아 헤매는 빈 택시
마호드

maraudeur(se) [형][명] 농작물을 훔치는 (사람)
마호되흐(되즈)

marbre [남] 대리석
마흐브흐

marc [남] (귀금속을 재는) 옛 중량 단위 (244.5 그램); (과일의 즙을 짜고 남은) 찌꺼기, 포도 찌꺼기; (포도 찌꺼기를 증류해서 만든) 화주
마흐

marchand(e) [명] 상인, 판매업자
마흐셩(셩드)

marchander [타] 흥정하다, (값을) 깎다
마흐셩데

marchandise [여] 상품
마흐셩디즈

marche [여] 걷기, 보행 une ~ de 40 km 40km 의 진군행렬; 계단의 발판
마흐슈

marché [남] 장, 시장, 시황, 시세 le ~ du travail 직업시장
마흐셰

marchepied [남] (의자에 앉아 발을 올려 놓는) 발판; (제단, 왕좌의) 최상단; (마차, 기차 따위를 오르내릴때 쓰는) 발판, 계단, (가정용의) 작은 사다리
마흐슈삐에

marcher [자] 걷다; 가다; (기계 따위가) 움직이다, 돌아가다; 잘되어가다 Ça *marche.* 이거 작동이 되고 있어.
마흐셰

marcheur(se) [명] 걷는 사람, 도보자, 도보 행진 참가자
마흐셰흐(셰즈)

mardi [남] 화요일
마흐디

mare [여] 늪, 못
마흐

marécage [남] 늪, 소지
마헤꺄즈

marécageux(se) [형] (땅이) 질퍽한, 늪지의
마헤꺄죄(죄즈)

maréchal(aux) [남] 육군 원수; 제철공
마헤샬(쇼)

marée [여] 조수, 간만, 밀물
마헤

mardi [남] 화요일
마흐디

marée [여] 조수
마헤

margarine [여] 마가린
마흐갸힌

marge [여] 여백, 여유, 이윤
마흐즈

marginal(e, aux) [형] 변두리의, 한계의
마흐지날(노)

marginaliser [타] 사회적으로 무시하다
마흐지날리제

mari [남] 남편
마히

mariage [남] 결혼
마히아즈

marié(e) [형] 결혼한, 기혼의
마히에 [명] 신랑; 신부

marier [타] 결혼시키다 se ~ 결혼 하다
마히에

marijuana [여] 마리화나
마히쥐이아나

marin(e) [형] 바다의 [남] 선원
마헹(힌)

marinade
마히나드
[여] [요리] (고기, 생선 따위를 절이는) 소스; 소금에 절인 음식, 자반

marine
마힌
[여] 해군

mariné(e)
마히네
[형] (소금물, 소스 따위에) 절인, 적신

marionnette
마히오네뜨
[여] (사람이 조종하는) 인형, 꼭두각시; (복수) 인형극

maritime
마히띰
[형] 바다(위)의

marjolaine
마흐졸렌
[여] [식물] 꽃박하

marketing
마흐께띵
[남] 매매, 마케팅

marmelade
마흐믈라드
[여] 마멀레이드(잼 종류)

marmite
마흐미뜨
[여] 냄비, 솥, 냄비에 든 음식

marmotte
마흐모뜨
[여] 마멋, 모르모트

marmotter
마흐모떼
[타] 웅얼대다, 중얼거리다

maroquinerie
마호끼느히
[여] 모로코 가죽의 제조, 모로코 가죽 제조 공장; 피혁 공장; 피혁 제품, 피혁 제품 상점

marotte
마호뜨
[여] 어릿광대 지팡이; (미용실, 모자 가게 따위의) 머리모형; (비유) 고정관념, 편집, 기벽, 습관, 변덕 avoir la ~ de qch/inf …에[하는데] 미쳐있다

marquant(e)
마흐깡(깡뜨)
[형] 득점을 기록하는; 눈에 띄는, 현저한, 저명한 faits les plus ~s de

l'année 한해의 가장 특기할 만한 사건들

marqué(e)
마흐께
[형] 두드러진, 자국이 있는

marque
마흐끄
[여] 표, 흔적, 자국; 상표, 브랜드

marquer
마흐께
[타] 표적을 하다; 흔적[자국]을 남기다; 가리키다; 표시하다; 정하다, 지정하다; 기입하다, 적다; 뛰어나게[드러나게] 하다 ~ le pas 제자리걸음하다

marqueterie
마흐끄트히
[여] 상감, 상감 세공

marqueur
마흐꾀흐
[남] 표를 하는 사람, 득점 기록원

marquis
마흐끼
[남] 후작

marquise
마흐끼즈
[여] 후작 부인

marraine
마헨
[여] [가톨릭[대모

marrant(e)
마헝(헝뜨)
[형] (구어) 우스운, 웃기는, 재미있는 유쾌한

marre
마흐
[여] en avoir ~ 지긋지긋하다, 싫증이 나다

marrer, se
스마헤
[대] (구어) 포복절도하다, 깔깔대며 웃다

marron
마홍
[남] 굵은 밤; 밤색
[형] (불변) 밤색의

marronnier
마호니에
[남] 밤나무; 마로니에 (상수리나무의 일종)

mars
마흐스
[남] 3 월

marteau(x)
마흐또
[남] 망치

marteler
마흐뜰레
[타] 망치로 두드리다, 단련하다; (연속적으로) 강타하다; 끊임없이 괴롭히다

martial(e, aux)
마흐시알(오)
[형] 씩씩한, 무사다운, 용사 같은

martre
마흐트흐
[여] 담비(의 모피)

martyr(e)
마흐띠흐
[명] ① (그리스도교의) 순교자; (신앙, 신념을 위한) 순교자 ② 희생자; 학대[고통]받는 자 [형] ① 순교의 ② 학대받는; 수난의, 고통 받는

martyriser
마흐띠히제
[타] 순교하다

marxisme
막시슴
[남] 마르크스 사회주의

marxiste
마흐시스뜨
[형] 마르크스 사회주의의 [명] 마르크스 사회주의자

mascarade
마스꺄하드
[여] 가면(가장) 무도회

mascotte
마스꼬뜨
[여] 마스코트

Masculin(e)
마스뀔렝(린)
[형] 남성의, 남자의

masculinité
마스뀔리니떼
[여] 남자다움, 남성적인 성격

masochiste
마조쉬스뜨
[형] 피학대 음란증의, 피학 취향의 [명] 피학대 음란증 환자

Masque
마스끄
[남] 복면, 가면, 탈, 위장

Masquer
마스께
[타] 가면을 쓰다, 위장하다

massacre
마사크흐
[남] 대량 학살

massacrer
마사크헤
[타] 학살하다, 짓밟다

massage
마사즈
[남] 마사지, 안마

masse
마스
[여] 큰 덩어리, 모임, 다수

massepain
마스뼁
[남] 편도 과자

masser
마세
[타] 집결[밀집]시키다; 한 덩어리로 만들다; 마사지하다, 안마하다

masseur(se)
마쇠흐(쇠즈)
[명] 안마사 [남] 안마기

massif(ve)
마시프(시브)
[형] 묵직한, 둔중한; 투박한

massue
마쉬
[여] (끝이 뭉툭한) 몽둥이, 둔기; (체조용) 곤봉

mastic
마스띠끄
[남] 유향 (열대산 유향수에서 채취한 담황색의 수지); (방수, 충전, 접합용) 반죽, 시멘트, 퍼티, (치과용) 충전물

mastiquer
마스띠께
[타] 씹다, (틈, 구멍을 시멘트로) 메우다, (충치를) 메우다

mat(e)
마(마뜨)
[형] 광택 없는, 흐릿한, 뿌연, 불투명한

mât
마
[남] 마스트, 돛대

match((e)s) [남] (스포츠 따위의) 경기, 시합
마추

matelas [남] 매트리스
마뜰라

matelot [남] 선원, 수병
마뜰로

matérialisme [남] 유물론; 물질주의
마떼히알리슴

matérialiste [명] 유물론자, 물질주의자
마떼히알리스뜨 [형] 유물 론의, 물질주의(자)의

matériaux [남][복] 건축재료; 연구자료
마떼히오

matériel(le) [형] 유형의, 물질적인 [남] 기재, 설비, 물자
마떼히엘

matériellement [부] 물질적으로, 금전적으로
마떼히엘멍

maternel(le) [형] 어머니의 école ~le 유아원 [여] 유아원
마떼흐넬

maternité [여] ① 어머니임, 모성 ② 출산(기능) ③ 산과병원, 조산원 ④ (드물게) 모성애 ⑤ [미술] 모자상
마떼흐니떼

Mathématicien(ne) [명] 수학자
마떼마띠시엥(엔)

mathématique [형] 수학(상)의, 수리적인
마떼마띠끄 [여][복] 수학

maths [여][복] 수학
마뜨

matière [여] 물질; 물체
마띠에흐

matin [남] 아침; 오전

마뗑

matinal(e, aux) [형] 아침의; 일찍 일어나는
마띠날(노)

matinée [여] 낮 흥행, 낮 시간
마띠네

matou [남] (거세하니 않은) 수코양이; (속어) 정력 좋은 남자, 정부
마뚜

matriarcal(e, aux) [형] 모권제[모계제]의
마트히아흐꺌(꼬)

matrice [여] (야금, 조각, 화폐 제작 따위에서의) 주형, 원형
마트히스

matricule [여] [행정] (단체, 기관 따위의) 등록대장, 명부
마트히뀔

matrimonial(e, aux) [형] 결혼의, 부부생활의 agence ~ale 결혼 상담소
마트히모니알(오)

maturation [여] 화농, 성숙, 성숙 분열
마뛰하시옹

maturité [여] 성숙(기), 원숙(기)
마뛰히떼

maudire [타] 저주하다, 증오하다
모디흐

maudit(e) [형] 저주받은; 고약한; 흉악한
모디(디뜨)

maul [남] [운동] (럭비의) 몰
몰

mausolée [남] (호화롭고 장대한) 능, 영묘
모졸레

maussade [형] 침울한, 무뚝뚝한
모사드

mauvais(e) [형] 나쁜; 서투른
모베(베즈)

mauve
모브
[여] [식물] 접시꽃 [형] 접시꽃 빛깔의, 엷은 보라색의 [남] 접시꽃 빛깔, 엷은 보라색

maximalisation
막시말리자시옹
[여] 극한

maxime
막심
[여] 격언, 금언

maximiser
막시미제
[타] 극한까지 증가하다, 극대화하다

maximum
막시몸
[남] 최대한

mazout
마주뜨
[남] (선박, 기차 따위의 연료로 사용되는) 중유

me
므
[대명] 나를, 나에게

mec
메끄
[남] (은어) 힘센[남자다운] 사람; (구어) 녀석, 자식

mécanicien(ne)
메꺄니시엥(엔)
[명] 수리공, 정비사, 기계공

mécanique
메꺄니끄
[형] 기계(상)의 [여] 역학, 기계학

mécanisation
메꺄니자시옹
[여] 기계화, 자동화

mécanisme
메꺄니슴
[남] 기계 장치, 메커니즘

méchanceté
메샹스떼
[여] 악의, 심술궂음

méchant(e)
메샹(샹뜨)
[형] (흔히 명사 앞) 악독한, 심술궂은, 냉혹한

mèche
메슈
[여] (램프, 초 따위의) 심지 découvrir[éventer] la ~ 음모를 간파하다

mécompte [남] 오산, 착오, 실망
메꽁뜨

méconnaissable [형] 알아보기 힘든[어려운]; (알아볼 수 없을 만큼) 많이 변한
메꼬네사블

méconnaissance [여] 인정하지 않기, 무시
메꼬네썽스

méconnaître [타] 인정하지 않다
메꼬네트흐

méconnu(e) [형] 인정되지 않은, 알려지 지 않은
메꼬뉘

mécontent(e) [형] 불만을 품은
메꽁떵(떵뜨)

mécontentement [남] 불평, 불만
메꽁떵뜨멍

Mecque [여] 메카
메끄

médaille [여] 메달 ~ d'or[d'ar-gent/de bronze] 금/은/동 메달
메다유

médaillé(e) [명] 메달리스트, 메달 수령자 ~ d'or/d'argent/de bron-ze 금/은/동 메달리스트
메다예

médaillon [남] 대형 메달
메다용

médecin [남] 의사
메드생

médecine [여] 의학 etudier la ~ 의학을 공부하다
메드신

média [남] (흔히 복수) 매체, 미디어 nouveau ~ 새로운 매체
메디아

médian(e) [형] 중앙의, 가운데의
메디엉(안)

médiateur(trice) 메디아뙤흐(트히스)	[명] 중재인, 조정자
médiatique 메디아띠끄	[형] ① 미디어[정보매체]의, 미디어를 통한 campagne ~ 미디어를 통한 캠페인 ② 미디어[TV]에 강한 politicien ~ 미디어[TV]에 강한 정치가
médiatiser 메디아띠제	[타] 미디어[매체]로 전파하다
médical(e, aux) 메디꺌(메디꼬)	[형] 의학의, 의사의 etudes ~ales 의학공부
médicament 메디꺄멍	[남] 약(품), 약제 prendre des ~s 약을 복용하다
médication 메디꺄시옹	[여] 투약치료
médicinal(e, aux) 메디시날(노)	[형] 약용의, 약효가 있는
médiéval(e, aux) 메디에발(보)	[형] 중세의
médiocre 메디오크흐	[형] 보통의, 범용한
médiocrité 메디오크히떼	[여] 평범, 보통, 범용
médire 메디흐	[자] 비방하다, 욕하다, 험구하다
méditatif(ve) 메디따띠프(띠브)	[형] 명상적인, 명상에 잠기는
méditation 메디따시옹	[여] 명상; 계획
méditer 메디떼	[타] 심사숙고하다, 깊이 생각하다 [자] 명상하다, 생각에 잠기다; [종교] 묵상하다

M-m

méditerrané(e) 메디떼하네	[형] (옛) 육지로 둘러싸인 [여] 내해 la (mer) M~e 지중해
méditerranéen(ne) 메디떼하네엥(엔)	[형] 지중해의 [명] 지중해 연안 지방의 사람
médium 메디옴	[남] ① (심령술의) 영매, 무당, ②[음악] 중음, 중성 ③[논리] (삼단논법의) 매개념
méfaire 메페흐	[자] 나쁜 짓을 하다
méfait 메페	[남] 나쁜 짓; 범죄피해
méfiance 메피엉스	[여] 불신용, 경계; 의혹
méfiant(e) 메피엉(엉뜨)	[형] 의심 많은; 신용 안하는; 의심하는; 경계하는 [명] 의심 많은 사람
méfier, se 스메피에	[대] 불신하다; 경계[조심]하다 se ~ d'un flatteur 아첨 꾼을 믿지 않다
mégalithe 메갈리뜨	[남] (선사시대의) 거석 유적
mégalomane 메갈로만	[형] 과대망상의 [명] 과대망 상증 환자
méga-octet 마갸옥떼	[남] 메가바이트
mégarde 메갸흐드	[여] (옛) 부주의 (현재는 다음의 성구 에서만 쓰임) par ~ 부주의로, 실수로
mégatonne 메갸똔	[여] 메가톤 (중량 단위)
mégot	[남] (구어) 담배꽁초

메고

meilleur(e) [형] 더 좋은, 더 나은 de ~e heure 더 일찍이 [남] 가장 좋은 일[것] du ~ de mon coeur 진심으로
메예흐

mélancolie [여] 우울, 침울
멜렁꼴리

mélancolique [형] 우울한, 침울한
멜렁꼴리끄

Mélanésie [여] [지리] 멜라네시아
멜라네지

mélange [남] 혼합, 섞기
멜렁즈

mélanger [타] 섞다, 혼합하다
멜렁제

mêler [타] 섞다
멜레

méli-mélo [남] (복수불변) (구어) 뒤범 벅, 뒤죽박죽, 난장판
멜리멜로

mélodie [여] 멜로디, 선율
멜로디

mélodieusement [부] 음악적으로; 듣기 좋게
멜로디유즈멍

mélodieux(se) [형] 선율의, 곡조가 아름다운
멜로디유(유즈)

mélodique [형] 멜로디에 관한; 선율적인; 음악적 인
멜로디끄

mélodramatique [형] 멜로드라마식의, 신파조의
멜로드하마띠끄

mélodrame [남] 멜로드라마
멜로드함

melon [남] [식물] 멜론
믈롱

melting-pot
멜띵뽀뜨
[남] ① (19 세기 미국의) 잡다한 인종과 문화의 혼합 ② (다양한 사람, 사 상의) 혼합, 용광로

membrane
멍브한
[여] 막, 막 조직

membre
멍브흐
[남] ① 사지, 팔다리 ~ su-périeur 상지, 팔 ~ inférieur 하지, 다리 ② 구성원, 회원 être ~ d'une asso ciation 어떤 협회의 회원이다

même
멤
[형] ① 같은 Ils sont nés le ~ jour. 그들은 같은 날 태어났다 ② ...조차, 마저 Tous, ses parents ~s l'ont abandonné. 모두가, 그의 친부모마저 그를 버렸다

mémé
메메
[여] (구어) (어린애말) 할머니

mémoire
메무아흐
[여] 기억, 기억력 avoir bonne ~ 기억력이 좋다 à la ~ de qn ...을 기리며 [남] (공공기관 따위에 보내는) 보고서, 의견서, 진정서; 학술 논문, 연구보고, (복수) 논문 집; (복수) 회고록, 수기

mémorable
메모하블
[형] 기억할만한, 인상적인

mémorandum
메모헝돔
[남] 비망록, 메모

mémorial
메모히알
[남] 기념물, 기념관

menace
므나스
[여] 협박, 위협 par des ~s 협박하여

menacer
므나세
[타] 위협[협박]하다

ménage [남] 가정, 가사
메나즈

ménagement [남] 절도, 배려; (흔히 복수) 신중, 조심
메나즈멍

ménager [타] 마련하다; 꾸미다; 절약하다 ne ~ aucun effort 노력 을 아끼지 않다
메나제

ménager(ère) [형] 가사의, 가사에 관한
메나제(제흐)

mendiant(e) [명] 거지
멍디엉(엉뜨)

mendier [자] 구걸[동냥]하다
멍디에
[타] (돈, 음식 따위를) 구걸하다

mener [자] 인도하다, 이끌다
므네

meneur(se) [명] 운반인, 운전수
므뇌흐(뇌즈)

menotte [여] 아이의 손, 작은 손; (복수) 수갑
므노뜨

méningite [여] 뇌막염, 수막염
메넹지뜨

ménopause [여] 폐경기
메노뽀즈

menotte [여] 손; (어린애의) 귀여운 손 [복] 수갑
므노뜨

menotter [타] 수갑을 채우다
므노떼

mensonge [남] 거짓말
멍송즈

mensonger(ère) [형] 거짓의; 헛된, 허망한
멍송제(제흐)

menstruation [여] [생리] 월경
멍스트휘아시옹

mentruel(le) [형] 월경의
멍스트휘엘

mensualité [여] 매월 일회; 월간
멍쉬이알리떼

mensuel(le) [형] 매월의; 월간의
멍쉬이엘

mensuellement [부] 매월, 한달에 한번
멍쉬이엘멍

mensuration [여] 인체의 측정(치); (복수) (가슴, 허리, 엉덩이 따위의) 사이즈
멍쉬하시옹

mental(e, aux) [형] 마음의, 지능의, 정신병의
멍딸(또)

mentalement [부] 마음으로, 정신적으로
멍딸멍

mentalité [여] ① 정신상태, 정신구조; 사고방식 ② [사회] 심성
멍딸리떼

menteur(se) [형] 거짓말하는 [명] 거짓말쟁이
멍뙤흐(뙤즈)

menthe [여] [식물] 박하
멍뜨

mention [여] 언급 ne pas faire men-tion de qch ...을 언급하지 않다
멍시옹

mentir [자] 거짓말하다
멍띠흐

menton [남] 턱
멍똥

menu [남] ① 메뉴, 식단 ② (코스가 한 묶음으로 된 레스토랑의) 정식, 세트
므뉘

menuisier(ère) [명] 소목장이
므뉘이지예(예흐)

méprendre, se [대] (문어) 잘못 생각하다, 오해하다
스메프헝드흐

[se ~ (sur qn/qch)]

mépris 메프히 — [남] 경멸, 멸시

méprisable 메프히자블 — [형] 경멸[멸시] 당할 만한, 비열한

mépriser 메프히제 — [타] 무시하다, 대수롭지 않게 여기다; 경멸[멸시]하다, 깔보다, 업신여기다

mer 메흐 — [여] 바다

mercantile 메흐껑띨 — [형] 상업의, 상인의, 무역의

mercenaire 메흐스네흐 — [형] 돈으로 좌우되는

mercerie 메흐스히 — [여] (집합적) 바느질에 필요한 물건, 수예[봉재]재료

merci 메흐시 — [여] (옛) 자비, 은혜 à la ~ de qch …에 좌우되어 [남] 감사, 사례; 감사의 말 Je vous dois un grand ~. 당신에게 진심으로 감사를 드려야겟습니다 [감] 감사합니다 M~ beaucoup. 대단히 감사합니다

mercredi 메흐크흐디 — [남] 수요일

mercure 메흐뀌흐 — [남] 수은; (M~) 수성

merde 메흐드 — [감] 빌어먹을!

mère 메흐 — [여] 어머니

méridien(ne) 메흐디엥(엔) — [형] 자오선의 [남] 자오선

méridional(e, aux) [형] 남쪽의
메히디오날(노)

mérite [남] 미덕, 공덕, 공적, 공로, 재능, 장점 juger qqn selon son ~ 재능에 따라 평가하다
메히뜨

mériter [타] ...을 받을 만하 다, ...할 [될] 가치가 있다
메히떼

méritoire [형] 가치있는, 칭찬할 만한, 기특한
메히뚜아흐

merle [남] [조류] 티티새
메흘

merveille [여] 경의, 불가사의함 faire des ~s 놀라운 일
메흐베유

merveilleusement [부] 놀랍게도, 믿기 어렵게
메흐베유즈멍

merveilleux(se) [형] 놀라운, 믿기 어려운
메흐베유(유즈)

mésange [여] [조류] 깨새
메정즈

mésaventure [여] 재난, 실패
메자벙뛰흐

M-m

mésentente [여] 불화, 오해
메정떵뜨

mesquin(e) [형] 도량이 넓지 못한, 쩨쩨 한; (사물 따위가) 천한, 더러운
메스껭(낀느)

message [남] 통신, 메시지, 전갈
메사즈

messager(ère) [명] 사자, 심부름꾼
메사제(제흐)

messagerie [여] 여객하물수송, 운송; 수 송회사, 운송점; 수송국; 역마차 [정보] ~ éle c-tronique 전자우편, 이메일 (= cou rrier électronique)

messe [여] [종교] 미사
메스

Messie [남] 구세주, 메시아
메시

mesurable [형] 측정할 수 있는
므쥐하블

mesure [여] 측정, 계량 être en ~ de ... 할 수 있다
므쥐흐

mesuré(e) [형] 절도 있는; 조심성 있는; 정규의
므쥐헤

mesurer [타] 측정하다, (길이를) 재다, (무게를) 달다
므쥐헤

métabolisme [남] 물질 대사, 신진 대사
메따볼리슴

métal(aux) [남] 금속, 금속 원소, 합금
메딸(또)

métallique [형] 금속의
메딸리끄

métallurgie [여] 야금, 야금술, 야금학
메딸뤼흐지

métallurgiste [남] 야금가, 야금학자
메딸뤼흐지스뜨

métamorphose [여] 변형, 변질, 변태
메따머흐포즈

métamorphoser [타] 변형시키다
메따모흐포제

métaphore [여] 은유
메따포흐

métaphorique [형] 은유의, 비유적인
메따포히끄

métaphoriquemen [부] 은유로, 비유적으로
메따포히끄멍

métaphoriser [타] 은유법으로 표현하다; 은유를 사용하여 말하다[쓰다]
메따포히제

métaphysique [형] 형이상학의, 추상적인, 난해한
메따피지끄

métastase [여] [의학] (종양의) 전이
메따스따즈

météo [여] (구어) 기상학; 일기예보
메떼오

météore [남] 유성, 별똥별
메떼오흐

météorique [형] 유성의, 유성 같은
메떼오히끄

météorite [남] 운석
메떼오히뜨

météorologie [여] 기상학, 기상
메떼오홀로지

météorologique [형] 기상의,
메떼오홀로지끄

météorologue [명] 기상학자
메떼오홀로그

méthane [남] 메탄
메딴

méthode [여] ① (사고)방법; 방법론 ② (일을 하기 위한 체계적인) 방법, 방식; 순서, 체계
메또드

méthodique [형] 조직적 방식의, 질서정연한
메또디끄

méthodiste [명] 감리교도
메또디스뜨

méthodologie [여] 방법론

메또돌로지

méthyle [남] 메틸
메띨

méticuleux(se) [형] 꼼꼼한, 세심한, 정확한
메띠뀔뢰(뢰즈)

métier [남] 직업, 생업
메띠에

métis(se) [형] 혼혈의; 잡종의 [명] 혼혈아; 잡종
메띠스

métissage [남] 혼혈; 이종교배
메띠사즈

métrage [남] 미터 측량
메트하즈

mètre [남] 미터
메트흐

métrique [형] 미터의, 계량
메트히끄

métro [남][약] chemin de fer métropolitain (지하철; 지하 철역)
메트호

métrologie [여] 도량형학
메트홀로지

métronome [남] 메트로놈
메트호놈

métropole [여] 주요 도시, 대도시
메트호뽈

métropolitain(e) [형] 모국의; 수도의
메트호뽈리뗑(뗀)

mets [남] (접시에 담은) 요리, 음식
메

metteur(se) [명] (보어 명사를 동반하는 다음의 표현 이외에는 사용되지 않고 여성형은 드묾) ~ en scène 연출가, 영화
메뙤흐(뙤즈)

감독 ~ au point (조각이나 기계의) 수정[조정]자 ~ en cartes (직물의) 의장도 안가 ~ en oeuvre 조립공, 보석세공인; (비유) 이용자 ~ en ondes (라디오, 텔레비전의) 연출자, 프로서 ~ en pages 식자공

mettre
메트흐
[타] 놓다, 두다

meuble
뫼블
[형] 이동할 수 있는; 경작할 수 있는
[남] 가구

meublé(e)
뫼블레
[형] (셋집, 셋방이) 가구가 딸린 louer une cham-bre ~e 가구가 딸린 방을 임대하다

meubler
뫼블레
[타] 가구를 갖추다; 장식하다; 풍부하게 하다

meurtre
뫼흐트흐
[남] (고의성의) 살인, 살해;
[법] 살인 죄

meurtrier(ère)
뫼흐트히에(에흐)
[형] 많은 사람을 살해하는
[명] 살인 자

meurtrir
뫼흐트히흐
[타] 상처[타박상]를 입히다; (과일, 야채를) 멍들게[상하게] 하다; 초췌해지게 하다; (정신적으로) 상처를 주다

M-m

meute
뫼뜨
[여] (기마 수렵용의) 사냥개 무리; (애완동물의) 무리

mexicain(e)
멕시껭(껜)
[형] 멕시코의
[명] (M~) 멕시코 사 람

Mexico
멕시꼬
[명] [지리] 멕시코시티 (멕시코 (Mexique)의 수도)

Mexique
멕시끄
[남] [지리] 멕시코

mezzanine
[여] 반이층; (극장의) 반이층(석)

멧자닌

mi 미	[남] (복수불변) [음악] 미 (8 단계의 제 3 음)
mi- 미	[접두] '절반', '도중'의 뜻 à la mi-janivier 1 월 중순에
miaou 미야우	[남] (고양이의)야옹 소리
miauler 미올레	[자] (고양이가) 야옹하고 울다
miasme 미아슴	[남] ① 장기, 장독 (파스퇴르(Pas teur)의 세균 발견 이전에는 전염병의 원인으로 간주되 었음) ② (부패물에서 발생하는) 가스, 악취
mi-bas 미바	[남] (복수불변) 반 스타킹
miche 미슈	[여] 둥그스름한 큰 빵; (복수) (구어) 엉덩이
mi-clos(e) 미끌로(로즈)	[형] 반쯤 닫힌[감긴]
micmac 미끄마끄	[남] (구어) (비열한) 음모, 흉계; 혼란, 혼미
microbe 미크호브	[남] 미생물
microchirurgie 미크호시휘흐지	[여] 현미수술
microcosme 미크호꼬슴	[남] 소우주, 소세계
microfibre 미크호피브흐	[여] 마이크로 파이버
microfilm 미크호필므	[남] 마이크로필름

micro-onde [여] 극초단파, 마이크로파
미크호옹드

microphone [남] 마이크
미크호퐁

microphysique [여] 미시 물리학
미크호피지끄

microscope [남] 현미경
미크호스꼬쁘

microscopique [형] 현미경에 의한, 현미경으로만 볼 수 있는
미크호스꼬삐끄

microsillon [남] (LP 디스크의) 가는 홈
미크호시용

midi [남] 정오, 한낮
미디

mie [여] 빵의 속살 pain de ~ (샌드위치나 토스트용의) 껍질이 부드러운 빵, 식빵
미

miel [남] 꿀
미엘

mielleux(se) [형] 꿀 같은, 달콤한
미엘뢰(뢰즈)

mien(ne) [형] 나의 것
미엥(엔)

miette [여] 빵부스러기; 부스러기, 조각; 조금
미에뜨

mieux [부] (bien 의 비교급) 더 잘; 더 많이
미유

mignon(ne) [형] 귀여운
미뇽(뇬)

migraine [여] 편두통
미그헨

migrateur(trice) [형] 이주성의, 이주하는
미그하뙤흐(트히스)

migration [여] 이주; 이동
미그하시옹

migratoire [형] 이주의; 이동의
미그하뚜아흐

mijoter [타] (천천히) 약한 불로 익히다
미조떼

milieu(x) [남] 한가운데 au ~ de qch ...의 한 가운데
밀리유

militaire [형] 군사적인
밀리떼흐

militant(e) [형] 싸우는, 투쟁하는
밀리떵(떵뜨) [남] 투사, 전 사

militariser [타] 군대적으로 조직하다
밀리따히제

militarisme [남] 군국주의
밀리따히슴

militariste [형] 군국주의의 [명] 군국주의자
밀리따히스뜨

mille [형] 천의; 수많은
밀

millénaire [형] 천을 포함하는, 천 가량의
밀레네흐

milliard [남] 10 억
밀리야흐

milliardaire [명] 억만장자
밀리야흐데흐

millier [남] 천; 천 가량
밀리에

millimètre
밀리메트흐
[남] 밀리미터

million
밀리옹
[남] 백만

millionnaire
밀리오네흐
[형] (수)백만의 재산을 가진, 거부인
[명] 백만장자

minable
미나블
[형] (구어) 형편없는, 초라한, 보잘 것 없는

minauder
미노데
[자] 아양떨다, 선웃음치다, 애교부리다

mince
멩스
[형] 얇은; 가느다란, 날씬한

minceur
멩쇠흐
[여] 얄팍함, 가느다람; 날씬함, 호리호리함

mine
민
[여] ① 얼굴; 외모 ② 광산

miner
미네
[타] 파다; 갱도를 파다; 서서히 파다; 서서히 쇠약하게 하다

minerai
미느헤
[남] 광석, 귀금속

minéral(e, aux)
미네할(호)
[형] 광물의

minéraliser
미네할리제
[타] (금속을) 광석화하다

minéralogique
미네할로지끄
[형] 광물학의; 광업국 관할의

minerve
미네흐브
[여] ① 두뇌; 지식 ② M~ (지식, 예술, 기술의 여신) 미네르바

minet(te)
미네(네뜨)
[명] 새끼고양이

mineur(e)
[형] 소형의; 미성년의 [명] 미성년자

미뇌흐 [남] 광부

miniature [여] 축도; 세밀한 세공품
미니아뛰흐

minier(ère) [형] 광산의
미니에(에흐)

minimal(e, aux) [형] 최저의, 최소의; [수학] 최소의, 극소의; [미술] art ~ 미니멀 아트
미니말(모)

minime [형] 사소한
미님

minimiser [타] 최소로 만들다, 극도로 줄이다
미니미제

minimum [남] 최소한, 최저
미니몸

ministère [남] 내각; 성, 부
미니스떼흐

ministériel(le) [형] 내각의, 대신[장관]의; 성의, 부의
미니스떼히엘

ministre [남] 대신, 장관
미니스트흐

ministresse [여] 대신[장관, 공사, 목사] 부인
미니스트헤스

minoritaire [형] 미성년의; 소수자의
미노히떼흐

minorité [여] 미성년; 미성년기; 소수; 소수당 [파]
미노히떼

Minorque [여] [지리] 미노르카 섬
미노흐끄

minuit [남] 한밤중, 자정
미뉘이

minuscule [형] 소문자의; 매우 작은, 미세한 [여] 소문자
미뉘스뀔

minute
미뉘뜨
[여] 분

minuter
미뉘떼
[타] [법] (의) 원본을 작성하다; (행사, 작업, 일 따위에) 세밀한 스케줄을 짜다, 엄밀하게 시간을 배정하다

minuterie
미뉘트히
[여] (시계 따위의) 분침축; 자동 타임스위치 (잠시 동안 불이 켜지게 하는 장치)

minutieusement
미뉘시유즈멍
[부] 세심히; 면밀하게

minutieux(se)
미뉘시유(유즈)
[형] 세심한, 면밀한, 상세한

mirabelle
미하벨
[여] [식물] 미라벨 (자두의 일종)

miracle
미하끌
[남] 기적

miraculeux(se)
미하뀔뢰(뢰즈)
[형] 기적의, 기적에 의한; 기적을 행하는

mire
미흐
[여] 겨냥, 조준 ligne de ~ 조준선

mirer
미헤
[타] 겨누다

mirobolant(e)
미호볼렁(렁뜨)
[형] (구어) 너무나 거창한, 터무니 없는

miroir
미후아흐
[남] 거울

miroiter
미후아떼
[자] 번쩍거리다; 어른거리다

misanthrope
미정트호쁘
[형] 인간을 싫어하는, 비사교적인, 염세적인

misanthropie
미정트호삐
[여] 인간을 싫어하는 성질

misanthropique [형] 비사교적인
미정트호삐끄

mise [여] 놓기, 두기, 회부
미즈

miser [타] (노름에서 돈 따위를) 걸다; (경매에) 입찰하다
미제

misérable [형] 불쌍한, 비참한; 빈궁한, 빈곤한
미제하블

misérablement [부] 불쌍하게, 비참하게; 빈궁하게; 비루하게
미제하블멍

misère [여] 곤궁, 빈곤; 비참함
미제흐

miséricorde [여] 연민; 관용, 자비
미제히꼬흐드

misogyne [형][명] 여자를 싫어하는 (사람)
미조진

mission [여] 사명, 임무; 전도, 포교
미시옹

missionnaire [남] 선교사
미시오네흐

mi-temps [여] 파트타임 travailler à ~ 파트타임 으로 일하다
미떵

miteux(se) [형] 초라한, 볼품없는
미뙤(뙤즈)

mitiger [타] 완화하다, 경감하다
미띠제

mitonner [타] 약한 불에 오랫동안 끓이다
미또네

mitraillette [여] 경기관총
미트하예뜨

mi-voix, à [부] 작은[가느다란] 목소리로
미부아

mixage [남] (여러가지 음향의) 동시 녹음
믹사즈

mixte [형] 혼합의, 혼성의, 합병의
믹스뜨

mixture [여] 조합한 물약; (접종용의) 혼합 종자; 혼합물
믹스뛰흐

Mlle [약] Mademoiselle (양, 아가씨)

MM. [약] Messieurs (M.의 복수)

Mme [약] Madame (부인)

mobile [형] 움직이는, 이동성의 téléphone ~ 휴대폰
모빌

mobilier(ère) [형] 동산의
모빌리에(에흐)

mobilisation [여] 동원; 동산화
모빌리자시옹

mobiliser [타] 동원하다; 부동산을 동산으로 간주하다
모빌리제

mobilité [여] 이동성; 변하기 쉬움
모빌리떼

Mobylette [여] 경오토바이 (상표명)
모빌레뜨

mocassin [남] (북미 인디언의) 가죽신
모꺄셍

moche [형] (구어) (외모, 모양이) 못생긴, 보기 흉한
모슈

modal(e, aux) [형] 형태상의
모달(도)

modalité [여] 양식, 형식, 양상
모달리떼

mode [여] 유행 [남] 양태; 양식; 방법
머드

modèle
모델
[남] 본; 모형, 표본; 모범, 귀감

modeler
모들레
[타] (흙, 초 따위를 빚어서) 형상을 만들다; 모형을 만들다

modérateur(trice)
모데하뙤흐(트히스)
[형] 알맞게 조절하는

modération
모데하시옹
[여] 중용, 절제

moderato
모데하또
[부] [음악] 알맞은 속도로, 너무 빠르지 않게

modéré(e)
모데헤
[형] 절제있는; 온건한

modérément
모데헤멍
[부] 절제하여; 온건하게

modérer
모데헤
[타] 절제하다; 조절하다; 감축하다; 완화하다; 억제하다

moderne
모데흔
[형] 현대의, 근대의

modernisation
모데흐니자시옹
[여] 현대화, 근대화

moderniser
모데흐니제
[타] 현대[근대]화하다

modernisme
모데흐니슴
[남] 근대[현대] 취미; 현대[근대]주의[사상]

moderniste
모데흐니스뜨
[남] 현대[근대]주의자

modernité
모데흐니떼
[여] 현대[근대]적임; 현대[근대]성

modeste
모데스뜨
[형] 겸손한; 온건한

modestement
모데스뜨멍
[부] 겸손하게; 온건[온당]하게; 조심

성 있게

modestie [여] 겸손, 겸양
모데스띠

modicité [여] (금액 따위가) 적음, 빈약함, (값이) 저렴함
모디시떼

modifiable [형] 변경될 수 있는
모디피아블

modificateur(trice) [형][명] 변경하는 (사람)
모디피꺄뙤흐(트히스) [남] 변속 장치

modificatif(ve) [형] 수식하는 [남] 수식어
모디피꺄띠프(띠브)

modification [여] 변경, 수정
모디피꺄시옹

modifier [타] 변경하다, 수정하다
모디피에

modique [형] (금액 따위가) 적은, 보잘것없는, (값이) 싼, 저렴한
모디끄

module [남] 표준, 단위
모뒬

moduler [타] 억양을 붙이다
모뒬레

moelle [여] [해부] 골수; (문어) (작품 따위의) 진수, 정수
무알

moelleusement [부] 부드럽게, 포근하게
무알뢰즈멍

moelleux(se) [형] 골수가 많은; 포근한, 부드러운
무알뢰(뢰즈)

moeurs [여][복] 품성, 소행, 성행; 관습, 풍습, 풍속
뫼흐

moi [대명] 나
무아

moignon
무아뇽
[남] (손, 발 따위의) 잘라진 나머지; (나무의) 그루터기; (새의) 퇴화된 날개

moi-même
무아멤
[대명] 나 자신

moindre
무엥드흐
[형] (petit 의 비교급) 보다 작은, 보다 적은

moindrement
무엥드흐멍
[부] 조금, 적게

moine
무안
[남] 수도사

moineau(x)
무아노
[남] [조류] 참새

moinerie
무아느히
[여] 수도사, 중 (집합적); 수도원

moinesse
무아네스
[여] 수녀, 비구니

moins
무엥
[부] (peu 의 비교급) 보다 적게

mois
무아
[남] 달, 월

moisi(e)
무아지
[형] 곰팡 슬은, 곰팡내 나는
[남] 곰 팡슬은 것[부분]

moisir
무아지흐
[타] 곰팡 피게하다 [자] 곰팡 피다

moisissure
무아지쉬흐
[여] 곰팡이

moisson
무아송
[여] 수확

moissonner
무아소네
[타] 거두다, 수확하다

moite
무아뜨
[형] 습한, 축축한

moitié
무아띠에
[여] 절반

molaire
몰레흐
[여] 어금니

moléculaire
몰레뀔레흐
[형] 분자의, 분자로 된

molécule
몰레뀔
[여] 분자

molester
몰레스떼
[타] (문어) 괴롭히다, 박해하다, 폭행하다

mollement
몰멍
[부] 부드럽게; 무기력하게

mollesse
몰레스
[여] 부드러움, 유약, 나약, 무기력

mollet(te)
몰레(레뜨)
[형] 부드러운, 폭신한

mollir
몰리흐
[자] 부드러워지다; 가라앉다

môme
몸
[명] (구어) 어린애, 조무래 기; (속어) 동성연애자의 어린 상대자 [여] (속어) 계집애, 젊은 계집, 정부 [형] (구어) 어린

moment
모멍
[남] 순간, 시기 au ~ de qch ...에 즈음 하여, ...을 당 하여, ... 때에

momentané(e)
모멍따네
[형] 일시적인; 순식간의, 덧없는

momentanément
모멍따네멍
[부] 일시적으로; 잠시, 덧없이

momie
모미
[여] 미이라; 검고 마른 사람

momification [여] 미이라로 만들기
모미피꺄시옹

momifier [타] 미이라로 만들다
모미피에

mon [형] 나의
몽

monarchie [여] 군주정치, 군주제
모나흐시

monarchique [형] 군주정치의, 군주제의
모나흐시끄

monarchiquement [부] 군주로서, 군주국으로서
모나흐시끄멍

monarchisme [남] 군주정치주의, 왕정주의
모나흐시슴

monarchiste [형] 군주정치주의의, 왕정주의의 [명] 군주정치주의자, 왕정주의자
모나흐시스뜨

monarque [남] 군주
모나흐끄

monastère [남] 수도원
모나스떼흐

monastique [형] 수도자의, 수도자 같은
모나스띠끄

monceau(x) [남] 무더기, 더미, 퇴적; 다량, 다수
몽소

mondain(e) [형] 세속된; 속된
몽뎅(덴)

monde [남] 세계; 천지, 우주, 만물; 지구, 지상; 대륙; 천체; 사회; 사람들; 세간, 세상; 사교계 tout le ~ 모든 사람들, 누구나
몽드

mondial(e, aux) [형] 세계적인

몽디알(오)

monétaire 모네떼흐	[형] 화폐의, 통화의 atelier ~ 화폐 주조소 Fonds ~ international 국제 통화기금 ((약) F.M.I.)
moniteur(trice) 모니뙤흐(트히스)	[명] (체육 따위의) 지도자, 코치 [남] [기술] 모니터
mongol(e) 몽골	[형] 몽고의 [명] (M~) 몽고사람
monnaie 모네	[여] 화폐, 통화; 거스름돈, 잔돈
monocamér(al)isme 모노꺄메히슴/ 모노꺄메할리슴	[남] [정치] 단원제
monochromatique 모노크호마띠끄	[형] 단색의
monochrome 모노크홈	[형] 단색의
monogame 모노갸	[형] 일부일처제의
monogamie 모노갸미	[여] 일부일처제
monogamique 모노갸미끄	[형] 일부일처제의
monologue 모놀로그	[남] 독백; 혼잣말
monologuer 모놀로게	[자] 독백하다; 혼잣말하다
monopole 모노뽈	[남] 독점(권)
monopoliser 모노뽈리제	[타] 독점하다

M-m

monosyllabe [남] 단절어
모노실라브

monosyllabique [형] 단음절의
모노실라비끄

monothéique [형] 일신교의
모노떼이끄

monothéisme [남] 일신교
모노떼이슴

monothéiste [형] 일신교의 [명] 일신론자
모노떼이스뜨

monotone [형] 단조로운, 변화없는
모노똔

monotonie [여] 단조, 천편일률
모노또니

monotype [형] 단종류의
모노띠쁘

monseigneur (messeigneurs) [남] 각하; 예하; 전하
몽세녜흐/메세녜흐

monsieur (messieurs) [남] 귀하, 씨, 군
므시유(메시유)

monstre [남] 기형; 괴물
몽스트흐

monstrueusement [부] 기괴하게; 굉장하게, 엄 청나게
몽스트휘유즈멍

monstrueux(se) [형] 기형의, 기괴한
몽스트휘유(유즈)

monstruosité [여] 기형; 기괴
몽스트휘오지떼

mont [남] 산
몽

montage [남] 올리기; 오르기
몽따주

montagnard(e) [형] 산악지방에 사는; 산의
몽따냐흐(흐드)

montagne [여] 산
몽따뉴

montagneux(se) [형] 산이 많은
몽따네(네즈)

montant(e) [형] (위로) 오르는, 상승하는 [남] 총액, 합계
몽떵(떵뜨)

mont-de-piété [남] (복 ~s-~-~) 공영 전당포
몽드삐에떼

monte [여] ① (가축의) 교배; 교미 saison de ~ 교배기 ② 승마; 기마술
몽뜨

monté(e) [형] 갖추어진, 구비된; 말탄; (빛이) 짙은; 격분한, 성난 coup ~ 꾸민 일, 음모
몽떼

montée [여] 오름, 상승; 언덕길, 비탈
몽떼

monter [자] 오르다; 높아지다 [타] 오르다, 거슬러 오르다; 올라타다
몽떼

montre [여] 회중시계
몽트흐

montrer [타] 보이다; 가리키다
몽트헤

monture [여] (말, 낙타 따위의) 타는 짐승; (익살) 자전거
몽뛰흐

monument [남] 기념 건조물
모뉘멍

monumental (e, aux) [형] 기념의, 기념 건물의; 굉장한; 놀라운

모뉘멍딸(또)

moquer, se [대] 놀리다, 비웃다, 빈정거리다, 우롱하다 (~ de)
스모께

moquerie [여] 우롱, 냉소, 조소
모크히

moqueur(se) [형] 조롱하는, 놀리는 [명] 남을 비웃는 버릇이 있는 사람 [남] [조류] (미국 남부산의) 앵무새의 일종 (다른 새들의 울음소리를 잘 흉내냄); 아프리카 오대새의 사촌
모꾀흐(꾀즈)

moral(e, aux) [형] 도덕적인, 도덕에 관한
모할(호)

morale [여] 도덕; 윤리; 교훈
모할

moralement [부] 도리상; 도덕적으로
모할멍

moralisation [여] 교화, 선도; 정신 수양
모할리자시옹

moraliser [타] 도덕으로 이끌다, 교화하다
모할리제

moralisme [남] 도덕지상주의
모할리슴

moraliste [명] 도덕[윤리]학자
모할리스뜨

moralité [여] 도덕성, 윤리성
모할리떼

moratoire [형] 연체의; 지불유예의
모하뚜아흐

moratorium (moratoria) [남] 지불유예[정지] 령
모하또히옴 (모하또히아)

morbidité [여] 병적임; 발병률
모흐비디떼

morceau(x) [남] 조각
모흐소

morceler [타] 분할[세분]하다
모흐슬레

morcellement [남] 분할, 세분
모흐셀멍

mordant(e) [형] 물어뜯는; 쏠아버리는; 날카로운; 신랄한, 빈정대는, 쏘아붙이는, 독설적인;부식성의
모흐덩(덩뜨)

mordiller [타] (되풀이해서) 가볍게 깨물다 [물어뜯다]
모흐디예

mordre [타] 깨물다, 물어뜯다; 물다; 쏠다, 썰다, 깎다; 부식시키다 ~ la poussière 전사하다
모흐드흐

mordu(e) [형] 물린; (비유) …(에) 열을 올린, 열중한 [~ de/pour] Il est ~ de mathé-matiques. 그는 수학에 열중하고 있다
모흐뒤

morfondre, se [대] 기다리다 못해 지치다, 목이 빠지게 기다리다
스모흐퐁드흐

morgue [여] (문어) 거만함, 교만한 태도; (병원의) 영안실
모흐그

moribond(e) [형] 위독한, 빈사 상태의
[명] 위독 한 병자, 빈사 상태의 사람
모히봉(봉드)

morne [형] (사람이) 침울한, 음울한; 기운없는, 활기없는
모흔

morphine [여] [화학] 모르핀
모흐핀

morphinisme [남] 모르핀 중독

모호피니슴

morphinomane [형] 모르핀 상요[중독]
모호피노만 [명] 모르핀 중독자

morphinomanie [여] 모르핀 광; 마취약 상용
모호피노마니

morsure [여] 물어뜯기; 물어뜯은 상처
모호쉬흐

mort [여] 죽음
모흐

mort(e) [형] 죽은; 활기 없는
모흐(흐뜨)

mortalité [여] 죽어야 할 운명[성질]; 사망률[수]
모흐딸리떼

mortel(le) [형] 죽음을 면할 수 없는; 인간의
모흐뗄

mortellement [부] 치명적으로; 죽을 지경으로; 극도
모흐뗄멍

morte-saison (mortes-saisons) [여] [상업] (경제, 활동 따위) 침체기, 비수기
모흐뜨세종

mortier [남] 모르타르, 회반죽
모흐띠에

Mortifier [타] (고행을 목적으로) 육체를 괴롭다 (고기를) 저장하여 연하게 하다
모흐띠피에

morue [여] [어류] 대구
모휘

mosaïque [여] 모자이크
모자이끄

mot [남] 말; 단어
모

motard(e) [명] (구어) 오토바이 타는 사
모따흐(흐드)

람 [남] (군대, 경찰의) 오토바이 대원

motel [남] [영] 모텔, 자동차 여행자 숙소
모뗄

motet [남] 모텟, 성가
모떼

moteur(trice) [형] 움직이는, 발동의, 원동력이 되는
모뙤흐(트히스)

motif(ve) [형] 동기의, 이유의
모띠프(띠브)

motiver [타] 동기[이유]를 설명하다
모띠베

moto [여] 오토바이
모또

motocycle [남] 모터사이클
모또시끌

motocyclette [여] (옛) 모터사이클
모또시끌레뜨

motocyclisme [남] 오토바이 타기
모또시끌리슴

motocycliste [명] 오토바이 타는 사람
모또시끌리스뜨

motoriser [타] 모터를 붙이다; 기계화하다
모또히제

motte [여] 흙덩어리
모뜨

mou [형] (모음 혹은 무음 h로 시작하는 남성 명사와 et, ou 앞에서는 mol [여] molle) 른, 물렁물렁한; 부드 운
무

moucharder [타] (밀고하기 위해) 감시하다; 밀고다, 고발하다
무샤흐데

mouche [여] 파리; 얼룩, 반점
무슈

moucher
무셰
[타] 코풀어 주다 se ~
[대] 코를 풀다

moucheron
므슈홍
[남] 각다귀, 작은 날벌레, 작은 파리; (양초의) 타다 남은 심지

moucheté(e)
무슈떼
[형] 얼룩[반점]이 있는

mouchoir
무슈아흐
[남] 손수건

moudre
무드흐
[타] 찧다, 빻다, 가루로 만들다

moue
무
[여] 뾰로통한 얼굴, 입을 삐죽거리기

mouette
무에뜨
[여] [동물] 갈매기

mouffette
무페뜨
[여] [동물] 스컹크

moufle
무플
[남] 벙어리장갑

mouflet(te)
무플레(레뜨)
[명] (구어) 어린애

mouillé(e)
무예
[형] 젖은, 축축한

mouiller
무예
[타] 적시다; 물을 타다

moule
물
[남] 거푸집, 주형, 틀 [여] [패류] 홍

mouler
물레
[타] 주조하다, 틀에 붓다; 모양을 짓다; 틀을 만들다; 꼭 맞다 vêtement qui *moule* le corps 몸에 꼭 맞는 옷

moulin
물렝
[남] 제분기, 방아; 제분소

moulu(e) [형] 가루로 된
물뤼

mourant(e) [형] 죽어가는, 죽을 듯한
무헝(헝뜨)

mourir [자] 죽다
무히흐

mousquet [남] 구식 보병총
무스께

mousse [여] ① 이끼 ② 거품
무스

mousser [자] 거품이 일다
무세

mousseux(se) [형] 이끼 낀
무쇠(쇠즈)

mousson [여] 열대 계절풍
무송

moustache [여] 콧수염
무스따슈

moustique [남] 모기
무스띠끄

moutarde [여] 겨자
무따흐드

mouton [남] [동물] 양; 양고기
무똥

mouture [여] 찧기
무뛰흐

mouvant(e) [형] 움직이는, 흔들리는
무벙(벙뜨)

mouvement [남] 움직임, 운동
무브멍

mouvementé(e) [형] 변동이 심한; 기복이 있는
무브멍떼

mouvementer
무브멍떼
[타] 활기를 주다; 변동을 일으키다; 억양을 붙이다

mouvoir
무부아흐
[타] 움직이다; 야기하다; 행동시키다

moyennant
무아예넝
[전] …에 의해, …을 이용하 여 ~ un effort intellectual 지적 노력으로

moyen(ne)
무아옝(옌)
[형] 보통의; 평균의 [남] 수단, 방법 [여] 평균 intelli-gence au-dessus de la ~ 평균 이상의 지능

moyenne
무아옌
[여] 평균

Moyen-Orient
무아옝오히엉
[남] [지리] 중동

moyeu(x)
무아유
[남] (수레바퀴의) 중앙 부분, 윤심

muer
뮈이에
[자] 털갈이하다, 허물 벗다; (변기에) 목소리가 낮고 굵게 변하다 voix muée 변성기 가 지난 목소리

muet(te)
뮈이에(에뜨)
[형] 벙어리의, 말을 못하는

mugir
뮈지흐
[자] (소가) 울다; 으르렁거리다

mugissement
뮈지스멍
[남] (소의) 울음소리

muguet
뮈게
[남] 은방울꽃, 은방울꽃 향기[향유]

multicolore
뮐띠꼴로흐
[형] 다색의

multiple
뮐띠쁠
[형] 여러 가지의, 다수의; 다 양한

multipliable
뮐띠쁠리아블
[형] 배가할 수 있는

multiplicateur(trice) [남] 승수 [형] 곱하는, 증가시키는
뮐띠쁠리꺄뙤흐(트히스)

multiplicatif(ve) [형] 배가하는; 증가하는
뮐띠쁠리꺄띠프(띠브)

multiplication [여] 증가; 곱하기
뮐띠쁠리꺄시옹

multiplicité [여] 다수, 다양; 중복
뮐띠쁠리시떼

multiplier [타] 승하다, 곱하다
뮐띠쁠리에

multipolaire [형] 다극의
뮐띠뽈레흐

municipal(e, aux) [형] 도시의, 시[읍, 면]의 conseil ~ 시[읍, 면] 의회
뮈니시빨(뽀)

municipalité [여] 도시, 시, 읍, 면; 시[읍, 면] 직원단; 시청, 읍사무소, 면사무소
뮈니시빨리떼

munir [타] 갖춰주다, 마련해 주다
뮈니흐

mur [남] (건물의) 벽, 담벼락
뮈흐

mûr(e) [형] 익은; 성숙한
뮈흐

murage [남] 벽을 둘러치기, 벽으로 막기; 둘친 벽
뮈하즈

muraille [여] 두꺼운[높은] 벽; 성벽
뮈하유

murailler [타] 벽으로 버티다[막다]
뮈하예

mural(e, aux) [형] 벽의, 담장의, 성벽의
뮤할(호)

mûre [여] 뽕나무 열매, 오디
뮈흐

murer [타] 벽을 둘러치다, 벽으로 막다
뮈헤

mûrir [타] 익히다; 성숙케 하다
뮈히흐

mûrissant(e) [형] 익어가는
뮈히성(성뜨)

murmure [남] 속삭임; 중얼거림
뮈흐뮈흐

murmurer [자] 속삭이다; 중얼거리다
뮈흐뮈헤

muscade [여] [식물] 육두구; (요술쟁 이의) 작 코르크 공 Passez ~ ! 감쪽같이 사져라! (요술을 부리면서 지르는 소리)
뮈스꺄드

muscle [남] 근육
뮈스끌

musclé(e) [형] 근육질의
뮈스끌레

muscler [타] 근육을 발달시키다
뮈스끌레

musculaire [형] 근육의
뮈스뀔레흐

musculeux(se) [형] 근육이 많은; 근육이 두 드러진
뮈스뀔레(뢰즈)

Muse [여] (~s) 고대그리스의 여신 뮤즈 (문예, 미술을 주관하던 아홉 여신)
뮈즈

museau(x) [남] (개, 물고기 따위의) 내민 주둥 부분, 부리
뮈조

musée [남] 박물관; 미술관
뮈제

museler [타] (개 따위에) 부리망을 씌우다
뮈즐레

muselière
뮈즐리에흐
[여] (짐승의) 부리망

musette
뮈제뜨
[여] (17-18 세기의) 백파이프; (18 세기의) 2[3]박자 무용; (동격) bal-~ (아코디언에 맞춰 춤추는) 대중무도장[댄스홀] [남] 아코디언 악단 음악

musical(e, aux)
뮈지꺌(꼬)
[형] 음악의, 음악적인 [남] 뮤지컬

musicalement
뮈지꺌멍
[부] 음악적으로

musicien(ne)
뮈지시엥(엔)
[명] 음악가

musique
뮈지끄
[여] 음악

musulman(e)
뮈쥘멍(만)
[형] 이슬람교의 [명] 이슬람 교도

mutation
뮈따시옹
[여] 변화, 변동; 인사이동, 교체, 전역, (운동선수의) 이적

muter
뮈떼
[타] (알코올이나 아황산가스로) 포도의 발표를 막다; 전속[전근]시키다,(자리를)이동시키다

mutilation
뮈띨라시옹
[여] (손발 따위의) 절단; 훼손; 삭제

mutilé(e)
뮈띨레
[형] 손발이 절단된; 훼손된

mutiler
뮈띨레
[타] (손발을) 절단하다; 훼손하다

mutin(e)
뮈뗑(띤)
[형] 장난기가 있는, 명랑한

mutinerie
뮈띠느히
[여] 반란, 폭동

mutuel(le)
뮈뛰이엘
[형] 상호간의, 상호적인 amour ~ 서로 사랑함
[여] 상호공제조합

myope
미요쁘
[형] 근시
[명] 근시안의 사람

myopie
미요삐
[여] 근시

myrrhe
미흐
[여] 몰약

myrtille
미흐띠유
[여] 월귤나무의 일종; (그) 열매

mystère
미스떼흐
[남] 신비, 불가사의한 일

mystérieusement
미스떼히유즈멍
[부] 신비적으로

mystérieux(se)
미스떼히유(유즈)
[형] 신비로운

mysticité
미스띠시떼
[여] 신비성

mystifiable
미스띠피아블
[형] 남에게 속아 넘어가는

mystification
미스띠피꺄시옹
[여] (장난으로) 속여 넘기기

mystifier
미스띠피에
[타] 속여 넘기다

mystique
미스띠끄
[형] 신비적인, 불가사의한

mystiquement
미스띠끄멍
[부] 비유적으로

mythe
미뜨
[남] 신화

mythique
[형] 신화[전설]의; 사실무근의, 지어

미띠끄 낸

mythologie [여] 신화; 신화학
미똘로지

Mythologique [형] 신화의
미똘로지끄

mythologiste/ mythologue [명] 신화학자
미똘로지스뜨/ 미똘로그

N - n

N, n
엔
[남] 불어 자모의 열 넷째 글자

nacre
나크흐
[여] 진주모, 나전

nage
나즈
[여] ① 헤엄, 수영; 수영법 (=natation) ~ libre 자유영 ~ sur le dos 배영 ~ indienne (팔을 번갈아 뻗어서 끌어당기는) 오버헤드영법 ② 노젓기; 노젓는 법 donner la ~ 정조하다 ③ (집합적) [운동] (보트경기의) 노젓는 사람 chef de ~ 정조수 ④ [생물] 유영 à la ~ 헤엄쳐서; 헤엄 치려고 gagner la côte à la ~ 헤 엄쳐서 해안에 도달하다 se je ter à la ~ 수영 하려고 물에 뛰어들다

nageoire
나주와흐
[여] 지느러미; 부낭

nager
나제
[자] ① 헤엄치다, 수용하다 ~ sous l'eau 잠수하다 ~ comme un poisson 헤엄을 잘치다 ② (물, 액체에) 떠있다 (=flotter); 잠겨있다 (=baigner) corps qui *nage*à la surface d'un liquide 액체 표면에 떠있는 물체 ~ dans le sang (문어) 피투성이가 되어있다 ③ (비유) (어떤 감정, 상태에) 빠져있다 ~ dans la confusion 혼란에 빠져있다 ~ dans la pros- périté 번영을 누리다 ④ (구어) (옷 따위가) 헐렁하다 ~ dans son

pantalon 바지가 너무 커서 헐렁하다 ⑤ (구어) 당황하다, 쩔쩔매다 Il n'y a aucun ordre dans ce dossier, je *nage* complètement. 서류가 뒤죽박죽 이어서 도무지 어찌할 바를 모르겠다 ⑥ 노를 젓다 (=ramer) ~ à culer 후진하다

nageur(se)
나죄흐(죄즈)
[명] ① 수영하는 사람; 수영선수 ~ de brasse 평형선수 maître(-)~ 수영 교사 / (동격) maillot ~ 비키니 수영 복 ② 노젓는 사람, 조수 ③ (비유) 처세술에 능한 사람 [남] ① 비키니 수영복 ② [복] [동물] 유영아목 [형] (동물이) 유영하는 oiseaux ~s 유금류

naguère
나게흐
[부] 조금 전에, 최근

naïf(ve)
나이프(이브)
[형] ① 순진한, 천진난만한 (=candide, ingénu) garçon ~ 순진한 소년 air ~ 천진난 만한 태도 ② 고지식한, 속기 잘하는, 어리석은 (=crédule, niais) réponse ~ve 고지식한 대답 Il n'est pas assez ~ pour y croire. 그는 그 것을 믿을 만큼 어리석지 않다 ③ 자연스러운, 꾸밈없는, 소박한 (=naturel, spontané) beauté ~ve 꾸밈없는 아름다움 art ~ (민간의) 소박한 미술 [명] ① 순진한 사람; 잘 속는 사람, 바보

N-n

nain(e)
넹(넨)
[명] ① 난쟁이; 소인증 환자 Blanche-Neige et les sept ~s 백설공주와 일곱 난쟁이 [형] 난쟁이의; 소인증의 ② (동식물이) 왜소한 palmier ~ 키가 작은 종려나무 arbre ~ japonais 분재 ③ [축산] oeuf ~ 노른자위가 없는 달걀

[여] [천문] 혜성

naissance
네성스

[여] ① 출생, 탄생; 출산 jour [anniversaire] de la ~ 생일 date et lieu de ~ 생년 월일과 출생지 acte de ~ 출생증명서 déclaration de ~ 출생신고 ~ difficile 난산 ~ premature[avant terme] 조산 ~ double 쌍둥이 출산 ~ légitime [illégitime] 적출[서출] contrôle [limitation] des ~s 산아제한 nombre de ~s 신생아수 ② 출신, 가문 de haute [bonne] ~ 명문 출신의 homme de basse ~ [sans ~] 천한 집안에서 태생한 사람 avoir de la ~ 귀족 출신이다 ③ (비유) 시초, 시작, 출현 (=éclosion, apparition) ~ du jour 새벽 ~ de l'amour 사랑의 싹틈 ④ (비유) 기점, 근원; 뿌리, 밑동 ~ d'un fleuve 강의 근원 ~ du cou 목의 아래 부분 ~ d'une colonne 기둥의 밑부분

naissant(e)
네성(성뜨)

[형] ① (문어) 태어나기[나타나기] 시작하는; 싹트기 시작하는 à l'aube ~e 새벽에 lune ~e 떠오르기 시작하는 달 barbe ~e 나기 시작하는 수염 amour ~ 싹트는 사랑

naître
네트흐

[자] ① 태어나다, 출생하다 ~ à terme [avant term, à sept mois] 예정일에[달을 못 채우고, 일곱달 만에] 태어나다 [~ de] ~ d'un père anglais et d'une mère française 영국인 아버 지와 프랑스인 어머니 사이에서 태어 나다 ~ d'une famille illustrée 명문 태생이다 ② (식물이) 싹트다, 돋아나다, 꽃피다

Les fleurs *naissent* au prin temps. 꽃은 봄에 핀다 ③ (비유) 생기다, 발생하다; 시작되다; (강이) 발원하다 Un sourire *naît* sur son visage. 그의 얼굴에 미소가 떠오른다 Le jour *naît.* 날이 밝는다

naïvement [부] 순진하게, 천진난만하게
나이브멍

naïveté [여] 순진, 천진난만
나이브떼

nana [여] (구어) 정부; 아가씨, 여자
나나

nanti(e) [형] 유복한, 부유한; (을) 소유한, 갖춘 [~ de]
넝띠

nantissement [남] 담보, 저당; 담보물, 저당품
넝띠스멍

nappe [여] 테이블보
나쁘

napperon [남] 냅킨
나프홍

Narcisse [남] [그리스 신화] 나르시스 (n~) [남] (문어) 자기 모습에 도취하는 사람; 미남자 [식물] 수선화
나흐시스

narcissique [형] 자기도취의 [명] 자기 도취자
나흐시시끄

narcissisme [남] 자기도취
나흐시시슴

narcose [여] [의학] 마취(상태)
나흐꼬즈

narguer [타] 경멸하다, 비웃다
나흐게

narine [여] 콧구멍, 콧방울

나힌

narquois(e) [형] 빈정거리는, 비웃는
나흐꾸아(아즈)

Narrateur(trice) [명] 이야기하는 사람, 나레이터
나하뙤흐(트히스)

narratif(ve) [형] 이야기체의, 서술적인
나하띠프(띠브)

narration [여] 이야기하기, 서술; 나레이션
나하시옹

narrativité [여] 이야기적인 성격, 서술성
나하띠비떼

narratologie [여] 서사학
나하똘로지

narrer [타] (문어) 이야기하다, 서술하다
나헤

nasal(e) [형] 코의; 비음의 [여] 콧소리, 비음
나잘

naseau(x) [남] (마소 따위의) 콧구멍
나조

nasillard(e) [형] 콧소리의, 코의
나지야흐(흐드)

natal(e, als) [형] 출생지의, 타고난, 그 지방 고유의
나딸

natalité [여] 출생률
나딸리떼

natation [여] 헤엄, 수영
나따시옹

natif(ve) [형] …태생의, 출신의 [~ de] ~ de Lyon 리옹 태생의
나띠프(띠브)

nation [여] 국민, 국가
나시옹

national(e, aux) [형] 국가의, 국민의, 국립의

나시오날(노)

Nationalisation [여] 국민화, 국유화, 국영화, 귀화
나시오날리자시옹

nationaliser [타] 국유(국영)화하다, 귀화시키다
나시오날리제

nationalisme [남] 민족주의, 국가주의, 국수주의
나시오날리슴

nationalité [여] 국적, 국민성
나시오날리떼

nativité [여] 출생, 탄생(특히 그리스도 탄생의 그림[조각]; 성모 마리아의 탄생
나띠비떼

natte [여] 돗자리, 거적
나뜨

natter [타] (머리, 짚 따위를) 땋다, 엮다
나떼

naturalisation [여] 귀화, 자연화, 이입
나뛰랄리자시옹

naturaliser [타] 귀화시키다, 이식하다, 순화되다
나뛰랄리제

naturalisme [남] [철학] 자연주의, 자연론
나뛰랄리슴
[문학, 미술] 자연주의

naturaliste [명] 자연주의자, 박물학자
나뛰랄리스뜨

naturalité [여] 토착성; 귀화인임
나뛰랄리떼

nature [여] 자연, 천지 만물, 성질, 본성 laissez faire la ~ 자연의 섭리에 맡기다
나뛰흐

naturel(le) [형] 자연의, 천연의, 타고난 C'est tout à fait ~. 이건 그냥 자연스러운 거야.
나뛰헬

naturellement [부] 자연히, 당연히, 본래, 타고나기를
나뛰헬멍

naturiste [명] 자연(회귀)주의자, 나체주의자
나뛰히스뜨

naufrage [남] 파선; 실패; 파산
노프하즈

naufragé(e) [형] 파선한 [명] 파산당한 사람
노프하제

naufrager [자] 파선하다
노프하제

nauséabond(e) [형] 구역질나게 하는, 악취가 나는
노제아봉(봉드)

nausée [여] 메스꺼움, 혐오
노제

nautique [형] 항해(술)의, 선박의, 선원의
노띠끄

naval(e, als) [형] 해군의; 배의, 군함의
나발

navet [남] [식물] 무
나베

navette [여] (베틀 따위의) 북; (두 지점을 규칙적으로 왕복하는) 연락차량[기차, 전차, 배] ~ gratuite entre l'hôtel et l'aéroport 호텔과 공항 사이의 무료 셔틀 버스; [항공] ~ spatiale 우주왕복선
나베뜨

navigable [형] 항행할 수 있는, 배가 지나갈 수 있는
나비갸블

navigateur(trice) [명] 항공사, 항해사, 항법사,
나비갸뙤흐(트히스)

navigation [여] 항행, 항해, 항공
나비갸시옹

naviguer [자] 항해[항행]하다 ~ sur le web 웹서핑을 하다
나비게

navire [남] 배, 선박

나비흐

navré(e) 나브헤	[형] 가슴아픈, 비탄에 빠진, 유감스러운, 애석한
nazi(e) 나지	[명] (독일의) 국가사회당원, 나치당원 [형] 나치(당)의
nazisme 나지슴	[남] (독일의) 국가사회주의, 나치즘
ne 느	[부] 아니다, 안하다 (보통 pas, point, ni, guère, jamais, plus, aucun, nul, personne, rien 등과 함께 쓰임)
né(e) 네	[형] 태어난, 출생한 [~ de] enfants ~s du même père 같은 아버지에 게서 태어난 아이들
néanmoins 네엉무엥	[부] 그렇지만, 그럼에도 불구하고
néant 네엉	[남] 무, 허무
nébuleux(se) 네뷜뢰(뢰즈)	[형] (날씨, 하늘이) 구름[안개]이 낀, 흐린
nécessaire 네세세흐	[형] 필요한, 필연의, 없어서는 안 될
nécessairement 네세세흐멍	[부] 반드시, 물론, 필연적인 결과로써
nécessité 네세시떼	[여] 필수품, 필요성, 불가결한 것 par ~ 필요해서
nécessiter 네세시떼	[타] 필요로 하다,..의 결과를 필연적으로 동반하다
nécessiteux(se) 네세시뙤(뙤즈)	[형] 가난한, 빈곤한
nectar 넥따흐	[남] 화밀, 달콤한 음료, 넥타, 신주

nectarine [여] 넥타린
넥따힌

néerlandais(e) [형] 네덜란드의(=hollandaise) N~
네에흘렁데(데즈) [명] 네덜란드 사람 [남] 네덜란드어

Néerlande [여] [지리] 네덜란드
네에흘렁드

nef [여] (교회당의 신자석이 있는) 중앙 홀
네프

néfaste [형] 불길한, 상서롭지 않은; 흉한, 불행한
네파스뜨

négatif(ve) [형] 부정(부인)의, 소극적인, 거부적인
네갸띠프(띠브)

négation [여] 부정, 부인, 무, 결여
네갸시옹

négativement [부] 부정적으로, 소극적으로
네갸띠브멍

négligé(e) [형] 소홀히[등한히] 한, (옷차림 따위가) 아무렇게나 한, 허술한
네글리제

négligeable [형] 무시해도 좋은, 대수롭지 않은, 하찮은
네글리자블

négligence [여] 태만, 소홀, 무시
네글리정스

négligent(e) [형] 태만한, 소홀한
네글리정(정뜨)

négliger [타] 무시하다, 게을리 하다, né-gliger de inf. …하지 않다, …하는 것을 잊다.
네글리제

négoce [남] 도매업; 거래, 흥정
네고스

négociable [형] 교섭(협정)할 수 있는, 유통성 있는
네고시아블

négociant(e) [명] 도매상인, 무역상인; 큰 부자

네고시엉(엉뜨)

Négociateur(trice) [명] 교섭자, 협상자, 양도인
네고시아뙤흐(트히스)

négociation [여] 교섭, 협상 être en cours de ~s 교섭 중이다
네고시아시옹

négocier [자] 협상(교섭)하다, 협정하다 ~ avec qn sur[au sujet de] qch ...와 ...에 대해 교섭하다
네고시에

Nègre(négresse [명] (옛, 경멸) 흑인, 검둥이, (역사) 흑인 노예
네그흐(네그헤스)

neige [여] 눈
네즈

neiger [비] 눈이 오다 Il *neige.* 눈이 온다
네제

neigeux(se) [형] 눈으로 덮인
네죄(죄즈)

nénuphar/nénufar [남] [식물] 수련
네뉘파흐

néologie [여] 신어
네올로지

néologisme [남] 신어 사용 [창조]; 신어, 새로운 어 의
네올로지슴

néon [남] 네온, 네온 등, 네온사인
네옹

néo-zélandais(e [형] 뉴질랜드의 [명] (N~-Z~) 뉴질랜드 사람
네오젤렁데(데즈)

néphrite [여] 신장염
네프히뜨

nerf [남] 신경, 용기, 기력 faire une crise

네흐　　de ~ 히스테리의 발작이 일어나다 guerre des ~s 신경전

nerveusement [부] 신경질적으로, 초조하게
네흐뵈즈멍

nerveux(se) [형] 신경의, 신경질적인
네흐뵈(뵈즈)

nervosité [여] 신경과민, 겁, 소심성
네흐보지떼

net(te) [형] 깨끗한, 청결한; 맑은; 선명한, 또렷한; 명석한; 명확한, 명료한; 순수한, 순전한; 흠 없는, 티없는
네(네뜨)

nettement [부] 깨끗이; 명확히, 선명하게; 분명히, 딱 잘라서
네뜨멍

nétiquette [여] [정보] 네티즌들이 온라인상에서 지켜야 할 에티켓
네띠께뜨

nettement [부] 깨끗이; 명확히, 선명하게; 분명히, 딱 잘라서
네뜨멍

netteté [여] 깨끗함, 청결; 명확, 명료
네뜨떼

nettoiement [남] 청소
네뚜아멍

nettoyage [남] 청소
네뚜아야즈

nettoyer [타] 청소하다
네뚜아예

neuf(ve) [형] ① 아홉의; 제 9 의 ② 새로운, 아직 사용하지 않은 [남] 아홉; 9 일; 트럼프의 9
뇌프(뇌브)

neurologie [여] 신경학
뇌홀로지

neurologiste [명] 신경학자, 신경과 의사

뇌홀로지스뜨

neuropathologie [여] 신경병리학
뇌호빠똘로지

neutralisation [여] 국외 중립선언; 중립화; [화학] 중 화
뇌트할리자시옹

neutraliser [타] 중립화하다, 무력화(무효화)하다
뇌트할리제

neutraliste [형] 중립을 제창하는 [명] 중립론자
뇌트할리스뜨

neutralité [여] 중립(상태), 국외 중립, 중립 정책
뇌트할리떼

neutre [형] 중립의, 중간적인, 중성의
뇌트흐

neutron [남] 중성자
뇌트홍

neuvième [형] 아홉 째의 [명] 아홉째
뇌비엠

neuvièmement [부] 아홉 째로
뇌비엠멍

neveu(x) [남] 조카
느뵈

névrologue [명] 신경과 의사
네브홀로그

névrose [여] 신경병, 신경증
네브호즈

névrosé(e) [형] 신경쇠약의 [명] 신경쇠약환자
네브호제

névrotique [형] [의학] 신경증의 troubles ~s 신경장애
네브호띠끄

nez [남] 코, 후각 parler du ~ 콧소리로 말하다
네

ni
니
[접] ...도 않다[아니다] (ne 와 함께) [ne··· ni··· ni···] Il n'est ni bête ni paresseux. 그는 바보도 게으른 사람도 아니다

niais(e)
니에(에즈)
[형] 어리석은, 미련한 [명] 바보

niaiser
니에제
[자] 어리석은 일을 하며 놀다

niaiserie
니에즈히
[여] 어리석음; 어리석음[미련한]짓 [말], 하찮은 일

Nicaragua
니까하구아
[남] [지리] 니카라과

niche
니슈
[여] 벽감, 적소분야, 영역

nicher
니셰
[자] (새가) 집을 짓다; 살다, 자리 잡다

nickel
니껠
[남] 니켈

nid
니
[남] 보금자리, 둥우리, 떼, 일당

nièce
니에스
[여] 조카딸

nier
니에
[타] 부정하다, 부인하다

nigaud(e)
니고(고드)
[형] 멍청한, 어리석은

Nigeria
니제히아
[남] [지리] 나이지리아

nihilisme
니일리슴
[남] 허무주의

nihiliste
니일리스뜨
[형] 허무설의; 허무주의의

Nil [남] [지리] 나일강
닐

nitrate [남] 질산염, 질산칼륨
니트하뜨

nitrique [형] 질소의, 질소를 함유한
니트히끄

niveau(x) [남] 수준기; 수준, 수평; 수면
니보

niveler [타] 높낮이를 고르게 하다
니블레

nivellement [남] 평준화
니벨멍

noble [형] 귀족의 [명] 귀족
노블

noblement [부] 고귀하게, 훌륭하게
노블멍

noblesse [여] 귀족(계급),고결함
노블레스

noce [여] 결혼식, 혼례; 결혼식에 참석한 사람들
노스

nocif(ve) [형] 유해한, 불건전한
노시프(시브)

noctambule [명] 밤에 나다니는[야행성의] 사람 [형] 밤에 나다니는, 야행성의, 몽유병자의
녹떵뷜

nocturne [형] 밤의, 야간의
녹뛰흔

Noël [남] 크리스마스
노엘

noeud [남] 매듭
뇌

noir(e) [형] 검은

누아흐

noircir [타] 검게 하다
누아흐시흐

noircissement [남] 검게 하기; 중상
누아흐시스멍

noisette [여] [식물] 헤이즐넛
누아제뜨

noix [여] [식물] 호두(열매)
누아

nom [남] ① 이름 ② [문법] 명사
농

nomade [형] ① 유목의, 유랑의 ② (비유) 방랑하는 [명] ① (흔히 복수) 유목민 ② [법] 방랑생활 자
노마드

nombre [남] ① 수 ~ pair[impair] 짝수[홀수] ② 수효 ~ d'habitants 주민 수
농브흐

nombreux(se) [형] 다수의, 수많은
농브회(회즈)

nombril [남] 배꼽
농브히(힐)

nomenclature [여] 술어집; (사전의) 수집어, 어휘
노멍끌라뛰흐

nominal(e, aux) [형] 이름의, 명목상의, 이름뿐인
노미날(노)

nominalement [부] 명목상으로
노미날멍

nominatif(ve) [남][형] 주격[명격](의)
노미나띠프(띠브)

nomination [여] 임명, 지명
노미나시옹

nommément [부] 지명하여; 특히
노메멍

nommer
노메
[타] 임명하다, 지명하다 ~ qn président …를 의장으로 임명하다

non
농
[부] 아니(오); 비, 불, ...않는 ~ plus (부정의 뜻으로) 또한, 역시

nonchalant(e)
농샬렁(렁뜨)
[형] 아랑곳 하지 않는, 무관심한, 태연한

non-fumeur(se)
농퓌뫼흐(뫼즈)
[명] 담배 안 피우는 사람, 금연가

nonnain
노넹
[여] 수녀

nord
노흐
[남] 북, 북쪽

nord-est
노흐에스뜨
[남] 북동, 북동부

nordique
노흐디끄
[형] 북유럽의

nord-ouest
노흐웨스뜨
[남] 북서, 북서부

normal(e, aux)
노흐말(모)
[형] 정상의, 보통의, 표준의 [여] 평균, 표준, 정상상태

normalement
노흐말멍
[부] 정상적으로, 보통은

normaliser
노흐말리제
[타] 정상화하다; 표준화하다, 규격화하다

normalité
노흐말리떼
[여] 정상

norme
노흠
[여] 표준, 규범, 전형

Norvège
노흐베즈
[여] [지리] 노르웨이

norvégien(ne)
[형] 노르웨이의 [명] (N~) 노르 웨이

노흐베지엥(엔) 사람 [남] 노르웨이 말

nos [형] notre 의 복수
노

nostalgie [여] 향수
노스딸지

nostalgique [형] 고향(옛날)을 그리는
노스딸지끄

notable [형] 현저한, 두드러진
노따블

notaire [남] 공증인
노떼흐

notamment [부] 특히
노따멍

notation [여] 표시법, 기수법
노따시옹

note [여] ① (본문에 대한) 주, 주석; 주해 ~ marginale 방주 ② 평가; 점수, 성적 avoir[obtenir] une bonne ~ 좋은 점수를 받다
노뜨

noter [타] ① (밑줄, 십자표로) 표를 하다 ② 적어놓다, 메모하다 ③ 주의하다, 유의하다
노떼

notice [여] 소지, 약술; 주의서
노띠스

notificatif(ve) [형] 통지하는
노띠피꺄띠프(띠브)

notification [여] 통지, 통고
노띠피꺄시옹

notifier [타] 통지하다, 통보하다
노띠피에

notion [여] 관념, 생각, 개념 quelques ~s de ~ ...에 관한 관념, 생각

노시옹

notoire [형] (사실 따위가) 알려진, 주지의; 유
노뚜아흐 명한

notoirement [부] 악명높게
노뚜아흐멍

notoriété [여] 저명, 주지, 소문이 자자함
노또히에떼

notre [형] 우리의
노트흐

nôtre [대명] (정관사가 앞에 놓임: le[la]
노트흐 nôtre, les nôtres) 우리들의 것

Notre-Dame [여] (복수 없음) (관사없이) [가톨릭] 성
노트흐담 모 마리아; 성모당 ~ de Paris 파리의
노트르담 대성당

Nouer [타] 매다; 묶다
누에

Nouilles [여][복] 국수, 면류
누이유

Nourrice [여] 유모
누히스

nourrir [타] 젖먹이다, 음식[먹이]을 먹이다[
누히흐 제공하다], 부양하다, 먹여 살리다 se ~
[대] 영양을 취하다, 먹다

nourrissant(e) [형] 영양이 되는, 영양가 있는, 영양이
누히성(성뜨) 풍부한

nourrisson(ne) [명] 젖먹이, 유아, 영아
누히송(손)

nourriture [여] 자양물, 음식
누히뛰흐

nous [대명] 우리는
누

nouveau (nouvel/nouvelle/ nouveaux/ nouvelles) 누보(누벨) [형] 새로운 J'ai acheté un *nouvel* ordinateur 나는 새 컴퓨터를 샀다 [여] 뉴스

nouveau-né(e)(s) 누보네 [형] 갓난 enfant ~ 신생아 [명] 갓난아이, (28 일 미만의)신생아, (동 물의) 막 태어난 새끼

nouveauté 누보떼 [여] 새로움, 참신한, 신제품

Nouvelle-Calédonie 누벨깔레도니 [여] [지리] 뉴 칼레도니아

Nouvelle-Guinée 누벨기네 [여] [지리] 뉴기니

nouvellement 누벨멍 [부] (과거분사 앞에서만 사용) 최근에 film ~ sorti 최근에 개봉된 영화

Nouvelle-Zélande 누벨젤렁드 [여] [지리] 뉴질랜드

novateur(trice) 노바뙤흐(트히스) [명] 개혁자, 혁신자 [형] 개혁 [혁신] 하는

novembre 노벙브흐 [남] 11 월

novice 노비스 [명] 풋내기, 무경험자

noyau 누아요 [남] 핵, 핵심, 세포핵

noyer 누아예 [타] 익사시키다; 침수시키다 se ~ [대] 익사하다; 물에 빠지다 [남] 호도 나무

nu(e) [형] 벌거벗은, 나체의

N-n

뉘

nuage
뉘아즈
[남] 구름

nuageux(se)
뉘아죄(죄즈)
[형] 구름 낀, 흐린

nuance
뉘앙스
[여] 뉘앙스

nuancer
뉘앙세
[타] ① (색깔에) 명암[농담]을 띠게 하다 ② (에) 미묘한 변화를 주다; 미묘한 차이를 고려하여 표현하다

nucléaire
뉘끌레에흐
[형] 핵의, 원자핵의

nudisme
뉘디슴
[남] 나체주의

nudiste
뉘디스뜨
[형] 나체주의의 [명] 나체주의자

nudité
뉘디떼
[여] 벌거숭이, 나체, 노출

nue
뉘
[여] (옛, 문어) 구름; 하늘 por-ter [éle ver, mettre] qn/qch aux ~s …을 격찬[절찬]하다

nuée
뉘이에
[여] (문어) 큰 구름

N-n

nuire
뉘이흐
[타간] [~ à qn] …을 해치다, …에게 해를 끼치다; [~ à qch] …을 해치다, 훼손하다, 방해하다

nuisible
뉘이지블
[형] 해로운, 유해한 [~ (à qn/qch)]

nuit
뉘이
[여] 밤, 야간 toute la ~ 밤새도록 Bonne ~ ! 안녕히 주무십시오, 잘자

nul(le)
뉠
[형] 어떠한, 아무러한 [대명] 아무도

nullement [부] 조금도, 추호도 (ne 와 함께 쓰임)
뉠멍

nullification [여] 무효로 하기
뉠리피꺄시옹

nullifier [타] 무효로 하다, 폐기하다
뉠리피에

nullité [여] 무효
뉠리떼

numéraire [형] 셀 수 있는
뉘메헤흐

numéral(e, aux) [형] 수를 나타내는, 수 의
뉘메할(호)

numérique [형] 수의, 숫자로 나타낸, 디지털의
뉘메히끄
alphabétisation ~ 컴맹퇴치

numérisation [여] [정보] (아날로그 신호의) 디지털화
뉘메히자시옹

numéro [남] 번호 ~ un 제 1 호, 제 1 인자, 중심 인물
뉘메호

numérotage [남] 번호매기기
뉘메호따즈

numéroter [타] 번호[번지]를 붙이다
뉘메호떼

nu-pied [남] (흔히 복수) 샌들
뉘삐에

nuptial(e, aux) [형] 혼인의, 혼례의
뉩시알(오)

nuptialité [여] 혼인율
뉩시알리떼

nuque [여] 목덜미
뉘끄

nutriment [남] 영양물, 양식

뉘트히멍

nutritif(ve) [형] 영양상의
뉘트히띠프(띠브)

nutrition [여] 영양물, 영양물섭취
뉘트히시옹

nylon [남] 나일론
닐롱

nymphe [여] 님프, 요정
넹프

nymphéa [남] [식물] 수련
넹페아

nymphomane [명] 색정 과다(증)의 여자
넹포만 [형] 색정 과다의

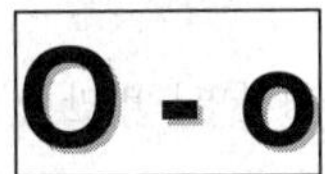

O, o
오

[남] 불어 자모의 열 다섯째 글자

oasis
오아지스

[여] 오아시스

obéir
오베이흐

[자] ① [~ à qn/qch] ...에(게) 복종하다, ...을 따르다 enfant qui *obéit* à ses pa-rents 부모에게 순종하는 아이 ~ aux lois 법을 준수하다 ~ à sa conscience[son instinct] 양심 [본능]에 따르다 / (보어 없이) enfant qui n'*obéit* jamais 언제나 말을 안 듣는 아이 se faire ~ des autres 다른 이들이 자신을 따르도록 하다

obéissance
오베이성스

[여] ① 복종, 순종 (=sou-mission) ~ des soldats à leurs chefs mili taires 지휘관에 대한 병사의 복종 prêter[jurer] ~ à qn ...에게 복종을 맹세하다 refus d'~ 불복종 ② (법규 따위의) 준수 (=observation) ~ aux règles[à la loi] 규칙[법]의 준수

obéissant(e)
오베이성(성뜨)

[형] ① 순종하는 (=docile, soumis); 온순한 (=doux, sage) ~ envers son père 아버지의 말을 잘 따르는 ~ à la règle 규칙을 잘 지키는 chien ~ 말을 잘 듣는 개 ② (기계 따위가) 뜻대로 잘 움직이는

obélisque
오벨리스끄

[남] 오벨리스크, 방첨탑

obèse
오베즈

[형][명] 비만한 (사람)

obésité
오베지떼

[여] 비만, 비대

objecter
옵젝떼

[타] ① (을 이유로) 반대하다, 반증으로 제시하다 ~ de bonnes raisons à[contre] un argument 어떤 논서를 반박하는 합당한 이유들을 제시하다 ~ la pollution de l'air à[contre] la construction d'une usine 대기오염을 이유 로 공장건설에 반대하다 On lui *a objecté* son jeune âge. 사람들은 나이가 어리다는 이유를 들어 그에게 반대했다 [~ à qn que + ind.] On m'*a objecté* que mon projet était trop coûteux. 사람들은 비용이 너무 많이 든다고 내 계획에 반대했다 ② 구실[핑계]로 대다 (=prétendre) [~qch (à qn)] ~ la fatigue pour ne pas sortir 피로하다는 구실로 외출을 하지 않다

objectif(ve)
옵젝띠프(띠브)

[형] ① 객관적인, 명백한 preuve ~ve de la culpa-bilité 유죄의 명백한 증거 ② 공정한, 중립적인; 편견 없는 (=détaché, impartial) information ~ve 편견 없는[공평한] 비평 histori en ~ 편견 없는 역사가 Il a su rester ~. 그는 중립을 지킬 줄을 알았다 ③ 객관적 사실에 기초한; 실증적인 méthode ~ve 실증적 방법 appréciation ~ve 객관적인 평가 ④ [철학] 객관적인, 대상적인; 표상적인 réalité ~ve 객관적 실재

objectif 옵젝띠프
[남] ① [군대] 목표물, 표적 (=cible) Les missiles ont atteint leur ~. 미사일들이 목표물을 맞추었다 ② (비유) 목표, 목적, 의도 (=dessin, visée) atteindre un ~ 목표를 달성하다 avoir pour ~ qch; avoir pour ~ de inf. ...을 목적으로 하다 ③ [광학] 대물 렌즈 ④ [사진] 렌즈 ~ d'une caméra 방송카메라의 렌즈 ~ à grand angle 광학렌즈

objection 옵젝시옹
[여] ① 반론, 반박 논거 (=réfutation, réplique) faire [formuler] une ~ à une théorie 어떤 이론에 대해 반론을 제기하다 réfuter une ~ 반론을 재반박하다 ② 이의, 반대의사 (=contestation, opposition) Cette proposition n'a soulevé aucune ~. 이 제안에 대해서는 아무런 반대도 제기되지 않았다 si vous n'y voyez aucune ~ 이에 대해 아무런 이의도 없으시다면 O~ ! 이의 있습니다 ③ ~ de conscience (신앙, 양심상의 이유에 의한) 양심적 병역 거부

objectivement 옵젝띠브멍
[부] 객관적으로

objectivité 옵젝띠비떼
[여] 객관성

objet 옵제
[남] ① 물체, 사물 perception des ~s 사물의 지각 ~ volant non iden

O-o

tifié 미확인 비행 물체, UFO ([약] O.V.N.I.) ② 물품, 물건; 용품 ~s usuels 일용품 ~s de toilette 세면[화장] 용품 ③ (감정, 행위의) 대상 ~ d'amour[de haine] 사랑[증오]의 대상 Ce malade est l'~ d'une surveillance constante. 이 환자는 항시 관찰 대상 이다 ④ (사고, 연구 따위의) 주 제, 테마 ~ de la pensée 사고의 주제 ~ d'un discours 연설의 주제 ⑤ 목적, 의도 (=but, fin) Quel est l'~ de votre visite ? 무슨 일로 방문 하셨나요?

obligation 오블리가시옹 [여] 의무 ~ scolaire 취학 의무 ~ civique 시민으로서의 의무

obligatoire 오블리가뚜아흐 [형] 의무적인; 필수적인 instruction (gratuite et) ~ 의무교육

obligatoirement 오블리가뚜아흐멍 [부] 의무적으로, 반드시

obligé(e) 오블리제 [형] 의무가 있는; 어쩔 수 없는, 불가피한 Vous n'êtes pas ~ de répondre. 억지로 대답하실 필요는 없습니다

obligeance 오블리정스 [여] (문어) 친절, 호의

obligeant(e) 오블리정(정뜨) [형] (문어) 친절한, 호의적인

obliger 오블리제 [타] 의무를 지우다, 강제[구속]하다 Le contrat oblige les deux parties. 그 계약은 쌍방 모두를 구속한다

oblique 오블리끄 [형] 비스듬한, 기울어진

obliquement [부] 비스듬히
오블리끄멍

obliquer [자] 비스듬히 돌아가다[옆길로 빠지다]
오블리께

oblitération [여] 지우기, 말소; 소인을 찍기
오블리떼하시옹

oblitérer [타] 지우다, 말소하다; 소인을 찍다
오블리떼헤

oblong(ue) [형] 헤포라 가로보다 긴
오블롱(롱그)

obscène [형] 외설스러운, 추잡한
옵센

obscénité [여] 외설, 추잡함; 외설스러운 [추잡한] 언행[그림]
옵세니떼

obscur(e) [형] 분명치 않은
옵스뀌흐

obscurcir [타] 가리다, 흐리게 하다
옵스뀌흐시흐

obscurité [여] 어둠, 암흑, 난해함, 모호함
옵스뀌히떼

obséder [타] (생각, 문제 따위가) 끊임없이 괴롭히다; 머리에서 떠나지 않다
옵세데

obsèques [여][복] 장례식
옵세끄

obséquieux(se) [형] 아첨하는
옵세끼유(유즈)

observable [형] 식별 가능한
옵세흐바블

observance [여] 준수
옵세흐벙스

observateur(trice) [명] 관찰자

옵세흐바뙤흐(트히스)

observation [여] 관찰 être en ~ 감시받고 있다
옵세흐바시옹

observatoire [남] 관측소
옵세흐바뚜아흐

observer [타] ① (규칙 따위를) 준수하다 ② 관찰하다
옵세흐베

obsession [여] 강박관념
옵세시옹

obsessionnel(le) [형] 망상의
옵세시오넬

obsolescence [여] (신제품, 신기술의 출현으로 인한) 구식화, 낙후성, 무가치성
옵솔레성스

obsolète [형] 사용 안 되는, 폐지된
옵솔레뜨

obstacle [남] 장애물 faire ~ à qch …에 방해가 되다
옵스따끌

obstérical(e, aux) [형] 산과(학)의
옵스떼트히깔(꼬)

obstéricien(ne) [명] 산과 의사
옵스떼트히시엥(엔)

obstétrique [형] 산과의 [여] 산과(학)
옵스떼트히끄

O-o

obstination [여] 고집, 완고; 완강
옵스띠나시옹

obstiné(e) [형] 완고한, 고집센
옵스띠네

obstiner, s' [대] 고집 부리다
솝스띠네

obstruction [여] 방해물
옵스트훅시옹

obstructionniste [형] 방해하는
옵스트뤽시오니스뜨

obstruer [타] 막다
옵스트휘에

obtenir [타] 획득하다, 얻다
옵뜨니흐

obturateur(trice) [형] (구멍 따위를) 막는, 밀폐하는 [남] 밀폐용 재료, (액체, 가스 따위를 막는) 마개, 밸브; [사진] 셔터
옵뛰하뙤흐(트히스)

obturer [타] (구멍 따위를) 막다, 메우다
옵뛰헤

obtus(e) [형] 무딘, 뭉툭한, 둔한 angle ~ 둔각
옵뛰(뛰즈)

obus [남] 포탄
오뷔

obvier [타간] (문어) [~ à qch] ...을 예방[방지]하다
옵비에

occasion [여] 경우, 때 à cette ~ 그 경우를 계기로
오까지옹

occasionnel(le) [형] 기회가 되는, 유발하는
오까지오넬

occasionner [타] 일으키다, 야기하다, 초래하다
오까지오네

Occident [남] 서양, 서구
옥시덩

occidental(e, aux) [형] 서양의, 서구의
옥시덩딸(또)

occlure [타] 봉합하다, 폐색하다
오끌뤼흐

occulte [형] 불가사의한, 신비스러운
오뀔뜨

occupant(e)
오뀌뺑(뺑뜨)
[형] ① 점유하는, 차지하는 ② (영토를) 점령하는 [명] ① 거주자 ② [법] 점유자

occupation
오뀌빠시옹
[여] 일, 업무, 직업; 몰두, 골몰, 전념; 점유 ~ d'une mai-son par une seule personne 혼자서 집을 차지함

occupé(e)
오뀌뻬
[형] 바쁜

occuper
오뀌뻬
[타] 차지하다; 살다; [법] 선점하다; 점령 하다; (시간을) 쓰다, 바치다; (일을) 맡다 s'~ [대] [s'~ de] (을) 돌보다, (에) 전념하다, 관심을 두다

occurrence
오뀌헝스
[여] 경우, 상황

océan
오세엉
[남] 대양

océanique
오세아니끄
[형] 대양의

ocre
오크흐
[여] 황토 [남] 황갈색 [형] (불변) 황갈색 의

octane
옥딴
[남] 옥탄

octave
옥따브
[여] 옥타브

octet
옥떼
[남] 8 중주

octobre
옥또브흐
[남] 10 월

octogénaire
옥또제네흐
[형][명] (나이가) 80 대의 (사람)

octogone
옥또곤
[남] 8 각형

octroi
옥트후아
[남] 양여, 수여

octroyer
옥트후아예
[타] 양여하다, 수여하다

oculaire
오뀔레흐
[형] 눈으로 직접 본, 눈의

oculiste
오뀔리스뜨
[명] [의학] 안과의사

ode
오드
[여] 서정단지; 시가

odeur
오되흐
[여] 냄새, 향기

odieux(se)
오디유(유즈)
[형] 가증[밉살]스러운

odomètre
오도메트흐
[남] 주행 기록계

odorant(e)
오도헝(헝뜨)
[형] 향기 있는

odorat
오도하
[남] 후각

odorer
오도헤
[타] 냄새를 맡다 [자] 냄새를 풍기다

Odyssée
오디세
[여] 오디세이아 (o~) [여] 모험담, 모험여행, 파란만장한 인생

oecuménicité
에뀌메니시떼
[여] [종교] (교회의) 세계적 통합 상태; 세계성

oecuménique
에뀌메니끄
[형] [종교] 세계교회운동의; 전세계의, 전기독교[교회]의

oecuménisme
에뀌메니슴
[남] [종교] 세계교회운동, 세계기독교통합운동

oedème
에뎀
[남] 부종

oedipe
에디쁘
[남] 수수께끼 푸는 사람 OE~ (그리스 신화의) 오이디푸스

oeil(yeux)
외유(이유)
[남] 눈

oeil-de-perdrix (oeils-de-perdrix)
외유드뻬흐드히
[남] [의학] 바라갉의 티눈

oeillade
외야드
[여] 눈짓 추파 lancer une ~ à qn ...에게 눈짓을 하다

oeillet
외예
[남] (신발, 서류 따위의) 끈을 꿰는 구멍

oenologie
에놀로지
[여] 포도주 양조법

oenologique
에놀로지끄
[형] 포도주 양조법의

oenologiste
에놀로지스뜨
[남] 포도주 양조에 관한 저술가

oesophage
에조파즈
[남] 식도

oestrogène
에스트호젠
[남] 에스트로겐

oeuf(s)
외프(외)
[남] ① (조류의)알; (특히) 달걀, 계란 jaune[blanc] d'~ 달걀의 노른자 [흰자] ~ cru[dur] 날계란[삶은 계란] ~ mollet[à la coque] 반숙계란

oeuvre
외브흐
[여] 일, 작업; 작품

offensant(e)
오펑성(성뜨)
[형] 무례한, 모욕적인, 불경한

offense
오펑스
[여] 모욕, 무례, 위배, 침해

offenser
오펑세
[타] 성나게 하다

offensif(ve)
오펑시프(시브)
[형] 공격(용)의, 공격적인 [여] 공격, 공세 prendre l'~ve 공세를 취하다

offertoire
오페흐뚜아흐
[남] (미사 때의 빵과 포도주의) 봉헌, 봉헌문, 봉헌곡

office
오피스
[남] 직무, 직책

officiel(le)
오피시엘
[형] 공식의

officier
오피시에
[남] 장교

officieux(se)
오피시유(유즈)
[형] 비공식의

offre
오프흐
[여] ① 제의, 제안; 제시가격 rubrique des ~s d'emploi (신문의) 구인란 ② 제공(물) ③ [경제] 공급(량) ~ de monnaie 통화 공급

offrir
오프히흐
[타] ① 주다, 제공하다 ~ un bouquet de fleurs à qn ...에게 꽃다발을 주다 ② 제의[제안] 하다 ~ son aide 도와주겠다고 제의하다

offusquer
오퓌스께
[타] 기분을 상하게 하다, 화나게 하다; (비유) (정신, 판단력을) 혼란하게 하다, 무디게 하다

oie
우아
[여] [조류] 기러기, 거위

oignon
오뇽
[남] 양파

oindre
웽드흐
[타] 기름을 바르다

oiseau(x)
우아조
[남] 새

oisif(ve)
우아지프(지브)
[형] 아무 일도 하지 않는, 무위의, 한가한

oisiveté
우아지브떼
[여] 무위, 한가

olive
올리브
[여] 올리브

olivier
올리비에
[남] 감람나무

olympiade
올렝삐아드
[여] 올림피아드

olympique
올렝삐끄
[형] 올림픽 경기의 Jeux ~s d'hiver 동계올림픽

ombrage
옹브하즈
[남] 그늘을 이루는 무성한 나뭇가지와 잎사귀, 나무그늘, 녹음

ombragé(e)
옹브하제
[형] 나무 그늘진, 녹음에 덮인

ombrageux(se)
옹브하죄(죄즈)
[형] 화를 잘 내는, 까다로운

ombre
옹브흐
[여] 그림자

ombreux(se)
옹브회(회즈)
[형] 그늘진, 그늘이 많은, 어두운

omelette
오믈레뜨
[여] 오믈렛

omettre
오메트흐
[타] 빠뜨리다, 누락하다

omission
오미시옹
[여] 빠뜨리기, 누락

omnibus
[남] 완행열차

옴니뷔스

omnipotent(e) [형] 전능한
옴니뽀떵(떵뜨)

omniprésent(e) [형] 어디에나 있는, 편재하는
옴니프헤정(정뜨)

omniscient(e) [형] 전지의; 박식한
옴니시엉(엉뜨)

omoplate [여] [해부] 견갑골
오모쁠라뜨

on [대명] (일반적으로) 사람, 인간; (세상의) 일반 사람들 On dit que··· ···이라고들 말한다; 나, 우리들
옹

once [여] 온스
옹스

oncle [남] 백부, 숙부, (외)삼촌, 고모[이모]부
옹끌

onctueux(se) [형] 기름 모양의, 미끈거리는, 번지르르한; 부드러운, 연한
옹끄뛰이유(유즈)

onde [여] 물결
옹드

ondé(e) [형] (문어) 물결 모양[무늬]의, 물결치는
옹데

ondée [여] 소나기
옹데

on-dit [남] (복수불변) 소문
옹디

ondoyer [자] 물결[굽이]치다, 일렁이다
옹두아예

ondulation [여] 파동, 물결침, 일렁임;(머리털의) 웨이브; (복수) 웨이브진 머리
옹뒬라시옹

ondulé(e) [형] 물결 모양의, 구불거리는

옹뒬레

onduler 옹뒬레 — [자] 파동하다, 물결치다

onéreux(se) 오네회(회즈) — [형] 비용이 많이 드는

ongle 옹글 — [남] 손톱; 발톱; 발굽; 갈고리

onguent 옹경 — [남] (옛) 방향제, 향유; [약학] 고약, 연고

onze 옹즈 — [형] 열 하나의; [남] 열 하나

onzième 옹지엠 — [형] 열한 번째의
[명] 열한 번째의 것 [남] 11 분의 1

opale 오빨 — [여] 오팔

opaque 오빠끄 — [형] 불투명한

opéra 오뻬하 — [남] 오페라

opérateur(trice) 오뻬하뙤흐(트히스) — [명] (기계의) 조작자, 기사, 전화교환원; 촬영[영사]기사, 카메라맨 [남] (기계의) 작업 부분; [수학] 연산기호, 연산자, 작용소

opération 오뻬하시옹 — [여] ① 작용 ~s de la digestion 소화 작용 ② 작업, 조작, 활동 ~s d'une fabrication 제조작업 ③ (외과) 수술 subir une ~ 수술을 받다

opérationnel(le) 오뻬하시오넬 — [형] 실용 가능한, 작업 가능한

opérer 오뻬헤 — [타] 하다, 행하다; 실험하다; 수술하다

ophtalmique
오프딸미끄
[형] 눈의

ophtalmologie
오프딸몰로지
[여] 안과학

ophtalmologue
오프딸몰로그
[명] 안과전문의

opiacé(e)
오삐아세
[형] 아편의, 아편이 든

opiner
오삐네
[자] (옛) [법] 의견을 말하다[개진하다]; (익살) [법] 찬성하다, 지지하다 [~ à]

opiniâtre
오삐니아트흐
[형] 끈질긴, 완강한

opinion
오삐니옹
[여] 의견 une divergence d'~s 의견의 차이

opium
오삐옴
[남] 아편

opportun(e)
오뽀흐뗑(뛴)
[형] 시의적절한

opportuniste
오뽀흐뛰니스뜨
[명] 기회주의자

opportunité
오뽀흐뛰니떼
[여] 상황에 알맞음, 시의적절함; 좋은 기회, 호기

opposant(e)
오뽀정(정뜨)
[형] 반대의, 대립하는 [명] 반대자

opposé(e)
오뽀제
[형] 반대(편)의, (복수) 서로 마주 대한, 대칭의; 대조적인, 상반되는, 정반대의

opposer
오뽀제
[타] 마주 대하게 하다; 대치시키다 s'~ 반대하다, 저항하다

opposition
[여] 반대 faire ~ à …에 반대하다

오뽀지시옹

oppressant(e) [형] 숨막히게 하는, 압박감을 주는
오프헤성(성뜨)

opresser [타] 숨막히게 하다; (비유) (정신적) 고통을 주다, (가슴을) 짓누르다
오프헤세

oppresseur [남] 압제자
오프헤쇠흐

oppressif(ve) [형] 압제적인
오프헤시프(시브)

oppression [여] 압박
오프헤시옹

opprimer [타] 압제[억압]하다, 학대하다
오프히메

opter [자] (문어) (법) 선택하다, 고르다 ~ pour la nationalité française 프랑스 국적을 택하다
옵떼

opticien(ne) [명] 안경사
옵띠시엥(엔)

optim(al)iser [타] 최적화하다, 가장 효과적으로 활용하다
옵띠미제/옵띠말리제

optimisme [남]낙관주의
옵띠미슴

optimiste [형] 낙관적인 [명] 낙관주의자
옵띠미스뜨

optimum (s/optima) [남] 최적상태, 최상 option [여] 선택
옵띠몸(옵띠마)

option [여] 선택; (시험 따위의) 선택 과목, 선택 분야
옵시옹

optique [형] 눈의, 광학의
옵띠끄

opulence [여] 부유, 호사; 풍만
오쀨렁스

opulent(e) [형] 부유한
오쀨렁(렁뜨)

opus [남] 작품(번호)
오쀠스

or [남] 황금; 금화; 금전 [접] 그런데
오흐

oracle [남] 신탁
오하끌

orage [남] 뇌우
오하즈

orageux(se) [형] 뇌우가 쏟아지는
오하죄(죄즈)

oraison [여] 기도
오헤죵

oral(e, aux) [형] 구두의, 구술의 [남] 구술시험
오할(호)

oralement [부] 구두로
오할멍

orange [여] 오렌지 [형] (불변) 오렌지색의 [남] 오렌지색
오헝즈

orateur(trice) [명] 연설가, 웅변가, 연사
오하뙤흐(트히스)

oratoire [남] 웅변
오하뚜아흐

orbite [여] 궤도
오흐비뜨

orbiter [자] 선회하다
오흐비떼

orchestral(e, aux) [형] 오케스트라의
오흐께스트할(호)

orchestre
오흐께스트흐
[남] 오케스트라 ~ de cham-bre 실내 관현악단

orchidée
오흐끼데
[여] 난초과 식물(의 꽃)

ordinaire
오흐디네흐
[형] 보통의, 통상적인, 여느

ordinairement
오흐디네흐멍
[부] 일반적으로, 보통, 평소에

ordinal(e, aux)
오흐디날(노)
[형] 순서를 나타내는, 서열의

ordinateur
오흐디나뙤흐
[남] 컴퓨터

ordination
오흐디나시옹
[여] (가톨릭의) 서품(식), (개신교의) 안수(식)

ordonnance
오흐도넝스
[여] 정돈; 질서; 순서

ordonné(e)
오흐도네
[형] 정연한, 질서 있는 [여] [수학] 세로좌표

ordonner
오흐도네
[타] 정돈하다, 질서를 세우다

ordre
오흐드흐
[남] ① 순서 remettre de l'~ dans sa vie 삶을 정리하다 ② 명령

ordure
오흐뒤흐
[여] 오물, 쓰레기; 대변, 똥; 외설스러운 서적[언행]; 더러운 놈

oreille
오헤유
[여] 귀; 청각, 소리를 알아듣는 힘 avoir la puce à l'~ 걱정하다, 근심하다

oreiller
오헤예
[남] 베개

orfèvre
오흐페브흐
[남] 금은 세공[세공품 상인]

orfèvrerie
[여] 금은세공술, 금은세공업; (집합적)

오흐페브흐히 금은세공품

organe [남] 오르간, 장기 don d'~ 장기이식
오흐간

organique [형] 유기체의
오흐가니끄

organisateur(trice) [명] 조직자, 주최자
오흐가니자뙤흐(트히스)

organisation [여] 조직(화)
오흐가니자시옹

organiser [타] ① 조직하다 C'est elle qui *a* tout *organisé*. ② (행사 따위를) 준비하다, 개최하다 ~ un evenement 행사를 개최하다
오흐가니제

organisme [남] 유기체, 생물, 인체
오흐가니슴

organiste [명] 오르간 연주자
오흐가니스뜨

orgasme [남] 오르가즘
오흐가슴

orge [여] [식물] 보리
오흐주

orgie [여] 요란한 연회
오흐지

orgue [남] 파이프오르간; (교회의) 오르간대
오흐그

orgueil [남] 거만, 오만, 교만심; 자존심
오흐게유

orgueilleux(se) [형][명] 거만한 (사람)
오흐게유(유즈)

Orient [남] 동양, 동방국
오히엉

oriental(e, aux) 오히엉딸(또)	[형] 동(쪽)의, 동양(풍)의
orientation 오히엉따시옹	[여] 방향결정, 위치파악능력, 진로지도, 오리엔테이션, 진로
orienter 오히엉떼	[타] (어떤 방향으로) 향하게 하다, 돌리다 s'~ [대] (일정한 방향으로) 향하다; 나아가다; (자신의) 위치를 알다[정하다]
orifice 오히피스	[남] (관 따위의) 구멍, 입[출]구
origan 오히겅	[남] [식물] 마요라나; 마요라나 향유
originaire 오히지네흐	[형] (에서) 태어난, (을) 원산지로 하는 Je suis ~ de France. 저는 프랑스 출신입니다.
original(e, aux) 오히지날(노)	[형] 독창적인 lire qch dans le texte ~ 원문으로 …을 읽다
originalité 오히지날리떼	[여] 독창성
origine 오히진	[여] 기원, 원산지
originel(le) 오히지넬	[형] 본원의, 본래의
oripeau(x) 오히뽀	[남] (복수) (번쩍거리는 장식이 남아 있는) 요란한 옷, 낡은 옷
orme 오흠	[남] 느릅나무
Ornement 오흐느멍	[남] 장식
ornemental (e, aux)	[형] 장식의, 장식용의 plante ~ale 관상식물

오흐느멍딸(또)

orner [타] 장식하다, 미화하다
오흐네

ornière [여] 바퀴자국; (비유) 선례, 구습, 인습
오흐니에흐

ornithologie [여] 조류학
오흐니똘로지

ornithologiste/ornithologue [남] 조류학자
오흐니똘로지스뜨, 오흐니똘로그

orphelin(e) [명] 고아
오흐플렝(린)

orphelinat [남] 고아원
오흐플리나

orteil [남] 발가락; (특히) 엄지발가락
오흐떼유

orthodontiste [남] 치과교정 전문의
오흐또동띠스뜨

orthodoxe [형] (종교적) 교리에 충실한 [합치되는], 정통(파)의 égli-se ~ grecque 그리스 정교회
오흐또독스

orthographe [여] 철자법
오흐또그하프

orthographier [타] 철자법에 따라 쓰다
오흐또그하피에

orthopédie [여] [의학] 정형외과학
오흐또뻬디

orthopédique [형] [의학] 정형외과(학)의
오흐또뻬디끄

orthopédiste [명] 정형외과 의사
오흐또뻬디스뜨

ortie
오흐띠
[여] [식물] 쐐기풀

os
오스(오)
[남] 뼈

oscillation
오실라시옹
[여] 흔들림, 동요

osciller
오실레
[자] 흔들리다, 진동하다, 동요하다

osé(e)
오제
[형] 대담한, 과감한

oseille
오제유
[여] [식물] 참소리쟁이

oser
오제
[타] (문어) 단행하다, 감행하다

osmose
오스모즈
[여] 삼투

ossements
오스멍
[남][복] (사람, 짐승의) 해골

osseux(se)
오쇠(쇠즈)
[형] 뼈의, 골질의

ostensible
오스떵시블
[형] (문어) 공공연한, 노골적인, 과시적인

ostentation
오스떵따시옹
[여] 드러내 보이기, 과시, 뽐내기, 허영

ostéopathe
오스떼오빠뜨
[명] [의학] 정골의사

ostéopathie
오스떼오빠띠
[여] [의학] 골병증, 정골의학, 정골요법

ostéoporose
오스떼오뽀호즈
[여] [의학] 골다공증

ostraciser
오스트하시제
[타] 추방하다

ostracisme
오스트하시슴
[남] 추방, 배척

otage
오따즈
[남] 인질, 볼모 retenir qn comme ~ ...을 인질로 잡아두다

ôter
오떼
[타] 떼다, 덜다, 치우다, 제거하다, 없애다

otite
오띠뜨
[여] [의학] 이염

ou
우
[접] 또는, 혹은

où
우
[부] 어디; 어디로 O~ est votre frère? 당신형[남동생]은 어디에 있습니까?

ouate
와뜨
[여] (옷, 이불 따위에 넣는) 솜

oubli
우블리
[남] ① 망각, 건망증, 잊음 ② 누락, 불이행 ③ 무관심, 무시

oublier
우블리에
[타] 잊다, 망각하다

oublieux(se)
우블리유(유즈)
[형] 잘 잊어버리는, 건망증이 있는[심한]

ouest
웨스뜨
[남] 서쪽

oui
위
[부] 네, 예

ouï-dire
위디흐
[남] (복수불변) 소문

ouïe
우유
[여] 청각; [복수] (물고기의) 아가미

ouïr
위흐
[타] (옛) 듣다

ouragan
우하겅
[남] 폭풍우, 태풍

ourlet
우흘레
[남] (옷 따위의) 접어 감친 가장자리, 옷단

ours
우흐스
[남] [동물] 곰

oursin
우흐생
[남] [동물] 성게

outil
우띠
[남] 연장, 도구

outillage
우띠야즈
[남] (집합적) 연장[도구, 공구, 기구] 한 벌, 시설, 설비

outiller
우띠예
[타] 연장[도구, 공구]을 갖추어[공급해] 주다

outrage
우트하즈
[남] 능욕 (아주 심한) 모욕, 능욕

outrager
우트하제
[타] 모욕하다, 능욕하다

outrance
우트헝스
[여] 지나친 일[행동], 과도함, 터무니없음, 과장

outre
우트흐
[전] ...이외에; ...위에

outré(e)
우트헤
[형] 과장된; 과도의; 분개한

outre-mer
우트흐메흐
[부] 바다 저편에, 해외에 s'établir ~ 해외에 정착하다 départements d'~ (프랑스의) 해외도 ([약] D.O.M.) terri-toires d'~ (프랑스의) 해외 영토 ([약] T.O,M.)

outrepasser
우트흐빠세
[타] (경계를) 넘다

outrer
우트헤
[타] 도를 지나치다 s'~ 과로하다

outre-tombe
우트흐똥브
[부] 사후에

ouvert(e)
우베흐(흐뜨)
[형] 열린, 개방된

ouvertement
우베흐뜨멍
[부] 공공연하게, 솔직하게, 숨김없이

ouverture
우베흐뛰흐
[여] 열기, 개봉, 개시, 시작

ouvrable
우브하블
[형] (공휴일이 아닌) 평일의

ouvrage
우브하즈
[남] 일, 사업; 저술, 작품

ouvragé(e)
우브하제
[형] 가공된, 세공된

ouvre-boîte
우브흐부아뜨
[남] (불변) 깡통 따개

ouvre-bouteille
우브흐부떼유
[남] 병따개

ouvreur(se)
우브회흐(회즈)
[명] (극장, 영화관의) 좌석 안내원

ouvrier(ère)
우브히에(에흐)
[명] 노동자, 직공, 일꾼

ouvrir
우브히흐
[타] 열다; (눈을) 뜨다; 개척하다; 개시하다

ovaire
오베흐
[남] ① 난소 ② [식물] 씨방

ovale
오발
[형] 타원형의 [남] 타원형

ovation
오바시옹
[여] 갈채, 환호

ovationner 오바시오네 — [타] (...에게) 박수갈채를 보내다 se lever pour ~ qqn 기립박수를 보내다

ovni 오브니 — [남] 미확인 비행물체 (objet volant non identifié 의 약어; (영) UFO)

ovulation 오뷜라시옹 — [여] 배란

ovulaire 오뷜레흐 — [형] 난자의

ovule 오뷜 — [남] 난자

oxydant(e) 옥시덩(덩뜨) — [형] 산화작용을 일으키는

oxydation 옥시다시옹 — [여] 산화

oxyder 옥시데 — [타] 산화시키다

oxygène 옥시젠 — [남] 산소

ozone 오존 — [남] 오존

ozonisation 오조니자시옹 — [여] 산소의 오존화

ozoniser 오조니제 — [타] (산소를) 오존화하다

P - p

P, p
빼
[남] 불어 자모의 열 여섯째 글자

pacifiant(e)
빠시피앙(엉뜨)
[형] (문어) (마음을) 진정시키는, 가라앉히는

pacificateur(trice)
빠시피꺄뙤흐(트히스)
[형] ① 평화롭게 하는; 유화적인, 화해적인; 중재하는 mesures ~trices 화해적인 조치 ② (마음을) 진정시키는, 가라앉히는 [명] 평화롭게 하는 사람, 평정자; 중재자, 조정자

pacification
빠시피꺄시옹
[여] ① 평화 회복, 평정; 화해, 강화; 중재, 조정 ② (마음의) 진정

pacifier
빠시피에
[타] ① 평화를 회복시키다, 평화롭게 하다; 평정하다 ② (비유) (마음을) 진정시키다, 가라앉히다 (=apaiser, calmer) se ~ [대] ① 평화가 회복되다, 평화롭게 되다 ② (비유) (마음이) 진정되다, 가라앉다

pacifique
빠시피끄
[형] ① 평화를 사랑하는; 온화한, 유순한 pays ~ 평화를 애호하는 국가 coeur ~ 온화한 마음 ② 평화적인; 평화로운, 평온한 utilisation ~ de l'énergie nucléaire 핵에너지의 평화적 이용 coexistence ~ 평화공존 ③ 태평양의 [명] 평화를 사랑하는 사람; 온화한 사람 P~

[남] 태평양 (=océan P~)

pacifiquement 빠시피끄멍 [부] 평화적으로; 평화롭게, 평온게

pacifisme 빠시피슴 [남] 평화주의, 평화론

pacifiste 빠시피스뜨 [형] 평화주의의, 평화론의 mouvement ~ 평화주의 운동
[명] 평화 주의자, 평화론자

pacotille 빠꼬띠유 [여] 조악한 상품, 싸구려 상품

pack 빠끄 [영] [남] ① [해양] (북극, 남극 해의) 부빙군 ② (집합적) [운동] (럭비의) 전휘 ③ (판매 용으로 일정량을 채워 넣은) 한 갑, 한 상자

package 빠꺄즈 [남] ① [정보] 패키지 (다양한 응용 분야에서 데이터나 특수한 문제들에 대해 도움을 주기 위한 공용 프로그램) ② [광고] (보통 총액을 정하고 광고주, 방송망에 팔리는) 패키지 프로 ③ 패키지 여행

pacte 빡뜨 [남] ① 계약(서); 협정[협약](서) faire [conclure] un ~ avec qn ...와 계약[협정]을 맺다 rompre[violer] un ~ 계약을 파기 [위반] 하다 ② (국가간의) 협정 (서), 조약[문서](=accord, traité) ~ d'alliance[de nonagression] 동맹[불가침]조약 P~ atlantique 북대서양 조약 signer un ~ 협정에 서명하다 ③ [법] 약관, 조항 ~ commissoire 계약 해제 약관 ~ de préférence 우선 조항

Pagaie [여] (카누 용의) 짧고 넓적한 노
빠게

pagaille/pagaïe [여] (구어) 무질서, 혼란, 난잡
빠갸유/빠갸이

pagayer [자] 노를 젓다
빠게예

page [여] ① 페이지, 면, 쪽 à la[en] première ~ du journal 신문의 1 면에 en bas de ~ 페이지 하단에 ~ blanche[vierge] 아무것도 씌 어지지 않은 페이지 numérotation des ~s 페이지 번호를 매기기 Ouvrez votre livre à la ~ 10. 책의 10 페이지를 펴시오 Cet article se trouve à la[en] ~ 4. 그 기사는 4 면에 실려 있다 ② (책 따위의) 한 장 (=feuillet) corner la ~ d'un livre 책장의 귀를 접다 feuilleter [tourner] les ~s 책장을 넘기다 Il manque une ~. 한 장이 빠져있다 ③ (문학, 음악작품 따위의) 부분, 대목 les plus belles ~s d'un écrivain 작가 작품 중의 가장 좋은 부분 ④ (비유) (인생, 역사상의) 시기, 시대; 사건 ~ s heureuses de la vie 인생의 행복한 시기 ~ glorieuse de l'histoire d'un pays 한 나라 역사의 영광스러운 시대 [사건] [남] (옛) (왕, 영주의) 시동
빠즈

pagination [여] 페이징 (페이지를 매기기, 매긴 페이지 번호)
빠지나시옹

paginer [타] (책 따위에) 페이지를 매기다

빠지네

pagode [여] (동양 사원의) 탑, 파고다
빠고드

paie = paye
뻬

paiement [남] ① 지불; 채무의 상환; 지불금 ~ d'un impôt 세금의 납부 ~ comptant[en liqui -de] 현금 지불 ~ d'avance 예납 délai de ~ 지불기일 balance des ~s 국제수지 ② (비유) 보수, 급료, 보답 ~ de l'hospi-talité 환대에 대한 보답
뻬멍

païen(ne) [형] ① 이교(도)의 ② 신앙심이 없는, 무신앙의 [명] ① 이교도 ② 신앙심이 없는 사람
빠이엥(엔)

paillasson [남] (현관 따위에 놓는) 신바닥 흙털개; (비유) 비굴한 사람, 아첨꾼
빠야송

paille [여] 짚, 밀짚
빠유

paillette [여] (옷 장식용의) 번쩍거리는 금속 조각
빠예뜨

pain [남] 빵
뼁

pair(e) [형] 짝수의 [남] ① 짝수 ② (흔히 복수) (사회적, 신분적으로) 동등한 사람, 동료, 동배 [여] (물건 따위의) 켤레, 쌍, 짝 une ~ de chaussettes 양말 한 켤레
뻬흐

paire [여] (물건 따위의) 켤레, 쌍, 짝
뻬흐

paisible [형] 평온한, 조용한, 평화스러운
뻬지블

paisiblement 뻬지블멍	[부] 평온하게, 조용하게, 평화스럽게
paître 뻬뜨흐	[타] 풀 먹이다, 목양하다; (풀을) 뜯어먹다 [자] 풀을 먹다
paix 뻬	[여] 평화 être en ~ 평화롭다
pakistanais(e) 빠끼스따네(네즈)	[형] 파키스탄의 [명] (P~) 파키스탄 사람
palais 빨레	[남] 궁전
pâle 빨	[형] 창백한; 빛이 희미한
pâleur 빨뢰흐	[여] 핏기 없음, 창백함
palette 빨레뜨	[여] 팔레트
paléontologie 빨레옹똘로지	[여] 고생물학, 화석학
paléontologique 빨레옹똘로지끄	[형] 고생물학의, 화석학의
paléontologue/ paléontologiste 빨레옹똘로그/ 빨레옹똘로지스뜨	[명] 고생물학 자, 화석학자
pâleur 빨뢰흐	[여] 창백함
palier 빨리에	[남] (계단 중간에 있는) 층계참
Pâlir 빨리흐	[자] 핏기가 가시다, 창백해지다

palissade
빨리사드
[여] 말뚝[판자] 울타리

palme
빨므
[여] 종려가지, 종려

palmier
빨미에
[남] [식물] 종려나무

palourde
빨루흐드
[여] [패류] 대합류

palpable
빨빠블
[형] 손으로 만질 수 있는

palper
빨뻬
[타] 손으로 만져보다

palpitant(e)
빨삐떵(떵뜨)
[형] 고동하는; 파닥거리는, 꿈틀 거리는; 감동시키는, 흥미진진한 roman ~ 흥미진진한 소설

palpitation
빨삐따시옹
[여] (심장의) 고동, (마음의) 설렘

palpiter
빨삐떼
[자] 심장이 뛰다

paludisme
빨뤼디슴
[남] [의학] 말라리아

pâmer
빠메
[자] (옛) 기절하다; 멍해지다

pampas
빵빠스
[여][복] 남아메리카의 대초원

pamphlet
빵플레
[남] 시사문제를 비평하는 소책자

pamplemousse
빵쁠르무스
[남][여] [식물] 자몽

pan
빵
[남] 늘어진 옷자락, (휘장 따위의) 늘어진 부분; (담벼락 따위의) 일부

분의 면; 면

panacée
빠나세
[여] 만병통치약

panache
빠나슈
[남] (투구, 군모 따위에 다는) 깃털 장식, (비유) 화려함, 위엄, 용기

panaché(e)
빠나셰
[형] (꽃, 새 따위가) 여러 빛깔을 띤, 얼룩무늬의

panacher
빠나셰
[타] (투구 따위를) 깃털로 장식하다

panachure
빠나쉬흐
[여] 얼룩, 무늬, 반점

pancarte
빵꺄흐뜨
[여] 광고지, 게시물, 벽보

panier
빠니에
[남] 바구니, 광주리

panique
빠니끄
[여] 공포, 공황

paniquer
빠니께
[타] 공포에 사로잡히게 하다 [자] se ~ [대] 공포에 사로잡히다, 몹시 당황[불안]해 하다

panne
빤
[여] (자동차, 자전거 따위의) 고장

panneau(x)
빠노
[남] (벽, 가구 따위의) 널판자, 패널; 광고판, 표시판

panonceau(x)
빠농소
[남] 표지판, 간판

panoplie
빠노쁠리
[여] (중세 기사의) 한 벌의 갑주; 무구 장식; 판지에 붙인 장난간이 한 세트; 장비[도구]의 한 벌

panse
빵스
[여] (반추동물의) 제 1 위

pansement 뺑스멍 — [남] 붕대를 감기; 치료용품, 붕대

panser 뺑세 — [타] 붕대를 감다, (상처를) 치료하다

pantalon 뺑딸롱 — [남] 바지

pantelant(e) 뺑뜰렁(렁뜨) — [형] 숨가쁜, 헐떡거리는

panthéon 뺑떼옹 — [남] ① (P~) [고대그리스, 로마] 판테온, 만신전 ② (집합적) (어떤 신화에 속하는) 모든 신, 제신 ③ (집합적) 위인들 ~ littéraire 문학계의 거장들

panthère 뺑떼흐 — [여] [동물] 표범

pantin 뺑뗑 — [남] 꼭두각시

pantois(e) 뺑뚜아(아즈) — [형] 얼빠진, 어리둥절한

pantoufle 뺑뚜플 — [여] 슬리퍼, 실내화

paon 뺑 — [남] [조류] 공작

papa 빠빠 — [남] 아빠

papal(e, aux) 빠빨(뽀) — [형] 교황의

pape 빠쁘 — [남] 교황

paperasse 빠프하스 — [여] (흔히 복수 또는 집합적) 쓸데없는 서류, 관청의 서류

paperasserie — [여] 쓸데없는 서류더미

빠프하스히

papeterie
빠쁘트히
[여] 제지술; 제지공장; 문구 판매업; 문구점

papetier(ère)
빠쁘띠에(에흐)
[명] 제지업자; 문구점 상인

papier
빠삐에
[남] 종이

papillon
빠삐용
[남] [곤충] 나비

papillonner
빠삐요네
[자] 훨훨[팔락팔락] 날아다니다

papilloter
빠삐요떼
[타] (머리털을) 종이로 말다[곱슬곱슬하게 하다]

Papouasie-Nouvelle-Guinée
빠뿌아지-누벨-기네
[여] [지리] 파푸 아뉴기니

pâque
빠끄
[여] 유월절 (이스라엘 사람들의 이집트 탈출 기념제)

paquebot
빠끄보
[남] 상선, 우선

Pâques
빠끄
[남] (무관사) 부활절

paquet
빠께
[남] 꾸러미, 짐; 소포

par
빠흐
[전] ...을 거쳐서, ...을 통하여

parabole
빠하볼
[여] [성서] 잠언; 우화

parachever
빠하슈베
[타] 완성[완수]하다

parachute
빠하쉬뜨
[남] 낙하산

parade [여] 행렬
빠하드

paradis [남] 천국
빠하디

paradoxal(e, aux) [형] 역설적인
바하독살(서)

paradoxe [남] 역설
빠하독스

parages [남][복] 근처, 주변, 지역, 구역
빠하즈

paragraphe [남] 문단
빠하그하프

paraître [자] 나타나다, 보이다; ...듯하다,...처럼 보이다; (책이) 나오다, 출판되다
빠헤트흐

parallèle [형] 평행한, 평행의
빠할렐

parallèlement [부] (와) 평행하게, 나란히
빠할렐멍

paralyser [타] 마비시키다
빠할리제

paralysie [여] 마비
빠할리지

paralytique [형] 마비성의
빠할리띠끄

paramètre [남] [수학] 매개변수
빠하메트흐

paramilitaire [형] 준 군대식의
빠하밀리떼흐

paranoïa [여] 편집증
빠하노이야

paranoïaque 빠하노이아끄
[형] 파라노이아의, 편집광적인, 망상증의 [명] 편집증 환자

parapet 빠하뻬
[남] ① 난간 ② [축성] (능보의) 흉벽; (참호 앞부분에 쌓은) 흉토

paraphrase 빠하프하즈
[여] 설명적 환언

paraphraser 빠하프하제
[타] 환언하다

paraplégique 빠하쁠레지끄
[형] 대마비의, 하지가 모두 마비된

parapluie 빠하쁠뤼이
[남] 우산

parasite 빠하지뜨
[남] 기생충

parasol 빠하솔
[남] 파라솔, 대형 양산

paratonnerre 빠하또네흐
[남] 피뢰침

paravent 빠하벙
[남] 병풍, 간막이

parc 빠흐끄
[남] 공원

parcelle 빠흐셀
[여] 조각, 작은 부분; 작은 농지; 소량

parce que 빠흐스끄
[접] 왜냐하면 Pourquoi ne venez-vous pas plus souvent ? - P~ je n'ai pas le temps. 왜 좀 더 자주 안 오세요? - 시간이 없어서요

parchemin 빠흐슈멩
[남] ① 양피, 양피지 écrire sur du ~ 양피지에 글을 쓰다 ② (양피지에 쓰여진) 기록; 문헌

parcimonie [여] (극도의) 검약, 절약
빠흐시모니

parcimonieux(se) [형] 극도로 아끼는
빠흐시모니유(유즈)

parc(o)mètre [남] 주차요금 미터
빠하끄(꼬)메트흐

parcourir [타] 끝에서 끝까지 가다
빠흐꾸히흐

parcours [남] 통항거리; 통로, 행로
빠흐꾸흐

par-dessous [전] …의 아래에(서), 아래로
빠흐드수

pardessus [남] 외투
빠흐드쉬

par-dessus [전] ...의 위를[에], ...을 넘어서
빠흐드쉬

pardon [남] 용서
빠흐동

pardonnable [형] 용서할 수 있는[할 만한]
빠흐도나블

pardonner [타] 용서하다
빠흐도네

pare(-)brise [남] (자도차의) 앞유리창
빠흐브히즈

pare(-)choc(s) [남] (자동차의) 범퍼
빠흐쇼끄

pare-feu [남] (불변) 소화기
빠흐푀

pareil(le) [형] 같은, 동일한; 비슷한, 유사한
빠헤유

pareillement [부] 똑같이, 마찬가지로
빠헤유멍

parent(e)
빠헝(헝뜨)
[명] (복수) 부모, 양친 relation ~s enfants 친자관계

parenté
빠헝떼
[여] 친족[혈족]관계

parental(e, aux)
빠헝딸(또)
[형] 어버이의

parenthèse
빠헝떼즈
[여] 괄호 mettre entre ~s 괄호 안에 넣다

parer
빠헤
[타] 꾸미다, 장식하다

paresse
빠헤스
[여] 게으름, 태만

paresseux(se)
빠헤쇠(쇠즈)
[형] 게으른, 태만한

parfait(e)
빠흐페(페뜨)
[형] 완벽한

parfaitement
빠흐페뜨멍
[부] 완전히, 훌륭히, 확실히, 철저히

perfectionner
뻬흐펙시오네
[타] 완벽, 완벽한, 완성하다

parfois
빠흐푸아
[부] 이따금, 가끔

parfum
빠흐펭
[남] 향기, 방향

parfumer
빠흐퓌메
[타] 향수를 뿌리다

pari
빠히
[남] 내기

parier
빠히에
[타] (내기에) 걸다

Paris
빠히
[명] [지리] 파리

parisien(ne) 빠히지엥(엔) [형] 파리(Paris)의 (P~) [명] 파리 사람

parité 빠히떼 [여] ① (문어) 동일; 유사; (임금 따위의) 평등 ~ de deux situations 두 상황의 유사함 ② [경제] (두 국가의 화폐 교환 가치의) 등가, 평가

parjure 빠흐쥐흐 [남] 거짓 선서, 서약 위반, 배반

parking 빠흐낑 [남] 주차, 주차장

parlement 빠흘멍 [남] 의회, 국회

parlementaire 빠흘멍떼흐 [형] 의회의

parler 빠흘레 [타] 말하다 ~ en français 불어로 말하다

parmi 빠흐미 [전] …중에(서)

parodie 빠호디 [여] 풍자

parodier 빠호디에 [타] 비꼬아 개작하다

paroi 빠후아 [여] 칸막이 벽(면), 내벽

paroisse 빠후아스 [여] 소교구

paroissial(e, aux) 빠후아시알(오) [형] 교구의

parole 빠홀 [여] 말, 언어; 말투, 말씨 prendre la ~ 연설을 하다

parquer 빠흐께 [타] (가축을) 울타리 안에 넣다

parquet
빠호께
[남] 검사국, 검사실, 마루판

parqueter
빠호끄떼
[타] (방 따위에) 마루판을 깔다

parrainer
빠헤네
[타] (사업 따위를) 후원하다

parsemer
빠호스메
[타] (에) 뿌리다, 살포하다

part
빠호
[여] 부분; 몫 à ~ 제외하고; 별도로, 따로; [연극] 방백으로

partage
빠호따즈
[남] 분배; 몫

partager
빠호따제
[타] 분할하다, 분배하다, 같이 갖다, 공유하다

partance
빠호떵스
[여] 출발[출범]

partenaire
빠호뜨네흐
[명] 파트너

partenariat
빠호뜨나히아
[남] 공동, 협력, 파트너십

parterre
빠호떼흐
[남] 꽃밭, 화단

parti
빠호띠
[남] 당, 당파; 정당

partial(e, aux)
빠호시알(오)
[형] 편파적인, 불공평한

patialité
빠호시알리떼
[여] 편파성, 불공평

participant(e)
빠호띠시뻥(뻥뜨)
[명] 참가자

participation
빠호띠시빠시옹
[여] 참가

participe
빠흐띠시쁘
[남] 분사 ~ présent 현재분사 ~ passé 과거분사

participer
빠흐띠시뻬
[자] 참가하다 ~ à un complot 음모에 가담하다

particularité
빠흐띠뀔라히떼
[여] 특색

particule
빠흐띠뀔
[여] 극소량

particulier(ère)
빠흐띠뀔리에(에흐)
[형] 특별한

particulièrement
빠흐띠뀔리에흐멍
[부] 특히

partie
빠흐띠
[여] 부분 faire ~ de ~의 부분[일원]이 되다

partiel(le)
빠흐시엘
[형] 부분적인

partiellement
빠흐시엘멍
[부] 부분적으로

partir
빠흐띠흐
[자] 떠나다, 출발하다 ~ de son pays 고국을 떠나다 ~ pour Paris 파리를 향해 떠나다

partisan
빠흐띠정
[남] 당원, 동지, 지지자, 신봉자

partitif(ve)
빠흐띠띠프(띠브)
[형] (활동에) 적극적으로 참가하는

partition
빠흐띠시옹
[여] ① (국가, 영토의) 분할 ② (음악) 악보

partout
빠흐뚜
[부] 사방에, 도처에, 어디든지

parure
빠휘흐
[여] 몸치장, 화장, 장식

parvenir
빠흐브니흐
[타간] [~ à] ...에 이르다, 다다르다

pas
빠
[남] 걸음; 보조; 걸음걸이 [부] 보통 ne 와 함께 쓰여 부정의 뜻을 나타냄 Je ne veux ~. 나는 원하지 않습니다

passable
빠사블
[형] ① 웬만한, 그만하면 괜찮은 vin ~ 그저 마실 만한 술 ② (시험, 평가가) 보통의 men-tion ~ 보통 평점

passage
빠자즈
[남] 일절, 구절; 통행

passager(ère)
빠사제(제흐)
[명] 승객

passant(e)
빠성(성뜨)
[형] 통행[왕래]이 잦은

passe
빠스
[여] ① (철새 따위의) 통과, 도래; (사냥감 의) 통과 ② 협로; (좁은) être en ~ de + inf. ...할 만한 상황에 있다; ...하려고 하다 être en ~ de réussir 성공할 가능성이 있다

passé
빠세
[남] 과거

passe-partout
빠스빠흐뚜
[남] 만능열쇠, 마스터키

passeport
빠스뽀흐
[남] 여권

passer
빠세
[자] 지나가다, 통과하다

passerelle
빠스헬
[여] 육교

passe-temps
빠스떵
[남] 오락, 놀이, 기분전환

passible
빠시블
[형] (벌을) 받아야 하는, (벌금 따위를) 내야 하는

passif(ve)
빠시프(시브)
[형] 수동적인

passion
빠시옹
[여] ① 열정 ② (P~) [종교] (그리스도 의) 수난 (=~ du Christ)

passionnant(e)
빠시오넝(넝뜨)
[형] 감격시키는; 열중시키는, 썩 재미있는

passionné(e)
빠시오네
[형] 열정적인

passionner
빠시오네
[타] 열광[감동]시키다

passionnément
빠시오네멍
[부] 열정적으로

passivement
빠시브멍
[부] 수동적으로

passoire
빠수아흐
[여] 거르는[받치는] 기구[체, 그물], 여과기

Pastel
빠스뗄
[남] 대청

Pastèque
빠스떼끄
[여] 수박

Pasteur
빠스뙤흐
[남] 사제, 목사

pasteuriser
빠스뙤히제
[타] 저온살균법을 행하다

pastille
빠스띠유
[여] (향료를 넣어 만든 설탕, 초콜릿 따위의) 평평한 원형 드롭스

pastis
[남] 아니스 향료를 넣은 술

빠스띠스

pastoral(e, aux) 빠스또할(호) — [형] 목가, 양치기의

patate 빠따뜨 — [여] 고구마; (구어) 감자; [수학] (집합을 나타내는) 도표, 다이어그램

patauger 빠또제 — [자] 진창 속을 걸어다니다; (비유, 구어) (곤경 속에서) 고전하다, 어쩔 줄 모르다

pâte 빠뜨 — [여] ① 밀가루 반죽 ② (복수) 면류, 국수

pâté 빠떼 — [남] 파이 (고기 또는 생선 요리의 일종)

patère 빠떼흐 — [여] 양복[모자]걸이, 커튼걸이

paternel(le) 빠떼흐넬 — [형] 아버지의

paternité 빠떼흐니떼 — [여] 부성

pâteux(se) 빠뙤(뙤즈) — [형] 반죽 같은, 걸쭉한, 질척한

pathétique 빠떼띠끄 — [형] 감상적인

pathétiquement 빠떼띠끄멍 — [부] 감상적으로

pathologie 빠똘로지 — [여] 병리학

pathologiste 빠똘로지스뜨 — [명] 병리학자

patience 빠시엉스 — [여] 참을성, 인내, 끈기

patient(e) 빠시엉(엉뜨) — [형] 인내심 있는 [명] 환자

patienter [자] 참다, 참고 기다리다
빠시엉떼

patin [남] 스케이트 (신발)
빠뗑

patinage [남] 스케이트 타기
빠띠나즈

patiner [자] 스케이트를 타다, 미끄러지다
빠띠네

patinette [여] 외발 스케이트
빠띠네뜨

patinoire [여] 스케이트 링크
빠띠누아흐

pâtisserie [여] ① 과자 제조(법) ② (밀가루로 만든) 과자, 케이크 ③ 과자제조 [판매]업; 제과점
빠띠스히

pâtissier(ère) [명] 과자제조[판매]인
빠띠시에(에흐)

patois(e) [남] 사투리, 지방어 [형] 사투리의
빠뚜아(아즈)

patriarche [남] 가장
빠트히아흐슈

patrie [여] 조국, 모국, 고국
빠트히

patriote [명] 애국자
빠트히오뜨

patriotique [형] 애국의
빠트히오띠끄

patriotisme [남] 애국심
빠트히오띠슴

patron(ne) [명] 보호자; 고용주, 사업주
빠트홍(혼)

patronage [남] 보호

빠트호나즈

patronat [남] (집합적) 사용자, 경영자
빠트호나

patronner [타] 보호하다, 후원하다
빠트호네

patrouille [여] 순찰
빠트후이유

patrouiller [자] 순찰하다
빠트후이예

patte [여] (동물의) 다리
빠뜨

pâture [여] (가축의) 먹이, 사료, 꼴
빠뛰흐

pâturer [자] 풀을 뜯어 먹다
빠뛰헤 [타] 풀 먹이 다; ... 의 풀을 먹다

paume [여] 손바닥
뽐

paumé(e) [자] 가난한, 비참한; 외딴, 구석진
뽀메

paumer [타] (구어) 잃다, 잃어버리다
뽀메

paupière [여] 눈꺼풀
뽀삐에흐

pause [여] 잠깐 멈춤, 중단
뽀즈

pauvre [형] ① (명사 뒤) 가난한, 빈곤한 famille ~ 가난한 집안 ② (명사 앞) 가련한, 불쌍한 ~ sourire (애써 지어보이는) 처량한 미소
뽀브흐

pauvreté [여] 빈곤
뽀브흐떼

pavaner, se [대] 으스대며[잰체하며] 걷다

스빠바네

pavé [남] 포석; 포도
빠베

paver [타] ① (안뜰, 도로 따위에) 포석을 깔다, 포장하다 ② (비유) (을) 뒤덮다
빠베

pavillon [남] 분관; 전시관
빠비용

pavoiser [타] (건물, 길 따위를) 작은 깃발로 장식하다
빠부아제

payable [형] 지불 가능한
뻬야블

payant(e) [형] 지불하는, 유료의
뻬영(영뜨)

paye/paie [여] (급료의) 지불
뻬유/뻬

payement = paiement
뻬유멍

payer [타] 지불하다
뻬예

pays [남] 나라, 국가
뻬이

paysan(ne) [명] 농부
뻬이정(잔)

Pays-Bas [남][복] [지리] 네덜란드
뻬이바

P.D.G. (약, 구어) presidentdirecteur général 사장

péage [남] (도로, 교량 따위의) 통행료; 통행료 징수, 톨게이트
뻬아주

peau(x) [여] 피부; (동물의) 가죽
뽀

pêche [여] ① 복숭아 ② 낚시질, 고기잡이
빼슈

péché [남] 죄
빼셰

pécher [자] 죄짓다
빼셰

pécheur(eresse) [명] 죄인
빼셰흐(빼슈헤스)

pêcher [타] 낚시질하다
빼셰

pêcheur(se) [명] 어부, 낚시꾼
빼셰흐(셰즈)

pectoral(e, aux) [형] 흉부의
빽또할(호)

pécuniaire [형] 금전상의
빼뀌니에흐

pédagogie [여] 아동교육법; 교육학
빼다고지

pédagogique [형] 교육학의
빼다고지끄

pédagogue [남] 아동교육자; 교육학자
빼다고그

pédale [여] 페달
빼달

pédalo [남] 페달 보트
빼달로

pédantisme [남] 현학 취미
빼덩띠슴

pédestal [남] 받침대
빼데스딸

pédiatre [명] 소아과의사
빼디아트흐

pédiatrie
빼디아트히
[여] 소아과

pédicure
빼디뀌흐
[명] (피부, 발톱 전문의) 발 치료사

pègre
빼그흐
[여] 도둑[사기, 깡패]집단

peigne
빼뉴
[남] 빗

peigner
빼녜
[타] (머리를) 빗다

peignoir
빼뉴아흐
[남] (타올로 된) 목욕가운

peindre
뺑드흐
[타] 그리다; 칠하다

peine
뻰
[여] ① 벌, 징벌 ② 형벌 ③ (마음의) 고통, 아픔, 비애 avoir de la ~ 괴로워하다, 마음 아파하다 ④ 거의 ...않은; 가까스로 rôti à ~ cuit 거의 익지 않은 불고기 ⑤ ...하자마자 À ~ suisje dans la rue, voilà un violent orage qui éclate. 내가 길에 나서자마자 억수같이 소나기가 쏟아진다

peiner
빼네
[타] 걱정시키다, 마음을 괴롭히다

peintre
뺑트흐
[남] 화가

peinture
뺑뛰흐
[여] 그림 그리기; 그림, 회화

péjoratif(ve)
빼조하띠프(띠브)
[형] 더욱 나쁘게 만드는, 악화시키는; 비방적인; (문어) 경멸의 뜻을 나타내는

Pékin
빼껭
[명] [지리] 베이징

pékinois
빼끼누아
[형] 베이징의 [명] (P~) 베이징 사람

pêle-mêle
뻴멜
[부] 난잡하게, 엉망진창으로, 무질서하게

peler
쁠레
[타] 털을 뽑다; 껍질을 벗기다 [자] 털이 빠지다; 가죽이[피부가부가] 벗겨지다

pélican
뻴리껑
[남] [조류] 펠리컨

pelle
뻴
[여] 삽

pellicule
뻬리뀔
[여] 비듬; 필름

pelote
쁠로뜨
[여] 실뭉치, 실꾸리

peloter
쁠로떼
[타] (옛) (실 따위를) 둥글게 감다; (구어) 애무하다

peloton
쁠로똥
[남] ① 작은 실꾸리 ② 둥근 덩어리 ~ de glace 얼음 덩어리 ③ [군사] 소대, 반

pelotonner
쁠로또네
[타] (실 따위를) 둥글게 감다

pelouse
쁠루즈
[여] 잔디(밭)

peluche
쁠뤼슈
[여] [직물] 플러시 천

pelure
쁠뤼흐
[여] (과일, 야채의) 껍질

pelvis
뻴비스
[남] 골반

pénal(e, aux) [형] 형벌의
뻬날(노)

pénaliser [타] 벌주다
뻬날리제

penchant(e) [형] 기울은, 경사진; 경향이 있는 (~ à) [남] 비탈, 사면; 경향, 버릇
뺑셩(셩뜨)

penché(e) [형] 기울어진, 경사진
뺑셰

pencher [타] 기울이다 [자] 기울어지다, 기울다
뺑셰

pendant(e) [형] 늘어져 있는, 걸려 있는, 매달려 있는; 미결의 [전] ...동안에
뺑덩(덩뜨)

pendentif [남] 펜던트
뺑덩띠프

pendre [타] 걸다, 매달다; 교살하다, 교수형에 처하다
뺑드흐

pendule [남] (시계 따위의) 추, 진자 [여] 추시계
뺑뒬

pêne [남] 자물쇠의 빗장
뻰

pénétrant(e) [형] 꿰뚫는
뻬네트헝(헝뜨)

pénétration [여] 관통
뻬네트하시옹

pénétrer [타] 꿰뚫다. 통과하다
뻬네트헤

pénible [형] 괴로운, 힘드는; 고심한 흔적이 보이는
뻬니블

péniblement [부] 힘들게, 고생해서; 고통스럽게, 괴롭게
뻬니블멍

péniche [여] (바닥이 평평한) 하천용 수송

빼니슈 선, 큰 거룻배

pénicilline [여] 페니실린
빼니실린

péninsule [여] 반도
빼넹쉴

pénis [남] 음경, 남근
빼니스

pénitence [여] 회개
빼니떵스

pénitent(e) [형] 회개하는
빼니떵(떵뜨)

pénombre [여] 희미한[어슴푸레한] 빛, 미광
빼농브흐

penny [남] 페니
빼니

pensée [여] 생각; 사고력; 마음; 관념
뺑세

penser [자] [~ à] 생각하다; 숙고하다, ; ...을 생각하다, 잊지 않다
뺑세

penseur(se) [명] 사상가, 사색가
뺑쇠흐(쇠즈)

pensif(ve) [형] 생각에 잠긴
뺑시프(시브)

pension [여] 연금
뺑시옹

pensionnaire [명] (옛) 연금수령자; 하숙생, 기숙생
뺑시오네흐

pensionnat [남] (사립) 기숙학교
뺑시오나

pentagone [남] ① 5 각형 ② (P~) 미국 국방성
뺑따곤

pente 빵뜨	[여] 경사, 경도
Pentecôte 빵뜨꼬뜨	[여] (기독교의) 성신강림축일 (부활절로부터 7번째 일요일)
perceptible 뻬흐셉띠블	[형] 지각할 수 있는
perceptif(ve) 뻬흐셉띠프(띠브)	[형] 지각하는
perception 뻬흐셉시옹	[여] 지각; 사고
pépé 뻬뻬	[남] (속어, 어린애말) 할아버지
pépère 뻬뻬흐	[남] (어린애말) 할아버지
pépin 뻬뺑	[남] (사과, 포도 따위의 씨가 여러 개인) 씨, 종자
perçant(e) 뻬흐쌍(쌍뜨)	[형] (눈이) 먼 곳까지 바라보는, (속을) 꿰뚫는 듯한, 날카로운, 예리한
percée 뻬흐세	[여] (숲, 도시 따위의) 통로, 관통로
percer 뻬흐세	[타] 뚫다; 파다; 찌르다; 가슴을 찌르다; (길 따위를) 내다; 알나내다 ~ un secret 비밀을 알아내다, 간파하다
percevoir 뻬흐스부아흐	[타] ① 알다, 이해하다, [지각으로] 식별하다 ② [철학, 심리] 지각하다; 인지하다
perche 뻬흐슈	[여] [어류] 퍼치; 장대
percher 뻬흐셰	[자] (새가 나뭇가지 따위에) 앉다

percolateur
빼호꼴라뙤으
[남] 커피메이커

percussionniste
빼호뀌시오니스뜨
[명] 타악기 연주자

percussions
빼호뀌시옹
[여][복] 진동

percuter
빼호뀌떼
[타] (와) 부딪치다, 충돌하다, 충격을 주다

perdant(e)
빼호덩(덩뜨)
[남] (노름, 사업, 승부 따위에서) 진[실패한, 잃은] 사람, 패자

perdre
빼호드흐
[타] ① 잃다 ~ sa fortune 재산을 잃다 ② (우위 따위를) 잃다; 지다, 패하다 ~ la guerre 전쟁에 지다

perdrix
빼호드히
[여] [조류] 자고

perdu(e)
빼호뒤
[형] 잃은, 사라진, 없어진

père
빼흐
[남] 아버지, 부친

péremptoire
뻬렁쁘뚜아흐
[형] [법] 소권소멸(시효)의; 항변[반론]의 여지가 없는; 단호한, 결정적인

perfection
빼호펙시옹
[여] 완벽, 완전 désir de la ~ 완벽하고자 하는 욕망

perfectionner
빼호펙시오네
[타] 완전히 하다, 완성하다

perfectionniste
빼호펙시오니스뜨
[명][형] 완벽주의자(의)

Perfide
빼호피드
[형] 불성실한

Perforer
빼호포헤
[타] 구멍을 뚫다[내다], 관통하다

performance 뻬흐포흐멍스 [여] (경기 시합 따위의) 기록, 성적, 성과; (기계 따위의) 성능; 훌륭한 성과

performant(e) 뻬흐포흐멍(멍뜨) [형] (기계 따위가) 고성능의, 고능률의; (기업 따위가) 경쟁력이 있는

Perforer 뻬흐포헤 [타] 구멍을 내다

Périgée 뻬히제 [남] [천문] (천체 행성의 궤도 따위의) 근지점

péril 뻬힐 [남] 위험

périlleux(se) 뻬히유(유즈) [형] 위험한

périmé(e) 뻬히메 [형] (문어) 옛날의, 구식의, 시대에 뒤진

périmètre 뻬히메트흐 [남] 주변의 길이

périnée 뻬히네 [남] [해부] 회음부

période 뻬히오드 [여] 기간

périodique 뻬히오디끄 [형] 주기적인 [남] 정기간행물

périodiquement 뻬히오디끄멍 [부] 주기적으로

péripétie 뻬히뻬시 [여] (극, 소설 따위의) 사건의 급변[급전]

périphérie 뻬히페히 [여] 주위

périphérique 뻬히페히끄 [형] (도시 따위의) 외곽의, 주변의, 변두리의

périr [자] (문어) 죽다
뻬히흐

périscope [남] 잠망경
뻬히스꼬쁘

périssable [형] 썩기 쉬운
뻬히사블

péritonite [여] 복막염
뻬히또니뜨

perle [여] 진주
뻬흘

permanence [여] 영속성, 항구성, 지속성; 영구불변; 확고부동 ~ de la nature 자연의 영구불변함
뻬흐마넝스

permanent(e) [형] 지속적인; 영속적인 [여] 퍼머넌트
뻬흐마넝(넝뜨)

perméble [형] (액체, 기체 따위를) 투과시키는, 투수성이 있는
뻬흐메아블

permettre [타] 허락[허용, 허가]하다, 승인하다 Son patron lui *a permis* de ne pas venir travailler ce matin. 사장이 그에게 오늘 아침은 출근하지 않아도 된다고 했다
뻬흐메트흐

permis(e) [형] 허가[허용]된 [남] ① 허가증, 면허증 ~ de construire 건축허가증
뻬흐미(미즈)

permissif(ve) [형] 허용하는
뻬흐미시프(시브)

permission [여] 허가
뻬흐미시옹

permutation [여] 순열
뻬흐뮈따시옹

permuter
뻬흐뮈떼
[타] (직무 따위를) 교대하다; (위치를) 서로 바꾸다

pernicieux(se)
뻬흐니시유(유즈)
[형] 유해한

Pérou
뻬후
[남] [지리] 페루

peroxyde
뻬혹시드
[남] 과산화물

perpendiculaire
뻬흐뻥디뀔레흐
[형] (에 대해) 수직의, 직각으로 교차하는

perpétrer
뻬흐뻬트헤
[타] 범하다

perpétuel(le)
뻬흐뻬뛰이엘
[형] 영원한, 끝없는, 불멸의, 영속적[항구적]인

perpétuellement
뻬흐뻬뛰이엘멍
[부] 영구히

perpétuer
뻬흐뻬뛰이에
[타] 영존시키다

perpétuité
뻬흐뻬뛰이떼
[여] 영속

perplexe
뻬흐쁠렉스
[형] 난처한, 난감한, 당황한

perquisition
뻬흐끼지시옹
[여] [법] 가택수색

perron
뻬홍
[남] (현관 앞 따위의) 낮은 층계

perroquet
뻬호께
[남] [동물] 앵무새

perruque
뻬휘끄
[여] 가발

persécuter
뻬흐세뀌떼
[타] 박해하다

persécution
뻬호세뀌시옹
[여] 박해

persévérance
뻬호세베헝스
[여] 인내

persévérer
뻬호세베헤
[자] 인내하다

persienne
뻬호시엔
[여] [건축] (통풍, 차양용) 덧창, 겉창

persiflage
뻬호시플라즈
[남] 야유

persif(f)ler
뻬호시플레
[타] (문어) 야유하다

persistance
뻬호시스떵스
[여] ① 고집; 집요함; 완강함; 끈질김 ② 계속, 지속

persistant(e)
뻬호시스떵(떵뜨)
[형] 오래 지속[계속]하는; 잘 사라지지[떨어지지] 않는; 완강한, 집요한, 끈질긴

persister
뻬호시스떼
[자] ① 고집하다; 끈질기게[완강하게] ...하다; 끝내 굽히지 않다, 고수하다 ② (주어는 사물) 지속하다

personnage
뻬호소나즈
[남] ① (중요한) 인물, 인사; 저명인사 ② (작품 속에 묘사된) 인물 principal ~ d'un tableau 그림 속의 주인공[중요 인물]

personnaliser
뻬호소날리제
[타] 개인화하다

personnalité
뻬호소날리떼
[여] 개성

personne
뻬호손
[여] 사람 grande ~ 어른, 성인 ~ de connaissance 아는 사람, 지인 ~s âgées 노인들

personnel(le)
뻬흐소넬
[형] 사적인; 개인의, 개인적인 conversation ~le 사적인 대화 [남] (집합적) (조직체의) 종업원, 직원, 사원; 인사

personnellement
뻬흐소넬멍
[부] 개인적으로

personnification
뻬흐소니피꺄시옹
[여] 인격화

personnifier
뻬흐소니피에
[타] 인격을 부여하다, 의인화하다

perspectif(ve)
뻬흐스뻭띠프(띠브)
[형] 배경화법의, 원근법에 의한 [여] 배경화, 배경화법; 배경, 원경; 전망; 예측

perspicace
뻬흐스삐꺄스
[형] 통찰력이 있는

persuader
뻬흐쉬아데
[타] 설득하다 ~ qn de inf. …가 …하기를 설득하다

persuasif(ve)
뻬흐쉬아지프(지브)
[형] 설득력 있는

persuasion
뻬흐쉬이아지옹
[여] 설득

perte
뻬흐뜨
[여] 상실; 죽음; 패망; 멸망

pertinent(e)
뻬흐띠넝(넝뜨)
[형] 적절한, 적합한; 타당한; 정당한; 올바른 réflexion ~e 적절한 고찰

perturbation
뻬흐뛰흐바시옹
[여] ① 혼란; 교란 ② (사회적) 동요; 위기; 혼란; 충격 ③ [기상] 저기압성의 폭풍

perturber
뻬흐뛰흐베
[타] ① 혼란케 하다; 어지럽히다; 교란하다 ② 불안하게 하다; (의) 마

음을 어지럽히다

pervers(e)
빼흐베흐(흐스)
[형] 괴팍한

perversion
빼흐베흐시옹
[여] 곡해

pervertir
빼흐베흐띠흐
[타] 타락시키다 se ~
[대] 변질하다, 부패하다, 타락하다

pesant(e)
쁘정(정뜨)
[형] 무거운; 무게가 있는; 느린; 둔한; 서투른 [남] 무게, 중량

pesanteur
쁘정뙤흐
[여] 인력; 무게, 중량

pesée
쁘제
[여] 무게를 달기, 중량측정

peser
쁘제
[타] (무게를) 달다; 숙고하다

pessimisme
빼시미슴
[남] 비관

pessimiste
빼시미스뜨
[형] 비관적인 [명] 비관주의자

peste
빼스뜨
[여] 페스트, 흑사병

pester
빼스떼
[자] 통렬히 비난하나, 욕설을 퍼붓다, 저주하다

pesticide
빼스띠시드
[남] 살충제 lutter contre la pollu tion des eaux par les~s 살충제로 인한 수질오염을 퇴치하다

pestilentiel(le)
빼스띨렁시엘
[형] 악취를 풍기는, 구역질나게 하는; 치명적인 전염병의; (특히) 페스트의

pétale
빼딸
[남] 꽃잎

pétanque
빼떵끄
[여] [놀이] 페탕크 놀이 (쇠로 된 공을 교대로 굴리면서 표적을 맞히는 프랑스 남부 지방의 놀이) jouer à la ~ 페탕크 놀이를 하다

pétarader
빼따하데
[자] (말 따위가 뛰어오르면서) 연속적으로 방귀를 뀌다; (불꽃, 오토 바이 엔진 따위가) 연속적으로 폭음을 내다

pête-mêle
빼뜨멜
[부] 난잡하게

péter
빼떼
[자] (꾸어) 방귀를 뀌다; 폭발하다, 터지다

pétiller
빼띠예
[자] (불꽃 따위가) 탁탁 튀다

petit(e)
쁘띠(띠뜨)
[형] 작은; 어린

petite-fille (petites-filles)
쁘띠뜨피유
[여] 손녀

petit-fils (petits-fils)
쁘띠피스
[남] 손자

petit-neveu (petits-neveux)
쁘띠뇌뵈
[남] 종손, 조카(딸)의 아들

pétition
빼띠시옹
[여] 청원

pétrin
빼트헹
[남] (밀가루) 반죽통

pétrir
빼트히흐
[타] 반죽하다

pétrodollars [남][복] 오일달러
빼트호돌라흐

pétrole [남] 석유
빼트홀

pétrolier(ère) [형] 석유의; 석유 탐사 전문의 choc ~ 오일 쇼크, 유가 파동 compagnie ~ère 석유회사
빼트홀리에(에흐)

peu [부] 적게, 조금 à ~ près 거의, 약 un ~ 약간, 조금
뾔

peuple [남] 민족; 민족적 집단[공동체] ~ primatif 원시적인 민족
뾔쁠

peupelement [남] ① 인주 증가; 이주, 식민 ~ des terres vierges 처녀지로의 이주 ② (동식물의) 이식, 증식; 식림
뾔쁠멍

peuplier [남] [식물] 포플라
뾔쁠리에

peupler [타] (어떤 지역에) 사람[동물]을 살게하다[정착시키다]; 번식시키다, 이식하다 ~ une île déserte en y envoyant des colons 이주민들을 보내 무인도에 살게 하다
뾔쁠레

peur [여] 무서움, 두려움, 겁, 공포 avoir ~ de qch/inf. ...을 겁내다, 걱정하다
뾔흐

peureux(se) [형] 겁많은, 소심한, 결단력이 없는
뾔회(회즈)

peut-être [부] 아마, 어쩌면
뾔떼트흐

phallus [남] ① [생리] 발기한 남근[음경] ② [고대사] 남근상, 양물상
팔뤼스

pharaon [남] 파라오 (고대 이집트 왕의 칭

파하옹 | 호)

phare
파흐
[남] 등대; 등불; 빛; (자동차의) 헤드라이트; 선도, 길잡이가[모범이] 되는 사람[것] secteur ~ de l'industrie 산업의 선도 부문

pharisien
파히지엥
[남] 바리새사람; 위선가; 형식주의자

pharmaceutique
파흐마쇠띠끄
[형] 조제의

pharmacie
파흐마시
[여] 약국

pharmacien(ne)
파흐마시엥(엔)
[명] 제약사

phascolome
파스꼴롬
[남] [동물] 주머니곰 (오스트레일리아산의 유대 동물)

phase
파즈
[여] 단계

phénix
페닉스
[남] ① [신화] 불사조 ② 독보적 존재, 제 1 인자

phénomène
페노멘
[남] 현상

philanthrope
필렁트호쁘
[명] 박애주의자

philanthropie
필렁트호삐
[여] 박애

philanthropique
필렁트호삐끄
[형] 박애의

philanthropisme
필렁트호삐슴
[남] 박애주의

philatéliste
필라뗄리스뜨
[명] 우표 수집가

P-p

philharmonie [여] 음악애호
필라흐모니

philharmonique [형] 음악애호의
필라흐모니끄

philologie [여] 문헌학
필롤로지

philosophe [명] 철학자
필로조프

philosopher [자] 철학하다
필로조페

philosophie [여] 철학
필로조피

philosophique [형] 철학의
필로조피끄

philosophiquement [부] 철학적으로
필로조피끄멍

phlébite [여] [의학] 정맥염
플레비뜨

phobie [여] 공포증
포비

phobique [형] 공포증의
포비끄

phonème [남] [언어] 음소
포넴

phonétique [형] 음성의 [여] 음성학
포네띠끄

phonographe [남] 축음기, 유성기
포노그하프

phonographie [여] 어음 표기(법); 축음기 사용법
포노그하피

phonologie [여] 음운론
포놀로지

phoque [남] [동물] 바다표범
포끄

phosphate [남] 인산염
포스파뜨

phosphorescent(e) [형] 인광성의
포스포헤성(성뜨)

photo [여] 사진 prendre une ~ 사진을 찍다
포토

photocopie [여] 복사
포또꼬삐

photocopier [타] 복사하다
포또꼬삐에

photocopieuse [여] 복사기
포또꼬삐유즈

photo-finish (photos-finish) [여][영] (경마 따위에서의) 선착 사진기록(기)
포또피니슈

photogénique [형] ① 선명한 상을 주는, 사진이 잘 나오게 하는 ② 사진이 잘 나오는, 촬영효과가 좋은 acteur ~ 사진이 잘 받는 배우
포토제니끄

photographe [명] 사진사, 사진기사, 사진작가
포토그하프

photographie [여] 사진; 사진술
포토그하피

photographier [타] 사진촬영하다
포토그하피에

photographique [형] 사진의, 사진술의
포토그하피끄

photogravure [여] 사진 제판
포토그하뷔흐

photo-journaliste [명] 사진보도 위주의 신문

포토주흐날리스뜨

photomètre [남] 광도계, 검광기; [사진] 노출계
포토메트흐

photosensible [형] 감광성의
포토성시블

photosynthèse [여] 광합성
포또셍떼즈

phrase [여] 문장
프하즈

phylogénie [여] 계통 발생론
필로제니

physicien(ne) [명] 물리학자
피지시엥(엔)

physiologie [여] 생리학
피지올로지

physiologique [형] 생리학의
피지올로지끄

physiologiste [명] 생리학자
피지올로지스뜨

physionomie [여] 용모, 얼굴, 모습, 인상; 특징
피지오노미

physionomique [형] 용모[얼굴, 모습, 인상]의
피지오노미끄

physique [여] 물리학 [남] 체격
피지끄

physiquement [부] 물리학적으로
피지끄멍

piailler [자] (구어) (새가) 짹짹거리다, 지저귀다; (주어는 사람) 시끄럽게 울다; (비유) 푸념하다, 항변하다
삐야예

pianiste [명] 피아노 연주자
삐아니스뜨

piano
삐아노
[남] 피아노

pic
삐끄
[남] 곡괭이; [동물] 딱따구리

pichet
삐셰
[남] (맥주 등을 담는) 피처

pickles
삐끌스
[남][복] 피클

picorer
삐꼬헤
[자] (새가) 모이를 쪼다

picoter
삐꼬떼
[타] 콕콕 찌르다

pictogramme
삑또그함
[남] 그림문자, 그림기호

pie
삐
[여] [동물] 까치; 수다스러운 사람

pièce
삐에스
[여] 조각

pied
삐에
[남] 발; (책상, 의자 등의) 다리

piège
삐에즈
[남] 함정, 올가미, 덫

piéger
삐에제
[타] 올가미로[덫, 함정으로] 잡다

pierre
삐에흐
[여] 돌

pierreux(se)
삐에회(회즈)
[형] (도로, 토지, 강바닥 따위가) 돌 [자갈] 투성이의

piété
삐에떼
[여] 신앙심, 경건한 마음; 경애심, 효성

piétiner
삐에띠네
[자] 발을 구르다

piéton(ne)
삐에똥(똔)
[명] 보행자

piétonnier(ère)
삐에또니에(에흐)
[형] 보행자 전용의 promena-de ~ère 보행자 전용 산책로

pieu(x)
삐유
[남] 말뚝

pieuvre
삐유브흐
[여] [동물] 문어, 낙지

pieux(se)
삐유(유즈)
[형] 신심 깊은, 경건한; 효성 있는

pif
삐프
[감] 탁, 탕 [남] (구어) 코

pigeon
삐종
[남] [동물] 비둘기

piger
삐제
[타] 길이를 측정하다; (구어) 이해하다, 파악하다

pigment
삐그멍
[남] 안료

pigmentation
삐멍따시옹
[여] 염색

pignon
삐뇽
[남] [건축] 박공, 합각머리

pilchard
삘샤흐
[남] 정어리의 일종

pile
삘
[여] 건전지

piler
삘레
[타] 빻다, 찧다

pilier
삘리에
[남] 기둥

pillage
삐야즈
[남] 약탈

piller
삐예
[타] 약탈하다, 휩쓸다

pilotage
삘로따즈
[남] 수로 인도[안내]; (비행기, 자동차의) 조종

pilote
삘로뜨
[남] 수로 안내인; (배, 비행기 등의) 조종사

piloter
삘로떼
[타] 수로를 안내하다, 인도하다; (배, 비행기를) 조종하다

pilule
삘륄
[여] 알약

piment
삐멍
[남] 고추

pimenter
삐멍떼
[타] 고추를 넣다, 고추로 양념하다

pimpant(e)
뺑빵(뺑뜨)
[형] 맵시있는, 상큼한, 기분좋은

pin
뺑
[남] [식물] 소나무

pinacle
삐나끌
[남] 작은 뾰족탑

pince
뺑스
[여] (핀셋으로(집기; 집게; 지렛대; (게 따 위의) 집게발

pinceau(x)
뺑소
[남] 붓, 화필; 필치

pincer
뺑세
[타] (손가락이나 집게 따위로) 집다; 꼬집다

pincette
뺑세뜨
[여] 핀셋; 부젓가락

pingouin
뺑구엥
[남] 펭귄

ping-pong
[남] 탁구

뼁뽕

pinson [남] [조류] 방울새
뼁송

pinte [여] ① 파인트 (옛날의 부피 단위로 0.93 리 터에 해당) ② 1 파인트 용량의 용기; 1 파인트의 액체
뼁뜨

pin-up [여] 핀업 사진
삐놉

pioche [여] 곡괭이
삐오슈

piocher [타] 곡괭이로 파다, 뒤적이다
삐오셰

pion(ne) [남] (구어) 자습감독; (체스의) 졸
삐옹(온)

pionnier [남] 개척자
삐오니에

pipe [여] 담뱃대, 파이프; 관
삐쁘

piquant(e) [형] 찌르는; 찌르는 듯한, 짜릿한; 자극적인; (음식이) 매운
삐깡(깡뜨)

pique [여] 창, 곡괭이
삐끄

piqué(e) [형] (바느질로) 박은, 누비바느질된
삐께

pique(-)nique [남] 소풍
삐끄니끄

pique(-)niquer [자] 야외로 소풍을 나가 식사하다
삐끄니께

piquer [타] 찌르다; 꿰매다, 누비다
삐께

piquet [남] 말뚝; 푯말 planter un ~ 말뚝을 박다
삐께

piqûre
삐뀌흐
[여] 찔린 자국; (마음의) 상처

piratage
삐하따즈
[남] 해적행위 ~ des disques [logiciels] 음반[소프트웨어]의 불법복제

pirate
삐하뜨
[남] 해적

pirater
삐하떼
[자] 해적질하다

piraterie
삐하트히
[여] 해적질

pire
삐흐
[형] 더 나쁜 [남] 가장 나쁜 것
[일] Le ~ de tout est d'adorer l'opportunisme. 모든 것 중 가장 나쁜 것은 기회주의를 좋아하는 것이다

pis
삐
[부] 더 나쁘게 tant ~ 낭패로군; 할 수 없지; 딱한 일이다

pis-aller
삐잘레
[남] (복수불변) 부득이한 수단[해결책], 부득인 선택한 사람, 대역

piscine
삐신
[여] 수영장

pissenlit
삐성리
[남] [식물] 민들레

pisser
삐세
[자] 오줌 누다, 소변 보다

pistache
삐스따슈
[여] [식물] 피스타치오 열매 [형] (불변) (피스타치오 열매처럼) 연초록색의

piste
삐스뜨
[여] 발자취; 경기장의 트랙; 길, 도로

pistolet [남] 권총
삐스똘레

piston [남] 피스톤
삐스똥

piteux(se) [형] 동정할 만한, 불행한
삐뙤(뙤즈)

pitié [여] 측은히 여기는 마음, 동정, 연민; 딱한 일 avoir ~ de qn ...을 불쌍히 여기다
삐띠에

pitoyable [형] 불쌍한
삐뚜아블

pitre [남] (서커스 따위에서 관객을 모으는) 익살광대
삐트흐

pittoresque [형] 그림 같은
삐또헤스끄

pituitaire [형] 점액의, 점액을 분비하는
삐뛰이떼흐

pivot [남] 추축
삐보

pivoter [자] (축을 중심으로) 돌다, 회전하다
삐보떼

pizza [여] 피자
삣자

placard [남] 벽장
쁠라꺄흐

placarder [타] 게시하다
쁠라꺄흐데

place [여] 광장
쁠라스

placement [남] 취직시키기; 배치; 투자; 입금, 예금; 판매, 매각
쁠라스멍

placer
뻘라세
[타] 놓다, 세우다; 석차를 결정하다; 취직시키다

placide
뻘라시드
[형] 평온한

plafond
뻘라퐁
[남] 천장

plage
뻘라즈
[여] 해변, 바닷가, 해수욕장

plagiat
뻘라지아
[남] 표절

plagier
뻘라지에
[타] 표절하다

plaider
뻘레데
[자] ① 소송을 제기하다 ~ contre qn ... 에 대해서 소송을 제기하다 ② (법정에서) 변호하다, 변론하다 ~ pour son client 의뢰인을 위해서 변론하다

plaidoyer
뻘레두아예
[남] [법] 구두변론, 변호

plaie
뻘레
[여] 상처; 슬픔, 괴로움

plaignant(e)
뻘레녕(녕뜨)
[형] [법] 고소하는, 소송을 제기하는

plain(e)
뻘렝(렌)
[형] 평탄한, 평평한

plaindre
뻘렝드흐
[타] 불쌍히 여기다, 동정하다 se ~ [대] ① (고통, 괴로움으로) 눈물을 흘리다, 신음하다 ② 불평하다, 투덜대다; 항의하다 [se ~ de qn/qch] se ~ de son sort 자신의 운명을 한탄하다

plaine
[여] 평지

빨렌

plaintе
빨렝뜨
[여] 탄식, 탄성, 비명; 하소연, 불평, 원망

plaintif(ve)
빨렝띠프(띠브)
[형] 구슬픈, 애처로운; 투덜거리는, 불평하는, 하소연하는

plaire
빨레흐
[자] 마음에 들다 s'il vous *plaît* ([약] S.V.P.); s'il te *plaît* 부디, 미안하지만 (간청, 질문, 경고, 주의 따위의 표현과 함께) Passe- moi le sel, s'il te *plaît*. 미안하지만 소금 좀 건네줘

plaisance
빨레장스
[여] 즐거움

plaisant(e)
쁘레정(정뜨)
[형] 유쾌한, 기분좋은, 즐거운; 재미있는

plaisanter
빨레정떼
[자] 농담하다

plaisanterie
빨레정트히
[여] 익살

plaisir
빨레지흐
[남] 기쁨

plan
빨렁
[남] 계획

planche
빨렁슈
[여] 널빤지

plancher
빨렁셰
[남] 마루; 바닥

planer
빨라네
[자] (새가 날개를 펴고) 공중에 떠돌다, 날다

planète
빨라네뜨
[여] 행성

planeur(se)
쁠라늬흐(늬즈)
[남] 금속을 평평하게 만드는 사람, 평마공 [여] (금속의) 평마기

planification
쁠라니피꺄시옹
[여] 계획, 플래닝

planifier
쁠라니피에
[타] [경제] 계획경제를 하다, 계획화하다

planquer
쁠렁께
[타] (구어) (돈 따위를) 은닉하다, 감추다

plantation
쁠렁따시옹
[여] 농원

plante
쁠렁뜨
[여] 식물

planter
쁠렁떼
[타] 심다; 식목하다; 꽂다, 박다, 세우다

planteur(se)
쁠렁뙤흐(뙤즈)
[명] 심는 사람

plaque
쁠라끄
[여] 액자

plaquer
쁠라께
[타] 입히다, 씌우다, 도금하다; 바르다

plasma
쁠라스마
[남] 혈장

plastique
쁠라스띠끄
[형] 플라스틱의 [남] 플라스틱

plat(e)
쁠라(라뜨)
[형] 평탄한; 싱거운, 멋없는 [남] 접시; 접시에 담긴 음식; 요리 oeuf au ~ 계란반숙 프라이

plateau(x)
쁠라또
[남] ① (큰) 쟁반 ~ de bois 나무쟁반 ② 쟁반에 담은 음식; 바구니에 담은 과일 ③ 고원 ④ [연극] 무대; [영화, TV] (스튜디오의) 플로

어; 촬영장치 및 요원 일체

plate(-)bande (plates(-)bandes) 쁠라뜨벙드 — [여] 화단

plate-forme 쁠라뜨포흠 — [여] 플랫폼

plat(e) 쁠라(라뜨) — [형] 편편한, 평탄한; 싱거운, 멋없는

plate-forme (plates-formes) 쁠라뜨포흠 — [여] 옥상; 운전대; (버스, 전차 입구의) 승객이 서는 자리

platine 쁠라띤 — [남] 백금

platiner 쁠라띠네 — [타] 백금을 입히다[씌우다]

platitude 쁠라띠뛰드 — [여] 평범한 의견

platonique 쁠라또니끄 — [형] 플라톤 철학의; 정신적인

platonisme 쁠라또니슴 — [남] 플라톤 철학

plâtre 쁠라트흐 — [남] 회반죽

plâtrier 쁠라트히에 — [남] 미장이

plausible 쁠로지블 — [형] 그럴듯한

play-boy (play-boys) 쁠레보유 — [남] 돈 많고 멋쟁이인 바람둥이, 플레이보이

plébéien(ne) 쁠레베이엥(엔) — [형] 평민의; 서민의

plébiscitaire
쁠레비시떼흐
[형] 평민회의의 결의에 의한; 국민투표의

plébiscite
쁠레비시뜨
[남] (옛 로마의) 평민회의의 결의; 국민투표

plébisciter
블레비시떼
[타] ① 국민투표로 표결[임명]하다 ② 압도적 다수로 결정[선출]하다

pléiade
쁠레이야드
[여] 뛰어난 사람들의 일단; 플레이야드 (문예부흥시대의 프랑스의 유명한 일곱 명의 시인)

plein(e)
쁠렝(렌)
[형] 가득 찬, 충만한

plénier(ère)
쁠레니에(에흐)
[형] 완전한

plénipotentiaire
쁠레니뽀떵시에흐
[형] 전권을 가진

pleur
쁠뢰흐
[남] 눈물

pleural(e, aux)
쁠뢰할(호)
[형] 늑막의

pleurer
쁠뢰헤
[자] 울다, 눈물을 흘리다 [타] (죽음 따위를) 슬퍼하다; 한탄하다 Je pleure la mort de mon père. 나는 아버지의 죽음을 슬퍼한다

pleurésie
쁠뢰헤지
[여] [의학] 늑막염

pleurnicher
쁠뢰흐니셰
[자] (구어) 질질 짜다, 훌쩍거리다, 우는 소리를 하다, 투덜거리다

pleuvoir
쁠뢰부아흐
[비] 비가 오다 Il *pleut*. 비가 온다

pli
쁠리
[남] (옷, 종이 등의) 주름

pliant(e)
쁠리엉(엉뜨)
[형] 잘 휘어지는, 나긋나긋한

plier
쁠리에
[타] 접다, 포개다; 굽히다

plinthe
쁠렝뜨
[여] 토대

plisser
쁠리세
[타] 주름잡다 ~ une jupe 치마에 주름을 잡다

plomb
쁠롱
[남] 납, 연

plomber
쁠롱베
[타] 납으로 씌우다

plomberie
쁠롱브히
[여] 납공업

plombier
쁠롱비에
[남] 배관공

plonge
쁠롱주
[여] (물 속에) 빠뜨리기, 잠그기

plongée
쁠롱제
[여] 잠수

plongeoir
쁠롱주아흐
[남] (수영의) 다이빙대, 구름판, 발판

plongeon
쁠롱종
[남] 다이빙

plonger
쁠롱제
[타] (물 따위에) 빠뜨리다, 잠그다
[자] (물에) 잠기다, 잠수하다

plongeur(se)
쁠롱죄흐(죄즈)
[형] 잠수하는 [명] 잠수부, 다이빙 선수

ployer
쁠루아예
[타] (문어) 구부리다, 휘게 하다, 구부러뜨다

pluie
[여] 비

쁠뤼이

plumage [남] 깃털
쁠뤼마즈

plume [여] 깃털
쁠륌

plumer [타] (새의) 깃털을 뜯다
쁠뤼메

plupart, la [여] 대부분, 거의 모두 La ~ d'entre vous le saviez. 여러분 대부분은 그것을 알고 있었지요
라쁠뤼빠흐

plural(e, aux) [형] 복수의, 다수의
쁠뤼할(호)

pluralisme [남] 다원적 문화(보호)
쁠뤼할리슴

pluralité [여] 다수; 대다수; [문법] 복수
쁠뤼할리떼

pluriel(le) [형] 복수의 [남] [문법] 복수 au ~ 복수로
쁠뤼히엘

plus [부] 더, 더 많이 d'autant ~그만큼 ~ ou moins 다소 [남] 최대한 au ~ 기껏해야
쁠뤼

plusieurs [형] 몇몇의, 약간의, 여러
쁠뤼지예흐

plus-que-parfait [남] [문법] 대과거
쁠뤼스끄빠흐페

plus-value [여] [경제] (실질적 변화없이 재화의) 가치상승; (마르크스 경제학에서) 잉여가치
쁠뤼발뤼

plutonium [남] 플루토늄
쁠뤼또니엄

plutôt [부] 오히려, 차라리
쁠뤼또

pluvial(e, aux) [형] 비의, 비가 오는
쁠뤼비알(오)

pluvieux(se) [형] 비의, 비가 많이 오는
쁠뤼비유(유즈)

pneu(s) [남] 타이어
쁘뇌

pneumatique [형] 공기의; 압착 공기의
쁘뇌마띠끄

pneumonie [여] 폐렴
쁘뇌모니

poche [여] 호주머니, 포켓
뽀슈

poché(e) [형] oeil ~ 멍이 든 눈; oeuf ~ 껍질을 깨서 끓는 물에 넣어 삶은 계란
뽀셰

pochée [여] 한 주머니 가득
뽀셰

pochette [여] (종이, 천, 플라스틱 따위로 만든) 봉지, 주머니, 포장용 봉투[케이스]
뽀셰뜨

Podium [남] (스포츠 경기의) 시상대
뽀디옴

Poêle [여] 프라이팬
뿌알

Poème [남] 시
뽀엠

Poésie [여] 작시법, 시학; 시
뽀에지

Poète [남] 시인
뽀에뜨

Poétesse [여] 여류시인
뽀에떼스

poétique
뽀에띠끄
[형] 시의, 시가의; 시적인, 시 같은

poids
뿌아
[남] 무게, 중량

poignant(e)
뿌아녕(녕뜨)
[형] 폐부를 찌르는 듯한, 비통한, 통렬한

poignard
뿌아냐흐
[남] 단도, 단검

poignarder
뿌아냐흐데
[타] 단도로 찌르다; 몹시 괴롭히다, 폐부를 지르다

poignée
뿌아녜
[여] 한줌; 손잡이, 자루

poignet
뿌아녜
[남] 손목; 소맷부리

poil
뿌알
[남] 털

poilu(e)
뿌알뤼
[형] 털이 많이 난, 털투성이의

poinçon
뿌엥송
[남] 송곳, 끌, 펀치

poinçonner
뿌엥소네
[타] (상품, 금은 세공품 따위의 품질 증명을 위해) 검인을 찍다

poing
뿌엥
[남] 주먹

point
뿌엥
[남] (공간의) 한 점, 지점 un steak [cuit] à ~ 미디엄으로 익힌 스테이크 [bien cuit 와 saignant 의 중간)

pointe
뿌엥뜨
[여] 뾰족한 끝, 첨단

pointer
뿌엥떼
[타] 점을 찍다

pointillé(e)
뿌엥띠예
[남] [미술] 점묘법 [형] 점으로 찍힌

pointilleux(se)
뿌엥띠유(유즈)
[형] 지나치게 꼼꼼한[까다로운]

pointillisme
뿌엥띠이이슴
[남] 점묘법

pointu(e)
뿌엥뛰
[형] 뾰족한, 날카로운

pointure
뿌엥뛰흐
[여] (신발, 장갑, 모자 따위의) 치수, 사이즈

poire
뿌아흐
[여] 배

poireau(x)
뿌아호
[남] [식물] 부추

poirier
뿌아히에
[남] 배나무

pois
뿌아
[남] 완두(콩)

poison
뿌아종
[남] 독; 유해물

poisseux(se)
뿌아쇠(쇠즈)
[형] 끈적끈적한, 달라붙는, 끈적끈적한 것으로 더러워진

poisson
뿌아송
[남] 생선, 물고기

poissonnerie
뿌아소느히
[여] 생선시장; 생선가게

poitrine
뿌아트힌
[여] 가슴, 흉부

poivre
뿌아브흐
[남] 후추

poivrier
뿌아브히에
[남] [식물] 후추나무

poivron
뿌아브홍
[남] 고추

polaire
뾜레흐
[형] (북 또는 남)극의, 극지의; 전극의

polar
뾜라흐
[명] (학생은어) 공부벌레 [남] (은어, 구어) 탐정소설, 수사물 영화

polarisation
뾜라히자시옹
[여] 편극, 편광

polariser
뾜라히제
[타] 극성을 갖게 하다

polarité
뾜라히떼
[여] 전기의 극성

pôle
뾜
[남] 극; 극지; 북극

polémique
뾜레미끄
[여] 논쟁; 논증법

poli(e)
뾜리
[형] 예의바른, 공손한

police
뾜리스
[여] 치안, 공안; 경찰

policier(ère)
뾜리시에(에흐)
[형] 경찰의 [남] 경찰관

poliment
뾜리멍
[부] 공손히

poliomyélite
뾜리오미엘리뜨
[여] [의학] 소아마비

Polir
뾜리흐
[타] 닦다, 윤내다

polisson(ne)
뾜리송(손)
[명] (거리의) 부랑아, 악동; 개구쟁이, 장난꾸러기

politesse
뾜리떼스
[여] 공손

politicien(ne) [명] 정치인
뽈리띠시엥(엔)

politique [여] 정치, 정책 [형] 정치적인 nous avons pour ~ de inf. ...하는 것은 우리의 방침이다
뽈리띠끄

politiquement [부] 정치적으로
뽈리띠끄멍

politiser [타] 정치화하다
뽈리띠제

pollen [남] 꽃가루
뽈렌

polluant [남] 오염물질
뽈뤼엉

polluer [타] 오염시키다
뽈뤼이에

pollueur(se) [명] 오염자, 오염원
뽈뤼외흐(외즈)

pollution [여] 오염
뽈뤼시옹

polo [남] ① [운동] 폴로 match de ~ 폴로 경기 ② [의복] 폴로 셔츠
뽈로

Pologne [여] [지리] 폴란드
뽈로뉴

polonais(e) [형] 폴란드의 P~ [명] 폴란드 사람 [남] 폴란드어
뽈로네(네즈)

poltron(ne) [형] 겁많은, 비겁한
뽈트홍(혼)

polychrome [형] 여러 가지 색채의
뽈리크홈

polyester [남] 폴리에스테르 섬유
뽈리에스떼흐

polyéthylène [남] 폴리에틸렌
쁠리에띨렌

polygamie [여] 일부다처제
쁠리가미

polyglotte [형] 여러 언어로 이루어진
쁠리글로뜨

polymère [남] 중합체
쁠리메흐

polype [남] [동물] 폴립 (히드라, 해파리 따위의 강장동물의 기본적인 체형의 하나)
쁠리쁘

polystyrène [남] 폴리스티렌
쁠리스띠헨

polyuréthane [남] 폴리우레탄 섬유
쁠리위헤딴

pomme [여] 사과
뽐

pompe [여] ① (의식, 행렬 따위의) 화려함, 성대함 ② 펌프
뽕쁘

pomper [타] (펌프로) 퍼내다, 퍼올리다
뽕뻬

pompeux(se) [형] 점잔 빼는
뽕쁘(쁘즈)

pompier [남] 소방수
뽕삐에

pompiste [명] 주유원, 급유자
뽕삐스뜨

pompon [남] 방울술 (명주 털실로 만든 끝이 방울처럼 말려진 장식술)
뽕뽕

ponctualité [여] 시간 엄수
뽕끄뛰이알리떼

ponctuation [여] 구두법
뽕끄뛰이아시옹

ponctuel(le) [형] 시간을 잘 지키는
뽕끄뛰이엘

ponctuellement [부] 시간[기일]대로, 정각에, 엄수하여
뽕끄뛰이엘멍

ponctuer [타] …에 구두점을 찍다
뽕끄뛰이에

pondéré(e) [형] (판단이) 균형잡힌, 절제된, 온건한
뽕데헤

pondre [타] 알을 낳다
뽕드흐

poney [남] [동물] 조랑말
뽀네

pont [남] 다리; 갑판 faire le ~ 일요일과 축제일 사이에 있는 날에 놀다
뽕

pontife [남] 제사장
뽕띠프

pontifical(e, aux) [형] 로마 교황의
뽕띠피꺌(꼬)

pontificat [남] 교황의 직
뽕띠피꺄

pontifier [자] 거드름 피우다, 잘난 체하다
뽕띠피예

ponton [남] 큰 거룻배
뽕똥

popeline [여] 포플린
뽀쁠린

polulace [여] (경멸) 하층민, 천민
뽀쀨라스

populaire [형] 인기 있는
뽀쀨레흐

popularisation [여] 대중화
뽀삘라히자시옹

populariser [타] 민간에 보급시키다, 통속화하다; 인기를 얻게 하다
뽀삘라히제

popularité [여] 인기
뽀삘라히떼

population [여] 인구
뽀삘라시옹

populeux(se) [형] 인구가 조밀한
뽀삘뢰(뢰즈)

populisme [남] 대중영합주의, 포퓰리즘
뽀삘리슴

populiste [형] 대중영합주의의, 포퓰리즘의
뽀삘리스뜨

porc [남] 돼지; 돼지고기
뽀흐

porcelaine [여] 자기
뽀흐슬렌

porche [남] 현관
뽀흐슈

pore [남] 모공
뽀흐

poreux(se) [형] 작은 구멍이 많은
뽀회(회즈)

pornographie [여] 포르노물 (외설적인 문학, 회화, 영화, 사진 따위 [약] porno); 외설성
뽀흐노그하피

pornographique [형] 포르노의
뽀흐노그하피끄

porridge [남] 교도소
뽀힛즈

port
뽀흐
[남] 항구; 착용, 패용, 휴대

portable
뽀흐따블
[남] 휴대폰 [형] 휴대할 수 있는

portail
뽀흐따유
[남] ① 으리으리한 정문
② [정보] 포털 사이트

portant(e)
뽀흐떵(떵뜨)
[형] 받치는; 건강상태가 ...한 être bien ~ 건강이 좋다

portatif(ve)
뽀흐따띠프(띠브)
[형] 가지고 다니기 간편한, 휴대용의

porte
뽀흐뜨
[여] 문, 입구

porte-bonheur
뽀흐뜨보뇌흐
[남] (불변) 부적, 호신부

porte-drapeau
뽀흐뜨드하뽀
[남] (불변) 기수

portée
뽀흐떼
[여] (시선, 목소리 따위의) 이르는 거리; 능력; 범위

porte-fenêtre
(portes-fenêtres)
뽀흐뜨프네트흐
[여] (발코니 따위의) 문을 겸한 창문

portefeuille
뽀흐뜨푀유
[남] (지폐 따위를 넣는) 지갑

portemanteau(x)
뽀흐뜨멍또
[남] 외투걸이, 옷걸이

porte-monnaie
뽀흐뜨모네
[남] (복수불변) 돈[동전] 지갑

porte-parole
뽀흐뜨빠홀
[남] (복수불변) 대변인

porter
뽀흐떼
[타] (짐 따위를) 들다, 지다; 가져가다, 나르다; 입다, 쓰다, 신다

porteur(se) 뽀흐뙤흐(뙤즈)	[명] ① 운반인, 짐꾼 ② 휴대[착용] 하고 있는 사람 ~ de torches 횃불을 든 사람
porte-voix 뽀흐뜨부아	[남] (복수불변) 메가폰
portfolio 뽀흐뜨폴리오	[남] [영] 포트폴리오 (작가의 작품경향 이나 과거의 작업들을 열람할 수 있게 모아놓은 사진, 판화 따위의 작품집)
portier(ère) 뽀흐띠에(에흐)	[명] (문어) 문지기, 수위
portière 뽀흐띠에흐	[여] (자동차, 기차 따위의) 문
portillon 뽀흐띠용	[남] 쪽문, 곁문
portion 뽀흐시옹	[여] 일부
portique 뽀흐띠끄	[남] 주랑 현관
Porto Rico 뽀흐또히꼬	[여] [지리] 푸에르토리코
portrait 뽀흐트헤	[남] 초상(화)
portugais(e) 뽀흐뛰게(게즈)	[형] 포르투갈의 [명] (P~) 포르투 갈 사람
Portugal 뽀흐뛰갈	[남] [지리] 포르투갈
pose 뽀즈	[여] ① (자리에) 놓기, 설치, 가설, 부설 ~ d'un tapis 양탄자를 깔기 ② 포즈 séance de ~ (모델의) 1 회의 포즈 시간

posé(e) 뽀제	[형] 놓인, (새가) 나무에 앉은; 침착한, 신중한, 사려깊은
poser 뽀제	[타] 놓다; 설치하다, 배치하다
positif(ve) 뽀지띠프(띠브)	[형] 긍정적인
positivement 뽀지띠브멍	[부] 확실히, 참말로; 단연; 긍정적으로
position 뽀지시옹	[여] ① 위치 ~ d'une ville sur la carte 지도상의 도시의 위치 ② 태도, 의견, 입장 ~ politique 정치적인 입장
posséder 뽀세데	[타] 소유하다
possesseur 뽀세쇠흐	[남] 소유자, 소지자
possession 뽀세시옹	[여] 소유
possibilité 뽀시빌리떼	[여] 가능성, 있을 법함; 실현성
possible 뽀시블	[형] 가능한
postal(e, aux) 뽀스딸(또)	[형] 우편의, 우편에 관한 code ~ 우편번호
postdater 뽀스뜨다떼	[타] 뒤에 일어나다
poste 뽀스뜨	[여] 우편 envoyer qch par la ~ …을 우편으로 보내다; 우체국 [남] 직, 지위; [군사] (보초, 경비원, 전투원 따위의) 부서
poster 뽀스떼	[타] 배치하다; 우편으로 보내다

postérieur(e) 뽀스떼히예흐 [형] 뒤의, 후의 [남] 뒤, 엉덩이

posteriori, a 아뽀스떼히오히 [형] 귀납적인; 경험적인 [부] 귀납적으로; 후천적으로

postérité 뽀스떼히떼 [여] 자손

posthume 뽀스뜀 [형] 사후의

postiche 뽀스띠슈 [형] 덧붙인, 추가된, 불필요한, 사족의

postnatal(e, aux) 뽀스뜨나딸(또) [형] 출생 후의

postopératoire 뽀스또뻬하뚜아흐 [형] 수술 후의

post-scriptum 뽀스뜨스크힙똠 [남] (복수불변) (편지 따위의) 추신 ([약] P.S.)

post-traumatique 뽀스트호마띠끄 [형] 외상 후의

postuler 뽀스뛸레 [타] 지원하다

posture 뽀스뛰흐 [여] 자세

pot 뽀 [남] 항아리

potable 뽀따블 [형] 음료가 될 수 있는 eau ~ 마실수있는 물, 식수

potage 뽀따즈 [남] [요리] 포타주 (고기, 야채 따위를 넣어서 진하게 끓인 수프)

potager(ère) 뽀따제(제흐) [형] (곡물 이외의 식물에 대해) 식용의; 채소의 [남] 채소밭

potasse [여] 잿물

뽀따스

potassium [남] 칼륨
뽀따시엄

pot-au-feu [남] (복수불변) [요리] 포토프 (고기와 야채를 삶은 스튜)
뽀또푀

pot-de-vin (pots-de-vin) [남] 뇌물, 사례금
뽀드벵

poteau(x) [남] 기둥, 말뚝
뽀또

potentat [남] 유력자
뽀떵따

potentiel(le) [형] 가능성을 지닌, 잠재적인
[남] 가능성, 잠재력
뽀떵시엘

potentiellement [부] 잠재적으로
뽀떵시엘멍

poterie [여] 도기 제조(법); 도기
뽀트히

potier(ère) [명] 도기 제조[판매]인
뽀띠에

potin [남] (흔히 복수) 잡담, 험담, 험구
뽀뗑

potion [여] 물약 1 회 분량
뽀시옹

pot-pourri (pots-pourris) [남] (고기, 야채 따위를 섞어 끓인) 잡탕; (향기가 강한 여러 꽃잎을 섞어 넣은) 향료 단지
뽀뿌히

pou(x) [남] [곤충] 이
뿌

poubelle [여] 쓰레기통, 휴지통
뿌벨

pouce
뿌스
[남] 엄지손가락

poudre
뿌드흐
[여] 가루

poudreux(se)
뿌드회(회즈)
[형] 가루의

poudrier
뿌드히에
[남] 콤팩트

pouf
뿌프
[남] 두꺼운 쿠션

pouffer
뿌페
[자] (참지 못하고) 웃음을 터뜨리다

pouilleux(se)
뿌이유(유즈)
[형] 이가 들끓는

poulain
뿔렝
[남] (30 개월 이하의 암컷 또는 수컷의) 망아지

poule
뿔
[여] 암탉

poulet
뿔레
[남] 병아리; 닭고기

poulie
뿔리
[여] 도르래, 활차

pouls
뿌
[남] 맥박, 고동, 동계

poumon
뿌몽
[남] 폐

poupée
뿌뻬
[여] 인형

pour
뿌흐
[전] ...을 위하여, ...하기 위하여; ...을 위한; ...대신에; ... 때문에

pourboire
[남] 팁

뿌호부아흐

pourcentage [남] 퍼센티지, 백분율
뿌호성따즈

pour-cent [남] 퍼센트
뿌호성

pourcentage [남] 퍼센티지
뿌호성따즈

pourchasser [타] (집요하게) 뒤쫓다, 추격하다, 추구하다
뿌호샤세

pourparler [남] (흔히 복수) 협상, 협의, 회담 les ~s à six 육자회담
뿌호빠흘레

pourpre [형] 자줏빛의 [남] 자줏빛
뿌호프흐

pourquoi [부][접] 왜, 어찌하여
뿌호꾸아

pourri(e) [형] 썩은, 부패한
뿌히

pourrir [자] 썩다, 부패하다 [타] 썩히다, 부패시키다
뿌히흐

pourriture [여] 썩기, 부패
뿌히뛰흐

poursuite [여] 뒤쫓기, 추격, 추적
뿌흐쉬이뜨

poursuivre [타] 쫓다, 뒤따르다
뿌흐쉬이브흐

pourtant [부] 그렇지만, 그렇건만
뿌흐떵

pourtour [남] (물체, 표면의) 둘레(선), 주변, 가장자리
뿌흐뚜흐

pourvoir [자] 대비하다, ...에[에게] 필요한 것을 공급하다
뿌흐부아흐

pourvu(e) [형] 준비된, 마련된 ~ qu e ...하기만 하면, ...한다는 조건으로
뿌흐뷔

pousse [여] 싹, 움
뿌스

poussé(e) [형] 밀린, 떼밀린; 추진된, 밀고나간
뿌세

poussée [여] 밀기, 추진(력)
뿌세

pousser [타] 밀다 La voiture ne veut pas dé- marrer ; il faut la ~ 차가 시동이 걸리지 않아요. 뒤에서 밀어야합니다
뿌세

poussette [여] 유모차, 작은 손수레, 쇼핑카
뿌세뜨

poussière [여] 먼지
뿌시에흐

poussiéreux(se) [형] 먼지투성이의, 먼지가 덮인
뿌시에회(회즈)

poutre [여] [건축] 들보, 도리, 장선
뿌트흐

pouvoir [타] ...할 수 있다 [남] 권력
뿌부아흐

practiquement [부] 실제적으로
프학띠끄멍

pragmatique [형] 실용적인 [여] [언어] 화용론
프하그마띠끄

pragmatisme [남] 실용주의
프하그마띠슴

pragmatiste [형] [철학] 실용주의의 [명] 실용주의자
프하그마띠스뜨

prairie [여] 대초원
프헤히

P-p

Praline 프할린	[여] [제과] 프랄린 (편도의 설탕 졸임 과자)
Praticable 프하띠꺄블	[형] 실현성[실행성] 있는, 실용성 있는
praticien(ne) 프하띠시엥(엔)	[명] 전문가; (의술, 법률 등의) 실무가
pratiquant(e) 프하띠껑(껑뜨)	[형] 종례를 지키는 [명] 실천적 신자
pratique 프하띠끄	[여] 실제, 실행; 응용; 습관; 관행
pratiquer 프하띠께	[타] 실행[실시]하다; 만들다
pré 프헤	[남] 목초지, 방목지
préalable 프헤알라블	[형] 먼저 해야할, 선결해야 할, 예비적인 [남] 전제[선결] 조건 au ~ 우선, 먼저, 사전 에
préalablement 프헤알라블멍	[부] 먼저, 우선, 사전에
préambule 프헤엉뷜	[남] 머리말, 서언
préavis 프헤아비	[남] 예고; (특히) 해약[해고, 사직] 예고 sans ~ 예고 없이
précaire 프헤깨흐	[형] 불안정한, 임시의, 믿을 수 없는, 덧 없는
précarité 프헤꺄히떼	[여] 불안정, 불확실, 덧없음, 믿을 수 없음
précaution 프헤꼬시옹	[여] 조심
précédent(e) 프헤세덩(덩뜨)	[형] 앞선 [남] 전례 sans ~ 전례없는

précéder
프헤세데
[타] 앞서다

précepte
프헤셉뜨
[남] 교훈

prêche
프헤슈
[남] 설교

prêcher
프헤셰
[타] ① (복음을) 전하다, 전도하다 ; 설교하다 ~ l'Évangile 복음을 전하다 ② 권장[장려, 강조]하다 ③ (구어) (에게) 훈계[충고]하다 ~ un enfant 아이에게 훈계하다 [자] ① 설교하다 ② 설교[훈계]를 늘어놓다; 잔소리하다

prêcheur(se)
프헤셰흐(셰즈)
[명] 설교자; 교훈적인 말을 하기 좋아하는 사람

précieusement
프헤시유즈멍
[부] 귀중하게, 주의하여; 잘난체 하여

précieux(se)
프헤시유(유즈)
[형] 귀중한

précipice
프헤시비스
[남] 절벽

précipitamment
프헤시삐따멍
[부] 다급히

précipitation
프헤시삐따시옹
[여] 조금, 성급 (비 따위의) 강하

précipité(e)
프헤시삐떼
[형] 급한, 빠른

précipiter
프헤시삐떼
[타] 떨어뜨리다, 투하하다

précis(e)
프헤시(시즈)
[형] 정확한

précisément
[부] 명확하게, 정확하게, 분명한게

프헤시제멍

préciser [타] 명확하게 하다, 확실하게 하다
프헤시제

précision [여] 정확
프헤시지옹

précoce [형] 조숙한
프헤꼬스

précocité [여] 조숙; 철 이른
프헤꼬시떼

préconçu(e) [형] 예견된
프헤꽁쉬

préconiser [타] 칭찬하다
프헤꼬니제

précuire [타] 미리 조리하다
프헤뀌이흐

précurseur [남] 선구자
프헤뀌흐쇠흐

prédateur [남] 약탈자
프헤다뙤흐

prédécesseur [남] 전임자
프헤데세쇠흐

prédestination [여] 운명
프헤데스띠나시옹

prédestiner [타] 운명 짓다
프헤데스띠네

prédéterminer [타] 미리 결정하다
프헤데떼흐미네

prédicat [남] 술어
프헤디꺄

prédication [여] 설교, 포교; 훈계; 선전
프헤디꺄시옹

prédiction [여] 예언, 예측, 예보

프헤딕시옹

prédigéré(e) [형] 소화 잘되도록 요리된
프헤디제헤

prédilection [여] 편애
프헤딜렉시옹

prédire [타] 예언하다, 예측하다
프헤디흐

prédisposer [타] (의) 경향[성향, 소질]을 갖게 하다 Son éducation le prédIsposait à la vie austère[à réagir ainsi]. 그가 받은 교육이 그를 엄격한 생활을 하도록[이런 식으로 반응하도록] 했다.
프헤디스뽀제

prédisposition [여] 경향
프헤디스뽀지시옹

prédominance [여] 탁월
프헤도미넝스

prédominant(e) [형] 우세한
프헤도미넝(넝뜨)

prédominer [자] 우세하다
프헤도미네

préfabriquer [타] 사전에 만들다
프헤파브히께

préface [여] 서문
프헤파스

préfacer [타] 서문을 쓰다
프헤파세

préfecture [여] 도청, 현청
프헤펙튜흐

préférable [형] 오히려 나은
프헤페하블

préféré(e) [형] 좋아하는, 선호[총애]하는

프헤페헤

préférence [여] 선호도
프헤페헝스

préférentiel(le) [형] 우선적인, 특혜의
프헤페헝시엘

préférer [타] 선호하다 ~ la ville à la campagne 시골보다 도시를 더 좋아하다
프헤페헤

préfet [남] 도지사 cabinet du ~ 도청
프헤페

préfigurer [타] …의 형상을 미리 나타내다
프헤피귀헤

préfixe [남] 접두사
프헤픽스

préfixer [타] 앞에 놓다[두다]
프헤픽세

préhistorique [형] 유사(有史) 이전의, 선사(先史)의
프헤이스또히끄

préjudice [남] ① (권리, 이익의) 침해, 손해, 피해, 폐 ② [심리] délire de ~ 피해망상
프헤쥐디스

préjudiciable [형] 편견을 갖게 하는, 편파적인
프헤쥐디시아블

préjugé [남] 편견, 선입관
프헤쥐제

prélasser, se [대] 편안히 쉬다
스프헬라세

prélat [남] 고위 성직자
프헬라

prélèvement [남] 채취, 추출; (금액의) 공제, 선취, 징수, 과세
프헬레브멍

prélever [타] 공제하다, 미리 빼다
프헬르베

préliminaires [남][복] 사전준비, 예비행위
프헬리미네흐

prélude [남] 전주곡, 서곡
프헬뤼드

prématuré(e) [형] 조숙한
프헤마뛰헤

prématurément [부] 시기상조로, 너무 이르게
프헤마뛰헤멍

prémédication [여] 예비 마취
프헤메디꺄시옹

préméditer [타] 미리 숙고[계획]하다
프헤메디떼

premier(ère) [형] 제 1 의, 최초의
프흐미에(에흐)

premièrement [부] 첫째로, 우선
프흐미에흐멍

prémonition [여] 예고, 예감, 조짐
프헤모니시옹

prénatal(e, aux) [형] 탄생 전의
프헤나딸(또)

prendre [타] 잡다, 붙들다, 쥐다, 들다, 안다; 장악하다; 파악하다; 빼앗다, 점령하다; (성질, 빛깔 따위를) 띠다; (형태를) 띠다, 갖추다
프헝드흐

preneur(se) [명] 사는 사람, 매수인
프흐뇌흐(뇌즈)

prénom [남] 이름
프헤농

préoccupation [여] 선입견, 편견
프헤오뀌빠시옹

préoccupé(e)
프헤오뀌뻬
[형] 걱정[근심]하는; 몰두한, 전념한

préoccuper
프헤오뀌뻬
[타] ① 걱정[근심]시키다 Sa santé ~ me préoccupe. 그의 건강이 염려스럽다 ② 몰두[전념]하게 하다 Cette idée le *préoccupe*. 그는 그 생각에 사로잡혀 있다 se ~ [대] 걱정 [근심]하다; 몰두 [전념]하다 [se ~ de qch/qn/inf.] se ~ de ses enfants 아이들 걱정을 하다; 아이들에게 전념하다

préopératoire
프헤오뻬하뚜아흐
[형] 수술 전의

préparatif
프헤빠하띠프
[남] (흔히 복수) 준비, 채비

préparation
프헤빠하시옹
[여] 준비[예비](함)

préparatoire
프헤빠하뚜아흐
[형] 준비의, 예비의 [여] 그랑제콜(grandes écoles) 입시 준비반 (= classe ~) ((약, 구어) prépa)

préparer
프헤빠헤
[타] ① 준비[채비]하다; (계획 따위를) 세우다, 꾸미다 ~ un voyage 여행을 준비하다 ② 조제하다; 조리하다; (식탁을) 차리다 ~ un gâteau à[pour] ses enfants 아이들을 위해 케이크를 만들다 se ~ [대] se ~ au combat 싸울 준비를 하다

prépondérance
프헤뽕데헝스
[여] 우월성, 우위; 주도권, 지배권

prépondérant(e)
프헤뽕데헝(헝뜨)
[형] 무게가 더하는; 우세한, 우월한

préposé(e)
[명] 담당자, 계원

프헤뽀제

préposition [여] [문법] 전치사
프헤뽀지시옹

prépositionnel(le) [형] 전치사의[적인]
프헤뽀지시오넬

prérogative [여] 특권, 특전, 대권
프헤호가띠브

près [부] 가까이(에) Il habite tout ~. 그는 아주 가까이에 산다 [~ de] habiter (tout) ~ d'ici 여기에서 (아주) 가까운 곳에 살다
프헤

présage [남] 전조, 조짐
프헤자즈

présager [타] (문어) (의) 전조를 보이다, 예고하다
프헤자제

presbyte [형][명] 노안의 (사람)
브헤스비뜨

presbytérien(ne) [형] 장로파의, 장로교회의 [명] 장로파 교도
프헤스비떼히엥(엔)

prescriptible [형] [법] 시효의 대상이 되는 droits ~s 시효의 대상이 되는 권리
프헤스크힙띠블

prescription [여] 처방, 약방문, 처방약
프헤스크힙시옹

prescrire [타] 정하다, 명령하다, 지령[지시]하다
프헤스크히흐

préséance [여] 우위
프헤세엉스

présence [여] 존재, 현존, 실재
프헤정스

présent(e) [형] 있는; 출석한, 입회한; 현시의, 지금의 [남] 현재
프헤정(정뜨)

présentable [형] 남 앞에 내놓을 만한, 보기 흉
프헤정따블 하지 않은

présentation [여] 증정, 바침, 기증
프헤정따시옹

présenter [타] 제출하다, 내놓다; 제시하다,
프헤정떼 보이다; 소개하다

préservatif(ve) [형] 예방이 되는, 보호하는
프헤제흐바띠프(띠브) [남] 콘돔, 피임기구

préservation [여] 보존, 저장, 보호
프헤제흐바시옹

préserver [타] 보호하다, 지키다
프헤제흐베

présidence [여] 대통령의 지위[직, 임기]
프헤지덩스

président(e) [명] 대통령; 의장, 회장
프헤지덩(덩뜨)

présidentiel(le) [형] 대통령의
프헤지덩시엘

présider [타] 의장이 되다, 사회하다
프헤지데

présomption [여] 추정, 가정, 추측
프헤종쁘시옹

présomptueusemen [부] 건방지게, 주제넘게, 거만하게
프헤종쁘뛰이유즈멍

présomptueux(se) [형] 잘난 체하는, 건방진, 주제넘은
프헤종쁘뛰이유(유즈)

presque [부] 거의, 대부분 ~ sans exce
프헤스끄 ption 거의 예외 없이

presqu'île [여] 반도
프헤스낄

pressant(e) [형] 절박한, 긴급한; 절실한; 집요
프헤성(성뜨)

P-p

한; 간절한; 열렬한

presse
프헤스
[여] 신문; 출판물

pressé(e)
프헤세
[형] 바쁜, 급한

pressentiment
브헤성띠멍
[남] 예감, 전조 [avoir le ~ de qch / que + ind] J'ai le vague ~ d'un danger. 막연히 위험하다는 예감이 든다

pressentir
프헤성띠흐
[타] 예감하다, 예측하다; 떠보다

presse-papiers
프헤스빠삐에
[남] (복수불변) 서진, 문진

presser
프헤세
[타] 누르다; 밀다; 조이다

pression
프헤시옹
[여] 압박

pressoir
프헤수아흐
[남] 압착기

pressurer
프헤쉬헤
[타] 짜다; 세금을 짜내다; 착취하다

pressuriser
프헤쉬히제
[타] 기압을 일정하게 유지하다

prestation
프헤스따시옹
[여] 부역 또는 세금

prestige
프헤스띠즈
[남] 위세, 명성, 인기; (주위 사람들에게 주는) 정신적 영향력

prestigieux(se)
프헤스띠지유(유즈)
[형] 고급의, 일류의, 훌륭한

présumer
프헤쥐메
[타] 고급의, 일류의, 훌륭한

présupposition [여] 예상, 가정, 전제
프헤쉬뽀지시옹

prêt(e) [형] 준비[각오]가 되어 있는 [être ~ à qch/inf] Nous sommes ~s à toute eventu-alité. 우리는 어떠한 사태에도 대비가 되어있다
프헤(헤뜨)

prêt [남] 대여, 대부; 대차
프헤

prêt-à-porter (prêts-à-porter) [남] (고급) 기성복
프헤따뽀흐떼

prétendre [타] 요구하다; 주장하다
프헤떵드흐

prétendu(e) [형] 부당하게 …라고 생각되는[일컬어지는]; 스스로 주장하는, 자칭하는 un ~ policier 자칭 경찰 관이라는 사람
프헤떵뒤

prête-nom [남] (계약, 사업 따위의) 명의 대여인
프헤뜨농

prétentieux(se) [형] 자만하는, 자부하는
프헤떵시유(유즈)

prétention [여] 요구, 주장
프헤떵시옹

prêter [타] 빌려주다; 제공하다
프헤떼

prétexte [남] 구실, 핑계
프헤떽스뜨

prêtre [남] 승려, 사제, 신부
프헤트흐

preuve [여] 증거, 근거
프회브

prévaloir
트헤발루하흐
[자] 능가하다, 낫다, 우세하다

prévenant(e)
프헤브넝(넝뜨)
[형] (남에 대해) 세심하게 배려하는, 친절을 베푸는

prévenir
프헤브니흐
[타] 예방하다, 피하다; 알리다, 통지하다

préventif(ve)
프헤벙띠프(띠브)
[형] 예방적인

prévention
프헤벙시옹
[여] 저지, 방해, 막음

prévisible
프헤비지블
[형] 예측[예견]할 수 있는

prévision
프헤비지옹
[여] 예측, 예상, 예견

prévoir
프헤부아흐
[타] 대주다, 공급하다, 지급하다

prévoyance
프헤부아영스
[여] 예측; 선견지명; 예비, 준비

prévoyant(e)
프헤부아영(영뜨)
[형] 선견지명이 있는, 신중한

prévu(e)
프헤뷔
[형] 예측된, 예정된, (미리) 규정된

prier
프히에
[자] 기도하다 ~ pour qn/qch...을 위해 기도하다 [타] ① (에게) 기도하다, 기원하다 ~ le ciel de nous aider 우리를 도와주십사고 하늘을 우러러 기도하다 ② (에게) 간청하다; 부탁하다 ~ le médecin de venir 의사에게 와달라고 부탁하다

prière
프히에흐
[여] 기도, 기원, 기도문

prieuré
[남] 소(小)수도원

P-p

프히예헤

primaire [형] 초보의, 초등의
프히메흐

primauté [여] 탁월
프히모떼

prime [여] 프리미엄, 증가 할당금; 수출 장려금, 상여금, 보너스
프힘

primer [자] 으뜸가다, 뛰어나다·
프히메

primeur [여] (과일, 야채 따위의) 만물; (복 수) 속성 재배한 과일[채소]
프히뫼흐

primitif(ve) [형] 원시의
프히미띠프(띠브)

primordial(e, aux) [형] 최초의, 초기의, 제일의; 원시 시대의; 원시의
프히모흐디알(오)

prince [남] 왕자, 태자
프헹스

princesse [여] 공주, 황녀, 왕가의 여자
프헹세스

princier(ère) [형] 왕자[세자]로서
프헹시에(에흐)

principal(e, aux) [형] 주요한, 주된
프헹시빨(뽀)

principalement [부] 주되게
프헹시빨멍

principauté [여] 공국, 후국
프헹시뽀떼

principe [남] 원칙, 법칙, 공리 avoir pour ~ de inf. ...하는 것을 원칙으로 삼다
프헹시쁘

printemps [남] 봄
프헹떵

priorité
프히오히떼
[여] (시간·순서적으로) 앞[먼저]임

pris(e)
프히(히즈)
[형] 뽑아낸; 걸린; 사로잡힌

prise
프히즈
[여] 잡기, 쥐기, 포획, 포박; 점령; 탈취

priser
프히제
[타] (비유, 문어) 높이 평가하다 ~ un ouvrage 어떤 작품을 높이 평가하다

prisme
프히슴
[남] 프리즘

prison
프히종
[여] 교도소, 감옥

prisonnier(ère)
프히조니에(에흐)
[명] 수감자

privation
프히바시옹
[여] 상실, 결핍, 부족

privatisation
프히바띠자시옹
[여] 민영화

privatiser
프히바띠제
[타] 민영화(民營化)하다

privé(e)
프히베
[형] 사사로운, 사적인; 사립의, 사설의, 민간의

priver
프히베
[타] 빼앗다, 박탈하다; 금하다 ~ un héritier de ses droits 상속인에게서 권리를 박탈하다

privilège
프히빌레즈
[남] 특권, 특전

privilégié(e)
프히빌레지에
[형] 특권[특전]이 있는[주어진]

prix
[남] 값, 가격; 댓가, 요금; 상, 상

프히 | 금, 상품, 상장; 보수 à tout ~ 어떤 댓가를[희생을] 치르고 라도, 기어코

probabilité
프호바빌리떼
[여] 있을 법함, 그럼직함; 개연성

probable
프호바블
[형] 있음직한, 충분히 가능한

probablement
프호바블멍
[부] 아마(도), 대개는

probant(e)
프호벙(벙뜨)
[형] 설득력 있는, 확실한, 결정적인

probatoire
프호바뚜아흐
[형] 시험적인, 가채용[가급제]의

probe
프호브
[형] (문어) 성실한, 정직한, 올바른

probité
프호비떼
[여] 성실, 정직, 올바름

problématique
프호블레마띠끄
[형] 문제의, 문제가 있는

problème
프호블렘
[남] 문제, 의문, 난문제

procédé
프호세데
[남] 제도; 방법

procéder
프호세데
[자] [~ à] 행하다, 시행하다, 하다

procédure
프호세뒤흐
[여] 순서, 차례

procès
프호세
[남] [법] 소송

procession
프호세시옹
[여] 행렬, 행진, 진행

processus
[남] 과정, 공정

프호세쉬스

procès-verbal(aux) [남] 조서, 위반 조서
프호세베흐발(보)

prochain(e) [형] 이웃의; 다음의; 오는; 가까운
프호섕(셴)

prochainement [부] 머지않아, 곧
프호셴멍

proche [형] 가까운, 이웃의
프호슈

proclamation [여] 선언, 선포, 포고
프호끌라마시옹

proclamer [타] 선언하다
프호끌라메

procréation [여] 출산, 생식
프호크헤시옹

procuration [여] [법] 위임, 대리, 대리권
프호뀌하시옹

procurer [타] 마련하다, 조달하다
프호뀌헤

procureur [남] 검사
프호뀌회흐

prodige [남] 신기한 일, 놀라운 일
프호디즈

prodigieusement [부] 거대[막대]하게
프호디지유즈멍

prodigieux(se) [형] 굉장한, 놀라운, 비범한
프호디지유(유즈)

prodigue [형] 낭비하는, 풍부한, 남아도는
프호디그

prodiguer [타] (재산, 돈 따위를) 낭비하다, 헤프게 쓰다
프호디게

producteur(trice) [형] ① 생산하는, 생기게 하는, 창

프호뛱뙤흐(트히스) 조하는 ② (영화) 제작의 [명] ① 생산자 ② 영화 제작자[제작사]; (라디오, 텔레비전의) 제작자, 프로듀서

prductif(ve) [형] 생산적인, 생산력을 가진
프호뒥띠프(띠브)

production [여] 생산, 제조
프호뒥시옹

productivité [여] 생산성, 생산력
프호뒥띠비떼

produire [타] 낳다; 만들다, 생산하다, 열매를 맺다; 보이다, 제시[제출]하다; 제작하다, 저술하다; 가져오다, 초래하다, 야기하다
프호뒤이흐

produit [남] 산출물, 생산품
프호뒤이

prof [명] (구어) 교수, 교사, 선생
프호프

profane [형] 신성을 더럽히는, 불경스러운
프호판

profaner [타] 신성을 더럽히다, 모독하다
프호파네

proférer [타] (큰 소리로) 말하다
프호페헤

professer [타] (문어) 공언하다, 주장하다
프호페세

Professeur [남] 교수, (중학교 이상의) 교사, 선생
프호페쐬흐

Profession [여] 직업
프호페시옹

professionnalisme [남] 직업의식, 프로정신
프호페시오날리슴

professionnel(le) [형] 직업의, 직업상의
프로페시오넬

profil [남] ① 옆모습, 옆얼굴, 반면상 ② (신문의) 간단한 인물 소개, 프로필
프로필
dessiner le ~ de qn ...의 측면도를 그리다

profit [남] 이익, 이득, 이윤
프로피

profitable [형] 이익이 되는, 유익한
프로피따블

profiter [타간] [~ de] …을 이용하다
프로피떼

profiteur(se) [명] 폭리 획득자, 부당 이득자
프로피뙤흐(뙤즈)

profond(e) [형] 깊은, 난해한
프로퐁(퐁드)

profondément [부] 난해하게
프로퐁데멍

profondeur [여] 깊이
프로퐁되흐

profus(e) [형] 수없이 많은, 넘치는
프로퓌(퓌즈)

programme [남] 프로그램
프로그함

programmer [타] (영화, 라디오, 텔레비전의) 프로에 넣다; [정보] 프로그래밍하다
프로그하메

programmeur(se) [명] (컴퓨터, 전자계산기의) 프로그래머, 프로그램 개발자
프로그하뫼흐(뫼즈)

progrès [남] 전진, 진행, 진척
프로그헤

progressif(ve) [형] 전진적인, 진보적인; 점진적인, 누진적인
프로그헤시프(시브)

progression [여] 진행, 전진
프호그헤시옹

progressivement [부] 점진적으로
프호그헤시브멍

prohiber [타] 금하다, 금지하다
프호이베

proie [여] (육식 동물의) 먹이; 노획품, 약탈품
프후아

prohibitif(ve) [형] 금지하는, 금제의
프호이비띠프(띠브)

prohibition [여] 금지, 금제
프호이비시옹

projecteur [남] 투사기, 투광기
프호젝뙤흐

projectile [남] 투사물, 사출물, 발사물
프호젝띨

projection [여] 투사, 발사, 방사
프호젝시옹

projet [남] 계획
프호제

projeter [타] 던지다; 투사하다; 꾀하다, 계획하다
프호즈떼

prolétariat [남] 노동계급, 무산계급
프홀레따히아

prolétaire [명] 프롤레타리아, 무산계급
프홀레떼흐

prolifération [여] 증식, 번식
프홀리페하시옹

proliférer [자] 증식[번식]하다[시키다]
프홀리페헤

prolifique [형] 아이[새끼]를 많이 낳는, 열매를 많이 맺는
프홀리피끄

P-p

prolixe [형] 말이 많은, 장황한, 지루한
프홀릭스

prologue [남] 서언(序言), 머리말
프홀로그

prolongation [여] (시간의) 연장
프홀롱가시옹

prolonger [타] ① (시간을) 연장하다 ~ son séjour d'une semaine 체류기간을 1 주일 연장하다 ② (공간을) 길게 하다, 연장하다 ~ les lignes de métro 지하철 노선을 연장하다
프홀롱제

promenade [여] 산책, 산보
프홈나드

promener [타] 산책시키다 se ~ 산책하다
프홈네

promeneur(se) [명] 산책자, 산보하는 사람
프홈뇌흐(뇌즈)

promesse [여] 약속, 서약 tenir sa ~ 약속을 지키다 manquer à sa ~ 약속을 지키지 않다
프호메스

prometteur(se) [형] 유망한, 장래성 있는
프호메뙤흐(뙤즈)

promettre [타] 약속하다, 언약하다; 예보하다, 예언하다, 예고하다 ~ à qn d'être exact au rendez-vous ...에게 약속시간을 엄수하겠다고 약속하다
프호메트흐

P-p

promis(e) [형] 약속된 Terre ~e [성서] 약속의 땅, 가나안(Canaan); (비유) 풍요의 땅, 이상향
프호미(미즈)

promoteur(trice) [명] 조장자, 장려자, 후원자
프호모뙤흐(트히스)

promotion [여] 승진, 진급 demander une ~

프호모시옹 승진을 요구하다

promotionnel(le) [형] 승급[승진]의
프호모시오넬

promouvoir [타] 승진[촉진]하다, 진척시키다
프호무부아흐

prompt(e) [형] 재빠른, 날렵한, 신속한
프홍(쁘뜨)(홍(쁘)뜨)

promulguer [타] (법률 따위를) 공포하다
프호뮬게

prôner [타] 설교하다; 훈계하다; 격찬하다
프호네

pronom [남] [문법] 대명사
프호농

prononçable [형] 발음하기 쉬운, 발음이 가능한
프호농사블

prononcé(e) [형] ① 발음된; (말, 연설 따위가) 행해진 ② 선고된, 언도된 ③ 두드러진, 뚜렷한 ④ 강렬한; 현저한, 명백한
프호농세

prononcer [타] 발음하다; 선고하다, 선언하다
프호농세

prononciation [여] 발음
프호농시아시옹

Pronostic [남] 예후
프호노스띠끄

pronostiquer [타] 예지하다, 예언[예상]하다
프호노스띠께

propagande [여] 선전, 선전 방법
프호빠겅드

propagation [여] 번식; 보급, 전파
프호빠갸시옹

propager [타] 전파하다, 선전하다, 보급하다,

프호빠제 — 퍼뜨리다

propension — [여] 경향, 성향, 기호
프호뻥시옹

prophète(étesse) — [명] 예언자, 선지자
프호페뜨(페떼스)

prophétie — [여] 예언; 예언 능력
프호페시

prophétique — [형] 예언자의, 예언자다운
프호페띠끄

prophétiser — [타] 예언하다
프호페띠제

propice — [형] 순조로운, 유리한; 상서로운, 좋은
프호삐스

proportion — [여] 비율, 비
프호뽀흐시옹

proportionnel(le) — [형] 비례하는
프호뽀흐시오넬

proportionnellement — [부] ① 일정한 비율로 ② (에) 비례[상응]하여, (에) 비해
프호뽀흐시오넬멍

propos — [남] 결심; 주제, 건, 일; 이야기, 담화 à ~ de ...에 관하여
프호뽀

proposable — [형] 제출[제안]할 수 있는[할만한]
프호뽀자블

proposer — [타] 제안하다 ~ une solution 해결책을 제안하다 Il m'*a proposé* de me raccompagner. 그는 나에게 배웅해 주겠다고 제안했다
프호뽀제

P-p

proposition — [여] 제안, 제의
프호뽀지시옹

propre — [형] 자신의, 고유의; 깨끗한
프호프흐

propreté
프호프흐떼
[여] 청결, 깨끗함

propriétaire
프호프히에떼흐
[명] 소유자, 소유주

propriété
프호프히에떼
[여] 재산, 자산, 소유물 droit de ~ intellectuelle 지적재산권

propulser
프호쀨세
[타] 나아가게 하다, 몰아대다

propulsion
프호쀨시옹
[여] 추진수단. 추진력

proroger
프호호제
[타] (기한을) 연장하다, 연기하다

prosaïque
프호자이끄
[형] 평범한, 비속한

proscrire
프호스크히흐
[타] 금지하다, 배척하다

prose
프호즈
[여] 산문, 산문체

prospecter
프호스뻭떼
[타] (광물자원 따위를 찾기 위해) 조사하다, 답사하다

prospecteur(trice)
프호스뻭뙤흐(트히스)
[명] 시굴자, 투기자

prospection
프호스뻭시옹
[여] 전망, 조망(眺望)

prospectus
프호스뻭뛰스
[남] 취지서

prospère
프호스뻬흐
[형] 부유한, 성공한

prospérer
프호스뻬헤
[자] 번영하다

prospérité
프호스뻬히떼
[여] 번영, 번창, 융성, 성공

prostate [여] 전립선
프호스따뜨

prostituée [여] 매춘부
프호스띠뛰이에

prostitution [여] 매음, 매춘
프호스띠뛰시옹

prostration [여] 엎드림, 부복함
프호스트하시옹

protagoniste [남] ① (극, 영화 따위의) 주연(배우), 주인공 ② (사건, 논쟁 따위의) 주역, 중심 인물[국가], 주모자
프호따고니스뜨

protecteur(trice) [형] 보호하는 [명] 보호자, 옹호자
프호떽떠흐(트히스)

protection [여] 보호
프호떽시옹

protectionnisme [남] 보호주의
프호떽시오니슴

protectionniste [명] 보호무역주의자
프호떽시오니스뜨

protéger [타] 보호하다, 막다, 지키다
프호떼제

protéine [여] 단백질의, 단백질을 함유한
프호떼인

protestant(e) [명] 프로테스탄트, 신교도 [형] 프로테스탄트의
프호떼스떵(떵뜨)

protestation [여] 항의, 이의(의 제기), 불복
프호떼스따시옹

protester [자] 항의하다, 반대하다 ~ contre l'o- pression 압박에 반대하다
프호떼스떼

prothèse [여] 보형술
프호떼즈

protocole [남] 의전, 의례, 의식
프호또꼴

prototype [남] 원형; 전형
프호또띠쁘

proue [여] 뱃머리, 이물
프후

prouesse [여] 용맹, 무용; 무훈, 공훈
프후에스

prouver [타] 입증[증명]하다
프후베

provenance [여] 발송[발신]지, 출발지, 산지
프호브넝스

provenant(e) [형] [~ de] ...으로부터 온, ...에 유래한
프호브넝(넝뜨)

provenir [자] ...로부터 오다[일어나다], ...에 유래하다
프호브니흐

proverbe [남] 속담, 격언, 금언, 교훈
프호베흐브

providence [여] 섭리(攝理), 신의 뜻
프호비덩스

providentiel(le) [형] 신의, 섭리의, 신의 뜻에 의한
프호비덩시엘

Province [여] 지방, 시골 en ~ 지방에
프호벵스

Provision [여] ① 저장, 비축 ② (복수) (식품, 생활용품 따위의) 구매; 구입품
프호비지옹

Provisoire [형] 일시적인, 잠정적인
프호비주아흐

provisoirement [부] 일시적으로
프호비주아흐멍

provocant(e) [형] ① 도전[도발]적인 ② 선정적인, 요염한
프호보껑(껑뜨)

provocateur(trice) [형] ① 선동하는; 도전[도발] 하는
프호보꺄뙤흐(트히스) ② 욕정을 불러일으키는

provocation [여] 도발, 도전, 선동, 사주
프호보꺄시옹

provoquer [타] 자극하다; 도발하다, 도전하다;
프호보께 선동하다; 일으키다, 유발하다, 야기하다

proximité [여] 근접, 접근
프혹시미떼

prude [형] (문어) 얌전한 체하는, 새침한;
프휘드 근엄한

prudence [여] 조심성, 신중, 용의주도
프휘덩스

prudent(e) [형] 신중한, 조심성 있는
프휘덩(덩뜨)

pruderie [여] (문어) 얌전한[근엄한] 체하는
프휘드히 태도, 새침함

prune [여] 자두
프휜

pruneau(x) [남] 말린 자두
프휘노

pseudonyme [남] 필명
읍쇠도님

psychanalyse [여] 정신 분석(학, 법)
읍시꺄날리즈

psychanalyste [명] 정신분석학자, 정신분석 전문
읍시꺄날리스뜨 의

psychiatre [명] 정신과 의사
읍시끼아트흐

psychiatrie [여] 정신 의학
읍시끼아트히

psychiatrique
읍시끼아트히끄
[형] 정신 의학의, 정신병 치료법의 [에 의한]

psychique
읍시쉬끄
[형] 심적인, 영혼의, 정신의

psychologie
읍시꼴로지
[여] 심리학

psychologique
읍시꼴로지끄
[형] 심리학의; 심리의, 정신의

psychologue
읍시꼴로그
[명] 정신분석의사, 심리학자

psychothérapie
읍시꼬떼하삐
[여] 정신요법

psychopathique
읍시꼬빠띠끄
[형] 정신병(성)의

psychose
읍시꼬즈
[여] 정신병, 정신 이상

psychothérapeute
읍시꼬떼하쁴뜨
[명] 정신[심리]요법 의사

psychothérapie
읍시꼬떼하삐
[여] 정신[심리]요법

P.T.T.
[약] ministère des Postes, Télécommunications et Télé-diffusion (프랑스의) 체신부 (현재는 P. et T.로 개칭)

puanteur
쀠엉뙤흐
[여] 악취, 역한 냄새

pub
쀱
[남] 선술집 [여] (구어) 광고

puberté
쀠베흐떼
[여] 사춘기, 성숙기

public(que)
쀠블리끄
[형] 공공의, 공중의 hygiène ~que 공중위생 [남] 공중, 일반인

	들; 국민
publication 쀠블리꺄시옹	[여] 발표, 공표, 공포
publicitaire 쀠블리시떼흐	[형] 광고[선전](용)의 dépen-ses ~s dùne entreprise 기업의 광고비
publicité 쀠블리시떼	[여] 광고, 선전
publier 쀠블리에	[타] ① 출판[발행]하다 ~ un re cueil de poèmes à ses frais 시집을 자비로 출판하다 ② 발표하다, 게재하다 ~ un article dans une revue 잡지에 논문을 발표하다
publiquement 쀠블리끄멍	[부] 공개적으로, 공적으로
puce 쀠스	[여] 벼룩
pudeur 쀠되흐	[여] 정결, 정숙
pudique 쀠디끄	[형] 정숙한, 얌전한
puer 쀠이에	[자] 악취를 풍기다 [타] ...냄새가 나다
puéril(e) 쀠이에힐	[형] 유치한, 미숙한
pugnacité 쀠그나시떼	[여] 싸우기[논쟁하기] 좋아하는 기질
puis 쀠이	[부] 그다음에, 뒤에, 그리고
puiser 쀠이제	[타] (물을) 푸다, 퍼내다
puisque 쀠이스끄	[접] ...이니까, ...이기 때문에

puissance
쀠이성스
[여] 힘, 권력, 권세, 세력

puissant(e)
쀠이성(성뜨)
[형] 강한, 강력한, 든든한

puits
쀠이
[남] 우물

pull-over
쀨오뵈흐/쀨오베흐
[남] 풀오버

pulluler
쀨륄레
[자] 빠른 속도로 증식하다, 번식하다

pulmonaire
쀨모네흐
[형] 폐의, 폐를 침범하는

pulpe
쀨쁘
[여] 연한 덩어리, 걸쭉한 것

pulvérisateur
쀨베히자뙤흐
[남] 분무기

pulvériser
쀨베히제
[타] 가루로 만들다, 부수다

punaise
쀠네즈
[여] [곤충] 빈대

punch
뿅슈
[남] [영] 펀치 (럼주에 레몬, 향신료 따위로 향을 넣어 만든 음료)

punir
쀠니흐
[타] (을) 벌하다, 처벌하다

puinissable
쀠니사블
[형] 벌 줄 수 있는, 처벌할 만한

punitif(ve)
쀠니띠프(띠브)
[형] 처벌[형벌]의

punition
쀠니시옹
[여] 형벌

pupille
쀠삐유(삘)
[명] (후견이이 있는) 고아;
[법] 피 후견인

pupitre 쀠삐트흐	[남] (상판이 비스듬히 놓인) 작은 책받침대, 악보대
pur(e) 쀠흐	[형] 순수한, 섞이지 않은, 순전한
purée 쀠헤	[여] [요리] 퓨레 (야채류를 익혀 으깬 음식); 감자퓨레
purement 쀠흐멍	[부] 순수하게, 깨끗하게
pureté 쀠흐떼	[여] 맑음, 청순, 순결
purgatoire 쀠흐가뚜아흐	[남] 연옥(煉獄), 영혼의 정화, 정죄(淨罪)
purge 쀠흐즈	[여] 소독; 세탁; 설사약, 하제
purger 쀠흐제	[타] 깨끗이 하다
purificateur 쀠히피꺄뙤흐	[남] 깨끗이 하는 사람
purification 쀠히피꺄시옹	[여] 정화, 정제(精製)
purifier 쀠히피에	[타] 깨끗이 하다, 정화(淨化)하다
puritain(e) 쀠히뗑(뗀)	[명] 청교도
pur-sang 쀠흐성	[남] 순종말
pus 쀠	[남] [의학] 고름
pustule 쀠스뛸	[여] [의학] 농포
putain 쀠뗑	[여] (경멸, 속어) 창녀, 헤픈 여자; (구어) P~ ! 빌어먹을! (경멸, 격분을

표현)

putréfier 뿌트헤피에 [타] 부패시키다, 썩게 만들다 se ~ [대] 썩다, 부패하다

pyjama 삐자마 [남] 파자마, 잠옷

pyramide 삐하미드 [여] 피라미드

Pyrénées 삐헤네 [여][복] les ~ 피레네 산맥

pythagorique 삐따고히끄 [형] 피타고라스의; 피타고라스파 [학설]의

pythagorisme 삐따고히슴 [남] 피타고라스 학설

Q, q [남] 불어 자모의 열 일곱째 글자
뀌

quadragénaire [형] (연령이) 40 대의
꺄(꽈)드하제네흐

Qatar [남] [지리] 카다르
까따흐

quadrilatère [남] 4 변형
꺄(꽈)드히라떼흐

quadrillé(e) [형] (종이 따위가) 바둑판 무늬로 줄을 그은
꺄드히예

quadriller [타] ① (에) 바둑판 무늬를 넣다, 바둑판 모양으로 선을 긋다[구획을 정하다] ~ du papier pour dessiner 데생을 위해 종이에 바둑판 모양으로 선을 긋다 La ville est quadrillée par un réseau de rues. 도시는 도로망에 의해 바둑판 무양으로 구획이 정해졌다 ② (도시, 지역 따위를) 소구역으로 나누어 경비하다 forces de police qui *quadrillent* une région 어떤 지역을 소단위로 나누어 경비망을 펴는 경찰력 ③ (상가, 공공시설 따위를) 한정된 지역에 골고루 배치하다 administration dont les services *quadrillent*l'ensemble des régions 각 지역 전체에 골고루 미치는 행정서비스
꺄드히예

Quadruple [형] ① 4 배의; payer une amende ~
꺄(꽈)드휘쁠

de la somme indûment retenue 부당하게 착복 한 금액에 대해 4 배의 벌금을 내다 [남] 4 배(의 양)

quadrupler 까(꽈)드휘쁠레 [타] ① (을) 4 배로 하다 ~ son capital[la production] 자본금[생산량]을 4 배로 증가시키다 [자] 4 배가 되다 La production *a quadripulé* en dix ans. 생산이 10 년 동안에 4 배로 증가했다

quadruplés(ées 꺄(꽈)드휘쁠레 [명][복] 네쌍둥이

Quai 께 [남] ① 강둑; 부두; 방파제 ~ d'embarquement[de débarquement] 승선[하선] 부두 Le navire est à ~. 배가 부두에 정박해 있다 droit de ~ 부두 사용세[사용료] ② 기슭, 강가, 강변 Le Q~ des Orfèvres (구어) (오르페르브 기슭에 있는) 파리 경찰청 Le Q~ d'Orsay; (구어) Le Q~ (센 강 오르세 기슭에 있는) 프랑스 외무성 ③ 둑길; 강변도로 ~s de la Seine 센 강의 강변도로

qualifiable 깔리피아블 [형] ① 형언[형용]할 수 있는, 규정지을 수 있는 (흔히 부정적 표현으로 쓰임) Sa conduite n'est pas ~. 그의 행위는 언어도단이다 ② (스포츠 선수가 경기에) 출전자격이 있는

qualifiant(e) 깔리피엉(엉뜨) [형] (직업 훈련, 연수 따위가) 자격 [능력]을 부여하는

qualificatif(ve) 깔리피꺄띠프(띠브) [형] ① [언어] 품질을 나타내는 adjectif ~ 품질형용사 ② [운동] 출전권을 주는 épreuve ~ve 예선 [남] ① 형용사, 형용어, 수식어 ② [언어] 품질 형

용사

qualification 깔리피까시옹 [여] ① 호칭, 지칭 ~ d'excellent mathématicien 뛰어난 수학자라는 지칭 ② 자격, 직능, 기능 carte de~ professionnelle 기능사 자격증 ~ du travail 직무평가 ③ [운동] 출전자격; [경마] 출장자격 épreuves de ~ 예선 équipe ayant obtenu sa ~ pour la finale 결승 출전권을 얻은 팀 ④ [문법] 수식 ⑤ [법] 죄과의 결정; (분쟁에 적용할) 법률의 성격 결정 ~ d'emposionnement [decrime] 독살죄[범죄]가 확실해 짐

qualifié(e) 깔리피에 [형] ① 자격이 있는 ouvrier ~ 기능사 (=professionnel) [être ~ pour qch/inf.] Il est parfaitement ~ pour occuper un poste de responsabilité. 그는 요직을 맡을 자격을 충분히 갖추고 있다 ② 출전자격을 얻은, (경주마가) 출장자격이 있는 athlète ~ pour les Jeux olympiques 올림픽 경기에 출전 자격이 있는 육상선수

qualifier 깔리피에 [타] ① 형언하다; (을) (라고) 규정짓다 [말하다, 부르다] (=appeler, désigner) conduite qu'on ne saurait ~ 뭐라 형언할 수 없는[언어 도단의] 행동 [~ qch/qn (de + 속사)] ~ une attitude d'inadmissible 어떤 태도를 용납할 수 없는 것으로 규정짓다 ② (에게) (의) 자격을 주다 [~ qn (pour qch/inf.)] Son diplôme le *qualifie* pour cet emploi. 자격증을 갖고 있기 때문에 그는 그 자리에 취업할 자격이 있다 Cela ne vous

Q-q

qualifie nullement pour étudier une telle question. 그것이 당신에게 그런 문제를 검토할 만한 자격은 전혀 주지 않는다 ③ (에게) 출전 자격을 주다 Ce but *a qualifié* leur équipe pour le chmpionnat. 그 결승골로 인해 그들의 팀은 선수권 대회에 출전자격을 얻었다 ④ [문법] 수식하다 adjectif qui *qualifie* le nom 명사를 수식하는 형용사 se ~ [대] ① (에) 출전할 자격을 얻다 [se ~ pour qch/inf.] se ~ pour (participer à) la finale 결승전에 출전할 자격을 얻다 ② (...라고) 자칭하다 [se ~ de] se ~ de génial 천재적이라고 자칭하다

qualitatif(ve) 깔리따띠프(띠브) [형] 질적인

qualitativement 깔리따띠브멍 [부] 질적으로

qualité 깔리떼 [여] 특성, 특질, 특색

quand 껑 [부] 언제 Quand partezvous ? 언제떠나 십니까? [접] ...할 때 Quand il est arrivé à la gare, le train partait. 그가 역에 도착했을 때 기차는 출발하려는 참이었다

quant(e) 껑(껑뜨) [형] ① 얼마나 toutes et ~es fois que ...할 때는 언제나 ② ~ à [전] ...에 관해서는 ~ à moi 나에 관해서는, 나는 어떤가 하면, 나로 말하자면

quantitatif(ve) 껑띠따띠프(띠브) [형] 양의, 양에 관한

quantité [여] 분량, 수량

껑띠떼

quantum [남] 특정량, 몫
껑똠

quarantaine [여] ① 약 40, 40 세 ② (전염병, 환자 따위의) 격리, 검역
까헝땐

quarante [형] 40 의 [남] 40
까헝뜨

quarantième [형] 마흔째의 [명] 마흔째 [남] 40 분의 1
까헝띠엠

quart [남] 사분의 일 un ~ d'heure 15 분
까흐

quartet(te) [남] [음악] 재즈의 4 인조
꽈흐떼뜨

quartier [남] 구역
까흐띠에

quartz [남] 석영, 수정
꽈흐츠

quasi [부] 거의
까지

quatorze [형] 열넷의 [남] 열넷
까또흐즈

quatorzième [형] 열네째의 [명] 열네째 [남] 14 분의 1
까또흐지엠

quatre [남] 넷
까트흐

quatre-vingt-dix [형] 90 의
까트흐벵디스

quatre-vingts [형] 80 의
까트흐벵

quatrième [형] 네 번째의 [명] 넷째 [남] 4 분의 1
까트히엠

quatuor 꽈뛰이오흐 [남] 4 중주[사중창] (곡)

que 끄 [접] ① ...이라고, ...이라는 것을 Je veux ~ vous veniez. 당신이 오셨으면 좋겠습니다 ② (plus, moins, aussi) 등의 비교어와 함께 쓰이는 경우) Vous écri vez plus correctement ~ vous ne parlez. 당신은 말하는 것보다 쓰는 것을 더 정확하게 합니다 ne ~ 다만 ... 뿐 [대명] ① 무엇(을) ② 그것을, ... 바의 le livre ~ j'ai acheté 내가 산 책 [부] 얼마나, 정말 Q~ vous êtes bon ! 정말 당신은 친절하십니다

Québec 께베끄 [남] [지리] 퀘벡

québécois(e) 께베꾸아(아즈) [형] 퀘벡의 [명] Q~ 퀘벡 사람

quel(le) 껠 [형] ① (부가형용사) 어느, 어떤, 무슨 Q ~le fleur aimezvous ? 어떤 꽃을 좋아하십니까? ② (속사) 어느, 어떤, 무슨 Q~le est votre profession ? 직업이 무엇입니까? ③ 얼마나 큰, 놀라운, 굉장한 Q~ malheur ! 얼마나 큰 불행인가!

quelconque 껠꽁끄 [형] 어떤; 특징 없는, 평범한, 하찮은

quelque 껠끄 [형] 몇몇의, 몇 안되는; 약간의 inviter ~s amis chez lui 그의 집에 몇몇 친구들을 초대하다 [부] 약(=environ) il y a ~ vingt ans 약 20 년 전에

quelquefois 껠끄푸아 [부] 때때로, 이따금

quelqu'un(e) (quelques-un(e)s) 껠껭(껠끄젱(퀸)) [대명] 어떤 사람, 누군가

quémander 께멍데 [타] 간청[애걸, 구걸]하다

qu'en-dira-t-on 껑디하똥 [남] (복수불변) 사람들의 평판, 세론, 세평

querelle 끄헬 [여] 말다툼; 논쟁

quereller 끄헬레 [타] 싸움을 걸다; ...과 다투다 se ~ [~ avec] [대] 싸우다, 다투다

querelleur(se) 끄헬뢰흐(뢰즈) [형][명] 싸우기[다투기] 좋아하는 (사람)

question 께스띠옹 [여] 질문, 물음; 의문, 의혹; 문제, 과제 une ~ venant de qn ...가 제기한 질문

questionnaire 께스띠오네흐 [남] 질문서; 설문지

questionner 께스띠오네 [타] 질문하다; 심문하다

quête 께뜨 [여] 의연금[기부금, 연보금] 모집, 모금

queue 꾀 [여] 꼬리; 줄 faire la ~ 줄을 서다

qui 끼 [대명] 그는, 그것은, ...바의; ...하는 사람; 누구 Q~ vous l'a dit ? 누가 당신에게 그 이야 기를 했습니까? le livre ~ est sur la table 테이블 위에 있는 책

quiconque 끼꽁끄 [대명] …하는 자는 누구나 ~ veut me faire plaisir 나를 기쁘게 해주고 싶은

사람은 누구나

quiet(ète) [형] 평온한, 조용한
끼에(에뜨)

quiétitude [여] 평온, 정적
끼에띠뛰드

quille [여] 핀 ~s de bowling 볼링의 핀
끼유

quincaillerie [여] (집합적) 철물류, 금속제품
꼉꺄유히

quinine [여] [화학] 키니네
끼닌

quinquagénaire [형] [명] 50 대의 (사람)
꼉꺄제네흐

quinquennal (ale, aux) [형] 5 년째의; 5 년마 다의; 5 년 간의
꼉께날(노)

quinte [여] [음악] 5 도 (음정)
꼉뜨

quintuple [형] 5 배의
꼉뛰쁠

quintuplé(e) [명] 다섯 개 한 벌, 5 인조
꼉뛰쁠레

quintupler [타] 5 배로 하다
꼉뛰쁠레

quinzaine [여] 열 다섯 쯤
꼉젠

quinze [형] 열 다섯의 [남] 열 다섯
꼉즈

quinzième [형] 열 다섯째의
꼉지엠 [명] 열 다섯째 [남] 십 오분의 일

quinzièmement [부] 열 다섯째로

껭지엠멍

quiproquo [남] 오인, 착각, 오해
끼프호꼬

quittance [여] 영수증
끼떵스

quitte [형] 빚을 갚은, 부채를 면한; (의무, 병역 등이) 면제된
끼뜨

quitter [타] ① (장소를) 떠나다; (활동, 직업 따위를) 그만두다, 중지하다 ② (전화를 끊지 않고) 기다리다 Ne *quittez* pas! (전화를 끊지 말고) 잠깐 기다리세요
끼떼

qui-vive [감] 누구냐 (보초가 수하할 때의 말) [남] (복수불변) 수하
끼비브

quoi [대명] (의문대명사로서) 무엇; (관계대명사로서) 그것, ...바의 것 après ~ 그러고 나서, 그 다음에
꾸아

quoique [접] [~ + sub.] ...일지라도, ...이지만
꾸아끄

quorum [남] 정수, 정족수
꼬(꿔)홈

quota [남] 몫, 분담한 몫, 분담[할당]액 sy stème du ~ à l'écran 스크린쿼터제
꼬따

quote-part (quotes-parts) [여] (부담하거나 받아야 할) 몫, 할당액
꼬뜨빠흐

quotidien(ne) [형] 매일의, 일상의 [남] 일간지
꼬띠디엥(엔)

Q-q

quotidiennemer [부] 매일, 날마다
꼬띠디엔멍

quotient [남] 몫, 상(商), 지수, 비율
꼬시엉

R - r

R, r
에흐

[남] 불어 자모의 열 여덟째 글자

rabais
하베

[남] ① 할인, 가격인하 (=ré-duction, discount) accor-der[consentir, faire] un ~ sur un produit 제품의 값을 깎아주다 ~ de 10% sur les prix affichés 정가의 10 퍼센트 할인 ② [토목] (홍수후의) 수위저하, 감수 au ~ 할인하여 vente au ~ 할인 판매, 바겐세일 vendre [mettre] des marchandises au ~ 상품을 싸게 팔다

rabaisser
하베세

[타] ① (가격을) 인하하다 ~ le pr ix d'une robe de cent euros 드레스의 가격을 100 유로 인하하다 ② (의) 가치를 떨어뜨리다; 격하시키다 Cette conduite le *rabaisse*. 이렇게 처신하면 그의 평판이 나빠진다 ③ 깎아내리다, 헐뜯다 (=dé-précier) ~ les mérites d'autrui 남의 장점을 깎아내리다[과소평가하다] chercher à ~ qn devant des tiers 제 3 자를 앞에서 ...을 헐뜯으려고 애쓰다 ④ (요구 따위를) 억누르다, 꺾다 ~ l'o rgueil de qn ...의 오만을 꺾다

rabat-joie
하바주아

[명] (복수불변) 흥을 깨는 사람
[형] (불변) 흥을 깨는, 찬물을 끼얹는

rabattable 하바따블 [형] (의자 따위가) 접을 수 있는 table ~ 접을 수 있는 탁자

rabattage 하바따즈 [남] 값의 인하, 할인; (사냥거리를) 몰기

rabattre 하바트흐 [타] ① (가격 따위를) 깎다, 할인하다, 공제하다 [~ qch (de/sur qch)] ~ dix euros du [sur le] prix fixe 정가에서 10 유로를 깎다 Je ne *rabattrai* pas un euro de plus. 더 이상 한푼도 깎아주지 않겠다 / (보어 없이) ~ de son prix 가격을 할인하다 ② (자신감, 기세 따위를) 꺾다, 떨어뜨리다 ~ l'or-gueil de qn ...의 콧대를 꺾다 ~ la frénésie des spectateurs 관중의 열광을 가라 앉히다 ~ les flammes 불길을 가라 앉히다 ③ (사물을) 내리다, 낮추다 ~ son jupon (올라간) 속치마를 잡아당겨 내리다 ④ (옷깃, 종이 따위를) 접다, 꺾다 (=replier) (개폐식 뚜껑을) 닫다 ⑤ (두드리거나 눌러서) 평평하게 하다 (=aplatir); (대리석 따위를) 깎다, 다듬다 ⑥ (사냥감 따위를) 몰아가다, 유도하다 ~ le gi-bier vers les chasseurs 사냥거리를 사냥꾼들 쪽으로 몰아가다

rabattu(e) 하바뛰 [형] ① 처진; 접힌 cornes longues et ~es (밑으로) 처진 긴 뿔 ② 할인된 somme ~e sur un prix fixe 정가에서 할인된 금액 [남] ① (눈꺼풀 따위의) 처진 부분 ② [의복] 공그르기 (=couture ~e)

rabbin [남] 랍비, 율법학자

R-r

하벵

rabiot 하비오	[남] (구어) (배급품 따위의) 여분, 추가분 demander un ~ de dessert 디저트를 추가로 주문하다
rabique 하비끄	[형] 광견병의, 공수병의
râblé(e) 하블레	[형] (동물이) 등에 살이 찐, 등허리가 발달한
rabot 하보	[남] 대패
raboter 하보떼	[타] 대패로 다듬다, 대패질하다
raboteux(se) 하보뙤(뙤즈)	[형] 울퉁불퉁한, 표면이 고르지않은
rabougri(e) 하부그히	[형] (식물이) 발육이 나쁜, 시든
rabougrir 하부그히흐	[타] (식물, 정신 따위의) 발육[성장]을 막다
rabrouer 합후에	[타] 냉대하다, 푸대접하다
raccomodage 하꼬모다즈	[남] 수선, 수리; (속어) 화해
raccommoder 하꼬모데	[타] ① (옷 따위를) 수선하다, 깁다 ~ une partie décousue 해어진 부분을 꿰매다 ② (구어) 화해시키다 ~ deux amis 두 명의 친구를 화해 시키다 ~ un fils avec son père 아들을 아버지와 화해시키다 se ~ [대] ① (의복 따위가) 수선되다 ② 화해하다 (=se recon-cilier) Elle *s'est raccommodée* avec son mari. 그 여자는 남편과 화해했다

raccommodeur(se 하꼬모되흐(되즈) [명] ① 옷 수선하는 사람; 도자기[그물] 수선공 [여] (광학 렌즈의 재가공에 쓰이는) 연마기구

Raccompagner 하꽁빠녜 [타] (손님을) 전송하다, 배웅하다 Il m'*a raccompagné* en voiture. 그는 나를 자동차로 데려다 주었다

raccord 하꼬흐 [남] ① 접합; 접합부 ~ de pièces métalliques par sou-dure 용접에 의한 금속 부품의 접합 faire un ~ de ma-çonnerie 벽돌[기와]을 이어 쌓다 ② 연결(부품); 이음매 ~ de tuyaux de plomberie 연관 연결 (부품) ~ de pompe (펌프와 밸브 사이의) 연결 고무관 ~ à culotte Y 연결[이음매] ③ (미술작품 따위의) 보수; 보수부분 Les ~s de peinture sont visibles. 그림의 덧칠한 부분이 눈에 띈다 ④ [영화] 장면 연결 [조정]; 연결성 장면

raccordement 하꼬흐드멍 [남] ① 연결, 접속; (특히 전화 따위의) 가설 ~ de deux bâtiments 두 건물의 연결 voie de ~ d'une natio nale à une autoroute 국도와 고속도로의 연결도로 boîte de ~ [전기] 접속 상자, 배전반 ② [철도] voie (ferrée) de ~ 교차 선로 ~ deux tuyaux[des plans de cinéma] 두관[영화의 장면]을 연결하다

raccorder 하꼬흐데 [타] 잇다, 연결하다 se ~ [대] 이어지다, 연결되다 [se ~ (à/avec qch)] Cette route *se raccorde* à l'auto route. 이 도로는 고속도로로 이어진다

raccourci(e)
하꾸흐시

[형] 짧게 한, 줄인 [남] ① 지름길 prendre un ~ 지름길로 가다 ② 응축된 표현, 암시적 어법; 생략(법) ③ [정보] 바로가기

raccourcir
하꾸흐시흐

[타] 줄이다, 단축하다 ~ une robe par un grand ourlet 옷단을 넓게 접어 갑쳐서 드레스를 짧게 하다 ~ un texte de plusieurs paragraphes 여러 문단을 줄여 텍스트를 요약하다 [자] 짧아지다, 줄어들다 Les jours commencent à ~. 날이 짧아지기 시작한다 Cette jupe *a raccourci* au lavage. 이 치마는 세탁으로 줄어 들었다

raccrocher
하크호셰

[타] ① 다시 걸다[걸어놓다] [~ qch (à qch)] ~ un ta-bleau 그림을 다시 걸다 ~ un manteau à un por teman teau 외투걸이에 외투를 다시 걸어놓다 ② (수화기를) 내려놓다; (보어 없이) 전화를 끊다 ~ l'a ppareil 전화를 끊다 J'ai dé-croché pour répondre, mais on *a raccroché* immédiatement. 내가 전화를 받자 마자 상대방이 전화를 끊었다 ③ 연결하다; 결부 시키다 [~ qch à qch] ~ des wagons à une locomotive 기관차에 객차를 연결하다 ~ une idée à une autre plus générale 어떤 생각을 더 일반적인 다른 생각에 결부시키다 ④ (운동 선수가 운동 용구를) 버리다, 벗다 ce boxeur vie illit, il devrait ~ (les gants). 이 권투선수는 늙어서 글러브를 벗어야 [은퇴해야] 할 것이다 ⑤

운이 좋게 [요행으로] 얻다[재개하다] ~ une négociation (결렬될 뻔한) 협상을 요행히 재개하다 se ~ [대] ① (주어는 사람) 매달리다, 의지하다 [se ~ à qch/qn] se ~ à une bran che pour ne pas tomber 떨어지지 않으려고 나뭇가지에 매달 리다 se ~ à la religion 종교에 의지하다 ② (주어는 사물) 관계가 있다, 결부되다 [se ~ à qch] idée secondaire qui peut se ~ au sujet 주제와 관련이 있을지도 모르는 부차적인 생각 se ~ aux branches (비유) 최후의 희 망에 매달리다

race
하스
[여] ① 인종 croisement entre ~s 혼혈 ② (동물의) 품종 animal de ~ pure[pure ~] 순종의 동물 ③ 순종 (=~ pure) ④ (유서 깊은) 혈통, 가문 être de ~ noble 귀족 가문[명문] 출신이다

racé(e)
하세
[형] (동물이) 순종인

rachat
하샤
[남] ① 되사기; 매입, 매수 ② (정기 채무 따위의) 청산, 변제; (보험금의) 상환

racheter
하슈떼
[타] ① 더[다시, 도로] 사다 ~ cin q mètres de tissu 옷감을 5 미터 더 사다 ② (산 사람에게서) 사다; (중고품을) 매입하다 ③ (회사 따위를) 매수하다 ~ une enterprise 기업을 사들이다

racial(e, aux)
[형] 인종(상)의, 종족의, 민족의

하시알(오)

racine [여] 뿌리; 밑; 근본, 근원, 기초
하신

racisme [남] 인종차별주의
하시슴

raciste [명] 인종차별주의자
하시스뜨

racler [타] 거칠게 문지르다
하끌레

racoler [타] (선전 따위에 의해) 모으다, 획득하다
하꼴레

raconter [타] 이야기하다, 말하다; 자세히 말하다, 묘사하다, 서술하다 ~ une histoire 이야기를 하다
하꽁떼

racorni(e) [형] (뿔처럼) 딱딱해진, 각질화된; (비유, 익살) 굳어진, 경직된
하꼬흐니

radar [남] 레이더
하다흐

rade [여] (항구의) 정박지
하드

radeau(x) [남] 뗏목
하도

radiateur [남] ① 방열기, 냉각기, 난방기 ② [자동차] 라디에이터, 냉각장치 ③ [물리] 방사체
하디아뙤흐

radiation [여] 방사, 복사
하디아시옹

radical(e, aux) [형] ① 근원의, 근본적인 ② 철저한, 전면적인 ③ 급진주의의, 급진사회주의의, 급진적인
하디꺌(꼬)

raidier [타] (명부, 단체 따위에서) 삭제[말소]하다, 제명하다
하디에

radieux(se) [형] 빛[열]을 내는, 빛나는
하디유(유즈)

radio [여] 라디오
하디오

radioactif(ve) [형] 방사성[능]이 있는, 방사성의
하디오악띠프(띠브)

radiodiffuser [타] 라디오로 방송하다
하디오디퓌제

radiodiffusion [여] 라디오 방송, 라디오 방송국
하디오디퓌지옹

radiographie [여] 방사선 사진술
하디오그하피

radiologue [명] 방사능 연구자, 방사[엑스]선 학자
하디올로그

radio-réveil [남] 라디오 겸용 자명종 시계
하디오헤베유

radiothérapie [여] 방사선 요법, 방사선 치료
하디오떼하삐

radis [남] [식물] 무의 일종
하디

radium [남] [화학] 라듐
하디옴

radoucir [타] 온화하게 하다, 부드럽게 하다; 완화하다
하두시흐

rafale [여] 돌풍, 광풍
하팔

raffermir [타] 단단하게 하다
하페흐미흐

raffiné(e) [형] 정제[정련]된
하피네

raffinement [남] 세련, 고상, 우아
하핀멍

raffiner
하피네
[타] 정련[제련]하다, 정제하다

raffinerie
하피느히
[여] 정제[정련]소, 정련 장치

raffoler
하폴레
[타간] [~ de qn/qch] …을 열렬히 좋아하다

rafistoler
하피스똘레
[타] (구어) (수중에 있는 재료로) 대충 수리하다

rafler
하플레
[타] (구어) 순식간에 가져가버리다, 휩쓸어가다

rafraîchir
하프헤시흐
[타] 상쾌하게 하다, 원기를 회보시키다

rafraîchissant(e)
하프헤시성(성뜨)
[형] 상쾌한, 산뜻한

rafraîchissement
하프헤시스멍
[남] 시원하게[상쾌하게] 하기

rage
하즈
[여] 격노, 분격, 분노

ragoût
하구
[남] [요리] (고기와 야채를 넣고 삶은) 스튜의 일종

ragoûtant(e)
하구떵(떵뜨)
[형] 입맛[식욕]을 돋구는

raid
헤드
[남] 습격, 침입

raide
헤드
[형] 빳빳한, 굳은; 가파른; 억센, 완강한, 준 엄한

raideur
헤되흐
[여] 빳빳함

raidir
헤디흐
[타] 빳빳하게 하다; 완강[완고]하고]하게 만들다; 뻗치다

Raie
[여] 줄무늬

헤

raifort [남] [식물] 서양고추냉이
헤포흐

rail [남] 레일
하유

railler [타] 비웃다, 놀리다
하예

raillerie [여] 비웃음, 빈정거림, 야유, 우롱
하유히

raisin [남] 포도
헤쟁

raison [여] 지각, 분별, 상식; 이유, 동기; 비율; 이치, 도리
헤종

raisonnable [형] 도리에 맞는, 논리적인
제조나블

raisonnablement [부] 도리에 맞게
헤조나블멍

raisonnement [남] 추리, 추론
헤존멍

raisonner [자] 추리하다, 추론하다
헤조네

rajeunir [타] 젊게 하다 [자] 젊어지다, 젊음을 되찾다
하죄니흐

rajuster [타] 재조정하다
하쥐스떼

ralenti(e) [남] (기관의) 저속 가동(상태); (영화 따위에서의) 슬로우모션
할렁띠

ralentir [타] (이동) 속도를 늦추다
할렁띠흐 [자] 천 천히 가다, 속도를 늦추다

râler [자] (괴롭게) 헐떡이다
할레

rallier
할리에
[타] (재)집결시키다, (다시) 모으다

rallonge
할롱즈
[여] (길게 늘이기 위해) 덧붙이는 것, 보조기, 보조판

rallonger
할롱제
[타] (덧붙여) 늘이다, 길게 하다

ramassage
하마사즈
[남] (흩어진 것을) 모으기

ramassé(e)
하마세
[형] (한 덩어리로) 뭉쳐진, 모아진

ramasser
하마세
[타] 모으다, 채집하다, 수집하다

rambarde
헝바흐드
[여] (선박의 갑판, 선교의) 난간

rame
함
[여] 노

rameau(x)
하모
[남] 작은 가지

ramener
함네
[타] 도로 데려오다[가져오다]

ramer
하메
[자] 노를 젓다

rami
하미
[남] 카드놀이의 일종

ramification
하미피꺄시옹
[여] 가지, 분지

ramollir
하몰리흐
[타] 부드럽게[무르게] 하다

ramoner
하모네
[타] (굴뚝, 통, 관 따위를) 소제하다, 청소하다

ramoneur
하모뇌흐
[남] 굴뚝소제부; 증기기관 연통 소제기구

rampe
헝쁘
[여] 비탈, 경사면

ramper
헝뻬
[자] 기다, 포복하다; 덩굴을 뻗다

ramure
하뮈흐
[여] 나뭇가지 (전체)

rancart
헝꺄흐
[남] 쓰레기, 폐품

rance
헝스
[형] (지방질이) 산패한, (맛과 냄새가) 역한

rancoeur
헝꾀흐
[여] 원한

rançon
헝송
[여] 몸값, 배상금

rancune
헝뀐
[여] 원한, 앙심

randonnée
헝도네
[여] 짧은 여행

rang
헝
[남] 열, 줄; 순서

rangée
헝제
[여] (사람, 사물이 늘어선) 줄

ranger
헝제
[타] 가지런히 놓다, 나란히 하다, 진열하다

ranimer
하니메
[타] 되살아나게 하다, 소생[부활]시키다

rap
하쁘
[남] 랩

rapace
하빠스
[형] 탐욕스러운

rapatrier
하빠트히에
[타] 본국으로 송환하다

râpe 하쁘	[여] 이가 굵은 줄, 강판
râpé 하뻬	[남] (통안에 쌓아둔 새 포도나 포도 찌끼 위에 물을 지나게 해서 만든) 음료
râpé(e) 하뻬	[형] 가루로 만든, 잘게 썬
râper 하뻬	[타] (강판으로) 잘게 갈다
rapetisser 하쁘띠세	[타] 줄이다
rapide 하삐드	[형] 빠른, 급한, 신속한
rapidement 하삐드멍	[부] 빨리, 급속히
rapides 하삐드	[남][복] 여울, 급류
rapidité 하삐디떼	[여] 급속, 신속
rapiécer 하삐에세	[타] 깁다
rappel 하뻴	[남] 회상, 환기
rappeler 하쁠레	[타] ① 다시 부르다; 돌아오게 하다 ② 다시 전화하다 Voulezvous me ~ plus tard ? 나중에 다시 한번 전화해주시겠습니까? ③ 잊지 않게 하다, 상기시키다 Je te *rappelle* ta promesse. 네가 한 약속을 잊지 않았겠지? se ~ [대] 회상하다, 기억 하다 avoir mal à se ~ qch ...을 기억 하는데 어려움을 느끼다

rapport
하뽀흐
[남] 보고; 보고서

rapporter
하뽀흐떼
[타] 도로 가져오다, 가지고 돌아오다; 옮겨오다, 가져오다

rapprochement
하프호슈멍
[남] 가깝게 하기, 접근; 화목; 비교, 대조

rapprocher
하프호셰
[타] 다시 가깝게 하다; 가깝게 하다, 접근시키다

rapt
합뜨
[남] 유괴

raquette
하께뜨
[여] 라켓

rare
하흐
[형] 귀한, 진기한

raréfaction
하헤팍시옹
[여] 희박하게 하기[되기]

raréfier
하헤피에
[타] 희박하게 하다 se ~
[대] 희박 해지다

rarement
하흐멍
[부] 드물게

rareté
하흐떼
[여] 아주 드묾, 희박, 진귀

ras(e)
하(하즈)
[형] 짧게 깎은

raser
하제
[타] (털, 수염을) 깎다, 밀다; 남김없이 파괴하다, 무너뜨리다

rasoir
하주아흐
[남] 면도칼, (전기) 면도기

rassasier
하사지예
[타] 포식하게 하다 se ~
[대] 포식 하다

rassemblement
[남] 모으기; 집합; 집합신호; 군중

하성블멍

rassembler [타] 모으다, 집합시키다; 수집하다
하성블레

rassis(e) [형] (빵 따위가 아직 굳지 않고) 눅눅해진 (이 뜻으로 여성형 rassise 는 쓰이지 않고 ra-ssie 가 쓰임); (고기 따위가) 신선하지 않은
하시(시즈)

rassurer [타] 안심시키다 se ~
하쉬헤 [대] 두려움 에서 벗어나다; 안심하다

rat [남] [동물] 쥐
하

ratatiner [타] 오그라지게[쪼그라들게] 하다
하따띠네

rate [여] 암쥐 [여] [해부] 비장
하뜨

raté(e) [형] 실패한, 놓친
하떼

râteau(x) [남] 갈퀴, 쇠스랑
하또

râtelier [남] (외양간의) 꼴 시렁
하뜰리에

rater [타] [자] (화기가) 불발하다; (사업, 계획 따위가) 실패하다 [타] (겨눈 것 을) 맞히지 못하다; 놓치다; 만나지 못하다; 실패하다; 그르치다, 망치다
하떼

ratification [여] 비준
하띠피꺄시옹

ratifier [타] 비준하다, 재가하다
하띠피에

ration [여] 일정한 배급량, 할당량, 정량
하시옹

rationaliste [형] 이성론의, 합리주의의

하시오날리스뜨 [명] 이성 론자, 합리주의자

rationnel(le) [형] 이성적인
하시오넬 [남] 이성[합리]적인 것

rationner [타] (할당량을 제한하여) 배급하다 ~
하시오네 les vivres 식량을 배급하다

ratisser [타] 갈퀴[쇠스랑, 고무래]로 긁어 모
하띠세 으다

rattacher [타] 다시 매다[잇다]
하따셰

rattraper [타] 다시 잡다, 보충하다
하트하뻬

raturer [타] 삭제[말소, 정정]하다
하뛰헤

rauque [형] (목소리가) 쉰
호끄

ravager [타] 큰 피해를 주다, 황폐하게 하다
하바제

ravages [남][복] 파괴, 황폐
하바즈

ravager [타] 유린하다, 파괴하다
하바제

ravaler [타] (다시) 삼키다
하발레

ravauder [타] 깁다, 꿰매다, 수선하다
하보데

Rave [여] [식물] 순무우
하브

ravi(e) [형] 홀린, 매료된, 몹시 기쁜
하비

ravigoter [타] (구어) 건강[원기]을 회복시켜주
하비고떼 다

Ravin 하벵	[남] 골짜기, 협곡
Ravir 하비흐	[타] ① (문어) 빼앗다, 강탈하다; 겁탈하다; 유괴하다 ~ un enfant pour se faire payer une rançon 몸값을 요구하기 위해 아이를 유괴하다 ② (의) 넋을 빼앗다, 황홀하게 하다 chansons qui *ravissent* le public 청중을 매료시키는 노래
raviser, se 스하비제	[대] 생각[의견]을 다시하다[바꾸다]
ravissant(e) 하비성(성뜨)	[형] 황홀하게 하는, 매혹적인
ravissement 하비스멍	[남] 강탈, 유괴; 황홀
ravisseur(se) 하비쇠흐(쇠즈)	[형] 강탈하는; 유괴하는 [명] 강탈자; 유괴자
ravitailler 하비따예	[타] 보충하다, (양식, 탄약을) 보급하다
raviver 하비베	[타] 소생하게 하다, 되살리다, 기운나게 하다
rayé(e) 헤예	[형] 줄이 쳐진; 지워진, 삭제[말소]된
rayer 헤예	[타] 줄을 치다[긋다]; 줄을 그어 지우다, 삭제하다
rayon 헤용	[남] 광선; 시렁, 선반; (백화점의) 매장
rayonner 헤요네	[자] (문어) 빛나다
rayure 헤위흐	[여] (흔히 복수) 줄, 줄무늬

réacteur
헤악뙤흐
[남] 원자로 (=~ nucléaire)

réactif(ve)
헤악띠프(띠브)
[형] 반동하는, 반응이 있는

réaction
헤악시옹
[여] 반응

réactionnaire
헤악시오네흐
[형] 반동의, 반작용의, 반발적인

réadapter
헤아답떼
[타] 다시 적용하다; 다시 번안[각색]하다

réagir
헤아지흐
[자] 반응하다, 대응하다 ~ positivement à une proposition 제의에 긍정적인 반응을 보이다; 반발하다 ~ contre l'injustice 부당한 일에 반발하다

réalignement
헤알리뉴멍
[남] 재편성

réalisation
헤알리자시옹
[여] 실현, 실행, 성취

réaliser
헤알리제
[타] 실현[실행, 성취]하다

réalisme
헤알리슴
[남] 현실주의; 실재론

réaliste
헤알리스뜨
[형] 현실주의의, 현실적인

réalité
헤알리떼
[여] 현실

réapparaître
헤아빠헤트흐
[자] 다시 나타나다

réarmer
헤아흐메
[타] 재무장 시키다,

réarranger
[타] 다시 정리[정렬]하다

헤아헝제

rébarbatif(ve) [형] 혐오감을 주는, 험상궂은
헤바흐바띠프(띠브)

rebattre [타] 다시 때리다[치다]; (트럼프 따위를) 다시 섞다, 다시 치다; 쏘다니다; 귀찮게 되풀이하다
흐바트흐

rebelle [형] 반역하는, 모반하는
[명] 반역 자, 반항자
흐벨

rebeller, se [대] 반역하다; 반항하다 se ~ con tre les parents 부모에게 반항하다
스흐벨레

rébellion [여] 모반, 반란, 폭동
헤벨리옹

rebiffer [자] (속어) 다시 시작하다 se ~
[대] (구어) 딱 잘라 거절하다
흐비페

rebondi(e) [형] (형태가) 둥그스름한, 튀어나온
흐봉디

rebondir [자] [~ (sur/contre qch)] (…에 맞고) 튀어오르다
흐봉디흐

rebord [남] (튀어나온) 가장자리, 테두리
흐보흐

rebours [남] 반대
흐부흐

rebrousse-poil, à [부] (털의) 결을 거슬러서; (비유) 반대로, 거꾸로, (사회통념 따위에) 역행해서
아흐브후스뿌알

rebrousser [타] (머리, 털 따위를) 결의 반대방향으로 쓸어 올리다; 곤두세우다; 되돌아가다[오다] ~ chemin 되돌아가다[오다]
허브후세

rebuffade [여] 거절, 퇴짜, (계획 등의) 좌절
흐뷔파드

Rebut [남] 쓰레기
흐뷔

récalcitrant(e) [형] 고집을 부리는
헤깔시트헝(헝뜨)

recalculer [타] 다시 계산하다, 재검토하다
흐깔뀔레

récapitulatif(ve) [형] 요약[약설]하는
헤까삐뛸라띠프(띠브)

récapitulation [여] 요점정리, 요약, 개요, 요점의 되풀이
헤까삐뛸라시옹

récapituler [타] 요점을 되풀이하다, 요약하다
헤까삐뛸레

recapturer [타] 탈환하다, 되찾다
흐깝뛰헤

receler [타] 숨기다, 은닉하다
흐슬레

récemment [부] 최근에
헤사멍

recensement [남] (인구, 투표 등의) 조사, 검사
흐성스멍

recenser [타] 인구를 조사하다; 투표를 세다; 상품을 검사[대조]하다
흐성세

récent(e) [형] 최근의, 근래의, 근대의
헤성(성뜨)

récépissé [남] 영수증
헤세삐세

récepteur [남] 수신기
헤셉뙤흐

réceptif(ve) [형] 수용하는
헤셉띠프(띠브)

réception [여] 환영, 응접, 접견, 접대
헤셉시옹

réceptionniste [명] 접수원
헤셉시오니스뜨

récessif(ve) [형] 후퇴하는, 퇴행(退行)의
헤세시프(시브)

récession [여] 경기 후퇴, 불경기
헤세시옹

recette [여] 매상고, 수익
흐세뜨

receveur(se) [명] 영수인, 수취인
흐스뵈흐(뵈즈)

recevoir [타] 받다, 수취하다, 얻다
흐스부아흐

rechange [남] 교체
흐샹즈

rechaper [타] (헌 타이어에) 고무를 새로 대다
흐샤뻬

réchapper [자] (문어) (위기를) 모면하다
헤샤뻬

rechargeable [형] 충전 가능한
흐샤흐자블

recharger [타] 충전하다
흐샤흐제

réchaud [남] 버너
헤쇼

réchauffer [타] 다시 데우다, 다시 따뜻하게 하다
헤쇼페

recherche [여] ① 추구, 탐구, 찾기 ~ du bonheur 행복의 추구 ② 수색, 수배, 수사; (정보의) 수집 ~ d'un objet perdu 분실물 되찾기 ③ (총체적인) 학술연구 faire de la ~ 연구생활을 하다
흐셰흐슈

recherché(e) [형] (사람들이) 많이 찾는, 인기있는

흐셰흐셰

rechercher 흐셰흐셰 [타] ① 찾다; 수배하다 ~ une le ttre dans des archives 편지 한 통을 찾으려고 고문 서들을 뒤지다 ② 탐구하다, 연구하다, 조사하다 ~ la cause d'un phénomène 어떤 현상의 원인을 규명하다

rechute 흐쉬뜨 [여] (병의) 재발, 도짐

récidiviste 헤시디비스뜨 [명] 재범자, 상습범

récif 헤시프 [남] 암초

recigorer 흐시고헤 [타] 되살리다, 새로 기운을 차리게 하다

récipient 헤시삐엉 [남] 그릇, 용기

réciproque 헤시프호끄 [형] 상호간의(mutual), 호혜적(互惠的)인

réciproquement 헤시프호끄멍 [부] 서로, 상호간에; 역으로, 거꾸로

récit 헤시 [남] (구두 또는 글로 된) 이야기

récital 헤시딸 [남] 리사이틀, 연주회, 독주[독창창]회

récitation 헤시따시옹 [여] 상술(詳述)

réciter 헤시떼 [타] 읊다, 암송하다, 낭독[낭송]하다

R-r

réclamation 헤끌라마시옹 [여] 요구, 청구

réclame [남] 매를 불러들이는 신호, 소리 [여]

헤끌람 선전, 광고

réclamer [타] 요구하다, 주장하다
헤끌라메

reclus(e) [형] 칩거하는, 틀어박힌, 은둔하는
호끌뤼(뤼즈) [명] 은자, 은둔자, 세상을 버린 사람; (비유) 칩거생활을 하는 사람

recoin [남] 후미진 곳, 외진 곳
호꾸엥

récolte [여] (작물의) 수확, 수확물, 수확량
헤꼴뜨

récolter [타] 수확하다, 따다
헤꼴떼

recommandation [여] 추천
호꼬멍다시옹

recommander [타] 추천하다
호꼬멍데

recommencer [타] 다시 시작하다
호꼬멍세

récompense [여] 보상, 배상, 변상
헤꽁뻥스

récompenser [타] 상주다; 벌주다; 갚다, 보답하다
헤꽁뻥세

recompter [타] 다시 세다, 계산을 다시 하다
호꽁떼

réconciliation [여] 조정, 화해
헤꽁실리아시옹

réconcilier [타] 화해시키다, 융화시키다
헤꽁실리에

reconduire [타] 배웅하다, 데려다주다
호꽁뒤이흐

réconfort [남] 위안, 격려
헤꽁포흐

R-r

reconnaissance [여] 확인; 인정; 감사
호꼬네성스

reconnaissant(e) [형] 감사하게 여기는, 은혜를 느끼고 있는
호꼬네성(성뜨)

reconnaître [타] 알아보다, 확인하다; 인정하다; 감사히 여기다
호꼬네트흐

reconstituer [타] 재구성[재편성]하다, 재건하다, 개조하다
호꽁스띠뛰이에

reconstruire [타] 부흥[복원, 복구]하다, 개조하다
호꽁스트휘이흐

reconstruction [여] 재건, 복구, 부흥, 재건[복구]된 것
호꽁스트획시옹

record [남] 기록 battre un ~ 기록을 깨다
호꼬흐

recoudre [타] 다시 꿰매다, 깁다
호꾸드흐

recouper [타] 다시 자르다
호꾸뻬

recourbé(e) [형] 끝이 구부러진, 휜 nez ~ 매부리코
호꾸흐베

recourir [자] 다시 뛰다, 달리기를 다시 시작하다
호꾸히흐

recours [남] 의지, 의뢰 avoir ~ à qch ...에 의지하다, ...의 힘을 빌다, ...을 사용하다
호꾸흐

recouvrable [형] 회복 가능한, 되찾을 수 있는
호꾸브하블

recouvrer [타] (문어) 되찾다, 회복하다
호꾸브헤

recouvrir [타] 다시 씌우다, 다시 덮다
호꾸브히흐

récréation [여] 휴양, 기분 전환
헤크헤아시옹

recréer [타] 다시 만들다
흐크헤에

récréer [타] 쉬게 하다; 즐겁게 하다 se ~ [대] 놀며 쉬다, 즐거이 놀다, 쉬다, 휴양하다
헤크헤에

récrier, se [대] (문어) (의) 소리를 지르다 se ~ d'admiration 탄성을 지르다
스헤크히에

récrimination [여] 고발
헤크히미나시옹

recroqueviller [타] 움츠러들게 하다
흐크호끄비예

recrutement [남] 신병 모집, 신규 모집, 채용, 보충
흐크휘뜨멍

rectangle [남] 직사각형
헥떵글

rectangulaire [형] 직사각형의, 직각의
헥떵귈레흐

recteur [남] 대학구장
헥뙤흐

rectification [여] 교정, 수정, 정정, 개정
헥띠피꺄시옹

rectifier [타] 개정[수정]하다, 교정하다
헥띠피에

reçu [남] 영수증
흐쉬

recueil [남] (시, 자료 따위의) 모음집
흐꾀유

recueillir [타] 거두다, 따다
흐꾀이흐

recul
흐뀔
[남] 후퇴; 퇴각

reculé(e)
흐뀔레
[형] 외진

reculer
흐뀔레
[타] 뒤로 물리다; 후퇴시키다 [자] 물러서다, 뒷걸음질하다, 후퇴하다

reculons, à
아흐뀔롱
[부] 뒷걸음질쳐서, 뒤로 가며

récupérer
헤뀌뻬헤
[타] 회수하다, 만회하다, 회복하다

récurer
헤뀌헤
[타] (연마제 따위로) 문질러 닦다

récurrence
헤뀌헝스
[여] 다시 일어남, 재현, 재발

récurrent(e)
헤뀌헝(헝뜨)
[형] 재발[재현]하는

recyclable
흐시끌라블
[형] 재생 가능한

recyclage
흐시끌라즈
[남] 재활용 ~ des papiers usagés 폐지류의 재활용

recycler
흐시끌레
[타] (폐기물 따위를) 재활용하다

rédacteur(trice)
헤닥뙤흐(트히스)
[명] 편집자

rédaction
헤닥시옹
[여] 편집, 편찬; 문서 작성

reddition
흐디시옹
[여] 항복

redécouvrir
흐데꾸브히흐
[타] 재발견하다

redevable
[형] 빚을 지고 있는 Il m'est ~ de

흐드바블 vingt mille euros. 그는 내게 2 만 유로를 빚지고 있다

redevance 흐드벙스 [여] 정기 채무; 납부금; 부과금; 사용료; 인세

redevenir 흐드브니흐 [자] 전과 같이 되다

rédiger 헤디제 [타] (문서를) 작성하다, 글로 표현하다

redire 흐디흐 [타] 다시 말하다, (같은 말을) 되풀이하다

redoubler 흐두블레 [타] 강화하다, 늘리다, 배가하다 ~ d'efforts 노력을 배가하다

redoutable 흐두따블 [형] 무서운, 가공할

redouter 흐두떼 [타] 두려워하다, 무서워하다

redressement 흐드헤스멍 [남] 다시 세우기, 바로 잡기; 다시펴기

redresser 흐드헤세 [타] 다시 바르게 하다; 다시 일으키다; 교정하다, 고치다 se ~ [대] 다시 서다, 다시 몸을 일으키다

réduction 헤뒥시옹 [여] ① 삭감, 감소, 저하 ~ des armements 군축 ② 가격할인 faire une ~ de 15% sur les prix affichés 표시된 가격에서 15 퍼센트를 할인하다

réduire 헤뒤이흐 [타] 줄이다, 감소시키다

réduit(e) 헤뒤이(이뜨) [형] 줄인, 축소한

rééducation [여] (신체기능의) 채활교육, 재훈련;

헤에뒤꺄시옹 (도덕, 사상 따위의) 재교육

réémduquer

réeduquer [타] 재교육시키다
헤에뒤께

réel(le) [형] 실재의, 현실의
헤엘

réélection [여] 재선
헤엘렉시옹

réélire [타] 재선하다
헤엘리흐

réellement [부] 정말로, 실제로
헤엘멍

réévaluation [여] 재평가; (통화 가치의) 개정
헤에발뤼아시옹

réévaluer [타] 재평가하다
헤에발뤼에

réexaminer [타] 재검토하다
헤에그자미네

réexpédier [타] (새 주소지로) 재발송하다
헤엑스뻬디에

réexportation [여] 재수출
헤엑스뽀흐따시옹

refaire [타] 다시 하다; 다시 만들다
흐페흐

réfection [여] 수리, 보수
헤펙시옹

réfectoire [남] (수도원, 병원, 학교 따위의) 구내식당
헤펙뚜아흐

référence [여] 참조, 대조
헤페헝스

référendum [남] 국민투표, 일반투표 soume ttre à un ~ un projet de loi 법률 안을 국민투표에 부치다
헤페헹돔

référer
헤페헤
[타간] ① [en ~ à qn/qch] ...에게 호소[의뢰]하다, 결정을 맡기다 ② [~ à qch] ...에 관련되다 ③ [언어] ...을 지시하다

réfléchi(e)
헤플레시
[형] 숙고된; 사려깊은

réfléchir
헤플레시흐
[자] 숙고하다, 곰곰히 생각하다

réfléchissant(e)
헤플레시성(성뜨)
[형] 반사하는, 반영하는

réflecteur
헤플렉뙤흐
[남] ① [물리] 반사장치, 반사경 ② [천문][광학] 방사망원경 ③ [원자력] 반사체 ④ [지구물리] 반사면
[형] 반사하는

reflet
흐플레
[남] (부드러운) 반사광, 광택; 비친 모습

refléter
흐플레떼
[타] ① 반사하다; (의) 상을 비추다 surface polie qui *reflète* la lumière 빛을 반사 하는 반들반들한 표면 ② (비유) 반영하다; 나타내보이다 Ses pa-roles reflète ses idées. 그의 말은 그의 생각을 반영한다

réflexe
헤플렉스
[남] 반사 작용의, 반사적인, 반사 행동

réflexible
헤플렉시블
[형] 반사될 수 있는

réflexion
헤플렉시옹
[여] 반사; 반향; 생각

reflux
흐플뤼
[남] 썰물, 간조; 후퇴, 물러남

refondre
흐퐁드흐
[타] 다시 주조하다; 개작하다; 개정하다

réformateur(trice) [명] 개혁[개량]가
헤포흐마뙤흐(트히스)

réformation [여] 개혁, 개량, 교정 R~ 종교개혁
헤포흐마시옹

réforme [여] 개량, 개선, 개혁
헤포흠

réformé(e) [형] 개량[개선, 개혁]된
헤포흐메

réformer [타] 개선하다, 개혁하다
헤포흐메

refouler [타] 물러나게 하다
흐풀레

refrain [남] (노래의) 후렴
흐프헹

refréner/réfréner [타] (감정을) 억제하다
흐프헤네/헤프헤네

réfrigérateur [남] 냉장고
헤프히제하뙤흐

réfrigération [여] 냉각
헤프히제하시옹

réfrigérer [타] 냉각하다
헤프히제헤

refroidir [타] 식히다, 냉각하다, 차갑게 하다
흐프후아디흐

refroidissement [남] 냉각, 식히기, 식기
흐프후아디스멍

refuge [남] 피난소, 은신처
흐퓌즈

réfugié(e) [명] 피난자, 망명자
헤퓌지에

réfugier, se [대] 피난[망명]하다, 도피하다
스헤퓌지에

refus
흐퓌
[남] 거부, 거절

refuser
흐퓌제
[타] 거절[거부]하다

refutation
헤퓌따시옹
[여] 반박; 반증

réfuter
헤퓌떼
[타] 반박하다, 반증을 들어 논파하다

regagner
흐가녜
[타] 만회하다, 회복하다; 돌아가다

régaler
헤갈레
[타] 융숭하게 대접하다

regard
흐가흐
[남] 눈길, 시선; 주시, 주목, 주의; 방위 au ~ de ...과 비교하여, ...에 대하여

regardant(e)
흐가흐덩(덩뜨)
[형] 돈을 아끼는, 인색한

regarder
흐가흐데
[타] 보다, 바라보다; 간주하다, 생각하다, 여기다; 중요시하다

régate
헤가뜨
[여] ① (흔히 복수) 보트 경기, 요트 경기 ② (폭이 넓은 수병의) 넥타이

régence
헤정스
[여] 섭정 정치, 섭정의 직

régénération
헤제네하시옹
[여] 갱생, 신생

régénérer
헤제네헤
[타] 재생하다

régent(e)
헤정(정뜨)
[형] 섭정의 [명] 섭정(攝政)

régie
헤지
[여] (국가, 지자체에 의한) 공기업 관리(방식), 공영; 공공 기업체, 공사, 공단

regimber
흐젱베
[자] (말 따위가 끌려가지 않으려고) 버티다; (사람이) 거역하다, 반항하다

régime
헤짐
[남] ① 체제, 제도 ~ poli-tique[éco nomique] 정치[경제]체제 ② 식이요법, 다이어트

régiment
헤지멍
[남] (육군의) 연대; 군대; 다수

Région
헤지옹
[여] 지방, 지역

régional(el aux)
헤지오날(노)
[형] 지역(전체)의, 지대의

régionalisme
헤지오날리슴
[남] 지방(분권)주의

régir
헤지흐
[타] (법률 따위가) 규제하다, 지배하다

réglage
헤글라즈
[남] 조정, 조절(법)

règle
헤글
[여] 자; 규칙, 법칙; 규율, 질서

règlement
헤글멍
[남] 결정; 조정, 해결; 규정; 규칙, 법규; 정관

réglementaire
헤글멍떼흐
[형] 규정의; 법규의

réglementation
헤글멍따시옹
[여] 법규[규칙] 제정

régler
헤글레
[타] (분쟁 따위를) 해결하다, 결판 짓다; (요금 따위를) 치르다; (채권자 따위에게) 결산[지불]하다 ~ sa note d'hôtel 숙박료를 지불하다

règne
헤뉴
[여] 통치; 치세

régner [자] [~ sur] 군림하다; 다스리다
헤녜

régressif(ve) [형] 되돌아가는, 후퇴하는, 회귀하는
헤그헤시프

regret [남] 유감
흐그헤

regrettable [형] 유감스러운; 애석한, 슬픈
흐그헤따블

regretter [타] 후회하다; 유감스럽게 여기다; 그리워하다
흐그헤떼

regrouper [타] 다시 집결시키다, 재규합하다, 재편성하다
흐그후뻬

régularisation [여] 올바르게[정연하게] 하기, 정규화, 정리, 조정
헤귈라히자시옹

régulariser [타] 올바르게[정연하게] 하다, 정규화 하다, 정리하다, 조정하다
헤귈라히제

régularité [여] 규칙[질서]정연함, 정확함
헤귈라히떼

régulation [여] (나침반의) 조절, 조정
헤귈라시옹

réguler [타] 규제하다, 단속하다, 통제하다
헤귈레

régulier(ère) [형] 규칙적인; 정확한; 균형이 잡힌; 정규의
헤귈리에(에흐)

régulièrement [부] 규칙적으로; 정연하게; 법칙상; 정확하게
헤귈리에흐멍

réhabilitation [여] 복직; 명예회복
헤아빌리따시옹

réhabiliter [타] 복직시키다; 명예를 회복시키다
헤아빌리떼

rehaussement [남] 더 높이기[올리기]; 인상

흐오스멍

rehausser [타] 더 높이다[올리다]; 인상하다
흐오세

réincarnation [여] 다시 육체를 부여함
헤엥꺄흐나시옹

réincarner, se [대] (죽은 자의 영혼이) 다른 육체에 깃들다, 환생하다; (비유) 되살아나다
스헤엥꺄흐네

rein [남] (복수) 허리; 콩팥, 신장
헹

reine [여] 왕비; 여왕
헨

reine-claude (reines-claudes) [여] 서양자두의 일종
헨끌로드

réinstaller [타] 다시 설치하다; 다시 거처를 정해 주다[거주시키다]
헤엥스딸레

réintégration [여] 점유[권리]의 회복; 복직; 반납, 반환
헤엥떼그하시옹

réintégrer [타] 점유[권리]를 회복시키다; 복직시키다; 제자리에 다시 놓다
헤엥떼그헤

réinventer [타] 다시 발명하다
헤엥벙떼

réitération [여] 거듭하기, 되풀이, 반복
헤이떼하시옹

réitérer [타] 되풀이하다
헤이떼헤

rejaillir [자] (물 따위가) 튀다, 튀어오르다
흐자이흐

Rejet [남] 거절, 배제
흐제

rejeter [타] 거절하다, 각하하다
흐즈떼

rejoindre 흐주엥드흐	[타] (헤어졌던 사람과) 다시 만나다, 합류하다; (앞선 사람을) 따라잡다 ~ ses enfants en vacances 휴가를 떠난 아이들과 합류하다
réjouir 헤주이흐	[타] 기쁘게 하다, 즐겁게 하다, 유쾌하게 하다; 쾌감을 주다, 호감을 주다
réjouissances 헤주이성스	[여][복] 환호, 축하, 환락
relâche 흘라슈	[남] 휴지, 휴식; 소강
relâchement 흘라슈멍	[남] 이완; 해이; 완화, 태만
relâcher 흘라셰	[타] 늦추다, 느슨하게 하다; 완화하다; 놓아주다, 해방하다; 풀어주다
relais 흘레	[남] 역마, 저마; 역참 course de ~ 계주 habit de ~ 갈아입을 옷
relancer 흘렁세	[타] 다시 던지다; 재개하다
relatif(ve) 흘라띠프(띠브)	[형] 관계있는, 관련되어 있는
relation 흘라시옹	[여] 관계
relativement 흘라띠브멍	[부] 상대적으로
relativisme 흘라띠비슴	[남] 상대론[주의]
relaxer 흘락세	[타] 늦추다; 방면[석방]하다
relayer 흘레예	[타] 교대시키다
relégation 흘레가시옹	[여] 좌천

reléguer 홀레게	[타] …을 내려앉히다[내쫓다, 좌천시키다]
relent 홀렁	[남] (흔히 복수) 상한 냄새
relève 홀레브	[여] 교대, 교대원
relevé 홀르베	[남] 발췌, 명세서, 일람표 ~ de compte (은행 구좌의) 출납 명세서
relever 홀르베	[타] 일으키다, 다시 세우다; 올리다
relief 홀리에프	[남] 제거, 경감
relier 홀리에	[타] (물건, 지점 따위를) 연결하다 ~ une chose à une autre 하나를 다른 하나에 연결하다; (비유) (생각 따위를) 연결짓다, 연관짓다; (책 따위를) 제본하다
religieusement 홀리지유즈멍	[부] 종교상으로, 종교적으로
religieux(se) 홀리지유(유즈)	[형] 종교(상)의
religion 홀리지옹	[여] 종교
relire 홀리흐	[타] 다시 읽다
reliure 홀리위흐	[여] 제본, 제본술
relocalisation 홀로깔리자시옹	[여] 재배치, 배치 전환
remaniement 흐마니멍	[남] 다시 만지기[손질하기]; 수정, 개정

remanier
흐마니에
[타] 다시 만지다, 개정하다

remariage
흐마히아즈
[남] 재혼

remarier
흐마히에
[타] 재혼시키다 se ~ 재혼하다

remarquable
흐마흐꺄블
[형] 주목할 만한, 현저히 눈에 띄는, 두드러진, 놀라운, 놀랄 만한; (명사 앞, 뒤) 뛰어난, 훌륭한

remarquablement
흐마흐꺄블멍
[부] 두드러지게

remarque
흐마흐끄
[여] 주의, 주목; 고찰; 주의서; 비고, 주

remarquer
흐마흐께
[타] 다시 승선시키다; 다시 싣다

remblai
헝블레
[남] 성토, 매립

rembourrer
헝부헤
[타] (의자, 방석 따위에) 속을 넣다

remboursement
헝부흐스멍
[남] 상환, 변상, 지불

rembourser
헝부흐세
[타] 변상[배상]하다

remède
흐메드
[남] 치료, 요법

remédier
흐메디에
[자] [~ à] 치료하다, 고치다

remerciement
흐메흐시멍
[남] 감사, 사례

remercier
흐메흐시에
[타] (에게) 감사합니다. Je vous *remercie*. 감사합니다.

remettre
흐메트흐
[타] 다시 놓다[넣다, 붙이다, 입다, 쓰다, 신다]; 제출하다

remise
흐미즈
[여] 도로 붙이기, 도로 놓기; 연기, 지연

réminiscence
헤미니스성스
[여] 회상, 추억, 기억

rémission
헤미시옹
[여] 용서

remontant(e)
흐몽떵(떵뜨)
[형] 기운을 돋우는

remonte-pente
흐몽뜨뻥뜨
[남] (스키장의) 리프트

remonter
흐몽떼
[자] 다시 오르다[타다]; 떠오르다; 거슬러 오르다

remontrance
흐몽트헝스
[여] (흔히 복수) 질책, 훈계

remords
흐모흐
[남] 후회, 회한, 양심의 가책

remorquate
흐모흐꺄뜨
[남] (배, 수레 따위를) 끌기

remorque
흐모흐끄
[여] (배, 수레 따위를) 끌기, 견인

remorquer
흐모흐께
[타] (배, 수레 따위를) 밧줄로 끌다

rémoulade
헤물라드
[여] [요리] 레물라드 소스 (향초, 겨자 따위를 곁들인 마요네즈 소스)

remous
흐무
[남] 소용돌이, 역류

rempart
헝빠흐
[남] 누벽(壘壁), 성벽

R-r

remplaçant(e)
헝쁠라성(성뜨)
[형] 대신하는, 대리의 [명] 대신하는

사람, 대리인

remplacement 헝쁠라스멍 [남] 대체

remplacer 헝쁠라세 [타] 대체하다 ~ une vieille nappe par une neuve 낡은 식탁보를 새 것으로 바꾸다

remplir 헝쁠리흐 [타] (다시) 가득 채우다; 써 넣다

remplissage 헝쁘리사즈 [남] (통 따위를) 채우기; 빈틈을 메우기

remporter 헝뽀흐떼 [타] (가져왔던 것을) 가져가다

remue-ménage 흐뮈메나즈 [남] (복수불변) (가구 따위의) 소란스런 이동, 법석, 소란

remuer 흐뮈이에 [타] 움직이다; 옮기다; 동요시키다; 혼란 케 하다; 자극하다; 감동시키다 ~ ciel et terre 백방으로 노력하다, 갖은 수단을 다쓰다

rémunération 헤뮈네하시옹 [여] 보수, 보상

rémunérer 헤뮈네헤 [타] …에게 보수를 주다, 보상하다

renâcler 흐나끌레 [자] (동물이 불만의 표시로) 거칠게 콧숨을 내뿜다; (사람이) 싫은 표시를 하다

renaître 흐네트흐 [자] 다시 태어나다, 재생하다, 다시 살아나다, 회생[소생]하다, 다시 나타나다

renard 흐나흐 [남] [동물] 여우; 여우가죽; 교활한 사람

renchérir [타] 값을 올리다, 비싸게 하다 [자]

헝셰히흐 | 값이 오르다

rencontre 헝꽁트흐 [여] 만남; 부딪침, 충돌; 결투 aller à la ~ de qn ...을 마중나가다

rencontrer 헝꽁트헤 [타] 만나다, 부딪치다; 발견하다 se ~ [대] 서로 만나다; 서로 알게 되다; 회견하다

rendement 헝드멍 [남] 수확고, 생산고; 이윤; 효율; 생산 능률

rendez-vous 헝데부 [남] 만날 약속 avoir un ~ avec qn ...와 만날 약속이 있다

rendormir 헝도흐미흐 [타] 다시 재우다 se ~ [대] 다시 자기 시작하다

rendre 헝드흐 [타] ① 돌려주다, 반환하다 ② ...을 …하게 하다 ~ qch impossible ...을 불가능하게 만들다

rêne 헨 [여] 고삐

renfermé(e) 헝페흐메 [형] (감정이) 감추어진, 드러나지 않는

renfermer 헝페흐메 [타] 다시 가두다; 포함하다, 지니다; 숨기다, 감춰두다; 제한하다

renflé(e) 헝플레 [형] 불룩한

renflouer 헝플루에 [타] (난파선 따위를) 다시 뜨게 하다

renforcement 헝포흐스멍 [남] 보강, 강화, 증원

renforcer 헝포흐세 [타] 강화[증강, 보강]하다

renfort 헝포흐 [남] (군대 따위의) 증원; 보강

renfrogné(e) [형] (얼굴, 이마가) 찌푸려진, (사람이) 얼굴[눈살]을 찌푸린
헝프호녜

rengaine [여] 상투적인 언사, 늘 되풀이 하는 말
헝겐

renier [타] (을) 부인하다 Pierre *renia* trois fois Jésus. 베드로는 예수를 세번 부인하였다
흐니에

renifler [자] 코를 훌쩍이다, 코를 킁킁 거리다 [타] (코담배, 코카인 따위를) 코로 들이마시다; (냄새를) 맡다
흐니플레

renom [남] 명성, 호평
흐농

renommé(e) [형] (사물이) 이름난, 명성이 높은 [여] 명성, 명망
흐노메

renoncer [타] [~ à] 포기 하다
흐농세

renouer [타] 다시 매다; 다시 맺다; 관계를 부활 시키다
흐누에

renouveau(x) [남] 부활
흐누보

renouveler [타] 새로이 하다, 인실하다, 쇄신하다
흐누블레

renouvellement [남] 새로이 하기, 새로워지기
흐누벨멍

rénovation [여] 새롭게 하기, 혁신, 쇄신, 개혁; 변경
헤노바시옹

rénover [타] (청소·보수·개조 등을 하여) …을 새롭게 하다
헤노베

renseignement [남] 정보, 자료
헝세뉴멍

renseigner [타] (…에 관하여) (에게) 정보를

헝세네 제공하다 [~ qn (sur qch/qn)]

rentable 헝따블 [형] 이익이 될 수 있는

rente 헝뜨 [여] 연금; (임대에 의한) 소득; 금리; 정기 수입

rentrée 헝트헤 [여] 다시 들어감[들어옴]; 새학기 à la ~ 새학기에

rentrer 헝트헤 [자] 다시 들어오다[들어가다]

renverse 헝베흐스 [여] [해양] (바람, 조류가) 반대방향으로 바뀜 à la ~ 바닥에 등을 대고

renverser 헝베흐세 [타] 방향, 순위를 거꾸로 하다; 뒤집어 엎다

renvoi 헝부아 [남] 반송; 해고, 면직, 파면

renvoyer 헝부아예 [타] 다시 보내다; 돌려보내다, 반송하다; 해고[면직, 파면]하다; 미루다, 연기하다

réorganisation 헤오흐가니자시옹 [여] 재조직, 재편성, 개조

réorganiser 헤오흐가니제 [타] 재조직하다, 재편성하다, 개조[개설]하다

repaire 흐뻬흐 [남] (들짐승의) 굴, 숨는 곳; (악인, 도둑 따위의) 은신처, 본거지, 소굴

répandre 헤뻥드흐 [타] 뿌리다; 퍼뜨리다; 보급하다; 전파하다

répandu(e) 헤뻥뒤 [형] 쏟아져[흩어져]있는; (생각, 소 식 따위가) 널리 퍼져있는, 널리 알려진

réparation 헤빠하시옹 [여] 배상, 배상금

réparer [타] 수선[수리]하다

헤빠헤

repartie [여] 재치 있는 응답
흐빠흐띠

repartir [자] 다시 출발하다; 되돌아가다
흐빠흐띠흐

répartir [타] ① 나누어주다, 분배하다 ~ équitablement une somme entre plusieurs personnes 돈을 몇몇 사람들에게 똑같이 분배하다 ② 나누어 배치하다; 분산시키다 armée qui *répartit* ses troupes dans divers villages 여러 마을에 병력을 분산 배치시키는 군대
헤빠흐띠흐

répartition [여] 분배, 배급
헤빠흐띠시옹

repas [남] 식사, 식사시간
흐빠

repasser [타] 다리미질하다
흐빠세

repentir, se [대] [~ de] 후회하다, 뉘우치다
스흐빵띠흐

répercussion [여] (간접적) 영향
헤뻬흐뀌시옹

repère [남] 표, 표적, 표지, 부호, 기호
흐뻬스

repérer [타] 부호를 치다, 표하다; 소재를 알아내다
흐뻬헤

répertoire [남] 레퍼토리, 상연 목록
헤뻬흐뚜아흐

Répéter [타] 되풀이하다, 반복하여 말 하다
헤뻬떼

répétitif(ve) [형] 자꾸 되풀이하는, 지루한
헤뻬띠띠프(띠브)

répétition [여] ① 되풀이, 반복 ② (연극, 음악 따위의) 연습, 리허설
헤페띠시옹

répit [남] 일시적 중지, 휴지
헤삐

repli [남] 주름살; 주름
흐쁠리

replier [타] 다시 접다
흐쁠리에

réplique [여] 대답, 답변; 항변; 대꾸; 원작의 모사
헤쁠리끄

répliquer [타] 말대꾸하다, 응수하다, 반박하다
헤쁠리께

répondre [타] ① 대답하다 *Réponds* quelqu e chose, même si c'es faux. 틀려도 좋으니 뭔가 대답을 해봐라 ② (답신을) 보내다 ~ un mot aimable à une invitation 초대를 수락하는 회신을 보내다 [타간] [~' à qn/qch] (물음 따위에) 대답하다; (부름 따위에) 응하다 Je vais ~ à votre question. 당신의 질문에 대답을 드리겠습니다
헤뽕드흐

réponse [여] 대답, 회답, 답장; 반응, 응답
헤뽕스

reportage [남] 탐방기사, 현지[현장]보도
흐뽀흐따즈

reporter [타] 도로 가져가다; 연기하다
흐뽀흐떼

repos [남] 휴식
흐뽀

reposant(e) [형] 휴식을 주는
흐뽀정(정뜨)

reposser
호뽀제
[타] (제자리에) 다시 놓다 se ~ [대] 쉬다

repoussant(e)
호뿌성(성뜨)
[형] 혐오감을 일으키는, 불쾌한

repousser
호뿌세
[타] 다시 밀다; 떠다밀다; 거절하다; 격퇴하다

répréhensible
헤프헤엉시블
[형] 비난할 만한, 괘씸한

reprendre
흐프헝드흐
[타] 다시 잡다, 되찾다, 더[또] 먹다 [자] 다시 원기를 찾다; 다시 시작 되다, 재개되다 Les cours *ont repris* hier. 수업이 어제 다시 시작되었다

représailles
흐프헤자유
[여][복] 보복, 앙갚음 en ~ contre qn ...에 대한 보복조치로서

représentant(e)
흐프헤정떵(떵뜨)
[명] 대표자, 대리인

représentation
흐프헤정따시옹
[여] (기호, 긺 따위에 의한) 표시, 표현; 대표행위, 대표권

représenter
흐프헤정떼
[타] 다시 제출하다; 제시하다; 대리하다, 대표하다

représentation
흐프헤정따시옹
[여] 표시, 표현, 묘사

représenter
흐프헤정떼
[타] 다시 선사하다, 다시 제출하다

répressif(ve)
헤프헤시프(시브)
[형] 제지하는, 억압적인, 진압의

répression
헤프헤시옹
[여] 진압, 억제, 제지

réprimander
헤프히멍데
[타] 꾸짖다, 질책하다

réprimer
[타] 억제하다, 참다; 진압[억압]하다

헤프히메

reprise [여] 도로 찾기, 탈환, 회수
호프히즈

repriser [타] 깁다, 수선하다, 짜깁다
호프히제

reproche [여] 비난; 비난받을 만한 이유
호프호슈

reprocher [타] 비난하다, 나무라다
호프호셰

reproducteur(trice [형] 생식의, 생식하는, 번식 하는
호프호뒥뙤흐(트히스)

reproduction [여] 생식; 번식; 재생, 재현; 재생산; 복사
호프호뒥시옹

reproduire [타] 번식시키다; 다시 낳다, 다시 생기게 하다[일으키다]; 모사하다; 복사하다
호프호뒤이흐

reptile [남] 파충류 동물
헵띨

républicain(e) [명] 공화국의
헤쀠블리깽(껜)

républicanisme [남] 공화주의
헤쀠블리꺄니슴

république [여] 공화국
헤쀠블리끄

répulsion [여] 격퇴, 반박, 거절
헤쀨시옹

réputation [여] 평판, 세평 avoir bonne[mauvaise] ~ 평판이 좋다/나쁘다
헤쀠따시옹

réputé(e) [형] ...이라고 여겨진, ...이라고 평판이 있는
헤쀠떼

requérir [타] 요구[요청]하다; [법] 신청[청원]하다; [군사] 징발하다; 호소하다 ~ la
호께히흐

force armée 무력에 호소하다

requête
흐께뜨
[여] 요구, 요청, 청원

requiem
레퀴이이엠
[남] (복수불변) [가톨릭] 죽은 사람 을 위한 기도; 진혼곡

requin
흐껭
[남] [어류] 상어

requis(e)
흐끼(끼즈)
[형] 필요한, 요구되는 [~ (pour qch /inf)]

rescapé(e)
헤스꺄뻬
[형] (사고, 재난 따위에서) 살아남은, 구조된

rescousse
헤스꾸스
[여] [해양법] (적에게 빼앗긴 선박, 재산 따위의) 탈환

réseau(x)
레조
[남] 그물; 거미줄; (철도, 도로 등의) 망상조직; 네트워크

réservation
헤제흐바시옹
[여] 예약

réserve
헤제흐브
[여] 남겨두기, 보류; 제한; 남겨둔 것; 저장, 예비; 조심성, 신중, 겸손; [군사] 예비역

réserver
헤제흐베
[타] ① (을 위하여) 마련해놓다 On vous a réservé cette place. 이 자리를 당신을 위해 마련해 놓았습 니다 ② 나중에 쓰려고 떼어 [남겨]두다, 비축하다 ~ le meilleur pour la fin 마지막에 쓰려고 가장 좋은 것을 남겨두다 ③ 예약하다 ~ une table au restaurant[une cham bre dans un hôtel] 식당에 자리를[호텔에 방을] 예약하다

réserviste
[남] 예비[후비]군, 재향 군인, 보충

헤제흐비스뜨 병

réservoir [남] 저수지
헤제흐부아흐

résidence [여] ① (의무적인) 거주, 주재; 주재 기간 emploi[charge] qui demande ~ 임지에 거주 해야 하는 직책 ② 거주(지) avoir sa ~ à Lyon 리옹에 거주지를 정하다 ~ universitaire 대학 기숙사 ③ 고급주택; (고관의) 관저, 공관
헤지덩스

résident(e) [명] 체류 외국인 ~s espagnols en France 프랑스에 체류하는 스페인 사람들
헤지덩(덩뜨)

résidentiel(le) [형] 주택의 quartier ~ 주택가
헤지덩시엘

résider [자] 거주하다
헤지데

résidu [남] 잔여
헤지뒤

résiduel(le) [형] 남은, 잔여(殘餘)의
헤지뒤이엘

résignation [여] 사직, 사임
헤지냐시옹

résigner [타] 사직하다; (이득 따위를) 포기하다 ~ son emploi[ses fonctions] 사직하다 se ~ [대] 감수하다, 체념 하고 받아들이다 se ~ à son sort 운명을 감수하다
헤지녜

résiliation [여] 취소, 해제, 철회
헤질리아시옹

résilier [타] (계약 따위를) 해지하다 ~ un bail 임대계약을 해지하다
헤질리에

résine
헤진
[여] 수지(樹脂), 송진

résistance
헤지스떵스
[여] 저항, 반항, 적대, 반대

résistant(e)
헤지스떵(떵뜨)
[형] (사물이) 내구력이 있는, 질긴, 단단한

résister
헤지스떼
[자] [~ à] ① (외력에) 지탱하다, 버티다; (작용을 받아도) 변질[변형, 변색]되지 않다 ② 견뎌내다 ~ à la fatigue 힘든 일을 견뎌내다 ③ (주어는 추상명사) 견뎌내다, 지속되다 La douleur *résiste* au temps. 세월이 지나도 고통은 없어지지 않는다

résolu(e)
헤졸뤼
[형] 해결된; 결심한

résolument
헤졸뤼멍
[부] 굳게 결심하여

résolution
헤졸뤼시옹
[여] 결의, 결심(한 일); 결의안 adopter une ~ 결의안을 채택하다

résonner
헤조네
[자] (소리, 목소리가) 울리다

résoudre
헤주드흐
[타] 해결하다 ~ un problème 문제를 해결하다

respect
헤스뻬
[남] 존경, 존중

respectabilité
헤스뻭따빌리떼
[여] 존경할 만함, 인격의 고결

respectable
헤스뻭따블
[형] 존경할 만한, 훌륭한

respecter
헤스뻭떼
[타] 존경하다; 존중하다; 고려하다; 훼손하지 않다

respectif(ve) [형] 저마다의, 각각의, 각자의
헤스빽띠프(띠브)

respectivement [부] 각기, 제각기
헤스빽띠브멍

respectueusemer [부] 정중하게
헤스빽뛰유즈멍

respectueux(se) [형] 경의를 표하는, 공손한, 정중한
헤스빽뛰유(유즈)

respiration [여] 호흡
헤스삐하시옹

respiratoire [형] 호흡(작용)의, 호흡을 하기 위한
헤스삐하뚜아흐

respirer [자] 숨쉬다, 호흡하다; 살아있다
헤스삐헤

responsabilité [여] 책임, 책무, 의무 prendre la ~ de qch ...에 대한 책임을 지다
헤스뽕사빌리떼

responsable [형] (…에 대하여) 책임이 있는, 책임을 져야할 ~ de la mort de dix personnes 10 명을 살해한 혐의를 가지고 있다
헤스뽕사블

resquiller [자] (구어) (극장, 교통수단 따위에) 공짜로 슬쩍 들어가다
헤스끼예

ressaisir [타] 다시 잡다; (주어는 사물) (가정, 욕구 따위가) 다시 사로잡다
흐세지흐

ressemblance [여] 유사, 닮음
흐성블성스

ressemblant(e) [형] 실물[모델]과 닮은
흐성블렁(렁뜨)

ressembler [타] [~ à] …을 닮다, …와 공통점이 있다
흐성블레

ressentiment [남] 원한, 한, 유감

흐성띠멍

ressentir [타] 느끼다, (감정을) 품다
흐성띠흐

resserrer [타] 조이다, 긴축하다; 굳게 하다, 친밀히 하다; 좁히다; 포위하다; 제한 하다; 간직하다; 압박하다
흐세헤

resservir [타] (요리를) 다시 내놓다
흐세흐비흐

ressort [남] 용수철; (비유) (행위의) 원동력, 동기
흐소흐

ressortir [자] (들어갔다가) 나가다[나오다]; 재상연되다, 재출판되다
흐소흐띠흐

ressortissant(e) [형] [법] [~ à qch] (재판, 소송 따위가) ...의 관할에 속하는
흐소흐띠성(성뜨)

ressource [여] 자원, 재원, 자력
흐수흐스

ressusciter [타] 소생시키다, 부활시키다
헤쉬시떼

restant(e) [형] 나머지의, 남아있는
헤스떵(떵뜨)

restaurant [남] 레스토랑, 음식점, 식당
헤스또헝

restauration [여] 회복, 부활, 복구
헤스또하시옹

restaurer [타] 복구[재건]하다, 부흥하다
헤스또헤

reste [남] 나머지; 여분
헤스뜨

rester [자] 남다; 머무르다
헤스떼

restituer [타] (부정취득한 것을) 되돌려주다, 반환하다
헤스띠뛰이에

restitution [여] 반환, 상환
헤스띠뛰시옹

restoroute/restauroute [남] (상표명) 자동차 여행자를 위한 대로변의 식당
헤스또후뜨

restreindre [타] 제한하다, 한정하다
헤스트헹드흐

restrictif(ve) [형] 제한[한정, 구속]하는
헤스트힉띠프(띠브)

restriction [여] 제한
헤스트힉시옹

résultat [남] 성과, 귀착, 결말
헤쥘따

résumé [남] 요약
헤쥐메

résumer [타] 요약[개괄]하다
헤쥐메

résurrection [여] 부활
헤쥐헥시옹

rétablir [타] 다시 세우다; 회복시키다
헤따블리흐

rétablissement [남] 건강[질서]의 회복; 수리; 부흥; 복직
헤따블리스멍

retard [남] 지체, 지연, 지각 être en ~ 지각하다; 늦다; 뒤지다
흐따흐

retardataire [형] 지각한, 연착한 [명] 지각자, 연 착자
흐따흐다떼흐

retardé(e) [형] 정서·지능·학력 발달이 뒤진
흐따흐데

retarder [타] 늦추다, 지연시키다
흐따흐데

retenir
흐뜨니흐
[타] 억제하다, 누르다

rétention
헤떵시옹
[여] 보류, 보유, 유지

retentir
흐떵띠흐
[자] (소리가) 울리다, 울려퍼지다

retenue
흐뜨뉘
[여] (물건을) 잡아두기, 압류, 유치

réticence
헤띠성스
[여] 망설임, 주저

réticent(e)
헤띠성(성뜨)
[형] 망설이는, 주저하는

rétif(ve)
헤띠프(띠브)
[형] 침착성이 없는, 들떠 있는

rétine
헤띤
[여] (눈의) 망막

retiré(e)
흐띠헤
[형] 은퇴한, 은둔하는

retirer
흐띠헤
[타] 다시 끌다; 끌어내다, 끄집어내다

retombée
흐똥베
[여] (머리칼, 옷자락 따위의) 처짐; (흔히 복수) 낙하물; (복수) 결과, 여파, (악)영향

retomber
흐똥베
[자] 다시 떨어지다; 늘어지다

rétorquer
헤또흐께
[타] 반박하다, 응수하다

retoucher
흐뚜셰
[타] (작품, 사진 따위를) 수정[가필]하다

retour
흐뚜흐
[남] 돌아감, 돌아옴, 귀환; 복귀; 재발; 반복; 회고; 반성; 책략, 술책 en ~ de ...의 보수 로서, ...의 대 가로서

retourner 흐뚜흐네	[타] (다시) 돌리다[돌려 보내다] [자] 돌아가다
retrait 흐트헤	[남] 철수, 후퇴 ~ des trou-pes 군대의 철수 (예금을) 꺼내기, 찾기; 회수; 철거
retraite 흐트헤뜨	[여] ① 퇴직, 퇴역, 은퇴, 은거, 퇴거, 은둔 ② [군사] 후퇴, 퇴각 ③ [종교] 피정 묵상회
retraité(e) 흐트헤떼	[형] 은퇴한, 퇴직한, 퇴역한
retrancher 흐트헝셰	[타] 삭제하다, 생략하다
rétrécir 헤트헤시흐	[타] 좁히다, 줄이다, 축소하다, 수축시키다
rétrograde 헤트호그하드	[형] 후퇴하는, 되돌아가는, 퇴행적인
rétrograder 헤트호그하데	[자] 역행하다; 후퇴하다, 퇴보하다
rétrogression 헤트호그헤시옹	[여] 역행, 후퇴
rétrospective 헤트호스뻭띠브	[여] 회고의, 회구의
rétrospectivemen 헤트호스뻭띠브멍	[부] 회고하여
retrouver 흐트후베	[타] 다시 찾아내다, 다시 발견하다
rétrovirus 헤트호비휘스	[남] RNA 종양 바이러스
rétroviseur 헤트호비죄흐	[남] (자동차 따위의) 백미러 (=(구어) retro)
réunification 헤위니피꺄시옹	[여] (재)통일 ~ de la pénin-sule

coréenne 한반도 통일

réunifier [타] (재)통일 ~ de l'Alle-magne 독일의 통일
헤위니피에

réunion [여] ① 결합, 연결, 집합 ~ d'éléments nombreux 여러 요소들의 결합 ② 집회, 모임, 회의; 소집 ~ de famille 가족회의 salle de ~ 집회소 liberté de ~ 집회의 자유
헤위니옹

réunir [타] 재결합[합동]시키다
헤위니흐

réussi(e) [형] 성공적으로 이루어진, 잘 된
헤위시

réussir [자] (주어는 사람) 성공하다
헤위시흐

réussite [여] 성공
헤위시뜨

revaloriser [타] (화폐 따위의) 가치를 회복시키다
흐발로히제

revanche [여] 갚음; 앙갚음, 보복, 복수 en ~ 반면에
흐벙슈

rêve [남] 꿈
헤브

revêche [형] (사람이) 까다로운, 무뚝뚝한
흐베슈

réveil [남] 잠을 깨기; 기상; 자명종
헤베유

réveille-matin [남] (복수불변) 자명종시계
헤베유마땡

réveiller [타] 깨우다; 깨우치다, 각성시키다 se ~ [대] 잠에서 깨어나다
헤베예

réveillon [남] (크리스마스 전날 밤 혹은 12 월

헤베용 | 31일 밤에 먹는) 만찬, 야식

révélateur(trice) [형] 계시의, 계시적인
헤벨라뙤흐(트히스)

révélation [여] 폭로, 적발
헤벨라시옹

révéler [타] 적발[폭로]하다, 밝히다
헤벨레

revenant(e) [형] (태도 따위가) 호감을 주는, 마음에 드는
흐브넝(넝뜨)

revendeur(se) [명] 중매인; 소매상인
흐벙되흐(되즈)

revendication [여] 요구
흐벙디꺄시옹

revendiquer [타] (권리를) 주장하다; 요구하다
흐벙디께

revendre [타] 다시 팔다, 전매하다
흐벙드흐

revenir [자] 다시 오다; 다시 나타나다, 다시 나오다, 다시 생기다
흐브니흐

revenu [남] 수입
흐브뉘

rêver [자] [~ de] 꿈꾸다; 열망하다
헤베

réverbère [남] 반사경
헤베흐베흐

révérer [타] 숭배하다, 경외하다, 존경하다
헤베헤

rêverie [여] 몽상, 공상, 명상
헤브히

revers [남] 안, 이면
흐베흐

réversible 헤베흐시블	[형] 역으로[거꾸로] 할 수 있는
revêtement 흐베뜨멍	[남] [건축] (벽면 따위의) 내장 (공사), 외장 (공사)
revêtir 흐베띠흐	[타] 다시 입히다; 옷 입히다; 입다; 씌우다
rêveur(se) 헤뵈흐(뵈즈)	[형] 꿈꾸는, 몽상하는 [명] 몽상가
revient 흐비엥	[남] [상업] prix de ~ 원가
revigorer 흐비고헤	[타] 활력을 되찾게 하다, 원기를 회복시키다
revirement 흐비흐멍	[남] 방향전환; [해양] (배의) 진로 변경; 역전, 돌변, 급변
réviser 헤비제	[타] 교정[정정, 수정, 개정]하다
révision 헤비지옹	[여] 개정, 수정; 복습
revivifier 흐비비피에	[타] 원기를[기운을] 회복시키다
revivre 흐비브흐	[자] 다시 살아나다, 소생하다
revoici 흐부아시	[전] (구어) 다시 왔다, 다시 …이다(= voice de nouveau) Me ~ ! 나 다시 왔어!
revoir 흐부아흐	[타] 다시 보다[만나다]; 돌아오다
révolte 헤볼뜨	[여] 반란, 반발
révolter 헤볼떼	[타] 반항[모반]시키다, 반란을 일으키게 하다 se ~ 반란[폭동]을 일으키다;

분격하다

révolu(e) [형] (시간이) 지나간, 만기가 된
헤볼뤼

révolution [여] 혁명
헤볼뤼시옹

révolutionnaire [형] 혁명의, 혁명적인
헤볼뤼시오네흐

révolutionner [타] 혁명[대변혁]을 일으키다, 급격한 변화를 가져오다
헤볼뤼시오네

revue [여] 잡지
흐뷔

rez-de-chaussée [남] (복수불변) (건물의) 1 층
헤드쇼세

rhabiller [타] (건물의) 외관을 바꾸다; 다시 옷을 입히다, 새 옷을 사주다 se ~ [대] 다시 옷을 입다, 새 옷을 사다
하비에

rhapsodie [여] 서사시, 랩소디
합소디

rhétorique [여] 수사학(修辭學), 웅변술
헤또히끄 [형] 수 사학의, 수사적인, 웅변술의

rhétorique [여] 수사법, 화려한 문체
헤또히끄

Rhin [남] [지리] (독일의) 라인강
행

rhinocéros [남] 무소, 코뿔소
히노세호스

rhubarbe [여] [식물] 대황
휘바흐브

rhum [남] 럼 술
홈

rhumatisme [남] 류머티즘
휘마띠슴

rhumatologie [여] 류머니즘학
휘마똘로지

rhume [남] 감기 avoir un ~ 감기에 걸리다
휨

ricaner [자] 조소하다, 비웃다
히꺄네

riche [형] [~ en, de] 부유한, 풍부한
히슈

richement [부] 부유하게
히슈멍

richesse [여] ① 부, 부유함, 부유 ② 풍부, 풍부함; 윤택
히셰스

ricocher [자] (돌이 수면 위로) 튀며 날다
히꼬셰

ricochet [남] 물수제비뜨기
히꼬셰

ride [여] 주름살; 주름
히드

rideau(x) [남] 장막, 커튼
히도

rider [타] 주름잡히게 하다; 주름살지게 하다; 잔 물결을 일으키다
히데

ridicule [형] 우스운, 가소로운, 쑥스러운
히디뀔

ridiculiser [타] 야유하다, 조소하다
히디뀔리제

rien [대명] 어떤 것, 그 무엇; 사소한 일, 대수롭 지 않은 일, 하찮은 일; 아무것도 Cela ne fait ~. 괜찮습니다
히엥

rieur(se) [형] 잘 웃는 [명] 웃는 사람
히예흐(예즈)

riff [남] 리프, 반복 악절
히프

rigide [형] 단단한, 딱딱[빳빳]한
히지드

rigidité [여] 단단함, 강직(强直)
히지디떼

rigole [여] (관개, 배수용의) 수로, 도랑
히골

rigoler [자] 웃으며 흥겨워하다
히골레

rigolo(te) [형] 우스운, 재미있는
히골로(로뜨)

rigoureusement [부] 엄격하게
히구회즈멍

rigoureux(se) [형] 엄한, 엄격한
히구회(회즈)

rigueur [여] 엄격; 엄정, 엄밀, 정확
히계흐

rime [여] 운
힘

rimer [자] 운이 맞다
히메

rinçage [남] 헹굼
헹사즈

rincer [타] 헹구어 내다
헹세

riposte [여] 대꾸, 반박
히뽀스뜨

riposter [타간] [~ à qn/qch] …에 말대꾸 하다, 응수하다
히뽀스떼

rire [자] 웃다
히흐

ris 히	[남] [해양] (돛의) 축범부 [요리] (송아지, 새끼양의) 가슴살 (요리)
risque 히스끄	[남] (어느 정도 예상 가능한) 위험(성), 모험 Le diabète augmente considérablement le ~ cardiovasculaire. 당뇨병은 심장질환의 위험성을 상당히 높힌다.
risqué(e) 히스께	[형] ① 위험한, 위험천만의, 대담한, 모험적인 ②′(농담 따위가) 음탕한, 외설적인
risquer 히스께	[타] 위태롭게 하다; (목숨 따위를) 걸다
rite 히뜨	[남] ① (종교의) 재례, 의식, 전례 ② 의식, 예식, 의례
rituel(le) 히뛰이엘	[형] 의식의, 의식에 관한 [남]의 식서
rituellement 히뛰이엘멍	[부] 의식적으로
rivage 히바즈	[남] (바다, 호수 따위의) 기슭; 해안, 호숫가
rival(e, aux) 히발(보)	[형] 경쟁하는, 대항[대적]하는 [명] 경쟁자, 라이벌
rivaliser 히발리제	[자] 경쟁하다, 대항[대적]하다
rivalité 히발리떼	[여] 경쟁, 대항, 대적
rive 히브	[여] 물가, 강가, 호숫가, 둑
river 히베	[타] (못 따위의) 끝을 옆으로 두들겨 붙이다
riverain(e)	[형] 강가의; 길가의 [명] (강, 도로

히브헹(헨) 따위의) 연변의 주민

rivet [남] 대갈못, 리벳
히베

rivière [여] 강, 하천, 내
히비에흐

rixe [여] 싸움, 주먹다짐, 난투극
힉스

riz [남] 쌀, 벼
히

rizière [여] 논
히지에흐

robe [여] 원피스, 드레스
호브

robinet [남] (술통 따위의) 꼭지; 수도꼭지
호비네

robot [남] 로봇
호보

robotique [여] 로봇 공학(工學)
호보띠끄

robotisation [여] ① (공장 따위의) 산업 로봇 도입, 자동 기계화 ② (사람의) 기계화, 로봇화
호보띠자시옹

robotiser [타] ① (공장 따위에) 산업 로봇을 설치하다 ② (인간을) 기계화하다, 로봇처럼 만들다
호보띠제

robotisé(e) [형] 로봇을 이용하는
호보띠제

robuste [형] 강건한, 건장한
호뷔스뜨

robustesse [여] 강건, 건장
호뷔스떼스

roc
호끄
[남] 바위, 암석

rocaille
호꺄유
[여] 바위로 된 정원

rocambolesque
호꺙볼레스끄
[형] 기괴한, 어처구니없는, 믿어지지 않는

roche
호슈
[여] 바위, 암석; 암초

rocher
호셰
[남] 바위, 암벽; 암초

rodage
호다즈
[남] (새 자동차 따위를 길들이기 위한) 시운전 (기간)

roder
호데
[타] (기계 부분품을) 닳게 하다, 마멸시키다; (모터 따위를) 시운전하다

rôder
호데
[자] (수상쩍게) 어슬렁거리다; (여기저기) 돌아다니다, 배회하다;(문어) (생각 따위가) 맴돌다, 떠나지 않다

rogne
호뉴
[여] (구어) 화, 짜증

rogner
호녜
[타] (의) 가장자리[끝]를 잘라내다

rognon
호뇽
[남](짐승의 요리용) 콩팥, 신장

roi
후아
[남] 왕, 임금

rôle
홀
[남] 역할 interpréter un ~ ...로 분하다

romain(e)
호멩(멘)
[형] 로마의

roman
호멍
[남] 소설

romancier(ère) [명] 소설가
호멍시에(에흐)

romantique [형] 낭만적인
호멍띠끄

rompre [타] 깨뜨리다, 부수다, 끊다, 꺾다
홍프흐

rompu(e) [형] 부러진, 끊어진
홍쀠

rond(e) [형] 둥근; 뚱뚱한; 솔직한; 명쾌한
홍(홍드)

ronde [여] 순찰, 순찰대
홍드

rondelet(te) [형] 포동포동한; (비유) (지갑이) 불룩한, (금액이) 상당한
홍들레(레뜨)

rondement [부] 신속하게, 효과적으로; 솔직하게, 직선적으로
홍드멍

rondin [남] (건축, 토목용) 통나무
홍뎅

rond-point (ronds-points) [남] (여러 갈래의 길이 모여드는) 원형 교차로
홍뿌엥

ronfler [자] 코를 골다; 윙윙거리다, 울리다
홍플레

ronger [타] 쏠다, 좀먹다; 부식하다, 침식하다; 괴롭히다
홍제

rongeur(se) [형] 갉아먹는; 부식성의; 마음을 괴롭히는 [남] 설치 동물; (복수) 설치류
홍죄흐(죄즈)

ronronner [자] (고양이가 목구멍으로) 가르릉거리다
홍호네

rosaire [남] 염주; 로자리오 (165 개의 구슬이 있는 염주)
호제흐

rosbif [남] [요리] 로스트 비프
호스비프

rose [여] 장미꽃 [형] 장밋빛의
호즈 [남] 장 미빛

rosé(e) [형] 붉은 빛이 감도는, 분홍빛의
호제 [남] 로제 (=vin ~) (분홍빛 포도주)

roseau(x) [남] 갈대
호조

rosée [여] 이슬
호제

rosier [남] [식물] 장미나무
호지예

rosse [형] 악의적인, 심술궂은
호스

rossignol [남] [조류] 나이팅게일, 밤꾀꼬리
호시뇰

rotatif(ve) [형] 도는, 회전하는
호따띠프(띠브)

rotation [여] 회전, 선회
호따시옹

rôti [남] 구운 고기, 불고기
호띠

rôtir [타] 굽다; 말리다; 햇볕에 태우다
호띠흐

rôtisserie [여] 구이 전문 식당, 그릴
호띠스히

rotin [남] [식물] 등(藤)(나무), 그 줄기
호뗑

rotonde [여] 원형 건물
호똥드

rotule [여] [해부] 슬개골
호뛸

rouage [남] (시계 따위의) 톱니바퀴
후아즈

roué(e) [형] 교활한, 영악한
후에

rouer [타] 차형에 처하다
후에

rouge [형] 빨간 [남] 빨간색
후즈

rougeole [여] [의학] 홍역
후졸

rougeur [여] 붉은 빛; 홍조
후죄흐

rouille [여] (금속의) 녹
후유

rouillé(e) [형] 녹슨
후예

rouiller [타] 녹슬게 하다
후예

rougir [타] 붉게 하다, 붉게 칠하다
후지흐

roulant(e) [형] 바퀴로 움직이는, 굴러가는, 회전식의
훌렁(렁뜨)

rouleau(x) [남] 두루마리
훌로

roulement [남] (자동차의) 주행
훌멍

rouler [타] 굴리다; 말다
훌레

roulette [여] 룰렛
훌레뜨

roulotte [여] (집시 따위의) 주거용 트레일러
훌로뜨

roumain(e) [형] 루마니아의
후멩(멘) [명] (R~) 루마니아 사람

Roumanie [여] [지리] 루마니아
후마니

rouquin(e) [형][명] 적갈색 머리의 (사람)
후껭(껜)

rouspéter [자] (구어) 항의하다, 불평하다
후스뻬떼

rousse [여] (은어) 경찰
후스

roussir [타] 다갈색으로 만들다, 약간 눋게 하다
후시흐

route [여] 도로, 길
후뜨

routier(ère) [형] 도로의; 도로를 가리키는 locomotive ~ère 견인기관차
후띠에(에흐)

routine [여] 일상의 일[과정] C'est la ~. 그것은 일상적인 일이다
후띤

rouvrir [타] 다시 열다
후브히흐

roux(ousse) [형] (머리가) 빨간색의
후(후스)

royal(e, aux) [형] 왕의; 장엄한, 훌륭한, 늠름한
후아얄(요)

royaume [남] 왕국
후아욤

royauté [여] 왕위; 왕의 신분
후아요떼

ruban [남] 리본; 리본 모양의 띠
휘벙

rubéole [여] 풍진

휘베올

rubis [남] 루비, 홍옥(紅玉)
휘비

ruche [여] 꿀벌통
휘슈

rude [여] 거칠은; 우둘투둘한; 뻣뻣한; 힘에 겨운, 벅찬, 견디기 어려운
휘드

rudement [부] 거칠게, 심하게, 가차없이
휘드멍

rue [여] 거리, 길
휘

ruée [여] (떼지은 사람들의) 쇄도, 몰려듬; (쇄도하는) 인파 ~ des invités vers le buffet 음식 테이블로 몰려드는 하객들 [농업] (썩혀서 비료 로 쓸) 짚더미
휘이예

ruelle [여] 골목길
휘이엘

ruer [자] (말이) 차다, 뒷발질하다; (대포가) 반동 하다 se ~ [대] 달려들다 (se ~ sur, à)
휘이에

rugir [자] (맹수가) 포효하다
휘지흐

rugissement [남] 맹수의 울음소리, 포효
휘지스멍

ruine [여] 폐허
휘인

ruiner [타] 파괴하다, 와해시키다
휘이네

ruineux(se) [형] 파괴된, 황폐한
휘이뇌(뇌즈)

ruisseau(x) [남] 시내, 개울; (길가의) 도랑; 내 처럼 흐르는 것; 하층 사회
휘이소

ruisseler
휘이슬레
[자] 흐르다; 번쩍이다, 번득이다, 어른거리다

ruissellement
휘이셀멍
[남] 냇물처럼 흐르기; (땀, 피가) 철철 흐르기, 한없이 흐르기; 번득이기, 번쩍거림, 어른거림

rumeur
휘뫼흐
[여] 소문, 풍문 faire courir une ~ 소문 을 퍼뜨리다

ruminer
휘미네
[자] 반추하다

rupture
휩뛰흐
[여] ① (물체의) 파열, 끊어짐 ~ d'un câble 케이블 파열 ② (관계 따위의) 단절; (계약 따위의) 파기, 취소 ~ des rela-tions diplomatiques 외교관계의 단절

rural(e, aux)
휘할(호)
[형] 농촌의, 시골의

ruse
휘즈
[여] 책략, 계략; 술수, 술책, 속임수

rusé(e)
휘제
[형] 교활한, 꾀바른
[명] 교활한 사 람

russe
휘스
[형] 러시아의 [명] (R~) 러시아 사람 [남] 러시아어

Russie
휘시
[여] [지리] 러시아

rustique
휘스띠끄
[형] 시골(풍)의, 전원생활의

rustre
휘스트흐
[형] 촌스러운; 상스러운, 세련되지 못한 [남] 시골뜨기; 상스러운 사람

Rwanda
후엉다
[남] [지리] 르완다

rythme [남] 율동, 리듬
히뜸

rythmique [형] 리듬에 관한; 리듬이 좋은, 운 율적인 [여] 운율학
히뜨미끄

S - s

S, s
에스
[남][여] 불어 자모의 열 아홉째 글자

sa
사
[형] (son 의 여성형) 그의, 그녀의, 그것의

S.A.
[약] société anonyme 주식회사

sabbat
사바
[남] 안식일

sabbatique
사바띠끄
[형] 안식일의(같은)

sable
사블
[남] ① 모래 plage de ~ 모래 해변 dune de ~ 사구 vent de ~ 모래바람 ~s mouvants 표사; (밟으면 푹푹 빠지는) 유사 bacs à ~ (공원의) 모래사장 horloge à[de] ~ 모래시계 plantes qui vivent dans le ~ 모래 속에 사는 식물 ② (복수) 모래밭; 사막 renard des ~s 사막의 여우 ③ [의학] 결석 avoir du ~ dans les yeux (구어) 졸려서 눈을 비비다; 졸리다 bâti à chaux et à ~ 견고하게 지어진; 아주 건강한

sabler
사블레
[타] ① (길 따위에) 모래를 뿌리다, 모래를 깔다 ~ une route verglacée 얼어붙은 도로에 모래를 뿌리다 ② (메달 따위를) 모래 주형으로 주조하다

sableux(se)
[형] 모래가 섞인

사블뢰(뢰즈)

saborder 사보흐데 [타] (배를) 선체에 구멍을 뚫어 가라앉히다; (영업, 경영을) 자발적으로 중지하다, 폐업하다

sabot 사보 [남] ① 나막신 paysan en ~s 나막신을 신은 농부 ② (말 따위의) 발굽 ferrer le ~ d'un cheval 말의 발굽에 편자를 박다 ③ (가구의 다리 끝에 붙이는 보호, 장식용)쇠붙이; (말 뚝 따위의 끝에 다는) 촉 ④ 질 나쁜 악기; 고물이 다 된 배[차] Ce bateau est un vrai ~. 이 배는 정말 고물이다

sabotage 사보따즈 [남] ① (일 따위를) 서둘러 대충해치우기; 태업, 사보타주 prôner le ~ du travail 태업을 적극 지지하다 ② (기계, 설비 따위의 고의적인) 파괴, 파손 accident d'avion dû à un ~ (설비 파손 따위의) 방해 행위로 인한 비행기 사고 ③ (비유) (협상 따위의) 방해 공작 ④ (말뚝 따위의 끝에) 촉 달기

saboter 사보떼 [타] ① (일 따위를) 서둘러 대충해 버리다 ~ un devoir 숙제를 대충해 버리다 L'orchestre *a saboté* ce morceau. 그 오케스트라는 이 곳을 엉터리로 연주했다 ② (기계, 설비 따위를 고의로) 파괴하다, 파손하다 ~ une ma-chine (방해의 목적으로) 기계를 파손하다 ③ (계획, 협상 따위를) 방해하다 ~ un projet 계획을 방해하다 ④ (말뚝 따위의 끝에) 촉을 달다

saboteur(se) 사보뙤흐(뙤즈) [명] ① 일을 대충 해버리는 사람; 태업하는 사람 ② (설비 따위의) 파괴자;

(계획 따위의) 방해자

sabre 사브흐
[남] ① 검, 군도 ~ de ca-valerie [d'infanterie] 기병용[보병용] 군도 ~-pognard 단검 S~ au clair !; S~ (à la) main ! (구령) 칼을 뽑아라! d'un coup de ~ 단칼에 ② (구어) (날이 긴) 면도칼 ③ (비유) 무력, 군대 ④ [운동] (펜싱의) 사브르 ⑤ [피혁] (양피의 털, 불순물 제거 작업에 쓰이는 칼 모양의) 쇠막대

Sabrer 사브헤
[타] ① 검으로[군도로] 베다 ~ l'en nemi 적을 검으로 베다 ② (비유)(주름 따위를) (에) 깊이 새기다; (책 따위에) 줄을 긋다 visage *sabré* de rides 깊게 주름이 패인 얼굴 ③ (비유) (원고 따위를) 대폭 삭제하다 ~ de nom-breux passages dans un texte 텍스트의 많은 대목들을 삭제 하다 ~ un long article 긴 기사를 대폭 줄 이다 ④ (구어) 해고하다 (=licen cier) se faire ~ 해고당하다 ⑤ (구어) 퇴학 시키다; (수험생 따위를) 낙제시키다, 불합격시키다; (답안에 형편없는 점수를 주다 ~ la moitié des candidats 지원자의 절반을 떨어뜨리다

sac 사끄
[남] ① 부대, 자루; 봉지, 주머니 me ttre en ~ 자루에 넣다 ~ de toile 마대 ~ à blé 밀 부대 ~ de char bon[sable] 석탄 부대[모래 주머니] ~ en papier 종이 봉지[부대] ~ en matière plasti-que; (구어) ~ plas tique 비닐봉지 ~s postaux 우편 행낭

~ (-)poubelle (쓰레기통 안쪽에 끼우는 비닐로 된) 쓰레기 봉지 ② (한 부대[자루]의 분량 moudre cent ~s de blé 밀백 부대 분량을 찧다 ③ 배낭 (=~ à dos); 가방 ~ de soldat 군용 배낭 ~ de plage 비치백 ~ de voyage 여행용 가방 ④ 핸드백 (=~ à main) ~ en crocodile 악어 가죽 핸드백

saccade
사꺄드
[여] 급격하고 불규칙한 움직임

saccager
사까제
[타] (도시 따위를) 약탈하다, 노략하다

saccharine
사꺄힌
[여] 사카린

sachée
사셰
[여] (드물게) 한 부대[자루]의 분량

sachet
사셰
[남] 작은 봉지 ~ de papier 작은 종이 봉지

sacré(e)
사크헤
[형] 신성한, 성스러운; 종교적인 édifice ~ 성소, 신전

sacrement
사크흐멍
[남] (가톨릭의) 성사; (신교의) 성례

sacrifice
사크히피스
[남] ① (제의적인) 공여, 희생 ② [종교] (가톨릭에서의 그리스도의) 희생 ~ du Christ [de la Croix] 그리스도[십자가]의 희생 ③ (일반적인 의미의) 희생; 희생물; 희생적인 행위

sacrifier
사크히피에
[타] 산 제물을 바치다, 희생시키다 se ~ [대] 자기를 희생하다, 자신을 바치다; 희생 되다, 죽다

S-s

sacrilège
[형] 신성을 더럽히는 [남] 신성 모독

사크힐레주	(죄)
sacristie 사크히스띠	[여] (성당의) 성구실, 제의실, 의식용 구실
sadique 사디끄	[형] ① [심리, 정신분석] 사디즘의, 가학성 변태 성욕의 ② 가학 취미의, 잔인한 [명] ① 사디스트, 가학성 변태성욕자; 잔인한 사람 ② 성범죄자
sadisme 사디슴	[남] ① [심리, 정신분석] 사디즘, 가학성 변태 성욕 ② 가학 취미, 잔인성
safari 사파히	[남] 원정 여행
saffran 사프헝	[남] 사프란 [형] 사프란색의
saga 사가	[여] 전설, 모험담
sagace 사갸스	[형] 현명한
sagacité 사갸시떼	[여] 현명
sage 사즈	[남] 현명한; 분별있는; 온순한, 얌전한, 착한; 박학한; 조심성있는, 절제 있는 [남] 현인, 성인
sage-femme (sages-femmes) 사즈팜	[여] 산파, 조산부
sagement 사즈멍	[부] 현명하게; 온순하게, 착하게, 얌전하게
sagesse 사제스	[여] 현명; 지혜, 예지; 온순, 얌전함; 절제 dent de ~ 사랑니
sagou 사구	[남] 사고(사고야자의 나무심에서 뽑은 녹말)

Sahara 사아하	[남] 사막, 불모지 le désert du ~ 사하라 사막
saignant(e) 세녕(녕뜨)	[형] ① 피가 흐르는 ② (고기를) 설익힌 Vous voulez votre bifteck ~ ou à point? 비프스테이크를 레어로 하시겠어요 아니면 미디엄으로 하시겠어요?
saignée 세녜	[여] [의학] 자락, 사혈
saigner 세녜	[타] 피를 흘리다
saillant(e) 사영(영뜨)	[형] 현저한, 두드러진
saillir 사이흐	[자] 돌출하다, 튀어나오다
sain(e) 셍(센)	[형] 강한, 튼튼한, 온전한
saindoux 셍두	[남] 돼지기름
saint(e) 셍(셍뜨)	[명] 성인, 성자
saisie 세지	[여] 붙잡음, 체포
saisir 세지흐	[타] 붙잡다, 꽉 쥐다
saisissant(e) 세지성(성뜨)	[형] 놀라운, 충격적인
saison 세종	[여] 철, 계절 hors ~ 철이 지난
saisonner 세조네	[자] (과수가) 해걸이를 하다
saisonnier(ère)	[형] 계절의

세조니에(에흐)

salace [형] 호색의, 음탕한
살라스

salade [여] 샐러드, 생채 요리
살라드

salaire [남] 봉급, 급료
살레흐

salarié(e) [형] 봉급을 받는
살라히에

salaud [남] (구어) 비열한 작자, 더러운 놈, 개자식
살로

sale [형] 더러운, 불결한
살

salé(e) [형] 소금기 있는
살레

saleté [여] 더러움 지저분함
살떼

saler [타] 소금을 치다
살레

salière [여] (식탁, 주방용의) 소금단지, 소금통
살리에흐

salin(e) [형] 염분을 함유한, 짠
살렝(린)

salir [타] 더럽히다
살리흐

salive [여] 타액, 침
살리브

saliver [자] 침을 흘리다, 침이 나오다
살리베

salle [여] 홀, 방

살

salmonelle 살모넬	[여] 살모넬라균
salon 살롱	[남] 객실, 응접실 ~de coiffure[de beauté] 미용실
salope 살로쁘	[여] (속어) 갈보 (같은 년)
saloperie 살로프히	[여] (구어) 더러운 것, 오물
salopette 살로뻬뜨	[여] (더러워지지 않도록 옷 위에 걸치는) 작업복
salubre 살뤼브흐	[형] 건강에 좋은, 유익한
saluer 살뤼이에	[타] ① (에게) 인사하다 ~ qn en s'inclinant ...에게 고개 숙여 인사하다 ② (국기 따위에) 경의를 표하다, 경례하다 ~ le dra-peau 국기에 경례하다
salut 살뤼	[남] 인사, 경례 faire un ~ 예포를 쏘다 Salut ! 안녕!
salutaire 살뤼떼흐	[형] 건강에 좋은, 유익한
salutation 살뤼따시옹	[여] 정중한 인사; [복수] (편지 따위 에서) 안부(의 말)
salvation 살바시옹	[여] 구제, 구세
salve 살브	[여] 일제 사격, 환호
samedi 삼디	[남] 토요일
SAMU 사뮈	[남] [Service d'aide médicale d'urgence] (복수불변) (긴급 환자, 부상 자

들을 돕는) 의료 구급대

sanatorium
사나또히엄
[남] 요양소, 휴양지

sanctifier
성끄띠피에
[타] 신성하게 하다

sanction
성끄시옹
[여] ① 비준, 재가 ② 승인 ③ 필연적 귀결, 대가 ④ [법] 상벌; 처벌, 제재; 형벌, 징계 (처분) ~s économiques 경제적 제재

sanctionner
성끄시오네
[타] ① (법 따위를) 비준하다; 승인하다 ② 벌하다; [법] 제재하다

sanctuaire
성끄뛰이에흐
[남] 성소 (성당의 제단 주위에 위치한 내진); (특히 유태교회의) 지성소

sandale
성달
[여] 샌들

sandwich
성드위츠
[남] 샌드위치

sang
성
[남] 피, 혈액

sang-froid
성프후아
[남] (복수불변) 냉정, 침착

sanglant(e)
성글렁(렁뜨)
[형] 피가 흐르는

sangle
성글
[여] (넓고 평평한) 가죽 띠

sanglier
성글리에
[남] [동물] 산돼지

sanglot
성글로
[남] 흐느낌, 오열

sangloter
성글로떼
[자] 흐느껴 울다

sanguin(e) [형] 피의, 혈액의
성겡(겐)

sanitaire [형] 보건의, 위생의
사니떼흐

sans [전] 없이, 없어서 être interrogé ~ avocat 변호사 없이 심문받다
성

sang-gêne [형] (불변) 거리낌없는, 뻔뻔스러운
성젠

sanscrit(e) [남] [언어] 산스크리트(어), 범어 (고대 인도의 브라만 성전을 기록한 언어) [형] 산스크리트(어)의 grammaire ~e 산스크리트(어) 문법
성스크히(히뜨)

santé [여] 건강 À votre ~ ! 건배!
성떼

saoudien(ne) [형] 사우디아라비아의 [명] (S~) 사 우디아라비아 사람
사우디엥(엔)

saper [타] 대호를 파다; 굴을 파서[밑을 파서] 무너뜨리다; 전복시키다, 파괴하다; 곡괭이로 파다; 낫으로 베다
사뻬

saphir [남] [광물] 사파이어
사피흐

sapin [남] 전나무
사뺑

sarcasme [남] 비꼼, 빈정거림
사흐꺄슴

sarcastique [형] 비꼬는
사흐꺄스띠끄

sarcler [타] 잡초를 뽑다, 김매다
사흐끌레

sarcophage [남] 석관
사흐꼬파즈

Sardaigne 사흐데뉴	[여] [지리] 사르디니아 섬
sardine 사흐딘	[여] [어류] 정어리
sardonique 사흐도니끄	[형] 냉소적인
sardoniquement 사흐도니끄멍	[부] 냉소적으로
Satan 사떵	[남] 사탄, 마왕 royaume de ~ 지옥; 사악한 세계
satanique 사따니끄	[형] 사탄의
satellite 사뗄리뜨	[남] 위성
satiété 사시에떼	[여] 싫증남, 포만
satin 사뗑	[남] 견수자, 새틴
satire 사띠흐	[여] 풍자, 야유
satirique 사디히끄	[형] 풍자적인, 비꼬는
satiriste 사띠히스뜨	[명] 풍자시 작자, 풍자가
satisfaction 사띠스팍시옹	[여] 만족
satisfaire 사띠스페흐	[타] 만족시키다
satisfaisant(e) 사띠스프정(정뜨)	[형] 만족시키는, 만족할 만한, 더할 나위 없는
satisfait(e) 사띠스페(페뜨)	[형] 만족한

saturation [여] 포화
사뛰하시옹

saturer [타] 포화시키다
사뛰헤

Saturne [남] 토성
사뛰흔

sauce [여] 소스, 양념 ~ à l'orange 오렌지 소스 ~ soja 간장
소스

saucisse [여] 소시지
소시스

saucisson [남] 큰 소시지
소시송

sauf(ve) [형] 구원[구조]된; 안전한, 무사한 sain et ~ 무사히 [전] ....을 제외하고
소프(소브)

sauge [여] [식물] 샐비어, 홍교두초
소즈

saugrenu(e) [형] 기괴한, 기발한
소그흐뉘

saule [남] [식물] 버드나무
솔

saumon [남] [어류] 연어
소몽

sauna [남] 사우나
소나

saupoudrer [타] [~ qch de/avec qch] (가루 따위를) 흩뿌리다
소뿌드헤

saut [남] 뛰어오르기, 도약
소

sauté(e) [형] (기름, 버터에) 튀긴 [남] [요리] 소테 (적은 기름이나 버터 등으로 살짝 튀긴 요리), 튀김
소떼

sauter
소떼
[자] ① 뛰어오르다[내리다], 뛰어넘다 ② 힘차게 오르다[내리다, 일어나다]; 달려들다; 매달리다 ③ faire ~ 데치다; 튀기다

sauterelle
소트헬
[여] [곤충] 메뚜기

sautiller
소띠예
[자] 깡충깡충 뛰다

sauvage
소바즈
[형] 야만적인

sauvagerie
소바즈히
[여] 야만, 미개 상태

sauvegarde
소브가흐드
[여] (권력, 제도에 의한) 보호; 수호 ~ du patrimoine culturel 문화유산의 보호

sauvegarder
소브가흐데
[타] 보호하다, 보전하다

sauvetage
소브따즈
[남] 해난 구조

sauver
소베
[타] 구원[구조, 구제]하다 se ~ [대] 달아나다, 도망치다

sauvette, à la
알라소베뜨
[부] 재빨리, 부랴부랴

sauveur
소뵈흐
[남] 구조자, 구세주

saveur
사뵈흐
[여] 맛, 풍미

savamment
사바멍
[부] 학자답게, 박식하게; 사정을 잘 알고

savant(e)
사벙(벙뜨)
[형] 박식한, 학식이 있는

saveur [여] 맛
사뵈흐

savoir [타] 알다 Nous *savons* que nous sommes mortels. 우리는 우리가 죽는다는 것을 알고 있다
사부아흐

savoir-faire [남] 기지, 임기응변의 재치
사부아흐페흐

savon [남] 비누
사봉

savonner [타] 비누로 씻다[빨다], 비누칠하다
사보네

savonnette [여] 화장용 작은 비누
사보네뜨

savourer [타] 맛보다, 음미하다
사부헤

savoureux(se) [형] 맛있는; 풍미[풍취]있는
사부회(회즈)

saxophone [남] 색소폰
삭소폰

saxophoniste [명] 색소폰 연주자
삭소포니스뜨

scabreux(se) [형] 외설스러운, 노골적인
스꺄브회(회즈)

scalper [타] (인디언이 적의) 머리가죽을 벗기다
스깔뻬

scandale [남] 추문, 악평
스깡달

scandaleux(se) [형] 수치스러운
스깡달뢰(뢰즈)

scandaliser [타] 분개시키다
스깡달리제

Scandinavie [여] [지리] 스칸디나비아(반도)

스껭디나비

scanner [남] 스캐너
스까네흐

scaphandre [남] (개인) 잠수기구 (잠수복, 잠수구 따위)
스까펑드흐

scarabée [남] [곤충] 풍뎅이과의 벌레
스까하베

scarlatine [여] [의학] 성홍열
스까흘라띤

sceau [남] 인감
소

scélérat(e) [형] (행동, 모습이) 사악한, 흉악한
셀레하(하뜨)

sceller [타] 국새를 찍다; 봉인하다; 밀봉하다
셀레

scénario [남] 시나리오
세나히오

scénariste [명] 영화각본작자
세나히스뜨

scène [여] 장면, 신
센

scepticisme [남] 회의론, 무신론
셉띠시슴

sceptique [형] 회의적인
셉띠끄

schéma [남] 도식
셰마

schizophrène [명] 정신 분열증 환자
스끼조프헨

schizophrénique [형] 정신 분열증의
스끼조프헤니끄

sciatique [여] 좌골 신경통

시아띠끄

scie
시
[여] 톱; 시끄러운 사람[일]; 상투적 언사

sciemment
시아멍
[부] 사정을 잘 알고서, 의식적으로, 일부러

science
시엉스
[여] 과학, 학문 enseigner les ~s 학문을 가르치다 ~sociale 사회과학

scientifique
시엉띠피끄
[형] 과학의, 과학적인 [명] 과학자

scientifiquement
시엉띠피끄멍
[부] 과학적으로

scier
시예
[타] (나무, 돌, 금속 따위를) 톱으로 자르다[켜다]

scinder
생데
[타] (단체, 조직 따위를) 분할하다,(문제 따위를) 분해하다

scintillant(e)
생띠영(영뜨)
[형] 생기발랄한

scintiller
생띠예
[자] 불꽃을 내다, 번쩍이다

scolaire
스꼴레흐
[형] 학교의, 학교교육의

scolarité
스꼴라히떼
[여] (학교의) 교유과정 [복] 수업료

scolastique
스꼴라스띠끄
[형] 학교의, 학자의

scone
스꼰
[남] 스콘

score
스꼬흐
[남] 점수, 득점 Le ~ est tou-jours zéro à zéro 득점은 여전히 영대영이다

scorpion
스꼬흐삐옹
[남] ① [동물] 전갈 ② (S~) [천문] 전 갈자리

S-s

scotch
스꼬츠
[남] 스카치테이프

scout(e)
스꾸뜨
[남] 보이[걸]스카우트 [형] 보이[걸]스카우트 (운동)의

scoutisme
스꾸띠슴
[남] 스카우트의 활동

scrupule
스크휘뻴
[남] 양심의 가책 n'avoir aucun ~ à inf. …을 하는데 주저함이 없다.

scrupuleux(se)
스크휘뻴뢰(뢰즈)
[형] 양심적인

scruter
스크휘떼
[타] 세밀히 조사하다

scrutin
스크휘뗑
[남] 투표; 표결

sculpter
스뀔떼
[타] 조각하다

sculpteur
스뀔뙤흐
[남] 조각가

sculpture
스뀔뛰흐
[여] 조각

se
스
[대명] 대명동사의 재귀대명사 3 인칭 단복수형. 직접 및 간접 목적보어 기능을 함

séance
세엉스
[여] 열석; 회의; 회기; (모델의) 포즈 잡고 있는 시간

séant(e)
세엉(엉뜨)
[형] (옛, 문어) (에) 어울리는, 적합한

seau(x)
소
[남] 들통

sec(sèche)
세끄(세슈)
[형] 건조한, 마른

sécher [타] 말리다, 물기를 없애다
세셰

sécheresse [여] 건조; 가뭄
세슈헤스

séchoir [남] 건조장, 건조실; 빨랫줄
세슈아흐

second(e) [형] 둘째의 [명] 제 2 위자
스공(공드)

secondaire [형] 제 2 위의
스공데흐

seconder [타] 보좌하다, 돕다; 조성[촉진]하다
스공데

secouer [타] 흔들다; 흔들어 떨어뜨리다
스꾸에

secourir [타] 돕다, 원조[구세]하다
스꾸히흐

secours [남] 도움, 원조, 구제 Au ~ ! 사람 살려
스꾸흐

secousse [여] 흔들림, 동요, 진동
스꾸스

secret(ète) [형] 비밀의; 은밀한 [남] 비밀 confier un ~ à qn ...에게 비밀을 말하다
스크헤(헤뜨)

secrétaire [명] 비서
스크헤떼흐

secrétariat [남] 사무국, 비서실
스크헤따히아

secrètement [부] 비밀히
스크헤뜨멍

sécréter [타] 분비하다
세크헤떼

sécrétion [여] 은닉, 분비
세크헤시옹

sectaire
섹떼흐
[형] 분파의, 종파(학파)의

secte
섹뜨
[여] 분파, 종파

Secteur
섹뙤흐
[남] (학문, 경제 따위의) 활동분야[부문]; 산업분야 ~ agricole 농업 분야

Section
섹시옹
[여] 부분, 구역

Sectionner
섹시오네
[타] 구분(구획)하다

séculaire
세뀔레흐
[형] 백년마다[1 세기마다] 일어나는 année ~ 한 세기의 마지막 해 cérémonie ~ 백 주년 기념제

séculariser
세뀔라히제
[타] 세속화하다

séculier(ère)
세뀔리에(에흐)
[형] 세속의

sécuriser
세뀌히제
[타] 안정감을 주다, 안심시키다

sécurité
세뀌히떼
[여] 안전, 보안 ~ de l'emploi 고용보장 (확보)

sédatif
세다띠프
[남] 진정제

sédentaire
세덩떼흐
[형] 가만히 있는

séduction
세뒥시옹
[여] 유혹

séduire
세뒤이흐
[타] 유혹하다

séduisant(e)
세뒤이정(정뜨)
[형] 유혹(매력)적인

segment
세그멍
[남] 구획, 단편

ségrégation
세그헤가시옹
[여] 분리, 격리

seigle
세글
[남] [식물] 호밀

seigneur
세녜흐
[남] 영주; 지배자, 소유주; 귀족

sein
셍
[남] 가슴; 젖가슴, 유방; 내부, 속, 품 [au ~ de qch] ...의 한 가운데에, 내부에 Même au ~ de la majorité, l'opinion est partagée sur ce sujet. 여당 내부에서조차 이 문제에 대해 의견이 나뉘어져있다

séisme
세이슴
[남] ① 지진 ② (비유) 격동, 대혼란 ~ politique 정치적 격동

seize
세즈
[형] 열 여섯의; 열 여섯째의 [남] 열 여섯

seizième
세지엠
[형] 열 여섯째의 [명] 열 여섯째 [남] 십 육분의 일

seizièmement
세지엠멍
[부] 열 여섯째로

séjour
세주흐
[남] 체류, 체재 Bon ~! 머무르시는 동안 좋은 시간 보내세요!

séjourner
세주흐네
[자] 체재하다; 머무르다

Sel
셀
[남] 소금

Sélecteur
셀렉뙤흐
[남] 선택자

sélectif(ve)
셀렉띠프(띠브)
[형] 선택하는

Sélection [여] 선발
셀렉시옹

sélectionné(e) [형] 선택된, 선발된
셀렉시오네

sélectionner [타] 고르다, 뽑다
셀렉시오네

self [남] [영] 셀프서비스 식당 (self-ser vice 의 약어) déjeuner dans un ~ 셀프서비스 식당에서 점심을 먹다
셀프

selle [여] (말 따위의) 안장, (자전거의) 안장
셀

selon [전] ...에 따라; ...에 의하여; ...의 의견에 의하면
슬롱

semaine [여] 주; 일주일간의 일
스멘

sémantique [형] 의미의
세멍띠끄

semblable [형] [~ à] 같은, 비슷한
성블라블

semblant [남] (문어) 가장, 겉치레 faire ~ de + inf[que + ind] …하는 체하다
성블렁

sembler [자] …처럼 보이다 Elle m'*a semblé* fatiguée. 내가 보기에 그녀는 피곤해 보였다
성블레

semelle [여] (구두 따위의) 바닥, 창; 신발 안창, 깔창; 양말 바닥
스멜

semence [여] 씨, 종자; 정액; 근원
스멍스

semer [타] 씨뿌리다; 뿌리다, 퍼뜨리다; 유포하다
스메

semestre [남] 6 개월; (6 개월의) 학기

스메스트흐

semestriel(le) [형] 6 개월마다의, 반년마다의
스메스트히엘

semeur(se) [명] 씨 뿌리는 사람; 퍼뜨리는 사람
스뫼흐(뫼즈)

semi-automatique [형] 반자동식의, 반자동식 기계 (소총)
스미오또마띠끄

semi-autonome [형] 반자율적인
스미오또놈

semi-circulaire [형] 반원형의
스미시흐뀔레흐

séminaire [남] 세미나
세미네흐

sémiotique [여] 기호(언어)학
세미오띠끄

semi-remorque [여] (앞바퀴가 없이 직접 연인차에 연결된) 세미 트레일러
스미흐모흐끄

sémite [형] 셈족의
세미뜨

semonce [여] 견책, 질책, 비난
스몽스

semoule [여] 굵은 밀가루
스물

sempiternel(le) [형] 끊임없는
생(성)삐떼흐넬

sénat [남] 의회, 상원
세나

sénateur [남] 상원 의원
세나뙤흐

sénile [형] 노쇠한
세닐

S-s

senior 세니오흐 [형] [운동] 시니어에 속하는 [명] [운동] 시니어 (주니어와 베테랑 사이 연령층의 운동선수); 50 세가 넘은 사람, 나이가 많지 않은 은퇴자

sens 성스 [남] 감각; 뜻, 의미; 방향

sensass 성사스 [형] [불변] (약, 구어) sense-tionnel 탁월한, 특출난

sensation 성사시옹 [여] 감각, 느낌

sensationnel(le) 성사시오넬 [형] 지각의, 선풍적 인기의

sensé(e) 성세 [형] 분별있는, 양식있는

sensibiliser 성시빌리제 [타] 민감[예민]하게 하다, 관심을 갖도록 만들다 L'opionion publique *est* aujourd'hui *sensibilisée* à ce pro blème. 사람들은 오늘날 이문제에 대해 민감한 반응을 보인다

sensibilité 성시빌리떼 [여] ① 감각, 감각 능력 ② 감수성, 감성, 민감성

sensible 성시블 [형] ① 지각[감각] 능력이 있는 ② 민감한, 예민한

sensiblement 성시블멍 [부] 뚜렷이, 현저하게

sensualité 상쉬알리떼 [여] 관능(성)

sensuel(le) 성쉬이엘 [형] 관능적인

sentier 성띠에 [남] 오솔길, 작은 길

sentiment [남] 감정
성띠멍

sentimental (e, aux) [형] 감정적인, 감상 적인
성띠멍딸(또)

sentimentalemen [부] 감상적으로
성띠멍딸멍

sentimentalité [여] 감상적임, 다정다감
성띠멍딸리떼

sentir [타] 느끼다, 감각하다; 감정을 품다
성띠흐

séparable [형] 분리 할 수 있는
세빠하블

séparation [여] 분리, 별거
세빠하시옹

séparatiste [형][명] 분리주의자(의)
세빠하띠스뜨

séparé(e) [형] 다른, 별개의; 떨어진, 헤어진, 별거중인 époux ~s 별거중인 부부
세빠헤

séparément [부] 따로따로
세빠헤멍

séparer [타] 가르다, 분리하다, 떼어놓다
세빠헤

sépia [여] [동물] 오징어; 오징어의 먹물
세삐아

sept [형] 일곱의; 일곱째의 [남] 일곱
세뜨

septembre [남] 9 월
셉떵브흐

septennal(e, aux) [형] 7 년 주기의; 7 년 임기의
셉떼날(노)

septentrional [형] 북쪽의, 북쪽에 위치한

(e, aux)
셉떵트히오날(노)

septième [형] 일곱째의
세띠엠

septembre [남] 9월
셉떵브흐

septicémie [여] [의학] 패혈증
셉띠세미

séquelle [여] (흔히 복수) 후유증; (비유) 여파
세껠

séquence [여] 연달아 일어남, 결과
세껑스

séquentiel(le) [형] 잇달아 일어나는
세껑시엘

séquestrer [타] [법] 기탁하다; 감금하다, 격리 수용하다
세께스트헤

Serbie [여] [지리] 세르비아
세흐비

serein(e) [형] 고요한
스헹(헨)

sérénité [여] 고요함
세헤니떼

sergent [남] 하사관
세흐정

série [여] ① 연속, 일련 une ~ de catastrophes 일련의 참사 ② 한 벌, 세트, 총서 une ~ de casseroles 냄비 한 세트
세히

sérieusement [부] 진지하게
세히유즈멍

sérieux(se) [형] 진지한, 중대한
세히유(유즈)

serin
스헹
[남] [조류] 검은머리방울새 무리

seringue
스헹그
[여] 세척기, 관장기

seringuer
스헹게
[타] 씻다, 세척하다

serment
세흐멍
[남] 맹세, 서약, 선서

sermon
세흐몽
[남] 설교

séropositif(ve)
세호뽀지띠프(띠브)
[형] 에이즈 바이러스를 보유한
[명] 에이즈 바이러스 보균자

serpent
세흐뻥
[남] 뱀

serpenter
세흐뻥떼
[자] (길, 강 따위가) 꾸불꾸불하다

serpentin(e)
세흐뻥뗑(띤)
[형] (문어) 뱀 모양의, 꾸불꾸불한; 뱀 껍질 같은 표면의

serre
세흐
[여] 온실 effet de ~ 온실효과

serré(e)
세헤
[형] 촘촘한; 빽빽한, 밀집한, 꽉 들어찬; 빈틈없는; 간결한; 죄어진, 긴축된

serrement
세흐멍
[남] 꽉 쥐기, 꽉 죄기

serrer
세헤
[타] 죄다; 꽉 쥐다

serre-tête
세흐떼뜨
[남] 머리띠

serrure
세휘흐
[여] 자물쇠

sérum
세홈
[남] 혈청, 림프액

serveur(se) [명] 종업원
세흐뵈흐(뵈즈)

serviable [형] 남을 잘 도와주는
세흐비야블

service [남] 섬기기; 시중; 서비스
세흐비스

serviette [여] 냅킨; 수건
세흐비에뜨

servile [형] 노예의, 노예 같은, 비열한, 비굴한
세흐빌

servilement [부] 비굴하게, 비열하게
세흐빌멍

servir [타] 섬기다; 이바지하다, 공헌하다, 봉사하다
세흐비흐

serviteur [남] (문어) 봉사자; (비유, 경멸) 종복, 하수인; (옛) 하인
세흐비뙤흐

session [여] 개회중임, 회의
세시옹

seuil [남] 문턱, 문지방
쇠유

seul(e) [형] 단독의; 혼자인
쇨

seulement [부] 다만, 단지; 그렇지만
쇨멍

sève [여] (식물의) 진, 수액
세브

sévère [형] 엄한, 엄격한, 심한
세베흐

sévèrement [부] 엄하게, 심하게
세베흐멍

sévérité [여] 엄격, 혹독함
세베히떼

sévir
세비흐
[자] 엄벌하다, 탄압하다, 엄하게 다스리다

sevrer
스브헤
[타] (아기, 짐승 새끼를) 젖떼다, 이유시키다

sexe
섹스
[남] 성, 성별; 성기

sexisme
섹시슴
[남] 성 차별(주의)

sexiste
섹시스뜨
[형][명] 성 차별주의자(의)

sexualité
섹쉬알리떼
[여] ① 성, 성생활, 성본능
② [생물물] 성징

sexuel(le)
섹쉬엘
[형] 성의, 성적인

seyant(e)
세영(영뜨)
[형] (색, 옷, 화장 따위가) 잘 어울리는, 보기 좋은

shampooing
셩뿌엥
[남] 샴푸

si
시
[접] 만약에 ...이라면 [부] 그렇게; 아무리; 그렇소

Sibérie
시베히
[여] [지리] 시베리아

sicilien(ne)
시실리엥(엔)
[형] 시칠리아 (Sicile: 이탈리아 남단의 섬)의

sida
시다
[남] 에이즈 (후천성 면역 결핍증)

sidérer
시데헤
[타] (구어) 경악케 하다, 아연실색케 하다

sidérurgie
시데휘흐지
[여] 철공술, 단철술

siècle
[남] 세기

시에끌

siège [남] 의자; 좌석, 자리; 본부; 포위 공격
시에즈

siéger [자] 자리를 차지하다, 적을 갖다; [종교] 재직하다; (장소에) 놓여있다; 본부[본사]를 두다; 개회하다, 개정하다, 의사를 진행하다
시에제

sien(ne) [대명] 그의 것
시엥(엔)

sieste [여] 낮잠 faire la ~ 낮잠을 자다
시에스뜨

siffler [자] 휘파람 불다
시플레

sifflet [남] 호각
시플레

siffloter [자][타] (노래를) 휘파람으로 불다
시플로떼

sigle [남] 약호의 첫 글자
시글

signal(aux) [남] 신호
시냘(뇨)

signalement [남] (범죄자 따위의) 인상착의
시냘멍

signaler [타] 신호로 알리다
시냘레

signataire [명] 서명자
시냐떼흐

signature [여] 서명, 사인 apposer sa ~ à 서명하다
시나뛰흐

signe [남] 기호, 신호, 간판, 서명 C'est ~ que …한 신호이다
시뉴

signer
시녜
[타] 서명하다

significatif(ve)
시니피꺄띠프(띠브)
[형] 중요한, 의미있는

signification
시니피꺄시옹
[여] 의미, 의의

signifier
시니피에
[타] 의미하다, 나타내다

silence
실렁스
[남] 침묵, 정숙 en ~ 조용히

silencieux(se)
실렁시유(유즈)
[형] 조용한

silex
실렉스
[남] 부싯돌, 규석

silhouette
실루에뜨
[여] 실루엣, 윤곽

silicone
실리꼰
[여] 실리콘 ~ élastomère 고무 실리콘

Sillon
시용
[남] 밭고랑

Silo
실로
[남] 사일로, 저장고

simagrée
시마그헤
[여] (흔히 복수) 거짓 꾸밈, 꾸민 태도

similaire
시밀레흐
[형] 비슷한, 같은 quelque chose de ~ 비슷한 것

similarité
시밀라히떼
[여] 유사점

similitude
시밀리뛰드
[여] 유사성

simple
생쁠
[형] 간단한, 단순한 la vèritè pure et ~ 순전한 진실

simplement [부] 간단히, 단순하게
생쁠멍

simplicité [여] 단순, 단일성; 간략; 용이; 소박; 솔직; 고지식함, 어리석음
생쁠리시떼

simplification [여] ① 단순화; 간소화, 간략화 ② [수학] ~ d'une fraction 분수의 약분
생쁠리피꺄시옹

simplifier [타] 간단하게 하다
생플리피에

simplisme [남] (논리 따위를) 지나치게 단순화 화하는 것, 속단; 간략주의
생쁠리슴

simpliste [형] 너무 단순한 [명] 속단하는 사람, 간략주의자
생쁠리스뜨

simulateur [남] 모의시험장치, 시뮬레이터
시뮐라뙤흐

simulation [여] 가장, 흉내
시뮐라시옹

simulé(e) [형] 모조의, 가짜의
시뮐레

simuler [타] 흉내 내다
시뮐레

simultané(e) [형] 동시에 일어나는
시뮐따네

simultanéité [여] 동시, 동시성
시뮐따네이떼

simultanément [부] 동시에
시뮐따네멍

sincère [형] 성실한, 참된
생세흐

sincèrement [부] 마음으로부터, 진정으로
생세흐멍

sincérité [여] 성실, 정직

셍세히떼

sine qua non [형] 필요불가결한 condition ~ 필요불가결한 조건 [남] 필요조건
시네꽈논

Singapour [여] [지리] 싱가포르
셍가뿌흐

singe [남] [동물] 원숭이
셍즈

singer [타] 흉내내다
셍제

singularité [여] 특이성; 기이, 기괴, 기발; 단독성
셍귈라히떼

singulier(ère) [형] 특이한; 기이한
셍귈리에(에흐)

sinistre [형] 불길한; 불행한, 처참한; 험악한, 험 상궂은; 음험한, 흉악한; 무시무시한 [남] 흉사, 재난
시니스트흐

sinistré(e) [형] 재해를 당한 [명] 이재민
시니스트헤

sinologie [여] 중국학
시놀로지

sinon [접] 그렇지 않으면; ...이 아니고는;...을 제 외하고는; ... 않더라도
시농

sinueux(se) [형] 꾸불꾸불한
시뉘이유(유즈)

siphon [남] 사이펀
시퐁

siphonner [타] 사이펀으로 주입[흡입]하다
시포네

sirène [여] [그리스신화] 세이렌 (반신반어의 요정으로 뱃사람들을 아름다운 목소리로 홀려 난파시켰다고 함); 사이렌
시헨

sirop [남] 시럽
시호

siroter [타] (구어) 홀짝홀짝 마시다
시호떼

sismique [형] 지진의
시스미끄

sismographe [남] 지진계, 진동계
시스모그하프

sismologie [여] 지진학
시스몰로지

site [남] 경치, 경관; 위치, 지역 ~ site archéologique 고고학 발굴 지역, 유적
시뜨

sitôt [부] …하자마자 S~ arrivé, il m'a téléphoné. 그는 도착하자마자 나에게 전화를 했다.
시또

situation [여] 위치, 상태 la ~ économique actuelle 현재 경제시국
시뛰아시옹

situé(e) [형] 위치한
시뛰이에

situer [타] …을 놓다, …의 위치를 정하다 se ~ [대] 위치하다, 자리잡다 Sa maison *se situe* sur une colline. 그의 집은 언덕 위에 자리잡고 있다
시뛰이에

Six [남] 여섯 [형] 여섯의
시스

sixième [형] 여섯째의 [명] 여섯째 [남] 6분의 1
시지엠

ski [남] 스키
스끼

skier [자] 스키를 타다
스끼에

skieur(se) [명] 스키 타는 사람
스끼예흐(예즈)

slip [남] [영] [해양] (선박 수선용, 고래 인양용) 선가; 팬티, 수영팬티
슬립

Slovaquie [여] [지리] 슬로바키아 공화국
슬로바끼

Slovénie [여] [지리] 슬로베니아 공화국
슬로베니

smoking [남] 야회복
스모낑

S.N.C.F. [약] Société nationale des chemins de fer français 프랑스 국유철도

snob [형] (불변, 때로 [복] ~s) 속물의, 속물들이 드나드는, [명] ([복] ~s) 속물
스놉

sobre [형] 절제하는
소브흐

sobrement [부] 술기운 없이, 냉정히
소브흐멍

sobriété [여] 금주, 절주, 절제
소브히에떼

sobriquet [남] 별명
소브히께

sociable [형] 사교적인
소시아블

social(e, aux) [형] 사회의, 사회적인, 노사 (관계)의 Le climat ~ est tendu. 노사관계가 긴장되어 있다
소시알(오)

socialisme [남] 사회주의
소시알리슴

socilaliste [형] 사회주의(자)의 [명] 사회주의자
소시알리스뜨

société 소시에떼	[여] 사회; 단체; 회사; 협회
sociologie 소시올로지	[여] 사회학
sociologue 소시올로그	[명] 사회학자
socle 소끌	[남] (건축물, 기둥 따위의) 받침돌, (동상의) 초석
soda 소다	[남] 소다, 소다수
soeur 쇠흐	[여] 누나, 언니, 누이동생
soi 수아	[대명] 자기, 자신, 그 자신
soi-disant 수아디정	[형] (불변) 자칭의; 소위
soie 수아	[여] 생사; 명주
soif 수아프	[여] 갈증; 갈망
soigné(e) 수아녜	[형] 가꾸는, 꾸미는; 자기 자신을 가꾸는
soigner 수아녜	[타] 돌보다; 간호하다
soigneux(se) 수아뉴(뉴즈)	[형] 세심하게 주의하는 [염두에 두는]
soin 수앵	[남] 주의, 배려
soir 수아흐	[남] 저녁; 오후
soirée 수아헤	[여] 저녁(시간), 밤 Bonne ~ ! 좋은 저녁시간 보내세요!

soit
수아
[접] ...하든지, ...한다 할지라도; 혹은, 또는

soixante
수아성뜨
[형] 60 의 [남] (복수불변) 60, 육십

soixante-dix
수아성뜨디스
[형] (불변) 70 의 [남] (복수불변) 70

soja
소자
[남] 콩, 대두

sol
솔
[남] 흙, 땅

solaire
솔레흐
[형] 태양의

soldat
솔다
[남] 군인

solde
솔드
[남] 싸게 팔아치우는 재고품, 떨이 상품; 특매

solder
솔데
[타] [부기] 대차 계산을 하다

sole
솔
[여] 발바닥, 밑바닥

solécisme
솔레시슴
[남] 문법(어법) 위반, 파격

soleil
솔레유
[남] 해, 태양

solennel(le)
솔라넬
[형] 엄숙한, 진지한

solennité
솔라니떼
[여] 장엄, 엄숙

solidarité
솔리다히떼
[여] 결속, 일치, 단결

solide
솔리드
[형] 고체의 [남] 고체; 고형

solidement
솔리드멍
[부] 굳게, 견고하게

solidifier
솔리디피에
[타] 응고시키다

solidité
솔리디떼
[여] 굳음, 고체성

soliste
솔리스뜨
[명] 독주가, 독창가

solitaire
솔리떼흐
[형] ① 혼자 사는, 홀로인 ② 고독한, 외로운; 혼자서 하는 ③ 아무도 없는; 버려진, 황량한 [명] 혼자 사는 사람; 혼자 지내길 좋아하는 사람

solitude
솔리뛰드
[여] 고독, 외로움

sollicitation
솔리시따시옹
[여] 권유; 선동, 유혹, 유인; 애원, 청원

solliciter
솔리시떼
[타] 권유하다; 선동하다, 유혹[유인]하다, 부추기다; 애원[청원]하다

sollicitude
솔리시뛰드
[여] 염려, 배려

solo
솔로
[남] 독창(독주)곡 [형] 솔로의

solstice
솔스띠스
[남] [천문] 지 ~ d'été 하지 (6 월 21, 22 일) ~ d'hiver 동지 (12 월 21, 22 일)

soluble
솔뤼블
[형] 녹는, 용해할 수 있는

solution
솔뤼시옹
[여] 해결, 녹임

solvable
솔바블
[형] 지불 능력이 있는

solvant [남] 용제, 용매, 해결책
솔벙

sombre [형] 어두침침한, 흐린
송브흐

sombrer [자] (배가) 침몰하다
송브헤

sommaire [형] 간략한, 간결한 [남] 개요, 목차
소메흐

sommairement [부] 간략하게, 간단하게; 요약해서
소메흐멍

somme [여] 합계, 개요
솜

sommeil [남] 졸음; 잠
소메유

someiller [자] 졸다, 선잠 자다
소메예

sommelier(ère) [명] 식료품 담당자; (음식점의) 포도주 담당자, 소믈리에
소믈리에(에흐)

sommer [타] [법] 촉구[독촉]하다; [수학] 합계하다, 더하다
소메

sommet [남] ① 꼭대기 정상 ~ d'un toit 지붕 꼭대기 ② (비유) 정점, 절정, 극치; 정상회담 ~ de l'OTAN 나토 정상회담
소메

somnifère [남] 수면제
솜니페흐

somnolent(e) [형] 반수상태의, 비몽사몽간의, 졸고 있는
솜놀렁(렁뜨)

somnoler [자] 반수 상태에 빠져 있다, 반쯤 잠들다, 졸다
솜놀레

somptueux(se) [형] 값비싼
쏭쁘뛰이유(유즈)

son(sa, ses) [형] 그의, 그녀의, 그것의, 자신의
송(사, 세)

son [남] 소리; 겨, 밀기울
송

sondage [남] 여론조사 favori des ~s 여론조사 에서 인기인 사람
송다즈

sonde [여] 측연, 수심측량기
송드

sonder [타] (의) 깊이를 재다, 수심을 재다
송데

songe [남] 꿈
송즈

songer [자] 꿈꾸다
송제

songeur(se) [형] 생각에 잠긴
송죄흐(죄즈)

sonnant(e) [형] 시각을 쳐서 알리는 hor-loge ~e 타종시계
소넝(넝뜨)

sonné(e) [형] 종[벨]이 이미 울린
소네

sonner [자] 울리다; 종이 울리다; 때를 알리다; 도래하다; 초인종을 울리다; 인상을 주다 [타] 울리다, (종을) 치다; 초인종을 울려서 부르다
소네

sonnerie [여] 종소리; 나팔소리
소느히

sonnette [여] 방울; 초인종
소네뜨

sonnet [남] 소네트, 단시
소네

sono [여] (구어) 음향장치, 확성장치 (=sonorisation)
소노

sonore
소노흐
[형] 울리는, 낭랑한

sonorisation
소노히자시옹
[여] [언어] 유성화; 음향효과를 넣기; 음향[확성]장치; 음향[확성]설비

sonorité
소노히떼
[여] 음질, 음색

sophistiqué(e)
쏘피스띠께
[형] 정교한

soporifique
소포히피끄
[형] 최면의, 졸리는

soprano
소프하노
[명] 소프라노(가수, 악기)

sorbet
소흐베
[남] 소르베 (과즙, 술, 향료로 만든 일종의 아이스크림[음료수])

Sorcellerie
소흐셀히
[여] 마법, 마술, 요술

sorcier(ère)
소흐시에(에흐)
[명] 마법사, 마술사, 마녀; 주술사

sordide
소흐디드
[형] 더러운, 지저분한

sort
소흐
[남] 운명; 운

sortant(e)
소흐떵(떵뜨)
[형] (밖으로) 나가는; 퇴직하는; 퇴원하는; 만기의; 졸업의; 당첨된 [명] 나가는 사람; 퇴직자; 만기자; 졸업생; 퇴원자

sorte
소흐뜨
[여] 종류, 부류 une ~ de 일종의

sortie
소흐띠
[여] 외출, 출구

sortilège
소흐띨레즈
[남] 마법, 요술

sortir
소흐띠흐
[자] 밖으로 나가다[나오다] ~ de chez soi 집에서 나오다 [타] 꺼내다 ~ sa voiture du garage 차고에서 차를 꺼내다

sosie
소지
[남] 꼭 닮은 사람

sot(te)
소(소뜨)
[형] 어리석은, 바보스런

sottise
소띠즈
[여] 어리석음, 우둔함

sou
수
[남] 1 수짜리 동전; 동전

souche
수슈
[여] 나무포기, 그루터기; 조상, 시조

souci
수시
[남] 걱정, 근심

soucier, se
스수시에
[대] [~ de] 걱정하다, 근심하다

soucieux(se)
수시유(유즈)
[형] [~ de] 걱정하는

soucoupe
수꾸쁘
[여] (찻잔의) 받침접시, 컵받침

soudain(e)
수뎅(덴)
[형] 돌연한, 갑작스러운

soudainement
수덴멍
[부] 갑자기

Soudan
수덩
[남] [지리] 수단

soude
수드
[여] [화학] 수산화나트륨, 가성소다

souder
수데
[타][자] 납땜하다, 수선하다

soudoyer [타] 매수하다
수두아예

soudure [여] 납과 주석의 합금, 땜납, 접합물
수뒤흐

souffle [남] (내쉬는) 입김, 숨, 숨결, 호흡
수플

souffler [자] 입김을 내불다; 숨을 내쉬다 [타] 속삭이다, 소곤소곤 말하다; 은밀하게 알려주다; (비유) 암시하다 ~ qch à l'oreille de qn ...의 귀에 ...을 속삭이다
수플레

souffrance [여] 고통, 괴로움, 번민
수프헝스

souffrir [타] ① (문어) 참다, 견디다 ② 허용하다, 용서하다, 묵인하다 [자] 고통을 느끼다, 아프다; 고통을 겪다 ~ du froid 추위[감기]로 고생하다
쑤프히흐

soufre [남] [화학] 황, 유황
수프흐

souhait [남] 소원, 소망
수에

souhaitable [형] 바랄 수 있는, 바람직한
수에따블

souhaiter [타] (소유, 존재, 실현 따위를) 바라다, 소망하다, 원하다
수에떼

souiller [타] (문어) 더럽히다, 오염시키다
수예

soûl(e) [형] (문어) (지긋지긋할 정도로) 물린, 싫증난; (옛) 배부른, 포식한; (구어) 취한; (비유) 도취한 être ~ de paroles de qn …의 말에 도취되다
수(술)

soulagement [남] (고통, 슬픔 따위의) 경감, 완화,

술라즈멍 위로, 위안

soulager [타] 부담을 경감하다; (고통 따위를) 덜어주다, 가라앉히다
술라제

soulever [타] 쳐들다, 들어올리다; 일으키다
술르베

soulier [남] 구두, 단화
술리에

souligner [타] 글자 밑에 줄을 긋다
술리녜

soumettre [타] 복종시키다
수메트흐

soumis(e) [형] 유순한, 순종하는
수미(미즈)

soumission [여] 복종, 항복
수미시옹

soupape [여] [기계] 판, 밸브
수빠쁘

soupçon [남] 의심; 혐의; 추측
숩송

soupçonner [타] 수상히 여기다, 의심하다; 추측하다
숩소네

soupçonneux(se) [형] 의심 많은, 의심하는
숩소뇌(뇌즈)

soupe [여] 수프 monter comme une ~ au lait 쉽게 화내다
수쁘

souper [남] 저녁 식사, 야식
수뻬

soupeser [타] (손에 들고) 무게를 헤아리다; (비유) 차분히 검토하다, 자세히 음미하다
수쁘제

soupir [남] 한숨, 숨
수삐흐

soupirer
수삐헤
[자] 한숨짓다; 탄식하다

souple
수쁠
[형] 나긋나긋한, 유연한

souplesse
수쁠레스
[여] 유연성, 탄력성

source
수흐스
[여] 샘, 원천, 근원, 출처 à la ~ 샘(수 원)에서

sourcil
수흐시
[남] 눈썹

sourd(e)
수흐(흐드)
[형] 청각장애인인

sourd(e)-muet(te) (sourds-muets)
[형] 청각 및 언어장애인인
[명] 청각 및 언어장애인

sourire
수히흐
[자] 미소 짓다

souris
수히
[여] [동물] 생쥐

sournois(e)
수흐누아(아즈)
[형] 엉큼한, 음험한, 교활한

sous
수
[전] 아래에, 밑에 mettre un oreiller ~ la tête 머리 밑에 배개를 베다

sous-alimenté(e)
수잘리멍떼
[형] 영양실조의, 영양불량의
[명] 영 양실조에 걸린 사람

sous-comité
수꼬미떼
[남] 분과 위원회, 소위원회

souscripteur
수스크힙뙤흐
[남] 기부자

S-s

souscrire
[타] 서명하다

수스크히흐

sous-directeur(trice) [남] 차장, 부사장, 부지배인, 교감
수디헥뙤흐(트히스)

sous-entendre [타] (의) 뜻을 함축하다, 암시하다
수정떵드흐

sous-estimer [타] 과소평가하다
수제스띠메

sous-marin(e) [형] 바다 속의, 해저의 [남] 잠수함
수마헹(힌)

sous-produit [남] 부산물
수프호뒤이

soussigné(e) [형] [법] 아래 서명한
수시녜

sous-sol (sous-sols) [남] 지하
수솔

sous-titrage [남] 자막 넣기
수띠트하즈

sous-titre [남] 작은 표제
수띠트흐

sous-titrer [타] 부제를 달다, 자막을 달다
수띠트헤

sous-total [남] 소계
수또딸

soustraction [여] 빼어버리기, 제거; 사취; [수학] 뺄셈; [법] 횡령
수스트학시옹

soustraire [타] 빼어버리다, 떼어버리다, 제거하다; 덜다; 사취하다; [수학] 빼다; 면하게 하다, 벗어나게 하다
수스트헤흐

sous-traitant(e) [형] 하청을 맡은 [남] 하청업자
수트헤떵(떵뜨)

sous-vêtement [남] 속옷, 내의
수베뜨멍

soutenir [타] 지지하다
수뜨니흐

soutenu(e) [형] 지지된; 유지된; 고상한[기품 있는]; 끊임없는, 변함없는
수뜨뉘

souterrain(e) [형] 지하의
수떼헹(헨)

soutien [남] ① 받침대, 지지물, 지주 ② 후원, 부양; 옹호, 지지 apporter son ~ au gouvernement 정부를 지지하다
수띠엥

soutien-gorge (soutien(s)-gorge) [남] 브래지어
수띠엥고흐즈

soutirer [타] (침전물을 없애기 위해 포도주 따위를) 옮겨넣다, 거르다
수띠헤

souvenir [남] 기념품, 선물
수브니흐

souvent [부] 흔히, 자주, 종종
수벙

souverain(e) [형] 지상의, 최고의; 주권을 행사하는 [명] 주권자, 군주
수브헹(헨)

souveraineté [여] 주권, 통치권
수브헨떼

soviétique [형] [역사] (혁명 후) 소련의 S~ [명] 소련인 Ex-~ 전 소련인
소비에띠끄

soyeux(se) [형] 비단 같은
수아유(유즈)

spacieux(se) [형] 넓은, 훤히 트인
스빠시유(유즈)

Spaghetti [남][복] [요리] 스파게티

스빠게띠

sparadrap [남] 반창고
스빠하드하

spatial(e, aux) [형] 공간의, 공간적인; 우주의, 우주공간의, 우주탐험의
스빠시알(오)

spam [남] 스팸 메일
스빰

spartiate [형] 스파르타(사람)의
스빠흐시아뜨

spasme [남] 경련, 발작
스빠슴

spasmodique [형] 경련(성)의
스빠스모디끄

spatial(e, aux) [형] ① 공간의, 공간적인 ② 우주의, 우주공간의, 우주탐험의
스빠시알(오)

spatule [여] ① 주걱; (회화용, 약제용의) 칼 ② (숟가락, 포크의) 손잡이 끝부분 ③ (스키의) 휘 어진 앞부분
스빠뛸

spécial(e, aux) [형] 특별한
스뻬시알(오)

spécialement [부] 특히; 제한적인 의미로; 특별히; 전문적으로
스뻬시알멍

spécialiser [타] 특수화하다, 전문화하다 se ~ [대] 특수화되다, 전문화되다; 전공하다, 전문지식을 획득하다 Il s'était spe cialize dans les recherches his tori ques. 그는 역사연구를 전공했다
스뻬시알리제

spécialiste [명] 전문가, 전문의
스뻬시알리스뜨

spécialité [여] 전공, 전문
스뻬시알리떼

spécification [여] 명세(사항)
스뻬시피꺄시옹

spécifier [타] 명확히 하다, 명시하다
스뻬시피에

spécifique [형] (어떤 종류에만) 특유한, 특수한, 특징적인
스뻬시삐끄

spécimen [남] 견본, 표본
스페시멘

spectacle [남] 광경, 장관
스뻭따끌

spectaculaire [형] 눈길을 끄는, 화려한, 눈부신
스뻭따뀔레흐

spectateur(trice) [명] 구경꾼, 관객, 방관자
스뻭따뙤흐(트히스)

spectre [남] 유령, 망령
스뻭트흐

spiritueux(se) [형] 알코올을 다량 함유한 [남] 독주
스삐히뛰이유(유즈)

spéculateur(trice) [명] 사색가, 투기꾼
스뻬뀔라뙤흐(트히스)

spéculatif(ve) [형] 사색적인, 투기적인
스뻬뀔라띠프(띠브)

spéculation [여] 투기, 사색
스뻬뀔라시옹

spéculer [자] 사변하다; 투기하다
스뻬뀔레

spéléologie [여] 동굴학, 동굴 탐험
스뻴레올로지

sperme [남] 정액
스뻬흠

sphère [여] 구체, 구 ~ d'influence 세력권
스페흐

sphérique
스페히끄
[형] 구형의, 공모양의, 둥근; [수학, 물리] 구(면)의, 구체의

spiral(e, aux)
스삐할(호)
[형] 나선 모양의 [남] (시계의) 태엽 [여] 나상선; 나선 en ~e 나선형의, 나선형으로 escalier en ~e 나선형 계단

spiritisme
스삐히띠슴
[남] 관념론, 정신주의

spiritualité
스삐히뛰이알리떼
[여] 영성, 정신적임

spirituel(le)
스삐히뛰이엘
[형] 정신의, 정신적인, 영적인

spleen
스쁠린
[남] 우울; 우울증

splendeur
스쁠렁되흐
[여] 훌륭함, 빛남

splendide
스쁠렁디드
[형] 화려한, 훌륭한

spongieux(se)
스뽕지유(유즈)
[형] 해면질의, 해면(스펀지)모양 의

sponsor
스뽕(뽄)소흐
[남] 보증인, 후원자, 스폰서

sponsorat
스뽕(뽄)소하
[남] 후원, 지원, 주최

sponsoriser
스뽕(뽄)소히제
[타] 후원하다

spontané(e)
스뽕따네
[형] 자발적인, 임의의

spontanéité
스뽕따네이떼
[여] 자발성, 자연스러움

spontanément
스뽕따네멍
[부] 자발적으로, 자연스레

sporadique [형] 산발적인, 산재하는 fait ~ 산발적인 사건
스뽀하디끄

sporadiquement [부] 산발적으로, 산재하여; 고립된 형태로
스뽀하디끄멍

sport [남] 스포츠, 운동, 경기
스뽀흐

sportif(ve) [형] 운동의, 운동을 좋아하는
스뽀흐띠프(띠브)

sportivement [부] 스포츠맨답게
스뽀흐띠브멍

sprat [남] 청어 무리의 잔 물고기, 어린애
스프하

sprint [남] 단거리 경주, 스프린트
스프힌뜨

sprinter [자] 전속력으로 달리다
스프힌떼

square [남] (철책으로 둘러싸인) 작은 공원
스꽈흐

squash [남] 스쿼시, 과즙음료, 찌그러진 물건
스꽈슈

squat [남] 불법 점거 건조물, 쪼그리고 앉은 자세
스꽈뜨

squelette [남] 골격, 해골, 뼈대
스끌레뜨

squelettique [형] 골격의, 해골의
스끌레띠끄

stabilisateur [남] 안정 장치, 안정제
스따빌리자뙤흐

stabiliser [타] 안정시키다
스따빌리제

stabilité [여] 안정, 확고, 안정성
스따빌리떼

stable [형] 안정된, 고정된
스따블

staccato [형] 스타카토의 [부] 스타카토로
스따(딱)까또

stade [남] 경기장
스따드

stage [남] 실습(기간), 연수(기간) être en ~ 연수 중이다
스따즈

stagiaire [형] 실습[연수]의, 실습[연수]중의
스따지에흐

stagnant(e) [형] 흐르지 않는, 정체된
스따그넝(넝뜨)

stagnation [여] 침체, 불경기
스따그나시옹

stagner [자] 흐르지 않다, 괴다, 상하다
스따그네

stalactite [여] 종유석
스딸락띠뜨

stalagmite [여] 석순
스딸락미뜨

stalle [여] 마구간, 매점
스딸

stand [남] [영] (전시회의) 진열대, 전시장
스떵드

standard [남] 표준, 기준, 표준의
스떵다흐

standardiser [타] 표준에 맞추다
스떵다흐디제

standing [남] [영] (경제적, 사회적) 지위, 수준
스떵딩

station [여] 정류장; 정박소; 잠시 머무르기; 서있는 자세; 파출소
스따시옹

stationnaire [형] 부진의, 한자리에 머물러 있는, 진보하지 않는
스따시오네흐

stationnement [남] 주차
스따시온멍

stationner [자] 멈춰서다; 주차하다
스따시오네

station-service (stations-service(s)) [여] 주유소 (de service)
스따시옹세흐비스

stationnement [남] 주차 ~ interdit 주차금지
스따시온멍

stationner [자] 잠시 머무르다; 주차하다
스따시오네

statique [형] 정적인, 정지상태의
스따띠끄

statisticien(ne) [명] 통계학자
스따띠스띠시엥(엔)

statistique [형] 통계적인 [여] 통계, 통계학 année où l'organisme a commencé à établir les ~s à la matière 기관이 관련통계를 작성 하기 시작한 해
스따띠스띠끄

statistiquement [부] 통계적으로
스따띠스띠끄멍

statue [여] 상, 조각상
스따뛰

steak [남] 두껍게 썬 고기
스떼끄

sténodactylo [명] 속기 타이피스트
스떼노닥띨로

sténographie [여] 속기, 속기술
스떼노그하피

stéréo [여] 입체 음향
스떼헤오

stéréophonique [형] 입체 음향(효과)의
스떼헤오포니끄

stéréoscopique [형] 입체적인
스떼헤오스꼬삐끄

stéréotype [남] 연판, 고정관념
스떼헤오띠쁘

stéréotyper [타] 정형화하다, 연판으로 하다
스떼헤오띠뻬

stérile [형] 불모의, 메마른; 살균된
스떼힐

stériliser [타] 불임시키다, 거세하다; 살균하다, 소독하다
스떼힐리제

stigmate [남] 낙인; 흔적, 자국
스띠그마뜨

stimulant(e) [형] 자극하는 [남] 흥분제
스띠뮐랑(랑뜨)

stimulation [여] 자극, 흥분
스띠뮐라시옹

stimuler [타] 자극하다
스띠뮐레

stimulus [남] 자극, 격려
스띠뮐뤼스

stipulation [여] ① (계약서의) 약정, 조항, 조건 ② 분명한 설명
스띠뷜라시옹

stipuler [타] ① [법] 약정하다; (계약의 조항을) 규정하다, 정하다 ② 분명히 알리다, 명기하다
스띠쀨레

stock [남] 재고품, 저장, 비축, 주식
스또끄

stocker
스또께
[타] (상품, 자재 따위를) 저장하다, 비축하다

stoïcisme
스또이시슴
[남] 스토아 철학(주의)

stop
스똡
[감] [영] 멈춰! 정지!

store
스또흐
[남] (창문에 치는) 블라인드

strabisme
스트하비슴
[남] [의학] 사시

strapontin
스트하뽕뗑
[남] (자동차의) 접어넣는 의자; (공연장의) 보조의자

stratagème
스트하따젬
[남] 전략, 술책

strate
스트하뜨
[여] 지층, 층, 계급

stratège
스트하떼즈
[남] 전략(전술)가

stratégie
스트하떼지
[여] 전략, 전술

stratégique
스트하떼지끄
[형] 전략의, 전략적인

stratégiquement
스트하떼지끄멍
[부] 전략적으로

stratosphère
스트하또스페흐
[여] 성층권, 상한

stress
스트헤스
[남] 강조, 압박, 긴장

stressant(e)
스트헤성(성뜨)
[형] 스트레스를 주는

stresser
스트헤세
[타] (에게) 스트레스를 일으키다[주다]

strict(e) [형] 엄한, 엄밀한
스트힉뜨

strictement [부] 엄하게, 심하게
스트힉뜨멍

strie [여] (흔히 복수) 줄무늬
스트히

strophe [여] (시의) 절
스트호프

structure [여] 구조, 건물, 체계
스트휙뛰흐

structurel(le) [형] 구조(상)의
스트휙뛰헬

structurellement [부] 구조상으로
스트휙뛰헬멍

structurer [타] 구성하다, 조직화하다
스트휙뛰헤

stuc [남] 치장 벽토
스뛰끄

studieux(se) [형] 근면한; 학구적인
스뛰디유(유즈)

studio [남] 원룸아파트
스뛰디오

stupéfait(e) [형] 아연실색한, 어안이 벙벙해진, 몹시 놀란
스뛰뻬페(페뜨)

stupéfiant(e) [형] 마취시키는; 대경실색케 하는 [남] 마약; 향정신성 물질 lutte contre le trafic et la consommation de ~s 마약 거래 및 복용 퇴치 운동
스뛰뻬피엉(엉뜨)

stupéfier [타] 마취[마비]시키다; 대경실색케 하다, 어리둥절하게 하다
스뛰뻬피에

stupeur [여] 마비; 대경실색, 망연자실
스뛰뾔흐

stupide
스뛰삐드
[형] 어리석은, 우둔한

stupidité
스뛰삐디떼
[여] 어리석음, 우둔

style
스띨
[남] 스타일, 생활 양식

stylisé(e)
스띨리제
[형] 양식화된, 틀에 박힌

styliste
스띨리스뜨
[명] 디자이너

stylo
스띨로
[남] 펜

suave
쉬아브
[형] (감각이) 감미로운, 그윽한

subalterne
쉬발떼흔
[형] 하부의, 하위의, 하급의

subdiviser
쉽디비제
[타] 다시 (부분으로) 나누다

subir
쉬비흐
[타] (운명, 시련 따위를) 겪다, 감내하다

subit(e)
쉬비(비뜨)
[형] 급작스런

subjectif(ve)
쉽젝띠프(띠브)
[형] 주관의, 주관적인

submerger
쉽메흐제
[타] 물에 잠기게 하다, 침수시키다

sublime
쉬블림
[형] 장엄(숭고, 웅대)한

submergé(e)
쉽메흐제
[형] 물에 잠긴, 가라앉은

submerger
쉽메흐제
[타] 물에 잠그다, 가라앉히다

subordonné(e) [형] 종속된, 하위의; [언어] 종속의 [여] [언어] 종속절 [명] 부하, 아랫사람
쉬보흐도네

subordonner [타] 아래에 두다
쉬보흐도네

suborner [타] [법] 교사하다; (증인 따위를) 매수하다
쉬보흐네

subside [남] (개인, 단체에 대한) 후원금, 보조금
쉽시(지)드

subsistance [여] 생존, 존재
쉽시스떵스

subsister [자] 생존하다, 살아남다
쉽시스떼

substance [여] 물질, 실질
쉽스떵스

substantiel(le) [형] 상당한, 튼튼한, 실체의
쉽스떵시엘

substituer [타] 대리를 시키다
쉽스띠뛰이에

substitution [여] 대리, 대용
쉽스띠뛰시옹

subtil(e) [형] 희박한; 예민한; 섬세한; 빨리 [깊이] 스며드는; 미묘한; 기묘한, 교묘한; 예민한
쉽띨

subtilement [부] 희박하게; 기묘하게, 교묘하게; 섬세하게, 미묘하게
쉽띨멍

subtilité [여] 섬세함, 예민함; 미묘함
쉽띨리떼

subvenir [자] (~ à) 원조하다, 돕다; 응하다; 공급하다
쉽브니흐

subvention [여] 조성금, 보조금

쉽벙시옹

subventionner [타] (단체, 사업 따위를) 보조금을 통
쉽벙시오네 해 돕다[지원하다]

subversif(ve) [형] 파괴 활동 분자, 위험인물
쉽베흐시프(시브)

subversion [여] 전복, 파괴, 멸망
쉽베흐시옹

suc [남] (동, 식물성) 즙
쉬끄

succédané(e) [형] 대용의 [남] 대용품
쉭세다네

succéder [자] 뒤이어 오다; 뒤를 잇다; 계승하
쉭세데 다 (~ à) se ~ [대] 연달아오다 [일어나다], 속출 하다; 서로 교대 하다

succès [남] 성공, 달성
쉭세

successeur [남] 후임자, 상속자
쉭세쇠흐

successif(ve) [형] 연속하는, 계속적인
쉭세시프(시브)

succession [여] 연속, 계승
쉭세시옹

succomber [자] ① (싸움 따위에서) 패하다, 궤
쉬꽁베 멸하다; 굴복하다 ② 죽다 ~ à l'épidémie de choléra 콜레라에 전염되어 사망하다 ③ (에) 짓눌리다, 압도되다 ~ sous un fardeau 무거운 짐에 짓눌리다

succulent(e) [형] 즙이 많은, 신선한
쉬뀔렁(렁뜨)

succursale [형] [종교] église ~ (교회, 성당의) 분
쉬뀌흐살

회 [여] [종교] (교회, 성당의) 분회; 지부, 지점 ~ d'une banque 은행 지점

sucer 쉬세 — [타] 빨다, 흡수하다

sucette 쉬세뜨 — [여] 막대사탕; (유아용) 고무 젖꼭지

sucre 쉬크흐 — [남] 설탕

sucré(e) 쉬크헤 — [형] (맛이) 단, 달콤한

sucrer 쉬크헤 — [타] 설탕을 넣다, 달게 하다

sucrerie 쉬크흐히 — [여] 제당공장, 설탕 정제공장; (흔히 복수) (사탕 따위의) 단과자류

sucrier(ère) 쉬크히에(에흐) — [형] 설탕의 [명] 제당업자 [남] 설탕 그릇

sud 쉬드 — [남] 남쪽, 남; (흔히 S~) 남무, 남부 지역 Corée du S~ 남한 le S~ algérien 남부 알제리 le S~ de l'Europe 남부 유럽

sud-coréen(ne) 쉬드꼬헤엥(엔) — [형] 한국의, 남한의 S~-C~ [명] 한 국 사람, 남한 사람

Suède 쉬이에드 — [여] 스웨덴

suédois(e) 쉬이에두아(아즈) — [형] 스웨덴의 [명] (S~) 스웨덴 사람 [남] 스웨덴 말

suer 쉬이에 — [자] 땀 흘리다, 발한하다

sueur 쉬이외흐 — [여] 땀

suffire — [자] 족하다, 충분하다 Ça suffit (co

쉬피흐 mme ça). (구어) 그만해 둬 (이젠 지긋지긋해)

suffisance [여] 충분함; 능력, 자격; 자만, 건방짐
쉬피정스

suffisant(e) [형] 충분한; 넉넉한
쉬피정(정뜨)

suffixe [남] 접미사
쉬픽스

suffocant(e) [형] 질식시키는, 숨막히게 하는
쉬포껑(껑뜨)

suffoquer [타] 숨막히게 하다; 질식시키다 Les larmes l'*ont suffoquée*. 흐르는 눈물로 그녀는 숨이 막혔다
쉬포께

Suffrage [남] 투표, 찬성, 동의
쉬프하즈

suggérer [타] 제안하다
쉭제헤

suggestion [여] 제안
쉭제스띠옹

suicidaire [형] 자살의, 자포자기한
쉬이시데흐

suicide [남] 자살
쉬이시드

suicider, se [대] 자살하다
스쉬이시데

suie [여] 그을음
쉬이

suinter [자] (액체가) 배어나오다, (방울방울) 스며나오다
쉬이엥떼

Suisse [여] [지리] 스위스
쉬이스

suisse 쉬이스 [형] 스위스의 [명] (S~) 스위스, 스위스 사람

suite 쉬이뜨 [여] (다음에) 계속되는 것, 후속; 연속, 잇달음 par ~ de qch …의 결과로

suivant(e) 쉬이벙(벙뜨) [형] 바로 다음의, 다음에 오는

suivi(e) 쉬이비 [형] 계속되는, 변함없는; (다음으로) 이어지는, 연속되는 histoire ~e 이어지는 이야기

suivre 쉬이브흐 [타] ① 뒤따라가다, 쫓아가다 *Suivez* cette voiture. 저 차를 따라가주 세요 ② (강의 따위를) 계속 수강하다 ~ un cours 강의를 듣다; 계속 수강하다

sujet(te) 쉬제(제뜨) [형] ① 종속된 ② 지배되는, 복종해야 하는 ~ à l'impôt 세금을 바쳐야 하는 ③ ...하기가 일쑤인, ...하는 경향[버릇]이 있는, ...하기 잘하는 ~ à la colère 성 잘내는 [남] 이유; 주제

super 쉬뻬흐 [남] 고급휘발유 (=supercarburant) Du ~ ou de l'ordinaire ? (휘발유를) 고급으로 넣을까요, 보통으로 넣을까요? [형] (불변) (구어) 멋진, 훌륭한, 우수한 C'était ~, cette fête ! 이 파티 정말 좋았어!

superbe 쉬뻬흐브 [형] 최고(최상)의

supercarburant 쉬뻬흐꺄흐뷔헝 [남] (옥탄가가 높은) 고급 휘발유

supercherie 쉬뻬흐슈히 [여] 사기, 기만, 속임수

superficie 쉬뻬흐피시 [여] 표면

superficiel(le) [형] 표면(상)의
쉬뻬흐피시엘

superflu(e) [형] 여분의, 과잉의
쉬페흐플뤼

supérieur(e) [형] 위의, 상류의, 상부의; 보다 높은, 보다 나은, 능가하는 (~ à); 고등의, 상등의; 탁월한, 우량한; 우세한
쉬뻬히예흐
[명] 상관; 수도원장

supériorité [여] 상위, 상급; 탁월, 우량
쉬뻬히오히떼

supermarché [남] 슈퍼 마켓
쉬뻬흐마흐셰

superposer [타] 얹다, 첨가하다
쉬뻬흐뽀제

supersonique [형] 초음속의
쉬뻬흐소니끄

superstitieux(se) [형] 미신의, 미신적인
쉬뻬흐스띠시유(유즈)

superstition [여] 미신, 미신적 습관
쉬뻬흐스띠시옹

superstructure [여] 상부 구조물
쉬뻬흐스트확뛰흐

superviser [타][자]. 감독하다, 관리하다
쉬뻬흐비제

supervision [여] 감독, 관리, 통제
쉬뻬흐비지옹

supplanter [타] (주어는 사람) (남을 제치고) 지위를 차지하다
쉬쁠렁떼

suppléant(e) [형] 대리의, 대행하는
쉬쁠레엉(엉뜨) [명] 대리인, 대행인

suppléer [타] 보충하다
쉬쁠레에

supplément [남] 추가, 보충
쉬쁠레멍

supplémentaire [형] 보충하는, 보유의
쉬쁠레멍떼흐

supplice [남] 체형, 형벌
쉬쁠리스

supplier [타] 애원하다, 탄원하다
쉬쁠리에

support [남] 받침대, 지주, 버팀대
쉬뽀흐

supportable [형] 참을[견딜]수 있는
쉬뽀흐따블

supporter [타] 견디다, 감내하다
쉬뽀흐떼

supposer [타] 가정하다, 상상하다; 추측하다; 전제하다; (가짜를 진짜로) 속여 넘기다
쉬뽀제

supposition [여] 상상, 가설
쉬뽀지시옹

suppositoire [남] 좌약, 좌제
쉬뽀지뚜아흐

suppression [여] 억압, 진압, 탄압
쉬프헤시옹

supprimer [타] 없애다, 제거하다
쉬프히메

suppurer [자] 곪다, 화농하다
쉬쀠헤

suprématie [여] 패권; 주도건; 지배권
쉬프헤마시

suprême [형] 최고의, 최상의
쉬프헴

suprêmement [부] 최고로, 최상으로
쉬프헴멍

sur
쉬흐
[전] ① 위에 ② 관하여 ③ 의하여

sûr(e)
쉬흐
[형] 확신하는, 틀림없는 je suis ~ que 나는 …라고 확신 한다

suranné(e)
쉬하네
[형] 낡아빠진, 시대에 뒤진, 해묵은

surcharge
쉬흐샤흐즈
[여] 과도한 부담

surcharger
쉬흐샤흐제
[타] 짐을 더[너무] 지우다[싣다]; 지나친 부담을 주다, 과한 일을 시키다

surchauffer
쉬흐쇼페
[타] 과열하다

surcroît
쉬흐크후아
[남] 증가, 부가, 가중

surdité
쉬흐디떼
[여] 청각장애, 난청

surélever
쉬헬르베
[타] 높이다, (더 높이) 올리다

sûrement
쉬흐멍
[부] 확실히, 반드시

surestimer
쉬헤스띠메
[타] (가격 따위를) 과대평가하다

sûreté
쉬흐떼
[여] (사회, 집단의) 안전, 안보

surf
쇠흐프
[남] 파도타기 aller faire du ~ 서핑하러 가다

surface
쉬흐파스
[여] 표면 à la ~ 외관상

surfait(e)
쉬흐페(페뜨)
[형] 과대평가된, 과장된

surfeur(se)
쇠흐푀흐(푀즈)
[명] 서퍼

surgelé(e) [형] 급속(저온) 냉동된
쉬흐즐레

surgir [자] (불쑥) 솟아오르다, 갑자기 나타나다
쉬흐지흐

surhumain(e) [형] 초인적인
쉬휘멩(멘)

surlendemain [남] 그 다음 다음 날
쉬흘렁드멩

surmenage [남] 혹사, 과로, 무리
쉬흐므나즈

surmener [타] 과로하게 하다, 혹사하다 se ~ [대] 과로하다, 무리하다
쉬흐므네

surmonter [타] 오르다, 넘어서다; 극복하다
쉬흐몽떼

surnaturalisme [남] 초자연주의
쉬흐나뛰할리슴

surnaturel(le) [형] 초자연의
쉬흐나뛰헬

surnom [남] 별명
쉬흐농

surnommer [타] 별명을 붙이다; 별명으로 부르다 Guillaume, *surnommé* le Conquérant 정복자라 는 별명으로 불리는 기욤
쉬흐노메

surnuméraire [형] 규정수 이상의
쉬흐뉘메헤흐

surpasser [타] ① (한계 따위를) 넘어서다; (을) 상회하다 ② (주어는 사람) (보다) 뛰어나다, (을) 능가하다 ~ ses con currents 경쟁자들보다 월등하다
쉬흐빠세

surpeuplé(e) [형] 인구 과잉의, 인원이 과밀한 pa
쉬흐쀠쁠레

ys ~ 인구 과밀국

sur(-)place [남] (사이클링에서) 출발자세
쉬흐쁠라스

surplomber [자] [건축] 윗부분이 앞으로 나와있다
쉬흐쁠롱베

surplus [남] 잉여; 잉여금 au ~ 게다가, 그 위에 또
쉬흐쁠뤼

surprenant(e) [형] 깜짝 놀라게 하는
쉬흐프흐넝(넝뜨)

surprendre [타] 놀라게 하다; 기습하다, 뜻하지 않게 오다
쉬흐프헝드흐

surpris(e) [형] 놀란, 당혹한 rester ~ 놀란 채로 있다
쉬흐프히(히즈)

surprise [여] 놀람, 놀랄만한 사건 c'est une ~ d'apprendre que... …을 알게되는 것은 놀라운 일이다
쉬흐프히즈

surprise-partie (surprises-parties) [여] (옛) (각자 음식을 장만하여 불시에 친구 집을 방문하는) 기습 파티
쉬흐프히즈빠흐띠

surréalisme [남] 초현실주의 manifeste du ~ (André Breton 의) <초현실주의 선언>
쉬흐헤알리슴

surréaliste [형] 초현실주의의 [명] 초현실주의자
쉬흐헤알리스뜨

sursaut [남] 소스라침, (놀라서) 펄쩍 뜀
쉬흐소

sursauter [자] 소스라치다, (놀라서) 펄쩍 뛰다
쉬흐소떼

sursis [남] [법] 유예, 집행유예
쉬흐시

surtaxe [여] 부가세
쉬흐딱스

surtout
쉬호뚜
[부] 무엇보다도 더[우선]

surveillance
쉬호베영스
[여] 감시, 감독

surveiller
쉬호베예
[타] 감시[감독]하다

survenir
쉬호브니흐
[자] 불시에 나타나다

survie
쉬흐비
[여] 생존, 살아남음

survivant(e)
쉬흐비벙(벙뜨)
[형] (다른 사람의 사후에) 생존해 있는 épouse ~e 과부

survivre
쉬흐비브흐
[타] 살아남다

survoler
쉬흐볼레
[타] (새, 비행기가) (의) 위를 날다, (의) 상공을 비행하다

sus
쉬(쉬스)
[부] (옛) …의 위에

susceptibilité
쉽셉띠빌리떼
[여] 민감성; 격하기 쉬운 성질; [의학] 신경과민

susceptible
쉬셉띠블
[형] 민감한, 감정을 품기 쉬운; 격하기 쉬운, 성미 급한; ...을 할 수 있는[하기 쉬운] (~ de)

susciter
쉬시떼
[타] (감정, 생각 따위를) 불러일으키다

suspect(e)
쉬스뻬(뻭뜨)/쉬스뻭뜨
[형] 수상한 [남] 수상한 사람, 용의자

suspecter
쉬스뻭떼
[타] (에) 의심을 품다, 수상히 여기다

suspendre
쉬스뻥드흐
[타] 매달다, 중지하다

suspendu(e)
쉬스뺑뒤
[형] 일시 중단된 séance ~e 일시 중단된 회의

suspens
쉬스뺑
[형][남] [종교] (성직에서) 정직당한
[남] (문어) 긴박감; 불안

suspense
쉬스뺑스
[여] [종교] (성직의) 정직(처분); 정직 기간 [영][남] (영화, 소설 따위의) 서스펜스; 긴박함

suspension
쉬스뺑시옹
[여] 매달리기, 걸치기

susurrer
쉬쉬헤
[자] 속삭이다, 중얼거리다, (바람, 나뭇잎 따위가) 살랑거리다

suturer
쉬뛰헤
[타] (상처 따위를) 봉합하다

svelte
스벨뜨
[형] (예술품, 건축물 따위가) 날렵한, 우아한

S.V.P.
실부쁠레
[약] s'il vous plaît 부디, 아무쪼록

syllabe
실라브
[여] (발음상의) 음절

syllogisme
실로지슴
[남] 삼단 논법

symbole
쌩볼
[남] 상징(물)

symétrie
시메트히
[여] 대칭, 균형

symétrique
시메트히끄
[형] 대칭의

sympa
쌩빠
[형] (여성불변) (구어) 호감을 주는, 상냥한

sympathie
쌩빠띠
[여] 공감, 동정

sympathique [형] 호감이 가는, 마음에 드는
생빠띠끄

symphonie [여] [음악] 교향곡, 심포니
생포니

symptôme [남] 징후, 증상
생쁘똠

synagogue [여] 유태교회당; [역사] 고대 유태교 신도의 집회소
시나고그

synchronique [형] [언어] 공시적인; 공시론의
생크호니끄

synchronisation [여] ① 동시화, 동기화, 동기성 ② [영화] 싱크로나이즈, 동시 녹음
생크호니자시옹

syndicat [남] 노조
생디꺄

syndiqué(e) [형] 조합 소속의 [명] 조합원
생디께

syndrome [남] [의학] ① 증후군 ~ clini-que 임상증후군 ② (상황 따위에 관한) 부정적[비관적]인 징후
생드홈

synonyme [형] [언어] 동의의, 유의의 [남] [언어] 동의어, 유의어
시노님

synopsis [여][남] (학문, 문제 따위의) 개요, 요람; [영화] (시나리오의) 간략한 줄거리
시놉시스

syntaxe [여] 구문론, 통사론
생딱스

syntaxique [형] 구문론의, 통사론의
생딱시끄

synthèse [여] 종합, 합성
생떼즈

synthétique [형] 종합의, 합성의
생떼띠끄

synthétiser [타] 종합하다, 합성하다
생떼띠제

synthétiseur [남] 신세사이저, 합성하는 사람(것)
생떼띠죄흐

Syrie [여] [지리] 시리아
시히

systématique [형] 조직적인, 계통적인
시스떼마띠끄

systématiquemer [부] 조직적으로
세스떼마띠끄멍

systématiser [타] 조직화하다, 분류하다
시스떼마띠제

système [남] 체계, 조직
시스뗌

T - t

T, t
떼
[남] 프랑스 자모의 스무째 글자 [약] ① téra [계량] 10^{12} 배 ② te stla [전기] 자속밀도 MKSA 의 단위 ③ tome, 권, 책 ④ tonne [도량형] 톤

ta
따
[형] [여] ⇒ ton

tabac
따바
[남] ① [식물] 담배 champ de ~ 담배농장 culture de ~ 담배 재배 ② (가공한) 담배 ~ brun[noir] 짙 은 색의 강한 담배 ~ blond [d'O- rient] 엷은 색의 약한 담배 ~ à mâcher[chiquer] 씹는 담배 ③ 담배 가게 (=bureau de ~)

tabagie
따바지
[여] ① 흡연실; 담뱃내가 배어있는 곳 [방]

tabagique
따바지끄
[형] ① [의학] 담배 중독의

tabagisme
따바지슴
[남] [의학] 담배[니코틴] 중독

tabasser
따바세
[v.t] (구어) 마구 때리다, 난타하다

table
따블
[여] ① 탁자, 테이블 ~ de bois [marbre] 나무[대리석] 탁자 ~ ov ale 타원형 탁자 ~ à rallonges 보 조판이 달린 테이블 ② 식탁; (식사 시중드는) 하인 haut[bas] bout de la

~ 식탁의 상석[말석] dresser [mettre] la ~ 상을 차리다 desservir [débarrasser] la ~ 상을 치우다 réserver[retenir] une ~ de six couverts au restaurant 식당에 6 인용 테이블을 예약하다 sortir[se lever] de ~; quitter la ~ 식사를 마치고 일어나다; 식사중 자리에서 일어나다 ③ 식사; 음식 plaisirs de la ~ 식사의 기쁨 À ~ ! 자! 식탁에 앉읍시다; 식사합시다!

tableau(x)
따블로

[남] ① 그림, 회화 ~ peint à l'huile 유화 ~x religieux 종교화 ~ figuratif [abstrait] 구상[추상]화 ~ de musée (미술관에 전시할 만한) 좋은 그림 galerie de ~x 화랑 amateur [collectionneur] de ~x 그림 애호가[수집가] marchand de ~x 화상 accrocher[pendre] un ~ au mur 벽에 그림을 걸다 encadrer un ~ 그림을 액자에 넣다 faire[peindre] un ~ 그림을 그리다 ② (말, 글에 의한) 묘사 faire un ~ optimiste d'une situation 상황을 낙관적으로 묘사하다 ③ [연극] 장 drame[oérette] en vingt ~x 20 장짜리 극 [오페레타] ④ 판; 게시판 ~ d'affi chage 게시판 ~des départs [arri vées] (역, 공항의) 출발[도착]시각 지시판 ⑤ 칠판 (=~ noir) aller[passer] au ~ (선생님의 지명을 받아) 칠판 앞으로 나가다 faire un dessin au ~ 칠판에 그림을 그리다

tabler
따블레

[타간] [~ sur] ...에 기대[희망]를 걸다; ... 에 기초하여 결정하다 On ne peut ~ sur sa pré-sence. 그의 출석은 기대할 수 없다 ~ sur une augmentation de salaire 예상된 봉급 인상을 근거로 결정하다 [타] (을) 기준으로 설계하다 [~ qch sur qch] ~ l'avenir sur la rente 연금을 예상[기대]하고 장래를 설계하다

tablette
따블레뜨

[여] ① 선반, 시렁; 판자; 판 ~s d'une armoire 옷장의 선반 ~ à glissière 미닫이 선 반 ~ d'un bureau 사무용 책상의 윗판 ~ d'une cheminée 난로 선반 ② [약학] 정제; 작은 판자 모양으로 굳혀 만든 것 médi-cament en ~ 정제로 된 약 une ~ de chocolat[chewing- gum] 초콜릿[껌] 한 개

tablier
따블리에

[남] ① 앞치마; mettre un ~ pour faire la cuisine 요리를 하기 위해 앞치마를 입다 ~ à ba-vette 가슴까지 올라오는 앞치마 ~ de domestique 하인의 앞치마 ② 일옷, 덧옷 (=~ -blouse) ~ d'écolier 초등학생의 덧옷 robe-~ (등 뒤에 단추가 달린) 앞치마

tabloïd(e)
따브로이드

[남] 타블로이드판 신문 [형] 타블로이드판의 format ~ 타블로이드판

tabou(e)
따부

[형] (때로 불변) ① 금기의, 금물의, 금지된 armes ~es (사용이) 금기시되는 무기 sujets ~s 금기시되는 주제 ② 비판해서는 안되는, 신성

불가침의 auteurs ~s 비판해서는 안 되는 작가 [남] 금기; 금제 ~s d'une société primitive 원시사회의 금기 ~s sexuels 성적 금기

tabouret 따부헤 [남] (팔걸이도 등받이도 없는) 의자

tabulation 따뷜라시옹 [여] 도표 작성, 표, 목록

tabuler 따뷜레 [타] 표로 만들다

tache 따슈 [여] 얼룩; 반점

tâche 따슈 [여] 직무, 과제, 과업 avoir pour ~ de faire qch ...할 과제가 있다

tacher 따셰 [타] 얼룩지게 하다, 더럽히다

tâcher 따셰 [타간] [~ de + inf] …하려고 애쓰다

tacheté(e) 따슈떼 [형] [~ (de qch)] 반점이 있는, 얼룩덜룩한

tachygraphe 따끼그하프 [남] 자기(회전) 속도계

tacite 따시뜨 [형] 암묵의, 무언의

tact 딱뜨 [남] 재치, 기지

tacticien(ne) 딱띠시엥(엔) [명] 전술가, 책략가

tactique 딱띠끄 [여] 전술

taekwondo [남] 태권도

떼뀡도

taille 따유 — [여] 재단; 자르기; 깎기; 키, 신장; 사이즈

tailler 따예 — [타] 자르다, 깎다, 베다, 썰다, 마르다

tailleur 따예흐 — [남] ① 양복 짓는 사람, 재단사, 재봉사[양복점[양장점] 주인 ② (같은 천으로 된 여성용) 투피스 ③ 자르는[깎는, 재단하는] 사람

taillis 따유이 — [남] 잡목림, 벌채림

taire, se 스떼흐 — [대] 말을 하지 않다, 침묵을 지키다

talc 딸끄 — [남] [광물] 활석(滑石)

talent 딸렁 — [남] 재능

talentueux(se) 딸렁뛰유(유즈) — [형] 재능이 있는, 유능한

talisman 딸리스멍 — [남] 부적

talon 딸롱 — [남] (발)뒤꿈치; (구두의) 뒤축, 굽

talonner 딸로네 — [타] ① 바싹 뒤따르다[추격하다] ~ un adversaire 적을 바짝 추격하다 ② (말에) 박차를 가하다 ③ (여유를 주지 않고 계속) 괴롭히다, 들볶다

talus 딸뤼 — [남] (급)경사지, 비탈, 사면

tambour 떵부흐 — [남] 북

tambourin
떵부헹
[남] 탬버린

tamis
따미
[남] 체, 여과기

tamiser
따미제
[타] 체로 치다, 여과하다

tampon
떵뽕
[남] ① 마개, (맨홀 따위의) 뚜껑; (연못 따위의) 수문, 배수구 ② (헝겊 따위의) 뭉치; (칠에 쓰이는) 패드 ③ (지혈하거나 피부를 닦는 데 쓰는) 탐폰, 면구, 지혈전

tamponner
떵뽀네
[타] (상처 따위를) 닦다, 틀어막다

tam-tam
땀땀
[남] [음악] (복수불변) (인도, 인도양 국가의) 북

tandem
떵뎀
[남] ① 일렬로 나란히 맨 두 필의 말 ② (두 사람이 나란히 앉는) 2 인 승 자전거 ③ (협력하는) 2 인조, 단 짝, 커플 en ~ 협력해서, 어울려서; (둘이) 함께 travailler en ~ 협 력해서 일하다

tandis que
떵디끄
[접] ...하는 동안에; ...하는 한; ...하는데, ...하는 반면에, 한편

tangent(e)
떵정(정뜨)
[형] 접촉[접선]의

tangible
떵지블
[형] 만져서 알 수 있는; 육체적인, 물질적인; 확실한, 명백한

Tango
떵고
[남] 탱고 danser le ~ 탱고 춤을 추다

tanière
따니에흐
[여] (야수의) 소굴, 굴; 누추한 집; 은신처

tanin
따넹
[남] 타닌산

tannage
따나즈
[남] 제혁법(製革法), 무두질

tanner
따네
[타] (가죽을) 무두질하다, 귀찮게 하다

tant
떵
[부] 그렇게 많이, 그처럼, 그토록, 그만큼 J'aime ~ le café ! 나는 커피를 무척 좋아한다

tante
떵뜨
[여] 숙모, 아주머니

tantôt
떵또
[부] 오늘 오후에; 혹은, 때로는

taon
떵
[남] [곤충] 등에

tapage
따빠즈
[남] (여러 사람의) 떠들석한 소리, 소음

tapageur(se)
따빠죄흐(죄즈)
[형] 떠들석한, 야단법석을 떠는, 요란한

tape
따쁘
[여] [해양] (닻줄구멍을 막는) 마개; 손바닥으로 치기

tape-à-l'œil
따빨뢰유
[형] (불변) (색깔, 화려함 때문에) 주의를 끄는 [남] (복수불변) 겉만 번드레한 것, 겉치레

taper
따뻬
[타] 때리다; 타자치다 faire ~ une lettre

tapir, se
스따삐흐
[대] (웅크려) 숨다, 숨어있다

tapis
따삐
[남] 융단, 양탄자

tapisser
[타] 덮다, 장식하다

다뻬세

tapisserie
따삐스히
[여] 태피스트리, 벽걸이 융단

tapissier(ère)
따삐시에(에흐)
[명] 융단직조공; [미술] 타피스리 제작자

tapoter
따뽀떼
[타] 살짝 치다[두드리다]

taquin(e)
따껭(낀)
[형][명] 놀리기 좋아하는 (사람), 짓궂은 (사람)

taquiner
따끼네
[타] 짓궂게 굴다, 괴롭히다

tard
따흐
[부] 늦게, 늦어서 Il est trop ~. 너무 늦었습니다

tarder
따흐데
[자] 늦어지다, 지체하다

tardif(ve)
따흐디프(디브)
[형] 늦은, 늦게 일어나는

tarif
따히프
[남] 요금

tarir
따히흐
[자] 마르다, 고갈되다

tarte
따흐뜨
[여] 타르트

tartelette
따흐뜰레뜨
[여] 조그만 파이

tartine
따흐띤
[여] 버터[잼]을 바른 빵 조각

tartiner
따흐띠네
[타] (빵 조각에) 버터 따위를 바르다

tartre
따흐트흐
[남] 주석(酒石)

tas
따
[남] (물건, 재료 따위의) 더미, 무더기 ~ de sable 모래 더미

tasse
따스
[여] (손잡이가 달린) 잔 ~ à thé 찻잔

tasser
따세
[타] 압축하다, 누르다; 쌓아올리다; 틀어넣다; 다지다

tâter
따떼
[타] (손으로) 만지다, 더듬다

tatillon(ne)
따띠용(욘)
[형][명] 옹졸한 (사람)

tâtonner
따또네
[자] 더듬다 Il s'est mis à ~ le long des murs sans pouvoir retrouver son lit. 그는 침대를 찾지 못하고 벽을 따라 더듬기 시작했다

tâtons, à
아따똥
[부] 더듬어서, 암중모색해서

tatouage
따뚜아주
[남] 문신

tatouer
따뚜에
[타] 문신하다

taudis
또디
[남] 누추한 집, 지저분한 집

taule/tôle
똘
[여] (구어) 방, (싸구려) 호텔방

taupe
또쁘
[여] [동물] 두더지

taureau
또호
[남] 황소; (T~) 황소자리

tautologie
또똘로지
[여] 동의어[유의어] 반복

taux
또
[남] 세액, 세율; 백분율, 율, 비, 비율 ~ d'activité (경제)활동인구율

taxe [여] 세금 ~ à l'achat 판매세 ~ à la valeur ajoutée 부가가치세
딱스

taxer [타] 과세하다
딱세

taxi [남] 택시 prendre le ~ 택시를 타다
딱시

tchécoslovaque [형] 체코슬로바키아(la Tché-coslovaquie) (삶)의 T~ [명] 체코슬로바키아 사람
체꼬슬로바끄

Tchèque [여] [지리] 체코
체끄

tchèque [형] 체코의 T~ [명] 체코 사람
체끄 [남] 체코어

te [대명] 너를, 너에게
뜨

technicien(ne) [명] 기술자
떼끄니시엥(엔)

technicité [여] 전문적 성질
떼끄니시떼

technique [형] 기술[기법]의, 기술적인
떼끄니끄 [여] (예술·스포츠 등의) 기법

techniquement [부] 전문적으로(는), 기술적으로
떼끄니끄멍

technocrate [명] 기술자 출신의 고급 관료, (경영·관리직에 있는) 전문 기술자
떼끄노크하뜨

technologie [여] 과학 기술, 생산[공업] 기술공학 La Corée du Sud est un des leaders mondiaux en ~ de l'information. 한국은 세계적인 IT 강국 중 하나이다
떼끄놀로지

technologique [형] 기술의

떼끄놀로지끄

te(c)k 떼끄
[남] [식물] 티크 (좋은 목재로 쓰 이는 아시아 열대지방의 나무); (그) 재목

tee-shirt/T-shirt 띠셰흐뜨
[남] 티셔츠

teindre 뗑드흐
[타] 물들이다, 염색하다; 색칠하다, 채색하다

teint 뗑
[남] 염색, 염색된 색깔

teinte 뗑뜨
[여] 빛깔, 색조

teinter 뗑떼
[타] 물들이다, 착색하다

teinturerie 뗑뛰흐히
[여] 염색산업, 염색업; 세탁소, 드라이클리닝점

teinturier(ère) 뗑뛰히에(에흐)
[명] 염색업자, 세탁업자

tel(le) 뗄
[형] 이러한, 그러한

télé 뗄레
[여] 텔레비전 (수상기)

téléachat 뗄레아샤
[남] 텔레쇼핑

télécommande 뗄레꼬멍드
[여] 원격조정, 원거리 조정; 그 장치 ~ d'une télévision 텔레비전의 리모콘

télécommander 뗄레꼬멍데
[타] 원격조정하다

télécommunicatior 뗄레꼬뮤니꺄시옹
[여] (전기, 전파 따위에 의한) 원거리 통신 satellite de ~ 통신위성

téléconférence [여] 전화회의
뗄레꽁페헝스

télécopie [여] 전송복사(장치)
뗄레꼬삐

télégramme [남] 전보
뗄레그함

télégraphe [남] 전신
뗄레그하프

télégraphie [여] 전신(술); 통신(술), 신호(술)
뗄레그하피

télégraphier [타] 전보로 알리다
뗄레그하피에

téléguider [타] (로켓 따위를) 무선 유도[원격 조종]하다; (비유) 먼 곳[배후]에서 조종하다
뗄레기데

télémarketing [남] 텔레마케팅
뗄레마흐께띵

téléobjectif [남] 망원 렌즈
뗄레옵젝띠프

télépathie [여] 텔레파시
뗄레빠시

télépathique [형] 텔레파시의, 정신 감응적인, 정신 감응력이 있는
뗄레빠띠끄

téléphérique [형] 삭도 운반의 [남] 운반용 삭도
뗄레페히끄

téléphone [남] 전화
뗄레폰

téléphoner [자] 전화를 걸다
뗄레포네 [타] 전화로 알리 다

téléphonique [형] 전화에 관한, 전화에 의한
뗄레포니끄

télescope [남] 망원경
뗄레스꼬쁘

téléscoper [타] (차 따위가 다른 차체를) 들이받다
뗄레스꼬뻬

télescopique [형] 망원경의, 망원경으로 본
뗄레스꼬삐끄

télécripteur [남] 텔레타이프라이터, 전신 타자기
뗄레스크힙뙤흐

télésiège [남] (스키장의) 의자식 리프트
뗄레시에즈

téléski [남] (스키장의) 리프트
뗄레스끼

Téléspectateur(trice) [명] 텔레비전 시청자
뗄레스뻭따뙤흐

télétravail [남] 원격근무
뗄레트하바유

télévente [여] (전화에 의한) 판매·광고 활동
뗄레벙뜨

télévisé(e) [형] 텔레비전으로 방송된
뗄레비제

téléviser [타] 텔레비전 방송을 하다
뗄레비제

téléviseur [남] 텔레비전 수상기 ~ couleur 컬러 텔레비전
뗄레비죄흐

télévision [여] 텔레비전 à la ~ 텔레비전에서
뗄레비지옹

télévisuel(le) [형] 텔레비전 (방송)의
뗄레비쥐이엘

télex [남] 텔렉스, 가입자 전신
뗄렉스

tellement 뗄멍 — [부] 그토록, 그처럼, 매우, 아주

téméraire 떼메헤흐 — [형] 무모한, 경솔한

témérité 떼메히떼 — [여] 무모함, 경솔함

témoignage 떼무아냐주 — [남] 증언; 증거; 표시

témoigner 떼무아녜 — [자] 증언하다 [타] ① 증언하다 Elle *a témoigné* l'avoir rencontré. 그녀는 그를 만났다 고증언했다 ② 표시하다, 나타내다, 보이다 ~ sa gratitude à qn ...에게 감사의 뜻을 표명하다 [타간] [~ de] ...을 증명하다 Je peux ~ de sa probité. 나는 그의 청렴함을 증명할 수 있다

témoin 떼무엥 — [남] 증인

tempe 떵쁘 — [여] 관자놀이

tempérament 떵뻬하멍 — [남] 기질, 성질, 성미

tempérance 떵뻬헝스 — [여] 절제, 삼감, 절도자제(自制), 금기, 중용

température 떵뻬하뛰흐 — [여] (온도계로 잰) 온도 à ~ ambiante 실내온도에서

tempéré(e) 떵뻬헤 — [형] (기후가) 온화한 climat ~ 온화한 기후 zone ~e 온대

tempérer 떵뻬헤 — [타] ① (추위, 더위를) 완화하다 ② (비유, 문어) (감정 따위를) 완화하다, 진정시키다

tempête 떵뻬뜨	[여] ① 폭풍우 돌풍; (바다의) 격심한 풍랑 ② (비유) 동란, 소요; (감정의) 격동; 격렬한 소리; 격론
tempétueux(se) 떵뻬뛰이유(유즈)	[형] 폭풍우[폭설]의
temple 떵쁠	[남] (불교·힌두교·유대교 등의) 신전(神 殿), 절, 사원
tempo(i) 뗑(뗌)뽀(삐)	[남] 속도, 빠르기박자 sur un ~ rapide 빠른 템포로
temporaire 떵뽀헤흐	[형] 일시적인, 잠시의, 순간의, 덧 없는
temporairement 떵뽀헤흐멍	[부] 일시적으로
temporel(le) 떵뽀헬	[형] 현세의, 세속의; [문법] 시제를 나타내는
temps 떵	[남] 시간 ~ universel 만국 표준시
tenace 뜨나스	[형] (의견·주의 등을) 고집하는
ténacité 떼나시떼	[여] ① 점착성, 점착력; (얼룩, 냄새 따위가) 잘 지워지지[제거되지] 않음 ② (비유) (감정 따위가) 뿌리깊음; (병 따위가) 잘 치유되지 않음 ③ 완고함; 끈기, 집요함; 완강함
tenaille 뜨나유	[여] (흔히 복수) 집게
tenancier(ère) 뜨넝시에(에흐)	[명] 소작인
tendance 떵덩스	[여] ① 성향, 성벽 ~égoïste 이 기적인 성향 ② 경향, 추세, 동향, 트렌드 ~ politique 정치적 경향 une

~ dans le domaine de qch ... 분야에 관한 트렌드

tendancieux(se) 떵덩시유(유즈)
[형] (경멸) 편향적인, 저의를 지닌 propos ~ 저의가 섞인 말

tendon 떵동
[남] 건(腱), 힘줄

tendre 떵드흐
[형] 부드러운, 씹기 쉬운, 연한 [타] 팽팽하게 하다, 잡아당기다; (손 따위를) 뻗치다

tendrement 떵드흐멍
[부] 상냥하게, 친절하게, 유약하게, 상하기 쉽게, 예민하게

tendresse 떵드헤스
[여] 다정함, 상냥함, 자애, 애정

tendreté 떵드흐떼
[여] 부드러움, 연함

tendu(e) 떵뒤
[형] 팽팽하게 당겨진; 내민; 향한

ténèbres 떼네브흐
[여][복] 어둠, 암흑; 지옥

ténia 떼니아
[남] 촌충

teneur 뜨뇌흐
[여] (문서의) 내용; 함유량, 농도

tenir 뜨니흐
[타] 손에 들다, 잡다, 쥐다; (약속 따위를) 지키다, 이행하다 ~ sa parole 약속을 지키다 se ~ [대] ① (어떤 장소, 자세, 상태에) 있다; 행동[처신]하다 se ~ près de la fenêtre 창가에 있다 ② (회의 따위가) 열리다, 개최되다 fêtes qui *se tiennent* chaque année 매년 열리는 축제

tennis
떼니스
[남] 테니스 une partie de ~ 테니스 한 게임

tennis de table
떼니스드따블
[남] 탁구

ténor
떼노흐
[남] 테너

tension
떵시옹
[여] 긴장

tentacule
떵따뀔
[남] 촉수, 촉각, 더듬이

tentant(e)
떵떵(떵뜨)
[형] 마음을 끄는, 유혹하는

tentateur(trice)
떵따뙤흐(트히스)
[형] 유혹하는 [명] 유혹하는 사람 [남] [종교] 사탄, 악마

tentation
떵따시옹
[여] 유혹, 유혹함[됨] céder à la ~ 유혹에 넘어가다

tentative
떵따띠브
[여] 시도

tente
떵뜨
[여] 텐트, 천막

tenter
떵떼
[타] 유혹하다, 꾀다, 부추기다, 마음을 끌다 être ~ par ~에 유혹되다

tenu(e)
뜨뉘
[형] 정리[유지]가 된

ténu(e)
떼뉘
[형] ① 아주 가느다란; 아주 작은 ② 구별하기 힘든, 미세한

tenue
뜨뉘
[여] 쥐는[잡는] 법; (회의의) 개최, 개최 중; 옷차림, 몸차림; 자세; 태도; 복장; 계속력, 오래 가기 ~ de rigueur 요구되는 복장

terme
[남] 기간, 기한

떼흠

terminaison [여] 종료, 종지, 종결, 끝, 최후
떼흐미네종

terminal(e, aux) [형] 마지막의, 최후의
떼흐미날

terminer [타] 끝마치다, 종료하다
떼흐미네

terminologie [여] ① 학술어, 전문용어 ② 술어학
떼흐미놀로지

terminus [남] (철도, 버스의) 종착역, 종점 aller jusqu'au ~ 종점까지 타고 가다
떼흐미뉘스

termite [남] [곤충] 흰개미
떼흐미뜨

terne [형] 윤이 나지 않는, 흐린, 흐릿한
떼흔

ternir [타] 윤[광택]을 없애다, 흐리게 하다, 퇴색시키다
떼흐니흐

terrain [남] 지역, 지대
떼헹

terrasse [여] 테라스
떼하스

terrassement [남] 흙 쌓기[나르기], 토역; 토목 공사
떼하스멍

terrasser [타] 흙을 쌓다; 땅 위에 넘어뜨리다
떼하세

terre [여] 지구; 육지, 육로
떼흐

terreau [남] 부식토
떼호

terrer [타] (에) 흙을 뿌리다[깔다]
떼헤

terrestre
떼헤스트흐
[형] 지구(상)의

terreur
떼회흐
[여] 공포, 무서움, 두려움

terrible
떼히블
[형] 무서운, 가공할, 소름끼치는, 무시무시한

terriblement
떼히블멍
[부] 무시무시하게; 몹시, 굉장히

terrier
떼히에
[남] (동물의) 땅굴

terrifiant(e)
떼히피엉(엉뜨)
[형] 무서운, 두려운

terrifier
떼히피에
[타] 무섭게[겁나게] 하다, 놀래다

territoire
떼히뚜아흐
[남] 영토

territorial(e, aux)
떼히또히알(오)
[형] 영토의, 토지의, 사유지의

terroir
떼후아흐
[남] 토지, 경지; 산지

terroriser
떼호히제
[타] 무서워하게 하다, 공포의 도가니로 몰아넣다

terrorisme
떼호히슴
[남] 테러리즘, 테러 행위

terroriste
떼호히스뜨
[명] 공포 정치가, 폭력 (혁명)주의자, 테러리스트 [형] 테러리즘의, 테러리스트의 organisation ~ 테러조직

tertiaire
떼흐시에흐
[형] 제 3 의, 제 3 위의 secteur ~ 3 차 산업

tesson
떼송
[남] (오지그릇, 유리그릇 따위의) 깨진 조각, 파편

test
떼스뜨
[남] 테스트, 시험, 고사(考査), 실험, 검사 ~ de marché 테스트 마케팅

testament
떼스따멍
[남] 유언(장)

tester
떼스떼
[자] 유언하다 [타] (지능, 적성 따위를) 테스트하다; (제품 따위를) 검사하다

testeur
떼스뙤흐
[남] 시험[검사]자, 음미자, 분석자

testicule
떼스띠뀔
[남] 고환(睾丸), 정소(精巢)

tétanos
떼따노스
[남] 파상풍, 파상풍균

tête
떼뜨
[여] 머리, 두부; 두개골; 두뇌; 이성; 냉정; 침착; 선두 en ~ de ...의 선두에

tête-à-queue
떼따꾀
[남] (복수불변) (말의) 급한 방향전환; (차의) 회전

téter
떼떼
[타] (젖을) 빨다; (사물을) 빨다

tétine
떼띤
[여] (특히 소, 돼지의) 젖통이; 고무 젖꼭지; 가짜 젖꼭지

têtu(e)
떼뛰
[형][명] 고집불통인 (사람), 완고한 (사람)

texte
떽스뜨
[남] 본문, 원문

textile
떽스띨
[남] 직물의방직의

textuel(le)
떽스뛰이엘
[형] 본문[원문]대로의

texture
[여] 직조; 피륙; 조직, 구성, 구조

떽스뛰흐

thé [남] 차 une tasse de ~ 차 한잔
떼

théâtral(e, aux) [형] ① 연극의 représentation ~ale 연극 공연 ② 연극적인 ~ situation ale~ 연극적 상황
떼아트할(호)

théâtre [남] ① 연극(예술); 극작품 ~ total 전체 연극 (음악, 무용등 모든 형태의 무대예술을 종합하여 연출하는 연극) ② 극장; 무대 un grand ~ 대극장 ③ 공연, 상연
떼아트흐

théière [여] 차 끓이는 그릇; 다기
떼이에흐

thématique [형] [문법] 어간의; 주제의
떼마띠끄

thème [남] 주제, 제목, 테마
뗌

théologie [여] 신학
떼올로지

théologien(ne) [명] 신학자
떼올로지엥(엔)

théologique [형] 신학(상)의신학적 (성질)인
떼올로지끄

théorème [남] (수학·논리에서) 정리
떼오헴

théorie [여] 이론
떼오히

théorique [형] 이론(상)의
떼오히끄

théoriquement [부] 이론상으로
떼오히끄멍

théoriser [자] 이론[학설]을 세우다

떼오히제

thérapeute [명] 치료학자, 치료 전문가
떼하쁴뜨

thérapeutique [형] 치료상[법, 학]의
떼하쁴띠끄

thérapie [여] 요법, 치료 suivre une ~ 치료 요법을 받다
떼하삐

thermal(e, aux) [형] 온천의; 온천을 이 용한, 온천수 치료의
떼흐말(모)

thermie [여] 열량 단위 (1,000 킬로칼로리)
떼흐미

thermique [형] ① 열을 동력으로 한 moteur ~ 열기관 ② [물리] 열의 effet ~ 열효과
떼흐미끄

thermomètre [남] 온도계
떼흐모메트흐

thermos [남][여] (상표명) 보온 용기, 보온병
떼흐모스

thermostat [남] 자동 온도 조절 장치
떼흐모스따

thermostatique [형] 자동 온도 조절의
떼흐모스따띠끄

thèse [여] ① 주장, 의견, 견해 ② (박사) 학위논문 ③ [철학] 명제
떼즈

thon [남] [어류] 참치, 다랑어
똥

thriller [남] 스릴러 (영화)
트힐뢰(레)흐

thym [남] [식물] 백리향 속의 식물
뗑

thyroïde [형] 갑상의, 갑상선의 [여] 갑상선
띠호이드

Tibet [남] [지리] 티벳
띠베

tibia [남] [해부] 넓적다리뼈, 경골, 넓적다리
띠비아

tic [남] 버릇, 습관; (말의) 나쁜 버릇
띠끄

ticket [남] 표, 승차권, 입장권
띠께

tie-break [남] 동점
따유브헤끄

tiède [형] 미지근한
띠에드

tien(ne) [형] 너의, 그대의, 자네의
띠엥(엔)

tiers(ce) [형] 셋째 번의, 제삼의
띠에흐(흐스) [남] 삼분의 일

tige [여] 줄기; 대
띠즈

tigre(sse) [명] [동물] 호랑이
띠그흐(헤스)

tilleul [남] 보리수
띠엘

timbale [여] [음악] 팀파니
땡발

timbre [남] 음색(音色), 음질특징, 특색; 우표
땡브흐

timbré(e) [형] 음색이 좋은; (꾸어) 머리가 약간 돈
땡브헤

timbre-poste (timbres-poste) [남] 우표
땡브흐뽀스뜨

timbrer
뗑브헤
[타] (문서에) 스탬프[날인]를 하다; 우표를 붙이다

timide
띠미드
[형] ① (행위, 조처가) 과감하지 못한, 결단력이 없는, 우유부단한 ② (사람이) 소심한

timidement
띠미드멍
[부] 소심하게, 수줍어하며, 머뭇거리며

timidité
띠미디떼
[여] 겁 많음, 수줍음

timoré(e)
띠모헤
[형] 소심한, 겁 많은

tintamarre
뗑따마흐
[남] (구어) 소음, 시끄러운 소리

tintement
뗑뜨멍
[남] (종, 방울 따위의 소리, (물건이 서로 부딪히는) 땡그랑 소리

tinter
뗑떼
[자] (종이) 울리다

tir
띠흐
[남] 사격, 포격 ~ à l'arc 활쏘기; 양궁

tirage
띠하즈
[남] 잡아당기기; 늘이기; 배를 끌기; 배를 끄는 말; 추첨; 인쇄; 인쇄 부수; 채굴; 바람이 바지기, 통풍; 옥신각신, 갈등 ~ au sort 추첨

tirailler
띠하예
[타] (이리저리 자꾸) 잡아당기다

tirant
띠헝
[남] 끈

tire
띠흐
[여] (속어) 소매치기 (행위)

tire(-)bouchon
띠흐부숑
[남] 코르크마개 뽑이

tirelire
띠흘리흐
[여] 저금통

tirer
띠헤
[타] ① 잡아당기다 ② 뽑다, 꺼내다, 끌어내다 ③ (줄을) 긋다 ④ 인쇄하다 ~ un livre 책을 인쇄하다 ⑤ (제비 따위를) 뽑다

tiret
띠헤
[남] 횡선, 대시

tireur(se)
띠회흐(회즈)
[명] 쏘는 사람, 사격수

tiroir
띠후아흐
[남] (책상 따위의) 서랍

tisane
띠잔
[여] 탕약

tisser
띠세
[타] (베를) 짜다; (거미가 줄을) 치다

tissu(e)
띠쉬
[남] 직물; (복수) [상업] 옷감; [생물] (세포) 조직 [형] [~ de] (로) 짜여진, 꾸며진

titre
띠트흐
[남] (귀족의) 작위, 칭호, 직함; 지위, (이사, 변호사 따위의) 자격; 증서, 증명서, 학위, 졸업증명서; 제목, 표제, 책

tiroir
띠후하흐
[남] 서랍

tissu
띠쉬
[남] ① 직물, 피륙; 천 (복수) [상업] 옷감 ② [생물] (세포) 조직

titre
띠트흐
[남] ① (귀족의) 작위; 칭호; 직함 ② 지위; (의사, 변호사 따위의) 자격 ③ 선수권 disputer un ~ 선수권을 놓고 싸우다 ④ 증서, 증명서; 학위, 졸업증명서 ⑤ 제목, 표제; 책

titré(e) [형] 자격 있는, 직함[칭호, 작위]이 있는
띠트헤

tituber [자] 비틀거리다, 아장아장 걷다
띠뛰베

titulaire [형] 실제 직책을 가진, 정식의
띠뛸레흐

toast [남] 축배, 건배 porter un ~ 축배를 들다
또스뜨

toaster [자] 빵을 굽다, 토스트를 하다
또스떼

toboggan [남] 미끄럼틀
또보겅

tocade/toquade [여] (일시적인) 심취, 열중
도꺄드

tocsin [남] (경고를 하기 위한) 종소리
똑셍

Togo [남] [지리] 토고
또고

tohu-bohu [남] (복수불변) (구어) 법석, 소란
또위보위

toi [대명] 너, 그대, 자네
뚜아

toile [여] 린네르; 천, 포목, 헝겊; 캔버스
뚜알

toilettes [여][복] 화장실 ~ publiques 공중 화장실
뚜알레뜨

toison [여] (짐승, 사람의) 텁수룩한 털 ~s des moutons 양털
뚜아종

toit [남] 지붕
뚜아

tôle [여] 철판, 금속판
똘

tolérable 똘레하블 [형] 참을 수 있는

tolérance 똘레헝스 [여] 관용

tolérant(e) 똘레헝(헝뜨) [형] 너그러운, 관대한

tolérer 똘레헤 [타] 허용하다, 용인하다, 너그러이 봐주다

tollé 똘레 [남] 항의[비난, 분노]의 소리[외침]

tomate 또마뜨 [여] 토마토

tombe 똥브 [여] 무덤, 묘; 묘석, 비석

tombeau 똥보 [남] 무덤, 묘

tombée 똥베 [여] (문어) 떨어짐; (눈, 비가) 내림

tomber 똥베 [자] 떨어지다; 넘어지다, 쓰러지다
~ par terre 바닥에 넘어지다

tome 똠 [남] (책의) 권, 부

ton 똥 [형] ① (소유관계) 너의, 그대의, 당신의[남] ② 목소리, 음색, 어조

tonal(e, aux) 또날(노) [형] 성조의, 조성의, 음계의

tonalité 또날리떼 [여] 음계, (전화의) 발신음

tondeuse 똥되즈 [여] (직물의) 전모기; (동물의) 털 깎는 기구, 이발기

tondre 똥드흐 [타] ① (동물의) 털을 깎다, 깎아내

다 ~ la toison d'un mou-ton 양털을 깎다 ② (머리카락을) 아주 짧게 깎다 ③ (직물의) 보풀을 깎다; (잔디를) 깎다 ~ le gazon 잔디를 깎다

tonifier 또니피에 [타] (피부, 근육 따위에) 탄력을 주다, 긴장시키다, 단단하게 하다

tonique 또니끄 [형] (근육에) 탄력[활력]을 주는

tonnage 또나주 [남] 무두질

tonne 똔 [여] 미터톤

tonnelle 또넬 [여] (지붕이 푸른 잎으로 뒤얽인) 정자

tonner 또네 [비] 천둥치다 [자] 천둥같은 소리가 나다

tonnerre 또네흐 [남] 천둥, 우뢰

tonton 똥똥 [남] (어린애말) 삼촌, 아저씨

tonus 또뉘스 [남] [의학] 토누스, 긴장

top 똡 [남] (시작, 끝을 알리는 짧은) 신호 [형] [영] (불변) 최고의, 정상의

topaze 또빠즈 [여] 황옥

toque 또끄 [여] (둥근 모양의) 챙 없는[챙이 좁은] 모자; 요리사 모자

toqué(e) 또께 [형] (구어) 미친, 돈

torche [여] 횃불

또흐슈

torchon [남] 차 탁자용 식탁보
또흐숑

tordre [타] 비꼬다, 비틀다
또흐드흐

tordu(e) [형] 비틀어진, 꼬인; (비유) 생각이 이상한, 머리가 돈
또흐뒤

tornade [여] 선풍, 회오리바람
또흐나드

torpide [형] 움직이지 않는
또흐삐드

torpille [여] 어뢰
또흐삐유

torpiller [타] 어뢰로 공격하다
또흐삐예

torréfier [타] 볶다, 굽다; (태양이) 작열하다, 찌는 듯 쪼이다
또헤피에

torrent [남] 급류(急流)
또헝

torrentiel(le) [형] 급류의[같은]
또헝시엘

torride [형] 찌는 듯한, 무더운
또히드

torse [남] ① [미술] 토르소 (머리, 손발이 없는 조상; 상반신상) ② (구어) 상반신
또흐스

tort [남] 부정, 틀림 avoir ~ 잘못이다, 옳지 않다
또흐

tortiller [타] 꼬다; 비틀다, 비꼬다
또흐띠예

tortue [여] 남생이, 거북

또흐뛰

tortueux(se) [형] 구불구불한
또흐뛰이유(유즈)

torture [여] 고문
또흐뛰흐

torturer [타] 고문하다
또흐뛰헤

Toscane [여] [지리] 토스카나
또스깐

tôt [부] 일찍이; 곧; 빨리, 속히
또

total(e, aux) [형] 전체의, 전부의 [남] 합계, 총계, 총액
또딸(또)

totalement [부] 전적으로, 아주
또딸멍

totaliser [타] 합계하다, 총계하다
또딸리제

totalitaire [명] [형] 전체주의의
또딸리떼흐

totem [남] [민족, 사회] 토템
또뗌

totémique [형] 토템의; 토템 숭배의
또떼미끄

totémisme [남] 토템 숭배; 토템 연구
또떼미슴

toubib [남] (구어) 의사
뚜빕

touchant(e) [형] 감동적인
뚜샹(샹뜨)

touche [여] 건반
뚜슈

toucher
뚜셰
[타] 만지다 ~ l'épaule de qn 누군가의 어깨를 두드리다; 감동시키다, 애처로운 생각이 들게 하다, 동정을 일으키다

touffe
뚜프
[여] (풀, 털, 싹 따위의) 뭉치, 타래, 술장식

toujours
뚜주흐
[부] 언제나, 항상, 영원히

toupet
뚜뻬
[남] (이마 위의) 끝을 올린 머리; (구어) 대담함, 배짱, 뻔뻔스러움

tour
뚜흐
[여] 탑 [남] 일주 faire le ~ du monde 세 계일주를 하다

tourbe
뚜흐브
[여] 잔디, 잔디밭

tourbillon
뚜흐비용
[남] 선풍, 회오리바람

tourelle
뚜헬
[여] 작은 탑; 망루

tourisme
뚜히슴
[남] 관광, 여행, 유람

touriste
뚜히스뜨
[명] 관광객, 여행객, 유람객 ~s é trangers 외국인 관광객

touristique
뚜히스띠끄
[형] 관광의, 관광[여행]에 관한 gui de ~ 관광가이드

tourment
뚜흐멍
[남] (문어) (정신적, 육체적인) 고통; 골칫거리, 고통의 원인

tourmenter
뚜흐멍떼
[타] 학대하다; 괴롭히다, 가책하다; 동요시키다, 뒤흔들다; 걱정시키다; 귀찮게 굴다; 만지작 거리다; 지나 치게 고심하여 만들다, 지나치게 꾸미다

tournant [남] 전환기
뚜흐넝

tourne-disque [남] 레코드 플레이어, 전축
뚜흐느디스끄

tournée [여] 순회
뚜흐네

tourner [타] 돌리다; 향하게 하다
뚜흐네 [자] 돌다, 회전하다

tournesol [남] 해바라기
뚜흐느솔

tourner [타] 돌리다; 뒤집다; (페이지 따위를) 넘기다
뚜흐네

tournevis [남] 드라이버 visser à l'aide d'un ~ 드라이버로 나사를 박다
뚜흐느비스

tourniquet [남] (건물 따위의 입구에 설치된) 회전문
뚜흐니께

tournoi [남] 토너먼트, 승자 진출전
뚜흐누아

tournoyer [자] (멀어지지 않고) 빙빙 돌다, 선회하다, 맴돌다
뚜흐누아예

tournure [여] ① 표현, 표현방식, 어법, 어투 ~ propre au français 불어 특유의 표현 ② (사물의) 모양, 외관, 생김새
뚜흐뉘흐

tourte [여] 투르트(파이처럼 생긴 가염된 둥근 과자로 뜨겁게 데워 앙트레로 먹음)
뚜흐뜨

tousser [자] 기침하다
뚜세

tout(e) (tous/toutes) [형] 모든; 어떠한 ...일지라도; 전체의 [대명] 모두, 무엇이나 du ~ 조금도, 추호도
뚜(뚜/뚜뜨)

toutefois 뚜뜨푸아 — [부] 그러나, 그렇지만

tout-puissant(e) 뚜쀠이성(성뜨) — [형] 전능한 [남] T~-P~ 전능한 신

toux 뚜 — [여] 기침

toxicomane 똑시꼬만 — [형] 마약중독의 [명] 마약중독자

toxicomanie 똑시꼬마니 — [여] 마약중독

toxine 똑신 — [여] 독소

toxique 똑시끄 — [형] 유독한

trac 뜨하끄 — [남] (시작 전의) 불안, 긴장; 무대 공포증 avoir le ~ 무대공포증을 느끼다

tracas 트하까 — [남] (흔히 복수) (물질적인 것에 대한) 근심, 걱정

trace 트하스 — [여] 발자국, 자국, 흔적

tracé 트하세 — [남] 도면, 설계도

tracer 트하세 — [타] (길을) 내다

traceur(se) 트하쇠흐(쇠즈) — [명] 제도공

trachée 트하셰 — [여] [해부, 동물] 기관; [식물] 도관 (식물의 통도조직의 하나)

tract 뜨학뜨 — [남] [영] (종교, 정치 목적의) 전단, 삐라, 광고지

tractation
트학따시옹
[여] (흔히 복수) (경멸) 뒷거래, 이면 공작

tracteur(trice)
트학뙤흐(트히스)
[형] 견인하는, 끄는
[남] 트랙터; 견 인차

traction
트학시옹
[여] 늘이기, 신장, 끌기, 견인하기

tradition
트하디시옹
[여] 전통, 관례

traditionaliste
트하디시오날리스뜨
[형] 전통주의의 [명] 전통주의자

traditionnel(le)
트하디시오넬
[형] 전통의, 전통적인, 고풍의

traditionnellement
트하디시오넬멍
[부] 전통적으로

traducteur(trice)
트하뒥뙤흐(트히스)
[명] 번역사

traduction
트하뒥시옹
[여] 번역

traduire
트하뒤이흐
[타] ① 번역하다 ~ de l'an-glais en coréen 영어를 한국어로 번역하다 ② 표현하다, 나타내다; 표출하다 mots qui doivent ~ votre pensée 당 신의 생각을 나타내야 하는 말들 se ~ [대] ① 번역되다 Les noms propres ne *se traduisent* pas. 고 유명사는 번역되지 않는다 ② 표현되다, 나타나다; 표출되다, (의) 형태 를 띠다 La joie des spectateurs *se traduisait* en explamations. 관객들의 기쁨이 환호로 나타났다

trafic
[남] 거래, 매매, 장사

트하피끄

trafiquant(e) [명] 밀매자 ~ de drogue 마약 밀매상
트하피깡(깡뜨)

trafiquer [타] 매매하다, 암거래하다
트하피께

tragédie [여] 비극
트하제디

tragi-comédie [여] 희비극
트하지꼬메디

tragique [형] 비극의, 비극적인
트하지끄

tragiquement [부] 비극적으로
트하지끄멍

trahir [타] 배반[배신]하다, 저버리다
트하이흐

trahison [여] 배신, 불신, 불충
트하이종

train [남] 열차, 기차, 전차 aller à Paris en ~ 기차로 파리에 가다
트행

traîne [여] [어업] 저인망, 예망 à la ~ 뒤처져서 rester à la ~ 뒤에 처지다, 낙오하다
트헨

traîneau [남] (눈)썰매
트헤노

traîner [타] 끌다, 질질 끌다; 끌고다니다; 지연시키다
트헤네

train-train [남] (복수불변) 평범한 일상의 되풀이
트행트헹

traire [타] (옛) 잡아 늘이다; (젖을) 짜다
트헤흐

trait [남] 끌기; 화살; 끄는데 쓰는 줄; 단

트헤 숨; 선, 줄; 표현, 표현법; 독설; (정신적) 타격; 행위; 특색, 특징; 얼굴 모습, 윤곽 avoir ~ à qch ...와 연관이 있다

traitant(e) 트헤떵(떵뜨) [남] [역사] 징세 청부인; (스파이, 정보원 담당의) 정보국원 [형] (의사가) 계속적으로 치료하는; 효과있는

traite 트헤뜨 [여] 어음

traité 트헤떼 [남] 조약, 협정 ~ de paix 평화협정

traitement 트헤뜨멍 [남] 대우, 대접 ~ de faveur 특별대우

traiter 트헤떼 [타] 대우하다, 다루다, 취급하다 ~ humainement des prisonniers 죄수를 인간적으로 대우하다

traître(sse) 트헤트흐(트헤스) [명] 배반[배신]자, 반역자, 매국노 [형] (다음의 의미로는 여성도 남성형을 사용함) 배신 [배반]하는, 반역할 가능성이 있는

traîtreusement 트헤트회즈멍 [부] 비열하게, 음흉하게

traîtrise 트헤트히스 [여] 비열함, 엉큼함, 배신행위, 반역행위

trajectoire 트하젝뚜아흐 [여] 탄도(彈道)

trajet 트하제 [남] 도정, 코스

tralala 트할랄라 [남] (구어) (눈길을 끄는) 화려함; 호화로운 장식, 뽐냄

tramer [타] (씨실과 날실을 교차시켜) 직물

트하메 — 을 짜다, 씨실을 먹이다

trampoline 트형뽈린 — [남] 트램폴린 (쇠틀 안에 스프링을 단 즈크 그물의 탄성을 이용하여 뛰는 운동 기구); 트램폴린 체조

tramway 트함웨 — [남] 시가[노면] 전차

tranchant(e) 트헝셩(셩뜨) — [형] 예리한, 날이 선; (비유) 단호한, 결단력 있는, 단정적인

tranche 트헝슈 — [여] 얇은 조각; 책장 가장자리

tranchée 트헝셰 — [여] 참호

trancher 트헝셰 — [타] 자르다, 베다; 얇은 조각으로 썰다 [자] 결단을 내리다 Il faut ~ sans plus hésiter. 더 이상 망설이지 말고 결단을 내려야 한다

tranquille 트헝낄 — [형] 조용한, 고요한

tranquillisant 트헝낄리정 — [남] 진정제

tranquillité 트헝낄리떼 — [여] 평온, 고요함

transaction 트헝작시옹 — [여] 거래 ~ en liquide 현금 거래 ~ effecuée avec une carte de crédit 신용카드 거래

transat 트헝자뜨 — [남] 덱체어, 천으로 된 접는 의자 [여] 대서양 횡단 요트 경기

transatlantique 트헝스아뜰렁띠끄 — [형] 대서양 저편의

transcendantal(e, aux) — [형] 초월적인

트헝성덩딸(또)

transcender [타] 초월하다, 능가하다
트헝성데

transcription [여] 베낀 것, 사본, 등본전사, 복사
트헝스크힙시옹

transcrire [타] 베끼다, 복사[등사]하다
트헝스크히흐

transférer [타] 옮기다, 이전하다, 전근시키다
트헝스페헤

transfert [남] 이동, 이송, 이전 ~ technologique 기술이전
트헝스페흐

transfiguration [여] 변형, 변모
트헝스피귀하시옹

transfigurer [타] 변모[변형]시키다
트헝스피귀헤

transformateur [남] 변압기
트헝스포흐마뙤흐

transformation [여] 변형, 변모, 변질
트헝스포흐마시옹

transformer [타] 변형시키다
트헝스포흐메

transfuge [남] 투항자; 탈주병
트헝스퓌즈

transfusion [여] 주입(注入), 옮겨 붓기
트헝스퓌지옹

transgresser [타] (법, 명령, 의무 따위를) 위반하다, 어기다
트헝스그헤세

transgression [여] 위반
트헝스그헤시옹

transi(e) [형] (추위에) 얼어붙은
트헝시(지)

transistor [남] 트랜지스터
트헝지스또흐

transit [남] 통과, 통행, 횡단
트헝지뜨

transitif(ve) [형] 타동(사)의
트헝지띠프(띠브)

transition [여] 변천, 이행, 변화
트헝지시옹

transitoire [형] 일시적인, 잠시의, 과도적인, 임시의
트헝지뚜아흐

translucide [형] 반투명의
트헝스뤼시드

transmettre [타] 부치다, 보내다, 건네다, 전달[송달]하다
트헝스메트흐

transmissible [형] 전달 가능한, 양도 가능한, 전염하는 maladie ~ 전염병
트헝스미시블

transmission [여] 전달, 전송매개
트헝스미시옹

transmuer [타] 변화시키다
트헝스뮈이에

Transparence [여] 투명성, 투명도
트헝스빠헝스

transparent(e) [형] 투명한
트헝스빠헝(헝뜨)

transpercer [타] 꿰뚫다, 관통하다
트헝스뻬흐세

transpiration [여] 발한, 땀이 남
트헝스삐하시옹

transpirer [자] 땀을 흘리다, 땀이 나다
트헝스삐헤

transplantation 트헝스쁠렁따시옹 [여] (나무를) 옮겨심기, 이식

transplanter 트헝스쁠렁떼 [타] 옮겨심다, 이식하다; [생물] (장기, 수정란을) 이식하다

transport 트헝스뽀흐 [남] 운반, 수송, 운송, 교통 utiliser les ~s en commun 대중교통을 이용하다

transportation 트헝스뽀흐따시옹 [여] 운반, 운송, 수송

transporter 트헝스뽀흐떼 [타] 운반[운송, 수송]하다

transposer 트헝스뽀제 [타] 바꾸어 놓다

transposition 트헝스뽀지시옹 [여] 바꾸어 놓음, 전위

transsexuel(le) 트헝(스)섹쉬이엘 [형] 성전환의 [명] 성전환자

transvaser 트헝스바제 [타] (액체를 다른 용기에) 옮겨붓다

transversal(e, aux) 트헝스베흐살(소) [형] 가로놓인; 횡단의

trapèze 트하뻬즈 [남] (체조, 서커스의) 그네 ~ volant 공 중그네

trappe 트하쁘 [여] 뚜껑문, 함정문, 들창; 함정; 덫, 올가미

trappeur 트하뻐흐 [남] 덫 사냥꾼, 덫을 놓는 사람

trapu(e) 트하쀠 [형] (사람이) 작달막한, 작지만 다 부진

traquer 트하께 [타] (포위망을 조이며) 사냥감을 몰다

traumatisant(e) 트호마띠정(정뜨)	[형] (신체적, 정신적) 외상을 유발하는
traumatique 트하마띠끄	[형] 외상성의
traumatiser 트호마띠제	[타] (신체적, 정신적) 외상을 일으 키다, 충격을 주다
traumatisme 트호마띠슴	[남] 정신적 외상[충격], (정신적 외상[충격]이 원인이 되는) 쇼크성 장애
travail 트하바유	[남] 수고, 노력; 일, 노동, 근무
travailler 트하바예	[자] 일하다, 노동하다; 수고하다; 활동하다
travailleur(se) 트하바예흐(예즈)	[명] 근로자, 노동자
travers 트하베흐	[남] ① 결점, 나쁜 버릇 ② (슬레이트의) 균열 방향 ③ 라켓의 가로줄 à ~ le monde 전 세계에 걸쳐
traverse 트하베흐스	[여] 지름길, 샛길
traversée 트하베흐세	[여] (바다, 강, 호수 따위를) 건너기, 횡단하기
traverser 트하베흐세	[타] 건너다, 횡단하다
traversin 트하베흐셍	[남] (침대의 폭 만한) 긴 베개
travesti(e) 트하베스띠	[형] 변장한, 가장한, (남자 배우가) 여자로 분장한
travstir 트하베스띠흐	[타] 가장[변장]시키다; 와전하다; (우습게) 개작하다 se ~ [대] 변장 하다; 본성을 속이다

trayon 트헤용 [남] (소, 양의) 젖꼭지, 유두

trébucher 트헤뷔셰 [자] 비틀거리다

trèfle 트헤플 [남] ① [식물] 클로버, 토끼풀 chercher des ~s à quatre feuilles (행운의 상징) 네잎 클로버를 찾아 다니다 ② 클로버 문양 ③ [카드놀이] 클로버; 클로버 카드 jouer ~ 클로버를 내다

treillis 트헤이 [남] 즈크, 돛베, 훈련복, 전투복, 격자, 철망

treize 트헤즈 [형] 13 의 [남] (복수불변) 13

tremblant(e) 트헝블렁(렁뜨) [형] (사람, 몸 따위가) 떠는, 휘청거리는

tremblement 트헝블멍 [남] 떨림, 전율

trembler 트헝블레 [자] 떨리다

trembloter 트헝블로떼 [자] (가볍게) 떨다, 살랑거리다, 깜빡거리다

trémousser, se 스트헤무세 [대] 안절부절 못하고 몸을 계속 움직이다

trempe 트헝뻐 [여] [금속] (달궈진 강철 따위의) 담금질; (종이, 가죽, 종자 따위를) 물에 담그기, 적시기

tremper 트헝뻬 [타] 잠그다, 담그다, 적시다

tremplin 트헝쁠렝 [남] [운동] 점프대, 도약대; [비유] (목적 달성의) 발판, 계기 utiliser se s relations comme ~ (pour par venir) 연고관계를 (출세의) 발판으로 삼다

trench-coat [남] 트렌치코트
트헨슈꼬뜨

trentaine [여] 30, 약 30
트헝뗀

trente [형] 30 의 [남] 30, 30 일
트헝뜨

trentième [형] 제 30 의 [명] 30 번째의 것 [사람] [남] 30 분의 1
트헝띠엠

trépider [자] 진동하다, 흔들리다
트헤삐데

trépied [남] 삼각대
트헤삐에

trépigner [자] 발을 구르다
트헤삐녜

très [부] 몹시, 매우, 대단히 T~ bien. 아주 좋습 니다
트헤

trésor [남] ① 보물, 보배 ② (비유) 소중한[중요한] 존재; 유용한 것 ③(흔히 복수) 부, 재물, 큰 돈
트헤조흐

trésorerie [여] ① 재무부; 재무행정 ② 유동 자산, 현금자산 ③ 경리과; 회계과; (도의) 재정국 ④ (영국의) 재무성
트헤조흐히

trésorier(ère) [명] 회계원
트헤조히에(에흐)

tressaillir [자] (어떤 감정에 의해) 몸을 떨다, 소스라치다
트헤사이흐

tressauter [자] 소스라치다, 깜짝 놀라다, 펄쩍 뛰다
트헤소떼

tresse 트헤스	[여] 세 갈레로 땋아 늘인 머리; 편물, 엮은 줄
tresser 트헤세	[타] 짜다, 땋다, 엮다
tréteau 트헤또	[남] 가대(架臺), 구각
trêve 트헤브	[여] 휴전(협정)
tri 트히	[남] 선별, 분류, 정리
triage 트히아즈	[남] 선별, 선발; 구분, 분류
triangle 트히엉글	[남] 삼각형
triangulaire 트히엉귈레흐	[형] 세모의, 삼각의
tribal(e, aux) 트히발(보)	[형] [사회] 부족의 organisation ~ale 부족조직
tribord 트히보흐	[남] (배의) 우현
tribu 트히뷔	[여] 부족
tribulation 트히뷜라시옹	[여] 재난, 고난
tribunal 트히뷔날	[남] 법정, 심판 위원회
tribune 트히뷘	[여] ① (의회의) 연단; 의회 연설, 정치 웅변; 토론술 ② (비유) 토론회, 좌담회; (신문의) 논단; 출판물의 제목 ③ (교회의) 특별석 ④ (복수) 청중, 관중

tribulaire 트히뷔떼흐	[형] (에) 의존하는, 종속된 écrivain ~ de ses prédécesseurs 선배들의 영향 아래 있는 작가
tricentenaire 트히성뜨네흐	[남] 300 주년
triche 트히슈	[여] (구어) (놀이 따위에서) 속이기, 속임수
tricher 트히셰	[자] (놀이, 도박 따위에서) 속임수를 쓰다; (시험에서) 부정행위를 하다
tricherie 트히슈히	[여] (놀이, 도박 따위에서의) 속임수; (시험에서의) 부정행위
tricheur(se) 트히셰흐(셰즈)	[명] (놀이, 도박 따위에서) 속임수를 쓰는 사람; 부정행위하는 사람
tricolore 트히꼴로흐	[형] 삼색의 le drapeau ~ 삼색기 (프랑스 국기)
tricot 트히꼬	[남] 뜨개질하여 만든 천, 편물; 뜨개질하여 만든 옷
tricotage 트히꼬따즈	[남] 뜨개질
tricoter 트히꼬떼	[타] 짜다, 뜨다 [자] 뜨개질하다
tricycle 트히시끌	[남] 세발자전거
trier 트히에	[타] 선택하다; (시험으로) 선발하다, 선별하다, 추려내다; 분류하다
trigonométrie 트히고노메트히	[여] 삼각법, 삼각술
trille 트히유	[남] 전음, 바이브레이션
triller 트히예	[타] 전음으로 장식하다

trilogie
트힐로지
[여] 3 부작

trimer
트히메
[자] 애써 일하다, 수고하다, 노력하다

trimestre
트히메스트흐
[남] 3 개월의 기간 premier ~ 일사분기

tringle
트헹글
[여] (커튼 따위의 고리를 끼우거나 상품을 매달아 놓는) 봉, 가로막대

trinité
트히니떼
[여] (T~) [신학] 삼위일체

trinquer
트헹께
[자] 건배하다

trio
트히오
[남] 트리오

triomphal(e, aux)
트히옹팔(포)
[형] 승리를 얻은, 성공 한; 의기양양한

triomphalement
트히옹팔멍
[부] 성공적으로

triomphe
트히옹프
[남] 개선, 대승, 압승

triompher
트히옹페
[타간] (~de qn / qc) ...을 이기다 [물리치다] ~ de son adversaire 적을 물리치다

triparti(e)
트히빠흐띠
[형] 삼부로 된; 셋으로 갈린

tripes
트히쁘
[여][복] 동물의 장, 창자

triple
트히쁠
[형] 3 중의, 3 배의

triplé
트히쁠레
[남] ① [운동] 3 연승 ② [경마] 3 연승식 ③ (복수) 세쌍둥이

tripler
트히쁠레
[타] 3 배로[3 중으로] 하다 [자] 3 배가 되다

tripoter
트히뽀떼
[타] ① (남의 돈을 이용하여) 돈벌이하다, 투기하다 ② 만지작거리다, 주물럭거리다 ③ (구어) (몸을) 만지다, 애무하다

triste
트히스뜨
[형] 슬픈

tristesse
트히스떼스
[여] 슬픔

triumvirat
트히옴비하
[남] 집정관의 직

trivial(e, aux)
트히비알(오)
[형] 진부한; 비속한, 저속 한

troc
트호끄
[남] 물물교환

trois
트후아
[형] 셋의; 셋째의 [남] 셋; 3 일

troisième
트후아지엠
[형] 셋째의; 3 분의 1 의 [명] 셋째 [남] 3 분의 1

trois-quarts
트후아꺄흐
[남] 아동용의 소형 바이올린, 7 부 외투 (윗저고리와 외투 중간 길이의 외투)

troll
트홀
[남] [북유럽신화] 요정

trolley
트홀레
[남] (전차의) 트롤리

trolleybus
트홀레뷔스
[남] 트롤리버스, 무궤도 전차

trombe
트홍브
[여] (물위의) 소용돌이, 회오리 물기둥

trombone
트홍본
[남] [음악] 트롬본

trompe
트홍쁘
[여] (코끼리의) 코; 사냥 나팔

trompe-l'oeil
트홍쁠뢰유
[남] (복수불변) (실물로 착각할 만큼) 사실적인 그림

tromper
트홍뻬
[타] 속이다; 실망시키다, 배반하다 se ~ 잘못 생각하다, 오해하다, 틀리다

tromperie
트홍프히
[여] 속임수

trompette
트홍뻬뜨
[여] 트럼펫

trompettiste
트홍뻬띠스뜨
[명] 트럼펫 연주자

trompeur(se)
트홍뾔흐(뾔즈)
[형] 속이는, 기만적인 [명] 기만자, 협잡꾼

tronc
트홍
[남] (나무의) 줄기, 몸체

tronçon
트홍송
[남] 토막, 동강이

tronçonner
트홍소네
[타] 토막내다, 자르다

trône
트혼
[남] 왕좌, 옥좌; 왕위

tronquer
트홍께
[타] (글 따위를) 훼손하다, 삭제[누락]하다

trop
트호
[부] 너무, 지나치게 Je ne sais pas ~. 잘 모르겠네요

trophée
[남] 트로피

트호페

tropical(e, aux) [형] 열대(지방)의, 열대성 의
트호삐깔(꼬)

tropique [남] 회귀선
트호삐끄

trop-plein [남] 넘침, 과잉; 과잉분, 잉여분
트호쁠렝

troquer [타] 교환하다, 물물교환하다
트호께

trot [남] 빠른 걸음, 속보 au ~ 속보로 se mettre au ~ 빨리 걸어가다
트호

trotter [자] (말, 기수가) 속보로 달리다
트호떼

trottiner [자] (말 따위가) 약간 빠른 속보로 가다
트호띠네

troittoir [남] 보도, 인도
트호뚜아흐

trou [남] 구멍; 구덩이
트후

troubadour [남] [문학사] (중세 남프랑스의) 음유 시인
트후바두흐

trouble [남] 혼탁; 혼잡, 혼란; 불안, 근심, 걱정
트후블

trouble-fête [명] (복수불변) 흥을 깨는 사람
트후블페뜨

troubler [타] 흐리게 하다; 어지르다; 어지럽게 하다
트후블레

trouée [여] 갈라진 틈; (숲의) 통로
트후에

trouer [타] 구멍을 뚫다
트후에

trouille
트후유
[여] (구어) 겁, 두려움

troupe
트후쁘
[여] 대(隊), 무리

troupeau(x)
트후뽀
[남] (동물의) 떼, 무리; (특히) 양떼

trousse
트후스
[여] 묶음, 다발; 기구 넣는 케이스

trousseau(x)
트후소
[남] (열쇠 따위의) 꾸러미, 묶음 ~ de clés 열쇠 꾸러미

trouvaille
트후바유
[여] 의외의 발견(물)

trouver
트후베
[타] 찾아내다, 알아내다, 발견하다; 고안하다; 만나다; 느끼다, 맛보다; ...라고 생각하다 Comment le *trouvez*vous ? 그것을 어떻게 생각하십니까? se ~ [대] 있다, 존재하다; 발견되다 Sa maison *se trouve* au bout du village. 그의 집은 마을 끝에 있다

troyen(ne)
트후아옝(옌)
[형] 트로이의 [명] (T~) 트로이 사람

truand(e)
트휘영(영드)
[명] (옛) 부랑자, 거지 [남] 무뢰한, 악당

truc
트휘끄
[남] ① (구어) 요령, 비결 ② 속임수, 트릭 ③ (구어) (이름을 모르거나 밝히기 싫은 사물, 사람을 가리켜) 거시기, 것, 아무개 Qu'estce que c'est que ce ~ ? 저게 뭐야?

truelle
트휘엘
[여] 모종삽

truffe
트휘프
[여] 송로(松露) (버섯의 일종)

truisme
트휘이슴
[남] 자명한 이치

truite
트휘이뜨
[여] [어류] 송어

truquer
트휘께
[자] 속임수를 쓰다; (은어) 매춘을 하다 [타] 위조[변조]하다, 속이다

trust
트회스뜨
[남] 트러스트, 기업 합동

tsar
차흐
[남] 황제, 군주

T.T.C.
[약] toutes taxes comprises 모든 세금이 포함된

tu
뛰
[대명] 네가, 너는, 자네가, 그대가, 그대는

tuba
뛰바
[남] [음악] 튜바; (잠수부의) 호흡관

tube
뛰브
[남] 관(管), 통(筒)

tuberculose
뛰베흐뀔로즈
[여] [의학] 결핵

tubulaire
뛰뷜레흐
[형] 관(모양)의, 통 모양의

tuer
뛰이에
[타] 죽이다, 시들게 하다; 건강을 해치다; 망치다, 부서뜨리다 se ~ [대] 자살하다; 무리하다; 건강을 해치다

tuerie
뛰히
[여] 학살; 도살

tue-tête, à
아뛰떼뜨
[부] 목청을 다하여

tueur(se) [명] ① 살인자 ② 청부 살인자 ③ 도살업자
뛰이외흐(외즈)

tuile [여] 기와; 뜻밖의 재난, 재수 없는 일; 나사 의 털을 반반하게 뉘는 널빤지
뛰일

tulipe [여] [식물] 튤립
뛸리쁘

tumeur [여] [의학] 종양
뛰뫼흐

tumulte [남] 소란, 떠들썩함, 소동, 법석
뛰뮐뜨

tumultueux(se) [형] 떠들썩한, 소란스러운
뛰뮐뛰이유(유즈)

tunique [여] ① 허리까지 스커트를 덮는 여성용 코트; 짧은 스커트가 달린 여자 운동복 ~ de gym-nastique 체조복 ② (옛) 군인의 약식 제복; 중고등 학생의 제복 ③ [고대 그리스로마] 무릎 까지 내려오는 속옷 ④ [가톨릭] 조제복
뛰니끄

Tunisie [여] [지리] 튀니지
뛰니지

tunnel [남] 터널, 굴, 지하도
뛰넬

turban [남] 회교도의 두건, 터번
뚜흐벙

turbine [여] 터빈
뛰흐빈

turbo [남] ① [패류] 소라의 일종 ② [자동차] 터보 과급기 [형] (불변) [정보] 처리속도가 빠른
뛰흐보

turbot
뛰흐보
[남] [동물] (유럽산) 가자미의 일종

turbulence
뛰흐뷜렁스
[여] ① 소란스러움, 부산함 ② [물리] (액체, 기체의) 소용돌이, 난류

turbulent(e)
뛰흐뷜렁(렁뜨)
[형] ① 소란스러운, 부산한 ② (문어) 혼란한; 파란만장한

turc(turque)
뛰흐끄
[형] 터키인, 터키의 [명] (T~) 터키 사람

Turquie
뛰흐끼
[여] [지리] 터키

tutelle
뛰뗄
[여] ① 보호; 감독, 감시 être sous la ~ des lois 법의 보호하에 있다 tenir qn en ~ ...을 보호[감독]하다 ② [법] 후견 ~ légale 법정 후견

tuteur(trice)
뛰뙤흐(트히스)
[명] 보호자, 후원자

tutoyer
뛰뚜아예
[타] (tu 를 사용하여) 말을 놓다 se ~ [대] 서로 말을 놓다

tuyau(x)
뛰이요
[남] 관, 통

T.V.A.
[약] taxe à la valeur ajoutée 부가가치세

tympan
뗑뺑
[남] [해부] 고막

type
띠쁘
[남] ① 형, 유형, 타입 ② 전형, 표본, 견본 ③ (제품 따위의) 형, 형식, 모델 ④ (구어) 녀석, 놈

typhoïde
띠포이드
[형] [의학] 티푸스성의
[여] 장티푸 스

typhon
띠퐁
[남] 태풍

typique [형] 전형적인, 대표적인
띠삐끄

typiquement [부] 적형적으로
띠삐끄멍

typographe [명] 식자공
띠뽀그하프

typographie [여] 활판 인쇄(술)
띠뽀그하피

typographier [타] 활판으로 인쇄하다
띠뽀그하피에

typographique [형] 활판 인쇄의; 인쇄상의
띠뽀그하피끄

typographiquemer [부] 활판 인쇄로; 인쇄상으로
띠뽀그하피끄멍

typolithographie [여] 석판 인쇄(술)
띠뽈리또그하피

typologie [여] ① 유형학, 유형론 ② [신학] 예형론 (신약에 기술된 것이 구약에 예시되어 있다는 설)
띠뽈로지

typologique [형] ① 유형학의, 유형학상의 ② [신학] 예형론의
띠뽈로지끄

tyran [남] ① 전제군주, 폭군, 압제자 ② (비유) 폭군적인 사람[것], 지배자
띠헝

tyrannie [여] 전제 정치
띠하(한)니

tyrannique [형] 폭정의, 압제의, 폭군적인
띠하(한)니끄

tyranniser [타] 전제적으로 다스리다, 폭정을 행하다 seigneur qui *tyra-nnise* les paysans 농민들에게 폭정을 펴는 영주
띠하(한)니제

U - u

U, u
위

[남] 프랑스 자모의 스물 한번째 글자

ubiquisme
유비뀌이슴

[남] [신학] 그리스도 편재론

ubiquiste
위비뀌이스뜨

[형] ① 동시에 도처에 존재하는, 편재하는 ② [생물] (동식물이) 어디서나 서식하는 ③ [신학] 그리스도 편재론의 [명] ① (문어) 편재자; 어디든지 얼굴을 내놓는 사람 ② [생물] 범존종 ③ [신학] 그리스도 편재론자 ubiquitaire [명] [신학] 그리스도 편재론자 [형] ① [문어] 편재하는 ② [신학] 그리스도 편재론의

ubiquité
유비뀌이떼

[여] ① 동시에 도처에 존재함 ② [신학] 그리스도 편재 avoir le don d'~ 어디에나 모습을 나타내다 Il a le don d'~. 그는 신출귀몰한다

Ukraine
위크렌

[여] [지리] 우크라이나

ukrainien(ne)
위크헤니엥(엔)

[형] 우크라이나의
[명] (U~) 우 크라이나 사람

ulcératif(ve)
윌세하띠프(띠브)

[형] [의학] 궤양성의, 궤양을 일으키는

ulcération
윌세하시옹

[여] [의학] 궤양 형성; 궤양 début d' ~ 궤양 초기 ~ cancéreuse 암

궤양

ulcère [남] [의학] 궤양 ~ de[à] l'estomac 위궤양 ② [식물] 암종
월세흐

ulcéré(e) [형] ① [의학] (상처 따위가) 궤양이된 ② (비유) 깊은 상처를 입은 coeur ~ 원한 맺힌 마음 avoir une conscience ~e 양심의 가책으로 고통을 받다
월세헤

ulcérer [타] ① [의학] 궤양을 일으키다 ② [비유] 마음에 깊은 상처를 입히다; 원한을 품게 하다 Ton injustice à son égard l'*a ulcéré*. 그에 대한 너의 부당함에 그는 깊은 상처를 받았다 s' ~ [대] (상처 따위가) 궤양이 되다
월세헤

ulcéreux(se) [형] [의학] ① 궤양성의 ② 위 [십이지장] 궤양에 걸린 [명] 위[십이지장] 궤양 환자
월세회(회즈)

Ulster [남] [지리] 북아일랜드
월(윌)스떼흐

ultérieur(e) [형] 나중의, 차후의, 장래의
윌떼히예흐

ultérieurement [부] 나중에, 차후에
윌떼히예흐멍

ultimatum [남] 최후통첩 adresser un ~ 최후통첩을 보내다
윌띠마똠

ultime [형] 최후의, 최종의, 궁극의
윌띰

ultraconservateur(trice [형] 초보수적인
윌트하꽁세흐바뙤흐(트히스)

ultra-rapide [형] 초고속의 avion ~ 초고속 비

윌트하하삐드 행기

ultrason [남] [물리] 초음파
윌트하송

ultrasonique [형] [물리] 초음파의
윌트하소니끄

ultrasonographie [여] ~ oculaire 초음파 검사법
윌트하소노그하피

ultrasonore [형] [물리, 의학] 초음파의 ondes ~s 초음파
윌트하소노흐

ultraviolet(te) [형] 자외(선)의 rayons ~s 자외선
윌트하비올레(레뜨) [남] 자외선 ([약] U.V.)

Ulysse [남] [그리스신화] 율리시스
윌리스

un(e) [형] 하나의; 첫째의, 제일의
엥(윈) [남] 하나, 일

unanime [형] 합의의, 동의하는
위나님

unanimement [부] 만장일치로
위나님멍

unanimité [여] 만장일치 obtenir l'~ des suffrages 전원의 찬성표를 얻다
위나니미떼

UNESCO [약] [영] United Nations Educational, Scientific and Cultural Organization 유네스코, 국제연합 교육과학문화기구

uni(e) [형] ① 결합된; 화합된, 일치된 ~s par le mariage 결혼으로 결합된 ② 통합된, 연합된, 단결된 former un front ~ contre qn/qch ...에 대항하여 연합전선을 형성하다
위니

UNICEF [약]] [영] United Nations Inter national Children's Emergency Fu nd 국제연합 아동기금

unicellulaire 위니셀륄레흐 [형][남] [생물] 단세포의 (동물)

unicolore 위니꼴로흐 [형] 단색의

unicorne 위니꼬흔 [형] 외뿔의 [남] 외뿔 짐승, 일각수

unification 위니피꺄시옹 [여] 통일, 통합, 단일화 ~ d'un pays 나라의 통일

unifier 위니피에 [타] ① 통일하다 ~ un pays 나라를 통일하다 ② 단일화하다 ~ des programmes scolaires 학교 교육 프로그램을 단일화하다

uniforme 위니포흠 [남] ① 똑같은, 동형의; 일률적인; 균일한, 일정한 maisons ~s de la banlieue 교외의 획일적인 집들 ② (태도 따위가) 변함없는, 한결 같은; 단조로운 conduite ~ 한결같은 행동 [남] 군복; 제복, 유니폼

uniformisation 위니포흐미자시옹 [여] 통일, 규격화, 획일화

uniformiser 위니포흐미제 [타] 균일하게 하다, 통일하다

uniformité 위니포흐미떼 [여] 한결같음, 고름

unilatéral(e, aux) 위닐라떼할(호) [형] 한쪽만의, 일방의; 일방적인

unilatéralement 위닐라떼할멍 [부] 한쪽으로만; 일방적으로

union
위니옹
[여] ① 연결, 결합, 융합 ~ de l'âme et du corps 영혼과 육체의 결합 ② 통합, 합병 ~ de deux sociétés 두 회사의 통합 ③ (남녀의) 결합; 결혼 ~ libre 내연(관계) ~ légitime 합법적인 결혼

unioniste
위니오니스뜨
[형] ① 통일[연방]주의의 ② (퀘벡주의 독립을 반대하는) 국가연방 당원의 [명] ① 통일 [연방]주의자; 통합주의자 ② (퀘벡주의) 국가연방당원

unique
위니끄
[형] 유일한; 단독의

uniquement
위니끄멍
[부] 오로지, 다만

unir
위니흐
[타] ① 연결[결합]하다; (모아서) 합치다 s' ~ 연결[결합]되다; 합쳐지다, 융합되다 ② 결혼시키다

unisex(e)
위니섹스
[형] (복장 따위가) 남녀에 공통인, 유니섹스의

unisexualité
위니섹쉬알리떼
[여] [생물] 단성

unisson
위니송
[남] 동조, 동음 chanter à l'~ 제창하다

unitaire
위니떼흐
[형] 하나의, 단위의, 일원의

unité
위니떼
[여] 단일성; 단위, 균일; 통일; 조화

univers
위니베흐
[남] ① 우주 auteur de l'~ 창조주, 신 ② 세계, 지구전체 citoyen de l'~ 세계의 시민 ③ (비유) 세계, 영역, 활동의 장 ~ de l'enfance[du

rêve] 어린이[꿈]의 세계

universalisation [여] 보급, 확산; 보편화
위니베흐살리자시옹

universaliser [타] 보편화하다, 세계적으로 하다
위니베흐살리제

universalisme [남] 보편주의
위니베흐살리슴

universaliste [남] 보편주의자
위니베흐살리스뜨

universalité [여] 보편성, 일반성 ~ d'une vérité 진리의 보편성
위니베흐살리떼

universel(le) [형] 보편적인
위니베흐셀

universellement [부] 보편적으로
위니베흐셀멍

universiade [여] 국제 대학생 체육대회, 유니버시아드
위니베흐시아드

universitaire [형] 대학에 속하는, 대학의 restaurant ~ 학생식당 ((약, 구어) resto U)
위니베흐시떼흐

université [여] 대학교
위니베흐시떼

uranium [남] 우라늄 ~ enrichi 농축 우라늄
위하니옴

urbain(e) [형] 도시의 [명] 도시 거주자
위흐뱅(벤)

urbanisation [여] 도시화
위흐바니자시옹

urbaniser [타] 도시화하다 s'~ 도시화되다
위흐바니제

urbanisme [남] 도시계획

위흐바니슴

urbaniste [명] 도시계획자
위흐바니스뜨

urbanité [여] 도풍, 점잖음, 우아, 정중, 예절
위흐바니떼

urgence [여] ① 긴급, 화급, 절박 in-sister sur l' ~ d'une solution 해결의 긴급성을 역설하다 ② 구급, 응급(처치), 응급환자 service des ~s 응 급실
위흐정스

urgent(e) [형] 긴급한, 화급한, 절박한 travail ~ 급한 일
위흐정(정뜨)

urinaire [형] 오줌의, 비뇨기(泌尿器)의
위히네흐

urination [여] 배뇨
위히나시옹

urine [여] 오줌, 소변
위힌

uriner [자] 소변보다
위히네

urinoir [남] 남자용 공중변소, 소변소
위히누아흐

urne [여] ① 유골 단지 ② [시] 항아리, 단지 ③ 투표함 se rendre aux ~s 투표하러 가다
위흔

urologie [여] [의학] 비뇨기학
위홀로지

urologue [명] [의학] 비뇨기과전문의
위홀로그

Uruguay [약] Union des Républiques Soci alistes Soviétiques 소비에트 사회주의 연방
위휘괴

U-u

U.S./U.S.A.	[남] [지리] 우루과이
usage 위자즈	[약] United States (of America) 미국 aller aux ~ 미국에 가다
usagé(e) 위자제	[남] 사용 ~ des nombres en géométrie 기하학에서의 숫자의 사용 ~ de la force 무력의 행사
usager 위자제	[형] 오래 사용된, 낡은, 중고의
usé(e) 위제	[남] 이용자, 사용자
user 위제	[형] 써서 낡은, 해진; 쇠약한, 허약해진; 진부한
usine 위진	[자] [~ de] 사용하다, 행사하다
usité(e) 위지떼	[여] 공장
ustensile 위스떵실	[형] [언어] 흔히 사용되는, 통용되는
usuel(le) 유쥐이엘	[남] 도구, 용구, 기구 ~s de ménage[cuisine] 살림[취사]도구
usure 유쥐흐	[형] 상용의, 관용의, 일상의
usurpateur(trice) 위쥐흐빠떠흐(트히스)	[여] ① 고리, 폭리 ② 마모, 마멸
usurpation 위쥐흐빠시옹	[명] ① 횡령자 ② 왕위 찬탈자
usurper 위쥐흐빼	[여] 찬탈, 횡령, (권리의) 침해
utérus 위떼휘스	[타] 빼앗다, 탈권(奪權)하다
utile	[남] [해부] 자궁

위띨

utilisateur(trice) 위띨리자뙤흐(트히스)
[형] 유용한 ~ pour faire qch ... 하는데 유용한

utilisable 위띨리자블
[명] 사용자

utilisateur(trice) 위띨리자뙤흐(트히스)
[형] 이용할 수 있는

utilisation 위띨리자시옹
[명] (기계, 설비 따위의) 사용 자, 이용자

utiliser 위띨리제
[여] 이용

utilitaire 위띨리떼흐
[타] 이용하다

utilitarisme 위띨리따히슴
[형] ① 실용적인 ② 실리를 추구하는, 실리적인, 영리주의의 ③ [철학] 공리주의의

utilitariste 위띨리따히스뜨
[남] (문어) 실리주의; [철학] 공리주의

utilité 위띨리떼
[형] [철학] 공리주의의 [명] 공리주의자

utopie 위또삐
[여] 유용성, 유익성, 효용; 이익, 실리, 이점

utopique 위또삐끄
[여] 유토피아

utopiste 위또삐스뜨
[형] 공상적인, 비현실적인

U.V.
[명] 유토피아를 꿈꾸는 사람, 공상가, 몽상가 [형] (옛) 유토피아를 꿈꾸는; 공상적인

[약] ultra-violets 자외선

V - v

V, v 베
[남] 프랑스 자모의 스물둘째 글자

vacance 바깡스
[여][복] ① 방학, 바캉스; 휴가 ~s de Noël[de Pâques] 크리스 마스 [부활절] 방학 ~s d'hiver 겨울방학 les grandes ~s 여름방학 un lieu de ~s 휴양지 étalement des ~s 바캉스의 시기를 나누기[조절하기] colonie de ~s 하기학교, 임간[임해]학교 centre de ~s et de loisirs 휴양, 레저 시설 partir en ~s 휴가 [바캉스]를 떠나다 passer ses ~s au bord de la mer 휴가를 해변에서 보내다 Depuis 1936, les ~s sont payées aux salariés. 1936 년부터 봉급자들에게는 유급휴가가 주어지고 있다 Bonnes ~s ! 즐거운 방학을 보내세요! ② 휴식, 휴양 (=re-pos) Vous êtes fatigué, vous avez besoin de ~s. 당신은 피곤해 보이는군요, 휴식이 필요합니다

vacancier(ère) 바깡시에(에흐)
[명] 피서객

vacant(e) 바깡(깡뜨)
[형] ① 비어있는 maison ~e 빈 집 ② 공석의, 결원의 poste ~ 공석

vacarme 바꺄흠
[남] ① 소란, 소동, 야단법석 ~ d'enfer 굉장한 소란 faire du ~ 소란을

피우다 ② (요란한) 소음 ~ de camions[des klaxons] 트럭[경적음]의 요란한 소음

vaccin 박셍 [남] ① [의학] 백신; 우두, 종두 ~ antigrippal 감기 예방 백신 ~ préventif[curatif] con-tre qch ...에 대한 예방[치료] 백신 injection [inoculation] d'un ~ 백신 주사 ② (구어) 백신 [예방] 접종 (=vaccinetion) faire un ~ à un enfant 아이에게 백신[예방]접종을 시키다 ③ (비유) 예방약 면역제 Il n'y a pas de ~ contre la jalousie. 질투에는 예방약이 없다

vaccinable 박시나블 [형] 백신[예방]접종이 가능한

vaccinal(e, aux) 박시날(노) [의학] 백신의; 종두의; 백신 접종에 의한; inoculation ~ale 백신 주사

vaccinateur(trice) 박시나뙤흐(트히스) [명] 백신 접종 의사; 종두 의사 [형] 백신을 접종하는; 종두하는

vaccination 박시나시옹 [여] [의학] 백신접종[주사]; 예방접종 (=~ préventive); 종두 (=~ jennérienne) ~ par injection[par la bouche] 주사[경구] 접종 ~ antityphoïdique 장티푸스 예방 접종 ~ curative 치료 백신 접종

vaccine 박신 [여] [의학] ① 우두; 마두; 접종용 우두 ② 종두 반응, (종)두진

vacciné(e) 박시네 [형] ① [의학] 백신[예방] 접종을 받은, 종두를 한 enfants ~s 예방주사를 맞은 아이들 ② (비유, 구어) 면역이 된, 무감각해진 [~ contre] être ~ contre la peur 무서움을 타지 않

게 되다 être majeur et ~ 성인이 되다, 스스로 모든 일을 할 수 있게 되다 [명] 백신 접종을 한 사람, 종두를 한 사람

vacciner 박시네 — [타] 백신[예방] 접종을 하다

vache 바슈 — [여] 암소

vachement 바슈멍 — [부] (구어) 매우, 몹시, 엄청나게

vaciller 바시예/바실레 — [자] 흔들거리다, 흐느적거리나, 너울거리다; 깜빡거리다, 아물거리다; 망설이다

va-et-vient 바에비엥 — [남] (복수불변) 왕복운동

vagabond(e) 바갸봉(봉드) — [형] 방랑하는, 유랑하는 [명] 방랑자, 유랑자, 부랑자

vagabondage 바가봉다즈 — [남] 방랑, 부랑

vagabonder 바가봉데 — [자] 떠돌아다니다, 방랑하다

vagin 바젱 — [남] [해부] 질(膣)

vague 바그 — [형] 막연한, 모호한, 애매한 rester ~ sur 애매하다 [여] 물결, 파도 La ~ coréenne 한류

vaguement 바그멍 — [부] 어렴풋이; 애매하게, 막연하게 distinguer ~ qch 어렴풋이 ...을 알아보다

vaillamment 바야멍 — [부] 용맹스럽게

vaillant(e)
바영(영뜨)
[형] 용맹스런, 씩씩한, 장한, 영웅적인

vain(e)
벵(벤)
[형] 헛된, 무익한 en ~ 보람없이, 헛되이

vaincre
벵크흐
[타] 이기다, 정복하다; 쳐부수다; 억누르다; 능가하다; 설복하다

vainement
벤멍
[부] 헛되게, 무익하게

vainqueur
벵꾀흐
[남] 승리자, 전승자, 정복자

vaisseau(x)
베소
[남] ① (옛, 문어) (커다란) 배, 선박; 군함 ② [해부] 관, 맥관 ③ [식물] 물관, 도관 ④ [항공] ~ spatial 우주선

vaisselle
베셀
[여] (집합적) 식기류 ; (집합적) (식사 후의) 더럽혀진 식기 faire la ~ 설거지하다

val(s)(vaux)
발(보)
[남] 골짜기, 계곡 (지명, 관용어 외에는 별로 쓰이지 않음 V~ de Loire 루아르 강 계곡 일대의 지방

valable
발라블
[형] 유효한; 승인될 만한

valence
발렁스
[여] [화학][물리] 원자가; 이온가

valentin
발렁뗑
[남] (2 월 14 일의) 성발렌타인제에 처 들이 골라잡는 남자

valet
발레
[남] 하인

valeur
발뢰흐
[여] 가치, 값어치

valide
[형] 근거가 확실한

발리드

valider 발리데 — [타] 정당성을 입증하다, 실증하다, 확인하다

validité 발리디떼 — [여] ① (법적) 유효성, 효력 ② 정당성, 타당성, 적합성

valise 발리즈 — [여] (여행용) 가방

vallée 발레 — [여] 골짜기; 유역

valoir 발루아흐 — [자] 값나가다, 가치가 있다 ‖ *vaut* mieux + inf. [que + sub.] ...하는 편이 낫다

valoriser 발로히제 — [타] 더 높은 가치를 부여하다

valse 발즈 — [여] [무용, 음악] 왈츠

valve 발브 — [여] [기계] 판(瓣), 밸브

vamp 벙(밤)쁘 — [여] 요부; 요부역의 여배우

vampire 벙삐흐 — [남] 흡혈귀

vandale 벙달 — [명] ① (V~) [역사] 반달인 (고대 게르만의 한 부족) ② (비유) (예술, 문화 따위의) 파괴자 [형] ① 반달인의 ② (예술, 문화 따위를) 파괴하는, 야만적인

vandaliser 벙달리제 — [타] (예술, 문화 따위를) 고의적으로 파괴하다

vandalisme 벙달리슴 — [남] (예술, 문화 따위의) 파괴

vanille [여] [식물] 바닐라
바니유

vanité [여] 허영심, 자만심
바니떼

vaniteux(se) [형] 자만심[허영심]이 강한
바니뙤(뙤즈)

vantail(aux) [남] (밀어서 여는 문, 창문의) 문짝
벙따유(또)

vantard(e) [형][명] 허풍떠는 (사람)
벙따흐(흐드)

vanter [타] (문어) 칭찬하다 se ~ [대] 자기 자랑을 하다
벙떼

vapeur [여] 증기; 수증기; 술기운; 허황된 생각, 망상; 덧없는 것 à la ~ 증기로; 서둘러서
바뾔흐

vaporeux(se) [형] (문어) 안개가 낀; 흐릿한
바뽀회(회즈)

vaporisateur [남] 스프레이
바뽀히자뙤흐

vaporiser [타] 증발[기화]시키다; 분무하다
바뽀리제

vaquer [자] [행정] 쉬다, 휴무[휴교, 휴정]이다
바께

variable [형] 변하기 쉬운, 곧잘 변하는
바히아블

variance [여] ① [물리] (열역학의) 가변도 ② [통계] 분산
바히엉스

variation [여] 변화, 변동
바히아시옹

varice [여] [의학] 정맥류
바히스

varicelle [여] [의학] 수두
바히셀

varié(e) [형] 변화가 많은, 다양한; 여러 가지의, 잡다한, 잡색의
바히에

varier [타] 여러 가지로 바꾸다[갈다], 가지각색으로 하다; 변곡하다 [자] 여러 가지로 변하다[달 라지다]; 다르다
바히에

variété [여] 변화(가 많음), 다양(성) grande ~ 풍부한 다양성
바히헤떼

variole [여] 천연두
바히올

variolé(e) [형] 얽은
바히올레

varioleux(se) [형] 천연두에 걸린 [명] 천연두 환자
바히올뢰(뢰즈)

variolisation [여] 우두 접종
바히올리자시옹

variqueux(se) [형] 정맥류(靜脈瘤)의
바히꾀(꾀즈)

vasculaire [형] ① [해부] 맥관의; 혈관의 ② [식물] 유관속의
바스뀔레흐

vase [남] 꽃병
바즈

vasectomie [여] [의학] 정관 절제(술)
바젝또미

vaseux(se) [형] (구어) 멍한, 몽롱한; 피곤한, 나른한
바죄(죄즈)

vasistas [남] (문, 창 위쪽의) 여닫는 작은 창
바지스따스

vaste [형] 널따란, 광대한, 광활한
바스뜨

vaudou [남] 부두교
보두

vau-l'eau, à [부] 물결 따라, 흘러가는 대로
아볼로

vaurien(ne) [명] 말썽꾸러기, 악동
보히엥(엔)

vautour [남] [조류] 독수리
보뚜흐

vautrer [타] [사냥] (멧돼지를) 사냥개로 몰다
보트헤 se ~ [대] (누워서) 뒹굴다

veau(x) [남] 송아지; 송아지 고기
보

vecteur [남] ① [수학] 벡터 ② [의학] (병원체의) 매개물, 매개동물[식물] ③ (비유) 매개자, 매체
벡뙤흐

vedette [여] 주역[인기]배우, 인기 연예인, 스타
브데뜨

végétal(e, aux) [형] 식물의
베제딸

végétarien(ne) [형][명] 채식주의자(의)
베제따히엥(엔)

végétarisme [남] 채식주의
베제따히슴

végétation [여] (집합적) (한 장소, 지역의) 식물, 식생 ~ tropicale 열대식물
베제따시옹

végéter [자] (식물이) 생장하다; 보람 없이 살다, 허송세월하다
베제떼

véhémence [여] (문어) (감정, 표현 따위의) 격렬함, 열렬함
베에멍스

véhément(e) [형] (문어) 격렬한, 열렬한, 맹렬한
베에멍(멍뜨)

véhicule [남] 탈것, 차, 운송 수단, 수레
베이뀔

veille [여] 전날; 직전 à la ~ de son entrée au collège 그가 중학교에 진학하기 직전
베유

veiller [자] 밤새우다, 철야하다, 자지 않고 지내다; 밤일하다; 야경하다; 숙직하다; 당직하다; ...에 주의하다 (~ à)
베예

veilleur(se) [명] (드물게) 밤샘하는 사람
베예흐(예즈) [남] 초 병, 감시병; 야경

veilleuse [여] (밤에 켜놓는) 작은 전등, 야등
베예즈

veinard(e) [형][명] (구어) 운이 좋은 (사람)
베나흐(흐드)

veine [여] 정맥
벤

veiné(e) [형] 맥[결, 줄]이 있는
베네

veineux(se) [형] 정맥의; 맥관의; 엽맥의 나뭇결이 많은
베뇌(뇌즈)

velche/welche [명][형] (독일인의 입장에서 본) 외국인 (특히 프랑스, 이탈리아인)(의)
벨슈

velcro [남] 벨크로
벨크호

vélo [남] 자전거
벨로

véloce [형] 민속한, 빠른
벨로스

velours [남] 벨벳
블루흐

velouté(e) [형] (감촉이) 부드러운
블루떼

velu(e) 블뤼	[형] 털이 많이 난
venaison 브네종	[여] (사슴, 멧돼지 따위의) 큰 짐승의 고기
vénal(e, aux) 베날(노)	[형] 돈으로 좌우되는
vendange 벙덩주	[여] 포도의 수확; (복수) 포도 수확기; 수확한 포도
vendeur(se) 벙되흐(되즈)	[명] 파는 사람, 판매인, 상인
vendre 벙드흐	[타] 팔다, 매도하다
vendredi 벙드흐디	[남] 금요일
vénéneux(se) 베네뇌(뇌즈)	[형] (식물 따위가) 독을 지닌, 유독한
vénérable 베네하블	[형] 존경할 만한, 훌륭한
vénération 베네하시옹	[여] (종교적인) 숭배, 존경, 숭상, 존중
vénérer 베네헤	[타] 존경하다, 숭배하다
vénérien(ne) 베네히엥(엔)	[형] 성병의 maladie ~ne 성병
Venezuela 베네쥐이엘라	[남] [지리] 베네수엘라
vengeance 벙정스	[여] 복수, 원수 갚기, 앙갚음
venger 벙제	[타] 원수를 갚다, 복수를 하다 se ~ [대] 복수하다 se ~ de ses ennemis 적에게 복수하다

véniel(le) 베니엘	[형] 용서받을 수 있는
venimeux(se) 브니뫼(뫼즈)	[형] (동식물 따위가) 독이 있는, 유독한
venin 브넹	[남] (동식물 따위의) 독, 독액
venir 브니흐	[자] 오다; 가다; 이르다
Venise 브니즈	[명] [지리] 베네치아
vent 벙	[남] 바람; 공기; 기류
vente 벙뜨	[여] 판매
venteux(se) 벙뙤(뙤즈)	[형] 바람이 부는
ventilateur 벙띨라뙤흐	[남] 선풍기; 통풍기
ventilation 벙띨라시옹	[여] 통풍, 공기의 유통, 환기
ventiler 벙띨레	[타] 환기하다; 송풍하다; [법] 비례 평가 하다
ventre 벙트흐	[남] 배, 복부
ventriloque 벙트힐로끄	[형] 복화(술)을 하는 [명] 복화술사
venu(e) 브뉘	[형] 온, 도래한
venue 브뉘	[여] 오기; 도래, 도착 allées et ~s 왕래
vénus	[여] 절세미녀; V~ [로마신화] 비너

베뉘스 — 스 (사랑과 미의 여신); 비너스상 la V~ de Milo 밀로의 비너스상; [천문] 금성

ver
베흐 — [남] ① 지렁이; 벌레 ② 기생충

véracité
베하시떼 — [여] ① 진실성, 사실성; 정확성 ② (문어) (사람이) 진실함, 성실함

véranda
베헝다 — [여] 베란다, 툇마루

verbal(e, aux)
베흐발(보) — [형] 말의, 말에 관한, 말로 나타낸 ordres ~aux 구두 명령

verbalement
베흐발멍 — [부] 언어로, 말로

verbaliser
베흐발리제 — [자] 조서를 작성하다; 언어[말]로 표현하다

verbe
베흐브 — [남] 동사

verbeux(se)
베흐뵈(뵈즈) — [형] 말수가 많은

verdâtre
베흐다트흐 — [형] 초록빛이 도는, 푸르스름한

verdeur
베흐되흐 — [여] (설익은 과일, 덜 숙성된 포도주 따위의) 신맛, 떫은 맛

verdict
베흐딕(뜨) — [남] ① [법] (배심원의) 평결 ② 심판, 판결; 혹독한 비판

verdir
베흐디흐 — [자] 초록빛으로 되다, 푸르러지다

verdure
베흐뒤흐 — [여] 녹색, 초록색; (초목의) 푸르름

véreux(se)
베회(회즈) — [형] 벌레 먹은

verge 베흐즈 [여] (공구 따위의 금속, 목재) 손잡이

verger 베흐제 [남] 과수원

verglacé(e) 베흐글라세 [형] 빙판으로 덮인 route ~e 빙판 길

verglas 베흐글라 [남] (땅 위의) 빙판

vergogne 베흐고뉴 [여] (옛) 부끄러움, 수치심 sans ~ 뻔뻔하게, 파렴치하게

véridique 베히디끄 [형] 진정한, 사실의

vérifiable 베히피아블 [형] 증명할 수 있는 입증[검증]할 수 있는

vérification 베히피꺄시옹 [여] 확인, 조회

vérifier 베히피에 [타] 증명[입증]하다

véritable 베히따블 [형] 실제의, 정말의, 진실의, 틀림 없는

vérité 베히떼 [여] 진실; 진리; 진상; 사실; 성실; 자연 그대로의 표현 à la ~ 실은, 사실은

vermeil(le) 베흐메유 [형] 진홍빛의 [남] 도금한 은; carte ~ (철도 요금 따위를 할인해 주는) 경로 우대증

vermillon 베흐미용 [남] 주홍색 [형] (불변) 주홍색의

vermine 베흐민 [여] ① (집합적) (벼룩, 이 따위의) 벌레, 해충, 기생충 ② (비유, 문어) 사회의 기생충 [쓰레기]

vermoulu(e) 베흐물뤼 — [형] (나무, 가구 따위가) 벌레먹은, 노후한

vermout(h) 베흐무뜨 — [남] 베르뭇주 (에피타이저의 일종), 베르뭇 술잔

vernir 베흐니흐 — [타] 니스를 칠하다, 매니큐어를 바르다 se ~ les ongles 손톱에 메니큐어를 바르다

vernis 베흐니 — [남] 니스, 매니큐어 mettre du ~ à ongles 손톱에 매니큐어를 칠하다

vernissage 베흐니사즈 — [남] 니스칠; 미술전람회 개회 전일 (작품에 가필이 허용되는 날)

vernisser 베흐니세 — [타] 니스를 칠하다

véronique 베호니끄 — [여] [종교] 베로니카 (그리스도가 십자가를 지고 가던 도중에 성녀 베로니카 (sainte Véronique)가 땀을 씻어 드렸을 때 그리스도의 얼굴이 새겨 졌다고 하는 수건); 성면상

verre 베흐 — [남] 유리; (각종의) 유리 제품; 렌즈, 광학 유리; (복수) 안경 [콘택트렌즈]; 유리잔; 유리[크 리스탈] 용기; [비유] 유리잔에 담긴 것; (술) 한 잔; [광물] 천 연 유리질

verrerie 베흐히 — [여] 유리 제조(공장); 유리 제품 제조 (법); 유리상, 유리 제품업; 유리 제품[세공품]

verrou(s) 베후 — [남] 빗장 fermer une porte au ~ 문에 빗장을 지르다

verrouillage 베후야즈 — [남] 빗장을 지르기; 문 빗장 장치

verrouiller — [타] 빗장을 지르다; 감금하다 se ~

베후에 [대] 들어앉다, 칩거하다

verrue 베(흐)휘 [여] 무사마귀

vers 베흐 [전] ...의 쪽으로, ...을 향하여 se diriger ~ la sortie 출구 쪽으로 가다
[남] (시, 운문 의) 행, 시, 운문

versant 베흐성 [남] (산, 계곡의) 사면, 비탈

versatile 베흐사띨 [형] 의견이 변하기 쉬운, 변덕스런

Verse 베흐스 [여] [농업] (농작물이 비, 바람으로) 쓰러지기, 눕기 à ~ (비가) 억수같이 쏟아지는

versé(e) 베흐세 [형] (문어) 능통한[통달한], 경험이 많은

verseau 베흐소 [남] [천문, 점성] 물병자리 (점성술의 12 별자리 중 11번째 자리)

versement 베흐스멍 [남] (액체를) 붓기; 불입, 납입, 납부; 인도; (액체의) 유출

verser 베흐세 [타] 붓다, 따르다; 흘리다; 쏟다; 전복시키다; 불입[납입, 납부]하다; 생각을 털어놓다

versification 베흐시피꺄시옹 [여] 작시법; 시풍

versifier 베흐시피에 [타] 운문으로 쓰다

version 베흐시옹 [여] ① (텍스트의) 판; 이본 ② (영화 따위의) 판, 버전

verso 베흐소 [남] (종이의) 뒷면, 이면 au ~ 뒷면에

vert(e) [형] 초록색의 Les membres de la

베흐(흐뜨) — fondation ont donné leur feu ~ la semaine dernière à cette tran sa ction. 그 재단의 회원들은 지난 주 이 거래에 동의하였다 [남] 녹색, 초록색

vert-de-gris 베흐드그히 — [남] (복수불변) 녹청(綠靑) [형] (불 변) 회녹색의

vertébral(e, aux) 베흐떼브할(호) — [형] 척추의

vertèbre 베흐떼브흐 — [여] [해부] 척추뼈

vertébré(e) 베흐떼브헤 — [형] 척추가 있는 [남][복] 척추동물

vertement 베흐뜨멍 — [부] 심하게, 가혹하게

vertex 베흐떽스 — [남] 정수리

vertical(e, aux) 베흐띠꺌(꼬) — [형] 수직의 [여] 수직

verticalement 베흐띠꺌멍 — [부] 수직으로

vertige 베흐띠즈 — [남] 현기(眩氣), 어지러움 avoir le ~ 현 기증을 느끼다

vertigineusement 베흐띠지뇌즈멍 — [부] 어지러울 지경으로

vertigineux(se) 베흐띠지뇌(뇌즈) — [형] 어지러운; (높이, 속도 따위가) 어지러울 지경의; 현기증의

vertu 베흐뛰 — [여] 덕, 덕행, 선 une femme de pe tite ~ 덕녀

vertueusement 베흐뛰이유즈멍 — [부] 미덕을 지켜, 덕망 있게

vertueux(se) [형] 덕이 있는, 덕이 높은
베흐뛰이유(유즈)

verve [여] ① (글이나 말의) 풍부한 재치[기지], 열기; 능변 ② (문체 따위의) 정열, 혈기
베흐브

verveine [여] [식물] 마편초
베흐벤

vésicule [여] [해부] 소포; [의학] 물집, 수포
베지뀔

vessie [여] [해부] 방광
베시

veste [여] 재킷
베스뜨

vestiaire [남] (극장, 호텔, 식당 따위의) 옷, 휴대품을 맡기는 곳
베스띠에흐

vestibule [남] 현관, 입구
베스띠뷜

vestige [남] (흔히 복수) ① 유적, 유물; 잔해, 폐허 ~s d'une civilisation disparue 사라진 문명의 유적 ② 자취, 흔적, 추억 ~s d'un grandeur 영광의 흔적
베스띠즈

veston [남] (남자 양복, 턱시도의) 윗옷, 저고리
베스똥

vêtement [남] 옷, 의복
베뜨멍

vétéran [남] ① 고참병, 노병; 퇴역군인 ② 노 련한 사람, 노장
베떼헝

vétérinaire [형] 수의의 [명] 수의사
베떼히네흐

vêtir [타] 옷을 입히다
베띠흐

veto [남] (복수불변) [법] 거부권
베또

vêtu(e) [~ de] ...을 입은
베뜌

vétuste [형] (문어) 낡은
베뛰스뜨

veuf(ve) [명] 홀아비, 과부
뵈프(뵈브)

veule [형] (문어) 기운 없는, 무기력한
뵐

vexant(e) [형] 기분을 상하게 하는, 화나게 하는; 자존심을 상하게 하는, 모욕적인
벡성(성뜨)

vexation [여] 기분을 상하게[화나게] 함, 자존심을 상하게 함, 모욕
벡사시옹

vexer [타] 기분을 상하게 하다, 화나게 하다; 자존심을 상하게 하다, 모욕하다
벡세
se ~ [대] 기분이 상하다, 화내다

via [전] ...을 통하여, 경유하여
비아

viabiliser [타] (대지에 전기 상하수도, 도로 따위의) 정지작업을 하다, 택지 조성을 하다
비아빌리제

viabilité [여] (태아의) 생존 가능성[능력], 생육력, 지속성, 발전성, 실현성
비아빌리떼

viable [형] (태아가) 생존할 수 있는, 지속성이 있는
비아블

viande [여] 고기 ~ de boeuf 쇠고기
비엉드

vibration [여] 떨림, 진동, 흔들림
비브하시옹

vibrer [자] 떨리다, 떨다, 진동하다; 감격하

비브헤 다

V-v

vice [남] 악, 악덕
비스

vice-président(e)(s) [명] 부통령, 부 의장, 부회장, 부사장
비스프헤지덩(덩뜨)

Vichy [남] [지리] 비시 (프랑스 중부의 도시, 온천지) v~ [남] [직물] 비시 면포; 비시 광천수
비시

vicier [타] (문어) 나쁘게 만들다, 그르치다, 타락시키다
비시에

vicieux(se) [형] 악에 젖어 있는; (행실이) 나쁜, 못된; 방탕한, 타락한, 변태적인
비시유(유즈)

vicinal(e, aux) [형] [행정] (특정한) 한 지방의
비시날(노)

vicomte [남] 자작
비꽁뜨

victime [여] ① (신에게 바쳐지는) 제물, 희생 ② 희생자, 피해자; 희생물
빅띰

victoire [여] 승리, 전승 remporter une ~ 승리를 거두다
빅뚜아흐

victorieux(se) [형] 승리를 거둔, 전승자의
빅또히유(유즈)

vidange [여] 비우기; 퍼내기
비덩즈

vidanger [타] (용기 따위를) 비우다; (오수, 분뇨 따위를) 퍼내다
비덩제

vide [형] 빈, 헛된, 공허한 [남] 허공, 빈자리, 공백 combler le ~ 공허를 채우다
비드

vidéo [형] (불변) 비디오의, 영상의 signal

비데오 ~ 영상 신호 [여] ① 영상 주파수 ② 비디오[텔레비 전] 기술 ③ 비디오 기기 ④ 비디오 영화 en ~ 비디오상에서

vider [타] 비우다; 끝장내다, 해결짓다
비데

vie [여] 생명, 목숨
비

vieillard [남] 노인, 늙은이
비예야흐

vieillesse [여] 노령, 노년, 노후; 노화
비예예스

vieillir [자] 늙다, 나이 먹다, 노쇠하다
비에이흐

vieillissant(e) [형] 늙어가는, 쇠퇴하는, 나이를 먹는
비에이성(성뜨)

vieillissement [남] 늙음; 노화, 노쇠 ~ de la peau 피부의 노화
비에이스멍

Vierge [여] ① [종교] 동정녀 ② (V~) [종교] 성모 마리아 ③ (V~) [천문] 처녀자리
비에흐즈

Viêt-nam [남] [지리] 베트남
비에뜨남

vietnamien(ne) [형] 베트남의 V~[명] 베트남 사람
비에뜨나미엥(엔)

vieux(vieille) [형] (모음 또는 무성 h 로 시작하는 남성 단수명사 앞에서는 vieil 를 사용함) 늙은; 오래된
비유(비예유)

vif(ve) [형] 살아있는, 발랄한, 활발한, 생기 있는
비프(비브)

vigilance [여] 경계, 조심, 불침번
비질렁스

vigilant(e) [형] 조심하고 있는, 주의를 게을리
비질렁(렁뜨) 하지 않는, 경계하고 있는

vigile [여] 철야, 밤샘, 불침번
비질

vigne [여] 포도나무
비뉴

vigneron(ne) [명] 포도재배자; 포도원에서 일하는
비뉴롱(론) 사람 [형] 포도를 재배하는 charrue
~ne 포도재배용의 쟁기

vignette [여] (미술품, 공예품, 사진 다위의)
비녜뜨 당초 무늬 장식; (책의 표지, 각 장 머
리 따위의) 장식 컷; 편지지의 가두 리
장식; (만화의 각) 컷; (상품의) 장식
도안, 그림, (상품에 붙은) 네모 쪽
지, 딱지; 납세필증

vignoble [남] 포도밭
비뇨블

vigoureusement [부] 기운차게, 원기 있게
비구회즈멍

vigoureux(se) [형] 정력적인, 강건[강장]한, 원기 왕
비구회(회즈) 성한

vigueur [여] 정력, 힘, 활력
비괴흐

vil(e) [형] (문어) 비루한, 저열한
빌

vilain(e) [명] 천노; 평민, 백성; 야비한 사람
빌렝(렌)

villa [여] 별장
빌라

village [남] 마을, 촌락
빌라즈

villageois(e) [형] 시골의, 시골사람의
빌라즈아(아즈) [명] 시골 사람

ville [여] 도시
빌

villégiature [여] 휴양, 피서
빌레지아뛰흐

vin [남] 포도주, 와인
벵

vinaigre [남] 식초, 초
비네그흐

vinaigrette [여] (식초, 소금, 식용유를 섞어 만든) 프렌치 드레싱
비네그헤뜨

vindicatif(ve) [형] 복수심이 강한, 앙심을 품은
벵디꺄띠프(띠브)

vingt [형] 스물의 [남] 스물
벵

vingtaine [여] 약 20
벵뗀

vingtième [형] 스무번째의 [명] 스무번째
벵띠엠 [남] 20 분의 1

vinicole [형] 포도 재배의; 포도주 양조의
비니꼴

vinyle [남] [화학] 비닐
비닐

viol [남] 강간죄
비올

violacé(e) [형] 보랏빛이 도는, 자색의
비올라세 [여][복] 제비꽃과

violation [여] 위반, 위배
비올라시옹

violemment [부] ① 세차게; 난폭하게 ② 맹렬 하

비올라멍 — 게, 강력하게 ③ 열렬하게, 정열적으로 aimer ~ 열렬히 사랑하다

violence 비올렁스 — [여] 맹렬, 세찬 기세; 폭력; 난폭함; 억지; 무리; 강간 faire ~ à qn ...에게 강요[강제]하다

violent(e) 비올렁(렁뜨) — [형] 격렬한, 맹렬한; 난폭한; 과격한 une attaque ~ 맹렬한 공격

violer 비올레 — [타] 위배[위반]하다; 침범하다; 유린하다; 강간하다

violet(te) 비올레(레뜨) — [형] 보라색의, 자색의 [남] 보라색, 자색

violette 비올레뜨 — [여] 제비꽃

violon 비올롱 — [남] 바이올린

violoniste 비올로니스뜨 — [명] 바이올리니스트, 바이올린 연주자

vipère 비뻬흐 — [여] 살무사

virage 비하즈 — [남] 회전, 선회; (자전거, 자동차 따위가) 커브 돌기

virée 비헤 — [여] (구어) 산보, 간단한 여행

virement 비흐멍 — [남] [금융] (구좌의) 대체, 이체; (어음, 수표의) 교환

virer 비헤 — [자] 방향을 바꾸다

virevolter 비흐볼떼 — [자] 회전하다, 빙글빙글 돌다; (안절부절 못하고) 서성거리다; (의견, 태도 따위가) 돌변하다

virginal(e, aux) — [형] 처녀의, 처녀다운; 순결한

비호지날(노)

virginité [여] 처녀성; 순결
비호지니떼

virgule [여] 쉼표
비흐귈

viril(e) [형] ① 남성의 ② 성년 남자의 ③ (남성이) 정상적인 성욕, 성기능을 가진 ④ 남자다운, 씩씩한, 용감한
비힐

virilité [여] 남성임; 사나이다움, 씩씩함; 성년, 장년
비힐리떼

virologiste [명] 바이러스학자
비홀로지스뜨

virologue [명] 바이러스학자
비홀로그

virtuel(le) [형] 가상의
비흐뛰이엘

virtuose [명] ① (음악의) 명인(名人), 명연주가 ② (예술의) 대가, 거장, 달인
비흐뛰오즈

virulence [여] 유독성, 독기; 악랄함, 신랄함
비휠렁스

virulent(e) [형] ① (비유) 신랄한, 격렬한; 악의에 찬 ② (사람이) 적의를 품은 ③ (세균이) 유독한, 독성이 있는, 맹독의
비휠렁(렁뜨)

virus [남] 바이러스
비휘스

vis [여] 나사, 나사못
비스

visa [남] 사증, 비자, 입국 허가
비자

visage [남] 얼굴; 모습; 안색, 혈색; 사람
비자즈

V-v

vis-à-vis 비자비 [부] 마주보고, 대면하여 [전] [~ de] …와 마주보고, …의 정면에; …의 면전에서, …와 대면하여…에 비하여; …에 대하여, …을 향하여, …에 관하여 avoir une attitude très dure ~ des autres 다른 사람에게 매우 엄격하다

viscéral(e, aux) 비세랄(오) [형] (감정 따위가) 뿌리 깊은, (무의식적으로) 잠재된, 본능적인

viscose 비스꼬즈 [여] [화학] 비스코스

visée 비제 [여] 겨냥, 조준; 표적, 과녁 [복] 목적; 주장

viser 비제 [자] ① 겨냥하다, 조준하다 ~ juste 정확하게 겨냥하다 [타간] 목표하다 Le comique *vise* à provoquer le rire. 진정한 희극은 웃음 유발을 목표로 한다 [타] ① 겨누다, 겨냥하다; 조준하다 ~ qn avec un fusil ...을 총으로 겨누다 ② (비유) 목표하다, 노리다; 추구하다 ~ l'effet 효과를 노리다

viseur 비죄흐 [남] ① (총기의) 조준장치, 조준기 ② [광학, 사진] 파인더

visibilité 비지빌리떼 [명] 눈에 보임 avoir une ~ limitée 제 한된 시야를 가지다

visible 비지블 [형] 눈에 보이는 bien ~ 잘 보이는

visiblement 비지블멍 [부] 눈에 보이게

visière 비지에흐 [여] (모자의) 챙

vision 비지옹 [여] 시각, 시력; 환영; 환상 avoir une ~ très nette de qn ...의 모습을

똑똑히 보다

visionnaire
비지오네흐
[명] ① 환영을 보는 사람, 환각에 빠진 사람, 망상가 ② 계시를 받은 사람; 예언자 [형] ① 환영을 보는, 환각에 빠진; 망상에 사로 잡힌 ② (문어) 예언[예견]력 있는

visite
비지뜨
[여] 방문, 심방, 문안 une ~ officielle 공식 방문

visiter
비지떼
[타] 방문하다

visiteur(se)
비지뙤흐(뙤즈)
[명] 관람객, 관광객, 여행자

vison
비종
[남] [동물] 담비, 밍크; 담비[밍크] 모피, 밍크 코트, 밍크 재킷

visqueux(se)
비스꾀(꾀즈)
[형] 점착성의, 끈적끈적한

visser
비세
[타] 나사로 고정시키다; (나사 따위를) 조이다, (뚜껑, 마개 따위를) 돌려서 닫다

visuel(le)
비쥐이엘
[형] 시각의, 시각에 의한, 시각에 호소하는

visuellement
비쥐이엘멍
[부] 시각적으로

vital(e, aux)
비딸(또)
[형] 생명의, 생명에 관한, 생명의 유지에 필요한

vitaliser
비딸리제
[타] 생기[활기]를 주다

vitalité
비딸리떼
[여] 생명력, 활력, 왕성한 체력, 생활력

vitamine
비따민
[여] 비타민

vite 비뜨	[형] 빠른 [부] 빨리, 속, 곧
vitesse 비떼스	[여] 속력, 속도
viticole 비띠꼴	[형] 포도재배의
viticulteur 비띠뀔뙤흐	[남] 포도재배자
viticulture 비띠뀔뛰흐	[여] 포도재배
vitrage 비트하주	[남] 유리를 넣기; (건물 전체의) 유리
vitrail(aux) 비트하유(호)	[남] 스테인드글라스; (le ~) 스테 인드글라스 제조법 (=l'art du ~)
vitre 비트흐	[여] 판유리, 창문의 유리, 차창
vitré(e) 비트헤	[형] 유리를 끼운; [해부] 유리처럼 투명한 corps~ (눈의) 유리체 [남] [해부] (눈의) 유리체 (=corps ~)
vitrer 비트헤	[타] (에) 유리를 끼우다 ~ une porte[fenêtre] 문[창]유리를 끼우다
vitreux(se) 비트회(회즈)	[형] ① 유리 비슷한; 반투명의 ② 유리 모양[상태]의, 유리 같은, 유리질의
vitrifier 비트히피에	[타] ① 유리화하다 ② (마루 따위에) 투명한 수지를 칠하다
vitrine 비트힌	[여] 진열창, 쇼윈도우
vivace 비바스	[형] 생명력이 강한; 강인한
vicacité 비바시떼	[여] 활발함, 민첩함

vivant(e)
비벙(벙뜨)
[형] 살아있는; 살아있는 것 같은, 실감이 나는; 번화한, 활기찬 rue ~e 활기찬 거리

vivement
비브멍
[부] 활발히; 열렬히; 깊이; 통렬하게

vivier
비비에
[남] 양어지, (어선의) 활어수조

vivification
비비피꺄시옹
[여] 생기[활기]를 주기

vivifier
비비피에
[타] 생기를 주다, 활기를 띠게 하다

vivisection
비비섹시옹
[여] 생체해부학

vivre
비브흐
[자] 살다; 존속하다 [남][복] 식량 fournir des ~s 식량을 공급하다

vocabulaire
보꺄뷜레흐
[남] 어휘

vocal(e, aux)
보꺌(꼬)
[형] 음성의; 구두의

vocalement
보꺌멍
[부] 목소리로, 구두로

vocaliser
보꺌리제
[타] (자음을) 모음화하다 [자] 모음으로 노래하다, 모음으로 발성연습을 하다

vocation
보꺄시옹
[여] 천직, 사명

voeu(x)
뵈
[남] ① (신에 대한) 서원 ② (신에 대한)맹세, 서약 ③ (신에 대한) 기원 ④ 소원, 희망 À vous, et à vos proches, nous vous souhaitons nos meilleurs ~x pour cette année. 여러분과

여러분의 가정에 행운이 함께 하시기 를 기원합니다

vogue 보그 — [여] 유행, 성행, 인기

voici 부아시 — [전]여기에 ...이 있다; 이것은 ...이다; 다음과 같다

voie 부아 — [여] 길, 도로

voilà 부알라 — [전] 거기[저기]에 있다; 그것은...이다

voile 부알 — [남] 장막, 베일 [여] 돛; 배

voilé(e) 부알레 — [형] 베일로 덮인[가린]

voiler 부알레 — [타] 너울을[면사포를] 씌우다; 덮어 가리다; 숨기다

voir 부아흐 — [타] 보다; 방문하다; 만나다 Ceci est à ~. 이것은 두고 보아야 할 일이다 se ~ [대] 서로 만나다; 교제하다; 사귀다 Nous *nous sommes vus* récemment. 우리는 최근에 서로 만났다

voisin(e) 부아젱(진) — [형] 이웃의; 가까운 [명] 이웃사람

voisinage 부아지나즈 — [남] 근처, 부근

voisiner 부아지네 — [자] [~ avec qch/qn] 인접하다

voiture 부아뛰흐 — [여] 차량; 자동차

voix 부아 — [여] 목소리, 음성 à haute ~ 큰 목소리로

vol
볼
[남] ① 날기, 비상, 비행 ~ de nuit 야간비행 ② 도둑질, 절도

volaille
볼라유
[여] 가금류

volant(e)
볼렁(렁뜨)
[형] 나는, 비행하는
[남] (자동차의) 핸들

volatil(e)
볼라띨
[형] 기화하는, 휘발성의

volcan
볼껑
[남] 화산분화구

volcanique
볼꺄니끄
[형] 화산의, 화산성의

volée
볼레
[여] ① 날기; 비상 ② (화살, 탄환 등의) 일제 사격

voler
볼레
[자] 날다, 비행하다 [타] 훔치다, 도둑질하다

volet
볼레
[남] 빛막이 창, 덧문, 겉창

voleter
볼떼
[자] (새, 나비 따위가) 파닥파닥 날다

voleur(se)
볼뢰흐(뢰즈)
[명] 도둑

volley-ball
볼레볼
[남] [운동] 배구

volontaire
볼롱떼흐
[형] 자발적인, 자유의사에 따른 [명] 자원자, 자원봉사자 [남] 지원병, 의용병

volontairement
볼롱떼흐멍
[부] 자발적으로

volonté
볼롱떼
[여] 의지 작용, 의욕 bonne ~ 하고자 하는 마음, 열의, 열성, 선의, 호의

mauvaise ~ 할 생각이 없음, 열의 없음, 악의

volontiers 볼롱띠에 [부] 기꺼이, 쾌히 très [plus, le plus] ~ 아주 흔쾌히 J'irai ~ vous voir. 기꺼이 당신을 뵈러 가겠습니다 Voulez-vous aller au cinéma ? - Très ~. 영화관에 가시겠어요? - 기꺼이 (가지요)

volt 볼뜨 [남] [전기] 볼트 (전압의 단위)

voltage 볼따즈 [남] [전기] 전압; (전기용품의) 정격 전원 전압

volte-face 볼뜨파스 [여] (불변) 전향; 표변; 방향전환 faire ~ 돌아서다, 반회전하다; 표변하다

voltiger 볼띠제 [자] (곤충, 작은 새 따위가) 파닥파닥[이리저리] 날아 다니다; (비유) 이리저리 옮겨가다

volume 볼륌 [남] ① 책; 책 한 권 분량의 글 ② 용적, 부피 ③ 볼륨, 소리 크기

volumineux(se) 볼뤼미뇌(뇌즈) [형] 부피가 큰, 용적이 큰; (작품이) 여러 권으로 된

volupté 볼륍떼 [여] 육체의 향락, 관능적 쾌락; 기쁨, 즐거움

voluptueusement 볼륍뛰유즈멍 [부] 육감적으로, 관능적으로

voluptueux(se) 볼륍뛰유(유즈) [형] ① 향락적인, 관능적 쾌락을 쫓는 ② 쾌감을 주는, 달콤한; 관능적인, 에로틱한

vomir 보미흐 [타] 토하다 ~ du sang 피를 토하다 (보어 없이) avoir envie de ~ 토할

것 같다, 구토 증을 느끼다

vorace
보하스
[형] 폭식하는; 욕심 많은

voracité
보하시떼
[여] ① 탐식 ② (비유) 탐욕; 악착스러움 lire avec ~ 손에서 책을 놓지 않다

vote
보뜨
[남] 투표

voter
보떼
[자] 투표하다 ~ pour[con-tre] qn/qch ...에 찬성[반대] 투표하다

votre(vos)
보트흐(보)
[형] 당신을[너희들, 자네들, 그대들]의; 당신의 ~ famille 당신(들)의 가족 vos parents 당신(들)의 부모

vôtre
보트흐
[대명] 당신(들)의 것, 너희들의 것 Voici mon livre; voilà le ~. 이것은 내 책이고 저것은 당신의 것이다

vouer
부에
[타] 신에게 바치다; 맹세하다, 선서하다

vouloir
불루아흐
[타] 바라다, 원하다 Nous *voulons* la liberté. 우리는 자유를 원한다

voulu(e)
불뤼
[형] 요구된, 필요한 conditions ~es 요구된[필요한] 조건 au moment ~ 필요한 때에

vous
부
[대명] 당신(들)은[이], 너희들은[이]

voûte
부뜨
[여] 둥근 천장, 궁륭

voûté(e)
부떼
[형] 궁륭형의; 구부러진

voûter
[타] 궁륭형으로 만들다; 구부러뜨리

부떼 다

vouvoyer [타] (에게) vous 를 사용하여 말하다
부부아예

voyage [남] 여행
부아야주

voyager [자] 여행하다; (새가) 이주하다
부아야제

voyageur(se) [명] 여행자, 여객, 승객
부아야죄흐(죄즈)

voyant(e) [형] 눈에 띄는, (빛깔 따위가) 화려한, 눈부신; (비유) 이목을 끄는, 눈에 보이는, 명백한 [명] 눈이 보이는 사람; 투시력[천리안]을 지닌 사람, 점쟁이 [남] 표시등, 경고등; (보호용 헬멧 따위의) 투명한 부분, (기계 내부의 동작을 살펴보는) 창
부아영(영뜨)

voyelle [여] 모음
부아옐

voyou [남] 불량배 [형] 불량배의 États ~s 불량국가
부아유

vrac, en [부] 뒤죽박죽, 뒤섞여서, 포장하지 않고; (비유) 난잡하게; 무게[중량]로 thé ~ 무게로 파는 홍차
엉브하끄

vrai(e) [형] 참된, 진실한; 사실의
브헤

vraiment [부] 참말로, 사실; 확실히; 실제로
브헤멍

vraisemblable [형] 사실[진실]임직한, 있음직한
브헤성블라블

vraisemblablemer [부] 아마
브헤성블라블멍

vraisemblance
브헤성블렁스
[여] 사실[진실]임직함, 있음직함

vu(e)
뷔
[형] 보인 [전] ...에 비추어; ...이므로 ~ que ...이므로 [여] 시력; 눈; 눈길, 시선; 보기; 전망, 조망 diminution de la ~e 시력 저하

vulgaire
뷜게흐
[형] 비열한, 저속한, 상스러운

vulgarisation
뷜가히자시옹
[여] 통속화, 대중화, 보급

vulgariser
뷜가히제
[타] (지식, 유행 따위를) 대중화[통속화]하다, 보급하다

vulgarité
뷜가히떼
[여] 저속한[상스러운] 언행

vulnérabilité
뷜네하빌리떼
[여] (문어) 상처받기 쉬움, 허약함; 비판[공격]받기 쉬움, 취약함

vulnérable
뷜네하블
[형] 상처받기 쉬운, 약한

W, w 두블베	[남] 프랑스 자모의 스물 셋째 글자
W	[약] Watt ① [전기] 와트 ② [화학] 텅스텐 ③ [생물] W 염색체 ④ [물리] 충전된 보손(=boson chargé) ⑤ (영) West 서(쪽)
wading 웨딩	[남] [영] 수중낚시 pêche à la truite en 물속에 들어가서 서서 하는 송어 낚시
wagage 와가즈	[남] (방언) 하천의 찐득찐득한 흙 (비료용)
wagnérien(ne) 바그네히엥(엔)	[형] [음악] 바그너의, 바그너 음악의
wagnérisme 바그네히슴	[남] 바그너의 작곡법, 바그너풍
wagon 바공	[남] 짐마차, 객차, 열차
wagon-bar (wabons-bars) 바공바흐	[남] [철도] (간이) 식당차
wagon-citerne (wagons-citernes) 바공시떼흔	[남] [철도] (액체 수송용의) 탱크형 차량
wagon-foudre (wagons-foudres) 바공푸드흐	[남] [철도] 주류 운반용 차량

wagon-lit (wagons-lits) [남] [철도] ① 침대차 ② 침대칸 좌석
바공리

wagonnage [남] [철도] 차량에 의한 운송; 철도 편 운송
바고나즈

wagonnée [여] 화물차 한 대분의 적재량
바고네

wagonnet [남] 광차 (鑛車) (=benne, lorry)
바고네

wagonnier [남] [철도] 조차계 (操車係)
바고니에

wagon-poste (wagons-postes [남] [철도] 우편물 수송 차량
바공뽀스뜨

wagon-réservoir ⇒ wagon-citerne
바공헤제흐부아흐

wagon-restaurant (wagons-restaurants) [남] [철도] 식 당칸, 식당차
바공헤스또헝

wagon-salon (wagons-salons) [남] [철도] 살롱으로 꾸며진 호화로 운 열차
바공살롱

wagon-tombereau (wagons-tombereaux) [남] [철도] (석탄, 흙 따위를 수송하는) 무개차량(無蓋車 輛)
바공똥브호

wagon-trémie [남] [철도] 호퍼차량

(wagons-trémies)
바공트헤미

wagon-vanne (wagons-vannes) [남] (하수도내의) 순회궤도차
바공반

wahhabisme [남] 와하브교
와(바)아비슴

wahhabite [형] 와하브교(도)의 [명] 와하브교도
와(바)아비뜨

Walé [남] ① 아프리카 민속 체스놀이 (=a walé) (12 개의 구멍이 뚫린 탁자위에서 한 구멍에서 다른 구멍으로 체스를 이동시키는 놀이) ② 놀이에 사용 되는 탁자
왈레

Wali [남] (군수 또는 구청장에 해당되는) 알제리의 공무원 (프랑스의 préfet 에 해당)
왈리

walkie-talkie (walkies-talkies) [남] [영] 워키토키 (=talkie-walkie)
워(월)끼또(똘)끼/왈끼딸끼

walkman [남] 워크맨 (헤드폰이 달린 작은 스테레오 카세트 플레이어, 상표명)
워(월)끄만

walk-over [남] [영] ① [경마] 한 마리만 뛰는 무경쟁의 경마 ② (구어) 부전승 ga er par ~ 부전승으로 이기다
월꼬뵈흐

walkyrie [여] ① [신화] 빌키리 (스칸디나비아 신화에서 전쟁의 승패 및 전사들의 생사를 결정하는 세 명의 여신 중의 하나)
발끼히

② (경멸) 몸이 풍만하고 건장 한 여자

wallaby 왈라비 [남] ① [동물] 작은 캥거루 ② 사향 쥐 모피

wallace 발라스 [여] (옛) (파리 시가의) 분수식 수도 (영국인 *Richard Wallace* 가 파리시에 기증한 것에서 연유)

walligant(e) 왈(발)레겅(겅뜨) [형] (벨기에 발론 지역의) 독립[자치]주의자의 [명] (발론 지역의) 독립 [자치]주의자

wallon(ne) 왈(발)롱(론) [형] 발론 (Wallonie) 사람의, 발론어 의 W~ [명] 발론 사람, w~ [남] 발론어 (벨기에 남부에서 쓰이는 프랑 스어의 사투리)

wallonisme 왈(발)로니슴 [남] 발론어 특유의 표현

wapiti 와삐띠 [남] [동물] (북미, 시베리아산) 고라니

wargame 와흐겜 [남] [영] (무장 차림새로의) 가상 전 쟁게임

warning 와흐닝 [남] [영] (자동차의) 비상등 mettre son ~ 비상등을 켜다

warrant 바(흐)헝(뜨)/와(흐)헝 [남] [영] ① [상법] 창고증권 ② 담보물건, 보증 ③ [법] 영장 (체포, 구속영장 따위)

warrantage 바(와)(흐)헝따즈 [남] [상법] 창고증권의 발행

warranter 바(와)헝떼 [타] (보관된 화물에 대해) 창고증권을 발행하다

Washington 와싱똔 [남] 워싱턴 (미국(États-Unis)의 수도)

wahingtonia [남] [식물] 워싱턴 종려나무

와싱또니아

wasp [형][명] (미국에서) 백인 앵글로 색 슨
와스쁘 개신교 신자(의) (White Anglosa xon Protestant 의 약어)

wassingue [여] (지방어 : 북프랑스) 행주, 걸레
와(바)생그

water-ballast [남] [영] ① [해양] (물의 무게로 배의
와떼흐발라스뜨 안정을 유지하기 위해) 배 밑바닥 에 마련된 물(연료)탱크 ② (잠수함의) 침강조(沈降槽)

water-closet(s) [남] [영] 수세식 변소, 화장
와(바)떼흐끌로제뜨 실 ([약] W.C.)

watergang [남] (지방어 : 벨기에, 북프랑스) 배 수
와떼(뜨)흐겅그 공사

waterman [남] [영] ([복] men) ① 수저굴착기 (水
와떼흐만 底掘鑿機) ② 증기선 (蒸氣船) ③ (Waterman 사(社)의) 만년필

water-polo [남] [영] [운동] 워터폴로, 수구 (水
와떼흐뽈로 球)

waterproof [형] [영] (불변) 방수의, 방수처리된
와떼흐프후프 montre ~ 방수 시계 [남] ① 방수처리가 된 물건 ② 레인코트, 우의, 우비 (=imperméable)

waters [남] [복] [영] ① 화장실 aller aux ~
와떼흐 화장실에 가다 ② 변기 les ~ sont bouchée 변기가 막혔다

waterzoï [남] [요리] 와테르조이 (크림과 백포
와떼흐조유 도 주에 샐러리와 같은 야채를 넣어 끓인 수프에 민물고기를 튀긴 프랑드르 지방 요리)

watt [남] 와트(전력의 실용 단위) ampoule

와뜨 de 100 watts 100 와트짜리 전구

watté(e) [형] [전기] courant ~ (=actif) 유효 전기
와떼

wattheure [남] [전기] 와트시 (侍) (1 시간 1 와 트의 전기량)
와뙤흐

wattheuremètre [남] [전기] 전력계, 와트미터 (어떤 기간 동안 쓴 전력의 총량을 재는 계기)
와뙤흐메트흐

wattman [남] ① (옛) 전차 운전사 (=trami not) ② 자동차 운전사
와뜨만

Wb [약] weber [물리] 웨버

W.-C. [남][복] 변소, 화장실 (wa-ter-clos et(s)의 약어)
두블베세

web [남] 월드 와이드 웹 surfer sur le W~ 웹 서핑하다
웹

webcam [여] 웹캠(인터넷영상을 위한 특수 카메라)
웹캼

webmestre [명] 웹마스터 (웹서버를 운영, 관리하는 시스템 운영자)
웹메스트흐

week-end [남] 주말 le week-end sui-vant 다음 주말
위껜드

welche ⇒ velche
벨슈

wellingtonia [남] [식물] 세쿼이어 (=sé-quoia) (미국산의 거대한 삼나무과 식물)
웰링또니아

weltanschauung [여] [철학] 세계관
벨딴샤웅

welter [남] [운동] (권투의) 웰터급
벨(웰)떼흐

wergeld [남] [역사] (프랑크 시대에 가해자가 피해자 또는 그 가족에 지불한) 배상금
베흐겔드

(특히 인명 피해의 경우)

western 웨스떼흔 [남] [영] [영화] (미국의) 서부극, 서부영화 (경멸) ~ spaghetti 이탈리아 서부극 ~ soja (서양의 서부영화와 유사한 동양의) 무술영화

westphalien(ne) 베(웨)스뜨팔리엥(엔) [형] 베스트팔리아(*West-phalie* : 독일의 주)의 W~ [명] 베스트팔리아 사람

Wh [약] [전기] 와트시(時)

wharf 와흐프 [남] 부두, 선창 droit de ~ 부두 사용료

whig 위그 [명] [영] [역사] 휘그당원 [형] 휘그당의

whiggisme 위기슴 [남] (영국의 휘그당의) 정책, 주장

whipcord 윕꼬흐드 [남] [직물] (올이 촘촘한) 영국산 능직물 (특히 승마복에 쓰임)

whisky(s/ies) 위스끼 [남] ① 위스키, 스카치 ② 위스키 한잔

whist 위스뜨 [남] [영] 휘스트 (브리지(bridge)의 전신인 카드놀이)

white-spirit 와유트스삐히뜨 [남] [화학] 화이트 스피릿 (페인트, 와니스 등의 용제)

wicket 위께뜨 [남] [운동] (크리켓의) 삼주문(三走 門)

wigwam 위그왐 [남] 북미 인디언들의 천막집, 인디언 마을

wilaya 윌라야 [여] 알제리의 행정구분 단위

wildcat 와율드꺄뜨 [남] [석유] 시추정(試錐井)

williams [여] (수분이 많고 향기로운) 배의 품종

월리암스 중의 하나

winch [남] (요트의 돛을 올리는) 윈치
윈슈(츠)

winchester [여] 윈체스터 연발소총
윈셰(체)스떼흐

wintergreen [남] essence de ~ 동록유 (철쭉잎 에서 채취한 향유)
윈떼(뙤)흐그힌

wishbone [남] 돛을 감싸는 긴 반원형의 돛대
위슈본

wisigoth(e) [형] [역사] 서(西)고트(Goth)의
비지고(고뜨) [명] 서 고트 사람

wisigothique [형] [역사] 서(西)고트(Goth)의
비지고띠끄

wiski [남] (옛) 경(輕) 2 륜마차
위스끼

withérite [여] [광물] 독중석(毒重石)
위(비)떼히뜨

witloof [여] [식물] 풀상치의 일종
위뜰로프

wolfram [남] [광물] 볼프람, 텅스텐
볼프함

wolframite [여] [광물] 볼프람 철광, 청망간 중석
볼프하미뜨

wolof/ouolof [형] (서아프리카 세네갈 및 감비아에 퍼져있는) 월로프 민족의 W~ [명] 월로프 종족인 [남] 월로프어 (세네 갈의 공용어 중의 하나)
월로프

wombat [남] [동물] (호주산) 주머니 곰 (=ph ascolome)
웡(봉)바(뜨)

won [남] 원 (한국의 화폐 단위)
원(웡)

woofer 우퓌흐	[남] 저음(재생) 스피커
wormien 보흐미엥	[형][남] [해부] os ~s 위름씨 뼈(두개골의 여러 뼈들 사이에서 생겨날 수 있는 여분 소골편(小骨片))
würmien(ne) 뷔흐미엥(엔)	[형] [지질] 뷔름 빙하기의
wyandotte 비엉도뜨	[형] 와이언도트족의 [여] 와이언도트종(種) 암탉

X, x 익스	[남] 프랑스 자모의 스물 네째 글자
xanthate 그정따뜨	[남] [화학] 크산틴산염
xanthélasma 그정뗄라스마	[남] [의학] 황색증
xanthène 그정뗀	[남] [화학] 크산텐
xanthie 그정띠	[여] [곤충] 밤나방의 일종
xanthine 그정띤	[여] [생화학] 크산틴 (혈액, 간, 오줌에 함유됨)
xanthique 그정띠끄	[형] [화학] 크산틴산
xanthochromie 그정또크호미	[여] [의학] (피부가) 노랗게 변하는 현상, 황염, 황변
xanthogénique 그정또제니끄	[형] [화학] 크산틴산
xanthome 그정똠	[남] [의학] 황색종
xanthophylle 그정또필	[여] [식물] 크산토필, 엽황소
xanthopsie 그정똡시	[여] 의학 황시증
Xe	[약] xénon [화학] 크세논
xénarthres	[남] [복] [동물] 빈치포유류의 일종

끄세나흐트흐

xénélasie [여] ① [국제법] (국내에 거주하고 있는) 적국인 추방권 ② [고대그리스] 외국인 퇴거령
크세(그제)넬라지

xénodevise [여] (1970 년경) (흔히 복수) 외국환, 외국통화
그제노드비즈

xénogreffe [여] [의학] 이종이식
그제(크세)노그헤프

xénon [화학] 크세논
크세(그제)농

xénoparasitisme [남] [의학] 이물기생(異物寄生)
크세노빠하지띠슴

xénophile [형] (드물게) 외국인을 좋아하는
크세노필 [명] 외국인을 좋아하는 사람

xénophilie [여] (드물게) 외국인을 좋아함
크세(그제)노필리

xénophobe [형] 외국인을 싫어(혐오)하는
크세(그제)노포브

xénophobie [여] 외국인(것)을 싫어함
크세(그제)노포비

xénoplastique [형] [의학] 이종이식의 greffe ~ 이종 이식 수술
크세(그제)노쁠라스띠끄

xéranthème [남] [식물] 깔깔이 국화, 왜국화
크세(그제)형뗌

xérès [남] 헤레스산 백포도주[셰리주]
그제(크세/께)헤스

xérocopie [여] 제록스(xérox) 복사(술)
크세(그제)호꼬삐

xérodermie [여] [의학] 피부건조증, 건피증
크세(그제)호데흐미

xérographie [여] 제록스(xérox) 복사(술) (=xéro-co pie)
크세(그제)호그하피

xérographique
크세(그제)호그하피끄
[형] 제록스(xérox) 복사(술)의

xérophagie
크세호파지
[여] ① 건조식(食)의 섭취 ② (원시 기독교의) 대제 (빵, 물, 소금, 생야채만을 먹는 단식일)

xérophile
크세(그제)호필
[형] [식물] 건조한 곳에서 자라는, 건생(乾生)의

xérophtalmie
크세(그제)호프딸미
[여] [의학] 안구(眼球) 건조증

xérophyte
크세(그제)호피뜨
[여] [식물] 건생식물

xérosis
크세(그제)호지스
[남] 결막 건조증 (안구건조증의 첫단계)

xérus
크세(그제)휘스
[남] [동물] (아시아, 아프리카산의) 작은 다람쥐

xi/ksi
크시
[남] 그리스 자모의 14 째 글자

ximénie
크시(그지)메니
[여] [식물] 크시메니아 (열대식물, 열매는 식용)

xipho
크시포
⇒ xiphophore

xiphoïde
크시(그지)포이드
[형] ① [의학] appendice ~ 검상돌기 ② [식물] 칼(검) 모양의 : iris ~ 수선 화

xiphoïdien(ne)
크시(그지)포이디(엔)
[형] [의학] 검상돌기의

xiphophore
크시(그지)포포흐
[남] [어류] (멕시코 만에서 나는) 검미류 (송사리과(科))

xographie
익소그하피
[여] [사진] 조그라피

xylème
크실(그질)렘
[남] [식물] 목부(木部) (나무 외피, 잎 따위와 대조되어 쓰임)

xylène [남] [화학] 크실렌
크실(그질)렌

xylidine [여] [화학] 크실리딘
크실(그질)리딘

xylite [여] [화학] 크실리트
크실(그질)리뜨

xylocope [남] [곤충] 어리호박벌속
크실(그질)로꼬쁘

xylographe [남] 목판(木板) 조각사
크실(그질)로그하프

xylographie [여] 목판(木板)술; 목판화
크실(그질)로그하피

xylographique [형] 목판(술)의 : incunable ~ 목판쇄본(木板刷本)
크실(그질)로그하피끄

xylol [남] ⇒ xylène
크실롤

xylolâtrie [여] (드물게) 목상(木像) 숭배
크실(그질)롤라트히

xylophage [형] [곤충] 나무를 파먹는
크실(그질)로파즈 [명] 나무 좀

xylophone [남] [음악] 실로폰, 목금(木琴)
크실(그질)로폰

xylophoniste [명] 실로폰연주가
크실(그질)로포니스뜨

xylose [남] [생화학] 크실로즈, 목당(木糖)
크실(그질)로즈

xyste [남] [고대그리스] 실내 경기장의 회랑
크시(그지)스뜨

Y - y

Y, y
이그헤끄
[남] 프랑스 자모의 스물다섯째 글자

y
이
[부] ① (장소 : à, en, dans, sur...+ 명사, 대명사를 대신함) 거기에(서) : Allez-vous à Paris? - Oui, j'y vais. 파리에 가시나요? - 예. (그곳에) 갑니다 ② (동사구에서 관용적으로 쓰임) y regarder à deux fois 곰곰이 (거듭) 생각하다 il y a ⇒ avoir

yachmak
야끄마끄
[남] (터키의 회교도 여성의 얼굴을 가리는) 베일 (=tchador)

yacht
요뜨/야끄(뜨)
[남] 요트 ~ club 요트 클럽/ ~ de croisière 유람선

yachting
요띵/야끄띵
[남] 요트 놀이, 요트 레이스

yack
야끄
[남] ① [동물] (티벳 지방의) 야크, 이우 ② 수다, 허튼 소리

yakitori
야끼또히
[남] 야끼도리, (일본식 가금류) 꼬치구이

yakusa
야꾸자
[남] 야쿠자, 일본의 비밀 (범죄) 조직

yang
양
[남] 양(陽) (중국 도교철학의 기본개념; 음(陰)에 대비되는 개념)

yankee
양끼
[남] ① 양키, 미국인, 미국 사람 ② [역사] (흔히 경멸) 영국계 이주자; (남북 전쟁시) 북군파

yaourt [남] 요구르트
야우흐뜨

yard [남] 야드(3 피트), 마당
야흐드

yatagan [남] (터키의) 끝쪽날이 굽은 장검(長劍)
야따겅

yawl [남] 욜 형 범선
욜

Yémen [남] [지리] 예멘
예멘

yéménite [형] 예멘(Yémen)의 Y~ [명] 예멘 사람
예메니뜨

yen [남] 엔(일본의 화폐단위)
옌

yéti [남] 예티 (히말라야 산맥에 산다고 추정되는 전설적인 눈 사람)
예띠

Yeux [남][복] ⇒ œil(눈)의 복수형
이유

yiddish [남] [영] (복수불변) 이디시어(語) (동유럽의 유태인들이 쓰는 독일어와 히브리어의 혼합어)
이디슈

yin [남] 음(陰) (중국 도교철학의 기본개념; 양(陽)에 대비되는 개념)
인

yod [남] ① [언어] 페니카아 히브리어 자모의 10 번째 자 (프랑스 자모의 y 에 해당) ② 경구개 마찰 반모음[j]
요드

yoga [남] 요가
요가

yogi [남] 요가 수행자
요기

yogisme [남] 요가수행
요기슴

yoghourt [남] ⇒ yaourt
요구흐뜨/요구흐

yohimbine [여] [생화학] 요힘빈
요엥(임)빈

yole [여] (여러 사람이 젓는) 경주용 보트
욜

yom kippour [남] 유대인 속죄제 축제 (=Jour du Grand Pardon)
욤끼뿌흐

yorkshireterrier [남] 요크셔, 영국산 소형 애완 견
요흐끄셰흐떼(흐)히에

Yougoslavie [여] [지리] 유고슬라비아
유고슬라비

youpi [감] 야호! (기뻐서 외치는 소리; 흔히 동작이 같이 따라옴)
유삐

youpin(e) [명] (구어, 경멸) 유태인 (인종차별주의자들의 욕설에 쓰임)
유뺑(삔)

youtre [명] (경멸) 유태인(=youpin)
유트흐
[형] 유태인 의

youyou [남] (정박하고 있는 배와 부두 사이를 왕래하는) 작은 보트
유유

yo-yo [남] 요요(장난감)
요요

ypérite [여] [화학] 이페리트 가스 (독일군이 벨기에의 Ypres 를 공격할 때 사용한 독가스)
이뻬히뜨

ypérité(e) [형] [명] 이페리트 가스의 해를 입은 (사람)
이뻬히떼

ysopet/isopet [남] [문학사] (중세의) 우화집
이조뻬

ytterbine [여] [화학] 산화 이테르븀

이떼흐빈

ytterbium [남] [화학] 이테르븀
이떼흐비옴

yttria [남] [화학] 천연 산화 이트륨
이트히아

yttrialite [여] [광물] 이트륨, 토륨 따위의 천연 규산염
이트히알리뜨

yttrifère [형] [광물] 이트륨을 함유한
이트히페흐

yttrique [형] [화학] 이트륨 화학물의
이트히끄

yttrium [남] [화학] 이트륨
이트히옴

yu [남] 중국의 용적 단위 (약 112 리터)
유

yuan [남] 위안(元) (중국의 통화 단위)
유위이엉(안)

yucca [남] [식물] 유카, 실난초
유까

yuppie [명] [영] 활동적이고 야심에 찬 젊은 고급 관리직 종사자
유삐

Z - z

Z, z
제드
[남] 프랑스 자모의 스물여섯째 글자

zabre
자브흐
[남] [곤충] (곡식에 기생하는) 딱정벌레의 일종

Z.A.C.
[약] Zone d'aménagement concerté (구획 정리 대상지구)

Z.A.D.
[약] Zone d'aménagement différé (구획정 리 예상지구)

zader
자데
[타] (토지를) 구획정리 예정지구(Z.A.D)에 편입하다, 도시계획으로 묶다; (의) 매매를 동결하다

zagaie
자게
[여] (토인의) 투창(投槍) (=sagaie)

zain
젱
[형] [남] (말, 개가) 얼룩없이 단색의, 흰 털이 전혀 없는 : chien ~ 단색의 개

zamak
자마끄
[남] (기계제조에 사용되는) 아연, 알루미늄, 마그네슘, 구리 따위의 혼합물

zamier
자미에
[남] [식물] (아프리카, 중미산) 소철류의 나무

zancle
정끌
[남] [어류] 나비고기과(科)의 물고기

zanni
(드)자니/차니
[남] (베네치아 희극의) 어릿광대

zanzi/zanzibar
정지/정지바흐
[남] (세개의 주사위로 하는) 주사위 놀이

zapatéado
사(자)빠떼아도
[남] 스페인 무도곡

zapper
자뻬
[자] TV 리모콘을 이용하여 채널을 이리 저리 돌리다

zappeur(se)
자뾔흐(뾔즈)
(1986) [명] ① TV 리모콘을 이용하는 사람 ② (비유) (한곳에 마음을 못두고) 끊임없이 이리갔다 저리갔다 하는 사람
[남] 리모콘, 원격 조작 (=telecom mande)

zapping
자삥
[남] 채널 돌리기

zazou
자주
[명] (제 2 차 대전 중 재즈음악에 열중한 파리의) 재즈광

zèbre
제브흐
[남] ① 얼룩말 ② 이상한 사람, 괴짜

zébré(e)
제브헤
[형] (얼룩말 같은) 줄무늬가 있는

zébrer
제브헤
[타] (얼룩말 같은) 줄무늬를 넣다

zébrure
제브휘흐
[여] ① (얼룩말 같은) 줄무늬 ② 긴 선, 줄 (=strie, traînée)

zée
제
[남] [어류] 달고기

zèle
젤
[남] ① 열심, 열의, 열정 ② [문어] (종 교적) 열의, 헌신

zélé(e)
젤레
[형] 열심인, 헌신적인

zélotisme
젤로띠슴
[남] 젤로트식 사고방식(주의); 열광, 광신

zen
젠
[남] 선(禪) [형] (불변) 선의, 선종의 : se cte ~ 선종(禪宗)

zénana [남] ① (인도 회교들의) 규방, 안방 ② 실내복 용 옷감
제나나

zend(e) [남] 젠드어(語) (고대 페르시아어)
젱드/젠드

zerbia [남] [직물] (알제리산) 융단
제흐비아

zéro [남] (수량의) 영(0), 없음
제호

zérotage [남] (온도계 따위의 측정 계기를) 0°로 매 기기
제호따즈

zest(e) [감] ① 씽, 휙 (동작의 민첩함을 표시) ② 흥! 체! (거절, 멸시의 표현)
제스뜨

zeste [남] ① (레몬, 오렌지 따위의) 겉껍질 ② (호두를 4 분하는) 속껍질 ③ 극소량
제스뜨

zester [타] (드물게) (오렌지 따위의) 껍질을 벗기다
제스떼

zesteuse [여] (오렌지 따위의 과일의) 껍질을 벗기는 기구
제스뙤즈

zététique [형] ① [철학] (진리를) 탐구하는 (회의론적 철학적자들을 특징적으로 지시하는데 사용됨) ② [수학] 해석적인
제떼띠끄

zig/zigue [남] (구어) 녀석, 작자
지그

zigzag [남] Z 자형, 지그재그형
지그자그

zigzagant(e) [형] 갈짓자로 가는, 비틀거리는
지그자경(경뜨)

zigzaguer [자] 갈짓자를 그리며 가다, 비틀거리며 가 다
지그자게

Zimbabwe [남] [지리] 짐자브웨(아프리카 남동부의 공화국)
짐바브웨

zinc [남] [화학] 아연
젱그

zodiaque [남] [천문] 황도대 signes du ~ 황도 12 궁
조디아끄

zombi(e) [남] ① 좀비 ② 꼭두각시
종비

zone [여] 구역, 부분, 지역, 영역
존

zoo [남] 동물원
조오

zoologie [여] 동물학
조올로지

zoologique [형] 동물학(상)의
조올로지끄

zoologiste [명] 동물학자
조올로지스뜨

zoom [남] ① 줌; 줌렌즈 ② (비유) (관심)집중 ~ sur les nouveautés 신제품으로의 관심 집중
줌

zoomer [자] 줌렌즈를 이용하여 사진 찍다, 촬영하다
주메

zoonomie [여] 동물권리옹호학
조오노미

zoothérapie [여] (옛) 수의학
조오떼하삐

zozo [남] (구어) 순진한 사람, 바보
조조

Zr [약] zirconium ([화학] 지르코늄)

zut [감] 젠장! 빌어먹을! (실망, 분노, 불만을 나타냄)
쥐뜨

zymotique [형] [생화학] 발효의, 발효로 인한

ZZZZ... 즈즈즈 [감] 즈즈즈즈...(벌, 파리 따위의 곤충이 윙윙거리는 소리)

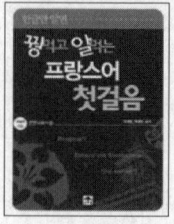

EBS 입에서 톡 프랑스어

저자 임한나
페이 252쪽
판형 크란운판
정가 13,000원 (CD롬)

프랑스어는 프랑스와 유럽 대륙을 비롯해 지구 곳곳의 40여 나라에서 공식언어로 사용하고 있는 '세계인의 언어' 이다. 세계가 점점 좁아지고 있는 만큼, 누가 어떤 이유로 프랑스어를 배우든 프랑스어를 익혀 사용할 수 있는 기회는 갈수록 더 많아질 것이라고 생각한다. 또 불어는 문화와 예술의 언어이고 사교의 언어로서 비즈니스나 학문, 실용 분야의 공용어로 쓰이는 영어와는 다른 위상을 가지고 있다.

프랑스에서 불어를 하지 못하면 많은 것을 놓칠 수 있다. 프랑스인들은 영어로 말하는 것을 좋아하지 않는다. 그러나 서툴지라도 불어로 이야기를 해온다면 누구나 그 외국인의 말에 귀를 기울여 줄 것이다. 이 책은 프랑스인들의 일상생활과 관련된 소재들을 중심으로 언어를 익힘과 동시에 그들의 문화에 대한 이해를 넓히는데 주안점을 두고 있다. 즉, '문화와 사교의 언어' 로서의 불어 학습을 목표로 하고 있다.

따라서 문법에 대한 설명은 최소화하고 듣기와 말하기를 중심으로 한 학습을 하게 될 것이며 인위적인 문장을 배제, 프랑스에 처음 들어가서 경험할 수 있는 생활주변의 소재 및 일상생활에서 자주 접하게 되는 상황을 에피소드로 엮어 최대한 자연스러운 구어표현으로 대화문을 만들었다. 에피소드는 한국여성 레아가 프랑스에 처음 가서 파리에 머무는 동안과 남 프랑스로 여행을 하며 경험하고 부딪히는 일들을 등장 인물들 간의 대화 형식으로 담고 있다. 그리고 대화 표현들은 난이도와 사용 빈도를 고려하여 점진적으로 제시하고 과를 이어 반복학습을 할 수 있도록 연결해 놓았다.

부족하나마 책 속 주인공의 이동 경로를 실제로 다니면서 EBS 라디오 프로그램 제작을 위한 자료들을 모아 실은 이 책 자체가 독자 여러분들에게 프랑스, 그리고 프랑스 문화에 대한 호기심과 이해를 높이고 자극하는 '프랑스 여행으로의 초대' 가 될 수 있다면 저자로서 더 기쁜 일은 없을 듯 하다. 또 전 세계에 각각의 피부색을 가진 프랑스어 권 인구들과 만나 프랑스어로 의사소통을 하며 사교의 기회를 갖는데 이 책이 조금이나마 기여할 수 있기를 바란다

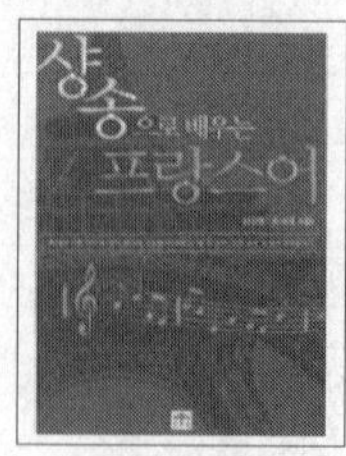

샹송으로 배우는 프랑스어(개정판)

저자 김경랑, 최내경
페이지 264쪽
판형 신국판
정가 12,000원

이 책의 구성은 샹송의 프랑스어 가사 옆에 한국어 해석을 함께 실었습니다. 해석을 함에 있어 의역보다는 학습자들이 단어나 표현을 보면서 이해하기 쉽도록 직역을 기본으로 하였습니다.

또한 각 샹송을 이해하기 위해 필요한 주요 단어 및 표현, 문법내용을 첨가하였고, 저자들이 여행하며 찍은 사진들을 문화전달의 차원에서 함께 제시하였습니다.

이 책이 프랑스어를 배우고자하는 사람들은 물론 샹송을 사랑하는 사람들에게도 자그마한 기쁨을 선사할 수 있기를 바랍니다.

영어대조 프랑스어회화(개정판)

저자ㅣ 이휘영 감수 박영주
페이지 280쪽
판형 B4
정가 7,000원

영어의 보급률에 비해 불어는 아직 그 보급률이 상당히 적은 바이므로 영어의 기초지식을 바탕으로 하여 또 하나의 외국어를 익히는 것도 좋은 길이라 생각되어 이 책을 발간한다.

본서는 36가지 상황의 회화와 20가지 프랑스어를 동시에 빨리 익히도록 만들어진 책이다.

부록에는 프랑스어 발음 규칙에 꼼꼼히 정리해 놓았다.

그리고 프랑스어 밑에는 빠짐없이 우리말 발음을 꼼꼼히 정리해 놓았다. 발음은 우리말 외래 어 포기법의 틀에 얽매이기 보다는 길제 프랑스어 발음을 우선으로 고려하여 붙였습니다. 예를 들언 C' esy dombien?을 표기 법대로 적자면, 〈세 콩비엥〉 이된다. 한국인이

이렇게 발음 하면 프랑스인 말을 알아듣기 어렵습니다.. 그러므로 격음보다는 경음이 주를 이루는 프랑스어 특징을 살려 본서 에는 〈쎄꽁비엥〉 이라 적어 놓았다.

모쪼록 본서 로서 지구촌 시대의 의사소통의 큰 위치를 차지하는 프랑스어와 영어 장벽을 동시에 허는 기회가 되시기 바랍니다.

프랑스어 편지쓰기

저자　조항덕 편
페이지 226쪽
판형 A5
정가 8,000원

프랑스어 편지쓰기는 프랑스 말을 잘하는 사람일지라도 편지를 제대로 쓰지 못하는 경우가 많다. 프랑스어 편지는 일정한 격식이 있으며 표현에 있어서도 일상적인 대화체의 표현과는 차이가 나기 때문에 프랑스어 편지를 쓰기 위해서는 편지에 맞는 격식과 표현들을 익혀야 하는 것이다. 본 프랑스어 편지쓰기에는 각종 편지 양식과 주의해야 할 사항들을 설명하였으며, 내용상으로는 일상생활에 관한 것, 카톨릭 세례에 관련한 것, 상업용 편지에 관한 것, 애정 표현에 관한 것, 프랑스에 거주하면서 겪을 수 있는 전세 계약이나 아동의 학교 생활에 관한 것,등 다양하게 꾸며져 있습니다.

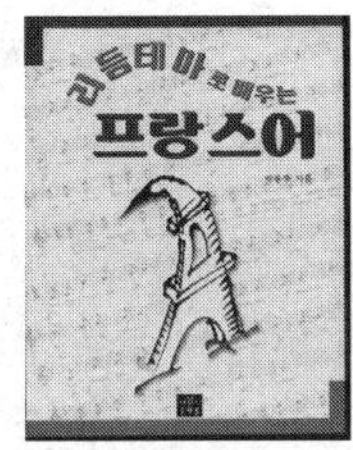

리듬테마로 배우는프랑스어

저자 박용주
페이지 192쪽
판형 신국판
정가 11,000원 (교재+테이프1개)

13년간 고등학교에서 프랑스어를 가르친 경험을 토대로 〈노래와 리듬〉을 통해 프랑스어의 기초를 다지도록 만든 교재이다. 실생활에서 쓰이는 기초어휘와 문장을 설명하고 그와 관련된 노래를 소개하여 문법에 구애받지 않고 가벼운 마음으로 공부하도록 하였다. 또한 테이프를 통해 수록된 노래를 들으면서 정확한 발음도 익히도록 구성하였다.

성경으로 배우는 프랑스어
저자 홍성숙, 정경남 공저
페이지 224쪽
판형 46배판
정가 16,000원 (CD롬 1장)

불어 신약 성경에서 예수님의 생애와 사역을 중심으로 주요한 내용을 뽑아 엮은 책이다. 불어 성경 원문은 프랑스 신학자 루이 스공이 히브리어와 헬라어로 된 신구약 원전을 번역한 것을 인용하였고 한글 성경은 〈성경전서 개역 한글판〉을 사용하였다. 테이프에는 책에 실린 성경 본문을 담았으며, 중간 중간 찬양을 삽입하였다

DICTIONNAIRE
FRANÇAIS-CORÉEN
POUR DÉBUTANTS

프랑스어 한국어 입문사전

1945
문예림

2011년 · 6월10일 초판 인쇄
2011년 · 6월15일 초판 발행
편 저 · 이승환, 장유경
발행인 · 서 덕 일
발행처 · 도서출판 문예림
등 록 · 1962년 7월 12일(제2-110호)
주 소 · 서울시 광진구 군자동 1-13호
문예하우스 101호
전화 Tel:02) 499-1281~2
팩스 Fax:02) 499-1283
http://www.bookmoon.co.kr
E-mail:book1281@hanmail.net
ISBN 978-89-7482-588-1(11760)

정가 28,000원